지식정보의 소통과
한국 금속활자 발달사

고려시대

지은이

남권희

경북대학교 사회과학대학 문헌정보학과 교수(서지학 전공)

지식정보의 소통과
한국 금속활자 발달사 -고려시대

찍은 날 2018년 4월 17일
펴낸 날 2018년 4월 27일
지은이 남권희
펴낸이 김상동
펴낸 곳 경북대학교출판부
출판등록 1973년 10월 10일 ㉑97호
주소 대구광역시 북구 대학로 80
전화 053-950-6741~3
팩스 053-953-4692
이메일 press@knu.ac.kr
홈페이지 http://knupress.com

ISBN 978-89-7180-485-8 94580
978-89-7180-484-1 94580(세트)

정가는 뒤표지에 있습니다. 파본은 바꾸어 드립니다.

이 저서는 2013년 정부(교육부)의 재원으로 한국연구재단의 지원을 받아 수행된 연구임
(NRF-2013S1A6A4018800)

지식정보의 소통과 한국 금속활자 발달사

고려시대

남권희 지음

경북대학교출판부

지식정보의 소통과 한국 금속활자 발달사

서문

우리나라의 출판문화는 전 세계에서 유래를 찾기 힘들 정도로 그 역사가 깊고, 현존하는 유물 등에서 우수성과 독창성을 인정받고 있다. 일반적으로 출판이라는 것은 개인의 지식과 감정 등을 문자나 기호로써 매체에 수록하여 여러 사람에게 전달하는 행위로, 인류의 지식을 개인적인 경험에 그치지 않고 타인과 서로 소통하고 다음 세대로 전달하기 위해서는 반드시 매체가 필요하다. 이때의 매체는 시대와 문명의 발전에 따라 끊임없이 변화하여 왔다.

역사적으로 볼 때 출판을 이루는 요소 중 물리적인 요소로는 종이, 붓, 먹이 있는데, 이를 수단으로 손으로 베껴 쓰거나(필사본), 목판에 새겨 먹을 발라 찍어 내거나(목판본), 활자로 판을 짠 후 먹을 발라 찍어 내는(활자본) 등 여러 가지 과정이 전통시대의 책을 만드는 기본적인 방법이었다. 목판 인쇄는 한번 판각하여 많은 양을 인쇄할 수 있고 판목을 영구히 보존할 수 있다는 장점이 있고, 활자 인쇄는 이미 만들어진 활자를 가지고 판을 짜기 때문에 다양한 출판 수요를 충족시킬 수 있을 뿐만 아니라 제작 속도 면에서 장점이 있었다. 동양에서는 이 두 가지 방식이 상호보완적으로 발달해 왔다.

특히 활자의 경우 손쉽게 만들 수 있는 목활자, 토활자를 비롯하여, 비록 만드는 과정이 복잡하고 초기 비용이 많이 드나 오랫동안 사용·보관이 가능한 금속활자 등이 그 용도에 맞게 제작되고 사용되었다. 뿐만 아니라 활자는 중앙정부와 지방 관청 및 문중과 서원, 사찰, 개인에 이르기까지 수요나 목적에 따라 그 수량, 서체, 크기, 한글자 등의 측면에서 다양하게 주조되어 지식과 정보의 유통은 물론 축적에 이르기까지 전통시대의 학술을 진흥시키는 최고의 매체가 되었다.

한국 금속활자의 시원은 고려시대인 13세기 중앙의 활자 인쇄본인 『南明泉和尙頌證道歌』를 비롯하여 『古今詳定禮文』, 『東國李相國全集』에 관련된 기록과 번각본을 토대로 연구되어 왔고 또 이를 증명하는 실물로는 지방의 사찰 인쇄본인 『直指』와 흥덕사자의 번각본인 『慈悲道場懺法集解』 등이 있다. 이러한 기록과 실물을 바탕으로 할 때 우리나라 금속활자는 세계문화사의 정점에 위치하고 있다. 더구나 근래에 다량으로 발견된 실물활자인 證道歌字는 국립중앙박물관에 소장된 '複' 자에 대한 여러 가지 의문과 논란을 해결할 수 있고, 네 다리를 가진 새로운 형태의 활자도 발견되어 서체와 형태 등에서 고려 활자로부터 조선 초기 癸未字로 이어질 수 있는 중요한 단서를 제공하고 있다.

한편 이 證道歌字는 그간 방사성 탄소연대 분석과 금속성분 분석 등 과학적 실물 분석과 서체 비교 등을 통하여 세계 최고(最古)의 금속활자임이 논증되었다. 북한의 개성 만월대에서도 같은 종류의 금속활자 다섯 점이 발굴되어 그러한 사실을 뒷받침하고 있다. 또 서체 분석에 있어서도 전문가들의 연구로 그 연관성이 입증되고 있는데, 그럼에도 불구하고 이 활자에 대한 직접적인 연구나 검토 없이 일부에서의 그것의 진위를 두고 의문을 제기하고 있다. 이는 이 분야 연구의 발전을 저해함은 물론 한국의 활자 인쇄의 세계적인 우수성을 우리 스스로 훼손시키는 결과를 초래하고 있다.

이 책에서는 이 분야의 질적인 수준을 향상시키기 위해 인문학적 방법은 물론 자연과학적인 방법을 동원하여 지금까지의 고식적인 논의에서 탈피하여 새로운 연구 방향을 제시하고자 하였다. 또 그간에 새롭게 알려진 자료나 기록을 정리하고 기존에 알려져 있었으나 제대로 검토되지 않았던 부분도 다시 조명하는 계기로 삼았다.

모든 학문이 그러하듯 이 분야도 기존의 이론을 바탕으로 새로운 자료와 더 전문화된 분석 방법을 찾고자 노력하였지만 아직 완전하다고는 볼 수 없다. 이 책에서 다룬 새로운 자료와 연구 방법도 향후 더 많은 기록과 더 정밀한 분석 방법에 따라 한 차원 높은 단계의 연구가 이루어질 수 있다고 믿는다.

우리가 전통시대의 세계 출판문화와 인쇄 기술력을 선도하였던 민족이라면 그에 걸맞은 연구력과 규모를 갖추어야 한다. 즉 서양의 구텐베르크 활자 인쇄에 대하여 연구하고 있는 외국의 연구 수준에 뒤떨어지지 않는 수준을 갖추는 것은 물론 이 분야를 주도적으로 이끌어 갈 수 있는 본격적인 단계로의 도약이 필요한 시점이다.

이 책의 제1권에서는 활자 연구의 방법론과 초기 활자의 시원으로서 고려시대의 활자 인쇄와 관련된 연구를 집약하였고, 제2권에서는 조선시대의 금속활자와 목활자에 대한 인본 검토와 더불어 그 근거가 되는 역사적 기록들을 제시하였다.

한국의 출판문화사에서 세계적으로 중요성을 가진 현존 최고(最古)의 목판본인 『無垢淨光大陀羅尼經』, 고려시대의 『初雕大藏經』, 『教藏』, 『再雕大藏經』과 더불어 『直指』로 대표되는 고려 금속활자 인쇄술의 기록과 실물은 그 유례를 찾아보기 힘들 정도로 뛰어난 조상들의 지혜라고 할 수 있으며, 이를 올바르게 인식하고 학문적으로 정립하고자 많은 연구가 축적되어 왔다.

이와 더불어 활자 인쇄의 발달은 조선시대에 들어서도 중앙에서는 주조와 조판 등의 금속활자 인쇄기술이 기술적으로 진전을 이루었고 지방에서의 수요와 요구에 부응하는 다양한 목활자 인쇄는 20세기 전반에 이르기까지 시대·지역·계층에 부응하여 지식과 정보를 활발하게 유통하고 통합하고자 하는 사명을 충실하게 반영하였다.

요컨대 필자는 이와 같이 문화사적으로 중요한 의미를 가진 활자 및 출판인쇄사를 재조명한 이 연구서가 고려시대와 조선시대 활자 연구의 방향을 제시하는 데 조금이나마 도움이 되기를 바랄 뿐이다.

끝으로 이 연구서가 나오기까지에는 기초자료 정리와 원고의 교정 및 편집에 힘이 되어 준 경북대학교 대학원 박사과정 권오덕 군과 석사과정 안휘섭 군의 전적인 도움이 있었다. 이 자리를 빌려 권오덕 군과 안휘섭 군에게 감사의 뜻을 표한다. 또 이 책의 출판을 흔쾌히 허락해 주신 경북대학교출판부장님과 출판부 운영위원분들, 출간 작업에 애써 주신 편집진 여러분께 감사드린다.

2018년 4월 경북대학교 연구실에서

남 권 희

소통과 정보의 지식

한국 금속활자 발달사

고려시대

목 차

제3장 證道歌字 연구

제4장 證道歌字의 과학적 분석

제5장 證道歌字의 서체 분석

제6장 『南明泉和尙頌證道歌』의 간행과 판본

제7장 『東國李相國全集』의 간행과 판본

제8장 『直指』

제1장 총설

고려시대

1

제1절 머리말

세계 문화사에 있어서 기록의 발달은 문자나 기호가 생기기 전부터 바위나 짐승의 뼈, 나뭇잎 등에 인류의 생각과 감정을 그림 형태로 표시한 것에서 출발한다는 것은 주지의 사실이다. 세계 4대 문명 발상지 등 인류 문화의 발달에 있어서 문자의 출현은 커뮤니케이션의 획기적인 전환은 물론 다음 세대로 문화를 전승할 수 있는 통시적인 매개 수단이 되었다.

기록 매체와 방법 중 금속활자의 주조, 목활자의 제작과 책의 출판이 전통시대의 커뮤니케이션에서 어떠한 역할을 하였으며 지식과 정보의 소통과 확산에 어떤 기여를 하였는지는 매체와 생산 방법의 비교를 통하여 쉽게 짐작할 수 있다.

고려시대에 창안되어 조선에 이르기까지 꾸준히 명맥을 이어 온 금속활자의 주조와 출판 활동은 당시 중국의 고급문화를 빠르고 다양하게 받아들여 상대적으로 부족한 고려의 지식과 학술 정보를 보충하기 위한 방법으로 채택된 것이다.

중국에서 11세기에 창안된 활자인쇄법에 대한 정보와 기술은 이미 13세기 이전에 고려에 흡수되어 있었고 이를 바탕으로 고려의 수요에 부응하고 기술적 응용이 가능하였던 금속활자 주조와 인쇄가 중앙 기관의 주도하에 이루어졌다. 현존하는 『直指』와 같은 자료들을 볼 때 14세기 후반에 지방의 사찰에서까지 금속활자를 주조하고 그 인쇄물이 만들어질 정도로 당시의 출판문화는 이미 보편적 지식 수준에 도달해 있었다고 가정해 볼 수 있다. 즉 중앙 주도적인 정보와 지식의 생산 방법이 당시 불교국가였던 만큼 사찰 중심으로 집약된 학술적 결과와 결합되어 지식 소통의 차원에서 『直指』의 출판과 배포에까지 이르게 되었다고 볼 수 있다.

조선시대에는 고려의 기술과 전통을 이어받아 국초부터 역대 왕들이 활자의 주조를 통한 서책의 생산과 보급, 즉 지식의 유통에 노력한 결과 여러 종류의 금속활자들이 다양한 목적 아래 만들어졌다. 이러한 국왕의 높은 관심과 정부 차원의 노력으로 간행된 출판물들은 당시 부족한 학술자료를 사대부나 학자들에게 제공하여 인재의 양성을 도모하고 이를 바탕으로 새로운 국가의 안정적인 기반을 다지고자 하였다.

인쇄문화사적 측면에서 조선 전기 중 15세기 전반은 조선의 금속활자 인쇄기술이 정점에 이르렀다. 세종과 세조는 그것을 창안·발전시킨 왕으로, 새로 주조한 금속활자만도 庚子字, 甲寅字, 丙辰字, 乙亥字, 丁丑字, 戊寅字, 乙酉字 등에 달하는데, 그중 세조는 丁丑字와 세종조의 丙辰字의 글자본을 직접 쓰기도 하였다. 이는 곧 서적의 편찬·간행과 연결되었고 알려진 것만도 역사, 지리, 경서, 법률, 어문학, 불경, 의학, 기술 등 매우 다양한 분야에 걸쳐 있다.

임진과 정유 두 차례 전쟁의 마무리와 함께 '전후 복구'가 시작된 17세기에는 금속활자인쇄의 부족을 목활자 인쇄로 대치하는 경우가 많았다. 간행의 주체 또한 중앙기구나 지방감영 외에 개인, 사찰, 서원 등에서 사사로이 간행하는 빈도가 증가하는 경향을 보인다. 이후 17세기 후반기는 전란 이후 붕괴된 출판시스템을 복구하고 새로운 전개를 해 나가는 기초가 형성되었으며, 18세기 영조, 정조시대는 학문에 대한 지원과 활자를 비롯한 출판활동의 인프라를 구축하면서 활발한 지식문화 활동을 이끌어 나간다.

그러나 19세기 들면서 지식과 학문의 진작이 점차적으로 쇠퇴하게 되었고 1857년에 발생한 주자소 화재와 더불어 19세기 말 서양식 인쇄기술 도입으로 중앙에서는 전통적 인쇄매체인 금속활자와 목활자 인쇄가 점차 자취를 감추게 되었다.

한편 이러한 부침을 거듭한 중앙 주도의 학술정보와 지식의 생산·유통을 근간으로 각 지방에서도 목판, 목활자를 이용한 출판이 성행하였으며, 비록 제한적이었지만 금속활자의 주조와 서적인쇄 활동이 점차 범주를 넓혀 갔다. 그 결과 17세기 이후에는 오히려 지방의 활자를 중앙에서 가져다 쓰기도 하고 민간에서 사적 출판물을 금속활자로 간행하는 경우도 종종 있었다. 또 백성들에게 직접 관련된 중앙 정부의 정책을 지방의 백성들과 소통하기 위해서 필요 정보를 금속활자로 신속하게 간행하여 지방 감영 등으로 보내고 감영에서는 많은 수요에 대응하기 위하여 다시 목판으로 새겨 배포하는 방법이 일반적이었다.

제2절 전통시대의 기록매체와 기능

1. 매체의 재료

한반도에서는 문자 이전의 그림, 부호 등이 岩刻畫와 같은 유적과 유물에 남아 있어 여러 방면에서 기록 활동의 자취를 확인할 수 있다. 고구려 고분 벽화와 같은 기록을 통해 고대인들의 삶의 모습을 짐작할 수 있다.

기록이라는 관점에서 볼 때 전제조건이 되는 것은 기록할 내용과 수단이 되는 문자이지만 그와 더불어 매체도 중요한 부분을 차지한다. 즉 자연적인 암석이나 甲骨, 나무 외에도 원재료를 가공하여 만들어 낸 비단이나 종이가 필수적이며 여기에 書寫道具로 붓, 칼, 먹이 사용되었다. 종이에 관한 한 고구려 때 담징이 일본에 製紙術을 전파한 것과, 삼국에서 각기 고유의 역사책이 만들어졌다는 사실이 종이와 책의 존재를 간접적으로 증명한다.

한편 근자에는 백제와 신라의 영역권에서 고고학적 발굴의 성과로 많은 관문서나 付札, 詩歌, 戶口文書, 『論語』 등의 木簡이 출토되어 당시의 문자 생활과 커뮤니케이션 및 통치 체계를 살펴볼 수 있게 되었다. 그보다 앞서는 기원전 1세기 무렵 원삼국시대로 추정되는 茶戶里 고분에서 발굴된 5자루의 붓과 문자 삭제용 削刀라든가 최근 북한의 평양에서 발견된 貞栢洞 고분의 낙랑군 戶口와 낙랑구역에서 발견된 『論語』 竹簡은 이미 이 지역에서 중국과의 문물교류가 보편화되었음을 알 수 있다.

이러한 재료들은 종이와 더불어 사용되었을 것이나 종이에 기록된 자료들은 보존의 문제로 주로 8세기 전반의 經典들이 전해지고 있다. 이후 고려시대를 거치는 동안 종이에 쓰거나 목판에 새겨 찍은 간행물들이 大藏經 등 외형적인 형태와 주제, 시기를 달리하면서 20세기 초반까지 계속 발전되었다. 그 가운데 금속활자는 12세기 말에서 13세기 초로 추정되는 시기부터 출판에 적용되기 시작하여 조선시대인 15세기에 이르러 다양하면서도 수준 높은 기술력을 가질 수 있게 되었다.

2. 매체별 특징과 역할

현재 전해지고 있는 자료로 볼 때 金石文의 경우는 기념을 위한 것이 많고 木簡들의 주제는 주로 통치와 생활에 관련된 문서가 주를 이루며 종이매체는 불경과 같은 종교적인 것, 생활 관련 문서 등에 폭넓게 사용되었다. 즉 신앙을 위한 것과 감성적인 것, 기억과 이성적인 활동을 위한 것으로 시대별로 주제의 중요성에 대한 인식이 달라지기도 하였다.

한편 기록이 매체에 수록된 방법을 역사적으로 볼 때 石刻, 筆寫, 板刻, 活版의 순서로 발달되어 왔고 낱장의 單枚物에서 점차 수량이 많아진 까닭에 제본과 장정이라는 방법으로 編綴이 발달되었다. 그 형태는 卷子本, 折帖本, 蝴蝶裝本, 包背裝本, 線裝本, 洋裝本으로 진화되었고 생산의 경제적인 측면이 고려되어 오늘에 이르고 있다.

특히 인쇄본의 경우 다량 생산과 배포, 신속성의 목적을 가진 방법으로 초기에는 佛塔에 供養物로 넣기 시작하여 종교와 교육의 기본 자료 생산과 기념비적 거질의 대장경에 이르기까지 여러 분야에서 광범위하게 이용되었다. 그중 목판본은 다량 생산과 보존성의 장점이 있고 활자본은 신속성과 다양성이라는 장점이 있어 서로 보완적으로 발달하였다. 또 이 두 가지 복제생산의 수단은 기술과 인력의 집중이라는 차원에서 중앙과 지방으로 구분하기도 하고 국가와 개인의 차원으로 나누어 볼 수도 있다.

전통시대의 출판은 일반적으로 지역과 간행 주체라는 관점에서 살펴볼 때 대체로 다음과 같은 요소로 분석되며, 그 특징을 圖式化하면 다음 표와 같다.

표 1-1 전통시대 출판 형태의 요소별 분석

	중앙	지방	비고
목적	통치의 방편 교화의 목적	대중적 요구 충족 정체성 확인	지식의 보편화에 기여 정서적·감성적 내면세계 표출(坊刻本)
내용	표준화, 정품화, 일반화	특수화, 지역화, 개별화	
수단	보급성 비영리	학문적 정리 사회적 인정 영리, 상업 출판 의존(일부)	
범위	집중, 집약 간행	분산 간행(일부 官撰書)	
주체	관 주도형	학맥, 문중 주도형(서원, 향교)	
간행 기관	출판관련 기관 (校書館, 鑄字所, 都監)	監營, 서원, 齋舍, 사찰	족보, 문집(목활자 간행)
		상업출판	

[표 1-1]에서 구분된 출판의 형태를 전통시대의 매체별로 그 유통의 흐름을 살펴보면 〈그림 1-1〉과 같이 정리할 수 있다.

표 1-2 출판물의 생산

	제1단계 매체	제2단계 매체	비고
著·編者	**冊板** 기록의 원자료 보관	**冊** 원형대로의 중복, 재생산 가능 시간제약 없음	讀者
	冊 기록의 원자료 보관 紙型, file 등 매체 접근의 어려움	원형대로의 중복 재생산 불가	
	活字版(解體)	**冊**	

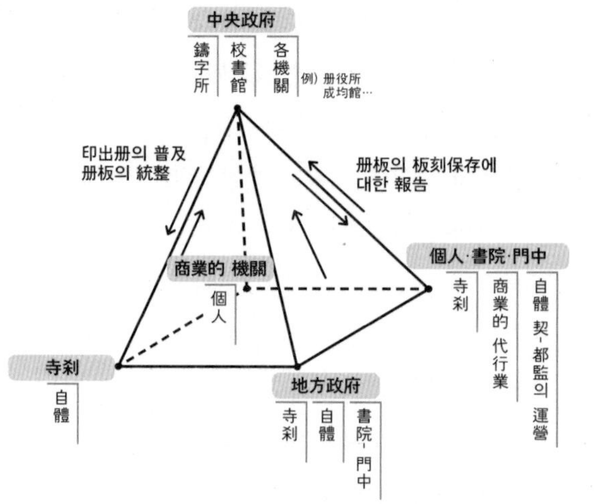

그림 1-1 記錄物의 生産·管理와 刊本의 普及

위의 그림과 같은 구조 아래 각 부분에서는 다시 간행의 목적과 시급성 등 외부적 요인에 따라 다음 표와 같이 집중형과 분산형이 임의로 채택되었다.

표 1-3 중앙과 지방의 간행 목적과 형태

중앙	집중형	국가 차원의 기본적인 편찬물과 지역 보급 목적의 표준본 간행
	분산형	지역 대표의 監營別 판각, 印出 인력과 물자를 바탕으로 출판을 통하여 효율적 보급을 도모
지방	집중형	비교적 분량이 적은 내용으로 신속 배포가 요구되는 것, 지방관의 개인적 요구에 부응
	분산형	비교적 분량이 많은 내용으로 板刻의 기간을 단축시키고 관련 업무의 효율을 높일 목적

특별한 경우, 綸音과 같은 국가나 왕의 시책을 빠르고 널리 알리고자 할 때는 중앙에서 신속히 활자로 간행하여 바로 지방관청에 배포하면 지방의 행정조직에서는 상시로 준비되어 있는 각수를 동원하여 2~3일 내로 급히 새겨 통치범위의 郡縣에 적게는 수십 부에서 많게는 2천 부 가까이 印出하여 배포한 예도 있다.

그러나 문중이나 개인의 출판 형태는 集中型으로 그 특징은 ① 신속성이 떨어지지만, ② 망라적 배포에 대한 부담이 없으며, ③ 개인의 학문적 성취에 따른 결과물로서 필요하다. ④ 개인·문중의 선양(문집, 世稿, 蓮榜集), ⑤ 문중의 결속, 유대감 형성(족보) 등을 목적으로 한다.

표 1-4 중앙간행물과 지방간행물의 특징 비교

일반문헌 및 綸音	중앙	왕명	활자	신속성, 대표성
	지방	왕명	목판	보급성, 언해(보편성)
				즉시성 – 監營內 常住하는 刻手에 의한 적은 板數의 집중 판각, 소량 판각
				다량성 – 다량 印出, 넓은 지역에 배포

이러한 木板과 活字라는 출판방법의 차이는 이미 중국에서 발전해 온 방법이었지만 특히 한국에서는 활자를 중심으로 출판문화가 발전하였는데, 그 원인은 다음과 같다.

① 우리는 서책의 수요가 중국처럼 많지 않았음
② 중국의 선진 문화를 빨리 받아들여 책을 만들어 신속히 익히고자 함
③ 활자는 한번 만들면 책의 생산 경비가 목판에 비해 상대적으로 저렴함
④ 당시의 활자 인쇄는 기술상 한 번에 수십 부밖에는 간행할 수 없었음

이와 같이 우리 실정에 더 적합한 출판 방식은 활자 인쇄였던 까닭에 고려로부터 조선에 이르기까지 많은 종류의 활자가 중앙에서부터 지방, 개인에 이르기까지 다양하게 만들어져 서책과 문서를 찍는 데 활용되었다. 그렇다고 해서 筆寫의 방법이나 木板 인쇄가 쇠퇴한 것이 아니라 동북아의 다른 지역과는 달리 活字를 이용한 출판이 상대적으로 융성하였다는 뜻이다.

요컨대 활자 인쇄는 초기부터 조선 후기까지 국가 중앙정부가 주도하는 정보 생산과 지식 유통의 일방향적인 형태였지만 점차 지방과 사찰, 개인에까지 활용되었으며 주로 신속성, 다양성이란 목적과 부합되는 측면을 중심으로 발전하였다. 이를 속성별로 나누어 정리하면 다음과 같다.

1) 變容의 배경

고려시대에는 문헌의 출판이 다분히 불교와 관련하여 종교적·修行的·관념적이었으며 지방에서의 활동도 활발하여 상향적 기술의 측면이 강한 반면, 조선시대에는 성리학적 기반 아래 윤리도덕적인 측면이 강조되고 보편적이고 효용성 있는 기술체계를 지향하였다.

2) 지식체계의 집적화

출판이라는 활동은 개인적 지식의 집적물을 복본화하여 다중의 접근이 편리하게 할 뿐 아니라 지식과 정보의 소통을 통하여 생성된 문화를 보편화하고 확산시키는 기능을 하였다. 이러한 소통을 위해서는 지식을 향유하는 서로 간의 사회 통념적·공통적인 표준화가 필요하였다.

3) 기록체계의 융합

출판의 요소에는 저자와 독자가 서로 소통하는 매개체인 문자로서 한자와 한글이 있고 언해나 구결, 이두문을 통하여 전달하고자 하는 내용을 가공하여 독자의 수요와 필요에 맞게 한문과 언해문을 소통시키는 물리적 결합과, 이를 통한 새로운 저술을 유도하는 화학적 결합이 시도되었다.

4) 소통

문헌이란 기록물은 수록된 내용을 수요자에게 충실하게 전달하고자 만든 매개체로서, 위로는 국왕의 정책을 백성들에게 쉽게 전달할 목적의 綸音이라든가 지배층이 통치를 위하여 만든 문집이나 문서를 포함한 각종 기록물이 있다. 피지배층들은 자신들의 입장을 대변할 문서라든가 坊刻本 小說, 판소리 등을 통하여 현실을 극복하고자 하였다.

명분으로서의 경전, 실용과 실리로서의 문서와 같은 전통시대의 문헌은 계급 간, 지역 간의 소통에 기여하였다.

5) 지식정보 유통의 매체 변화

전통시대에 있어서 출판과 서적은 傳習의 시대에서 自習의 시대로 변화하는 시스템을 구축하는 매체가 되었고 그 역할은 중앙정부 차원의 鑄字所나 校書館 등이 맡았다. 이를 통하여 정보의 신속한 생산과 전달에 활자의 활용이 극대화되었고 목판은 확산과 배포의 광역화에 역점을 두었으며 이러한 소통을 통하여 지식의 습득이 수요자 모두에게 현실적 이익과 행복 추구의 목적 달성에 기여할 수 있었다. 특히 저술의 편찬과 출판에 있어서 전통시대의 세 가지 유형은 寫本, 木板, 活字인데 ① 寫本은 유일성(내용), 일회성(생산), 변용성(내용), ② 木板은 보존성(板木), 완전성(내용), 다량성(인출), ③ 活字는 신속성(조판), 다양성(종수), 획일성(서체)의 개별적 특징을 가지고 가능한 한 목적과 환경에 맞게 변용되었다.

이러한 출판의 속성이 잘 나타나는 것은 일반적 출판인 경우 저술의 동기, 편찬과 간행의 과정이나 관계된 인물을 서문이나 발문을 통하여 밝혀 두는 것이 통례인 까닭에 활자를 매체로 출판된 책에서도 그 전말을 볼 수 있는 경우가 종종 있다. 더욱이 활자의 경우 당시 새로운 서체나 방법으로 주조되었다면 대략적인 개요를 鑄字跋이나 鑄字事實 등으로 밝혀 둔 경우도 있고 책의 序·跋文에 부분적으로 기록한 경우도 적지 않다.

따라서 서·발문에는 활자 인쇄와 관련된 기록은 물론 책의 간행과 더불어 문화 지향적인 간행 주체자의 의지, 국가 정책적 방향이나 이념, 개인적인 소신과 희망 등이 나타나 있다. 그중에서 조선시대 역대 왕들이 활자를 주조하고 개량하면서 표방하였던 문치주의적인 방향성에서 국가의 대계를 세우기 위하여 학자, 사대부, 행정 관료들의 학문적 수요를 충족시키고 전체 백성들을 깨우치고자 하는 기본 정책과 왕 또는 중앙정부가 여러 계층과의 소통을 목적으로 서적을 출판하기 위한 활자 인쇄의 당위성이 언급되어 있다.

제3절 금속활자의 형이상학적 의미

1.「奎章字瑞記」

英·正祖에 걸쳐 학자로 명망이 높았던 徐命膺은 丁酉字가 주조되었을 때「奎章字瑞記」[1]에서 중국의 고사를 이용하여 활자 주조와 인쇄의 의미와 가치를 다음과 같이 찬하였다. 즉 하늘은 제왕을 내릴 때 반드시 天球, 大貝, 赤刀[2]와 같은 보배로운 기물을 符瑞로 삼기 때문에 왕들이 잘 지키고자 노력했고 九鼎[3]과 石鼓[4]도 나라를 이어 가는 신표로 삼았다. 이러한 중국의 고사와 비교할 때 조선 초기에 왕들의 주도하에 주조된 활자도 나라를 잇는 符瑞가 될 것이며 오히려 인쇄한 책이 많고 이를 통하여 수많은 인재가 양성된 신묘한 변화는 중국의 기물과 비교할 수 없을 만큼 큰 가치라고 하였다. 따라서 나라를 잇는 符瑞로서 활자를 '字瑞'로 이름 짓는 것이 당연하며, 인쇄라는 수단을 통하여 사방에 국왕의 은혜를 베풀 수 있고 사람의 지식을 계발할 수 있다고 하였다.

표 1-5 「奎章字瑞記」에 나타난 활자 주조와 인쇄의 의미

중국	天	天球, 大貝, 赤刀	帝王	符瑞
	國家	九鼎, 石鼓	國家	
조선	王	活字	王	字瑞

1 徐命膺,『保晩齋集』卷8, 記,「奎章字瑞記」條

2 天球와 大貝는 寶玉의 이름이며 赤刀는 寶刀의 이름으로 天球, 大貝, 赤刀, 九鼎, 石鼓는 모두 제왕을 상징하는 물건이다. 천구는 옛날 雍州에서 공물로 바쳤다고 하는 하늘빛의 구슬, 대패는 백옥처럼 광택이 나는 큰 조개, 적도는 주나라 武王이 폭군인 은나라 紂王을 죽일 때 사용한 붉은색의 칼을 가리킨다.

3 夏나라 禹王이 九州의 貢金으로 주조한 9개의 솥으로 殷, 周로 이어지면서 傳國의 보물이 되었다.

4 周 宣王의 업적을 칭송하여 篆文으로 새긴 북 모양의 열 조각 돌로서 唐代는 孔子廟로, 宋代는 太學으로 옮겨져 보존되었다.

즉 서명응은 중국의 황제가 하늘과 소통하기 위하여 기물이 있고 국가 정통성을 하늘로부터 인정받는 통로가 기물인 것처럼 조선시대의 활자도 그런 소통의 통로이며 오히려 중국의 그것이 기물 자체에 그친 것에 비하여 활자는 수많은 책을 만들어 인재를 길러 내는 역할을 하므로 더 가치가 높다고 평가하고 있다. 이와 같이 금속활자에 단순한 기물보다는 사람을 이롭게 하는 소통의 기물이면서 하늘과 왕이 소통하는 매체로서의 가치를 부여하고 있는 것이다.

금속활자가 제왕의 상징물이라는 이 글을 지은 徐命膺(1716~1787)의 문집인 『保晩齋集』 권8 중 「奎章字瑞記」의 내용을 정리하면 다음과 같다.

> 하늘이 제왕에게 대통(大統)을 부여할 때는 반드시 제왕을 상징하는 부서(符瑞)를 내린다. 그러한 까닭에 고대의 제왕들은 천구(天球)·대패(大貝)·적도(赤刀)와 같이 실제 사용할 수 없는 물건을 애써 보관하면서 조회(朝會)나 대례(大禮)를 행할 때 항상 행사장에 진열해 놓고 자신의 권위를 과시하였다. 심지어 죽도 끓이지 못하는 구정(九鼎)과 연주도 할 수 없는 석고(石鼓)를 종묘와 태학에 비치하여 나라의 대통을 전하는 징표로 삼았다. 이러한 전통은 자신의 의복과 신발을 대대로 전하는 유가(儒家)의 풍습과 같은 성격을 가지면서도 의미상으로는 더욱 중대한 뜻을 지니고 있다. 이 점에서 우리나라 세종 때 주조한 금속활자야말로 역대 임금이 대대로 전해 온 부서(符瑞)라고 이를 만하다.[5]

2. 활자 관련 기록으로 살펴본 문화적 소통

활자와 관련한 고려시대 기록자료에는 『南明泉和尙頌證道歌』의 최이 발문, 이규보의 『東國李相國全集』에 나타나는 『詳定禮文』의 발문, 『白雲和尙抄錄佛祖直指心體要節』, 정도전의 『三峰集』에서 서적포 설치에 대한 기록, 『高麗史』의 서적원 설치 기록 등이 있다.

---

5 天將以大統付畀帝王 必假器物以爲之符瑞 故天球·大貝·赤刀之屬 是固無與於實用 而古先帝王藏之甚謹 守之甚嚴 朝會大禮必列于陛庭 至於九鼎之不能饘粥者 石鼓之不能響節者 亦必安于廟學 以爲傳國之寶 是與儒家衣履之傳 其事則一 而其義較大也 若我國家世宗朝所鑄活字 其殆傳國之符瑞乎.

이 중『直指』를 제외한 나머지는 국가 중앙정부와 관련된 기록으로, 이를 대상으로 살펴보면 다량의 출판물은 목판으로 새기고 수요가 소량이거나 긴급히 필요하거나 다양한 주제의 책이 요구될 때는 금속활자를 사용하였다. 특히『직지』의 경우 중앙의 필요에 의해서만 금속활자의 주조와 인쇄가 이루어진 것이 아니라 지방에서도, 그리고 국가적인 일이 아닌 개별 승려의 저술까지도 금속활자로 찍어 소통하기에 이르렀다. 즉 활자 인쇄가 중앙정부의 일방적 소통수단으로서만 역할을 한 것이 아니라 14세기 말에 이르러서는 지방 단위, 개별사찰 단위의 소통도 가능하였던 것이다.

역대 왕과 중앙정부는 활자와 출판 방법 개선을 통해 학자들과 소통하고 중국의 다양한 문헌을 통한 고급지식을 신속하게 받아들이고자 하였다.

『朝鮮王朝實錄』 등 각종 사료에서 조선 초기의 활자 주조와 서책의 간행 활동들을 분야별로 나누어 기록을 정리하면 대체로 ① 통치 및 행정, ② 사대부와 일반 백성 교육, ③ 민생 향상, ④ 교화, ⑤ 외교, ⑥ 백성의 건강 증진 등에 활용하기 위한 서책을 간행할 때 활자 인쇄라는 방법을 채택하였다. 그러나 초기의 활자 인쇄는 기술상의 문제로 왕을 중심으로 한 국가적 요구에 부응하지 못하였다. 즉 활자의 모양이 크거나 작거나 하고 일정하지 못하여 다른 활자들과 더불어 조판하거나 인쇄할 때 능률적이지 못하였을 뿐 아니라 그 인출 수량 역시 수요에 비하여 많지 않았으므로 역대 왕조에서 이러한 점을 개선하기 위하여 다방면으로 노력을 하였다. 그러한 노력 중의 하나로 글자의 크기를 알맞게 조정하고 한자뿐만 아니라 한글활자도 만들어 언해본을 간행함으로써 백성과의 소통에 보탬이 되게 하였다. 뿐만 아니라 출판에 알맞은 종이로 개선하거나 활자의 서체를 달리하고 다량 생산을 위한 조판의 능률을 올리고자 힘을 기울였다.

구체적으로 세종 16년 7월에는 노인들이 책을 보는 데 편리하도록 대형활자를 주조하여 책을 찍었으며, 활자의 모양을 개선하여 조판 시 흔들리지 않도록 했는데, 계미자(1403)에서 경자자(1420, 하루 20여 장)로 개선하면서 인쇄량이 2배로 늘었고, 다시 갑인자(1434)로 이어지면서 인쇄 가능한 부수가 하루에 40여 장으로 다시 2배로 향상되었다. 이후에도 서체나 활자의 주조 재료를 달리하면서 고급 정보의 효율적 소통에 기여하였다.

제4절 출판에 의한 중앙과 지방의 소통

왕과 백성의 소통에서 활자출판의 역할이라는 것은 중앙에서는 국왕의 정책적 의지를 綸音이나 傳教 등으로 전할 때 대체로 출판량의 기술적 제한성과 사안의 시급성 때문에 芸閣 등에서 금속활자로 먼저 책을 찍어 낸 후에 필요한 지방으로 보내어 하루 이틀 내 해당 관청이 보유하고 있는 刻手 등의 인력을 활용하여 즉시 목판으로 새겨 인출한 후 배포해야 할 지역, 관청이나 개인 등에게 나누어 주어 국가의 시책을 널리 알리고 국민과 소통하였다.

특히 이러한 현상은 윤음을 많이 반포한 18세기 후반인 정조, 순조 때부터 자주 나타났는데, 『內閣日曆』 1783년 10월 25일 조 기록에, 전라감사 趙時偉가 올린 장계에 따르면 각 邑面里에 윤음을 찍어 내린 숫자가 7,966건에 달하였다.

이처럼 많은 부수는 활자본 인출로는 불가능하므로 목판에 빠르게 새겨 배포되었다. 그 과정에서 활자 인쇄는 국가의 시책을 백성들에게 빠르게 전달하는 중앙 기관에서의 일차적인 소통수단이었으며, 이를 매개로 다시 번각하는 지방 감영의 목판 인쇄는 2차적인 수단으로 활용되었던 것이다

같은 해 11월 20일에도 반사된 활자본 『字恤典則』 1건을 전라감영에서 목판으로 번각하여 인출한 후 面里에 윤음의 예로 나누어 주고 10건은 장황한 후에 內閣에 올려 보낸다는 내용이 있다. 1783년 10월 1일에도 반사된 『京畿民人綸音』 印本을 강원도에서 飜刻 印出하여 도내의 각 지역으로 보내고 있으며, 같은 달 10일에도 같은 윤음을 함경도에서 급히 새겨 지역별로 나누었다.

1784년 8월 22일에는 『各道身軍布折半蕩減 綸音』을 평안감영에서 번각하여 도내의 521면 4,171리에 각 한 건씩 4,692건을 반사하고 어람용 책 10건은 궤에 넣어 올린다는 보고에서도 지역별로 윤음을 널리 배포하는 데는 목판을 사용하였다.

1785년 1월 5일 중앙에서 반포한 『諭濟州民人綸音謄本』을 전라감사가 本營으로 보내 전각 인출하여 여러 건을 해당 지역으로 보내는 기록에서 전년 말 12월 4일에 전주

부로부터 받아 급히 목판으로 번각 인쇄하여 지역 곳곳에 전했으며, 국왕의 지시에 따라 어리석은 백성이 알기 쉽도록 언해로 번역한 부분을 덧붙여서 같이 판각하여 백성을 살피는 임금의 뜻이 잘 전해지도록 거행하고 번각하여 해당 지역과 사람들에게 나누어 주었다.

당시 국왕의 윤음을 지방으로 반포하기 위해서는 원고에 해당하는 草本이 있고 이를 활자로 적당량 간행한 뒤 지방으로 나누어 보내면 지방감영에서 즉시 목판으로 새겨 인출하여 배포하였음을『日省錄』1776년 7월 4일 국왕과 洪國榮의 대화에서도 볼 수 있다.

같은 해 12월 28일에는 윤음을 간행하고 이를 諺書로 번역하여 알려서 모든 백성들에게 미신과 혹세무민의 이야기에 현혹되지 말기를 당부하라고 각 도의 수령에게 지시하였다.

이러한 綸音類는 백성의 생활과 밀접한 관계를 가진 내용이 많아서 주제별로 보면 勸農, 租稅의 蕩減, 賑恤, 鄕飮酒禮, 斥邪 등과 국가적인 범주에서의 討逆 등에 이르기까지 국왕의 교화가 개별 백성에까지 두루 이르게 하고자 하는 위로부터의 소통 수단이었던 것이다.

이상에서 살펴본 것과 같이 국가적으로 정보와 지식을 생산하고 백성과의 소통을 위한 일정한 수단과 방법으로서 금속활자의 출판은 주로 국왕과 중앙정부의 일방적인 주도로 진행되었지만 일부 세력가나 문벌들이 조상을 선양할 목적 아래 개별적으로 문집이나 족보를 활자로 인쇄하여 출판함으로써 사대부들 간의 소통 수단이 되기도 하였다. 그 예로 純祖 15년(1815)에는 朴宗慶이『錦石集』등 선대의 문집을 찍기 위하여 주조한 全史字가 후에 여러 주제 분야에서 다양한 책을 찍는 데 사용되었다. 즉 처음의 의도는 개인적인 수요에서 출발하였으나 점차 국가의 간행물을 찍어 내는 데까지 활용되었던 것이다.

그러나 이러한 전통시대의 금속활자는 근대화의 물결과 더불어 쇠퇴하였다. 1881년 부산에서 일본인에 의해『朝鮮新報』를 비롯한 新式鉛活字 인쇄와 간행물이 들어오고, 高宗 20년(1883)에는 博文局에서『漢城旬報』를 발행하였다. 그 후 교회 관련 서적이 속속 간행되었고 醫書나 신식문물과 관련된 서적이 많이 간행되었으며, 1895년에는 學部에서 芸閣印書體字와 목활자를 혼용한 교과서가 발행되는 등 전통적인 목활자 인쇄와 신식활자가 병행 사용되고 있었다.

제5절
활자 주조 관련 기록과 문화적 소통

활자를 주조하는 일은 책을 찍어 내기 위한 수단을 마련하는 작업으로, 경비뿐만 아니라 시간과 노력이 많이 들고 관련된 기술과 지식이 축적되어 있어야 한다. 활자의 주조는 물론 나아가 책을 만들기 위한 절차로서 조판과 인쇄작업에도 주조에 못지않은 창의적 발상과 시대의 요구에 부응하는 개선 노력이 필요하다.

이러한 출판활동에는 학문을 진작시키고 유포하고 후대로 전해질 수 있도록 하는 국가의 정책이 가장 중요하였다. 또 전통시대에 있어서 국가의 정책이란 왕을 중심으로 한 통치 이데올로기가 반영되는 것으로, 활자에 대한 통치자의 관심 즉 지식의 생산과 유포에 대한 적극적 대응이 중앙정부는 물론 개인과 지방에까지 영향을 미치게 되었다.

고려시대의 초기 활자 인쇄는 佛經과 문집 등을 찍어 내는 데 이르렀고 조선에 들어와서도 이러한 영향은 국가 통치를 위한 다양한 자료를 생산하는 데 바탕이 되었다. 조선시대의 가장 빠른 활자 관련 기록은 金祗가 1395년에 쓴『대명률(직해)』에 나온다. 그 跋文에 따르면,

① 書籍院에서 白州知事 徐贊이 만든 木活字로 백여 부를 인쇄하였다.
② 吏讀로 律文의 뜻이 통할 수 있고 해독될 수 있도록 하였다.

라 되어 있는데, 즉 정확성이 요구되는 법률의 조문을 이두를 사용하여 쉽게 풀이하고 이를 널리 즉시 쓸 수 있도록 활자로 간행하여 관리들의 통치 행위에 도움이 되도록 하였다.

한편 금속활자 주조와 관련된 공식적인 기록으로 가장 이른 시기의 기록에 해당하는 權近의 1403년 癸未字 鑄字跋에서 활자 주조의 의미를 살펴보면 다음과 같다.

① 나라를 다스리려면 반드시 널리 전적을 보아야 한다.
② 그 후 이치를 추구하고 마음을 바르게 하고 修身齊家治國平天下를 이룰 수 있다.
③ 활자를 만드는 데 드는 비용을 백성들로부터 거두는 것은 마땅하지 않다.

④ 왕과 신료 등 뜻있는 사람들이 힘을 합하면 활자의 주조를 성취할 수 있다.
⑤ 활자를 만들어 수시로 서적을 찍어 널리 전파시키면 무궁한 이익이 될 것이다.
⑥ 왕이 나라를 다스리는 근원을 깊이 하고 백성을 가르치는 교화를 열고 세상을 맑게 하며 후세에 전할 것을 생각하여 활자를 주조하였다.

이와 같이 당시의 학문적 여건과 활자 주조의 필요성 및 준비 과정을 밝히면서 학문을 진작시키고 백성을 교화하는 데 활자가 반드시 필요하다고 강조하는 한편, 주조 비용을 백성들에게 부담시키지 말고 왕과 신하들이 부담하여야 한다는 爲民思想을 엿볼 수 있다.

금속활자의 주조와 개량은 태종에 이어 역대 왕들이 뒤를 이어 깊은 관심을 가지고 여러 차례 언급하였다. 세종 때인 1420년에는 『大學衍義』에서 卞季良이 庚子字의 鑄字跋을 언급하면서,

① 印行하지 못할 책이 없고 배우지 못할 사람이 없게 되었다.
② 문교의 진흥은 날마다 진보하며 世道도 날마다 번성할 것이다.
③ 중국 漢, 唐의 제왕들이 재물과 전쟁에 신경을 쓴 것에 비하면 조선의 복이 될 것이다.

라 하였다. 즉 활자 인쇄의 가치와 기대효과를 명시하면서 백성들에게 글을 익히게 하고 국가의 문교정책이 융성하기를 기원하고 있으며 이러한 정책이 富와 전쟁보다 더 가치가 있음을 천명하고 있다.

한편 계속된 활자의 개량 중에서 가장 대표적이면서도 중요한 갑인자 주조 시에 작성된 1434년 金鑌의 甲寅字 鑄字跋에서는,

① 왕이 활자를 편리하게 활용할 수 있도록 고안하였다.
② 천하에 傳布하여 모든 사람들이 보고 지식을 얻도록 한다.

라 하여, 세종의 적극적 문교정책과 활자 개선의 의지 표현으로 거시적인 국가의 방침과 이를 시행하는 미시적인 방법론으로서 활자 인쇄를 개선하고자 하는 의지를 축약적

으로 표현하였다. 이와 같이 활자를 적극적으로 사용하도록 하는 정책을 펼쳤음에도 불구하고 다량의 수요에 대한 대처 방법으로 木板을 활용한 서책의 간행이 불가피하였다. 『朝鮮王朝實錄』 세종 13년 2월 28일 癸亥 條에는 "『左傳』은 학자들이 반드시 보아야 할 책이므로 鑄字로 인쇄하면 널리 반포하지 못할 것이므로 마땅히 木板에 새겨 널리 간행하도록 하라."는 기사가 실려 있다.

즉 이러한 목판 인쇄와 활자 인쇄의 기술적 한계에 대한 인식 아래 대규모냐 소규모냐에 따라 목판 인쇄와 활자 인쇄를 구분하였다. 소규모 출판임에도 불구하고 활자 간행을 자주 독려한 것은 간행시간과 과정의 신속성, 간행자료의 다양성, 지배관리층 수요의 제한성을 만족시키는 출판의 방법으로 금속활자 인쇄가 가장 적합했기 때문이다. 또 활자 주조의 다양성과 수요와 주조 목적에 따라 여러 가지로 정책을 달리하였다.

① 큰 글자의 鑄字를 주조하였다.
② 大字의 『資治通鑑』을 찍어서 중외에 반포하여 노인들이 보기 쉽도록 하였다.

는 기록에서 앞 시기의 경자자 때에는 계미자가 너무 커서 인쇄와 책의 관리에 불편하여 글자의 크기를 줄였고, 그 후 갑인자는 글자를 다시 약간 크게 하고 모양을 바르게 하였고 이때에 이르러서 목적에 맞는 큰 글자를 주조하는 등 활자 형태의 다양화를 시도하였음을 알 수 있다. 15세기 말경에는 다시 앞의 활자들이 사용하기에 크다는 단점으로 상대적으로 크기가 작은 다양한 종류의 활자를 주조하여 인출에 쓰면서 출판의 효율성 등에도 관심이 높아졌다. 1485년 작성된 金宗直의 「新鑄字跋」에 다음과 같은 기록이 있다.

① 중국의 沈括에서 시작된 활자는 흙으로 구워져 쉽게 부스러지고 오래가지 않았다.
② 동을 녹여 활자를 만드는 것은 우리 조정에서 시작된 것이다.
③ 태종 대에 시작되어 세종, 세조 대로 이어진 활자의 주조와 工程에는 기술적으로 더 이상 추가할 것이 없다.
④ 갑인자와 을해자는 글자체가 커서 인쇄한 책이 크고 무거웠다.
⑤ 새로 활자를 주조하여 크기와 정교함을 적당히 하여 여러 서적을 찍어 사방에 널리 펴고자 한다.
⑥ 활자 조판과 인출이 간편해지고 널리 배포하는 것이 예전보다 갑절로 늘어났다.

이와 같이 서체가 다양해지고 크기, 정교함 등에서 활자의 개선이 이루어졌음을 알 수 있다. 조선 전기의 활자 인쇄는 세종과 세조를 거치면서 양적으로나 크기, 서체 등 형태적인 면에 이르기까지 여러 가지 양상으로 나타났다. 그중에는 한글 창제와 함께 한문 활자의 사용 못지않게 한글 활자의 필요성이 대두되어 크기와 서체 등에서 변화를 거듭하였다. 한 예로 『조선왕조실록』 成宗 19년(1488) 9월 20일 庚辰 條에서는,

① 『鄕藥集成方』은 서민들이 다 분별하여 약을 쓸 수 있도록 한 것이다.
② 일상생활에서 쓰기에 절실한 것을 초록하여 언문으로 번역한 다음 鑄字로 찍어서 민간에 배포하라.

고 하여 한글 활자의 필요성이 강조되었다. 이와 같이 앞선 시대에는 한글 활자가 佛經의 번역에 주로 쓰였던 것에 비하여 醫書, 經書는 물론 일반 주제에까지 한글 활자를 사용하기 시작하였다. 임진왜란 등 병란을 치르면서 많은 문화적 파괴를 겪었는데, 그중에서도 서적은 어느 분야 못지않게 심각한 망실과 소실을 거듭하여 전쟁이 끝난 후 국가 재건을 위한 기본 서적이 시급하게 필요하게 되어 없어진 활자를 대신한 새로운 활자 주조에 매진하게 되었다. 이에 『조선왕조실록』 光海君 10년(1618) 7월 22일 戊申 條에 따르면,

① 평시부터 서적을 인출하는 것은 오로지 활자에 의거하였다.
② 경진년에 선왕(선조)께서 갑인자를 다시 고쳐 통행시켜 만세토록 이롭게 하였다.
③ 병란을 겪으면서 활자를 모두 잃어버리고 목활자로 대신하였다.
④ 글자체가 어그러지고 잘못되고, 쉽게 깎이고 닳아 없어져 힘과 비용이 배나 든다.
⑤ 왕이 경적에 마음 두고 局을 설치하여 활자를 주조하고 책을 간행하여 列聖의 文을 숭상하는 뜻을 이었다.

라는 기록과 같이 국가 전적 간행의 기본이 금속활자 인쇄였던 만큼 기능을 제대로 복원하기 위하여 금속활자를 다시 주조하였다. 조선 후기에 들어서는 문예 부흥기에 해당하는 영조와 정조 때에 학문의 진흥을 위하여 다시 활자 주조가 활발해졌고 여러 종류의 금속활자로 많은 책들이 출판되었다. 특히 학문을 진작시켰던 정조는 『弘齋全書』 권 163, 「日得錄」에서,

① 후세의 학자들이 經書를 習讀하지 않는다.
② 經書의 印本이 갈수록 없어지고 있다.
③ 芸閣에 명하여 財力을 모아 印行하고 반포하게 하였다.
④ 監司나 지방관리, 중앙의 관리들이 印行을 원하면 허락하여 廣布되도록 하였다.

라고 하면서 학자들이 공부하는 데 필수적인 책을 활자로 찍어 널리 배포하여 소통할 것을 강조하고 있다. 또 정조는『御定人瑞錄』의 總敍에서 세종 때와 마찬가지로 활자의 개량과 출판방법 개선을 언급하여,

① 生生字는 중국 활자 방식보다 비용과 노력을 줄였으며 사용도 간편하도록 개선하였다.
② 그간에 없었던 祕法들이 모두 적용되었다.
③ 후학들은 활자를 널리 사용하여 傳布해야 할 것이다.
④ 한 종류의 서적을 인출할 때마다 활자 제작의 緣起를 표시하도록 한다.

등과 같이 활자와 출판방법을 개선하여 학자들과 소통하고 중국의 다양한 문헌을 통한 고급지식을 신속하게 받아들이고자 하였다. 앞에서 언급한 여러 기록을 바탕으로 하고『조선왕조실록』과 같은 사료를 근거로 해서 살펴보면, 조선 초기의 금속활자 주조와 서책의 간행 활동은 대체로 통치와 외교 및 행정의 편의를 도모하고 민생을 향상시키며 백성을 교육할 목적으로 진행되었다. 이러한 일들은 다양한 종류의 서책이 필요하기 때문에 국가에서는 목판 인쇄와 더불어 신속한 출판과 정보 생산을 위하여 활자를 이용한 인쇄 방법을 채택하였다. 그러나 초기의 인쇄는 활자의 형태, 조판 방법 등 기술적인 문제로 인해 서적 출판에 어려움이 많았으며 인출 수량도 필요한 수요를 따라가지 못해 그 목적을 제대로 이루지 못하였다. 역대 왕조는 이러한 문제를 해결하기 위해 다양한 노력을 기울였다. 그 노력들은 활자의 크기와 모양을 알맞게 맞추어 조판의 문제를 해결하고 한자 활자뿐만 아니라 한글 활자도 만들어 언해본을 간행해 백성들을 교육하고 백성들이 서로 소통하는 데 도움이 되게 하였다. 그 밖에 활자 인쇄 출판에 필요한 기본적인 요소인 알맞은 종이와 먹을 마련하기 위해 닥종이 외에 倭楮紙, 華紙 등을 도입하거나 개량하였고 금속활자에 맞는 油性墨도 다양하게 사용하였다. 이러한 노력 덕분에 인쇄의

효율이 크게 개선되었다. 이와 같은 활자 인쇄를 위한 국가적인 노력을 통해 중앙정부의 국정 운영에 필요한 서적을 생산하고 지방과 일반 백성을 위하여 인재 양성, 학문 진흥에 필요한 서책을 신속하고 다종다양하게 생산하여 보급할 수 있게 되었다. 그 결과 국가의 이상과 목표인 성리학을 널리 보급함으로써 유교 국가의 토대를 마련할 수 있었다.

제6절 전통시대의 활자 인쇄 문화

1. 발달 요소와 배경

한국에서 금속활자로 책을 찍어 내는 방법은 고려시대로부터 출발하여 출판의 수요와 목적에 알맞은 방식으로 변천되었고 활자 또한 다양한 재료, 주조 방법, 형태 등의 측면에서 발전을 거듭하였다.

전통적으로 인쇄 출판의 시작은 목판에 글자를 새겨 그 위에 먹을 바르고 종이를 덮어 문질러 내용을 찍어 내는 것으로부터 출발하였다. 그 이전에는 종이나 비단, 대나무, 나무 등에 글을 쓰거나 새겨서 정보를 보존하고 전달하였다. 그러나 필사에 의한 방법은 한꺼번에 여러 권을 필사할 수 없을뿐더러 필사하는 데 시간도 많이 소요되므로 대량 전달에는 맞지 않는 시스템이었다. 따라서 목판에 글자를 새겨 필요한 만큼의 부수를 찍어 냄으로써 속도와 수요를 충족시킬 수 있었고 판목의 보존을 통하여 재사용이 가능하게 되었다. 이러한 목판 인쇄의 장점에도 불구하고 목판을 준비하는 과정이나 내용을 목판에 새기는 작업에는 많은 시간과 인력이 들었던 까닭에 이를 대치할 수 있는 다른 방법이 고안되기에 이르렀다.

그 방법 중에 가장 대표적인 것이 활자 인쇄로, 한번 글자를 분리하여 낱개로 새겨 두면 필요한 경우 서로 조합하여 어떠한 책이나 문장이라도 재현할 수가 있었다. 활자에는 목활자와 금속활자(銅活字, 鐵活字, 鉛活字), 흙활자(土製活字, 陶活字) 등이 있는데, 목활자는 제작하기는 쉬우나 인쇄할 때 물에 붓거나 종이에 달라붙을 뿐 아니라 쉽게 마모되는 단점이 있고, 그 반면에 금속활자는 만들기도 어렵고 주조 시 비용도 많이 들지만 한번 만들어 두면 목활자보다 내구성이 좋다. 인쇄 과정에서도 두 방법에는 차이가 있는데, 목판이나 목활자는 소나무를 태운 그을음으로 만든 松煙墨을 사용하지만 금속활자는 기름을 태운 그을음으로 만든 油煙墨을 사용한다. 이는 나무, 금속과 먹의 종류에 따라 먹을 발랐을 때 재료 간에 흡수되거나 결합하는 정도가 각기 다르기 때문이다. 그 결과 찍은 인본을 살펴보면 목활자는 먹이 비교적 진하게 묻어나고 금속활자는 고르게 잘 묻지 않아 얼룩지며 반점의 형태로 나타난다.

인쇄를 구성하는 세 가지 요소 중 활자의 재료, 먹과 더불어 중요한 한 가지 요소는 종이로, 인판에 묻힌 먹을 문질러 낼 때 흡수가 잘될 수 있어야 한다. 한국의 전통 종이인 닥나무 종이는 섬유가 길고 비교적 두꺼운 편이라 흡수력이 좋고 신축성도 있어서 금속활자 인쇄에 적당하다. 더구나 활자 인쇄는 개별 활자의 높이가 일정치 않아 뒤에서 문질러 낼 때 섬세하게 신경을 써야만 먹색이 고르게 나올 수 있다.

이와 같이 인쇄는 활자의 주조만으로 이루어지는 것이 아니라 조판 기술을 바탕으로 字間은 물론 行間과 활자의 높낮이를 고르게 하고 문질러 인출할 때 흔들리지 않게 하는 것이 중요하다. 이와 더불어 인쇄의 품질과 상태는 재료와 밀접한 관계를 가져 알맞은 먹과 종이의 선택이 매우 중요한 요소로 작용한다.

그러나 이렇게 편리한 목활자도 내구성이 약해 오래 사용하면 자면이 닳아 인면의 글자 획이 굵어지고 둔탁해지며, 금속활자도 30년 정도 사용하면 글자체가 이지러지거나 목활자와는 반대로 글자 획이 가늘어지는 경향이 있다. 이는 목활자의 경우는 자면의 전체가 닳는 반면 금속활자는 글자 획의 가장자리부터 닳기 때문에 글자의 중앙부에만 먹이 묻어 인출되기 때문이다.

따라서 사용한 기간이 오래되면 글자가 없어지거나 활자의 서체 중 많이 사용하는 다빈도 글자의 경우는 가늘어지고, 잘 쓰이지 않거나 僻字인 경우는 처음의 모양을 유지하고 있어 서로 균형이 맞지 않게 되므로 이를 조정하기 위하여 활자를 補鑄하거나 補字의 방법을 쓰기도 하였다.

2. 고려시대 금속활자 문화 개요

1970년대에 들어 『直指』가 발견되면서 고려 금속활자에 대한 새로운 이해가 시작되어 활자 인쇄의 始原이라든가 출판된 시기와 장소, 청동활자 주조법 등이 구체적으로 논의되기 시작하였다. 즉 당시 발견된 『直指』는 淸州의 興德寺라는 사찰에서 景閑 스님이 초록·편찬한 책을 1377년에 청동활자를 밀랍주조법으로 주조하여 인출한 책의 하권으로, 이미 20세기 초에 프랑스인 모리스 쿠랑에 의하여 『조선서지』의 부록에 수록된 내용을 확인하는 계기가 되었다.

한편 그동안의 자료 발굴과 연구를 바탕으로, 같은 흥덕사자로 찍은 다른 인본인 『慈悲道場懺法集解』의 번각 목판본 두 책이 확인되었다. 책의 구성과 형태가 유사하고 저자도 고려 승려인 祖丘로 확인되며 『慈悲道場懺法』의 어려운 글자와 문장을 풀이하고 주석한 책으로, 고려의 독자적인 책인 점에서도 높이 평가되고 있다. 특히 글자의 서체에서 흥덕사자본의 번각임을 증명해 주는 小字의 병행 사용이라든가 이체자의 사용 등이 동일하게 나타나고 판심의 형태나 구성이 같은 점에서도 두 판본의 관련성을 찾아볼 수 있다. 또 이 책의 底本이었을 활자본은 소자의 사용이라든가 계선의 유무를 통하여 『直指』보다 더 이른 시기에 인출되었을 가능성이 높다.

이처럼 금속활자본과 비록 다른 책이지만 같은 활자로 찍은 번각본의 발견은 활자의 사용범주가 실험적인 것에 그치지 않고 지속적인 출판활동이 이루어졌다는 점과, 중앙이 아닌 지방의 작은 사찰 즉 각종 기록에 寺名이 나오지 않는 곳에서도 금속활자 인쇄가 이루어질 만큼 당시의 출판문화가 보편화되었고 성숙되어 있었다는 점을 간접적으로 증명해 준다.

이러한 실물의 발견과 더불어 관련 분야의 연구 성과들에 따르면, 1230년대 전반에 『古今詳定禮文』을 새로 찍어 내면서 작성한 발문이 『東國李相國全集』에 수록되어 있는데, 그 내용 중에는 금속활자로 인출하고 배포한 기록이 포함되어 있다.

이와 더불어 또 다른 중요한 기록으로, 1239년에 간행한 『南明泉和尙頌證道歌』의 발문에는 몽고의 침입으로 수도를 개성에서 강화도로 옮겨 올 때 가져온 鑄字本을 급한 대로 목판으로 다시 번각하여 널리 배포하고자 한다는 최이의 글이 수록되어 있다. 이 기록에 따르면 수도를 강화도로 옮겼던 1232년 이전 개성의 중앙정부에서 이미 금속활자로 이 책을 찍어 냈다는 것을 알 수 있다. 이때 사용된 활자를 일단 證道歌字로 명명해 둔다.

이미 선행연구들에서 이 번각본이 글자의 배열이 고르지 않은 점과 行間과 字間 등이 활자본의 특징을 반영하고 있는 점, 같은 글자체의 중복 사용 등에서도 그 저본이 활자본임을 짐작할 수 있었다. 또 이 책의 저본을 찍은 시기가 『直指』보다 약 140년 앞선 점에서 중앙과 지방의 출판문화의 확산과 차이를 보여 주고 있다.

근자에 들어 소위 證道歌字로 찍은 다른 판본으로 『東國李相國全集』이 확인되어 이를 증도가자와 번각본 『南明泉和尙頌證道歌』의 서체를 대조한 결과 서로 일치하고 있음을 알 수 있었다. 또 책의 인출 시기로 미루어 볼 때 『南明泉和尙頌證道歌』는 1232년 이전이며 『東國李相國全集』은 1241년경으로 약 10년의 간격이 있지만 이 사이에 『古今詳定禮文』이 찍혀 이 세 판본은 모두 증도가자의 판본이 확실하며 출판 동기의 측면에서도 『東國李相國全集』은 신속성을, 『古今詳定禮文』은 신속성과 수요의 제한성을 충족시켰다고 볼 수 있다.

이와 더불어 최근 증도가자와 함께 발견된 네다리형 금속활자는 그 인본이 확인되지는 않았고 활자 표면에 잔류된 먹도 없어서 실제 사용되었던 것인지는 알 수 없지만 서체나 활자의 형태와 구조적 측면에서 한 단계 발전한 활자라는 것을 알 수 있다. 또 서체의 측면에서는 조선 초의 癸未字와 흡사하여 증도가자 이후 조선 초기로 이어지는 시기에 주성된 활자로 짐작할 수 있다. 뿐만 아니라 이후 조선 초기의 활자 개량 과정과 관련된 기록이 이 활자가 지니는 네다리형과 일치하고 있다는 점에서 간과할 수 없는 중요한 실물 정보를 제공하고 있다.

3. 조선 전기 금속활자 문화 개요

13세기 기록부터 확인되는 고려시대의 금속활자 인쇄는 14세기 후반에 들어 중앙에서는 서적포, 서적점 등에서 활자를 관리하고 있었던 사실이 『고려사』를 비롯한 사료에 나타나고 있으며, 한편 지방에서도 청주의 흥덕사와 같은 사찰에서까지 활자가 주조되어 출판에 활용될 만큼 보편화되었을 것으로 추정되고 있다.

이러한 출판에 있어서 금속활자 인쇄의 보급은 중앙 주도의 출판 활동에서 벗어나 당시 학문 진작과 종교적인 목적으로 생산된 정보를 소통하고 확산시키는 측면에서 기여한 바가 적지 않았을 것이다. 이 밖에도 대장경을 비롯한 대규모의 불교 목판 간행사업과 지방에서의 유가류 서적의 지속적인 간행으로 고려시대의 출판문화는 목판인쇄술과 활자인쇄술이라는 두 축을 중심으로 기술적 발전을 거듭하였다.

조선에 들어와서도 활자 인쇄에 대한 요구가 계속되어 국초에 功臣錄券이나 『大明律直解』와 같은 문서와 책들이 목활자 인쇄방식을 통하여 다량으로 생산·배포되었다. 이를 기반으로 정치적으로 안정을 이루어 가던 태종은 1403년에 활자를 만드는 데 소요되는 경비나 기술적 미숙 등 여러 가지 어려움에도 불구하고 癸未字를 주조하여 국가에서 운영에 필요한 서적을 쉽게 찍어 낼 수 있는 체제를 만들고자 하였다. 이렇게 시작된 금속활자 인쇄였지만 조판 등 기술적 미숙과 글자 크기나 자체의 선호 등에 대한 전반적인 개선의 요구에 직면하였다. 이어 1420년에는 세종이 강력한 의지로 글자체와 인쇄기술을 개선하여 활자의 모양도 고치고 조판법에서 밀랍을 쓰지 않는 방법으로 개량하여 癸未字보다 글자가 작은 庚子字를 만들어 내 인출 분량을 두 배 이상 향상시켰다. 그 이후에도 이와 같은 출판 인쇄기술상의 새로운 고안과 기능을 증대시키는 과학적 검토가 계속되어 1434년에 李蕆 등이 왕명으로 甲寅字를 주조하여 인쇄에 활용하였다. 이 갑인자의 글자 서체는 衛夫人字라는 부드러운 필치의 해서체 활자로, 활자의 형태를 정방형으로 고치고 바닥부분을 평평하게 하고 조판할 때 밀랍을 쓰지 않는 대신 나무, 종이 등으로 빈 곳을 메움으로써 인출 시 활자가 흔들리는 것을 방지할 수 있었던 까닭에 인출의 기능면에서도 庚子字보다 두 배로 향상되었다. 또 조선에서의 이러한 활자 개량을 중국과 비교하기 위하여 사신에게 활자 인쇄 지식을 알아 오도록 하는 등 내외적으로 활자 주조와 인쇄의 능률을 올리기 위하여 노력을 경주하였다. 갑인자를 통하여 본 궤도에 오른 활자 인쇄는 이후 18세기 말에 이르기까지 5차례 같은 서체를 유지하면서 주조를 거듭하였고 1436년에 주조된 鉛活字인 丙辰字 등으로 다양하게 발전하였다.

조선 초기에 활자 인쇄기술의 비약적인 발전을 이룬 후 문종에 이르러서는 松雪體로 대표되는 庚午字(安平大君字)가 주조되었고 세조 때에는 姜希顔의 글씨를 자본으로 乙亥字를 주조하였으며 乙酉字, 丁丑字, 戊寅字 등 여러 종류의 활자가 대자, 소자까지 필요에 맞게 주조되었다. 성종조에 이르러서는 朴耕의 글씨를 자본으로 甲辰字가 주조되었고 중국 明版의 큰 글씨로 癸丑字가 주성되었으며 중종 때에도 갑인자보다 작은 글씨의 丙

子字와 己卯字가 만들어져 서책의 간행에 사용되었다.

16세기 후반인 선조 대에 들어서는 再鑄甲寅字라 불리는 庚辰字가 주조되었고 기존에 사용되던 을해자를 보주하였으며 이어 경서의 언해들을 찍는 데 사용한 을해자체의 經書字가 주조되었다.

이와 같이 조선 전기에는 활자 주조의 어려움에도 불구하고 역대 왕들이 성리학적 세계관을 실천하는 방법으로 교육과 학문 진작을 위한 서책의 출판에 노력하여 활자를 주조하고 조판을 비롯한 인쇄기술을 개선하였다. 또 목적과 용도에 맞게 활자의 크기나 서체, 재료를 채택하였으며 특히 서체 면에서 초기에는 중국의 것을 많이 따랐으나 점차 조선인의 서체를 활자의 자본으로 삼아 우리 정서에 어울리는 서책을 만들고자 노력하였다.

4. 조선 후기 금속활자 문화 개요

임진왜란의 종식과 더불어 전개되는 조선 후기는 전쟁의 피해로 말미암아 정치, 사회, 경제 등 국가 전반적인 침체와 더불어 서책과 관련된 중앙의 인쇄기관이나 활자 등이 흩어지거나 약탈되어 제대로 기능할 수 없었다. 특히 활자와 관련해서는 전후의 긴급한 학문 진흥을 위하여 없어진 금속활자를 대신하여 17세기 초에 훈련도감에서 금속보다 조달이 손쉬운 목활자로 책을 찍어 배포하였다.

임진왜란 이후 숙종 직전까지 금속활자를 주조한 것으로는 주자도감을 설치하고 광해군 10년(1618)에 戊午字를 만든 것이 시작이었다. 이후 회복기에 접어든 현종과 숙종 시기에 다양한 유형의 활자가 주조되었고 서적 인쇄도 활발하게 진행되었다. 인조 말에 이르러서야 교서관의 활동도 정상을 되찾게 되는데, 특히 숙종 때는 조선 후기 금속활자 중에서 가장 오랫동안 쓰인 교서관인서체자와 현종실록자를 주조하였으며, 그 직전인 현종 9년(1668)에 주조한 戊申字도 숙종 대에 본격적으로 사용되기 시작하여 중앙의 활자 인쇄가 활발하게 자리잡게 되는 전기를 마련하였다.

戊申字는 호조와 병조의 판서와 수어사를 겸직하고 있던 金佐明이 호조와 병조의 물자와 인력을 활용하여 수어청에서 주조한 66,100여 자의 대자와 46,000여 자의 소자로, 영조 말까지 100여 년간 사용되었다. 숙종 2년(1676)에는 일본 문자를 교서관에서 제작하였으며 이듬해인 숙종 3년에는 『顯宗實錄』을 인출하기 위해 동활자를 차용하였는데, 이것이 顯宗實錄字이다. 이 활자는 민간의 洛東契의 활자 3만여 자를 차용하고 1만여 자를 加鑄한 것이다.

숙종 초부터 교서관은 명나라 간본을 자본으로 文集字라고 불리는 인서체의 금속활자인 校書館印書體字를 주조하였다. 교서관인서체자는 정조 연간부터 목활자와 혼용되었으며 고종 32년(1895)부터 學部에서 印書體木活字로 교과서를 간행할 때 혼용되었다. 그 무렵 교서관에서는 낙동계활자에 이어 또 다른 사가의 동활자로, 김좌명의 아들 金錫冑가 韓構로 하여금 자본을 쓰게 한 韓構字를 구입하여 사용하였다. 이 활자는 정조 6년(1782) 평안도관찰사 서호수에게 명해 8만여 자를 다시 주조하였으니 이를 再鑄韓構字라 하고, 철종 8년(1857)에 주자소 화재로 소실되어 이듬해 새로 31,829자를 주조한 것이 三鑄韓構字이다. 또 숙종 19년(1693)에는 인조의 아버지인 元宗이 쓴 글씨를 자본으로 한자와 한글 활자를 주조하였다.

18세기 후반에는 세월의 흐름에 따라 기존 활자의 마멸과 결락 등이 발생하였고 새로 활자를 주조할 필요성이 있어 정조 연간에 총 6종 100만여 자의 활자를 제작하였다. 정조가 동궁 시절에 만든 임진자(1772), 그리고 등극 후에 만든 정유자(1777), 재주한구자(1782), 춘추강자, 생생자(1792), 정리자(1795) 등이 그것인데, 그중 춘추강자와 생생자는 목활자이고 나머지는 모두 금속활자이다.

갑인자 계열의 임진자는 정조가 동궁으로 있을 때인 영조 48년(1772)에 예문관제학 徐命膺에게 명하여 갑인자본 『心經』과 『萬病回春』을 자본으로 주조한 15만 자의 동활자이다. 이어 같은 갑인자 계열의 정유자는 1777년에 15만 자가 평양에서 주조되어 규장각으로 옮겨져 1857년 화재 시까지 많은 책의 인출에 사용되었다. 정조 20년(1796)에는 중국의 四庫全書에 들어 있는 『康熙字典』을 본떠 만든 목활자인 生生字를 바탕으로 하여 정리자 대소 30만 자를 주조하였으나 이 활자도 1857년 화재로 불타 이듬해 약 9만 자의 재주정리자를 만들게 되었다.

이러한 고딕체의 정리자는 민간에도 영향을 미쳐 1798년경 希顯堂鐵字라는 활자가 만들어져 경서를 비롯한 여러 주제의 책을 찍어 내는 데 쓰였고, 순조 연간에도 민간에서 작은 필서체의 활자가 만들어져 20세기 초까지 사용되었으며 현재 일부 박물관에 실물이 소장되어 있다.

19세기 들어 가장 대표적인 활자로는 순조 16년(1816)에 중국의 취진판을 모방하여 20만 자를 주조한 全史字를 들 수 있다. 이 활자는 순조의 생모 수빈 박씨의 오빠인 朴宗慶이 사사로이 만든 활자로, 철종 연간 이후 중앙과 지방 등 민간에서 필요한 여러 책을 찍는 데 사용되었고 실물활자는 현재 서울대학교 규장각에 일부 전하고 있다.

이와 같이 조선 후기 금속활자의 주조와 서책의 인출도 임란 후 어려움을 극복하고 다양하게 발전하여 전기의 갑인자 서체 계열의 활자가 중앙에서 지속적으로 쓰였고 18세기 이후에는 고딕체의 활자도 여러 종이 주조되어 용도와 수요에 맞게 사용되었다. 또 전기에 비해 민간에서 활자를 주조하거나 책을 찍어 내는 일이 빈번해졌으며 정조 대에 이르러서는 문물이 정비되면서 기술적 측면에서 활자 인쇄와 조판 기술이 한층 발전하였다.

제7절
활자의 형태와 조판 방법의 변천

1. 고려시대

1) 활자의 형태

조선시대의 금속활자 형태에 대해서는 이미 선행 연구에서 實錄 등의 문헌과 실물에 근거하여 어느 정도 그 특징이 파악되어 있다. 그중 고려 활자는 최근(2010)에 발견된 증도가자 200여 점과 국립중앙박물관에 남아 있는 고려 '複' 활자,[6] 북한에서 발견된 '䪼' 활자에 의하여 서체, 형태와 재질 등이 확인되고 있다. 특히 활자의 뒷면에 오목한 원형 홈이 있어 그 기능과 주조 방법, 조판의 여러 면에서 연구해야 할 영역으로 남아 있다.

한편 이미 '複' 활자에 대한 면밀한 측정이 이루어졌고 북한의 '䪼' 활자도 전시회를

---

6 이 활자는 1913년 10월 7일 덕수궁 박물관에서 일본 상인 赤星佐七에게 10원에 사들인 것으로, 당시 고려 왕릉에서 나왔다고 전해 들었다는 기록이 있다. 소장 목록의 기록(덕수궁 4462호, 사진 1163호, 금공품 856호).

통하여 공개되어 비록 활자 사용 여부 등 논란이 있지만 이 분야 연구에서 새로운 접근이 가능하게 되었다. 『남명천화상송증도가』를 찍은 증도가자는 활자의 아랫부분이 ① 원형홈(그림 1-2(a) 참조), ② 날개-홈형(그림 1-2(b) 참조) 두 가지 형태로 나누어진다. 크기는 가로 1.3~1.4cm, 세로 1.1~1.3cm, 높이 0.7~0.8cm이며 뒷면 홈의 긴쪽 지름은 약 1.0cm이다. 좌우의 날개 부분은 폭이 1~1.5mm, 뒷면 홈의 깊이는 약 2~3.5mm로 활자마다 조금씩 차이가 있다.

글자의 획 사이에는 당시 사용하던 먹이 잔류되어 있고 활자에 따라 흙이 묻어 있는 경우가 많으며 글자의 표면과 활자의 몸체가 부식되거나 외부적인 요인으로 파손되어 있는 것이 대부분이다. 그러나 활자나 글자 부분이 본래 모습에서 큰 손상 없이 발견되어 서체나 조판 등의 연구에 충분한 데이터를 제공하고 있다.

특히 30개 정도의 활자를 대상으로 잔류된 먹에 대하여 방사성탄소연대 분석을 한 결과 잔류량과 보존상태상 분석 가능한 부분은 대부분 11~13세기 초의 분포를 나타내었다. 즉 이 결과는 증도가자 사용 시기의 하한 시기와 일치한다. 또 금속성분의 분석에서는 구리(Cu) 70~80%, 주석(Sn) 7~10%, 그 밖에 납(Pb) 등이 포함된 것으로 나타나 조선시대의 성분과 큰 차이가 없었다. 나아가 금속재료의 생산지에 대하여 납 동위원소를 분석한 결과 충북·전북·전남을 잇는 분포대를 가지는 것으로 나타났다. 또 '複' 활자의 경우 그동안 활자면과 뒷면의 형태적 분석에 중점을 두었으나 활자의 측면을 자세히 보면 상하의 이중 단락이 보이며 글자 정면의 경우에도 하단부 좌우측에 글자를 이루는 한 층과 아랫부분을 이루는 층의 단면이 확연히 보이고 상단의 좌측에도 글자를 이루는 곡선면과 하단부 단층면이 분명히 보인다.[7] 그러나 북한의 '㯙' 활자의 경우 형태적으로 한쪽으로 치우쳐 있어 조판상 어려움이 있고 표면은 인위적으로 연마한 흔적을 보이며 글자 외의 바닥면이 없어서 다른 활자의 자면과 차이가 있다. 이는 마치 일본의 쓰루가 활자 중 바닥면 없이 바로 활자의 기둥으로 연결되는 약연조 형태와 개념적으로 유사하다.

이와 같이 글자면과 활자의 몸체 중 하단부를 이루는 부분이 어긋나 있는 모습은 최근 국립중앙박물관 소장의 한글 활자[8]와 校書館印書體字[9]에 대한 조사 도록에서도 일일

7 국립중앙박물관 편, 『북녘의 문화유산』, 서울: 동박물관, 2006, pp. 108-109
8 국립중앙박물관 편, 『한글금속활자』, 서울: 동박물관, 2006, p. 138의 '젓' 자 4종 모두를 비롯하여 여러 활자
9 국립중앙박물관 편, 『校書館印書體字』, 서울: 동박물관, 2007, p. 178의 '忘' 등

이 열거할 수 없을 만큼 높은 빈도로 여러 글자에서 확인된다. 비록 활자 주조 후 글자면과 측면 등을 연마하여 많은 부분이 보이지 않게 된 상황에서도 여러 부분에서 주조 당시 어긋난 흔적을 쉽게 찾을 수 있다.

『용재총화』에 수록된 내용과 같은 활자의 주조 방법과 실물이 고려에서부터 조선 후기에 이르기까지 고르게 분포되고 있다면 조선 전기의 활자도 이와 같은 주조 방법과 형태를 지닌 것으로 비정될 것이다. 현존하고 있는 고려 활자로 알려진 일부 실물의 형태(그림 1-2(a)~(c) 참조)에서 보듯이 가운데의 둥근 홈이 커지면서 네 모서리에 삼각뿔 형태의 다리가 남는 경우가 있고 더 나아가 뒷면의 가로·세로로 둥근 조각칼로 크게 터널식의 고랑을 내면 역시 같은 모양이 만들어진다. 이러한 단계적인 발전이나 방법상의 차이와 더불어 『세종실록』에서 활자의 네 모퉁이를 평평하게 하여 조판하기 편리하도록 하였다는 기록에서, 활자의 바닥을 평정하게 한 것이 아니라 네 모서리를 평정하게 하였다는 것은 조선 초기 금속활자가 床과 같이 네 다리를 가진 형태였던 것으로 추정케 한다. 그러나 네 다리의 활자는 높이가 맞지 않으면 고정되지 않고 흔들릴 가능성이 많고 조판 시 높이를 조정할 때도 닿는 면적이 줄어들어 밀랍이 아니면 특정 부분의 높이를 맞추기가 어려웠을 것으로 판단된다.

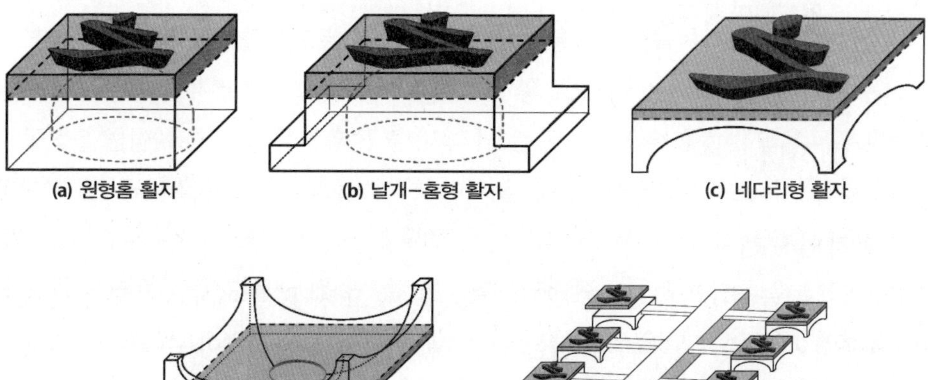

(a) 원형홈 활자 (b) 날개-홈형 활자 (c) 네다리형 활자

(d) 네다리형 활자의 바닥면 (e) 주조 시에 나타나는 가지쇠

그림 1-2 고려시대 활자의 형태와 가지쇠

2) 조판 방법

현존하는 고려의 證道歌字들은 고려 '복' 활자와 같이 그 형태는 좌우 하단부에 일정 간격으로 튀어나온 돌출 형태(그림 1-2(b) 참조)를 지닌 것도 있다. 주조의 어려움에도 불구하고 이러한 형태를 유지한 것은 계선이 없는 책을 만들 경우 두 行間의 글자들이 서로 붙지 않도록 하기 위해서였을 것으로 추정하기도 한다.

그 밖에 조판의 경우에도 銅版과 광곽틀(鐵亐里)의 관계에서 일체형으로 연결되었는지, 서로 분리할 수 있고 필요 시 조립하여 사용 가능했는지 여부에 따라 계선(銅印札)과 활자면이 접촉되는 부위 중 아랫부분에서 활자의 하단부 모서리 면과 동판/계선의 연결 부분이 서로 물리게 될 때 활자의 높이가 다르게 될 경우도 가정해 볼 수 있다.

활자 뒷부분의 형태가 달라지게 된 이유로는 대체로 다음과 같은 몇 가지 요인이 고려될 수 있을 것이다.

① 銅 등 금속재료를 줄이려는 경제적 측면
② 네 다리를 유지하여 동판과 닿는 면적을 줄여 조판 시 흔들림을 막음
③ 활자 주조 시 글자면 부분이 잘 주성되도록 활자의 두께를 줄임
주물사 속에서 금속이 응고될 때 주물사와 닿는 표면과 내부의 균질성을 유지하기 위함
④ 좌우 行間의 활자를 자연적으로 분리시키는 조판상의 편리함

2. 조선시대

1) 활자의 형태

일반적으로 금속활자 인쇄사의 발달단계로 볼 때 고려 '복' 字에서 시작해 조선 癸未字 - 庚子字 - 甲寅字 - 乙亥字로 이어지는 조선 전기 활자와 실물이 남아 있는 조선 후기 활자로 구분된다. 이러한 흐름은 활자 실물과 그 활자로 찍은 印本, 실록 등 사료에 나타난 기록에 의거하여 나누어진다.

이와 같이 다양한 금속활자의 형태를 다룬 선행연구에서는 활자의 높이와 아랫부분의 모양에 관한 연구, 조판이나 작업능률과 관련된 연구가 많다. 또 실물로 인정된 고려

'複' 자는 높이가 7~8mm이며 나머지 함께 발견된 조선 초기 주조된 癸未字와 서체상 거의 유사한 네다리형 고려 활자에서도 같은 높이가 유지되었다.

한편 발견된 고려 활자 중 기록상에 언급된 형태와 가장 부합하는 활자는 뾰족한 네 다리를 갖춘 활자로, 서체, 크기 또한 계미자와 거의 흡사하지만 크기가 미세하게 차이 나고 '氵' 등 획의 방향이 서로 다르게 나타난다.

비록 발견된 네다리형 활자가 고려시대에 사용된 문헌과 기록은 없지만 계미자와 크기나 서체면에서 서로 연결된다는 점과, 주조 기술이 훨씬 높은 수준이라는 점에서 주목된다. 뿐만 아니라 이 활자 형태의 출현은 '證道歌字'로부터 계미자로 이어지는 형태적 특징의 연결성과 서체면에서 자연스러운 연결을 가능케 한다.

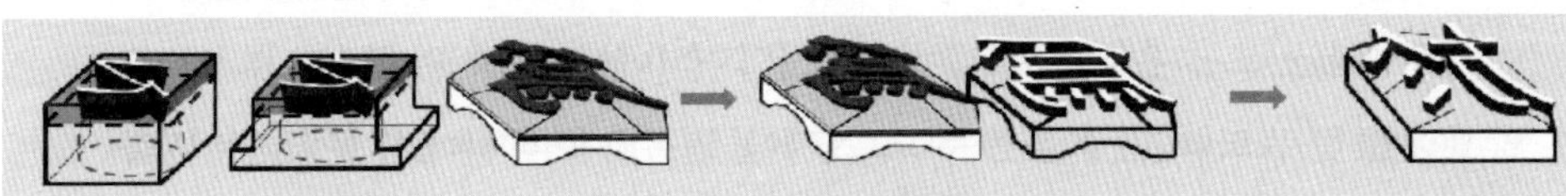

그림 1-3 고려, 조선 활자 높이 0.7~0.8cm의 형태 변천

그러나 이런 활자의 모양은 15세기 후반 들어 변화되어 실물활자가 전하고 있는 한글 乙亥字의 경우 바닥면에서 완만한 ∧ 자나 ∩ 자형 홈이 있고, 甲辰字 인본인『東國史略』에 ∩ 홈의 활자 모양이 그대로 인출된 교정 전의 낱장도 있어서 이미 16세기에는 굴곡이 심한 ∩ 자 홈이 활자 형태에 반영되었던 것으로 추정할 수 있다.

이러한 형태의 활자는 현존하는 戊申字, 顯宗實錄字, 整理字, 全史字 등 18~19세기 금속활자 대부분의 형태가 아랫부분이 '∩' 자 터널형으로 되어 있는 점과 일맥상통한다. 중앙 주도의 활자들이 이와 같은 형태를 지닌 반면 지방에서 만들어진 활자들은 높이가 4~5mm로 낮고 밑면이 평평하게 되어 있는 것이 많으며 상대적으로 조악한 편이다.

2) 조판 방법

금속활자 인쇄는 활자의 주조뿐만 아니라 만들어진 활자를 원고에 맞게 배열한 다음 먹을 칠하고 종이에 문질러 찍어 내는 과정 전반을 포괄하는 개념이다. 조선 전기의 여러 가지 활자 관련 기록들에서 조판에 관련된 사항이 많다는 것은 대량 인쇄를 목적으로 할 때 가장 중요한 과정 중의 하나가 조판임을 방증한다.

조선시대에는 조판이라는 범주에 활자를 관리하며 필요 시 찾아내는 守藏諸員의 역할과 판짜기에 동원되는 均字匠의 역할, 조판대, 鐵亏里, 銅印札을 만들고 다듬는 사람, 빈 공간을 채울 竹木, 破紙의 공급, 부족한 글자를 임시로 만드는 사람이나 역할까지 폭넓게 포함된다.

이미 앞서 살펴본 바와 같이 조판의 기술은 시대, 중앙과 지방, 사용되는 재료, 활자의 재료, 글자의 크기 등에 따라 큰 차이를 보인다. 이러한 차이는 단순히 조판기술의 발전뿐만 아니라 주조되는 활자 형태의 변천과도 밀접한 관련을 지니고 있다.

예를 들어 조선 초기에 보이는 四邊이 연결된 鐵亏里, 즉 고려시대부터 계미자, 경자자, 갑인자에 이르는 동안 사용된 鐵亏里는 점차 다양한 크기의 책을 찍거나 조판 시간 절약을 위하여 손쉽게 제작 가능하도록 네 변이 분리되어 조합해 사용할 수 있는 방향으로 발전하였다. 그러나 영·정조 이후 임진자나 정유자의 판본에서 보이는 연결된 鐵亏里의 유행은 같은 활자를 사용하여 찍는 종류가 많아지면서 처음부터 표준으로 만들어 두었던 같은 규격의 鐵亏里를 보관해 두고 반복 사용함으로써 조립하는 시간을 줄이는 효과를 거두기도 하였다. 즉 사용 목적과 상황에 맞추어 활용되었다고 볼 수 있다.

뿐만 아니라 組版과 解版 시 銅印札의 存置 여부도 임란 전까지의 활자본에서는 대체로 활자와 함께 들어내고 다음 면에서 다시 삽입되기 때문에 行間의 간격과 동인찰의 모양이 유동적이다. 그러나 임란 후의 활자본 중 일부 후기 校書館印書體字와 지방의 希顯堂鐵字의 경우, 같은 鐵亏里 내에서는 같은 銅印札이 같은 위치에 사용되었음을 알 수 있는데, 이는 곧 鐵亏里 내의 바닥에 蜜蠟이 있어서 고정되었거나 고정을 위한 다른 空木이 사용되었을 가능성을 시사한다. 만약 밀랍이 원인이라면 解版 시 활자를 제거한 후 밀랍을 약간 걷어 내고 다음 면을 조판할 때 녹인 밀랍을 약간 추가하여 활자를 배열하고 조판해야 한다. 그렇지 않으면 기술적으로 굳은 밀랍에 활자가 다시 고정되기 힘들기 때문이다.

조선 초기의 계미자, 경자자의 조판 시 사용되었던 밀랍은 갑인자에 이르러 글자의 형태를 개선하고 밀랍을 쓰지 않으면서 竹木과 破紙를 이용하여 활자 사이나 계선 사이의 빈 공간을 메우는 방법으로 인출 시 활자의 흔들림을 막도록 하여 그 전보다 몇 배의 효율적인 인쇄를 할 수 있었다. 이러한 방법은 그 후에도 지속되어 기록상으로 볼 때 顯宗實錄字의 경우『현종실록』,『영조실록』,『정조실록』을 간행할 때 같은 방법이 유지되었으며 정조 대에 整理字로 책을 인출할 때 젖은 종이를 이용하여 조판하였다는 기록에서도 재확인된다. 그러나 지금까지의 연구에서는 활자의 뒷모습이 '∩' 자의 터널형이 되면서부터 밀랍을 이용한 조판으로 '∩' 자의 홈에 밀랍을 채워 글자의 흔들림을 방지하였다는 추론도 있다.

이러한 두 가지 방법 중 후자의 것은 남아 있는 지방의 목활자 인쇄판에서는 빈번하게 확인되지만 중앙의 금속활자에 사용된 근거는 고려대학교 박물관과 국립민속박물관에 전시되어 있는 壬辰字『國朝寶鑑』의 조립판의 바닥에 보이는 밀랍 등이다. 그러나 이 판은 일제강점기 때 일본인 今西龍이 목판본『國朝寶鑑』을 인출하면서 모자라는 책판을 새로 새기기보다는 목판본『國朝寶鑑』의 저본이 되는 임진자판을 찍어 보충하는 방법으로 再造된 판[10]이므로 비록 모든 재료는 조선시대의 것이지만 조판 기술이 중앙정부의 전통을 이은 것인지는 알 수 없다.

이와 같이 전통적인 활자 조판 방법은 부착식과 조립식으로 나누어지는데, 각각의 특징을 살펴보면 다음과 같다.

(1) 부착식(고착식)

① 배경: 초창기 제조가 정밀하지 못하여, 인쇄할 때마다 먼저 밀랍을 판 밑에 깔고 그 위에 글자를 맞추어 꽂음
② 밀랍의 성질이 물러서 활자를 꽂아도 단단하게 굳지 않아, 겨우 두어 장만 찍으면 글자가 쏠리고 많이 비뚤어짐
③ 밀랍을 이용하여 활자를 판에 부착함
④ 가장자리 네 모퉁이가 연결된 판의 바닥에 밀랍을 깔고 활자를 식자함
⑤ 불로 바닥을 녹이고 윗면을 눌러 주어 활자판을 평평하게 만듦
⑥ 활자와 붙은 아래쪽 바닥의 밀랍이 굳으면 인쇄
⑦ 시간이 많이 걸리고 여러 번 문질러 찍게 되면 글자가 서로 밀리고 흔들림
⑧ 밀랍 비용이 많이 듦

---

10 이 내용은 일본의 天理大學校 圖書館 今西龍 기증도서 중『國朝寶鑑』말미에 自筆로 기록되어 있다.

(2) 조립식(분리식)

① 이천에게 고쳐 만들기를 명하여 지혜를 써서 판을 만들고 주자를 다시 부어 만듦
② 활자가 모두 바르고 견고함
③ 판을 짤 때 밀랍을 쓰지 않아 많이 박아 내어도 글자가 비뚤어지지 않음
④ 갑인자와 같이 뒷면이 평면임
⑤ 활자의 모양이 정방형이고 크기가 통일되어 있음
⑥ 활자의 네 면을 평평하게 만들어서 바닥에 밀랍을 깔지 않고 활자를 조립함
⑦ 비는 공간은 대나무나 파지 등으로 메워서 활자가 움직이지 않도록 함
⑧ 두 개의 인판틀을 만들어 한 판을 인쇄하는 동안 다른 판을 조판함
⑨ 인쇄량이 늘고 작업의 효율성이 배가됨

제8절 활자 서체의 변천

현존하는 자료를 대상으로 가장 빠른 활자 서체 자료로는 고려시대의 증도가자를 들 수 있다. 證道歌字는 『南明泉和尙頌證道歌』와 『東國李相國全集』을 통하여 그 인면을 확인할 수 있는바, 그 서체가 私刊本의 板經, 再雕大藏經과 유사하여 12세기 후반에서 13세기 후반의 서체로 추정된다. 물론 금속활자에 잔류하고 있는 먹을 방사성탄소연대분석을 통해 분석한 결과 11~13세기 활자로 판명되었지만, 서체 또한 활자 주조 시기를 추정하는 데 간접적인 근거로 활용될 수 있다.

한편 실물활자가 아닌 印本만 존재하는 흥덕사자로 찍은 『直指』와 그 번각본 『慈悲道場懺法』은 글자의 서체를 비교할 만한 다른 인본을 찾아보기 힘들다. 흥덕사자는 14세기 서체로, 장법과 결구가 토속적이고 단아하면서도 힘이 느껴지는 서체이다.

고려시대의 서책 등에서 주로 볼 수 있는 서체는 歐陽詢體(歐體)와 고려 후반의 趙孟頫體 등이지만 柳公權體나 坦然體도 금석문 등에서 확인되고 있고 이러한 흐름은 최근 발견된 활자에서도 찾아볼 수 있다.

조선에 들어와서 전기의 경우 15세기 초의 癸未字는 歐體가 반영된 힘이 있는 서체였으며 庚子字의 경우에도 계미자에 비하여 비록 작고 부드럽지만 힘이 있는 느낌이며 조선시대의 유사한 서체를 찾을 수가 없고 대체로 南宋 때의 서체로 통용되고 있다.

이후 1434년대 甲寅字부터 쓰여진 衛夫人字體[11]는 조선 전 시기 동안 지속적으로 사용되었고 부드럽고 정제된 필치이다. 이때 활자의 자본이 된 책은 중국의 판본들로서 『詩』, 『書』, 『左氏傳』, 『爲善陰騭』이 있으며 이어서 庚午字는 安平大君의 글씨를 본으로 하여 만든 활자로, 그 서체는 松雪體를 바탕으로 하면서 안정되고 중후한 경향을 보인다. 이후 세조 때 乙亥字는 조선인 姜希顔의 글씨로 중자를 만들었으며, 특히 세조는 丙辰字와 丁丑字, 戊寅字의 큰 글자를 직접 쓰기도 하였다. 1465년에는 鄭蘭宗의 글씨를 본으로 하여 乙酉字를 만들었고, 1484년에 만든 甲辰字는 중국의 『烈女傳』, 『歐陽公集』을 자본으로 하고 부족한 글자는 朴耕의 글씨로 보충하여 비교적 작은 글씨로 활자를 만들었다. 1493년에는 새로 구한 明版 『資治通鑑綱目』을 자본으로 대·중·소의 금속활자인 癸丑字를 만들었는데, 글씨가 크고 楷正하였다.

이와 같이 15~16세기에는 서체와 크기가 용도에 맞게 만들어진 활자들이 중앙에서 사용되는 가운데 지방에서도 이 활자들을 모방한 활자체가 유행하였다.

17세기 들어 전후 복구의 일환으로 서책을 펴내기 위하여 훈련도감에서 목활자를 만들 때 앞 시대의 주요 官鑄活字들의 서체를 답습하였다. 또 17세기 후반인 1677년경 당대의 명필가인 韓構의 글자로 가늘고 작은 활자인 韓構字를 주조하였으며 이 글씨체는 이후 2번 더 활자 주조에 사용되었다.

이때까지의 활자 서체는 대부분 필서체가 주를 이루었지만 1684년에 이르러 명나라 印書體 간본에서 글자본을 택하여 校書館에서 인서체 활자를 만들었다. 이 시기를 기준으로 전기와 후기로 구분할 만큼 서체상 차이가 컸다. 1693년에는 인조의 아버지 元宗(1580~1619)의 글씨를 본으로 부드러운 필서체인 元宗字를 만들었다.

18세기에는 두꺼운 인서체 글씨인 栗谷全書字가 사용되었고, 1792년에는 淸代 『康熙字典』의 글씨를 자본으로 본격적인 인서체자인 生生字를 나무로 만들었으며 이 목활자를 자본으로 1796년에는 동활자인 整理字를 주조하여 사용하다가 같은 서체로 한 번

11 初鑄甲寅字, 庚辰字, 戊午字, 戊申字, 壬辰字, 丁酉字 등이다.

더 주조하여 구한말에 이르기까지 사용하였다. 그 밖에 希顯堂鐵字나 全史字도 인서체의 활자로 19세기에 널리 사용되었다.

이상과 같이 활자에 쓰인 서체는 고려 때 私刊本 서체나 지역의 특징적인 서체 등과 같이 다양하게 나타나지만 주로 歐體와 松雪體에 바탕을 둔 서체가 조선에 이르기까지 지속적으로 사용되었다. 조선 전기의 특징은 초기에는 중국의 송판본 계열의 책을 자본으로 활자를 주조하였으나 세조 이후에는 世祖나 本國人의 글씨를 자본으로 채택한 경우가 다수 있었다.

17세기 이후는 중국 서체의 영향으로 印書體가 도입되어 중앙의 활자에 여러 차례 채택되었고 간혹 역대 왕이나 본국인의 글씨로 된 활자도 있었다. 글자 크기면에서는 特大字, 大字, 中字, 小字, 特小字로 구분할 만큼 용도에 따라 다양하게 만들어 썼다.

지식정보의 소통과 한국 금속활자 발달사

제2장 금속활자 연구법

고려시대

2

제1절 기존의 연구 성과

지금까지 활자와 관련된 고려와 조선시대의 기록을 제외하고 기초적인 관심이나 연구의 시작은 구한말 모리스 쿠랑의『直指』언급을 기점으로 일제강점기부터 시작된 형태서지학적 접근부터라 할 수 있을 것이다. 이때를 전후하여 몇 종의 활자견본철이 편찬되었고 조선총독부에서 기관을 통폐합하거나 정리하면서 이관된 활자를 대략적으로 분류하고 정리하여 통계를 냈으며 일부 활자들은 선별적으로 전시를 하기도 하였다. 1930년대 후반에서 1940년대까지는 李仁榮에 의한 조선 전기 활자의 기록과 인본에 대한 연구가 손꼽을 만하다.

그러나 이러한 활동은 본격적인 연구라기보다는 단순한 정리나 호기심 충족 정도에 그쳤다고 할 수 있을 것이다. 해방 이후 학계의 전반적인 안정과 더불어 金元龍 등 역사·고고학 방면의 연구자들이 참여하여 1950년대 전반부터 활자 인쇄본의 시대와 형태별 관점에서 정리를 시도하였고 1960년대에는 白麟에 의한 조선 전·후기 활자와 인본에 대한 연구가 특별하다.

1970년대에 들어서는 과학기술사적 측면에서 활자와 목활자, 금속활자본에 대한 印面의 비교와 성분 분석, 종이와 먹의 관련성 등에 대한 기초적인 분석이 시도되었다. 한편 이 시기에는『直指』의 공개와 더불어 금속활자와 목활자에 대한 감정 방법, 인면 분석을 통하여『直指』활자의 주조 방법 등에 대한 논의가 일어나 밀랍주조법이라는 불교유물 제작 방법을 원용하여 설명하였다. 1970년대 말부터 1980년대 초반에는 한·중·일 동양 삼국의 전통시대 활자 인쇄에 대한 연구가 국제적으로 이루어졌으며 중국 송대의 교니활자, 원대의 주석활자, 명대의 금속활자 기록과 실물에 대한 연구가 발표되었다.

또 일본에서는 쓰루가(駿河) 활자가 소개되어 구체적인 연구가 이루어졌고 조선시대 활자들과의 영향 등도 다루어졌다. 또 한국에서는 개별 연구자들이 조선시대 중앙과 지방의 관주 활자 및 지방 활자에 대한 형태서지학적 접근에 바탕을 둔 체계적인 연구를 진행하였다. 관주 금속활자의 활자별 표준 서체 정리와 과학적 분석, 인본 조사 등 본격적인 연구단계로 진입하였다고 볼 수 있다. 이때는 金斗鍾, 千惠鳳, 尹炳泰 등에 의하여 인본과 字藪, 字面 分析 등 연구 영역의 개척과 柳鐸一의 영남지방 목활자에 대한 실물, 인쇄 및 조판도구, 인본에 대한 현장 연구가 돋보였다.

1980년대에는 청주 고인쇄박물관과 오국진을 중심으로 『直指』의 복원과 주조법에 대한 연구가 진행되어 이론과 더불어 실제상의 주조 실험이 이루어져 활자의 크기·형태(높이, 뒷면)·조판 방법·밀랍주조법(방법, 재료, 온도, 매몰토)에 대한 검토가 이루어졌다.

1990년대에는 앞 시기의 연속선상에서 『直指』와 『慈悲道場懺法集解』에 대한 이론적 연구가 보강되었고 밀랍주조법에 있어서 매몰 재료에 대한 논의가 많았다. 2000년대에 들어서는 『證道歌』 서체 분석, 밀랍주조법의 매몰재와 밀랍성분에 따른 재료를 확정하는 실험이 진행되었으며 매몰재에 대한 각종 재료 중 석비례, 황토, 주물사 등에 대한 실험적 연구가 이루어졌다. 한편 주물사 주조에 대해서는 조선왕실주조 금속활자복원사업을 통하여 금속 재료, 주성온도, 주조 방법, 주물사, 조판 방법, 인출 등 활자 인쇄 과정에 대한 전반적인 재검토와 더불어 과학적인 근거를 만들기 위하여 기초단계에서부터 데이터를 확보하고자 하였다. 배경적인 기초자료로는 현종, 영조, 정조의 실록과 『國朝寶鑑』 간행과 관련된 의궤류에 나타난 기록들을 근거로 하고 실물 자료의 인면을 통하여 활자의 크기나 조판방식 등을 추론하여 복원에 적용하였다.

한편 조선시대 실물활자의 정리도 이루어져 국립중앙박물관에서 한글 乙亥字가 확인되었고 한글 금속활자와 교서관인서체자의 금속 성분 분석과 형태에 대한 연구와 사진이 공개되어 활자주조 등 관련 연구에 많은 참고가 되고 있다. 뿐만 아니라 고려시대 금속활자도 공개되어 그 인본이 『證道歌』임이 밝혀졌고 형태는 물론 금속 성분과 주조법, 잔류된 먹의 탄소연대 분석을 통한 실증적 연구 등도 진행되었다. 더불어 『東國李相國全集』의 판본 분석과 실물활자와의 대조를 통하여 『東國李相國全集』 또한 증도가자로 찍어 내었다는 점을 밝혔으며 또 간행시기 등의 맥락에서 『古今詳定禮文』도 같은 활자로 간행되었을 것이라는 추론을 제시하였다.

제2절 관련 기록류

활자의 주조나 관리 및 책의 인출에 관한 일은 주로 국가 중앙기관에서 주도하였거나 그 사업의 규모나 성격상 국왕의 학문 진흥과 문화 부흥을 위한 신념의 실천 등과 관련이 많기 때문에 기록들은 주로 官撰의 史料에 언급된 것이 많다. 특히 역대의 實錄에는 중국에서 수입해 온 문헌이나 정책적으로 편찬된 중요한 문헌, 사서류를 포함한 학술적 목적의 서책을 즉시 찍어 내어 배포할 목적으로 진행된 출판 사업들을 언급하면서 그 수단이 되는 활자의 조성과 효율적 인쇄와 배포에 대한 기록이 많다. 또 각종 儀軌들에도 의궤를 제작하는 과정이 수록되면서 실록이나 『國朝寶鑑』 등을 찍어 낼 때 활자를 조달하고 조판·인쇄하면서 주고받았던 공문서 내용과 각종 기물의 구체적 데이터까지 상세하게 기록되어 있다. 그 밖에 주요 기관들의 업무 등을 수록하고 있는 事例나 重記를 비롯한 문서류에서도 서책의 인출과 관련된 기록을 찾아볼 수 있다.

이러한 공적인 자료 이외에도 개인의 문집이나 저술에 그들이 책이나 활자와 관련된 부서에 재직하였을 때의 출판 활동 등이 기록된 경우도 간혹 있다. 이 경우 관찬자료에서 볼 수 없었던 세부기록이나 배경적 흐름에 대한 중요한 정보를 포함하기도 한다.

1. 官撰 資料

실록의 기사에는 활자의 주조, 인출 관련 기록이 보이는데, 예를 들면 다음과 같다.

■ 실록 중 주조 관련 기록의 예

① 世宗 3年(1421) 3月 24日, 구리판과 글자 모양이 서로 딱 들어맞도록 다시 주조할 것을 명하다

② 顯宗改修實錄 9年(1668) 8月 5日, 김좌명이 동철로 글자를 주조하고서 공장들의 양료·역가를 청하다

③ 正祖 20年(1796) 3月 17日, 整理鑄字를 완성하다

■ **실록 중 인출 관련 기록의 예**

① 世宗 5年(1423) 6月 23日, 『老乞大』 등의 서적을 주자소에서 인출하다

② 世宗 6年(1424) 2月 14日, 주자소에서 인쇄한 『大學大全』 50여 벌을 문신에게 반사하다

2. 儀軌

『顯宗實錄纂修廳儀軌』, 『英宗大王實錄廳儀軌』, 『正宗大王實錄廳儀軌』 등을 통해 활자 주조에 사용되는 각종 물품과 재료 그리고 활자의 이동 및 활자의 수량을 점검한 사실 등이 확인된다.

■ **『顯宗實錄纂修廳儀軌』**

① 乙卯(1675) 閏5월 15일

: 실록인출에 필요한 鍮鐵, 鑄鐵 각각 100斤, 熟銅鐵 4斤半 등 각종 물품을 기록하고 분정하여 빠지지 않도록 할 것

② 丁巳(1677) 5월 10일

: 실록인출 시 鑄字 태반이 부족하여 이제 加鑄하니 小爐匠 所用 麻浦에서 생산되는 흙 2駄를 급히 실어 본청으로 운송해 올 것

■ **『英宗大王實錄廳儀軌』**

① 庚子(1780) 4월 22일 校書館 牒報

: 본관에 보관 중인 實錄鑄字를 옮기는 일에 대한 건으로, 실록주자를 일일이 수습하여 보내고 쓰고 난 후에는 주고받은 사실이 분명하도록 沙板 몇 건, 活字 몇 개 등 관리를 철저히 할 것

② 辛丑(1781) 3월 21일 『別工作謄錄』

: 실록을 인출할 때 冊鈇亐里 6部에 드는 鍮鐵, 鑄鐵, 鍮鑞, 印札 180介에 드는 熟銅 등을 각 담당관청에서 올릴 것

: 이미 지시한 鈇亐里板 6坐, 印札 180介 등을 만들어 올릴 것

(後) 冊板 6坐: 각 廣厚板 너비 3尺 5寸

鈇亐里 6坐: 각 鍮鐵 2斤 13兩, 鑄鐵 2斤 13兩, 鍮鑞 10兩

印札鐵 6部: 각 熟銅 3斤 10兩

亐里朴只 小廣頭丁 20개

燒爐匠이 쓸 陶罐 5개, 浦土 3駄, 松明 吐木 각 3法乃… 松脂 4兩…

③ 辛丑(1781) 7월 26일 校書館 牒報『來關秩』

: 실록청에서 인쇄를 끝낸 후 사용한 鐵字와 木字를 돌려주고 보관장소에 간수하도록 할 때 鐵字와 木字의 숫자를 점검한 후 기록하고 보고할 것

: 鐵字 55,007字. 小字 2,764字. 木字 2,098字. 新刊木字 18,765字

■ **『正宗大王實錄廳儀軌』**

① 乙丑(1805) 5월 초1일『校正廳甘結』

: 본청의 刻手가 쓸 刻刀, 鐙子鐵, 造字刀를 올릴 것(別工作)

: 印出匠이 쓸 먹치마, 刻手가 쓸 牛皮를 급히 올릴 것(濟用監, 昌慶)

② 乙丑(1805) 7월 8일『校正廳甘結』

: 인쇄작업 할 때 刻手匠, 守藏諸員, 均字匠이 쓸 白休紙, 黃蜜, 塡空升을 올릴 것(司贍寺, 繕工監, 義盈庫)

: 인쇄할 때 초·재견용 厚白紙, 黃楊木 熟正에 쓸 땔나무, 소금, 唱準이 쓸 礵朱紅을 올릴 것(戶曹, 長興庫, 司宰監, 濟用庫)

3. 기타 官撰 史料

① 正祖,『弘齋全書』卷163,「日得錄」

②『增補文獻備考』卷220, 職官考 7, '校書館' 條

③『鑄字所應行節目』「板堂考」

4. 私撰 資料

개인의 저술인 문집이나 기타 자료를 통해서 관찬의 기록류에서 누락되었던 活字 鑄造나 組版, 印刷術 등과 관련된 기록을 볼 수 있다.

① 李奎報,『東國李相國後集』, 卷11,「新印詳定禮文跋尾」
② 權近,『陽村先生文集』卷22와 卞季良,『春亭先生文集』卷12의「鑄字跋」
③ 金佐命,『歸溪遺稿』卷上,「辭戶曹判書箚」戊申七月 '別紙' 條
④ 徐命膺,『保晩齋集』卷8,「奎章字瑞記」
⑤ 成俔,『慵齋叢話』卷7 '活字' 條
⑥ 徐有榘,『林園十六志』卷105,『怡雲志』卷7, 圖書藏訪 上 '鋟印' 條·圖書藏訪 下 '聚珍版式' 條
⑦ 李圭景,『五洲衍文長箋散稿』人事編, 技藝類, 書畫, '鑄字印書辨證說' 條
⑧ 鄭元容,『袖香編』, '鑄字所鐵木鑄字'
⑨『厚生錄』下卷
⑩ 鄭元容 等編,『東萊鄭氏派譜』卷17, 哲宗 10年(1859) 刊行, 卷末의「印譜後錄」: 族譜印刊에 관한 기록으로 有司名單, 物財分定, 印冊所入, 工匠名單 등인데, 族譜의 간행 일정과 간행 비용을 마련한 인물 및 액수, 간행 비용의 지출 내역 등이 적혀 있다.

이 중『厚生錄』에는 민간에서 사용하던 활자와 토판 등과 관련하여 陶土鑄造法이 소개되어 있다. 이 책의 '鑄字 條'에는 민간에서 陶土 등을 鑄型으로 사용하고 기타 여러 工程을 통하여 금속활자를 손쉽게 주조할 수 있다고 설명되어 있다. 그 주조 방법은 ① 도토를 반죽하여 광곽이 있는 목판 위에 고루 채우고 반쯤 건조시킨 후, ② 밀랍을 녹여 글씨를 쓴 종이를 도토판에 붙이고, ③ 각수에게 새기도록 한 다음, ④ 녹인 쇳물을 붓는다. ⑤ 쇳물이 식으면 도토판을 제거하고, ⑥ 조성된 활자를 개별로 잘라내고 다듬어서 완성시킨다고 기록되어 있다.

5. 기타 기록류의 예

- 「東闕圖」: 주자소, 판당 등의 규모와 위치를 파악하는 자료가 된다.
- 일제강점기 조선 활자의 정리와 전시관련 기록

① 1916年 朝鮮總督府 參事官 分室에서 朝鮮總督府博物館으로 活字 및 그 附屬品을 保管 轉換하는 文書

② 1916년도 〈陳列物品納付書 自1957-至4406〉의 색인번호 8(自3359-至3393)의 "活字及同附屬品"에서 參事官 分室로부터 引繼받았음을 목록으로 작성

③ 參事官室 分室에서 1916년 3월 5일에 작성된 〈圖書受拂ニ關スル綴；自大正四年 二月至大正五年十一月〉의 朝鮮總督府 博物館 引繼 내용인 〈活字及附屬品目錄〉의 기록. 奎章閣圖書 22156

④ 1922年 3月 日本 大阪 印刷文化展覽會 出品

⑤ 1922年 10月 京城圖書館展覽會

표 2-1 日本 大阪 印刷文化展覽會 출품 활자 목록

활자명	크기	수량	활자명	크기	수량
衛夫人字	大	8	整理字	大	7
	小	8		小	10
實錄字	大	8	木活字	大	9
	小	8		小	9
鐵鑄字	大	11	韓構字		6
	小	14	諺文	大	10
				小	11

표 2-2 京城圖書館展覽會 출품 목록

(1) 朝鮮活字	1箱	(3) 植字板	木活字 植字臺 2面 各 360字 附
衛夫人字	101字	(4) 同	衛夫人字 植字臺 1面 730字 附
實錄字	184字	(5) 同	整理字 植字臺 1面 1,288字 附
韓構字	174字	(6) 同	罫線 20本 共 1面
整理字	261字	(7) 刷毛	1個
계 721字 在中		(8) 墨	20丁
(2) 同	1箱	(9) 馬鬣	1個
陶活字	153字	(10) 竹箸	3對
鐵活字	55字	(11) 墨鉢	1個
木活字	28字	(12) 朝鮮活字標本刷成册	1部
계 236字 在中		(13) 罫線	10本
		(14) 國朝寶鑑 植字板 活字 88字 植字臺	1面

제3절

字藪

字藪는 나무에 새긴 목활자 또는 주조한 금속활자에 대하여 部首別, 字欌別로 관리하고 있는 수량을 밝혀 놓은 것으로, 권말에 활자의 종류와 전체 활자의 수를 기록하고 있는 활자 연구의 기본 사료이다.

현재 규장각에는 9종의 자수[1]가 소장되어 있는데 활자가 많이 주조되던 조선 후기에 만들어진 것으로, 이를 통하여 조선 후기에 주조되어 사용된 글자의 수와 빈도 및 활자의 주조량을 가늠해 볼 수 있다.

이들 字藪, 字譜를 연구할 때 고려해야 할 점은 첫째, 각 자수의 특징 또는 차별성으로 ① 각 자수에 수록된 표제자 배열(字欌·劃數別, 부수 분류), ② 대·소자 구분, 피휘자 수록 여부, ③ 동일자에 대한 이체자(전체 수량의 반영 여부)를 검토하여야 한다. 둘째는 表題字의 수량과 주조 총량에 대한 부분으로, 자수에 수록된 글자에 대한 수량과 주조 총량을 수치화하여 사용 빈도가 높은 상위 50자를 우선으로 글자의 속성을 분석하고 사용 빈도를 비교할 필요가 있다. 셋째, 자수에 나타난 글자의 주조량이 어떻게 기록되었는지에 대한 연구 등 종합적인 기록시스템으로서 검토되어야 한다.

한편 조선 후기부터 20세기 초까지 작성된 9종의 字藪 가운데 작성 시기가 늦고 체제나 기능면에 중복이 있는『鑄字目錄』과『實錄字目錄』을 제외하고 각각 수록된 글자의 종수와 활자의 주조량을 살펴보면 다음과 같다.

---

1 규장각에 소장된 9종은 다음과 같다.『實錄字藪』,『新訂字藪』,『奎章字藪』,『唐鐵字大小』,『韓構字藪』,『生生字藪』,『衛夫人鐵木大字藪』,『鑄字目錄』,『實錄字目錄』

표 2-3 글자의 종수와 주조 수량

書名	種數	鑄造量	비고
實錄字藪(1677)	7,562	78,188	金: 50,434 木: 27,754
新訂字藪(1772)	10,031	142,767	大: 102,326 小: 40,441
奎章字藪(1777)	11,404	150,170	大: 105,638 小: 44,532
唐鐵字大小(1792)	7,226	37,186	大: 36,138 小: 1,048
韓構字藪(1792)	10,850	69,023	
生生字譜(1792)[2]	14,986	318,492	大: 159,246 小: 159,246
衛夫人鐵木大字藪(憲宗年間)	大字: 10,310	大字: 70,029	金: 52,137 木: 17,692
	小字: 9,434	小字: 66,871	金: 34,286 木: 32,585

1.『實錄字藪』

실록자는 1677년(숙종 3)에『顯宗實錄』을 인출하기 위해 洛東契라는 私家 소유의 동활자 35,830자를 국가에서 구입하고 인쇄에 부족한 활자는 교서관에서 새로 활자 40,825자를 보주한 것으로『實錄字藪』는 이때의 주조 규모를 기록한 것이다.

『實錄字藪』에는 각 활자의 수량에서 별도의 구분 없이 각 부수 말미에 부수별 총수량과 各 欌의 말미에 欌別 총수량을 기록하였으며, 두 줄의 작은 글자로 금속활자와 목활자의 조성 수량을 구분하여 기록하였다. 또 권말에는 전체 총수량을 적고 금속활자와 목활자를 다시 구분하여 기록하였으며, 소자의 수량을 각 장별로 금속활자와 목활자로 나누어 적고 마지막에 소자의 총수량을 기록하였다. 이 자수는『衛夫人鐵木大字藪』와 같이 현종실록자를 대상으로 하고 있으므로 서로 간의 비교가 필요하다.

2.『新訂字藪』

이 자수는 1772년(영조 48)에 주조한 壬辰字의 活字別, 欌別, 部首別 수량을 기록한 것으

2 하영삼(2008)은 原字(標題字) 14,982字, 大字 159,031字, 小字 159,031字, 총 318,062字로 통계를 내었다.

로, 본문 전체의 표제자를 109部首로 세분하고 글자마다의 주조 수량과 7개 欌의 자수를 밝혀 두었다. 이 자수는 1777년(정조 1)경에 徐命膺이 편찬하였을 것으로 추정되고 본문의 끝에는 활자를 주조할 때 관여한 監董, 司准 趙光益 외 3명, 書吏 李錫禧 외 2명, 刻手 南泰白 외 3명, 鎖爐匠 徐福先 외 2명 등 18명의 명단이 있다. 이어 계미자, 경자자, 갑인자의 鑄字跋과 서명응이 쓴 임진자 주자 사실이라 할 수 있는 '重鑴四書輯釋敍'가 함께 첨부되어 있다.

권말에 監董인 교서관 교리 白師敏 등의 이름을 써 둔 것으로 미루어 이들이 베껴 두었을 것으로 추정된다.

책의 卷首面에는 '春宮', '重光之章', '觀物軒', '帝室圖書之章' 印記로 미루어 정조의 수택본일 가능성이 있다. 활자 수량은 小字雙行으로 기록하였고 전체 142,767자 중 옛 활자가 74,430자, 새 활자가 68,337자였다. 여기에 수록된 활자들은 1911년 6월 1일 자로 宮內府 소속의 규장각에서 總督府 取調局으로 인계한 문서 중의 衛夫人大字 102,894자와 小字 75,181자에 포함되어 있다.

3.『奎章字藪』

이 책은 1777년(정조 1)에 주조한 丁酉字에 대한 자수로서, 체제는 앞의『新訂字藪』와 같고 부수의 전개순서도 동일하다. 본문은 제1~7欌으로 나누고 부수 표시 아래 글자마다 주조된 활자수를 기록하였다. 또 각 部의 말미에 部別 총자수가 기록되어 있고 각 欌의 말미에도 欌別 총 자수를 수록하고 있다. 개별 활자의 수량 표기는 대자에 해당되고 소자의 경우는 전체 수량만 알 수 있을 뿐 개별 활자의 수는 기록되어 있지 않다.

마지막 장에는 활자를 주조할 때 관여한 인물들의 명판이 있는데, 監董은 李錫宇 외 8명, 唱准 丁致厚, 刻手 南泰伯, 金振郁 2명, 鎖爐匠 金瓚璟 외 3명이다. 또 寫字官 李宗賓 등의 이름이 권말에 있는 것으로 보아 이들이 작성하여 둔 것으로 추정된다.

이 자수가 어떤 활자의 자수인지에 대해서는『正祖實錄』,『弘齋全書』와『鑄字所應行節目』(板堂考)의 '活字' 條나 鄭元容이 지은『袖香編』의 '鑄字所鐵木鑄字' 등의 기록에 의거하여『奎章字藪』가 정유자 자수임을 확인할 수 있다. 이들 사료에서 정유자의 수가 15만 자라고 기록되어 있고 字譜에도 150,170자로 나타나므로 이 자수가 정유자임이 분명하다. 또 이 정유자는 1857년(철종 8)에 주자소 화재로 활자들이 소실될 때 대부분 없어졌지만 필자의 연구에 따르면 규장각, 개인, 일본 동경예술대학, 국립중앙박물관 등에 일부가 흩어져 있고 화재로 녹은 부분도 적지 않다.

책의 卷首面에는 '摛文院', '帝室圖書之章', '朝鮮總督府圖書之印'의 印記가 있다.

4.『唐鐵字大小』

이 책의 表題는 '芸閣唐字藪'이며 卷首題는 '唐鐵字大小'로, 校書館에 소장되어 있던 校書館印書體字를 대·소자로 구분하여 기록한 자수이다. 교서관인서체자는 명나라 인서체 간본을 자본으로 주성한 동활자로, 보통 1684년(숙종 1) 이전에 조성된 활자를 '前期 校書館印書體字'라 하고 1723년(숙종 1)에 주성된 활자를 '後期 校書館印書體字'라고 한다.

책의 구성 중 본문은 활자별로 대·소자로 구분하여 기록하였고『新訂字藪』나『奎章字藪』와 달리 활자별로 크기에 따라 명확하게 구분하고 있다.

각 부수 말미에는 부수별 수량, 각 장의 말미에는 장별 수량을 기록하였으며 卷末에는 전체 활자수를 대·소자로 구분하여 기록하였다.

卷首面에는 '摛文院', '帝室圖書之章', '朝鮮總督府圖書之印' 등의 印記가 있고 卷末에는 守藏員 9명의 인명 기록 및 掌務官 校理와 副提調의 手決 및 官印의 날인이 있다.

5.『韓構字藪』

이 책은 교서관에서 소장하고 있던 韓構의 필서체 글씨를 바탕으로 주조한 동활자인 韓構字의 자수로, 다른 자수들과 달리 각 부수 말미에 帖紙를 부착하여 부수별 합계를 기록하였다.

권말에는 韓構字의 주조를 감독하거나 담당한 관원의 성명과 작성연대를 기록하면서 劃數순으로 기록하고 疊字數의 기록을 언급하였으나 실제로는 확인되지 않는다.

이 한구자는 세 번에 걸쳐 주조되었는데, 그중 初鑄는 1677년(숙종 1)경에 金錫冑가 주조한 것을 1695년 정부에서 사들였고 再鑄는 1782년(정조 6) 徐浩修가 8만여 자를 만들어 내각에 두고 사용하였다. 三鑄韓構字는 1857년 주자소 화재 때 소실되어 이듬해인 1858년(철종 9)에 金炳冀, 尹定鉉, 金炳國 등에 의하여 여러 활자를 복구할 때 같이 조성된 것이다.

책의 권수에는 '摛文院', '帝室圖書之章', '朝鮮總督府圖書之印'이 날인되어 있고 본문 중에는 활자마다 점검한 붉은색의 수정 표시가 여러 곳에 남아 있다.

6.『生生字譜』

이 책에 수록된 목활자인 생생자는 1792년(정조 16)에 정조의 명에 따라『康熙字典』을 저본으로 하여 만들었다. 이 字藪와 관련하여 1792년 윤4월 24일 내각이 새로 나무로 만들어 찍은『聚珍字譜』에 의거하여 銅活字를 만들고 御製를 찍고자 하였으나 이를 중지하고 재료를 나무로 바꾸어 내각에서 조성한 활자가 생생자였다. 그 字藪인『生生字譜』는 필사된 다른 자보들과는 달리 목활자로 찍혔다.

형태적으로 볼 때 이 책은 '無注本'과 '有注本' 두 가지 판본이 현전하는데, 모두 서울대 규장각에 소장되어 있다. 본문에는 대자 활자 수량만 기록되어 있고 소자는 권말에 대자 수량과 동일하다는 것만 밝혀져 있다. 또 부수별 활자 수량 등은 없고 권말에 총수량을 原字와 疊字로 구분하여 기록하였다.

이 자보는 다른 字藪가 7欌인 것에 비하여 5欌으로 구성되어 있다. 권수제 다음 행에 '五欌 金亨福', 3行에 '七劃 鄭聖' 등 守藏員의 기록이 있다.

생생자는 후에 금속활자인 整理字를 조성할 때 자본으로 쓰였지만 정조는 정리자의 서체가 생생자보다 정교하지 못하다며 아쉬움을 나타내기도 하였다.

7.『衛夫人鐵木大字藪』

이 책은 表題가 '芸閣字藪', 卷首題가 '衛夫人鐵木大字藪'이며 교서관에 수장하고 있던 위부인자를 大字·小字로 대별하고 각 部首 말미에 部首別 수량을 기록하고 또 각 欌의 끝에도 欌別 수량을 鐵字와 木字로 구분하여 기록하였다. 대자의 기록이 끝나고 '衛夫人鐵木小字藪'가 시작되는 후반부도 欌의 차례, 각 활자별·부수별 활자의 수를 鐵字와 木字로 나누어 기록한 것은 전반부와 같다.

卷末에 守欌諸員 9명의 인명(守欌諸員 李得元·安宗儉과 각 장별 담장자 성명)이 기록된 데 이어 掌務官 校理와 副提調의 手決과 官印이 날인되어 있고 卷首面에는 '摛文院', '朝鮮總督府圖書之印'의 印記가 있다.

이 『衛夫人鐵木大字藪』는 『實錄字藪』와 함께 顯宗實錄字의 동활자와 목활자의 수량을 기록한 字譜로 추정되는데, 그 근거는 다음과 같다.

① 『實錄字藪』와 『衛夫人鐵木大字藪』는 활자를 금속활자와 목활자로 구분하여 기록하였다.(다른 자보들에서는 구분하지 않음)
② 顯宗實錄字는 1677년(숙종 3) 洛東契字에다가 교서관에서 새로 주조한 활자를 補鑄한 것으로, 이후 高宗 초까지 여러 차례 보주하여 사용되었다. 인본으로 볼 때 그중 규모가 큰 보주 또는 개주가 있었을 것으로 추정되는 시기는 1814년(列聖御製)과 1838년 무렵(純祖實錄)일 것으로 보이므로 『衛夫人鐵木大字藪』는 두 시기 중의 하나일 것으로 추정된다.
③ 『衛夫人鐵木大字藪』에 수록된 9명의 守欌諸員 중 李得元·安宗儉이 『內閣日曆』에서 확인되는데, 이들은 1820~1840년대 활동한 인물로 나타났다. 이 중에서 시기와 활동 내용이 일치하는 인물로 儀軌와 『內閣日曆』의 기록에서 安宗儉을 확인할 수 있다.
  - [正祖] 健陵遷奉都監儀軌 1821년: 雕刻匠
  - [顯穆綏嬪] 殯宮魂宮都監儀軌 1822년: 雕刻匠
  - [孝明世子] 禮葬都監儀軌 1830년: 雕刻匠
  - 純宗大王實錄儀軌 1838년: 上板諸員
  - 『內閣日曆』 1829년(순조 29) 12월 14일/1836년(헌종 2) 5월 19일: 守欌諸員

이상의 근거로 미루어 볼 때, 『衛夫人鐵木大字藪』는 憲宗年間에 개주한 현종실록자의 활자 수량을 기록한 자수로 추정된다.

8.『鑄字目錄』

이 책의 권수제는 '鑄字目錄 衛夫人字'이며 전체를 7欌으로 나누고 각 欌을 다시 井間板과 舌盒에 대·소자로 분류하였지만 부수 표시 없이 수록하였다. 활자의 수량을 보관함의 앞부분에 기술한 점이 다른 자보들과는 구분된다. 권말에는 井間板과 舌盒別로 대·소자를 구분하여 합계를 기록하였다. 작성된 시기는 활자가 만들어진 시기가 아닌 후대인 1909년(융희 3)으로, 인계나 관리를 위하여 비교적 늦게 작성된 것으로 보인다.

권말에는 전체 수량이 203,921자(대자 112,430자, 소자 91,491자)라고 기록되어 있다.

9.『實錄字目錄』

이 책은 朝鮮總督府에서 펜글씨로 작성한 것으로, 총 2책이며 參事官室에서 1913년부터 1916년까지 규장각에 소장되어 있던 각종 활자의 재분류 정리를 마치고 자수를 편성할 때 작성한 것으로 추정된다.

제1책의 권수제는 '實錄字藪', 표제는 '實錄字大字目錄'이며 대자 55,742자가 수록되어 있고 제2책은 '實錄字小字目錄'으로 소자 13,970자가 수록되어 있다. 배열의 순서는『생생자보』와 같이 字典의 순서로 배열하였지만 획수의 표기는 없다.

당시 조사된 활자 수는『朝鮮舊慣制度調査事業槪要』[3]에 따르면 대자가 55,749자, 소자가 13,996자로 목록의 수록 내용과 약간 차이가 난다.

---

3 朝鮮總督府,『朝鮮舊慣制度調査事業槪要』, 京城: 朝鮮總督府 中樞院, 1928, p. 49.

제4절 실증적 활자 조사 및 연구법

활자에 대한 과학적 분석의 범위에는 금속의 성분, 표면의 녹과 산화 및 부식 상태 분석, 먹을 대상으로 한 탄소연대 측정, 무게 측정 등이 있다.

그중 활자의 주조시대를 간접적으로 추정할 수 있는 근거가 되는 잔류 먹의 탄소연대 측정 분석이 있는데, 여기에는 순수한 데이터를 얻기 위한 몇 가지 제한 사항이 있다. ① 분석 대상의 활자나 먹에 사람의 손이 닿지 않아야 하고, ② 대상 활자가 수분이나 기타 이물질에 노출되어서는 정확한 정보를 얻을 수 없으며, ③ 만약 땅속에 묻혀 있었다면 토양에 포함된 미생물에 의해 변질되었을 가능성도 예상할 수 있다. 그리고 활자의 분석에서도 현재의 상태를 고려하여 외부적인 요인을 가장 적게 받았을 대상 활자를 정하는 것부터 어려움이 있으며, 표면이 흙으로 싸여진 경우라도 내부에 먹이 남아 있을 가능성이 있는 등 여러 가지 제한점이 있다.

1. 활자의 유형 분석

활자의 형태는 인쇄의 발달 과정에서 매우 중요한 요인으로 작용한다. 인쇄판에 활자를 고정시키는 방법, 즉 조판에 있어서 활자의 높낮이나 활자 간의 간격은 인쇄상태(불량 여부 등)에 큰 영향을 미친다. 활자의 유형은 기본적인 형태를 중심으로 구분하되 특히 바닥면(뒷면)의 모양을 기준으로 다음과 같이 나눌 수 있다.

① 홈형 활자
- 원형홈(圓形凹) 활자: 뒷면에 원형의 홈이 있는 활자
- 날개(翼形)-홈형 활자: 홈형 활자의 좌우에 돌출된 하단부가 있는 활자

② 네다리형(四脚形) 활자: 뒷면이 네 개의 다리로 되어 있는 활자
③ 평저형(平底形) 활자: 활자의 뒷면이 평편한 활자

④ U 자 터널형 활자: 활자의 뒷면이 터널형으로 되어 있는 활자
⑤ V 자 터널형 활자: 활자의 뒷면이 V 자형으로 길게 파여진 활자
⑥ 口 자형(口字形) 활자: 활자의 뒷면에 '口' 자 형태의 홈이 있는 활자
⑦ 부정형 활자: 뒷면의 모양에 따라 활자를 다양하게 분류할 수 있다.
⑧ 기타 유형의 활자

이 중 활자의 바닥면에 만들어진 원형의 홈은 구리나 금속 재료를 줄일 수 있는 방법이기도 하지만 밀랍을 이용하여 부착식 조판을 할 경우 홈 속으로 밀랍이 밀려 올라가 공간을 채우므로 인출할 때 활자가 요동하지 못하도록 고정시키는 효과도 가져올 수 있다. 또 좌우에 낮게 돌출된 날개 부분은 활자의 획이 활자 표면의 가장자리까지 닿을 때 좌우 행간에서 계선 없이 조판을 하면 활자끼리 붙고 획도 서로 닿을 수 있어서 이를 피하는 방법으로 고안된 것으로 볼 수 있다. 이는 증도가자와 같이 활자 주조와 인쇄의 초기에 대장경 등 대부분 판본에서 계선이 없을 때 이를 반영하기 위한 방법으로 고안되었을 것으로 추정된다.

증도가자와 같이 발견된 네 다리가 있는 고려활자는 조각도로 목활자 父字의 뒷면을 새길 때 '十' 자 방향으로 파내는 용이함과 조판을 위해 부착할 때 움직임을 줄이는 방편이 되었을 것으로 보인다. 이 형태의 활자 이후에 나온 바닥이 평평한 활자는 『조선왕조실록』 등 사료의 기록에서도 언급되었듯이 평정치 못한 네 모서리로 인하여 조판과 인출에 있어서 활자가 고정되지 않아 흔들림이 많았던 점을 개선하고자 세종 때의 갑인자처럼 바닥을 평평하게 만들었던 형태로 발전하였다.

현존 자료로 볼 때 조선 전기인 15세기의 乙亥字에서 V 자 터널형 활자가 남아 있고 16세기의 甲辰字 『東國通鑑』 印面에서는 뒷면의 넓고 깊은 U 자 터널형 활자 모양을 확인할 수 있다. 이러한 U 자 터널형 활자는 현존하는 조선 후기의 금속활자 중 戊申字, 顯宗實錄字, 壬辰字, 韓構字, 全史字 등에서 기본적인 형태로 자리 잡았다.

또 임란 이전 터널 형태의 실물활자에 대한 기록으로 일본의 『印刷雜志』 제1권 8호에는 1891년 8월 일본의 가마쿠라(鎌倉)에서 열린 〈觀古展覽會〉의 출품자료 중에 고대의 활자와 활자를 사용하여 인쇄한 책에 대한 製文堂 관계자의 열람기록[4]이 실려 있다. 이 글

4 製文堂, 「古代活字ヲ觀ル記」, 『印刷雜志』 第1卷 第8號(1891. 8.), pp. 9–11.

小字 2分	中字 3分	大字 5分

그림 2-1 1891년 일본 〈觀古展覽會〉 출품 한자

에 따르면 당시 전시된 활자는 순놋쇠(眞鍮)로 만든 것으로, 큰 것과 작은 것 3종이 진열되어 있었다. 이 활자와 서적은 文祿 2년(1593) 가토 기요마사(加藤淸正, 1562~1611)가 조선을 정벌할 당시 약탈한 것으로 탈취 후 가장 먼저 일본으로 보낸 것이었다. 이 활자와 서적 등의 유물은 기요마사의 것이었으나, 그의 사후 두 딸이 있던 紀州 집안에 귀속되었다. 그 이후로 19세기 말에 이르기까지 책과 활자들은 사방으로 흩어졌고, 민가에서는 더 이상 찾아보기 어렵게 되었는데, 그 대부분이 산일되고 남은 활자가 祠宇에 寶藏되었다가 전시된 것이다.

진열된 활자 3개를 조사해 보면, 그 형태는 양쪽 다리 모양을 하고 있고 중앙은 凹 모양으로 패어 있다. 큰 글자는 初號로 '爇'를 새긴 것이고, 다음 크기는 1호로 '正' 자를 새긴 것이며 가장 작은 것은 4호로 '督' 자를 새긴 것이었다. 글과 함께 세 활자의 모양을 직접 그림으로 그려 두어 그 형태를 추정할 수 있다.

그리고 이 활자의 글자체는 明淸代의 것과는 차이가 있어 보이고, 唐宋시대에 조선에 전해진 것으로 추정된다고 하였지만 실제로는 조선에서 주조된 활자이다. 또한 활자의 높이도 일정하지 않아, 가장 높은 것은 5分이고, 다음 활자는 3分, 가장 작은 것은 2分 정도라 하였다. 이 글에서는 이 활자로 찍은 책으로 群書治要들을 언급하고 있으나 이는 쓰루가 활자(駿河活字)의 인본이며 전시된 활자는 그 형태로 볼 때 조선 활자로 추정되므로 잘못된 판단이라 할 수 있다.

여기서 중요한 점은 그것이 임진왜란 때 약탈해 간 활자라는 것과 그 활자의 형태가 조선 후기 18~19세기의 활자와 다르지 않다는 점이다. 임란 전의 활자 인본 중 甲辰字로 찍은 『東國史略』의 교정쇄 印面에서 갑진자의 옆모습이 'U' 자로 이 활자들과 같아서

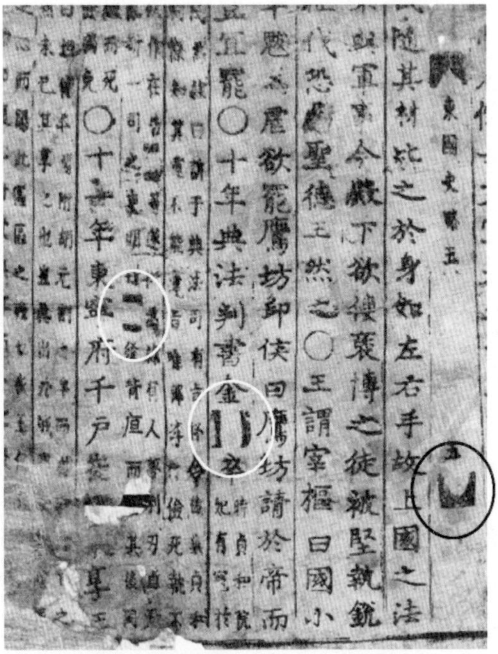

그림 2-2 『東國史略』卷5의 第5張의 일부

이미 16세기에 양쪽 두 다리가 있는 터널 형태가 사용되고 있었으므로 이 전시회에 출품되었던 활자도 16세기 활자로 추정할 수 있다. 실제로 현재까지 일본에 남아 있는 것으로 알려진 금속활자는 조선 후기의 활자뿐으로, 1891년 전시되었던 이 활자들의 현재 소장처를 확인하는 것도 중요한 과제가 될 것이다.

이러한 실물활자의 예뿐만 아니라 임란전 인본의 예에서 보면, 甲辰字로 찍은『東國史略』권5의 제5장의 인쇄가 불량한 褙接紙 한 장의 판심 아래에서 갑진자의 옆모습을 볼 수 있다. 이 인면의 행간에서 찍힌 大字와 小字 부분에 횡 또는 종으로 찍힌 두 줄의 검은 墨跡이 나타난다. 이것은 얼마 전까지 컴퓨터 조판 이전에 활자 조판 작업이 성행하던 시기에, 인쇄를 한 후 교정을 볼 때 흔히 볼 수 있었던 활자의 뒷모습이 찍힌 것으로, 植字가 잘못되어 활자의 앞뒤가 뒤집어 꽂힌 모습이라는 것을 쉽게 판단할 수 있다. 즉 이러한 墨跡을 통해 볼 때 활자의 뒷모습이 터널형 '∩'이나 '∧'일 것임은 자명하다. 여기서 판심 부분의 아래 黑魚尾를 보면 위의 어미와는 형태가 다르고 외곽의 線도 활자의 옆모습이 찍힌 것임을 쉽게 알 수 있다. 즉 초기의 조판에서 글자가 誤植되었거나 의도적이든

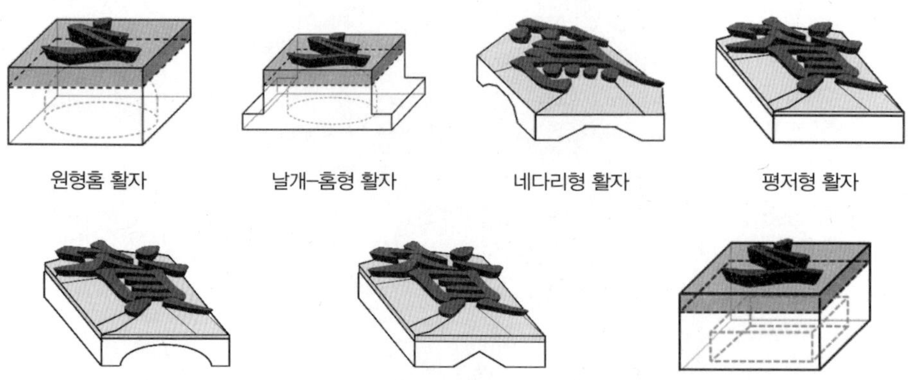

그림 2-3 활자의 유형

그렇지 않든 魚尾符號 활자 대신 글자가 있는 활자의 옆면을 잘못 끼워 넣게 되었고 이로 말미암아 갑진자의 뒷면 형태와 터널형의 옆모습을 제대로 파악할 수 있게 되었다.

즉 이미 임란 이전인 15~16세기 금속활자의 모습은 터널형이었다. 그러므로 18세기에 실험을 거쳐 터널형이 나타났고 그전의 무신자와 현종실록자는 터널형이 아니라는 일부 연구자들의 주장은 신뢰할 수 없는 추측일 뿐이다.

한편 뒷모습, 즉 바닥면이 'ㅁ' 자형인 활자로는 丁酉字를 볼 수 있는바 현재 서울대학교 규장각과 일본의 東京藝術大學 博物館, 개인 소장, 국립중앙박물관 등에서 화재로 타고 남은 활자와 불에 녹아 서로 영겨 붙은 활자를 확인할 수 있다. 이 형태는 활자 뒷면의 가장자리가 칸막이 담의 형태이거나 가운데를 중심으로 네 변으로 경사지게 사각뿔을 들어낸 형태로 전통적인 활자와는 다른 모습을 보여 준다. 그러나 글자는 정유자와 대조하면 완전히 일치하고 현존하는 임진자는 전부 남아 있으므로 정유자로 판단된다. 역사적 기록으로 볼 때 정유자는 평양에서 주조된 것이라 주자소나 교서관 등에서 만든 활자와 다른 형태로 제작되었을 가능성도 있지만 현재로서는 그 원인을 확인하기 어렵다.

이러한 금속활자를 제외한 그 밖의 조선 활자 중에는 재료에 따라 木活字, 土活字, 陶磁活字 등이 있고 특징적으로 활자의 측면에 구멍이 뚫려 있거나 두 글자가 붙은 連刻活字, 連鑄活字 등이 있다.

① 몸체 천공 활자(목활자): 목활자 중 철사로 꿸 수 있도록 몸체에 구멍을 뚫은 활자
② 양면새김 활자(목활자): 목활자 중 上下面 모두에 글자가 새겨진 활자
③ 連刻活字: 자주 쓰는 단어의 글자를 이어서 하나로 만든 목활자
④ 連鑄活字: 자주 쓰는 단어의 글자를 이어서 하나로 만든 금속활자

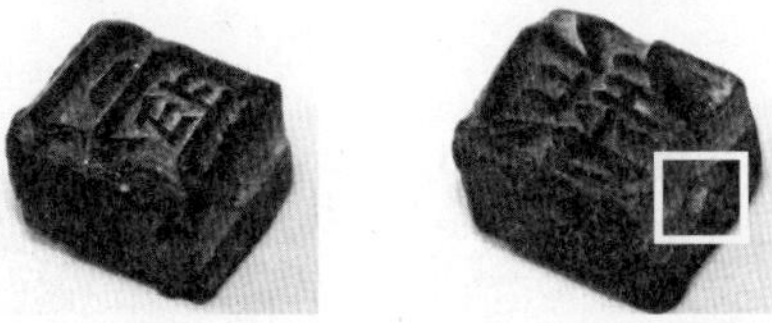

그림 2-4 몸체에 구멍이 있는 양면 '剛-鈞' 목활자

그림 2-5 연각활자 '并序'

2. 개별 활자의 제원 측정 방법

1) 기본 제원 측정: 버니어 캘리퍼스(디지털)를 이용한 측정

① 가로(橫) × ② 세로(縱): 가장 긴 부분을 측정
③ 총고(總高): 활자의 전체 높이
④ 자고(字高): 하단 부분을 제외한 글자면의 높이
⑤ 하부고(下部高): 활자의 자면을 제외한 높이, 네 모서리 부분을 모두 측정
⑥ 뒷면 홈깊이(後面 凹高): 뒷면의 바닥부터 가장 깊은 곳까지의 깊이
⑦ 뒷면 홈지름(後面 凹經): 일반적으로 타원형, 가로×세로 지름으로 측정
⑧ 홈 간 거리: 활자의 측면에서 홈까지의 거리

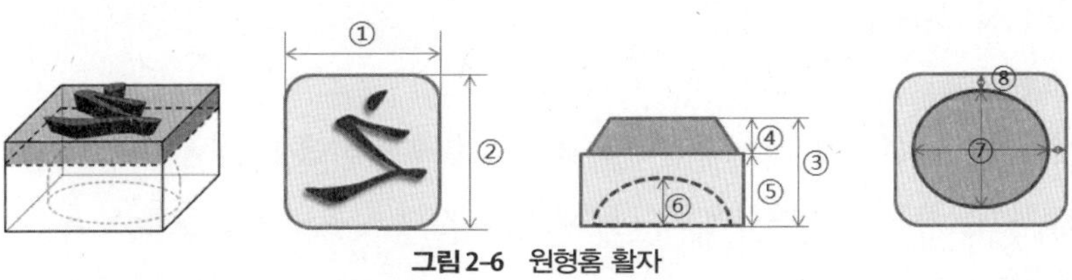

그림 2-6 원형홈 활자

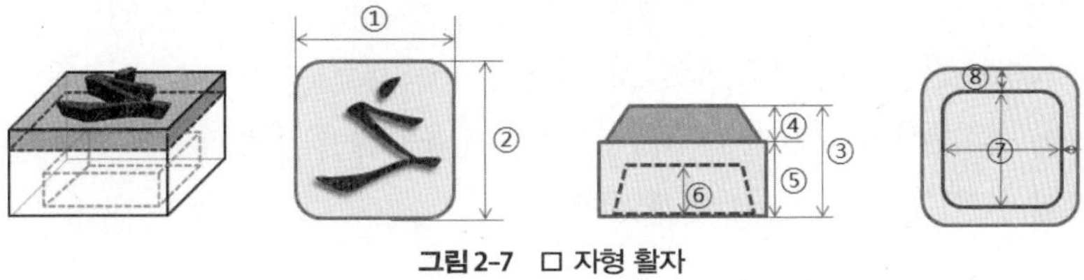

그림 2-7 ㅁ 자형 활자

2) 활자 유형별 추가 측정

⑨ 날개 포함 가로 길이

⑩ 날개 높이

⑪ 날개 폭

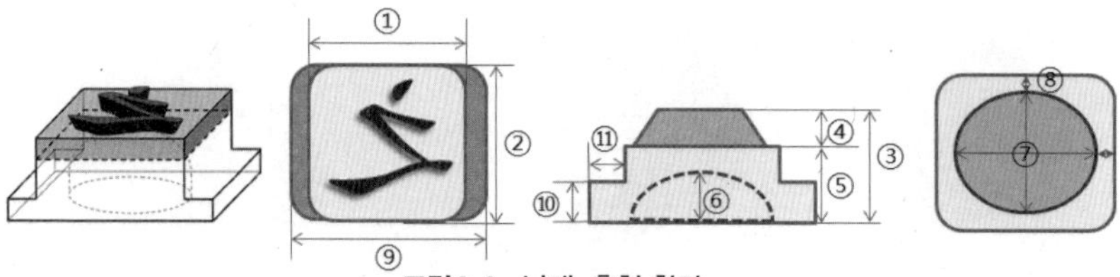

그림 2-8 날개-홈형 활자

⑫ 다리 하단 가로×세로

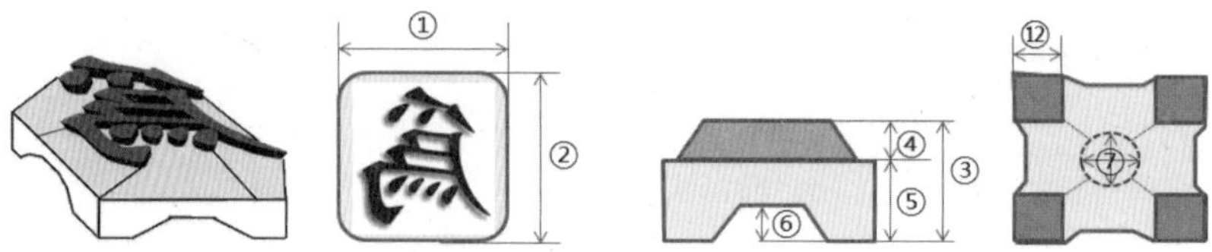

그림 2-9 네다리형 활자

이와 같이 활자를 실제로 측정할 때 활자의 모서리 축 높이가 일정하지 않을 경우 여러 축에서 높이를 측정하고 활자의 모양을 그려 측정 위치를 기록한다. 또 특이한 모양의 활자나 특별히 더 측정해야 할 중요한 부분이 발견되면 추가하여 측정한다.

3) 기계적 제원 측정

(1) 3D 스캐너

3D 스캐너를 이용하여 활자 외곽선의 좌표값을 추출한 다음 얻은 데이터 값을 기준으로 활자의 크기를 측정하는 방식으로, 전체적으로 가장 정확한 측정값을 얻을 수 있다.

(2) Megascope를 이용한 크기 측정

Megascope를 통하여 활자를 사진촬영 할 때 비율조정을 활용하여 찍은 사진에 해당하는 활자의 실물 크기를 값으로 얻을 수 있다.

3. 활자 표면 상태 분석

1) 자면

글자면의 가장자리나 모서리 및 자면 자체의 마모 등으로 활자 사용 여부를 파악한다.

2) 연마흔

활자의 옆면, 하단면, 자면 등에서 활자 주조 후 다듬기를 한 연마 흔적을 조사한다. 이 연마흔의 방향을 확인하고 활자의 글자면과 몸체의 연마흔을 비교한다.

3) 가지쇠의 흔적

활자의 표면 중 연마되지 않은 면에서 가지쇠를 끊어 낸 흔적을 볼 수 있다. 가지쇠의 흔적이 활자의 어떤 위치에서 나타나는지 확인한다.

4) 충전재

조판 시 활자 고정에 사용한 충전재가 활자 바닥면에 남아 있는지 확인한다. 충전재의 성분을 분석하여 사용된 재료를 추정할 수 있다.

5) 주물 결함

(1) 균열(cracking)

활자를 제작할 당시 주물 실패에 따른 균열인지 제작 후 충격에 의한 파손인지를 살피고 균열 사이로 보이는 내부 조직을 확대하여 확인한다. 먹이 묻은 상태에서 먹의 균열과 활자 자체의 균열 여부를 판단한다.

(2) 공동(空洞, cavities)

육안으로 관찰 가능한 기공(blowholes)과 핀홀(pinholes)의 여부를 조사한다. 이 공동은 주로 금속에 혼입된 가스 때문에 발생한다.

(3) 표면 결함

활자의 거친 표면은 대략적으로 주물사의 입자 크기와 유사하고 간혹 표면에서 돌기를 확인할 수 있다.

(4) 주물땀

활자 표면에 생긴 구상(球狀)에 가까운 돌기로, 일반적으로 가스 분출이 원활하지 않은 곳에서 발생한다. 활자에 붙은 구상 돌기가 실제 주물땀인지 나중에 접착된 것인지 잘 판단해야 한다.

(5) 상하부 형의 어긋남

주조 시 상하의 주물틀이 분할선에서 생긴 어긋남을 조사한다. 활자 상하부 형의 어긋남을 통하여 활자 父字의 구조를 조사한다.

4. 활자 재료 분석법

1) 재료

활자는 제작 재료, 서체, 시기, 높이 등에 따라 여러 가지로 분류할 수 있다.

① 金屬: 銅活字, 鐵活字, 鉛活字, 錫活字 등
② 木材: 木活字, 竹活字 등
③ 土: 膠泥活字, 陶活字 등
④ 기타: 匏活字

활자의 재료를 분석할 때 사료 등 기록에 따르거나 실물이 있을 경우는 그 재료에 의거하면 용이하지만 조선 후기의 기록일 경우 금속의 재료를 통칭하여 철활자로 표기하고 있다. 그 대표적인 예는 校書館印書體字로, 대부분의 기록에 철활자로 표기되어 있지만 현재 남아 있는 활자의 실물을 분석하면 성분이 銅(구리)이다. 이는 옛 기록에서 '鐵'이라는 용어는 金屬을 통칭하는 말로 쓰였기 때문으로 추정된다. 그러나 후기의 금속활자 중 정리자체로 조성된 希顯堂鐵字의 경우 원광대학교박물관 등에 남아 있는 실물을 조사해 보면 관주의 활자보다는 높이가 반 정도로 낮은 철활자로 확인된다.

또 陶活字의 경우 상주박물관, 온양민속박물관, 성암고서박물관에 실물이 남아 있고 개인이 몇 점 소장하고 있다.

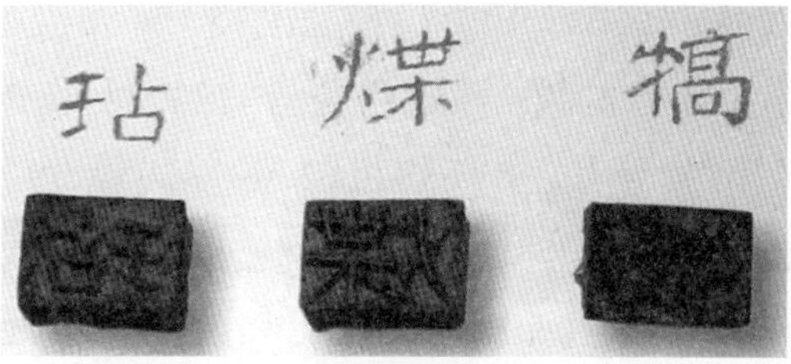

그림 2-10 陶活字

그림 2-11 동아대학교 소장 竹活字

특히 도활자로 찍은 인본 자료 중에서는『古今名喩』,『東溟先生集』등이 알려져 있다. 우리나라의 도활자에 대하여 가장 먼저 언급한 사람은 일본인 鮎貝房之進으로, 그는 1722년 함남 북청에서 인쇄한『三略直解』의 '陶字契'라는 기록을 보고 도(흙)활자를 만들어 책을 출판하는 계모임으로 해석하였다. 이에 대하여 '도자계'가 반드시 흙으로 활자를 만든다는 뜻이 아니라 '陶' 자의 의미를 교육 또는 수양으로 해석할 수도 있어 글자 그대로 활자로 연결하기 어렵다는 견해도 있었다.

또 근자에 알려진 필사본『東國厚生錄』에는 흙으로 활자를 만드는 방법이 자세하게 기록되어 있어 우리나라에서도 흙으로 활자를 만들어 인쇄하였음을 알 수 있다. 이 책의 '土鑄字' 항목에는 통제사 李載恒이 황해도 海州兵營에 있을 때 직접 체험한 도활자 만드는 법이 수록되어 있다.

그 방법은 먼저 오지를 만드는 찰흙을 아주 고운 분말로 만들어 유자나무의 기름과 같은 수액을 섞어 고루 잘 빚어질 수 있도록 충분히 찧고 그것이 다 되면 쇠구슬의 주판과 같은 구멍을 줄줄이 뚫고 그 등의 흙이 떨어져 나오는 곳은 주사위와 같이 만든 나무판을 사용하여 네모꼴의 활자 모양을 만들어 냈다. 이것을 햇볕에 늘어놓고 건조시킨 다음 洪武正韻의 글자체로 종이에 글씨를 써서 그 위에 뒤집어 붙이고 새긴다. 그다음 흰 밀랍을 두껍게 칠한 후 불에 구워 만들어 냈다. 이 도활자의 제작법을 알았던 이재항은 1723년에 경상좌수사, 그리고 1725년에 경상우병사를 거쳐 통제사가 되었고, 1729년 6월에 黃海兵使로 부임하여 1730년 9월에 평안감사로 제수되기까지 1년 3개월간 근무하였으므로 도활자는 바로 황해병사 무렵에 만들어 낸 것으로 추정된다. 도활자의 실물은 국립중앙박물관을 비롯해 성암고서박물관과 상주 지역을 포함한 개인들이 몇 점을 소장하고 있다.

현존하는 도활자 실물은 모두 경북 상주에서 발견된 것이며 최근 상주박물관으로 이관된 2점은 원래 발견 후 상주교육청에 소장되어 있었던 것으로 '曰(가로 왈)' 자는 가로 1.5cm, 세로 1.1cm, 높이 0.8cm, '狺(으르렁거릴 은)' 자는 가로 1.6cm, 세로 1.1cm, 높이 0.9cm 크기이다.

또 개인이 소장하고 있는 활자가 가장 많은데, 총 17점으로 소장자가 경작하고 있는 경북 상주 봉강리 가지밭에서 출토되었다. 특히 밭둑 부근에서 많이 발견되었고 북쪽 부분에서 집중적으로 출토되었다고 하며 주변 유적으로는 남동쪽으로 봉강리 고분군이 위치해 있으며, 서쪽으로 750m 거리에 봉강리 사지가 위치한다.

표 2-4 상주 개인 소장 도활자 목록

단위(mm)

일련번호	글자	세로	가로	높이	몸체 하단부	무게
1	翰	11.35	15.23	9.60	8.96	3.28
2	尉	11.65	15.69	9.68	8.93	3.35
3	考	11.72	15.46	9.60	8.78	3.06
4	姐	11.70	16.20	10.26	9.23	3.27
5	藪	11.66	16.05	9.31	8.51	3.24
6	匪	11.98	15.36	9.54	8.63	3.19
7	㥠	11.58	15.70	9.09	8.42	3.06
8	衙	11.60	15.98	9.35	8.64	3.08
9	捧	11.92	16.11	9.56	8.58	3.34
10	帥	11.74	14.90	9.83	9.09	3.31
11	弧	11.55	15.88	9.92	8.97	3.43
12	稀	12.14	15.21	9.29	8.46	3.17
13	撅	12.11	16.06	9.44	8.82	3.18
14	齎	12.11	15.31	9.77	8.78	3.27
15	灣	12.24	16.45	9.33	8.62	3.29
16	竊	11.15	15.56	9.64	8.85	3.30
17	瘛	11.57	15.55	9.17	8.42	2.97

'齎' 자

'翰' 자 측면

'匪' 자 뒷면

17자 중 일부

그림 2-12 상주 개인 소장 도활자

이러한 도활자 제작에 대한 기록이『東國厚生錄』외에는 그다지 많지 않으나 근대의 신문 기고문에서 金瑗根은『故事要覽』의 기록을 인용하여「朝鮮鑄字考(七)」에서 제작법을 다음과 같이 상세하게 다루고 있다.

> 「陶字製造法」
>
> 陶字를 制造하는 法은 陶家에서 쓴 재흙을 수비(水備)하야 마른 後에 阿膠水로 이겨서 石臼에다 너코 鐵杵로 흠신 찟는다. 그 다음에는 견강(堅强)한 나무로 板을 만들고 字本의 모양과 長廣을 가량하여서 板에 구멍을 뚤으되 一板에 한 數十 구멍을 뚤허서 쓰기에 편리하도록 할 것이다.
>
> 그 이긴 재흙을 木板 구멍자리에 담아 며이고 平板으로 눌러 방정하게 한 후에 볏에 쪼여서 거지면 鑄字形體의 흙뎅이가 각각 그 구멍에서 빠저 나온다. 그 土範에 글字를 사겨 炭火에 련단(鍊鍛)하야 매운 잿물에 당그고 두 번 불에 련단하고 두 번 鹽水에 당그고 밀(蠟) 칠을 세 번하야 세 번불에 쬐어 녹게한다.
>
> 鐵板과 鐵範과 鐵札을 만들고 紙灰와 松津과 黃蠟을 함께 끌여 木板面上에 바르고 그 우헤 印札과 植字를 다한 후에 그 木板을 火爐 우헤 뜻뜻하게 쪼어서 그 松津과 밀이 녹은 후에 平板으로 글자를 꼭 눌러서 그 字가 傾仄지 안코 꼭 반듯한 후에 인쇄하고 인쇄한 후에 곳 또 火爐 우에 뜻뜻하게 쪼여서 밀이 녹은 후에 綴字를 하면 글자가 더럽거나 상하지 안는다 가량 紙灰一斤(柳灰도 좃타)과 黃蠟, 松津, 各 十四兩量이 적당하나 그 斤數에만 구속할 것 업시 반죽이 잘되게 할 것이라 하겠다(故事要覽)
>
> 『東亞日報』1931. 11. 5. 기사

이를 정리하면 '陶字製造法'은 먼저 陶家에서 쓴 재흙을 水備하여 마른 후에 아교물로 이겨서 돌절구에 넣고 찧는다. 그다음에는 단단한 나무로 판을 만들고 字本의 모양과 가로, 세로를 측정하여 1판에 한 수십 개 구멍을 뚫어 쓰기에 편리하도록 한다. 그 이긴 재흙을 목판 구멍에 채우고 평판으로 눌러 네모나게 한 후에 볕에 쪼이면 鑄字形體의 흙덩이가 마르면서 축소되어 각각 그 구멍에서 빠져 나온다. 그 土範에 글자를 새겨 불에 단련한 뒤 매운 잿물에 담그고 두 번 불에 단련하고 두 번 鹽水에 담그고 밀랍 칠을 세 번 하여 세 번 불에 쬐어 녹게 한다.

조판의 방법은 철판과 鐵範과 鐵札을 만들고 종이 재와 송진과 黃蠟을 함께 끓여 목판면에 바르고 그 위에 印札과 식자를 다한 후에 그 목판을 화로 위에서 따뜻하게 쪼여 송진과 밀랍이 녹으면 平板으로 활자를 꼭 눌러서 활자가 기울어지지 않게 반듯하게 한 후에 인쇄하고, 인쇄한 후에는 또 화로 위에서 따뜻하게 쪼여 밀이 녹은 후에 綴字를 하면 글자가 더럽혀지거나 상하지 않는다. 종이 재 1근(버드나무 재도 좋다)과 黃蠟, 송진, 각 14냥의 분량이 적당하나 그 근수에 구속되지 말고 반죽이 잘되게 하면 된다고 하였다.

이와 같은 陶活字 내지 土鑄字에 대한 기록은 실물 인본과 사료 등에서 다음과 같이 몇 가지 사례를 찾아볼 수 있다.

먼저 기록 중에서는 李圭景이 편찬한 『五洲衍文長箋散稿』의 '鑄字印書辨證說'에서 木刻字의 설명 중 "近世吳大提學載純《醇菴集》用土鑄字 製樣極精亦可印書"라 하여 오재순의 문집인 『醇庵集』을 토활자로 찍었다고 하면서 매우 정교하여 책을 찍을 만하다고 하였다.

한편 토활자로 찍은 실물에 대해서는, 土活字 내지 土字로 찍은 『東溟先生集』은 저자인 金世濂의 시문을 그의 사후에 아들 金弼相과 金儁相이 수집·편차하였고, 1667년(현종 8)에 이르러 序를 짓고, 柳馨遠이 行狀을 지었다. 그 후 증손 金一基가 金弼相이 편차한 10권 6책에다 부록 1책을 증보하고 許穆의 서문과 자신의 발문을 붙여서 1737년(영조 13)에 土字로 인행하였다.

초간본을 찍은 土字는 흙으로 주조한 활자로 陶活字라고도 하며 전해지는 印本이 드물다. 비록 銅活字처럼 字體가 유려하지는 않으나 木活字에 비해 字形이 균형이 있고 형체가 이지러지지 않는다는 장점이 있다. 金一基의 발문에서 가세가 빈한하여 오랫동안 간행하지 못하다가 家財를 팔아 공역을 시작한 지 2개월 만에 끝냈다[5]고 한 것으로 보아 제작에 필요한 비용이나 기간도 목판에 비해 훨씬 적었던 듯하다. 초간본은 현재 연세대학교 중앙도서관, 국립중앙도서관 등에 소장되어 있다.

또 다른 중앙정부에서의 기록은 『承政院日記』의 英祖 5년(1729) 8월 29일에 祖宗 寶鑑의 출판을 논의하면서, 대체로 책은 편찬한 후 간행하기 어렵고 당시 觀象監에서 康熙曆書를 찍고자 하였지만 活字의 工役이 너무 커서 착수하지 못하였다. 이때 判決事 權孚가

---

5 金世濂, 『東溟先生集』, 跋文 "…丁巳五月初吉 以土字開印 同年七月晦日畢役 不肖曾孫一基 謹書印役顚末"

만든 土字가 鑄字洞에 있다는 말을 들었고 권부의 전하는 말은 鐵字는 만드는 데 10일이 걸리지만 土板은 하루 만에 충분하다고 하여 물력을 줄일 수 있다고 하였다. 이에 활자의 크기를 묻는 왕의 질문에 李台佐는 鐵字本은 不均正하며 土陶로 만들면 工力이 매우 절약된다고 하였다.

이어 趙顯命이 중국의 『筆叢』에서 역시 공력을 절약할 수 있는 土字를 만드는 법을 보았다고 하면서 먼저 寶鑑으로 시험하여 간행하는 것이 좋을 것이라 하였다. 왕은 처음 만든 사람은 많은 연구를 하였을 것이며 듣건대 중국의 土板은 유학자 선비가 고안한 것이라는데 그 방법은 어떠한가라고 물었다. 이에 李台佐는 중국에서 土板을 어떻게 만드는지 그 방법은 알지 못하지만 지금 玉堂에 소장되어 있는 『古今名喩』가 鑄洞에서 土字로 찍어낸 것이며 字樣이 아주 좋고 鐵字와 다르지 않다고 하였다. 이어 그는 조선 초의 금속활자와 비록 방법은 다르지만 이제 土字로써 康熙曆書를 찍어 배포하면 매우 도움이 될 것이라 하였다. 왕이 그 글자 모양을 보고자 鐵字·土字 各 3字씩을 들여보내라 하였다.

그 밖에 같은 『承政院日記』의 英祖 25년(1749) 4월 5일에도 왕이 土鑄字의 기술로 鐵木鑄字와 바꾸어 쓸 수 있는가라는 물음에 黃景源이 가능하다고 하니 왕은 校書館官員 한 사람을 문밖에서 명을 기다리게 하고, 本館의 鑄字와 木鐵字가 얼마이며 그 서체는 洪武正韻字의 서체인가를 물었다. 이에 李弘德이 本館에는 약간의 鐵木鑄字가 있고 그 서체는 洪武正韻字體와 衛夫人字가 있다고 하였다. 하루에 鑄字로서는 몇 판을 印出할 수 있으며 목활자는 어느 경우 사용하는가에 대한 물음에, 인출할 때 공력이 매우 많이 들어서 비록 해가 긴 여름이라도 15판에 불과하고 木字는 부족자가 있을 때 임시로 새긴다고 하였다.

즉 이와 같은 기록을 통하여 土活字를 사용하여 책을 찍어 내는 방법에 대하여 왕과 신하가 논의를 할 만큼 그 기술이 성숙되어 있었음을 짐작할 수 있다.

2) 금속활자 재료 분석법

금속활자의 재료 분석 방법에는 크게 파괴 분석과 비파괴 분석 두 가지가 있는데, 파괴 분석은 활자의 표면을 갈아 내거나 몸체의 일부 중 미량을 떼어 내어 원재료를 노출시키는 방법과 활자를 절단하는 방법이 있다. 이때 금속 성분의 구성비를 정확하게 반영하는 곳은 표면으로부터 떨어져 중심에 가까운 곳일수록 신뢰도가 높다.

이에 비하여 비파괴 분석은 활자의 표면을 조사하는 것으로, 분석 지점에 따라 결과가 다르게 나올 수 있고 기본적으로 한 면에서 여러 분석 지점(최소 4곳)을 설정하여 분석 결과를 비교·대조하는 방법이 바람직하다. 이때 표면에 남아 있는 토양이나 이물질의 개입을 차단할 수 없으므로 금속 성분비가 그대로 반영되지 않고 또 청동활자의 경우 내부와 외부의 부식 과정에서 주석 성분의 구성비율이 달라지는 점 등을 고려해야 한다.

(1) EDS(Energy Dispersive X-ray Spectroscopy) 분석

이 방법은 시료에 전자선(electron beam)을 照射할 때 방출되는 X선 에너지를 이용하여 함유된 원소의 종류와 함량을 조사하는 방법으로, SEM(주사전자현미경)에 연결하여 미세시료의 C(탄소)~U(우라늄)까지의 표면 원소를 분석할 수 있다. EDX, EDAX라고도 한다.

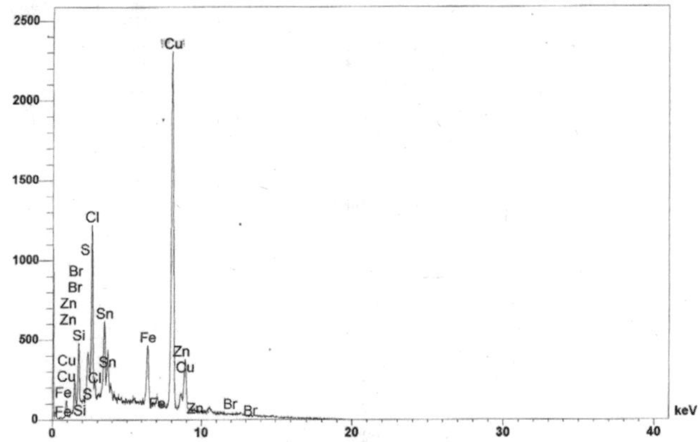

그림 2-13 증도가자 '爲' 字의 EDS 분석[6]

(2) XRD(X-ray Diffractometer) 분석

이 방법은 X선이 어떤 각도로 결정 표면에 입사되어 표면의 결정 내 원자층에 의하여 산란되어 회절상을 얻게 되고, X선 회절상으로부터 재료의 결정구조를 확인하고 정성분석을 할 수 있는 방법이다.

---

6 남권희, 「證道歌字의 발견과 『南明泉和尙頌證道歌』의 연구」, 『고려 금속활자 조사연구』, 청주고인쇄박물관, 2011, p. 386.

(3) XRF(X-ray Fluorescent Spectroscopy) 분석

이 방법은 시료에 X선을 照射할 때 勵起電子(stimulation)가 방출하는 형광(X선 파장)을 이용하여 함유된 원소의 종류와 함량을 조사하는 방법이다.

표 2-5 고려활자 '常' 字의 XRF 분석[7]

분석번호	분석위치 및 특성	화학조성(%)						비고
		Cu	Sn	Pb	Fe	Ni	Zn	
02	상측면	32.4	47.4	16.8	3.1	0.01	0.22	
03	상측면	36.2	39.9	19.4	4.2	0.04	0.26	
	평균	*34.3*	*43.6*	*18.1*	*3.7*	*0.03*	*0.24*	
	표준편차	*2.7*	*5.3*	*1.8*	*0.81*	*0.03*	*0.03*	
01	글자	55.0	18.9	22.3	3.4	0.11	0.35	
04	글자	50.3	24.0	21.6	3.7	0.11	0.32	
05	글자	55.2	19.8	21.3	3.2	0.09	0.34	
	평균	*53.5*	*20.9*	*21.7*	*3.4*	*0.10*	*0.34*	
	표준편차	*2.8*	*2.7*	*0.52*	*0.23*	*0.01*	*0.02*	

(4) XPS(X-ray Photoelectron Spectroscopy), ESCA 분석

이 방법은 시료의 표면에 X선을 조사하여 방출하는 광전자(photoelectron) 에너지를 측정함으로써 시료 표면의 조성 및 화학적인 결합상태를 알 수 있는 방법으로, ESCA라고도 한다. 더불어 원소 성분별 Depth profile이 가능하고 부위별 원소 성분 mapping도 가능하다.

3) 목활자 재료 분석법(현미경 수종 분석)

목활자에 쓰인 나무의 종류를 분석하는 방법으로, 목활자의 일부를 채취하여 현미경 촬영과 관찰을 통하여 나무의 수종을 판독할 수 있다. 그 절차는 다음과 같다.

① 木片을 채집 후 연화 처리(물과 글리세린 1:1 혼압액에서 삶음)

② 너무 단단한 木片은 연화 처리 후 가압 처리

---

7 上揭書, p. 385.

③ 滑走式 마이크로톰(sliding microtome)으로 단면 두께 20㎛의 切片을 제작
④ safranine 염색
⑤ 염색된 切片을 프레파라트로 제작
⑥ 광학현미경을 이용하여 목재의 세포조직을 관찰
⑦ 목재조직학 특징을 통해 수종을 검출

5. 활자의 사용 시기 추정

활자를 과학적으로 분석할 때 금속활자의 경우 주조된 시기를 성분 분석을 통하여 정확하게 비정할 수 없으며, 다만 금속 재료의 일반적인 시대별 성분비율 등으로 폭넓은 차원에서 진위 여부나 시기를 추정할 수 있을 뿐이다. 그러나 목활자의 刻字 시기는 목재를 대상으로 한 ^{14}C 연대 측정법을 이용해 나무의 제재 시기를 측정하여 간접적으로 추정할 수 있다.

한편 금속활자나 목활자 모두 활자에 먹을 칠하고 종이에 찍어 낼 때 먹의 탄소를 이용한 ^{14}C 연대 측정법으로 사용 시기를 추정할 수 있다.

1) ^{14}C 연대 측정법: 가속기 질량분석(AMS: Accelarating Mass Spectrometry)

이 방법은 생물유존체의 사망 연대 등 시료 연대를 결정하는 데 사용되며 극미량(약 1mg)의 탄소로 약 6만 년 전까지 측정이 가능하다. 금속활자의 경우 인출 후 표면에 잔류하는 먹의 ^{14}C 연대 분석을 통하여 먹이 사용된 시기를 추정할 수 있다. 목활자의 경우는 활자 자체 나무의 ^{14}C 연대 분석을 통하여 목활자를 만들기 위해 사용된 나무의 연대를 확인 가능하다.

이 처리 과정에서 나온 연대를 역연대 교정 환산법으로 고쳐야 실제 연대를 알 수 있다. 여기서 '역연대 교정'이란 대기 중의 ^{14}C 농도가 일정하다는 전제하에 반감기 5568년으로 산출해 왔던 ^{14}C 연대에 대하여 과거의 宇宙線强度와 地球磁場의 변동에 의한 대기 중의 ^{14}C 농도 변동 및 반감기 차이(^{14}C의 반감기 5730±40년)를 교정함으로써 실제의 연대치에 가까운 연대를 산출하는 것이다.

이 과정에서 대형 목재(나무 기둥, 木船 등)는 연륜연대 측정이 가능하지만 활자는 크기가 작아 연륜연대 측정이 불가능하다.

표 2-6 증도가자의 ^{14}C 연대 분석과 ^{14}C 연대 역연대 교정 결과

대상 활자	$\delta^{13}C$(‰)	역연대 교정용 연대(yrBP±1σ)	^{14}C 연대 (yrBP±1σ)	^{14}C 연대를 역연대로 교정한 연대범위	
				1σ 역연대범위(68.2%)	2σ 역연대범위(95.4%)
峇	−25.59±0.11	1046±22	1045±20	989AD(68.2%)1017AD	902AD(3.8%)915AD 969AD(91.6%)1025AD
佛	−24.96±0.11	972±25	970±25	1021AD(33.4%)1046AD 1093AD(27.8%)1120AD 1141AD(7.0%)1148AD	1016AD(39.9%)1060AD 1065AD(55.5%)1155AD

2) 광 루미네선스(OSL: Optically Stimulated Luminescence) 연대 측정법[8]

이 방법의 대상이 되는 많은 무기결정과 몇 가지 유기물질은 외부에서 어떤 형태의 에너지를 주면 흡수된 에너지를 빛으로 바꾸어 외부로 방출하는 경우가 있는데, 이를 루미네선스라 한다. 이때 흡수된 에너지를 勵起(stimulation)시키는 방법에 따라 빛에 의해 방출되는 루미네선스를 광여기 루미네선스라 한다.

OSL 연대(ka) = 등가선량(Gy) / 연간선량 (Gy/ka)

이 가운데 석영을 이용한 광 루미네선스 측정을 통하여 보다 정밀하고 정확한 등가선량 측정이 가능해지면서 신뢰도가 높아지고 있다. 석영을 통한 광 루미네선스 분석은 석영입자로부터 측정되는 OSL의 세기는 석영 입자가 퇴적된 후, 즉 최후의 햇빛으로부터 차단된 후, 노출된 자연방사선량의 관계를 분석하는 것이다.

---

8 최정헌·정창식·장호완, 「석영을 이용한 OSL 연대측정의 원리와 지질학적 적용」, 『지질학회지』, 4권 4호(2004년 12월), pp. 567–583.

6. 활자 재료의 산지 분석

이 분석 중 유용하게 쓰이는 방법으로 납동위원소비 측정법 '열이온화질량분석(TIMS: Thermalinization Mass Spectrometer)'[9]이 있다.

이 경우 대상이 된 금속활자의 성분 중 납이 포함되어 있다면 납의 동위원소비를 이용하여 활자 제작 시 사용된 납 원료의 생산지를 추정할 수 있다. 이때 구리와 주석의 청동 제품에 납이 1% 이상 함유되어 있다면 이는 의도적으로 첨가한 것이다. 자연계에 존재하는 납 중에서 ^{204}Pb, ^{206}Pb, ^{207}Pb, ^{208}Pb 등 4개 종은 지구 생성 초기에 동위원소 존재비가 정해져 있기 때문이다.

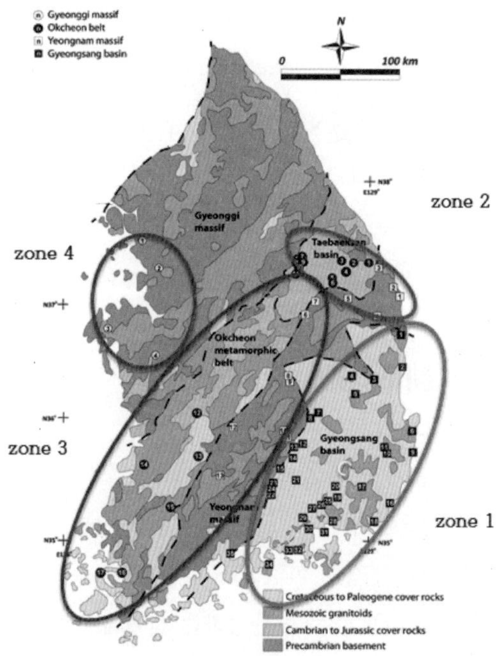

그림 2-14 한반도 납동위원소 영역별 분포도[10]

---

9 국립문화재연구소, 〈납동위원소비를 이용한 유물의 산지추정〉

10 39개 광산(방연석시료)과 30개 참고문헌자료 포함 총 215점 시료로 분포도 작성(*Jeong et al.(2012)*)

7. 활자 조판 유형 조사

1) 조판의 종류

① 고착식 조판: 테두리가 고정된 틀의 위아래, 계선까지 붙어 있으며, 밀랍을 깔고 열을 가한 다음 활자를 눌러 수평을 맞추어 고정한다.

② 조립식 조판: 四周의 테두리나 계선을 조립하듯이 나무나 대나무 조각을 이용하여 붙인 다음 활자 틈새에 파지나 대나무 조각을 끼워 넣어 움직이지 않도록 하여 조판한다.

2) 조판 실물 조사

활자의 조판 상태를 조사할 때는 조판에 사용된 우리(亐里)의 재료 분석 및 판틀과의 결합 방식을 조사해야 한다. 이때 사용된 계선의 제작 방법, 재료 분석 및 계선의 결합 방식과 활자 고정에 사용된 재료(충전재)도 함께 분석하여 조판의 구조, 방법, 재료들 상호 간의 영향과 관련성을 검토해야 한다.

(1) 금속활자 조판틀

그림 2-15 20세기 초 今西龍이 조판한 임진자 『국조보감』 조판틀(고려대학교박물관 소장)

(2) 목활자 조판틀

그림 2-16 목활자 조판틀(원광대학교박물관 소장)

그림 2-17 목활자 족보 조판틀(원광대학교박물관 소장)

8. 실물활자의 보관

1) 활자 보관 상자

활자가 보관된 용기를 조사할 때는 활자 보관 용기의 내외부에 기록된 내용을 통하여 활자 관리 방법도 함께 조사해야 한다. 즉 활자 보관 용기(상자, 함, 틀 등)의 전체 크기와 내부에 구분된 개별 칸의 크기를 측정하고 용기에 수장할 수 있는 활자의 평균 개수를 추정해 둔다. 한편 관리 방식 중에서는 활자의 부수에 따라 정리하여 활자를 보관하는 부수별 보관 방식인지 연호, 간지, 숫자, 관직명, 관용숙어 등으로 배열 보관하는 기능별 보관 방식인지 아니면 둘을 혼합한 방식인지를 구분하여야 한다.

그림 2-18 井間형 목활자 보관 상자

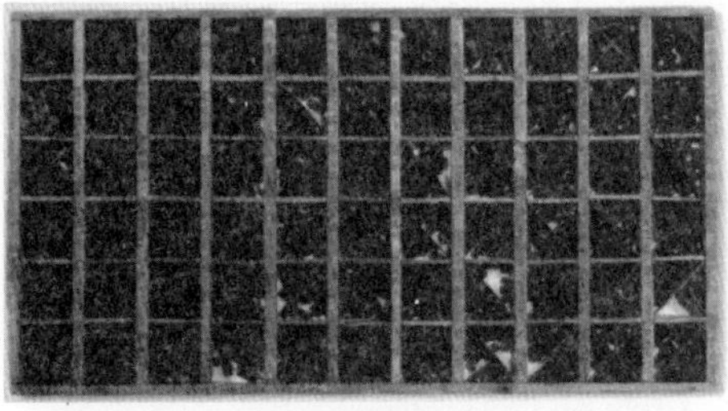

그림 2-19 정간형+칸살형 목활자 보관 상자

그림 2-20 칸살형 목활자 보관 상자

2) 활자 보관장(字欌)

활자 보관장을 조사할 때는 보관장의 개수와 전체 활자의 수량을 파악하여 개별 서랍 속의 활자 개수를 추정할 수 있다.[11]

이때 기본적인 조사 사항으로 활자 보관장의 크기를 측정하고 보관장을 제작한 나무의 수종을 파악한다. 또 활자 배열 및 보관 방식이 부수별 혹은 기능별로 구분되어 있는지와 그 순서를 검토하고, 활자 보관장에 쓰인 활자와 배열에 관련된 墨書나 첨부 기록 등을 반드시 확인해야 한다.

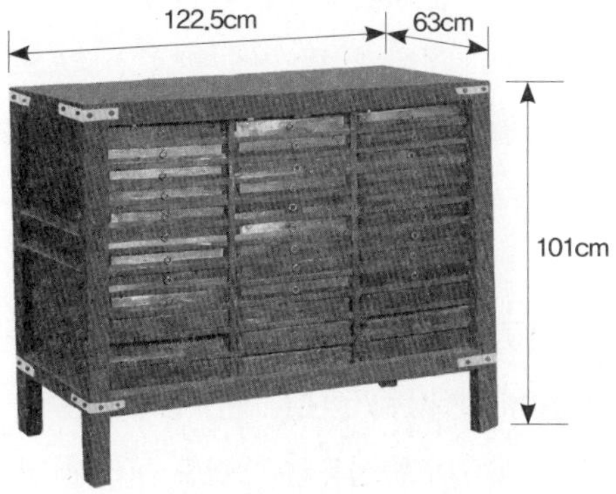

그림 2-21 활자 보관장(국립중앙박물관 소장)

그림 2-22 활자(재주정리자) 보관장 서랍(국립중앙박물관 소장)

11 남권희, 「鑄字所와 『鑄字所應行節目』」, 『조선시대 인쇄출판 기관의 변천과 발달』, 청주고인쇄박물관, 2008, p. 59.
哲宗 9年(1858)에 新鑄된 재주정리자의 경우를 적용시켜 보면, 전체 30만 자로 가정하고, 『國朝寶鑑』에서는 7개의 서가에 나누어 보관하였다고 했으므로 총 252개의 서랍에 보관되었을 것으로 추정된다. 정리자 1개당 무게가 大字는 약 3.95g이고, 小字는 1.84g으로 총 30만 자의 무게는 889.6kg이고 한 개의 서랍 속에는 약 3.53kg의 활자가 보관되었을 것이며, 이것을 가지고 서랍 속의 활자의 개수를 계산하면 서랍 1개당 약 1,190字가 보관되었을 것으로 추정된다.

제5절 금속활자 주조법

1. 蜜蠟鑄造法(Lost wax casting)

蜜蠟鑄造法은 寺刹 등에서 모양이 섬세하고 복잡한 佛具類를 제작하는 데 쓰인 전통적인 주조 방법으로 알려져 있다. 이 방법은 모양을 만든 정제된 밀랍에 글자를 새긴 다음 도가니를 만드는 烏土와 진흙이나 황토 등 주형재료로 미리 새긴 밀랍 활자를 둘러싸서 鑄型을 만들고 말린다. 그러고 나서 열을 가하여 밀랍을 녹여 낸 후 주형 속 빈 공간에 녹인 쇳물을 부어 식으면 손질하여 완성한다.

이 방법으로는 활자를 글자별 낱개로 정교하게 만들어 낼 수 있지만, 한 번 새겨 하나의 완성품밖에 만들지 못하기 때문에 같은 글자의 동일한 자형 활자를 만들어 낼 수 없고, 또한 똑같은 크기의 활자를 만들어 내기 힘들다는 단점이 있다. 즉 밀폐된 공간에 쇳물을 부어 주성하는 것으로 이 공간을 만들기 위해서는 원래의 父字를 만든 물체를 녹여 없애야 하기 때문에 한 번에 하나의 글자밖에는 만들지 못한다. 반면에 蜜蠟鑄造法으로 대상물을 주조하면 치밀하고 복잡한 무늬, 曲形의 鑄物이나 장신구, 銅鐘의 龍頭 부분처럼 兩分될 수 없는 복잡한 물체를 한 번의 주물로 쉽게 만들 수 있다. 三國時代에 만들어진 향로나 여러 조형물들이 이러한 밀랍주조법으로 만들어졌다.

현존하는 최초의 금속활자본인 『白雲和尙抄錄佛祖直指心體要節』도 이 밀랍주조법에 의해 제작된 것으로 추정되며, 1996년도의 『白雲和尙抄錄佛祖直指心體要節』 下卷의 복원과 최근에 이루어진 上卷의 金屬活字 復元 및 印出을 위해 적용한 방법도 이러한 전통적인 사찰의 주물법에 의해서 이루어졌다.[12] 이러한 주조 방법은 여러 가지 이름으로 불리는데, 서양에서는 밀랍제거주조법이라 부르기도 한다. 이 방법에 따라 활자가 만들어지는 순서는 다음과 같다.

12 淸州市, 『《白雲和尙抄錄佛祖直指心體要節》上卷 復元硏究 結果報告書』, 청주, 2001, pp. 30-38.

1) 자본의 선정 및 어미자의 제작

밀랍주조법에 따른 활자 제작의 첫 단계는 모본이 되는 父字를 선택한 후 밀랍을 사용하여 결정된 자본에 맞게 적절한 두께와 크기의 父字를 만든다. 이때 순수 밀랍만을 사용하였거나 전통적인 밀랍 배합 비율이 있었을 것으로 보인다.

2) 父字 새겨 다듬기 및 父字 가지 만들기

밀랍 판형에 붙여진 자본을 새김칼로 새겨 초벌 父字를 만든 다음에는 새긴 글자를 원래의 글자와 교감하여 하나하나 정교하게 다듬는다. 낱개 父字는 두께나 마디의 획, 굵기 등을 균등하게 교정한다. 이렇게 완성된 父字는 활자 제작을 위하여 가지에 낱낱이 붙여 父字 가지를 만드는데, 이때 가지는 蜜蠟 父字를 녹여 내고 쇳물이 잘 흘러 들어갈 수 있도록 비스듬하게 한다.

3) 주물토의 제작

일반적으로 주물토는 점토나 오토, 도토 등이 사용될 수 있으며 밀랍주조법에서의 주물토는 주형 제작이 용이하도록 수분이 충분히 함유되어 유동성이 좋아야 한다. 또 주물토의 재료 내에서 가스 분출을 위해 적절한 입자 크기의 공극이 형성되어야 한다.

4) 주형틀 제작 및 어미자 녹여 내기

적당한 크기의 주형틀을 제작한 후 밀랍으로 만든 父字 가지를 주형틀 속에 넣고 기포가 생기지 않도록 주물토를 메운다. 주형틀이 포함된 주물토를 가열하여 父字 가지 및 父字를 완전히 녹인다. 이때 녹은 밀랍은 주형틀에 흡수되거나 주입구로 흘러내린다.

5) 쇳물 녹여 붓기

父字를 녹인 후에는 활자를 만들 청동을 녹여 고온을 유지하면서 청동 쇳물이 주형 속으로 잘 흘러 들어가도록 한다. 이때 주형틀이 흔들리지 않도록 주의한다.

6) 활자 가지쇠 분리 및 활자 떼어 내기

쇳물이 식어 단단해진 주형의 주물토를 파내거나 깨어 내 활자 가지쇠를 들어내고 가지쇠에 붙은 활자를 낱개로 떼어 낸다.

7) 활자 다듬기

하나씩 떼어낸 활자는 사포나 줄을 이용하여 일정한 크기로 깎고 다듬어 완성한다. 정확한 기록은 전하지 않으나 짐작건대, 이렇게 완성된 활자는 획순이나 부수별로 일정한 체계를 갖추어 활자함 내지 보관함에 잘 보관하여 책의 인출 시 조판 작업의 신속성과 용이함을 도모하였을 것이다.

01–화로

02–자본 선정

03–밀랍 판형

04–자본 붙이기

05–밀랍 부자 조각

06–밀랍 판형과 밀랍 부자

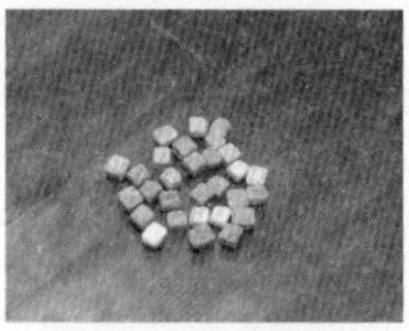
07–밀랍 부자

08–밀랍 부자 가지 제작

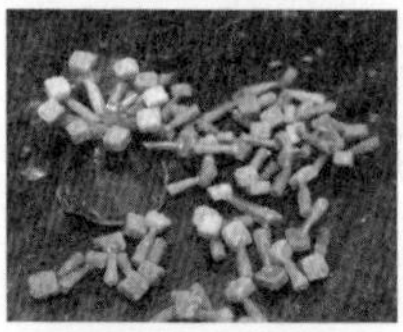
09–밀랍 부자 가지

10–매몰 재료(모래분말)

11–매몰 재료(황토분말)

12–매몰 재료(이암)

13–매몰 재료(이암분말)

14–매몰 재료(이암과 이암분말)

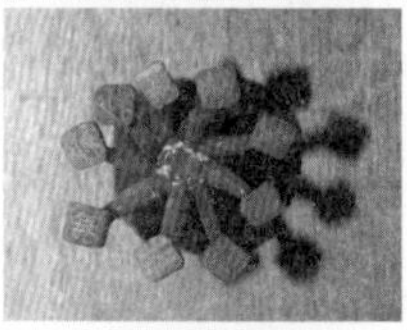
15–부자 가지

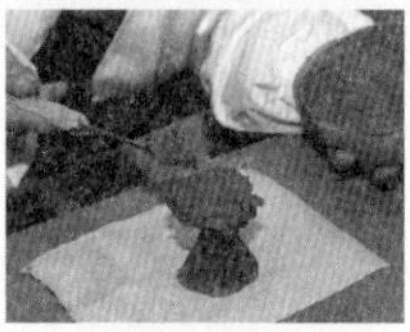
16–주형 제작 ①

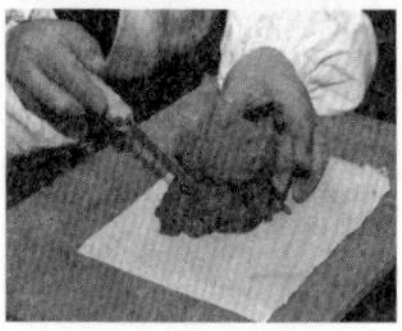
17–주형 제작 ②

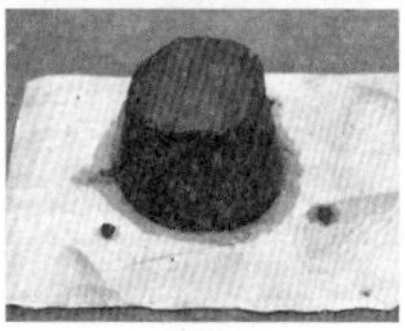
18–주형

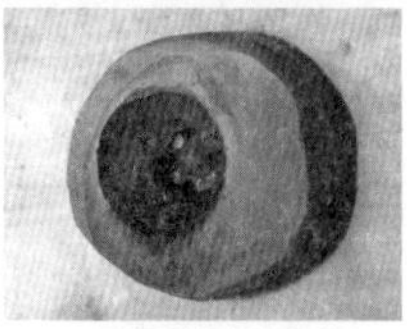
19–주형 녹이기

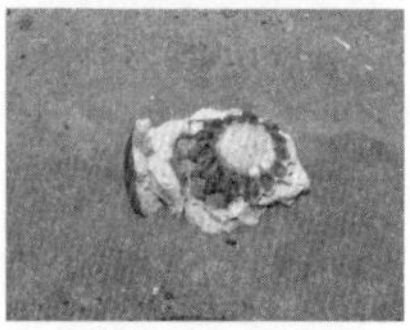
20–주형 내 모자형 흔적

21–가열 재료(갈탄) | 22–청동 녹이기 ① | 23–청동 녹이기 ② | 24–주형 소성

25–소성된 주형 | 26–청동 쇳물 붓기 ① | 27–청동 쇳물 붓기 ② | 28–청동 쇳물 붓기 ③

29–청동 쇳물 붓기 ④ | 30–청동 쇳물 붓기 ⑤ | 31–주형 식히기 ① | 32–주형 식히기 ②

33–주형 깨기 | 34–주형 내 활자 ① | 35–주형 내 활자 ② | 36–주형 내 활자 ③

37–주형 내 활자 ④ | 38–주형 내 활자 ⑤ | 39–주형 내외 활자 가지 | 40–활자 가지 ①

41–활자 가지 ② | 42–활자 가지 ③ | 43–활자 자르기 | 44–자른 활자

45–활자 마감 | 46–완성된 활자 | 47–자인 ① | 48–자인 ②

그림 2-23 밀랍주조법에 따른 금속활자 주조[13]

13 청주고인쇄박물관, 『금속활자 주조 및 인쇄기술사 복원 연구 결과보고서』, 청주: 청주고인쇄박물관, 2006, pp. 138–144.

2. 鑄物沙鑄造法(Sand casting)

주물사주조법은 朝鮮朝의 고도로 발달한 활자 주조에 적용된 것으로, 成宗 때 成俔(1439~1504)이 쓴 『慵齋叢話』에 소개되어 있는 금속활자 만드는 방법이다. 이 전통적 방법에 실제 과정을 적용하면 대체로 다음과 같다.

1) 글자본 선정

글자의 書體를 고려하여 목적에 가장 알맞은 몇 책을 대상으로 선택한다.

2) 筆寫 과정

글자본이 정해지면 찍을 책에 필요한 크고 작은 글자의 수량을 조사하여 글씨 잘 쓰는 이에게 쓰게 한다. 이미 간행 또는 印出된 책의 글자를 本으로 삼을 경우는 그 책에서 소요되는 크고 작은 글자를 가려내고 부족한 글자는 글자체를 닮게 써서 보충한다.

3) 板木 수집 및 가공

주조할 활자의 모본이 되는 父字를 만들기 위한 목재를 구한다. 우리나라의 官署에서는 주로 黃楊木을 사용했으나 느티나무, 단풍나무 등 나무질이 견고하면서도 칼질하기 좋은 것을 가려 재료로 사용하였다. 작업공정을 단축하기 위해 통나무를 적당한 두께의 나무판자로 켜서 일정 기간 바닷물 또는 민물에 담가 진을 빼고, 솥에 소금을 넣고 같이 삶아서 칼질하기 쉽게 결을 삭힌 다음 건조시킨다. 건조된 나무판자는 글자 새길 면을 고르게 대패질하여 새기고자 하는 父字의 크기대로 가는 톱으로 잘라 각목을 만든다.

4) 활자 자르기와 글자 새기기

준비한 글자본을 각목 위에 뒤집어 붙이고 밀랍을 발라 비쳐 보이는 글자체를 새긴 다음 하나씩 실톱으로 잘라 네 면을 잘 다듬고, 크기와 높이가 일정하도록 정밀하게 손질한다. 분업으로 작업을 할 경우, 나무판자와 각목 만들기, 그리고 활자 자르기는 木工匠이 맡고, 글자 새기는 일은 刻字匠이 맡는다.

5) 주조 과정

주물장이 암수 두 틀로 구성된 쇠거푸집 중 먼저 암틀 거푸집에 갯벌의 해감 모래를 체로 쳐서 가득 채우고 방망이로 고루 다져 면을 판판하게 한 다음, 미리 준비한 父字의 글자면을 위쪽으로 하여 3분의 2 정도 들어가도록 줄을 맞춰 눌러 심고 父字가 다 심어지면 쇳물이 흘러 들어가는 홈을 만들기 위하여 가지쇠를 박는다.

그 후, 암수 두 틀의 거푸집을 합쳤다 뗄 때 서로 달라붙지 않도록 암틀 거푸집 표면에 숯가루를 고루 뿌린 다음, 수틀 거푸집을 그 위에 덮어 결합시키고 해감 모래를 역시 체로 쳐서 넣으면서 방망이로 고루 다진다. 다 다져지면 결합을 푼다. 수틀 거푸집에는 옴폭 들어간 바른 글자체의 자국이 찍힌다. 암틀 거푸집에서 父字를 조심스럽게 빼내고, 가지쇠도 들어낸 다음 암수 두 틀의 거푸집을 다시 조심스럽게 결합·고정시켜 세워 놓거나 경사지게 놓고, 윗구멍으로 녹인 쇳물을 쏟아 부어 그것이 홈 길을 따라 목활자 父字의 자면이 찍힌 자국으로 흘러 들어가게 한다.

쇳물이 식어서 굳으면 암수 두 틀의 거푸집을 분리하고 가지쇠를 들어낸다. 그 가지쇠에는 주성된 활자들이 매달려 있으므로 이를 하나씩 떨어지게 하고, 떨어지지 않으면 쇠톱으로 잘라 떼어 낸다. 떼어 낸 활자의 너덜이 같은 것을 쇠줄로 깎고 다듬어 활자 모양을 갖추는 손질작업을 하여 완성한다. 그 완성품은 모두 자면이 양각된 반대 글자체의 활자들이다.

이 주조법으로는 자형과 크기가 완전히 동일한 활자를 많이 만들어 낼 수 있다.

01–한쪽 주형틀을 놓고 바닥에 父字 배열

02–父字 위에 이연제를 뿌림

03–모래체를 사용하여 주물사를 채움

04–주물사를 다짐

05–틀을 뒤집어 주입구 부분에 주물사를 채움

06–윗틀을 얹음

07–모래체를 사용하여 주물사를 채움

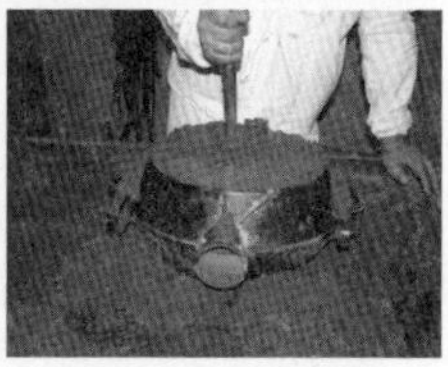
08–주물사를 다짐

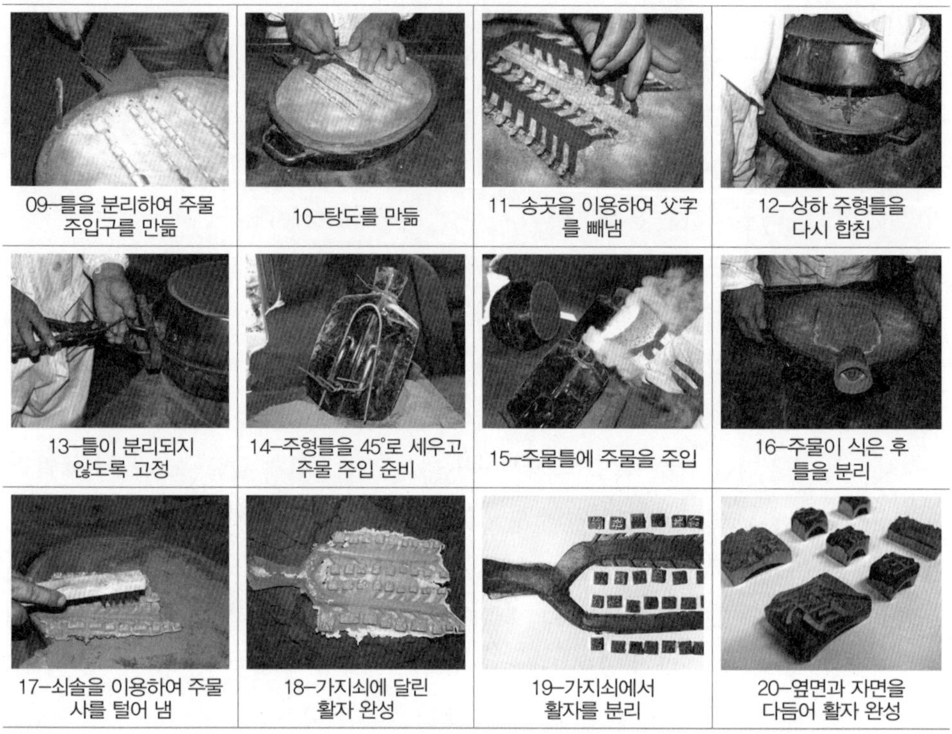

09–틀을 분리하여 주물 주입구를 만듦 / 10–탕도를 만듦 / 11–송곳을 이용하여 父字를 빼냄 / 12–상하 주형틀을 다시 합침

13–틀이 분리되지 않도록 고정 / 14–주형틀을 45°로 세우고 주물 주입 준비 / 15–주물틀에 주물을 주입 / 16–주물이 식은 후 틀을 분리

17–쇠솔을 이용하여 주물사를 털어 냄 / 18–가지쇠에 달린 활자 완성 / 19–가지쇠에서 활자를 분리 / 20–옆면과 자면을 다듬어 활자 완성

그림 2-24 주물사주조법에 따른 금속활자 주조[14]

3. 陶土鑄造法

陶土鑄造法은 조선 후기에 민간에서 사용되었던 방법이다. 이 방법에 따른 활자 주조법은 청주고인쇄박물관에 소장되어 있는 零本인 筆寫本『厚生錄』의 卷下 기록에 상세하게 나타나 있다. 이 책은 金然昌 소장본[15]과 내용은 약간 다르지만 설명이 보다 자세하다. 특히 土鑄字의 경우 金然昌本에서 李載恒이 황해도 黃州兵營에 있을 때의 기록을 언급하는 중 누락된 '末暇持來付之將校李道揆家'의 기록을 보완할 수 있는 자료이다.

金然昌本과 청주고인쇄박물관 소장본을 비교하면 다음과 같다.

14 청주고인쇄박물관, 『조선후기 한국의 금속활자』, 청주: 청주고인쇄박물관, 2010, pp. 21–24.

15 金然昌, 「東國厚生錄의 鑄字製造法」, 『考古美術』 제4권 제7호(1963), pp. 13–14.
千惠鳳, 『韓國典籍印刷史』, 서울: 汎友社, 1990, p. 358.

*김: 金然昌 所藏本
청: 淸州古印刷博物館 所藏本
【 】: 없는 글자

김: 鐵鑄字
김 鐵鑄取陶土 精細治之 塡鋪木板上 而板四邊 皆有匡郭 塡鋪旣均
청 俗法鑄字.. 辺 .... 阮 ..
김 平曝之日中 待其半乾 取薄紙楮 楷書大小 隨意 鎔蠟塗之 覆着板上
청 .... 【 】...
김 令刻手 爲陰刻 旣訖 始鎔鐵 取汁用杓 灌之板上 務令平鋪 候冷凝合
청 ....
김 脫下板上則 是爲鐵鑄字 每字剪出 用鐵刷子 磨治 箇箇精潔
청 ....

김: 土鑄字
김 土鑄用陶土 精細縝潤者 和水如楡木汁之類 和合精擣 旣熟先
청 土鑄字法....................................... 【 】 .... 細擣 ....
김 此取木板 列鑿孔穴 如鐵丸籌板 背
청 .... 烈 ...... 【 】.................... 而其中四面 方正 塗眞油於其中
청 始取陶土 塡穴中 甚堅用椎 印板背

김 則土皆脫去出形 如雙陸骰子
청 ....
김 置列 日中旣乾 以洪武正韻體 書於唐紙 覆於其上 以隔刻之
청 ... 烈 .... 【 】....... 〃陽〃 刻之
김 厚塗白蠟 灸之火中 介夕精好
청 .... 箇箇 ....
김 李統制載恒 在黃州兵營時 得陶土如磁器土
청 .... 而極精好
김 他地 所無者 用作土鑄 親書灸出 云
청 ... 之 ....【 】............ 字 .... 未暇持來 付之 將校 李道揆家 云

김: 土板
김 中原土板則 日灸半乾
청 .... 取紙寫得 某字可印者
김 書紙塗蠟 覆着陽刻 如法訖 便漆墨印出
청 ....【 】...
김 一板數百張 多者列數十板 少者列十餘板 印 訖 削去 上面刻字
청 .... 【 】.................. 旣 .... 面上 ....
김 又刻 如前法 印出無限 削去之土 又治塡板云
청 ....

김: 木鑄字
김 近法 木鑄字 用烏椑木 墨柿木 梨樹木 華陽木 等刻成之
청 .... 烏 .... [及] ....

이 내용을 정리하면 鑄字의 방법은 먼저 陶土를 잘게 빻아서 나무판 위에 평평하게 편 다음 햇볕을 쬐여 반 정도 말린다. 또 얇은 종이에 크고 작은 글자를 필요한 만큼 정성 들여 쓴다. 그런 후 밀랍을 녹여 판 위에 글씨 쓴 종이를 뒤집어 붙이고 각수로 하여금 음각으로 새기도록 한 다음, 녹인 쇳물을 붓고 식으면 활자를 하나씩 잘라 내어 깎고 다듬어서 완성한다.

01–도토 주조 원료
① 고운 모래

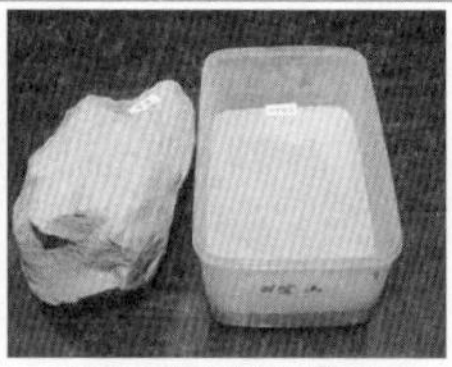
02–도토 주조 원료
② 이암(원석 및 가공분말)

03–도토 주조 원료
③ 황토분말

04–도토 주조 원료
혼합 및 반죽

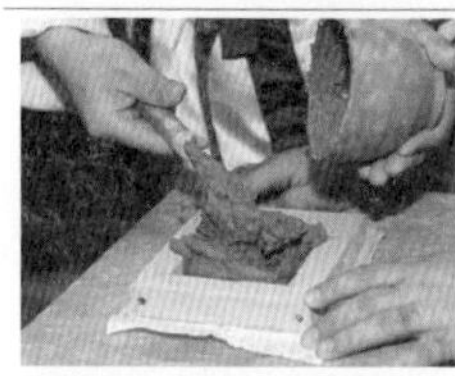
05–도토 주조 원료 채우기

06–도토판 제작

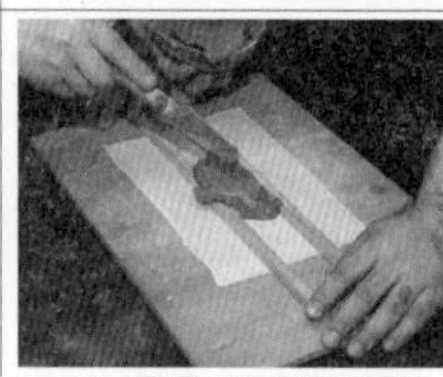
07–응용 방법에 의한
도토판 제작 ①

08–응용 방법에 의한
도토판 제작 ②

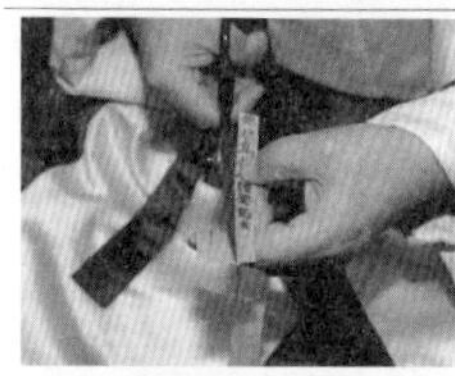
09–자본 선정

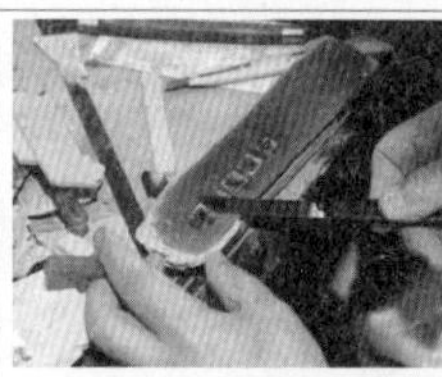
10–글씨를 도토판에 부착

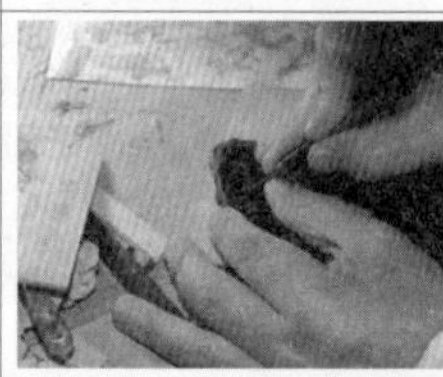
11–도토판에 글씨 새기기

12–수틀 도토판 마련

13–음각된 도토판의 상태
(암틀)

14–주물활자높이를
수틀에 맞게 제작

15–완성된 도토판

16–암·수틀 도토판의
결합상태

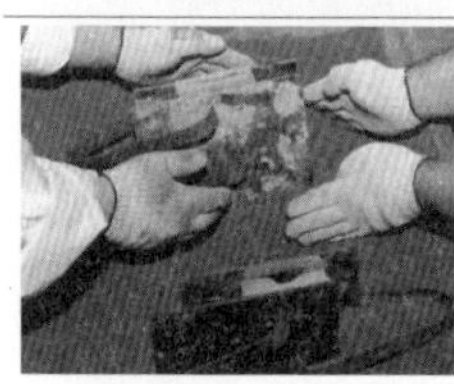
17–도토판에 주물 붓기 준비

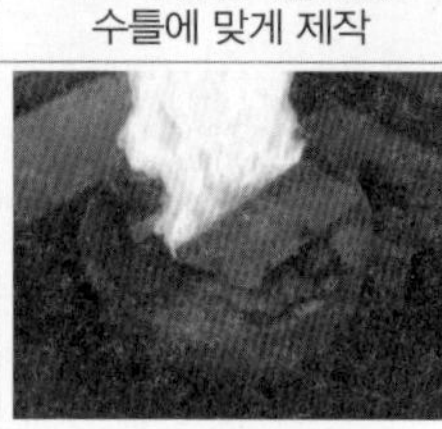
18–화덕에 불 붙이기

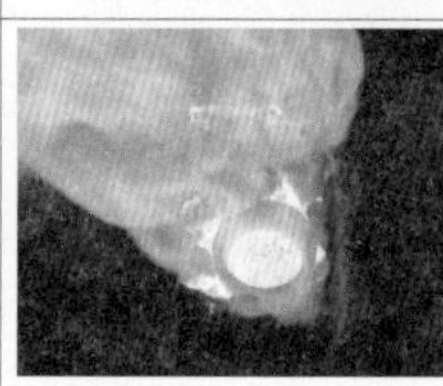
19–도가니에 쇠 녹이기

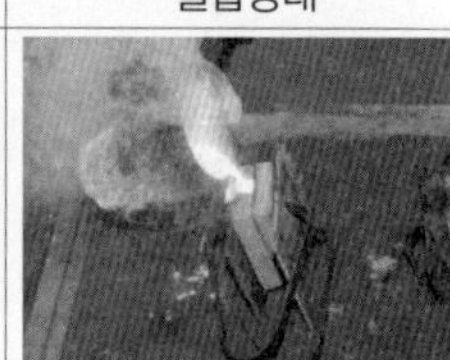
20–도토판에 쇳물 붓기 ①

21–도토판에 쇳물 붓기 ②

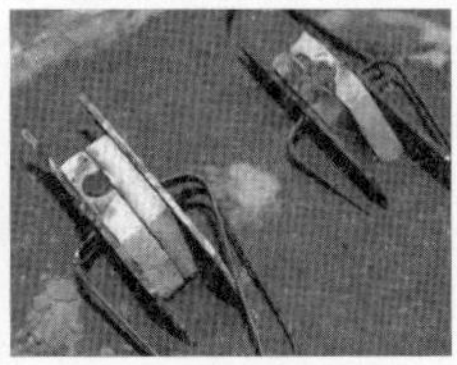
22–도토판에 쇳물 붓기 ③

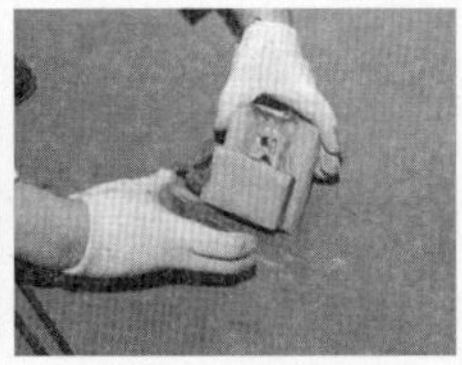
23–도토 주조 실패 상태

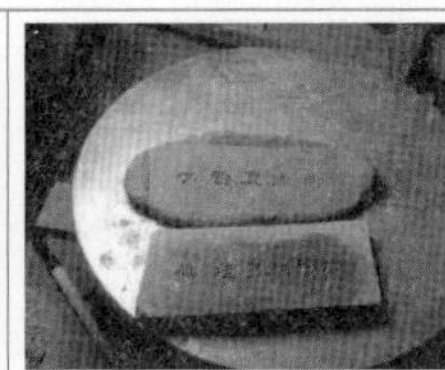
24–도토판에 음각 다시 새기기

25–주물사 주형틀 하형을 빌려 와서 음각도토판을 심은 모습

26–음각도토판 위에 활자 높이 구성을 위한 나무판을 놓은 상태

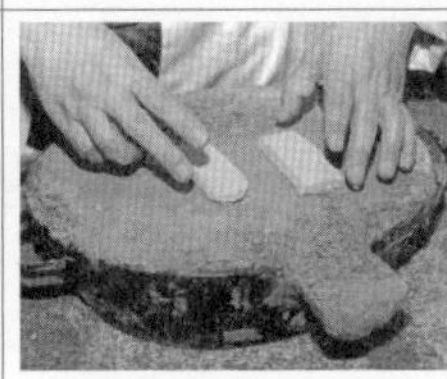
27–수틀 도토판을 얹음

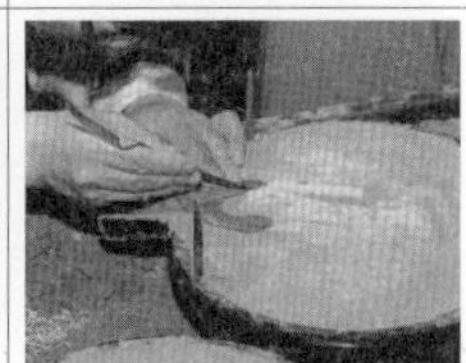
28–주물사를 채운 상형 주물사 주형틀에서 활자높이 구성을 위한 나무판을 제거하려는 모습 ①

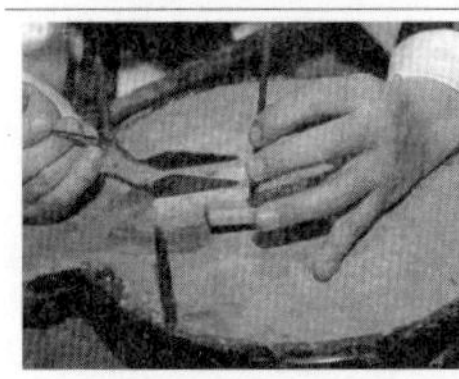
29–주물사를 채운 상형 주물사 주형틀에서 활자높이 구성을 위한 나무판을 제거하려는 모습 ②

30–주물사를 채운 상형 주물사 주형틀에서 쇳물이 부어질 탕도를 마련하고, 수틀 도토판이 매몰되어 있는 상태

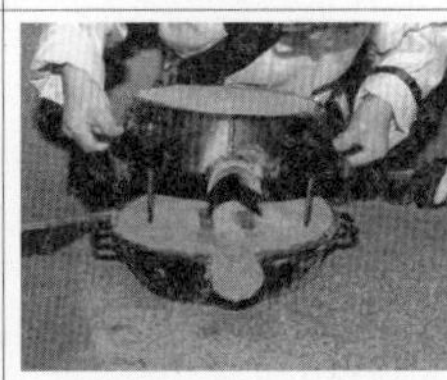
31–상형·하형 주물사 주형틀 합치기

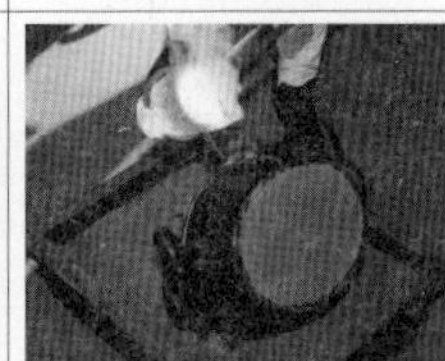
32–쇳물 주입 광경

33–쇳물이 식은 후 상형 주형틀 제거 상태

34–활자 주물을 주형틀에서 분리한 상태

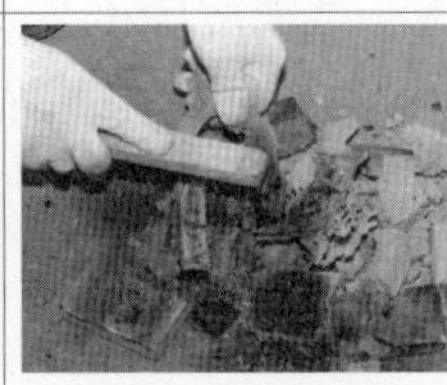
35–활자 주물을 쇠솔로 털어 내기

36–개별 활자 자르기

37–개별 활자의 크기를 조절해 자르기

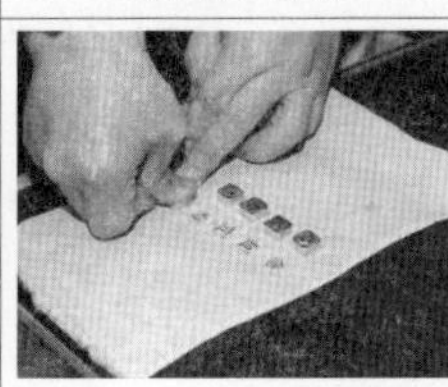
38–완성된 활자 찍기

39–완성된 활자 및 활자가 찍힌 상태

40–활자 조판하기

그림 2-25 도토주조법의 과정

이러한 주조법은 글자본을 쓸 때 같은 글자를 影寫하거나 臨寫의 형식으로 닮게 쓴다면 같거나 비슷한 자양의 활자를 만들어 낼 수 있지만, 그렇지 않으면 같은 글자에 동일 자형의 활자를 만들어 내기 어렵다. 그러나 고려의 사찰에서 밀랍으로 주조된 활자보다는 훨씬 정교한 모양의 활자를 만들어 낼 수 있다.

제6절 인본 조사와 연구

1. 인본 조사

1) 서체

금속활자의 서체는 활자를 만들 당시 유행하던 서체에 영향을 많이 받으므로 활자의 자본을 쓴 인물들이 사용하던 서체에 대한 연구도 동반되어야 한다. 예를 들어 『新編算學啓蒙』은 15세기 전반 안평대군 이용의 글씨를 바탕으로 주조한 경오자 인본으로, 고려 말부터 수용되어 유행한 조맹부의 송설체에 영향을 많이 받았으며, 해서의 균형 잡힌 균정미와 행서의 유려함을 조화시킨 특징이 있다.

2) 界線과 行字數

각 시기마다 사용된 금속활자 인본의 행자수를 조사한다. 일반적으로 활자본의 행간과 줄은 활자의 규격과 모양이 일정해지고 조판기술이 발전하면서 글자 종횡의 줄이 맞는 경향이 있다.

이러한 활자의 배열 중에 같은 行字數일 때도 半郭의 크기를 조사하여 일치 여부를 확인해야 한다. 대개 글자의 크기가 일정해짐에 따라 가로줄 자간의 간격도 잘 맞고 정연해지며 조판기술이 발전함에 따라 같은 行字數일 때 반곽의 크기도 일정해진다.

3) 版口와 魚尾를 포함한 版心

판구와 어미는 판본의 시대를 감정하는 데 필수적인 요소로서 그 크기와 넓이, 길이 등 각 부분의 양식이 시대마다 차이가 있고, 내부 기호나 문자 등 여러 방법으로 출판 정보가 포함되어 있는 경우가 많다.

4) 내용(序, 跋, 本文)

인본에 수록된 서·발문과 본문 내용에는 서적의 간행에 관한 다양한 정보가 수록되어 있어 편찬 시기, 간행 경위, 간행에 참여한 인물, 교감자 등에 관한 사항들을 알 수 있다. 그 예로 계미자, 경자자, 갑인자 등의 鑄字跋에는 활자를 만들게 된 경위와 주조에 참여한 인물, 주조 기간, 주조한 활자의 수, 활자 주조에 자본이 된 서적과 서체에 대한 기록이 있어 금속활자 인본 조사에 활용할 수 있다.

5) 印面의 인쇄상태 분석

종이에 먹이 묻어나는 濃淡의 상태를 보고 글자의 높낮이, 활자의 사용 빈도, 補字의 사용 양상 등을 파악할 수 있다. 금속활자는 사용 정도에 따라서 많이 사용할수록 글자가 가늘어지는 현상이 나타나고, 후인본의 경우는 글자 획이 마모되어 인출된 인본에서 글자 획끼리 서로 어긋나게 나타난다. 이를 살펴보면 初印本인지 後印本인지 알 수 있다.

6) 印面 중 글자의 크기, 변란, 계선과의 높이 차이

활자를 조판할 때 그 용도나 활자 부족 등의 이유로 본문 중에 서로 다른 활자가 혼용될 수도 있고 계선, 변란과 대소 활자의 높이가 서로 달라서 먹을 바르고 문질러 인출하였을 때 힘이 고루 전달되지 않아 활자별 인면의 색이 달리 나타나기도 한다.

글자가 아닌 방점과 같은 부호의 경우는 활자와 별도로 만들어 계선 사이에 끼워서 사용하며 행간 내 여백에는 활자보다 높이가 낮은 공목(空木)을 끼워서 조판하여 인출 시 먹이 묻어 나오지 않도록 한다.

7) 조판 재료와 관련된 기록

활자판의 조판과 관련하여 『顯宗實錄纂修廳儀軌』나 『鑄字事實』 등에서는 均字版과 銅印札, 字間朴只[16] 등 판을 조립할 때 필요한 도구에서부터 조판에 참여했던 唱準이나 均字匠에 관한 기록이 수록되어 있다. 그 예를 들어 보면 다음과 같다.

① 均字板 23立, 銅印札 34介
② 均字板의 테두리를 만들 때 小木匠이 쓸 沙魚皮(상어가죽) 半令, 木賊 2兩
③ 小乶(작은 줄) 10介, 鞭乶 5介, 執介(집게) 10介, 亇赤(망치) 5介 등(戶書別工作)
④ 균자판 23립 등 박기(1촌 못) 1,670개
⑤ 唱准이 補劃用으로 쓸 黃筆, 眞墨을 올리며 인출 시 쓸 均字板에 끼울 銅印札
⑥ 인출의 일이 시급하여 활자를 주조하고 또 다른 편으로는 인쇄하므로 校正唱準을 지원
⑦ 1일 12판식 인출, 上板에 동원되는 唱准 2인 균자장 2명, 印出匠 1명
⑧ 업무 순서: 대제학이 草本을 편집, 내용과 문자의 미진한 부분 수정, 謄錄官이 글자를 쓰고 粉板에 글자를 배열
⑨ 白休紙 40권, 塡休紙 40근, 松煤墨 6근 등 인출재료 소진에 따른 준비

이 기록에서 조판 작업에 소요되는 물자로는 圍裏用, 즉 테두리용 재료, 銅印札, 灾傷休紙 등과 圍裏를 다듬는 상어 가죽, 새김과 인출, 재료를 다듬는 데 쓰이는 여러 용도의 줄, 집게, 망치 등이 서술되어 있다.

이러한 재료 외에도 그것을 활용하여 조판 작업에 직접 참여한 인적 구성을 살펴보면 補字官, 分紙唱準, 校正唱準, 上板諸員, 守藏諸員, 刻字匠, 造字匠, 冶匠, 木手, 均字匠과 그 役割을 돕는 均字助役人 등이 있다.

16 銅印札: 동으로 만든 계선
字間朴只(자간박기): 상하 글자 사이에 간격을 조정하기 위해 끼우는 나무 조각

8) 鐵亏里(금속제 테두리)의 크기, 분리 여부, 고정 방법(못, 개수), 철우리-동인찰 연결 방법

조판틀의 외곽을 지탱하는 부품과 방법에 대해서는『鑄字所應行節目』과 實錄의『纂修廳儀軌』등의 〈別工作謄錄〉에서 다음과 같은 기록을 찾아볼 수 있다.

① 書草大粉板　② 均字板　③ 圍裏次自作板　④ 圍裏朴只廣頭釘
⑤ 均字板每一板小頭釘　⑥ 銅印札　⑦ 塡空休紙　⑧ 塡空大竹
⑨ 均字匠所用長床　⑩ 刻字匠所用長床　⑪ 板匠唱準長床　⑫ 刻刀
⑬ 鐦　⑭ 補字所用自作板　⑮ 字間朴只一寸釘　⑯ 拾字器

한 예로『鑄字所應行節目』에서는 이러한 우리를 철우리, 목우리 등 재료로 나누거나 대소의 크기 또는 본문의 행자수로 규모를 나누고 다음과 같이 활자별로 구분하고 있다.

표 2-7 활자별 우리 비교

구분		판수/좌수	행자수	비고
生生字	鐵亏里	25板	10行 20字	
	鐵亏里	20板	10行 18字	
	小亏里	10板	10行 22字	5板印札鐵條所入裁折移用於分·小板
整理字鐵亏里		30板	10行 20字	
整理儀軌木亏里		15板	10行 22字	8坐杜律分韻小板移用

9) 活字本의 邊欄 조립 형태 비교

활자판의 조판 중 철우리가 조합된 형태는 기술발전 단계와 시대에 따라서 달리 나타난다. 즉 조선 초기에는 조판의 바닥판이 되는 금속재 조판대와 철우리가 붙어 있는 일체형 방식에서 세종조에 이르러 아래위가 별도로 분리되는 방식으로 발전하였다. 이때 철우리는 네 모퉁이가 연결되어 있는 형태에서 庚子字가 쓰이던 후반이나 세종조 甲寅字의 유행 시기인 1430~1450년대에는 철우리의 네 변이 분리되는 형태로 발전하였다. 즉 조립식 철우리가 많았고 조선 후기인 정조 대에 이르러 丁酉字 등에서는 다시 네 변이 붙는 방식도 쓰이게 되었다. 이처럼 동일한 형태가 전·후기에 나타나지만 그 원인은 전혀 달랐다. 전기에는 조판 기술의 미숙으로 합체된 형태였지만 정유자 등 후반에는 여러 철우리 중에서 조판에 많이 쓰이는 틀을 고정시켜 특정 활자로 조판되는 모든 책에 같은 철우리를 일률적으로 쓰게 함으로써 오히려 작업 능률을 향상시킬 목적으로 고안되었을 것으로 추정된다.

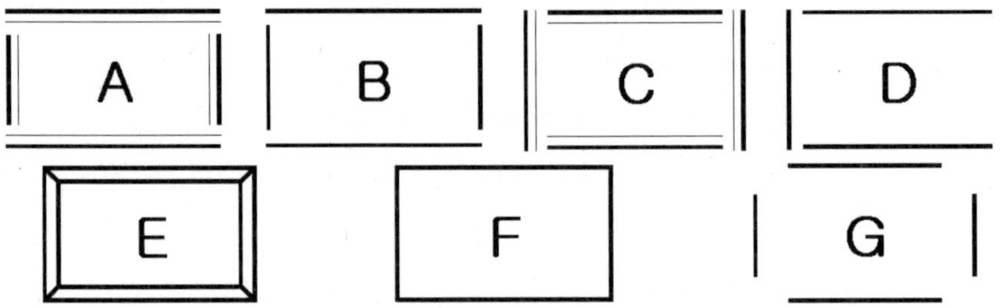

그림 2-26 철우리의 모양과 연결 방식

10) 판면 내 활자의 조판 방식과 철우리 밖 활자의 고정 방식에 대한 검토

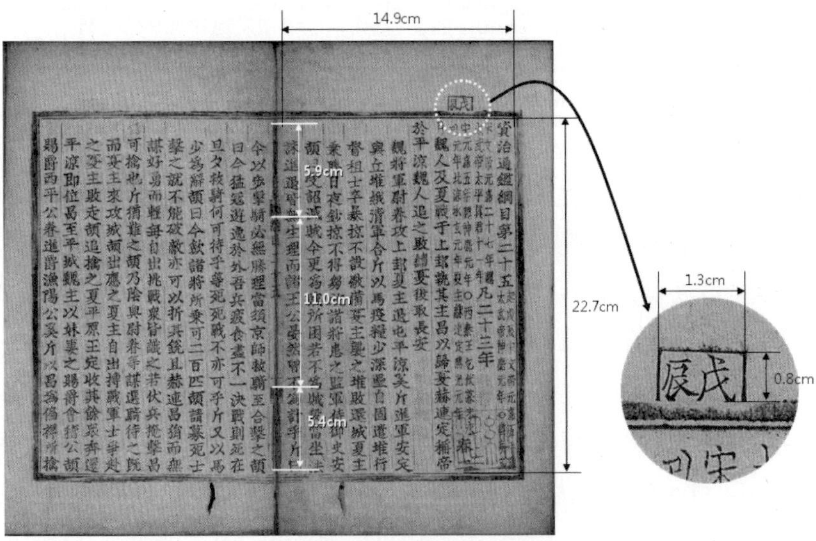

그림 2-27 경자자『資治通鑑綱目』卷第25

이 그림을 통하여 알 수 있는 점은 변란, 즉 철우리와 난상의 眉批가 서로 분리되어 있고 眉批가 雙邊의 철우리보다 높이가 높았던 까닭에 철우리가 완전하게 인쇄되지 않았다는 점이다. 印面을 조사할 때 조판틀 위 철우리의 고정 방식을 보면 철우리 바깥쪽에 설정된 주석이나 표시 등에 포함된 활자의 고정 방법을 추정할 수 있다.

11) 대·중·소자의 사용 방식: 활자 크기별 행간 내의 배열 방식 조사

활자의 대·소자 크기와 조판 방식은 서로 밀접한 관계가 있어서 대개 작은 활자의 가로, 세로 중 가로는 중자의 1/2 크기지만 세로는 중자와 같은 크기로 주조되어 있다. 그 이유는 만약 작은 활자의 세로 길이도 중자의 1/2이라면 조판 시 橫列을 맞출 때 글자 수가 홀수인 경우 아래쪽에 공백이 생겨나 줄이 맞지 않기 때문이다.

그 밖에 활자에 따라서 한 行에 가로로 조판되는 작은 활자의 수가 달라지는 경우가 있는데, 乙酉字 대자와 소자로 찍은『圓覺經』언해본에서 그 예를 찾아볼 수 있다.

12) 傍點, 符號 등의 조판 방식

활자의 조판 작업에서 行의 가운데나 界線 좌우에 본문의 내용을 강조하거나 특별한 인용이나 지시를 목적으로 부기한 부호들의 기능과 활용에 관해 조사한다.(예 '○', '◖', '◗' 등) 그 밖에 다양한 형태로 나타나는 음각활자(墨蓋子)의 조판 방식도 분석이 필요하다.

2. 활자 견본철

활자 견본철은 고활자본의 표본집으로서 활자 인본의 실물 견본, 사진 또는 복사 견본이 첨부된 형태이다. 각 字體에 따라 견본이 1종씩 실려 있고 해설을 담은 책도 있다. 현존하는 한국 고활자의 견본철을 정리하면 다음 표와 같다.

표 2-8 활자 견본철 목록

연번	서명	저자명	발행처	발행년	소장처	서지사항
1[17]	『朝鮮活字見本帖』	朝鮮總督府	朝鮮總督府	1920	국립중앙 도서관	27張, 22.5×24.5cm 총 13종의 금속활자 인본 실물 견본집
	『朝鮮活字類聚』				장서각	
	『朝鮮古活字集』				화봉문고	
2	『朝鮮古活字版拾葉』	群書堂書店	群書堂書店	1944	고려대학교 화봉문고	24×32.5cm 총 26종의 금속활자 인본 실물 견본집
3	『古銅活字册標本書目』	李聖儀	華山書林	1953	서울대학교 외 다수	23.3×15.9cm 고활자본을 11종으로 분류한 후 실물 견본 및 해설 수록
4	『朝鮮古活字版拾葉』과 『朝鮮活字印刷資料展覽目錄』	柳萬馨	東國大學校 圖書館	1962	화봉문고	19×25.7cm 사진, 등사본 『조선고활자판습엽』(26종)과 조선인쇄 자료전람 사진 자료집
5	*Specimen pages of Korean movable types*	McGovern, Melvin P	Dawson's Book Shop	1966	서울대학교 외 다수	73張, 30.5×43cm 의정부 미1군단의 미군장교가 수집한 활자견본을 모아 간행한 책, 총 20종의 복사자료 첨부, 정리자와 학부목활자 2장만 실물 견본
6	『韓國古活字見本帖』	文化財管理局 藏書閣 事務所	文化財 管理局	1973	장서각 외 다수	74張, 31.5×21.5cm 주자판 26종, 목활자본 7종, 실록목활자판 10종의 실물 크기 복사 견본 첨부
7	『韓國古印刷史』	千惠鳳 외 13명	韓國 圖書館學 硏究會	1976	서울대학교 외 다수	331張 실물 크기 복사 견본이 첨부된 표본 총 94종 및 해설 수록
8	『한국의 고활자』	孫寶基	寶晉齋	1982	서울대학교 외 다수	488張 고활자 인본의 복사 견본이 첨부된 표본 총 83종 및 해설 수록
9	『古活字聚葉』	金元龍	未詳	未詳	한국학 중앙연구원	75張, 40.5×28.7cm

17 서명은 다르나 같은 인본이다.

제7절 실물활자와 소장처

1. 금속활자

1) 국내외 소장 금속활자

연번	활자명	소장기관	수량	비고
1	증도가자	개인 소장	200여 점	
2	고려복자	국립중앙박물관	1점	
3	고려전자	개성역사박물관	1점	
4	을해자 병용한글자	국립중앙박물관	30여 점	국립중앙박물관 역사부, 『한글금속활자』, p. 250
5	무신자 병용한글자	국립중앙박물관	대 232점 소 490점	국립중앙박물관 역사부, 『한글금속활자』, p. 250
6	임진자 (오주갑인자)	국립중앙박물관	대 102,894점 소 75,181점	이재정, 「한국중앙박물관 소장 활자에 대한 일고찰」, 2004
		고려대학교		『국조보감』 인판틀
		민속박물관	대·소 608점	
7	임진자 한글활자	국립중앙박물관		
8	현종실록자	국립중앙박물관	대 55,749점 소 13,996점	이재정, 「국립중앙박물관 소장 실록자 고찰」, 2012
9	전기 교서관인서체자	국립중앙박물관	350여 점	『국립중앙박물관 소장 역사자료총서 7』, p. 262
10	후기 교서관인서체자	국립중앙박물관	650여 점	『국립중앙박물관 소장 역사자료총서 7』, p. 262
11	정리자	국립중앙박물관	대 116,766여 점 소 108,100여 점	
12	재주정리자	국립중앙박물관	중 100,000여 점 소 100,000여 점	
13	삼주한구자	국립중앙박물관	46,451점	이재정, 「한국중앙박물관 소장 활자에 대한 일고찰」, 2004
14	정리자체철활자 (희현당철활자)	연세대학교도서관	대 9,149점 소 7,107점	
		국립중앙박물관		
		원광대학교 박물관	대 263점 소 2,225점	청주고인쇄박물관 개관 10주년 기념 『한국고활자특별전』, p. 138

연번	활자명	소장기관	수량	비고
15	필서체철활자	국립중앙박물관	대 9,000여 점 소 7,000여 점	
		원광대학교 박물관	대 11점 소 6점	『한국고활자특별전』, p. 138
16	전사자	규장각	대 186점 소 33점	2009 조선왕실 주조 금속활자 복원사업 - 금속활자 조사보고서
17	황동소활자	원광대학교 박물관	소 3점	2009 조선왕실 주조 금속활자 복원사업 - 금속활자 조사보고서, 『한국고활자특별전』, p. 138
18	정유자	규장각	대 166점 소 14점	
19	정유자	개인 소장	대 3점 소 2점	『Seoul Press』 신문 1장에 싸인 채로 발견
20	정유자	국립중앙박물관	대 131점 소 22점 기타 1점	
21	정유자	동경예술대학교	141점	
22	금속활자	East Asiatic Library 콜롬비아대학	5점[18]	T. F. Carter, L. C. Goodrich, *The Invention of Printing in China and Its Spread Westward*
23	동활자	뉴욕 아메리카 자연사박물관	53점	18세기 말에 주조된 것으로 추정되는 활자 T. F. Carter, L. C. Goodrich, *The Invention of Printing in China and Its Spread Westward*

2) 현존 활자의 소장처별 예시

무신자병용한글활자(국립중앙박물관 소장)[19]

현종실록자(국립중앙박물관 소장)[20]

18 *The Invention of Printing in China and Its Spread Westward*에 수록된 사진자료로 파악한 활자의 수이며, 소장된 전체 활자의 수는 알 수 없다.

19 국립중앙박물관 역사부, 『한글금속활자』, 서울: 국립중앙박물관, 2006, p. 12.

20 청주고인쇄박물관, 『한국의 금속활자』, 청주: 청주고인쇄박물관, 2012, p. 132.

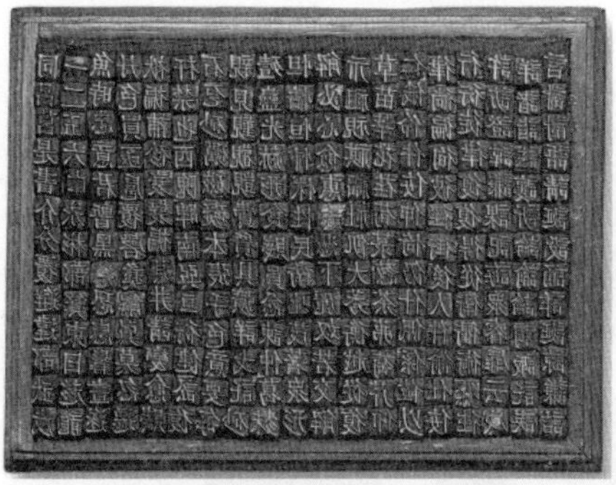

재주정리자(국립중앙박물관 소장)[21]

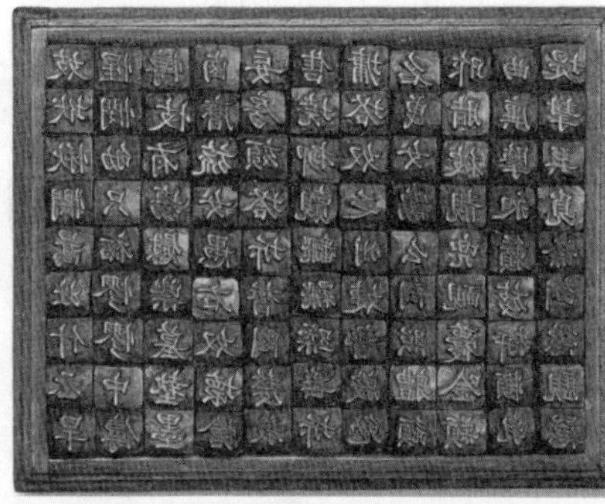

삼주한구자(국립중앙박물관 소장)[22]

전기교서관인서체자(국립중앙박물관 소장)[23]

후기교서관인서체자(국립중앙박물관 소장)[24]

정리자체철활자(원광대학교박물관 소장)[25]

필서체철활자(국립중앙박물관 소장)[26]

---

21 上揭書, p. 134.

22 上揭書, p. 133.

23 국립중앙박물관 역사부, 『조선의 금속활자 교서관인서체자』, 서울: 국립중앙박물관, 2007, p. 12.

24 上揭書, p. 14.

25 청주고인쇄박물관, 『한국의 금속활자』, 청주: 청주고인쇄박물관, 2012, p. 139.

26 上揭書, p. 136.

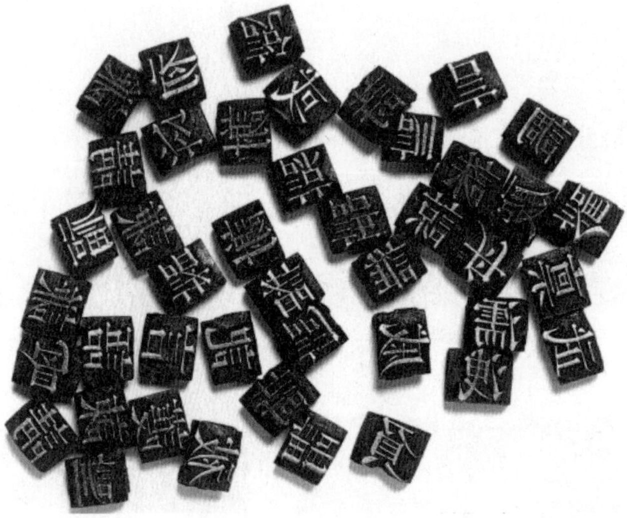

전사자 대자(서울대학교 규장각 소장)[27]

황동소활자(원광대학교박물관 소장)[28]

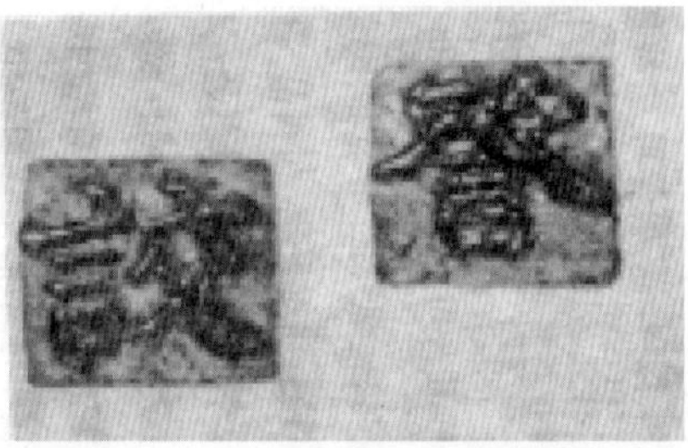

정유자(개인 소장)

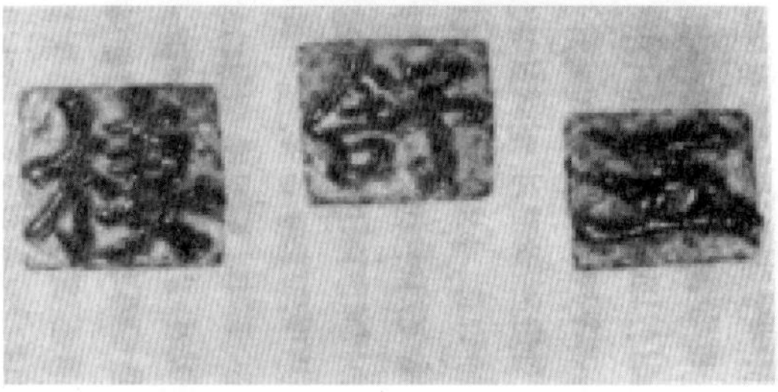

금속활자(East Asiatic Library 콜롬비아대학 소장)[29]

27 上揭書, p. 137.

28 청주고인쇄박물관, 『2009 조선왕실 주조 금속활자 복원사업-금속활자 보고서』, 청주: 청주고인쇄박물관, 2009, p. 62.

29 姜順愛·宋日基, 『인쇄문화사』, 서울: 아세아문화사, 1995, p. 275.

3) 후기 활자의 형태 예시[30]

4) 1875년 화재로 소실되고 남은 丁酉字

(1) 奎章閣 소장 활자

현재 서울대학교 규장각에는 활자명이 밝혀지지 않은 금속활자가 몇 종 있다. 그중 글자의 서체로 볼 때 갑인자 계열로 추정되는 금속활자는 표면의 부식 상태와 색으로 보아 청동활자임을 알 수 있다. 전체 수량은 대자가 166점, 소자가 14점이며 부수별로 몇 자씩 군집되어 있다.

대자의 크기는 가로, 세로 약 1.5~1.7cm, 높이 0.7~0.8cm로, 뒷면은 사각뿔을 들어낸 모습과 사각형 상자를 들어낸 모습이며 네 변은 가는 테두리가 둘러쳐진 사각형 모양이다. 작은 글자도 형태적으로 같은 양상이다. 이러한 형태의 활자는 현재까지 알려진 관주활자에서는 볼 수 없었지만 글자의 서체나 주조된 모습은 매우 정제되고 발달된 금속활자임에 틀림없다. 활자의 전존상태나 서체 등으로 미루어 볼 때 조선 후기 것임이 틀림없고 다만 같은 서체의 壬辰字가 국립중앙박물관에 소장되어 있으므로 가능성은 무신자, 정유자 등일 수밖에 없다. 그러나 戊申字도 현재 남아 있는 일부 활자를 보면 뒷

30 국립중앙박물관, 『활자의 나라, 조선』, 서울: 국립중앙박물관, 2016, p. 27.

부분이 ∩ 자형 터널 형상이므로 가정하기 어렵고 임진자도 역시 바닥이 ∩ 자형이므로 일치하지 않는다.

따라서 가능성을 높이는 활자는 정유자일 수밖에 없지만 정유자도 사료의 기록으로 볼 때 철종 8년(1857)의 殯殿都監 화재 때 鑄字所도 함께 타서 소장하고 있던 활자 중 소실된 활자가 많았고 그때 정유자도 다 타 버린 것으로 알려져 왔다. 또 그간의 선행연구 등에서도 실물활자의 전존 가능성을 전혀 언급하지 않았다. 한편 이 활자의 실물을 자세히 검토하면 금속이 녹아 덧붙은 부분이 앞뒷면 여러 곳에서 자주 보이고 작은 활자에서는 더 심하게 엉겨 붙은 모습이 관찰되므로 서체나 전존의 조건에서 정유자일 가능성이 높다고 판단된다. 다만 글자 뒷면의 모습이 다른 활자들과 다른 점에 대한 의문이 남는데, 이는 후기의 다른 관주활자들이 주로 중앙정부에서 만들어졌던 반면 정유자는 평양에서 만들었기 때문에 형태가 달랐을 가능성도 배제할 수 없다.

이 정유자는 1777년(正祖 1)에 평양에서 감사 徐命膺이 왕명으로 15만 자를 주조한 것으로, 임진자에 합하여 加鑄하겠다는 의도였으나 관리는 內閣에 별도로 두고 인쇄에 사용하였다. 이 활자는 1794년 창경궁의 옛 홍문관에 설치한 주자소로 옮겼다. 1814년의 『鑄字所應行節目』에서 箕營에서 주조한 "衛夫人字 銅字 105,638, 小字 44,532"의 기록이 여기에 해당하고 鄭元容의 『袖香編』의 '鑄字所鐵木鑄字' 항목에서는 1857년(철종 8) 화재로 소실된 위부인자의 수가 앞의 숫자와 동일하게 기록되어 있다. 따라서 이 기록들에 따르면 정유자는 모두 燒盡되고 없어졌지만 극소수로 남아 현존하는 이 활자들이 정유자로 비정되므로 당시 이 활자들이 다른 활자와 섞여서 남은 것인지 아니면 당시 녹은 활자들을 폐기할 때 요행히 남은 활자들인지 알 수 없다.

아무튼 이 활자들의 확인으로 정유자가 중앙의 다른 부서에서 만든 활자들과 뒷모습이 다르고 바닥의 외곽 부분에 네 변을 만들고 가운데를 파낸 모습에서 조선 초기의 갑인자가 바닥을 평평하게 하여 흔들림을 없앴다는 개선책을 더 발전시켜 조판의 바닥면과 가능한 한 닿는 부분을 줄임으로써 활자가 흔들리는 것을 막고자 한 고안으로 볼 수 있다. 또 일부는 네다리형의 고려활자와 같은 형태를 가진 활자도 있어서 시기를 막론하고 활자 주조와 인쇄에서 최선의 방책을 고려한 지혜가 함축되어 있음을 짐작할 수 있다.

활자 보관 상태

대자 앞면

대자 뒷면

소자 앞면

소자 뒷면

그림 2-28 규장각 소장 丁酉字

⑵ 日本 東京藝術大學 美術館 소장 활자

이곳에 소장되어 있는 금속활자는 미술관 자체 圖錄상의 정보는 '金工-1317, 目錄番號 1988'로 그 수량은 141점(目錄)이며 木製箱子에 보관되어 있다고 안내되어 있다.

소장 활자의 사용 시기는 조선시대이며 청동으로 주조되었고 대자는 세로 1.6cm, 가로 1.7cm, 수량은 88점이며, 소자는 세로 1.5cm, 가로 0.8cm, 수량은 53점이다.

이 활자는 당시 문부성 행정가였던 正木直彦이 개교와 동시에 구입하였고 그 시기는 昭和 7年(1932) 1月 19日이었다. 그는 후에 동경미술학교 교장이 되어 明治 末에서 昭和 初까지 교장을 지냈다.

그림 2-29 일본 동경예술대학 미술관 소장 정유자

그림 2-30 정유자 보관함

이 활자는 대·소자, 부수별로 다음과 같이 나누어 볼 수 있다.

① 대자

- 忄 부수: 忳, 惇, 使, 恓, 性, 恨, 慘, 忱, 愾, 慺
- 扌 부수: 推, 措, 授, 抆, 扑, 捃, 抉, 撤, 拯, 扛
- 月 부수: 胶, 臑, 服, 胠, 脥, 膞, 胕, 胤, 肯(3점)
- 辵 부수: 造, 遠, 逵, 迁, 迂, 逝, 遲, 逮
- 食 부수: 饋, 飴, 餫
- 骨 부수: 骴, 髖, 骹
- 髟 부수: 鬚, 髹
- 기타: 熟, 歎, 跡, 盜, 爻, 惩, 慕(3점), 脊, 友, 嘗, 詣(2점), 拜, 勉 등

② 소자

- 言 부수: 譬, 譏, 誇, 許, 諛
- 扌 부수: 掞, 措, 摑, 挘
- 糸 부수: 緒, 紈, 紗, 紊, 紅, 緦
- 酉 부수: 酣, 酤, 醞, 酥
- 心 부수: 思, 恁, 恣, 忍, 懸, 惠, 懚, 愼, 性, 恨, 恓, 懇
- 月 부수: 腹, 腌, 胯
- 기타: 廷, 泂, 欺 등

이 활자들 중에는 글자나 형체를 식별하기 어려운 조각들이 있는데, 이를 자세히 살펴보면 화재로 인하여 녹아서 엉겨 붙은 현상으로 보인다. 이미 규장각 활자들에서 녹아 엉긴 부분이 확인되었고 이 활자들에서도 같은 현상을 볼 수 있으며 활자의 형태, 대·소자의 크기, 바닥면의 구조 등이 규장각 활자들과 완전히 일치하므로 이 활자도 정유자가 소진된 후의 일부 잔존자료로 보인다.

그림 2-31 활자의 글자나 형태가 녹아서 엉긴 모습

(3) 개인 소장

이 정유자 잔존의 실물은 그 과정은 알 수 없지만 流轉을 거듭하다가 일부가 현재 개인 소장품으로 남아서 확인되는 것이 있다. 대자는 '不, 舒, 欣', 소자는 '關, 言[우변 판독 불가]' 등 5자가 있으며, 일제강점기 때의 신문인 『Seoul Press』(1905. 6. 3.~1937. 5. 3.) 1913년 10월 11일 자 신문, 게일(Gale)이 계미자와 경자자의 주자 사실과 『국조보감』을 인용하여 쓴 활자 관련 신문 기고문에 싸인 채로 발견되었다.

앞면

뒷면

그림 2-32 개인 소장 丁酉字

(4) 국립중앙박물관 소장

이 활자는 관리번호가 '본관-12397, 원판번호 1526'로 유물카드에 의하면 1931년 9월 10일 林歌太郎으로부터 40달러에 구입하였다는 기록이 있다. 전체 수량은 154점이며 22점은 소자로 그 표시가 가로, 세로, 높이를 '細長 1.5×0.85×0.82cm'로 표시하고, 같은 소자이지만 크기가 약간 다른 1점은 '中形 1.75×0.95×0.88cm', 일반적인 중자에 해당하는 크기인 131점은 '大形 1.5×1.6×0.75cm'로 적고 있다. 카드에 정확한 활자의 명칭을 기록하지 않았지만 서체와 형태, 크기 등으로 미루어 잔존된 정유자의 일부로 판단된다.

특히 형태면에서 서울대학교 규장각에 소장된 활자와 같이 뒷면의 네 면이 벽처럼 생겼고 박스 형태를 띠고 있는 점도 동일하다.

그림 2-33 국립중앙박물관 소장 청동활자

5) 잔존된 全史字

(1) 서울대학교 奎章閣 소장의 全史字

이 활자는 조선 후기 純祖의 생모인 綏嬪 朴氏의 오빠 朴宗慶이 재물을 모아 1816년(순조 16)에 청나라 聚珍版 全史의 글자를 자본으로 주조한 동활자 20만 자로, 敦巖印書體字로도 불린다. 대원군이 집정하던 한때는 雲峴宮으로 몰수되기도 하였고 이후 여러 곳을 流轉하면서 다양한 종류의 서책을 찍어 내는 데 사용되었다. 그러나 구한말을 거치는 동안 이 활자의 소재를 알 수 없었는데, 최근 규장각에 일부가 전하여 중자 186점, 소자 33점이 확인된다. 하부가 ∩ 자형 터널의 활자이며, 부수가 '言' 자인 글씨를 비롯해 일부 글자가 집중되어 있다.

활자 보관 상태

小字 大字

그림 2-34 규장각 소장 全史字

(2) 국립중앙박물관 소장 활자[31]

최근 국립중앙박물관에도 小字가 일부 전하고 있다.

2. 목활자

조선조 전체에 걸쳐 민간을 중심으로 활발한 출판활동에 기여한 목활자는 그 종류와 인본들이 많아서 시대별·지역별·자료별로 다양한 쓰임을 볼 수 있다. 또 활자의 형태별로도 중앙에서는 금속활자와 비슷한 0.7~0.8cm의 높이로 제작·활용되었고 지방에서는 거의 1/2 정도의 높이와 바닥이 평평한 형태가 일반적이었으며 형태는 정방형을 기본으로 글자의 서체에 따라 불규칙적인 것도 있고 간혹 하단부가 ∩ 자형 터널을 이룬 것도 있다. 뿐만 아니라 글자의 높이가 다른 활자보다 월등하게 높아서 腰高活字[32]라고 불리는 것도 있고 중국의 활자를 수입하여 이름을 붙인 '燕貿木字'라는 기록도 『鑄字所應行節目』 등에 있어서 그 인본을 찾아내는 것이 활자의 국가 간 교류나 상호 영향을 연

31 국립중앙박물관, 『활자의 나라, 조선』, 서울: 국립중앙박물관, 2016, p. 55.

32 上揭書, p. 33.

구하는 데 필수적일 것이다.

이 연무목자에 대하여 1814년(순조 14)에 작성한 『板堂考』 기록에 따르면, 주자소 보관 활자 가운데 1790년(정조 14)과 1791년, 두 차 례에 걸쳐 중국에서 구입한 활자가 있었고 그 수량까지 나와 있다. 연무목자 대자 11,500자와 소자 11,450자(庚戌貿來, 1790), 연무목자 대자 9,600자와 소자 9,900자(辛亥貿來, 1791)가 그것이다.

이러한 목활자는 재료가 되는 나무의 수종과 대·소자의 크기를 기본으로 조사하며 글자의 서체는 물론 같은 글자의 이체자 내지 변화 양상도 조사한다. 활자의 사용 빈도는 글자획의 缺失과 마모도를 살펴보고 刀刻의 양상도 함께 조사한다. 또 인출할 때 사용한 잔류된 먹의 종류나 활자의 뒷면에 붙은 인쇄 후 제거되지 못한 밀랍의 일부를 비롯한 부착물을 분석하여 조판 방법을 추정하는 것도 필요하다.

목활자 조사 시에는 활자 자체에 대한 조사도 중요하지만 전체 활자의 수량, 보관 용기나 배열 방법, 조판틀, 목활자 제작과 조판에 쓰인 도구, 먹을 비롯한 인출에 필요한 재료와 도구 등을 종합적으로 조사하고 분석해야 한다. 이와 더불어 같은 활자를 사용하여 찍었던 다른 인본들을 모두 찾아 서체, 조판상의 공통점을 찾아보고 시기별·지역별 차이가 있는지와 그 변화 요인을 밝히는 것도 중요하다.

그림 2-35 연무목자와 조선활자의 비교[33]

33 上揭書, p. 33.

표 2-9 목활자 소장 사례

연번	활자명	소장기관	수량	비고
1	公州李瀗印書體木活字	공주대학교박물관		옥영정, 「호서지역 목활자본의 현황과 목활자 유형연구」, 2010
2	安東臨河 林氏木活字	유탁일	중 6,639점	印書體와 筆書體 2種의 활자 혼합 유탁일, 「영남지방 현존목활자와 그 인쇄용구」, 1979
3	安東三山全州 柳氏宅木活字	安東 三山 柳基泰		
4	安東豐山 坡平尹氏木活字	계명대학교도서관		蠟板
5	英陽蓮塘木活字	安東邑 李會杰		
6	榮州伊山 申氏木活字	유탁일	중 4,907점 소 10,780점	
		경북대학교도서관	중 13,958점 소 1,178점 대 105점	連刻活字
7	山淸元溪 安東權氏木活字	山淸郡 新等面 元溪里 權載熙		유탁일, 「영남지방 현존목활자와 그 인쇄용구」
8	山淸法勿 麗澤堂木活字	山淸郡 新等面 法勿 麗澤堂	20,000여 점	유탁일, 「영남지방 현존목활자와 그 인쇄용구」
9	山淸華溪 松靑沈氏木活字	국립진주박물관	65,186점	심재온 기증 유물 山淸郡 今西面 華溪 沈柱燮
10	尙州銀尺 東學本部木活字	尙州郡 銀尺面 于基里 金德龍		1910~1930년에 조성된 것으로 추정
11	全州지겟다리획 印書體木活字	국립중앙도서관	대90여점 중20,000여점 소1,200여점	천혜봉, 『한국목활자본』, p. 107
12	대나무활자 (竹活字)	동아대학교박물관	924점	
13	晉陽河氏木活字	부산시립박물관	10,000여 점	부산박물관, 『소장품도록』, 2005
14	연각 큰 목활자	청주고인쇄박물관		
15	목활자	고려대학교박물관		
16	목활자	국립민속박물관	대·중·소 일괄	
17	목활자	국립중앙박물관	300,000여 점	한글활자 130,000점, 대자 180,000여 점
18	목활자	규장각	대·소 일괄	
19	목활자	한국국학진흥원	일괄	경북사료관
			일괄	인동장씨 여차정문중 기증 유물
			일괄	함양박씨 동원주손가 기증 유물
			일괄	창녕 고성이씨 참판공파 쌍매당문중 기증 유물
20	목활자	원광대학교박물관	대·중·소 일괄	활자 보관 상자 62판
21	목활자	이화여자대학교 박물관		
22	목활자	영남대학교박물관		
23	목활자	청주고인쇄박물관	대·중·소 일괄	
24	목활자	충북대학교박물관		충남 부여군 군수면 활자 보관 상자 25판

산청 법물 이택당 목활자(국립진주박물관 소장)[34]

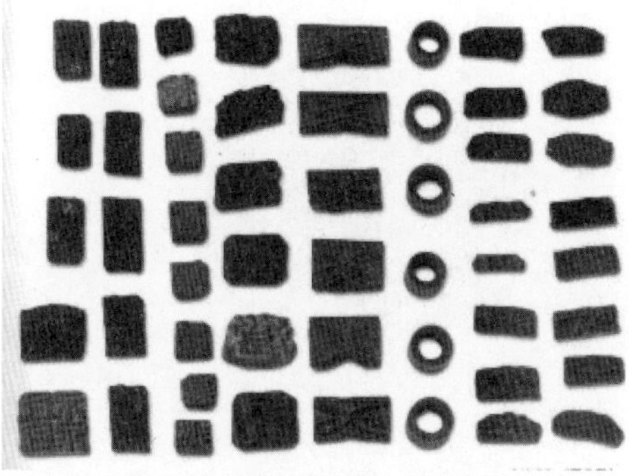

산청 화계 청송 심씨 목활자(국립진주박물관 소장)[35]

목활자(원광대학교 박물관 소장)

진양 하씨 목활자(부산시립박물관 소장)[36]

연각 큰 목활자(청주고인쇄박물관 소장)[37]

목활자 대자(청주고인쇄박물관 소장)[38]

---

34 국립진주박물관, 『목활자로 보는 옛 인쇄문화』 ; 심재온 기증 유물 특별전, 진주: 국립진주박물관, 2004, p. 53.

35 국립진주박물관, 上揭書, p. 47.

36 국립진주박물관, 上揭書, p. 54.

37 국립진주박물관, 上揭書, p. 46.

38 청주고인쇄박물관, 『淸州古印刷博物館圖錄』, 2001, p. 64.

인동장씨 여차정문중 기증 목활자(한국국학진흥원 소장)[39]

함양박씨 동원주손가 기증 목활자(한국국학진흥원 소장)[40]

창녕 고성이씨 참판공파 쌍매당문중 기증 목활자
(한국국학진흥원 소장)[41]

대나무활자(동아대학교박물관 소장)[42]

그림 2-36 목활자의 형태와 보관 용기

39 한국국학진흥원, 『2006년 한국국학진흥원 수탁 국학자료 목록집』, 안동: 한국국학진흥원, 2007, p. 223.

40 한국국학진흥원, 上揭書, p. 245.

41 한국국학진흥원, 上揭書, p. 707.

42 동아대학교박물관, 『동아대학교 소장품도록』, 2001, p. 276.

제8절 금속활자 연구의 방향

지금까지 금속활자 분야의 연구와 복원사업, 구체적으로는 활자의 주조와 조판, 인출과 관련된 연구 등에서 적지 않은 성과를 이루었음에도 불구하고 아직 주조 방법, 성분, 종이와 먹의 관계 등 組版, 印出 등에 있어서 실험과 기록 보완을 통해 체계적으로 정리해야 할 사항이 적지 않다. 다음은 여러 가지 검토사항 중에서 일반적으로 지적되는 큰 영역만을 언급하고 연구나 금속활자 복원사업을 진행하면서 얻어지는 결과를 바탕으로 향후 보완되어야 할 부분들에 대해 간단하게 정리한 것이다.

1. 관련 명칭과 용어의 정리

문헌상의 기록으로 붙여진 용어, 즉 도구나 재료명, 작업과정을 일컫는 명칭을 그대로 따르는 것이 일반적이지만, 기록이 없는 행위나 방식 등에 대해서는 부득이하게 새롭게 용어를 만들 필요가 있다. 주로 선행연구를 따라 여러 가지로 명명하고 있지만 하루 빨리 관련 용어나 명칭에 대한 학계의 의견을 모으고 정리해야 할 것이다.

예를 들어 판본을 설명할 때나 목록이나 정리작업의 일반적인 서지학 용어로 사용되는 '界線'과 '邊欄' 등은 실물의 제작이 언급되는 의궤 등에서 금속활자 조판 실물과 실제 작업에 적용되면 鐵亐里, 銅印札로 인용되고 있다. 물론 이 용례는 찍은 印面과 실물의 차이에서 구분되어야 하지만 이러한 예를 종합하고 체계적으로 규정할 필요가 있다.

이러한 논의는 기존의 사료나 문헌에 나타나는 것이 우선적으로 채택되어야 하고 그 밖에 조판틀, 인판틀(인판대) 등도 작업 내용에 따라 같은 대상을 다르게 표현하거나 가지쇠, 탕도 등 우리말과 중국, 일본식 표기의 혼재 등도 통일시켜야 할 것이다.

또 밀랍주조법, 주물사주조법 등도 주지하는 바와 같이 서로 다른 관점에서 전자는 父字 자체를 지칭하고, 후자는 父字을 둘러싼 재료로 구분하는 명칭으로 이미 관용적으로 굳어지긴 했지만 다시 논의해야 할 부분이다. 나아가 父字, 母字, 母型 등도 국제화에 맞추어 서로 공용되는 표현으로 통일해야 할 것이다.

2. 활자 주조 및 조판 방법에 대한 새로운 시도

1) 활자 주조

지금까지는 밀랍을 이용하여 부자를 만들어 녹여 내고 쇳물을 부어 활자를 만드는 밀랍주조법과 주물사주조법 중 한 몸체의 父字를 이용하여 활자를 주조하는 한 가지 주조 방법만을 사용하였다. 그러나 그간의 연구와 실물조사를 통하여 확인된 상하틀의 불일치로 인해 주조된 활자에 층이 나타나는 주조 방법에 대한 추가적인 실험과 숙련이 필요하다.

또 『용재총화』 등에도 이와 같은 방법으로 기술되어 있지만 현재까지 복원사업 등에는 적용되지 못하고 있는 실정이다. 그러나 현재 전하고 있는 많은 실물 금속활자들에서 어긋난 흔적이 나타나고 있으므로 앞으로는 이에 대한 체계적인 조사와 연구는 물론, 여러 측면에서 활자복원상의 주조법의 완성도를 높여야 할 것이다.

2) 조판 방법

활자의 조판과 관련된 문헌기록이 거의 존재하지 않는 까닭에 활자 연구에서도 주조에 집중할 뿐 조판과 관련된 부분에 대해서는 활발한 연구가 진행되지 못했다. 따라서 의궤와 사료에 나타난 기록을 바탕으로 복원실험을 통해 문제가 되는 조판틀 바닥에 쓰이는 밀랍이나 다른 고정물질에 대한 분석과, 물에 적신 한지를 이용한 고정 방법, 자간 박기 등에 의한 조판 등 재료와 방법에 대한 실증적 연구가 필수적이다.

또 이에 대한 개별적인 데이터는 실험과 실물 조사 및 개별 印本에 대한 망라적인 조판 사례 조사를 통해 광범위하게 얻어야 할 것이다.

3. 문헌기록·印本에 대한 체계적인 재정리 및 재검토

실록 기사와 각종 문헌에 산재되어 있는 금속활자 주조·조판·인쇄에 대한 기록을 시대별로 체계적으로 정리하는 작업과 함께, 현재 개별 기관과 개인이 소장하고 있는 각각의 금속활자본들에 대한 정보를 공유하기 위해 체계적인 조사 작업이 필요하다.

예를 들어 계미자의 경우 소자와 특소자 중에서 소자의 경우 두 가지 서체가 혼재하고 있으므로 세밀한 분류와 구명이 필요한 것처럼 다른 활자도 찍은 인본을 종래의 거시적인 방법을 지양하고 활자별·글자별 활자의 고정 등에 대하여 정밀하고 과학적인 방법으로 재검토해야 할 것이다.

4. 주조 재료 및 인출 재료

1) 금속 재료

철, 동, 납 등 금속활자 성분의 구성비율과 그것이 영향을 미치는 주물의 성분, 온도, 완성 후의 연마나 사용에 따른 마모 등에 대해서도 지금보다 더 많은 실례와 분석을 통하여 구명해야 할 것이다. 그러려면 국립중앙박물관에 남아 있는 실물활자에 대하여 학회나 국가 차원의 조사와 검토가 체계적으로 이루어져야 한다.

2) 먹

인쇄용 먹에 대한 연구와 그것의 복원이 필요하다. 인쇄에서 먹은 아주 중요하지만 현재 송연먹이나 유연먹 등 전통 먹을 제조하는 기술이 거의 단절된 상태이다. 오늘날 인쇄술의 복원 과정에서 먹에 다양한 첨가물을 희석하여 사용하고 있으나 아직 만족할 만한 결과를 얻지 못하고 있다. 특히 활자본에서의 먹 성분과 첨가물, 종이 재료와의 관련성 등을 검토해야 할 것이다.

제3장

지식정보의 소통과 한국 금속활자 발달사

證道歌字 연구

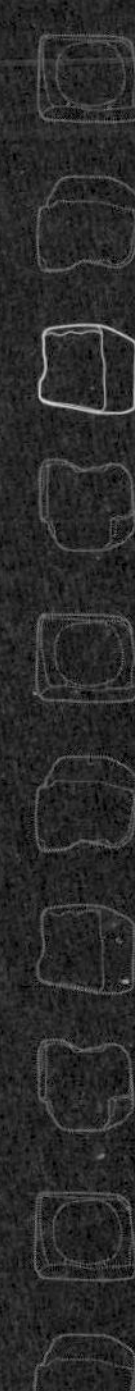

고려시대

제1절
證道歌字 발견과 연구의 전개 과정

1. 발견과 연구의 시간적 경과

證道歌字의 존재가 공식적으로 처음 알려지기 시작한 것은 2010년이었으나 이미 그 이전부터 이 활자의 명칭, 사용 시기, 진위 문제 등에 대한 논의는 있었다. 지금까지 이 활자의 발견으로부터 검증, 영역별 연구에 이르기까지의 검토과정을 살펴보면 다음과 같다.

2004년

개인 소장 자료에서 발견되었으며 당시는 3종의 형태에 수량은 50여 점이었다. 이 활자들은 국립중앙박물관 등에 남아 있는 기존의 실물활자와 다른 형태였으므로 그 진위 여부를 확인하기 어려웠다.

2004~2005년

이 활자들의 전존의 내력을 확인하고 활자의 형태나 현재의 상태, 서체, 주조 방식 등으로 활자의 진위 여부를 확인하고자 분석을 시도하였다. 이 활자가 『南明泉和尙頌證道歌』를 찍은 활자이며 또 다른 네다리형 활자는 약간 후대의 사용되지 않았던 활자임을 확인하였다. 이와 동시에 또 다른 접근으로 글자의 대조를 위해서 고려 활자로 찍어 낸 『南明泉和尙頌證道歌』의 여러 印本을 분석하고 그중 이 활자로 찍은 책을 1239년에 목판에 뒤집어 새긴 고려판에서 인출된 후쇄본을 확인하고 개별 글자별로 모아서 대조하였다.

2006~2009년

이 활자들의 일부가 證道歌字임이 확인되었으므로 『증도가』에 사용된 글자와 비교하였다. 또 1241년에 찍은 『東國李相國全集』의 형식이나 글자가 이 활자들의 서체와 같으므로 대조를 하였고 동시에 『南明泉和尙頌證道歌』와 『東國李相國全集』의 서체를 비교하였다.

현재 證道歌字로 찍었던 책은 『南明泉和尙頌證道歌』와 『古今詳定禮文』, 『東國李相國全集』 3종으로 추정된다.

실물활자의 분석을 위하여 비파괴 분석을 실시하였으며 활자에 묻어 있는 먹과 토양에 대한 심층 연구가 필요함을 인식하였다.

2010년 9월 2일, 14일

이 활자에 대한 당시까지의 연구 결과를 서울에서 발표하였으며 동시에 실물활자 12점을 공개하였다. 이에 대한 추가적인 연구 결과를 11월 한국서지학회(청주)에서 발표하였다.

같은 해 11월에는 한국방송공사(KBS) 프로그램 중 '역사스페셜'에서 잔류한 먹에 대한 탄소연대분석을 제안하여 한국지질자원연구원(대전)과 일본의 팔레오 라보 연구소에 의뢰하여 13세기 초·중반에 제작된 먹이란 결과를 확인하였다.

12월에는 서지학회(청주)에서 『東國李相國全集』에 대한 연구 발표를 통하여 證道歌字로 찍은 다른 인본이라는 점을 서체를 기준으로 증명하였다. 또 실물활자의 공개를 70점으로 확대하여 경북대학교 도서관에서 연구자 및 일반인에게 공개하였다.

2011년

이 활자에 대한 심층 연구로 「증도가자의 활자주조 및 인쇄 방법에 대한 연구」가 서지학회에서 발표되었다. 또 경북대학교 사회과학연구원 주최로 금속 분석, 방사성탄소연대분석, 서지학 등 여러 분야별 연구자들이 주축이 된 '고려금속활자와 증도가자'란 학술회의가 서울 프레스센터에서 열렸다.

2012년 2월, 8월, 12월

발견된 활자들에 대한 종합적인 연구로서 2월에는 한국학중앙연구원에서 '고려 증도가자의 인쇄기술사적 의의'라는 국제학술대회를 개최하였다. 여기에서 실물활자의 연구와 더불어 역사적 배경, 금속활자 연구사, 서체 비교를 비롯하여 중국, 일본의 금속활자 인쇄가 논의되었고 이에 대한 비교 검토가 이루어졌다.

다른 영역으로 8월에는 개인 소장의『南明泉和尙頌證道歌』에 기입된 구결에 대한 국어학적 검토와 더불어「구결본『南明泉和尙頌證道歌』의 서지적 고찰」이 경상대학교에서 개최된 구결학회에서 다루어졌다.

또 12월에는 한국학중앙연구원에서 개최된 '동아시아 금속활자 인쇄문화의 창안과 과학성'이란 한중일 국제학술회의에서도「東國李相國全集의 간행과 판본」,「李奎報와 역사적 배경」등이 다루어졌다.

2013년 활자·인쇄 관련 학술회의

이 활자들에 대한 국제간 학술 교류 중 9월 27일 미국 캘리포니아 버클리에서 열린 활자·인쇄 관련 국제학술회의에서「금속활자 증도가자의 주조와 조판」이 발표되었다. 이때 번각본『東國李相國全集』의 권27의 卷末題에서 글자가 뒤바뀐 점을 발표하여 금속활자의 조판 실수라는 점과 證道歌字의 번각본이란 점이 재확인되었다.

11월 7일에는 일본 동경에서 열린 東方學會의 국제학술회의에서 증도가자의 발견에서 과학적 분석까지 개괄적인 연구 발표가 있었다.

대구 문화방송(MBC)의 證道歌字 특집 프로그램에서 잔류 먹에 대한 추가 분석을 시도하였다. 같은 활자의 먹을 대상으로 서울대학교 AMS센터에 의뢰하여 방사성탄소연대 교차분석에서 2점을 분석한 결과 기존에 밝혀졌던 13세기 초·중반과 일치하였고 더불어 납동위원소에 의한 금속산지 확인에서도 기초과학자원연구원의 분석으로 충북에서 전북에 걸친 지역이 재료의 산지일 가능성을 확인하였다.

2014년 서지학회(청주고인쇄박물관)

한국 기초과학지원연구원의 정연중 박사에 의하여 납동위원소 분석을 통한 금속산지 분석과 증도가자 파괴 분석에 의한 금속성분 분석 결과가 청주고인쇄박물관에서 열린 서지학회에서 발표되었다. 또 證道歌字의 종합적인 연구가 필요하다는 여론에 의거 문화재청과 국립문화재연구소가 주관하고 경북대학교 산학협력단에서 검토한『증도가자 기초학술조사연구』에서 증도가자 및 고려활자 109점에 대한 서체 분석, 금속 비파괴 검사, 잔류 먹의 방사성탄소연대분석, 3D ch촬영을 실시하여 선행연구와 비교하였다.

2015년

2014년에 이루어진 기초학술조사연구에 대하여 5월에 경북대학교 박물관에서 「증도가자 기초학술연구의 종합발표」가 이루어졌다.

6월에 이르러 문화재청에서 검증단계를 거치는 차원에서 고고학회, 서예학회, 금속학회, 방사성 측정 관련 학회 등 17개 관련 학회 전문가를 5개 영역으로 나누어 추가 조사하기로 하였다.

또 추가로 밝혀진 개인 소장의 證道歌字에 대하여 잔류 먹의 방사성탄소연대분석을 한국지질자원연구원에 의뢰하여 의뢰된 15점 중 13점에서 10~13세기 분포의 데이터를 확보하였다.

11월에 중국 北京에서 열린 '中韓日雕版印刷國際學術硏討會'에서 「13世紀世界最古的高麗金屬活字」를 통하여 당시의 연구성과가 소개되었다.

2017년

4월에 문화재청에서 발표한 자료에서 금속 분석과 방사성탄소연대분석 등에서 고려 활자임을 인정하였으나 서체에 있어서는 비교대상이 없다는 것과 번각본과의 비교에서 92%의 일치도를 제시하면서도 통계학적으로 차이가 있다는 상반된 추정을 하였다. 주조와 조판에 있어서도 제대로 된 실험이 실시되지 않았다.

이러한 결과에 대하여 그동안 증도가자를 연구한 연구팀에서는 부적절한 연구방법과 부정확한 결과에 대하여 영역별로 반론하고 지적하였다.

9월 29일에는 고려 금속활자의 문화재 지정문제와 관련된 학술토론회가 증도가자 기초학술조사 연구팀 주관하에 국회에서 개최되기도 하였다.

2. 證道歌字의 발견 및 초기의 검토 과정

2004년 말에서 2005년경 개인 소장가로부터 활자의 실물이 있다는 제보와 함께 처음 10자를 보게 되었을 때의 판단은 위작활자일 수 있다는 것이었다. 그러나 활자의 뒷면에 둥근 홈이 있는 형태는 국립중앙박물관에 소장된 '複' 자와 같다는 점에서 자세한 검토가 필요하였다. 일반적으로 쉽게 접근할 수 있는 활자의 실물이 적고, 비록 국립중앙박물관에 십여만 자가 소장되어 있으나 주로 조선 후기에 주성된 것이므로 이 자료와 비교하는 데는 참고자료로 활용될 뿐이다.

당시 10점의 활자 중에는 현존의 '복' 자와 같은 형태, '복' 자와 뒷모양은 같으나 좌우에 1mm 정도의 돌출부가 있는 날개 형태, 앞면의 글자의 깊이가 깊고 새긴 각도가 예리하게 잘 새겨진 활자로 뒷면 네 모서리에 다리가 있는 형태의 세 가지가 확인되었다.

나타난 세 가지 형태 중 두 종류는 당시까지 활자에 관련된 모든 기록과 선행연구에도 없는 것으로 소장자에게 양해를 구하여 위작이라는 전제 아래 확실한 검토를 위하여 성분분석을 해 보는 것이 좋겠다고 제의하여 허락을 받아 비파괴가 아닌 파괴 분석을 준비하였다.

성분분석에 앞서 활자의 기본적인 데이터를 확보하기 위하여 일부 흙으로 덮인 활자의 글자의 획을 확인하기 위하여 흙을 제거할 때 흙 아래의 활자의 획이 교차하는 부분에서 많은 양의 먹이 나타났다. 또 활자의 획을 포함한 여러 부분, 즉 대부분의 활자 표면과 뒷면, 모서리 등에서 부식이나 산화에 의한 자연적인 훼손과 외부적 충격으로 인한 훼손 등을 확인할 수 있었다.

발견 당시의 상황으로 볼 때 먹이 활자의 획 사이에 꽉 채워지고 일부는 바닥이나 경사진 면에까지 붙어 있는 모습과 현상은 도저히 인위적인 조작으로는 불가능한 것으로 판단되었다.

이처럼 글자의 형태, 훼손 부위, 먹 등으로 볼 때 위작이 아니라고 판단되었으며 활자의 조사에 더욱 신중하지 않을 수 없었다.

2006년경에 먼저 활자 중 같은 글자가 있는 '法' 자를 비공식적으로 충북대학교에 의뢰하여 활자의 뒷모서리 중 한 곳을 가로세로 1mm 정도 갈아서 그 표면을 분석하였으나 그 결과는 구리 80%, 주석 약 10% 등으로 주요 성분의 확인에 그치고 대체적인 시뮬레이션에서 그 성분이 조선 후기 금속활자의 성분과 크게 차이 나지 않았다.

한편 경북대학교 신소재공학부(금속공학과)에 성분분석, 주물, 이 활자들의 복제 방법 등을 상의하고 의뢰하였다. 먼저 성분은 4개의 활자를 대상으로 각 활자당 6곳 이상을 비파괴 검사의 방식으로 측정한 결과 구리 약 40~60%, 주석 10% 내외, 기타 미량의 금속성분들로 이루어졌다는 결과를 얻었다. 이는 '복' 자를 비파괴 검사한 구리 50% 등의 결과와 유사한 것이었다. 그러나 이 결과는 성분의 유사 정도를 확인할 뿐 사용 시기를 판단할 수 없다.

또 주물 상태의 경우 네 다리가 있는 활자는 대단히 우수한 기술로 주성되었음도 자문받았다.

이후 소장자에게 이러한 결과를 알리고 더 확실한 데이터를 확보하기 위해서는 대상자료의 조사 확대가 필요함을 인식시키고 협조를 얻어 2차 15개, 3차 33개의 자료를 다시 추가하여 조사할 수 있었다.

이러한 과정에서 실물활자의 중요성이 파악되었고 원 자료를 대상으로 연구한다는 것에 부담을 느껴, 신소재공학부의 협조를 얻어 경북대학교 공대의 3D 스캔기기를 이용하여 실물활자의 데이터를 확보하고 이를 이용하여 복제자료를 만들었다.

당시의 3D 스캐너로서는 1자를 스캔하는 데 약 40분이 소요되었다. 전체 58자의 작업은 시간적 여건상 곤란하여 대구의 DGIST로 옮겨 개당 20분의 작업을 진행하여 데이터를 구축하였다.

이 확보된 데이터는 전북 익산의 보석 세공 업체로 보내 먼저 銀으로 2자를 샘플 제작하고 뒷면을 투시해 볼 수 있도록 투명 플라스틱제로 전체 글자를 복제하였다. 또 앞으로 이 활자에 먹을 발라 찍어 볼 수 있도록 황동으로 3본씩 복제하였고 만일 이 모형을 이용하여 주물을 부을 경우 같은 성분으로 주조할 수 있도록 밀랍 대용의 재료로 父字와 가지(탕도)를 달아 필요 시 제작할 수 있도록 준비하였다. 동시에 데이터가 확보된 이 복제 작업은 안경공학 쪽에서도 할 수 있음을 알고 다시 의뢰하여 복제자료를 확보하였다.

한편 조사과정에서 확보된 먹의 방사성탄소연대 분석을 위하여 경북대 등 주변에서 장비를 확인한 결과 주변 장비를 이용하려면 먹이 10g 이상 필요하다는 결론을 얻었다. 이에 다른 기관을 물색하던 중 서울대학교의 AMS 센터를 찾았으나 여러 가지 여건으로 쉽지 않아 먼저 기본적인 사항을 검토하는 것이 효율적인 진행이라는 판단 아래 먹 분석은 당분간 보류하기로 하였다.

실물활자의 형태 조사, 데이터 확보, 복제 등이 진행되면서 이론적인 영역에 대한 연구도 구체화되었다. 2006년도 중반부터 청주시와 문화재청, 충청북도 등의 지원을 받아 진행한 '조선왕실 주조 금속활자 복원사업' 프로젝트 중 활자를 주조하는 기본 형태 분석 과정에서 이 활자의 주조 방법을 다시 검토하였다.

이 활자를 근접촬영하여 각 부분을 확대하고 자세히 검토한 결과 글자면과 활자의 아래 부분, 즉 활자의 측면 몸체 부분에서 어긋난 흔적을 발견할 수 있었다. 활자의 주조 방법으로 볼 때 먼저 父字를 새겨 주물사에 매몰시켜 빼내고, 다시 상하 주조 틀을 합친 후 빼낸 자리에 쇳물을 녹여 부어 만드는 것이 일반적이 주물사 주조 방법이다.

당시 프로젝트 팀들은 이 활자의 글자 면과 몸체 등 상하가 어긋나게 하여 주조하는 방법을 실험적으로 검토하고 향후 지속적인 연구를 예정하였다. 그러나 2007년 국립중앙박물관에서 한글금속활자를 정리하면서 제작한 도록에서는 고려활자에서 볼 수 있었던 분할선을 여러 글자에서 확인할 수 있었다. 따라서 제작의 방식은 고려부터 조선으로 이어지는 전통적인 방법으로 확인되었다.

이와 같은 형태나 외형적인 조건 등에 대한 검토가 이루어지면서 동시에 진행된 것은 이 글자의 서체에 관한 것이었다. 개별 글자의 치수와 데이터를 확보하는 과정에서 글자의 크기나 형태, 서체 면에서 고려의 『證道歌』와 유사하다고 판단하였다. 특히 『證道歌』에 대한 서체와 주조 방법 등 종합적인 연구가 2003년 청주시에서 발주되어 복원에 대한 연구가 진행되면서 전체의 글자를 가나다 순으로 정리하고 글자의 모양을 검토하여 보고서가 작성되었다. 따라서 그때의 데이터에 발견된 활자 중 네다리활자를 제외한 글자를 비교·대입해 본 결과 크기나 서체, 형태적인 면에서 일치하였다.

현존의 『南明泉和尙頌證道歌』는 1239년에 활자본을 번각한 것으로 금속활자 실물과 글자가 완전히 일치할 수는 없지만 기본적인 크기, 획 삐침의 방향과 장단, 특정 형태 글자의 쓰임 등이 같다면 동일한 저본의 글자로서의 충분한 증거가 된다. 금속활자는 사용하면 할수록 자획의 모서리가 마모되어 그 찍은 印面의 글자는 가늘어지지만 목판인 飜刻本은 일반적인 경우 처음의 印本보다 글씨체가 거칠어지고 굵어질 뿐 아니라 세월이 지날수록, 많이 찍을수록 찍은 字面의 글자 폭이 넓어진다. 또 자연적인 보존조건에 따라 수분 증발로 말미암아 판면이 수축되는 현상도 보인다.

이러한 여러 상황과 조건을 감안하고 글자를 비교하여 이 활자로 『證道歌』를 찍었다는 것을 확인하였다.

한편 이 자료에 대한 조사와 검토를 진행하는 가운데 개인 소장의 分司大藏都監本

『東國李相國全集』을 분석하면서 이 자료의 글자가 證道歌字와 같음을 확인하여 국립중앙도서관 소장본과 숙명여자대학 소장본, 청주고인쇄박물관 소장본 등 여러 기관의 자료를 모아 글자를 가나다 순으로 정리하고 證道歌字와 비교·검토하였다. 그 결과를 2010년 11월 19일 서지학회에서 발표하였던바 그 핵심은 1239년 간행의 『證道歌』 번각본과 『東國李相國全集』 번각본의 글자가 같다면 개성에서 주조된 활자를 강화도로 가져가 『古今詳定禮文』도 찍어 글자도 같을 확률이 높다는 것이었다. 1232년 강화도 천도 이전에 금속활자본 『證道歌』가 있었고 1241년에 찍은 『東國李相國全集』과의 사이에 『古今詳定禮文』 28부를 금속활자로 만들었으므로 초기의 10년 사이에 같은 서체라면 당연히 세 판본은 같은 활자일 것으로 판단된다. 이 활자가 1270년경 강화도로 옮겼던 조정이 돌아올 때 다시 개성으로 돌아와 지금 발견된 활자가 되는 것으로 고려시대 활자 인쇄의 시원을 다시 정리하는 계기가 되었다.

3. 영역별 證道歌字 논의 및 연구과정

1) 발표

이 활자에 대한 논의는 2010년 9월 2일에 서울의 다보성고미술관에서 열린 '돌아온 문화재 특별전: 한일 강제병합 100년의 아픔'에서 공개되었다. 그때 공개된 활자의 숫자는 12점이며, 13세기 개성에서 주조되어 『南明泉和尙頌證道歌』(이하 『證道歌』로 약칭)를 찍었을 것으로 추정되고 있는 것의 일부이다.

발표 당시 활자의 발견 및 전래의 경위에 대하여 이 활자들이 일제강점기 때 개성에서 일본인에 의하여 수집되어 한국으로 다시 들어온 것이라는 언급을 소장자로부터 간접적으로 들었다. 그러나 이 활자를 확인하는 방법은 확인될 수 없는 전래 경위보다는 활자 자체만을 대상으로 그 활자로서의 기능과 서체, 주조법, 주조성분, 구조 등을 현존의 활자와 역사기록을 중심으로 검토하는 것이 최선이며 당시 활자에 묻어 있던 먹의 탄소연대 측정이나 금속성분 분석 등으로 과학적인 검토도 진행할 것임을 제시하였고 실제로 그 이후 지속적으로 과학적 분석이 진행되었다.

2) 서체의 불일치 등 위작활자에 대한 논란

발표와 공개 당시 활자의 서체에 관한 반론이 언론매체를 통하여 제기되었지만 2010년 9월 14일 고미술특강 자리에서 번각본의 특징과 증도가 서체에 관련된 기본적인 내용이 설명되었다.

한편 일부에서는 출처에 대한 신빙성을 제기하여 중국에서 만들어져 국내로 유입된 僞作活字로 추정하기도 하였다. 그 과정에서 일부 연구자들도 활자의 서체가 번각본의 서체와 다르다거나 활자의 부식·산화된 부분 중 특정 부분이 일반적인 과정과 다르다는 등을 위작활자로 판정하는 근거로 들었다. 그러나 이 활자들에 대한 조사와 분석이 아직 끝나지도 않은 상태에서 어떠한 성급한 결론을 내는 것은 바람직하지 않기 때문에 서지, 금속, 주조 등 관련 분야의 연구가 지속적으로 이어져 왔다.

3) 관련 내용의 학회 발표

2010년 11월 5일 청주고인쇄박물관에서 열린 한국서지학회에서 「證道歌字에 관련 몇 가지 검토」라는 제목으로 발표하였다. 證道歌字로 알려진 실물활자의 수량과 촬영사진, 일부에서 공개된 활자의 획과 모양에 근거하여 제기한 진위 문제에 대하여 공개된 '明' 자의 활자의 사진이 정면 사진인 까닭에 훼손된 부분이 보이지 않아 야기된 오류라는 점을 지적하고 여러 각도에서 촬영된 활자의 영상을 제시하였다.

또 일부에서 번각본을 원본과 똑같이 새길 수 있다는 주장을 하였지만 같은 글자를 동일한 사람이 새겨도 주위 환경과 개인의 신체적 상태, 시간적 조건에 따라 달라지는 번각에 대한 기본 지식 결여에서 비롯된 주장으로 서체의 일치 정도에 대한 해석이 서로 달랐다. 더구나 『證道歌』의 경우 11명이나 되는 刻手가 동원되었고 실제로 현존의 번각본에서도 각 판면마다 크기나 새긴 글자의 굵기 등이 다르다는 점도 지적되었다.

이와 관련된 연구 중 2011년 11월 19일 청주대학교에 열린 서지학회에서 「證道歌字와 東國李相國集」이란 발표에서는 앞선 11월 5일의 학회에서는 공개되지 않았던 흙이 덮인 활자 40여 개와 흙이 제거된 상태 및 표면의 상태 등을 영상자료로 공개하였다. 또 네 다리가 있는 활자가 조선 초기 태종 때 만들어진 癸未字와 비슷한 서체라는 점을 들어 『十七史纂古今通要』의 글자와 비교하여 실물을 공개하였다.

이러한 논의 가운데 證道歌字가 개성에서 주조되어 책을 찍었고 1232년 고려정부가 강화도로 천도할 때 옮겨 가서 『古今詳定禮文』과 『東國李相國全集』을 찍은 다음 다시 개성으로 옮겨졌다는 증거로 번각본 『證道歌』가 현존하는 分司大藏都監에 번각한 『東國李相國全集』의 글자와 판식이 일치한다는 내용이 조사자료와 예시로써 제시되었다.

나아가 소위 '證道歌字'라는 명칭도 여러 印本의 가능성이 확인된 만큼 재검토가 필요하다는 의견과 실물활자와 함께 證道歌字 번각본의 글씨를 분석하면 2종의 글자가 혼용되었을 가능성이 높아 초기 금속활자의 사용 시기를 조금 앞당겨 볼 수 있다는 가능성도 제시하였다.

4) 실물활자의 탄소연대측정

이와 더불어 KBS의 '역사스페셜'에서는 이 활자에 대한 프로그램을 만들면서 활자의 신뢰성을 검증하는 차원에서 먹에 대한 방사성탄소연대 분석이 필수적이라고 제안하여 추진하였다. 방송국의 주관 아래 분석을 맡은 기관은 대전 소재의 한국지질자원연구원과 일본의 팔레오 라보 연구소였다. 이 과정에서 소장자의 활자와 더불어, 대상 활자의 촬영과 기초조사를 하는 과정에서 활자의 표면에서 채취하여 밀폐된 비닐에 보관하고 있던 먹 가루, 흙 등도 함께 제공되었다. 그러나 1차 의뢰 결과 분석의뢰된 활자는 표면을 노출시키는 과정에서 이미 사람의 손이 닿아 손에 의한 탄소성분이 원 자료의 성분과 섞일 가능성이 크므로 분석 대상으로 적절하지 못하다는 의견을 듣고 다시 2차로 흙이 덮인 상태의 활자 10여 자가 제공되었다.

발견 활자의 많은 부분에서 먹이 보이고 있는 만큼 이러한 과학적인 분석 시도는 자료의 신뢰성을 높이는 중요한 기준이 되므로 될 수 있는 한 많은 자료를 제공하기로 하였다.

이후 분석 결과의 객관성과 신뢰성을 높이고 인정을 받기 위해서는 서로 다른 기관에서 분석하여 그 결과를 교차 검증하는 단계를 거쳐야 더 확실하다는 의견에 따라 3차로 국내의 다른 기관이나 국제적인 분석기관으로 분석을 의뢰한 결과 서로 유사한 결과가 나타나 자료의 신뢰성이 확보되었다.

그러나 과학적 분석 못지않게 인문학적인 접근도 필요하다는 의견도 제시되었다. 활자의 기능과 서체, 역사적 배경과 발전과정에 대한 체계적인 이해가 먼저 바탕이 되고 관련 영역에서의 활자형태, 주조 방법 등에 대한 검토가 이루어진 가운데 금속성분, 먹의 탄소연대분석이 검증의 방법으로 논의되는 것이 바람직하다는 것이다.

그러한 과정에서 인문학적으로 검토해 보면 이 활자들은 고려정부가 1232년 개성에서 강화도로 천도하기 전부터 책을 찍는 데 사용되었고 천도할 때 함께 옮겨 가 『古今詳定禮文』 50권이나 『東國李相國全集』 41권 등 다른 책을 찍는 데 사용하였으며 이후 1270년경에 개성으로 환도할 때 다시 옮겨 왔을 것으로 추정되므로 사용의 하한 시기는 1280년경으로 생각해 볼 수 있다고 추정하기도 하였다. 이후 진행된 방사성탄소연대분석에서는 결과적으로 하한시기가 1260년대로 나타났다.

물론 발견된 證道歌字 추정활자와 함께 나온 네다리가 있는 鑄造 수준이 높은 활자에는 전혀 먹이 발견되지 않으므로, 두 종의 활자가 동시에 나타났다면 이 하한시기가 앞 활자의 기능이 다했거나 새로운 활자를 적용하는 시점이었던 것으로 추정할 수 있다. 이는 단순한 추정일 뿐 앞 활자가 필요성에 따라 시기적으로 좀 더 사용되었을 가능성도 배제할 수 없을 것이나, 그리 오랜 기간은 아니었을 것으로 판단된다.

제2절 고려시대 실물 금속활자와 연구의 제 문제

1. 고려시대 금속활자의 전존 현황

고려시대에 주조하여 찍었던 금속활자에 대한 기록은 여러 사료나 실물 문헌에 의하여 증명되고 있고 최근 북한 개성 만월대 지역에서 실물활자가 발견됨에 따라 그 출토의 현장도 확인되고 있다. 주지하는 바와 같이 기록 외에 이미 19세기 말부터 고려활자로 찍은 『直指』에 대한 기록이 프랑스인 모리스 쿠랑에 의하여 『조선서지』의 부록에 수록되어 그 실물에 대한 행방을 찾던 중 1972년 '세계도서의 해' 기념 과정에서 프랑스 국립도서관에 소장되어 있음이 알려졌다. 이 책은 고려시대 淸州牧 바깥의 興德寺에서 1377년에 금속활자로 찍은 책으로 활자의 주조 방법은 지금까지의 연구에 의하면 지방의 사찰에서 밀랍주조법으로 주조된 것으로 추정되고 있다.

褸 顚 [嫥]

그림 3-1 개성 부근에서 출토된 고려금속활자

한편 책을 찍었던 금속활자의 실물은 일제강점기 때 개성 부근에서 출토하여 당시 덕수궁미술관에서 구입한 '褸(산 덮을 복)' 자의 경우 현재 국립중앙박물관에 소장되어 있다. 또 다른 실물인 '顚(이마 전)'은 개성의 고려 궁궐터인 滿月臺 神鳳門 부근에서 출토하여 현재 북한의 개성역사박물관에 소장되어 있다. 2015년 11월에 공개된 '[嫥(아름다울 전)]'도 북한의 개성 고려 궁궐터인 滿月臺 神鳳門 서쪽 255m 지점에서 확인되었다고 전하고 있다.

그동안 이러한 활자들은 그 수량이 1점씩에 불과하여 분석이나 연구에 있어 어려움이 많았고 또 일반화하기에도 어려움이 많았다. 그러나 2004년부터 알려지기 시작하여 2010년에 공개된 소위 證道歌字는 그 수량도 많을 뿐 아니라 먹도 잔류하고 있어 과학적 분석이 가능했고 같은 글자의 복수 활자가 있어 서로 비교는 물론 주조의 방법을 연구하는 결정적인 데이터를 제공하고 있다. 또 발견된 활자의 형태가 證道歌字는 2종류이며 현재까지 인본을 알 수 없는 네다리형 활자도 있어 앞으로 지속적인 연구가 필요한 실정이다.

발견된 약 200여 개의 고려활자는 서체나 활자의 형태, 조판형식 등의 비교와 금속성분 분석, 방사성탄소연대분석이나 납동위원소분석 등의 과학적 분석들이 이루어지고 있고 향후 고려 13세기로부터 조선으로 이어지는 한국 금속활자의 始原이 제대로 밝혀질 수 있을 것으로 추정된다.

참고 **2015년 11월에 공개된 개성 만월대 발견의 고려 활자**

2015년 11월 14일 언론에 보도된 바와 같이 북한의 개성 고려 궁궐터인 만월대 신봉문 터 서쪽 255m 지점에서 고려활자가 1點 발굴되었다. 이는 남북이 지난 6개월간 개성 만월대 지역을 대상으로 시행한 제7차 남북공동발굴조사에서 북한 측 발굴팀 '금속활자 조사조'에 의해 발견된 것으로, 과거 1956년에도 금속활자가 출토된 사례가 있어 문헌사료와 지형을 고려하여 지역을 선정한 뒤 6월부터 해당지역의 표토 아래 20~30cm 지점에서 파낸 흙을 체로 치는 작업을 하던 중에 발견되었다.

글자는 '嫥(전일할 전, 아름다울 전)'으로 판독되고 이 글자의 우측 아래 부분의 획이 분명하지 않아 '寸' 또는 '方'으로 볼 수 있어 정확하지 않다. 활자의 크기는 가로 1.35cm, 세로 1.3cm, 높이 0.6cm, 글씨의 깊이는 0.38cm이다. 형태는 증도가자와 유사하여 뒷부분이 둥근 홈으로 파여진 증도가자와 같은 형태를 가지고 있으며 측면과 뒷바닥에 연마흔적이 나타난다. 또 측면이 증도가자와 같이 글자 부분과 아래 몸체에 어긋난 층이 보이지만 이는 좀 더 정밀하게 살펴볼 필요가 있다. 글자의 서체 또한 비록 이미 발견된 활자들보다 복잡한 획을 가진 글자이지만 같은 계열로 추정된다. 이에 대하여 일부에서는 서체가 증도가 서체와 다르고 대장경 서체가 유사하다는 주장을 하고 있으나 이는 증도가 서체를 유형별로 체계적으로 살펴보지 않았기 때문이다. 뿐만 아니라 글자의 획 사이에는 당시 사용하였던 먹이 잔류되어 있어 지금까지 알려진 증도가자의 제반사항과 다를 바가 없다.

그림 3-2 최근 발굴된 '嫥' 자(남북역사학자협의회 제공)

그림 3-3 최근 개성 만월대 부근 발굴 활자 4종

한편 이 활자의 주조나 사용 시기에 대하여 발굴팀의 공식적인 발표는 어디에 근거를 두고 있는지는 알 수 없지만 궁궐의 2차 소실시기인 1170년부터 13세기 중반으로 보고 있으며 넓게는 13세기 또는 14세기 중반 이전이라고 제시하고 있다.

이 글자는 '複' 자와 마찬가지로 잘 쓰이지 않는 글자로 '[嫥]' 자로 추정되며 같은 증도가자로 찍었던 전체 분량이 훨씬 많은 『東國李相國全集』에서도 그 예를 찾아볼 수 없다.[1] 다만 현존하지 않는 『古今詳定禮文』이나 다른 印本에 사용되었을 가능성도 배제할 수 없다.

2. 고려 금속활자 연구의 제 문제

2012년 1월에 발간된 한국 금속활자 관련 저술[2]에서 '증도가자'라 알려진 금속활자와 그 인본 및 과학적 분석에 대한 논의가 제기되었다. 조선시대 금속활자의 형태나 주조 방법의 변천에 관련된 여러 가지 논의도 포함되어 있다. 그러나 일부 내용은 현존 실물과 이론적 근거 및 실험을 통한 과학적 방법의 분석이라는 측면에서 볼 때 많은 문제점을 내포하고 있을 뿐 아니라 한국 금속활자의 발달사를 잘못 이끌어 내고 있다고 판단되어 여기서는 학계의 올바른 학술적 논의를 위하여 다음과 같은 점을 밝혀 두고자 한다.

이 책은 먼저 활자의 주조 방법에 대하여 종래 활자 복원에 적용되었던 편법의 父字사용을 전통적인 시스템으로 환원시키면서 그 근거를 고려활자에서부터 찾아 자연스럽게 조선시대로 맥을 잇게 하였다.

또 활자의 형태 변천에 있어서도 기존의 '複' 활자에서 새로 발견된 '증도가자'와 함께 나온 활자의 형태에 의거하여 고려에서 조선의 癸未-庚子-甲寅字로 이어지는 형태 변천 과정을 기록에 맞도록 재설정하였다.

이러한 논의의 과정은 실물과 과학적 근거, 사료에 바탕을 두고자 노력하였음에도 불구하고 근거 없는 과거의 추론에 집착하거나 일부는 '실험용 활자'라는 새로운 가설을 제시함으로써 금속활자의 형태와 주조법, 적용시기 등에서 많은 차이를 보이고 있다.

따라서 이미 제기된 문제를 분석하여 체계적인 설명과 더불어 새로운 연구와 논의의 장을 제시하고자 한다.

---

1 '嫥' 자가 사용된 예로 1577년 간행된 조선 중기 문신 沈義의 『大觀齋遺稿』 권1 「大觀賦」 言達人所觀者大'라는 작품에 '嫥' 자가 한 번 사용되고 있다(…無極翁聞言而進曰 象帝之先 有物曰道 嫥挠百昌…).

2 천혜봉, 『한국금속활자 인쇄사』, 서울: 범우, 2012.

1) '複' 활자

> 그 '복'의 글자는 옥편과 자전에도 나오지 않는다. 인위적으로 만든, 이른바 造字에 해당함을 알 수 있다. … 개인이 사사로이 필요하여 미숙한 주조 방법으로 조졸하게 부어 낸 것으로 여겨진다.
>
> 우리나라는 예로부터 조상들이 본명을 부르는 것을 꺼려한 나머지 읽기 어려운 글자가 아니면 잘 쓰이지 않는 글자 또는 만든 글자로 이름을 짓고 일상의 사용은 字와 號 등을 썼음을 고려하면, 이 활자도 개인의 이름과 관련되어 만들어 쓰다가 그가 세상을 떠나자 함께 무덤에 묻혔던 것이 아닌가 여겨진다. 이것은 한문에 조예 있는 선학들의 견해이기도 하다. 『한국금속활자 인쇄사』, pp. 53~55

이에 대하여 '複' 활자의 소장과정을 알 수 있는 국립중앙박물관의 활자 관련 유물 카드 기록 내용을 보면 다음과 같다.

표 3-1 국립중앙박물관의 활자 관련 유물 카드 기록 내용

매수	구입 일시	매도인	가격	정보사항	출토지	유물카드 번호	수량	원판번호
덕수궁 미술관	1913. 10. 7.	赤星佐七	10円	크기 1.0 길이 1.2 두께 0.7	경기도 개성 부근	德壽4462	금속활자 1点	1163

이 기록의 어느 곳에도 출처가 개성의 개인 무덤이라는 기록이 없다. 선행의 연구는 정확한 기록을 확인하지 않고 막연한 추측에 의하여 서술하였다. 당연한 결과로 발굴보고서나 당시 기록이 없음은 물론 매도인 赤星佐七은 당시 조선총독부를 상대로 많은 유물을 거래하던 거래상이다. 그가 발굴에 관여하였을 가능성도 없고 출처 역시 다분히 당시에 전해 들은 이야기를 적은 것으로 판단된다.

이와 같은 기록에서 출처가 실제 기록과 다르게 개인 무덤으로 발전하고 다시 이 글자가 잘 쓰이지 않는다는 점에서 인위적으로 만든 造字, 즉 개인이 사사로이 필요하여 미숙한 주조 방법으로 조촐하게 부어 낸 것이라 하며 개인의 이름으로 확대 발전시킨 논리는 근거가 부족하다. 더욱이 잘 쓰이지 않는 僻字이기 때문에 玉篇과 字典에 나오지 않는다는 것도 실제로는 전거문헌들을 확인하지 않았기 때문이다.

이 글자의 존재와 뜻에 대해서는 10여 년 전부터 청주에서 활자 관련 학술회의가 있을 때마다 잘못이 지적되었지만 한번 관련 분야에서 잘못 밝혀 놓은 것을 많은 연구자들이 그대로 답습해 왔다.

그러나 중국의 대표적 자전인 『康熙字典』에서 '𡽡' 자를 찾아볼 수 있으며 그 내용을 살펴보면 '『集韻』 芳六切音蝮山覆也 一曰山名'으로 기록되어 있다. 여기서 『集韻』은 北宋 寶元 2년(1039)에 황제의 명을 받들어 丁度 등이 찬한 韻書로 『禮部韻略』과는 달리 切韻系로 구성되어 있고 『廣韻』과 같이 206韻으로 나누어져 있지만 글자 소속을 살펴보면 약간의 이동으로 인한 차이점이 있으며 전체 글자는 5만여 자로 『廣韻』의 약 2배이고 異體字와 異讀까지 수록하였다. 즉 이러한 『集韻』에 의하면 '𡽡' 자는 芳六切音이며 '덮다'라는 뜻으로 산 이름을 지칭하는 글자로 명시되어 있는 것이다. 또한 『大漢和辭典』[3]이나 『漢韓大辭典』[4]에서도 이 글자를 다음과 같이 확인할 수 있다.

표 3-2 『大漢和辭典』, 『漢韓大辭典』

사전명	내용
『大漢和辭典』	𡽡 〈集韻〉 芳六切 ① 山이름 ② 덮다 《玉篇》 覆也
『漢韓大辭典』	𡽡 〈玉篇〉 父六切 〈集韻〉 芳六切 ① 가리다, 덮다 또는 덮개 《玉篇》 覆也 ② 山이름 《集韻》 山名

또한 조선시대 申景濬(1712~1781)의 문집인 木活字本 『旅菴遺稿』 제22장 詩評에서도 이 글자가 사용되고 있음을 볼 수 있다.

근거 없는 논리의 비약과 해석은 한국 금속활자의 시원을 검토하는 데 적절하지 못하다. 이 활자의 형태에 대한 중국학자들의 논의에서도 가장자리의 형태가 원형인 까닭에 활자로서의 기능을 하지 못한다는 주장이 있었지만 그 부분은 부식이나 산화로 인하여 마모된 상태로 원래의 활자 형태가 아니므로 논의의 대상이 될 수 없으며 새로 발견된

3 諸橋轍次 編, 『大漢和辭典』 卷4, 東京: 大修館書店, 1959, p. 303.

4 檀國大學校 東洋學研究所 編, 『漢韓大辭典』 卷4, 서울: 단국대학교 출판부, 2002, p. 885.

證道歌字에도 같은 모양의 활자가 존재하고 있다.

한편 이 활자의 네 모퉁이에 드러난 어긋난 구조 형태를 분석한 선행연구에 근거하여 이후의 활자 주조법을 전체적으로 『용재총화』에 밝혀진 전통적인 주조법에 의한 것임을 확인하였다.

따라서 지난 2004년부터 소위 '증도가자'를 비롯한 고려활자를 계속 검토하면서 그 형태에서 발견된 특징으로 상하가 어긋나게 제작된 父字에 의한 활자의 형태 및 주조 방법과 관련하여 연구자들과 논의하여 왔다. 이를 바탕으로 '複' 자를 다시 자세히 살펴본 결과 네 모퉁이의 어긋난 구조를 확인할 수 있었고 2006년 때마침 국립중앙박물관에서 한글 금속활자의 도록[5]과 연구가 발표되고 '조선 왕실 금속활자 복원사업'에서 국립중앙박물관의 활자를 조사함[6]에 따라 그 근거를 설정할 수 있었다.

2) '證道歌字'의 진위 판정

(1) 발견 활자의 진위 판정

> 그나마 다행히도 그동안 이 활자의 출처를 추적한 것과 관련한 방송프로그램이 있어 시청하게 되었다. 그 출처는 일본이 아니라 중국이며, 한국인 고미술상이 제시한 42종의 동활자 중에는 여러 종의 증도가자가 들어 있었고 이들 활자의 뒷면이 모두 둥글게 속이 비어 있어 주목되었다.
>
> 『한국금속활자 인쇄사』, p. 31

이에 의하면 '증도가자'라는 활자는 중국에서 만들어진 가짜 활자라고 주장하고 있다. 서지학이든 어떤 분야의 학문이든 특정 대상물에 대한 연구는 실증적 연구가 가장 기본적이며 따라서 실물 그 자체에 대한 진위 규명이 가장 우선되는 것은 주지의 사실이다. 그러나 『한국금속활자 인쇄사』의 수록내용에서는 발견된 활자 자체에 대한 진위규명의 학술적 근거 등에 대해 어떠한 언급도 하지 않고 일부 방송(KBS 추적 60분, MBC PD수첩)에 의거하여 진위를 판단하는 학문 외적 논의로 일관하고 있다. 특히 활자의 금속성분이나, 활자에 묻거나 둘러싼 흙, 활자의 획 사이에 잔류된 먹 등의 물리적 측면과 주조 방법, 자획

5 국립중앙박물관 역사부 편, 『한글금속활자』, 서울: 국립중앙박물관, 2006.

6 청주고인쇄박물관, 『금속활자조사보고서』, 청주: 청주고인쇄박물관, 2009.

의 완성도 등에 대해서는 학술적 견해를 제시하지 않고 있다. 거의 일부 언론 내용을 인용하여 중국에서 만들어진 가짜라고 단언하고 있다.

이 부분의 논의는 발표된 자료[7]처럼 금속성분의 구성이나 잔류된 먹의 탄소연대분석, 금속재료를 이용한 주조법 검증, 활자주조에 있어 나타나는 특징적인 사항에 대한 전문가로서의 견해를 밝혀야 할 것이다.

(2) '朙' 字의 서체

2010년 발표 당시 번각본 등 서지학적 관점의 판본에 대하여 이해가 부족한 학계 일부에서 발견된 활자 '朙' 字의 書體가 번각본 證道歌와 다르다며 문제를 제기했다. 이에 대하여 발표된 활자 중 '明' 字의 古字 및 異體字 書體의 '月' 부분 첫 획에 대해 2010년 가을의 한국서지학회나 서지학회에서 정면과 옆면 등 여러 각도의 사진을 제시하여 글자의 표면과 글자의 획이 경사진 각을 이루며 바닥면과 이어지므로 글자 몸체 부분의 차이라는 점을 분명히 제시하였다. 또 번각본과 실제 활자상의 근소한 차이 및 제시된 활자와『證道歌』등에 사용된 같은 '朙' 字들 간의 차이 등도 고려해야 하지만 우선 실제적 검증을 위한 대조는 중심 획과 주변 획들과의 위치라는 측면에서 살펴보아야 한다. 보다 분명한 점은 실물활자의 획과 목판으로 다시 새겨 낸 번각본 획에서의 오차도 영향을 미치고 있지만 전체적으로 글자의 중심들은 일치하고 있다는 점이다.

그림 3-4 '朙' 字 전면부와 측면부

7 남권희, 「證道歌字의 발견과 南明泉和尙頌證道歌의 연구」, 『書誌學報』, 제36호(2010. 12.), pp. 5–84.

(3) 번각본을 임사하여 가짜 활자를 주조하였다는 데 대하여

> … '증도가자'는 그 일부만을 증도가 번각본의 글자를 임사하여 자본으로 하고, 그 밖에는 다른 자료의 글자를 바탕으로 비슷하게 써서 자본으로 하였으며, 그 주조에 있어서는 일부의 활자 뒷면을 둥근 원형으로 속을 비우게 하고, 다른 일부는 임진자의 경우와 같이 굴형으로 속을 비우게 만들어 냈다는 점이다. 이들 자료만으로도 이 '증도가자'는 그 원형으로 볼 수 없음이 뚜렷하게 드러난다 하겠다.
>
> 『한국금속활자 인쇄사』, p. 37

『한국금속활자 인쇄사』의 주석 중에서는 이 활자를 만드는 방법으로 먼저 현존의 번각본을 바탕으로 임사하고 『證道歌』에 나오지 않는 글자는 글 잘 쓰는 사람이 비슷하게 써서 자본으로 만들었을 것이라고 내용을 각색하고 있다. 만약 번각본에 대하여 臨寫하고 가짜로 조작하여 만들고자 했다면 구태여 '明' 자와 같은 논란이 필요 없고, 서체나 주조 등에서처럼 완벽하게 똑같이, 그것도 腐蝕된 부분이나 훼손된 획에 따른 논란 자체가 없도록 만들 수 있었을 것이다.

한편 서지학의 일반적인 논의에서 번각본은 대체로 원본보다 서체나 전체적인 느낌이 거칠게 나타난다. 따라서 번각된 『證道歌』를 다시 임사하여 새긴다면 더욱 그러한 양상이 나타나야 함에도 실제 활자들은 모두 현존의 판본에 나타난 글자보다 새김이 분명하고 부드럽고 정교하다. 또 『證道歌』만을 위한 조작된 활자라면 왜 『證道歌』에 나오지 않는 글자까지 만든 것인가? 다른 글자로 인하여 '證道歌字'라는 사실에 의문을 제기할지도 모를 글자를 만들었다는 것은 정황에 맞지 않으며 오히려 그것마저 진실처럼 보이게 하고자 하는 의도였다고 주장한다면 그야말로 억지인 셈이다. 또 일부 활자의 뒷모습이 둥근 원형, 일부 활자는 임진자와 같은 굴형이라 언급하였으나 이미 실물과 도록에서 공개된 것처럼 뒷면의 홈형도 2가지이며 임진자와 같은 터널형은 없다.

(4) 역사적 배경

① 『東國李相國全集』의 판본 감정

> 첫째, 『동국이상국전집』의 글자가 증도가자에 비해 훨씬 작음을 누구나도 그 실물에 의해 인지할 수 있는 점에서 옳지 않음이 분명하게 드러났다. 둘째, 그 초간은 금속

> 활자본이 아니고, 목판본이다. 그 잔존의 後集이 오늘에 전해지고 있어 입증된다. 이렇게 볼 때, 그 주장이 얼마나 허무맹랑한 추측인지 여실히 드러났다.
>
> 『한국금속활자 인쇄사』, p. 37

이 글에서는 『證道歌』와 『東國李相國全集』의 글자는 누가 보아도 크고 작음을 알 수 있다고 하며 판본 감정의 부정확성에 대하여 지적하였다.

그러나 이미 발표된 논문[8]을 통하여 언급하였듯이 전집과 후집의 초간본 문제는 판본의 발달에 대한 조금의 식견이 있다면 계선의 유무와 판심의 형태가 어떻게 변천되어왔는가를 알 수 있다. 모든 경우가 일치하지 않아 조선 초기 법화경의 경우도 예외에 속하지만 이 역시 초기 판본들을 답습한 것이다.

즉, 이미 발표에서 제시한 『東國李相國全集』의 전체 글자는 『證道歌』에 나타난 글자와 1:1 대사하고 비교하여 크기나 서체, 특징 면에서 동일하다는 점을 밝혔다. 이러한 글자의 크기나 외형적인 감정은 실물을 직접 하나하나 글자별로 대조하는 것이 가장 기초적인 작업이다. 『證道歌』의 글자와 『東國李相國全集』의 글자를 하나하나 대조하여 약 700면에 해당하는 대조표를 2010년 11월 서지학회에서 공개하고 그 작업과정을 밝히면서 두 판본의 글자가 같음을 확인하였다.

또 판식에 있어서도 계선이 없고, 글자의 맞물림이 없고, 판식의 형식도 같고, 한 줄 내에서 글자의 배열이 일정하지 않아 비뚤게 배열된 것이 나타난다. 잘못된 내용이 있어서 수정하고자 할 때 목판으로 다시 판각하기에는 시간적인 급박성 때문에 어려웠을 것이며 만약 이전에 새긴 목판이 있다면 그중 일부를 고쳐 인출하는 것이 일반적인 상황으로 이때 전체를 새로 간행한다는 것은 상황에 맞지 않는다.

현존하는 판본들에서 전집과 후집의 판식과 서체가 다른 것은 바로 底本이 다르고 급한 간행과정에 따른 수정의 필요와 당시 활자본으로 서둘러 간행해야 할 긴급성이 있었으며 필요한 수량도 적었기 때문으로 보인다. 이러한 여러 가지 상황을 배제한다 하더라도 글자의 서체나 판식이 일치한다는 점은 證道歌字로서 명백한 증거이다. 더불어 『한국금속활자 인쇄사』의 본문 p. 35에 제시하고 있는 초간본이라는 것은 후집에 해당되는

8 南權熙, 「證道歌字와 東國李相國集」, 『書誌學研究』 第48輯(2011), pp. 191–227.

부분이며 초간의 범주에 들어가는 후집의 版式도 기본적으로는 판심에 魚尾가 없고 글자의 서체도 제시된 판본과 다르다.

② 활자의 발견 장소

발표된 소위 '증도가자'로 강화도에서 『東國李相國全集』을 찍었다면 이 활자도 강화도에서 발견된 것이 맞지 않겠냐는 『한국 금속활자 인쇄사』의 지적은 이미 관련된 논문[9]을 통하여 『古今詳定禮文』을 강화도에 찍었을 때 사용된 활자도 이 '證道歌字'이며 이는 개성에서 강화도로 천도할 때 가져온 것으로 보는 것이 타당하며 마찬가지로 강화도에서 사용하던 활자는 1270년경 다시 환도할 때 개경으로 옮긴 것으로 추정하였다. 오랜 전쟁의 당시 상황에서도 최씨 정권은 오랫동안 강화도 천도를 준비하였고 궁궐의 조영이나 강화도에서의 정부 운영에 대한 여러 가지 측면은 관련 분야 연구에서 이미 밝혀져 있다. 이에 근거하여 추정해 볼 때 궁궐 내의 중앙기관들을 옮기는 준비 작업에서 책을 찍을 수 있는 금속활자도 손쉽게 옮기고자 했을 것이며 이는 당시의 상황에서 시간과 노력을 줄일 수 있고, 재료나 부피가 큰 목판보다는 간편한 금속활자를 가지고 가는 것이 훨씬 효과적인 방법으로 판단했기 때문으로 추정된다.

그러나 선행연구에서는 『古今詳定禮文』의 간행과 활자본에 대하여 천도 이후에 개성에서 이미 습득하였던 지식과 기술을 바탕으로 손쉽게 활자를 주조하여 쓸 수 있었다고 하였다. 따라서 그 활자의 이름도 '詳定禮文字'로 통용되었다. 이와 같은 논의는 당시 강화도 천도가 긴급히 이루어진 특별한 조치라는 전제 내지는 금속활자의 주조가 주조 방법상의 경험만 있으면 언제 어디서나 가능할 것이라는 막연한 추정이 바탕을 이루고 있다. 그러나 일반적으로 금속활자의 주조에는 기술은 물론이고 금속재료인 구리와 주석 등의 확보가 필수적으로 어느 시기나 쉽지 않은 일이었다. 단순히 경험과 기술력으로 새로 주조할 수 있었다는 추론보다는 개성에서 손쉽게 옮길 수 있었다는 점에 착안해야 했다고 본다. 또 강화도 천도가 갑자기 결정된 것이 아니라 상당한 준비 기간과 과정이 필요했던 사실 또한 『高麗史』 등에서 확인된다.

---

9 南權熙, 「證道歌字와 東國李相國集」, 『書誌學硏究』 第48輯(2011. 6.), p. 207.

③ **출처**

이 활자의 출처에 대해서는 발표 초기 단계부터 논란이 많았으나 연구를 진행하면서 證道歌字로 확인되고 그 장소가 '開城의 滿月臺'일 것으로 추정되었다. 그러나 그 출처에 대한 기록이나 사진 등 근거로 제시할 자료가 불충분하므로 실물 자체만을 실증적으로 분석하여 제시하는 것이 필요하다.

이미 언급하였던 '複' 자에 대한 근거도 사실상 이 활자들과 다르지 않다. 최근 발표한 활자들이 개성 만월대의 고추밭에서 나왔다고 구체적으로 전해지는 말도 있지만 상세한 발견 당시의 사진이나 관련자를 확인할 수 없는 한 어느 시기에 어떻게 지금의 상태까지 전존되었는지는 알 수 없다. 역사적 유물에 있어서 출처가 중요함은 두말할 필요가 없지만 그 근거를 확인하기 힘든 현재의 지역적, 정치적 상황에서는 유물 자체에 의한 연구가 최선의 방법인 것이다.

구태여 예를 들지 않아도 출처와 전래를 알 수 없는 고려, 조선의 도자기류나 불상, 기타 유물 등에서도 재료, 형태, 색상, 양식 등에 의하여 진위와 제작시기를 판단하는 방법이 일반적인 연구법이다. 마찬가지로 설령 이 활자의 출토지가 개성 만월대라 할지라도 현재로선 대상 자료 자체에 한정하여 진위와 가치를 가늠하는 것이 기본적인 단계로 바탕이 되는 사실에 과학적 분석이 추가로 진행되었다.

(5) 실물활자 분석

① **활자 표면 상태와 금속성분**

이 활자의 금속성분을 분석하기 위하여 파괴, 비파괴 분석이 사용되었다. 그 결과 기본적인 주성분은 구리 80%, 주석 10% 정도와 기타 금속성분으로 조선시대의 활자성분과 비슷하게 나타났으며 비파괴 검사에서는 구리 50% 정도로 이미 앞서 알려진 '複' 자의 분석과 유사하게 나타났다.

활자의 표면에 먹이 묻은 부분은 형태가 비교적 양호한 상태이고 그 밖의 가장자리 획에서는 파손과 훼손이 많다. 획의 교차나 연결 부분의 아래쪽에는 먹이 다른 부분보다 많이 남아 있다. 일부에서는 금속 내부의 구리 상태가 노출될 만큼 훼손된 것도 있으며 전체적으로 마모가 진행되어 획의 가장자리가 '複' 활자처럼 둥글게 마모된 것도 있다. 또 활자 표면의 마모나 부식에 의하여 금속의 색깔이 연한 회청색을 띠는 곳도 많다.

② 탄소연대 분석

> 활자의 경우는 먹 찌꺼기까지 먹 탄소에 대한 분석표를 참작, 그 시대에 맞게 만들어 진흙을 덮어 싸서 부식시켜 원제품대로 흡사하게 만들어 낼 수 있다고 하였다.
>
> 『한국금속활자 인쇄사』, p. 33

여기서는 이 활자의 진위 문제에 대하여 중국에서 만들어진 것으로 추단하고 중국에서는 이와 같은 방법으로 가짜로 만들 수도 있으며 그 시기, 즉 12~13세기경의 먹을 구하여 요즘 만든 위작 활자에 바르고 흙을 묻혀 진품으로 위장할 수 있다는 점을 확인되지 않는 근거를 들어 주장하였다. 어떤 근거에서 이와 같은 추론이 가능한지는 알 수 없으나 학문적인 접근 방식이 아닌 것은 틀림없다. 또 설령 그럴 수 있다고 해도 연구자 또는 관련분야의 학자라면 나름대로의 방법론과 근거에 의하여 진위를 구분할 능력이 있어야 한다.

이러한 논의에 증거자료로 쓸 수 있는 것 중의 하나가 방사성탄소연대 분석방법이다. 이 활자에 먹이 잔류되어 있지 않았다면 당연히 논의할 수 없는 방법이다. 실제로 같이 발견된 네다리 활자의 경우 여러 가지 정황상 '證道歌字'보다는 약간 늦은 시기에 주조된 것으로 추정되지만 찍어진 印本도 아직 발견되지 않고 있으며 활자 자체에서도 마모 등의 사용된 흔적도 없고, 잔류된 먹도 확인되지 않으므로 탄소연대분석의 대상이 되지 않는다.

또 국내에는 고려시대의 먹이 흔치 않고 또 그 제작시기를 정확히 알 수 있는 것은 없다. 같은 논의에서 중국에서는 고려시대의 먹을 구할 수도 없겠으나 설사 먹을 구하여 갈아서 붙였다 해도 탄소연대분석으로 정확한 연대 측정은 어렵다. 왜냐하면 탄소연대 분석을 할 때 오늘날의 대기 접촉, 물, 접착성분 등으로도 탄소연대 측정 데이터가 여러 시대를 나타내면서 데이터 해석상의 오류를 발생시키기 때문이다. 또 갈아진 먹을 금속활자에 붙이는 것이 가능한지도 확실하지 않지만, 많은 먹이 있다고 해도 證道歌字 사용시기에 맞는 먹을 과학적으로 선별하는 것도 불가능할 것이다. 이에 더하여 먹을 억지로 붙일 수 있다고 해도 그 위에 부식되고 흙이 덮어졌던 시간적 경과의 반영이 어려울 것이고 실제 확인할 수 있는 조작된 가짜 활자들에서는 그런 예를 찾아볼 수 없었다. 또 조작이 가능하다 해도 오늘날의 탄소 성분과 데이터들이 혼합되면서 탄소연대분석 시 여러 시기가 나타나므로 시기 추정이 불가능해진다고 알려져 있다.

③ 먹물로 찍는 對査 실험

> 12종의 활자를 정교하게 먹물로 찍어 실물 크기의 표본을 만들어 번각본 증도가의 글자와 일일이 대조한다면 … 이러한 정사가 반드시 신중하게 이루어지게 되길 제언해 둔다.
>
> 『한국금속활자 인쇄사』, p. 31

이 활자들에는 표면의 전체적인 부식과 함께 획 사이에 먹이 잔류하고 있으며 글자 표면 중 일부는 균열이 보인다. 이 활자가 발표될 당시 미처 탄소연대분석 등이 이루어지지 않았고 이로 인하여 진위를 밝히는 데 문제가 있다는 의견이 제기되었다. 또 다른 조작과 위작의 시비에 휩쓸리는 것을 막고자 KBS '역사스페셜' 팀이 주관하여 흙이 완전히 덮어진 활자에서 임의로 몇 개의 활자를 선정하여 국내외 분석기관에 맡겨 12~13세기라는 결과를 얻었다. 또 그 이후 5차에 걸친 탄소연대분석은 韓國地質資源研究院(1, 2, 4, 5차)과 서울대학교 AMS센터(3차)에서 진행되었다. 이 과정에서 '먹을 묻혀 종이에 찍어 보아야만 실제 활자인지 여부를 알 수 있다'는 주장을 하는 사람들이 일부 있었다. 이러한 요구의 근거는 글자면이 수평을 이루어서 획이 모두 찍어져 나오는지, 또 금속에 먹이 묻어 인쇄될 수 있는 상태인지를 알고자 하는 것이겠지만 만약 이 요구를 받아들이면 탄소연대분석이나 향후에 있을 부식상태 등에 대한 연구는 불가능해진다.

요컨대 필요하다면 복제품을 만들어 그 기능과 사용 여부, 제작방법 등을 연구하는 것이 학문적 방법이며 실제로 3D 스캔작업으로 촬영하고 그 데이터로 황동을 부어 원형과 같게 활자를 복제한 후 실물을 대신하여 조판 등의 검토에 사용하고 있다.

④ 주조 방법과 형태

> 한국인 고미술상이 제시한 42종의 동활자 중에는 여러 종의 증도가자가 들어 있었고 이들 활자의 뒷면이 모두 둥글게 속이 비어 있어 주목되었다.
>
> 『한국금속활자 인쇄사』, p. 31

지금까지 공개된 고려활자의 형태를 보면, 이전의 연구사나 지금까지 공개된 활자의

그림 3-5 '大' 字 활자 측면부와 '汎' 字 활자 측면부

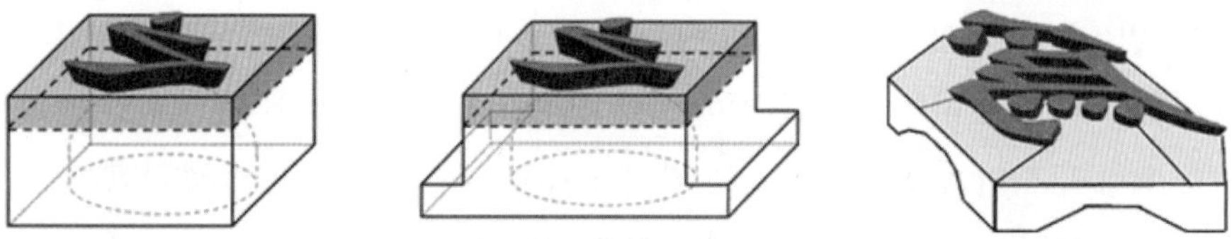

그림 3-6 활자 유형별 형태

형태 중 그 전례가 없었던 형태로 ① '複' 자 형태와 같은 것 ② '複' 자와 같으나 하부에 좌우로 약 1mm의 돌출된 부분, 즉 날개가 있는 것 ③ 네다리 형태로 나누어진다.

그중 ②, ③에 대하여 만약 가짜로 조작하여 증도가자를 만들어 내고자 했다면 그간 전혀 주조 형태가 알려지지 않은 이러한 형태를 무모하게 만들어 낼 리 없고 학계에서도 추론하기 힘든 형태를 시도한다는 것은 일반 상식을 가진 사람이라면 납득하기 어려울 것이다.

더구나 그 활자들에서 그간 확인할 수 없었던 상하가 어긋난 상태로 활자가 주조된 것이 조사되었고 그 시점은 국립중앙박물관에서 발간된 2007년 도록 이전의 일이다.

證道歌字를 측면에서 보면 글자면은 수평이 되고 글자의 표면에서 아래로 내려갈수록 70~80° 각도의 새김으로 주조상 알맞은 기울기를 가지고 있다. 이는 능숙한 솜씨의 각수에 의하여 父字가 새겨졌음을 보여 주는 것이다.

또 주조 형태에 있어서도 그 활자의 높이와 주물의 두께 측면에서 대단히 얇게 주조되었고 글자 표면의 처리나 새김의 각도 등에서 아주 우수하다는 것이 금속 주조 분야 연구자들의 견해이다.

따라서 시기적으로 빠르고 주조 방법, 형태에서 기술적으로 높은 수준을 보여 주는 이 활자들에 대하여 현재까지 관련된 지식과 기술로 설명되지 못하는 부분이 있다고 해도 선입견 없는 사고와 관찰, 분석을 통하여 검증을 거쳐 새로운 지식으로 구조화하는 것이 바람직할 것이다.

한편 네다리형 활자에 대하여 발견된 현존 활자를 중심으로 정리해 보면 주로 韻順으로 그룹화되어 나타나고 있으며, 당시 주조한 후 정리할 때 字典이나 韻書에 의하여 주조·배열한 상황이 그대로 남겨진 까닭에 일반적으로 잘 쓰이지 않는'僻' 字가 의외로 많고 따라서 획수도 많으며 복잡한 것이 특징이다.

(6) 활자와 글자의 유형

발견된 네다리 활자는 대체로 크게 두 그룹으로 나누어지는데 한자의 韻順으로 보아 '東' '冬'… 등의 순서와 '支'… 등으로 종성 'ㅇ'과 모음 'ㅣ'의 글자들이 집중적이다.

또 홈형 활자들 중 불교문헌 등에서 비교적 많이 쓰이는 글자 '心·佛·菩·善' 등은 같은 글자가 2개 이상씩 있으며 그중에는 좌우의 날개가 있는 것과 없는 것이 혼재된 경우도 많다.

이미 앞선 논문[10]에서 언급했듯이 글자는 동일하나 활자의 외형적 형태가 서로 다른 것이 출현한 것에 대하여 추론해 본다면, 처음 주조하여 사용하다가 수량, 용도, 편이성 등의 이유로 변형시켰을 것으로 여겨진다. 그 밖에 네다리 활자는 활자의 주조기술이나 서체 등에서 매우 우수한 수준을 보여 주지만 먹이 잔류하지 않았고, 韻順으로 집중된 것으로 보아 제작은 되었으나 예견되지 않았던 갑작스런 외부적 요인 등에 의하여 사용하지 못하고 매몰되어 버린 것으로 추정된다.

10 남권희, 「證道歌字의 발견과 『南明泉和尚頌證道歌』의 연구」, 『書誌學報』 第36號(2011), p. 35.

제3절 實物活字

1. 實物活字의 서체에 대한 설명

1) '明' 字의 경우

'月'의 제1획은 실물활자에서는 아래쪽의 획이 외부 충격 등으로 파손되면서 글자면 뿐만 아니라 글자면을 지탱하는 몸체 부분까지 손상을 입어 경사면으로 떨어져 나갔다.

2) '於' 字의 경우

'⺀'의 마지막 획을 꺾어 올린 '✓'으로 보는 견해 역시 실물활자를 살펴보면 사진상 꺾어 올린 것처럼 보이는 획이 자면을 지탱하는 몸체의 꺾어진 각이라는 것을 쉽게 알 수 있다.

3) '善' 字의 경우

『증도가』를 전체 조사해 보면 '善' 자의 경우 1, 2획의 방향이 '丷'와 '八' 두 가지 형태로 모두 쓰이고 있다. 이 글자도 다른 판본과 證道歌字의 서체를 구분하는 기준이 될 수 있다.

4) 활자와 번각본의 서체 일치도 여부

현존의 『증도가』가 당시의 최고 권력자인 최이가 명령하여 판각한 것이며 참여한 각수 역시 대장경을 판각할 때의 각수와 동일인이므로 판각의 수준이 높았던 것은 당연하겠으나 참여한 각수의 수가 11명이고 판각한 면수도 다르므로 저본의 활자와 똑같은 모양의 글자체는 아니다. 일반적인 번각본의 경우에도 저본보다 굵어지거나 가늘어지는 등 획이 거칠어지고 둔탁해져 서로 달라지는 현상이 나타날 수 있고 최고 수준의 판각이라도 정밀하게 대조하면 차이가 나타난다. 예외적인 경우로 국가가 많은 관심을 갖고 주도한 조선 후기의 번각본 『오륜행실도』나 정유자, 임진자의 번각본처럼 매우 정교하게 판각된 것도 있으나 역시 자세히 관찰해 보면 底本과 차이를 보인다. 따라서 발견된 활자와 번각본『증도가』글자의 일치도 이러한 차이점을 바탕으로 글자의 전체적 느낌과 크기, 획의 방향, 길이 등을 살펴보면 두 서체가 일관된 체제로 되어 있음을 알 수 있다.

5)『證道歌』 미사용 활자

발견된 활자 중에는『증도가』에서 사용되지 아니한 '那', '尒', '醯', '材' 등의 글자가 있다. 이는 다른 인본을 찍을 때 사용되었을 가능성도 있고 어떤 종류의 官鑄活字일 가능성도 있으나 활자의 구조나, 크기, 서체 등으로 판단할 때 같은 계열의 활자로 추정된다.

이와 더불어『증도가』에는 글자의 크기가 확연히 차이 나는 것이 있으며 발견 활자에서도 몇 글자는 활자의 외부 형태 면에서는 유사하지만 글자체는 상대적으로 작아 보이는 것도 있다.

2. 활자의 사용 범위

현존의 발견 활자가 반드시『證道歌』을 찍을 때 사용되었던 것인가 하는 문제가 있다. 일반적으로 活字를 주조할 때 多使用의 같은 글자를 몇 개 또는 수십 개씩 만들어 字欌에 넣어 보관시키고 필요 시 골라서 組版, 印出한다. 발견된 활자에 먹이 묻어 있다고 해서 반드시『證道歌』에만 사용했던 활자라고 단정 지을 수 없으며 같이 주조되었던 같은 종류의 활자에 포함되었던 활자일 수도 있다. 그러나 그 글자의 전체적 크기와 윤곽, 글자의 흐름, 획의 특징 등이 같다면 같은 활자로 판단해야 한다. 특히 번각본과의 대조에서는 번각 시의 변화요인이 많기 때문에 더욱 그 편차를 인정해야 한다.

『證道歌』의 印面을 자세히 분석하면 글자의 크기가 같은 行內에서 크거나 작아 확연히 차이 나는 것이 있으며, 발견 활자에서도 몇 글자는 활자의 형태 면에서는 유사하지만 글자체는 상대적으로 작아 보이는 것도 있다. 이러한 차이는 초기 금속활자의 주조와 조판과정에서 활자의 수량이나 조판에 참여한 작업자의 수준에 따라 야기될 수 있는 문제이므로 이를 조선시대의 발달한 금속활자 인쇄술과 비교할 수는 없을 것으로 판단된다.

3. 활자의 주조법과 부식 및 훼손 상태

金屬活字 鑄造法의 측면에서 실물은 字面部와 활자의 몸통을 유지하는 下端部가 주물사에 상하로 나누어 묻은 후 鑄物沙 鑄造法으로 주조되었을 것으로 추정된다. 실물활자에서의 이러한 어긋난 구조는 활자 側面의 단층구조와 주조 후의 鍊磨方向, 둥근 홈이 있는 바닥면의 뚜렷한 鍊磨 흔적 등으로 확인된다.

전존 활자의 표면에는 腐蝕 현상과 더불어 획의 표면과 획 사이에 印出할 때 묻었던 먹이 일부 남아 있다. 전체적으로 볼 때 실물은 글자면과 바닥은 물론 좌우의 날개 부분이 파손·훼손된 경우가 많다. 부분적으로 글자면에 먹이 도포되어 있어 풍화나 부식 등의 손상을 적게 받은 활자도 있고 표면에 작은 균열이 보이는 활자도 있다.

4. 과학적 분석방법

證道歌字에 대한 과학적 분석의 범위에는 금속의 성분분석, 내부 금속의 상태, 표면의 녹과 산화 및 부식상태, 먹을 대상으로 한 방사성탄소연대측정 방법, 무게의 측정 등이 있다.

그중 활자의 전존 상태를 바탕으로 비파괴검사를 통하여 외부의 성분과 부식 등을 조사하여 기존에 알려진 고려활자로 추정되는 '𩏄' 자 등과 비교할 수 있다. 또 파괴 분석 중 SEM EDS를 통하여 내부의 균열이나 부식층 여부, 금속성분 등을 알 수 있다.

그 밖에 주조시기를 간접적으로 추정할 수 있는 근거가 되는 잔류 먹의 탄소연대측정 분석이 있으나 여기에는 ① 순수한 데이터를 얻기 위해서 분석 대상의 활자나 먹에 사람의 손이 닿지 않아야 하고, ② 대상 활자가 수분이나 기타 이물질에 노출되면 정확한 정보를 얻을 수 없고, ③ 만약 땅속에 묻혀 있었다면 토양에 포함된 미생물에 의해 변질 되었을 가능성도 예상하여야 한다. 이 활자의 분석에서도 현재의 상태를 고려하여 외부적인 요인을 가장 적게 받은 대상활자를 정하는 어려움과, 표면이 흙으로 싸여진 경우라도 내부에 먹이 남아 있을 가능성 추정 등 여러 가지 제한점이 있다.

5. 實物活字와 僞作活字의 차이

발견된 활자들에 대한 논란 중 중국에서 만들어진 위작활자라는 일부 학자와 언론의 발표가 있었다. 그러나 이러한 입장은 근본적으로 실물활자를 제대로 조사하지 않았거나 또는 실물활자에 대한 감정능력이 부족한 데 기인하며 이러한 현상의 배경에는 그간 일부 기관에 소장된 현존 활자가 제대로 공개되지 않았고 이에 대한 본격적인 검토도 부족한 현실이 있다.

먼저 실물활자의 서체는 고려시대에 많이 쓰이는 歐陽詢體風을 보인다. 시중에 유통되고 있는 위작활자들은 몇 종류가 있는데 대체로 고딕체에 가깝고 획의 시작과 끝의 굵기가 일정한 것, 증도가자를 3D 스캔과 같은 방법으로 그대로 模作한 것으로 나눌 수 있다. 후자의 경우는 서체만으로 식별이 불가능하고 활자의 금속표면과 부식의 상태, 연마흔적 등을 자세히 검토해야 한다.

또 글자의 자면 성립에 있어서는 글자면과 바닥면과 이어지는 글자 몸통의 각도가 실물은 좌우 방향의 종획들이 60~70°, 횡획들은 80° 이상 각도로 父字가 조각되었으나 위작은 수직에 가깝고 가파르다. 글자면과 바닥에 이르는 깊이가 실물은 위작에 비해 상대적으로 깊고 위작은 경계선이 분명하지 않으며 얕다.

한편 활자를 만드는 주조법의 관점에서 볼 때 실물은 字面部와 하단부(윗면을 지탱하는)가 어긋난 것이 일부 있으나 대부분 주물사 주조법으로 주조되었을 것으로 추정된다. 실물활자는 활자의 측면과 연마방향 등에서 어긋난 층이 간혹 확인되지만 위작은 평면적이다.

즉 주조 후 활자를 다듬는 과정에서 나타나는 현상으로 실물활자의 바닥면과 옆면에는 연마의 흔적이 뚜렷이 나타나지만 위작에서는 보이지 않는 경우가 대부분이다.

실물활자는 표면, 글자면과 바닥은 물론 좌우의 날개 부분이 파손·훼손된 경우가 많지만 일부 활자는 글자면에 먹이 도포되어 있어 풍화나 부식 등의 손상을 적게 받은 것도 있고 표면에 균열과 破狀이 보이는 활자도 있다. 더불어 글자의 획 부분이 외부의 충격 등에 의하여 원형이 손상되어 표면이 벗겨진 경우에는 산화·부식·풍화에 의한 변색·변질이 되고 가루 형태로 부서지는 현상이 관찰된다. 내부의 청동색이 보이는 것도 일부 있다. 또 바닥, 옆면 등 비교적 보존 상태가 좋은 위치에서 외부적 요인에 의하여 표면 아래 층이 노출된 경우는 구리 색깔이 확인된다. 이러한 노출 부분으로 성분 분석을 한 경우에는 80% 정도의 구리성분 분포를 확인할 수 있다.

제4절
證道歌字의 傳存 현황과 형태적 특징

1. 형태

활자본『證道歌』를 찍었던 초기의 활자로 추정되는 형태는 두 종류이다. 하나는 국립중앙박물관에 전시 중인 '복' 자와 같이 뒷면에 둥근 홈이 파여 있는 형태이며 또 다른 종류는 둥근 홈은 같으나 활자의 아래 부분 좌우에 폭과 높이 각 1mm의 날개 형태 돌출 부분이 있는 형태이다.

이러한 돌출 날개가 붙은 활자는 조선시대는 물론 아직까지 관련 학계에 보고된 바가 없었으며 외국의 경우에도 전례가 없는 형태에 속한다.

이『證道歌』활자와 같이 발견된 또 다른 네다리형 활자는 글자면이 높고 선명하며 전체적인 크기는 證道歌字보다 크지만 鑄物의 두께가 얇아 기술적으로 한 단계 더 높은 鑄造 수준을 보여 주는 활자들이다. 그 활자들의 물리적 형태는 다음과 같다.

표 3-3 활자의 물리적 형태

	날개/홈형 활자	홈형 활자	네다리형(大, 中) 활자
크기	① 자면 –가로: 12.0~13.0mm –세로: 11.0~13.0mm ② 바닥면 –가로: 15.5~16.5mm –세로: 11.0~13.0mm	–가로: 12.0~13.7mm –세로: 11.5~12.5mm	–가로: 13.5~16.5mm –세로: 11.6~16.0mm
높이	① 전체 높이: 6.5~7.5mm ② 몸체 높이: 4.5~5.5mm	6.5~7.0mm	① 전체 높이: 6.5~7.9mm ② 글자면 높이: 2.6~3.5mm
무게	4.5~6.2g *일부: 2.5g(一) 4.0g(切)	5.3~7.3g	4.3~6.6g
아랫면 홈 크기	① 외곽 지름: 11.0X10.5mm ② 내부: 7.0~8.0mm ③ 홈 깊이: 2.5~3.5mm	10.5~11.8mm 7.8~6.5mm	

그림 3-7 날개–홈형 '五' 字의 실물활자 이미지

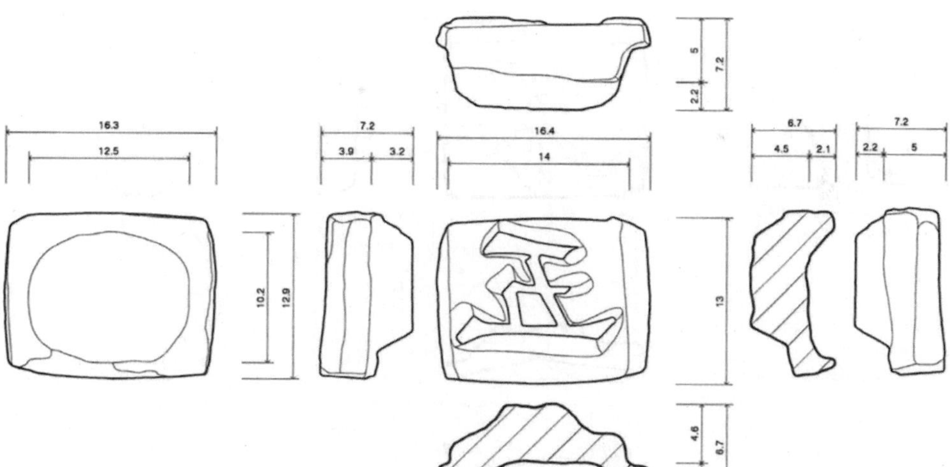

그림 3-8 날개–홈형 '五' 字의 3D 스캔 실측도면(단위: mm)

그림 3-9 날개-홈형 '勝' 字의 실물활자 이미지

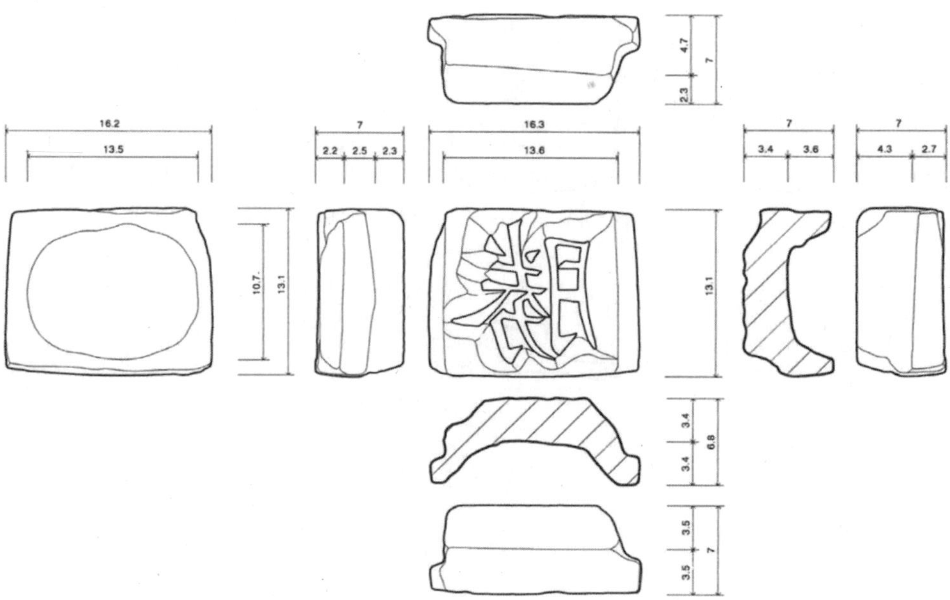

그림 3-10 날개-홈형 '勝' 字의 3D 스캔 실측도면(단위: mm)

그림 3-11 홈형 '慈' 字의 실물활자 이미지

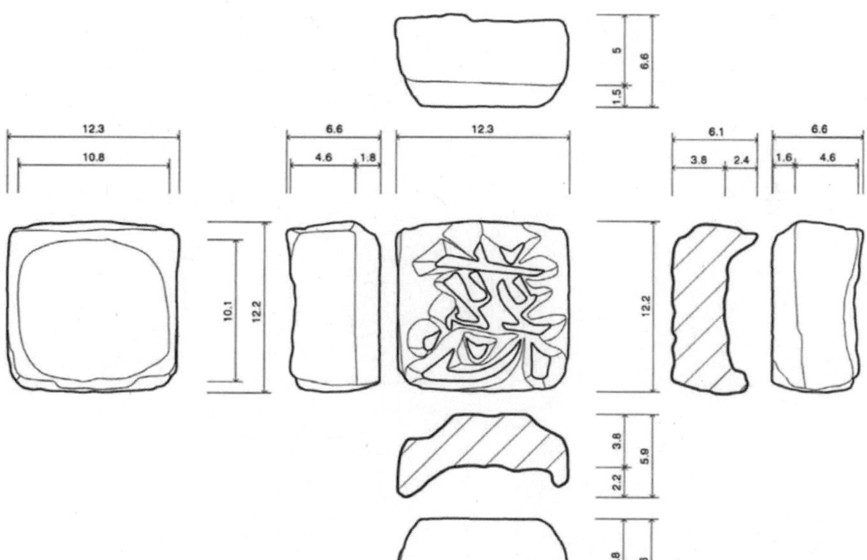

그림 3-12 홈형 '慈' 字의 3D 스캔 실측도면(단위: mm)

그림 3-13 홈형 '歸' 字의 실물활자 이미지

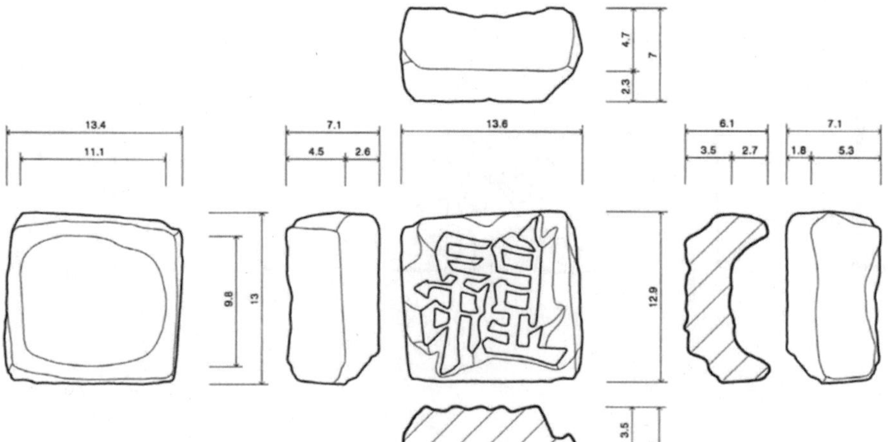

그림 3-14 홈형 '歸' 字의 3D 스캔 실측도면(단위: mm)

그림 3-15 네다리형 '籠' 字의 실물활자 이미지

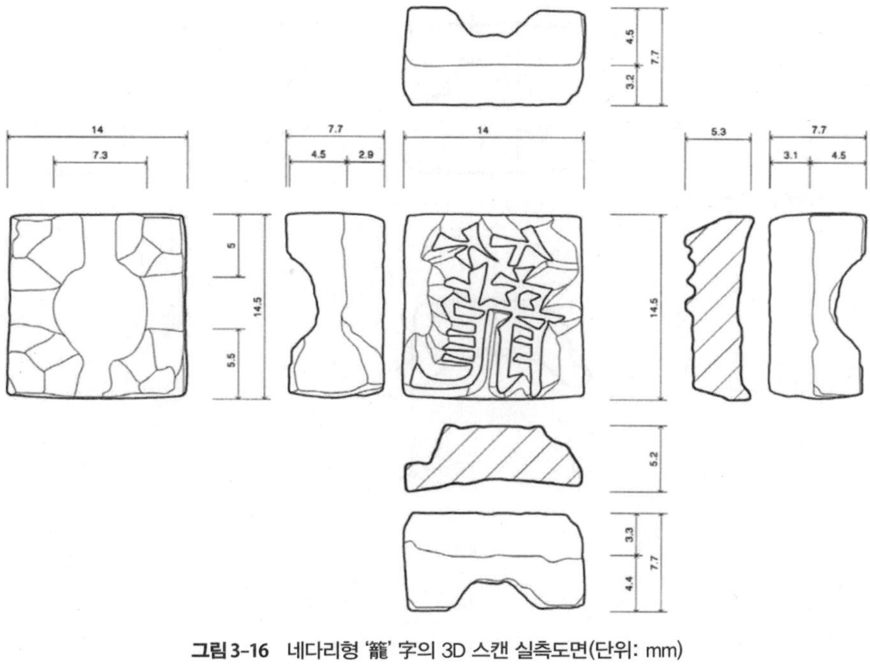

그림 3-16 네다리형 '籠' 字의 3D 스캔 실측도면(단위: mm)

그림 3-17 네다리형 '氏' 字의 실물활자 이미지

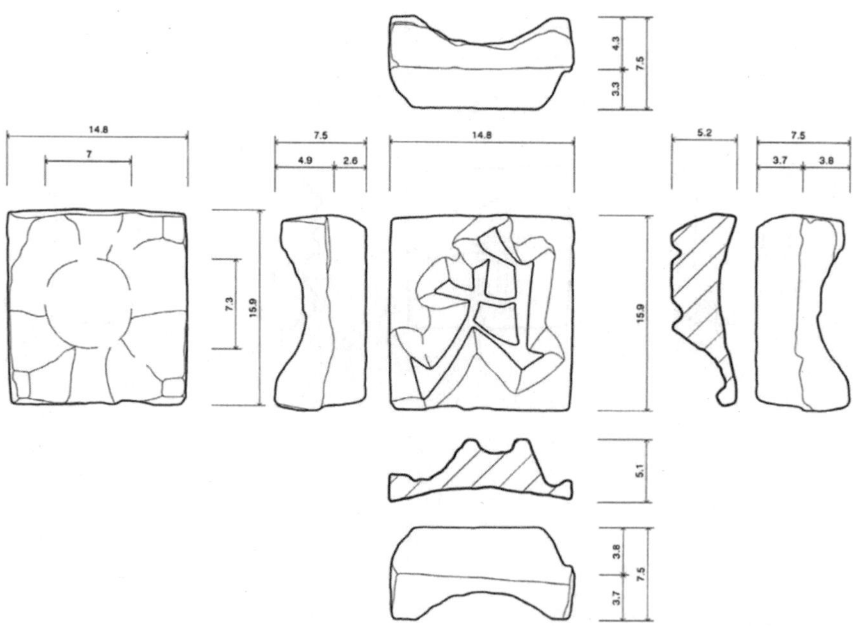

그림 3-18 네다리형 '氏' 字의 3D 스캔 실측도면(단위: mm)

그림 3-19 홈형 소자 '石'의 실물활자 이미지

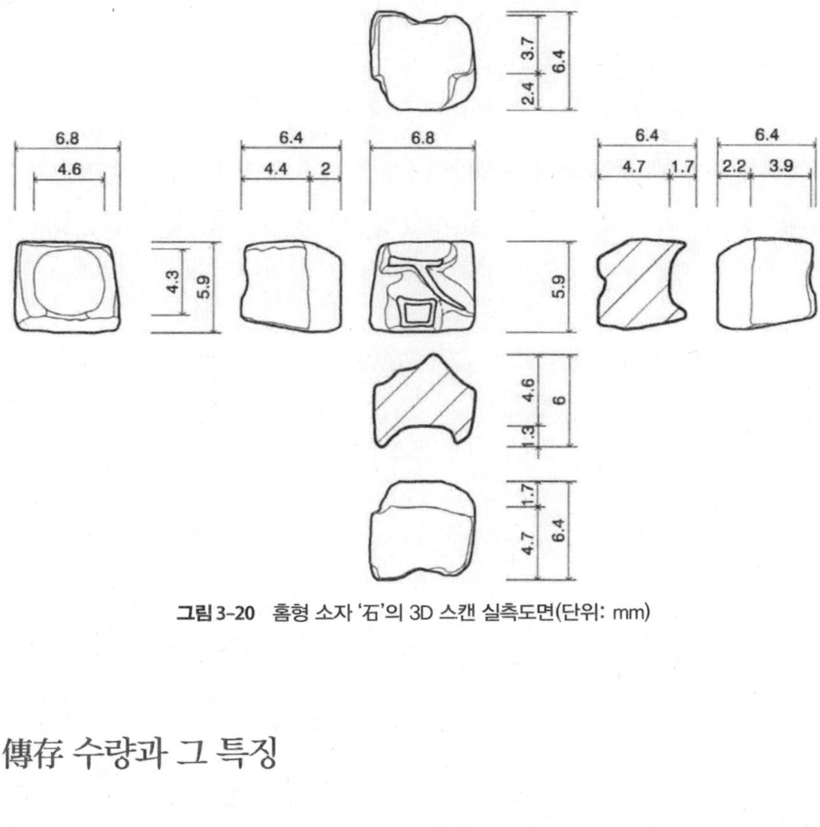

그림 3-20 홈형 소자 '石'의 3D 스캔 실측도면(단위: mm)

2. 傳存 수량과 그 특징

현재까지 알려진 실물활자 중 소장처로 구분하면 101개(A)와 78개(B), 기타 집단이 있어 이 그룹들을 대상으로 형태적인 특징을 구분하였다. 우선 활자를 형태별로 홈형, 날개/홈형, 네다리형 활자의 3가지로 구분하고 각 글자에 대해서는 외부 상태와 획, 먹의 잔존 여부 등 다음과 같은 요소를 중점적으로 검토하였다.

① 활자의 보존상태(활자의 부식 상태, 균열, 상하부의 완전성)
② 활자의 측면(상하의 분할선 확인, 연마 상태와 방향)
③ 형태적인 완전성(좌·우 날개의 완전 여부, 하부 홈의 완전 여부)
④ 먹(활자의 획 사이, 글자면)
⑤ 글자 획(획의 마모, 완전성)
⑥ 주조상의 특이점(바닥에 나타난 돌기, hole, 바닥에 형성된 'O, X' 구조)

1) 홈형 활자

이 형태의 활자는 아랫면, 즉 바닥에 원형의 홈이 있는 것으로 대체로 재료의 소요량을 줄이고 얇게 주조함으로써 주성된 품질을 높이는 효과를 의도하여 시도되었을 것으로 짐작된다. 또 주조 후 활자를 조판할 때 조선 후기의 경우 바닥에 깔았던 밀랍 등 고정용 재료로 공간을 채워 인출 시 활자가 흔들리지 않도록 고정시키는 목적으로 둥근 홈이 고안되었을 것으로 추정되지만 밀랍의 사용 여부는 현재로서는 불분명하다. 이러한 형태상의 고안은 조선 후기까지 이어져 비록 형태는 달라졌지만 같은 목적으로 아치형의 하부구조를 지속적으로 채택하기도 하였다.

小字인 '石' 자는 『證道歌』에서는 쓰이지 않았으나 『東國李相國全集』의 全集 권17 제16장 앞면 10행과 권35 제5장 뒷면 6행 등에서 확인할 수 있다. 비록 그 크기는 大字의 1/4 정도로 작지만 글자의 획이 분명하고 바닥에도 원형의 홈이 만들어져 있다.

(1) A그룹

번호	글자	상태
1	心	먹 노출 / 글자 표면 균열, 바닥, 원형의 테두리 / 옆면 분할선
2	明	'心'과 같은 현상 / 바닥 마모가 심함, 중앙 홈 내 돌기
3	我	전면적 먹 노출 / 바닥면 수평 연마 흔적 / 홈이 좌측으로 치우침
4	一	'心'과 같이 글자 획 주변 깊이 파냄 / 바닥면의 굴곡 / 바닥면 홈이 좌측으로 치우침
5	等	전면적 먹 노출 / 바닥면 쪽 분할선 / 바닥면 쪽(하부)이 작음
6	衆	바닥면 수평 연마 흔적 / 바닥면 좌측 분할선 확인
7	常	전면적 먹 노출 / 바닥 우측 분할선 확인 / 바닥 홈 내 돌기: 주형 균열, 파손에 의함
8	我	전면적 먹 노출 / 바닥면 수평 연마
9	諸	전면적 먹 노출 / 바닥면 사선 연마, 균열
10	人	바닥면 내부 구리 성분 일부 노출
11	子	전면적 먹 노출 / 바닥면 수평 연마, 글자 표면 사선 연마 흔적

번호	글자	상태
12	不	전면적 먹 노출 / 바닥면 사선 연마 / 바닥면 좌측(하단) 분할선
13	界	전면적 먹 노출 / 바닥면 좌측, 바닥면 균열 / 하단부 분할선
14	一	전면적 먹 노출 / 획 주변 새김의 깊이가 깊음 / 바닥면 마모 심함 / 홈의 원형이 상하가 잘린 형태
15	爲	전면적 먹 노출 / 바닥 내 넓은 원형
16	逺	전면적 먹 노출 / 우하단 분할선
17	福	전면적 먹 노출 / 바닥면 수평 연마(균열), 글자 표면 수평 연마
18	法	전면적 먹 노출 / 바닥면 좌, 우, 상 분할선 / 바닥면 마모
19	衆	전면적 먹 노출 / 바닥면 우, 하단 분할선
20	源	전면적 먹 노출 / 옆면 사선 연마 / 바닥면 하단 분할선 / 바닥면, 홈의 주형이 무너져 주물로 가득 참 / 다른 증도가자보다 크기가 약간 작음
21	醯	정면의 왼쪽 가장자리에 분할선 / 낮은 바닥면, 낮은 홈 / 홈 바닥 소형 돌기

(2) 기타

번호	글자	상태
1	慈	어긋난 층
2	猫	측면마다 연마 방향이 다름(수직, 수평) / 뒷면 전체 넓은 홈, 테두리 역할
3	切	먹 잔존 / 어긋난 층 / 뒷면 홈이 한쪽으로 치우침 / 홈 바닥 불규칙 / 주조시 hole 발생
4	切	먹 잔존 / 어긋난 층 / 홈바닥 hole
5	日	먹 잔존 / 어긋난 층 / 홈바닥 주물 소성 시 이형조각 / 옆면 분할선
6	方	먹 잔존 / 어긋난 상하층 / 홈 hole 치우침 / 표년 구리 성분 노출
7	惜	먹 잔존 / 어긋난 상하층: 옆면 연마현상 구분됨 / 뒷면 홈 – 나무에 조각칼로 새긴 양상이 나타남 / 상틀의 바닥 상태 노출
8	者	먹 잔존 / 내부 구리 상태 노출
9	時	먹 잔존 / 흙으로 많이 덮임(뒷면 사진: 하단 어긋난 상태) / 옆면: 아랫부분이 더 작음 – 아래위 크기 차이로 주물이 흘러내림 / 글자면: 아랫부분과의 크기 차이
10	諸	먹 잔존 / 글자 획 표면의 균열 현상 / 옆면 연마 흔적(방향이 사선과 수직, 수평으로 다름)
11	徒	먹 잔존
121	得	먹 잔존 / 印朱 흔적 / 뒷면 내부 구리 상태 노출 / 옆면 주조 시 hole 생성
13	那	那의 古字 / 먹 잔존 / 수직 연마
14	無	먹 흔적 / 뒷면 홈이 좌우로 퍼짐 / 분할선 / 옆면의 연마 흔적, 옆면 좌우의 균열은 주조 시 만들어졌을 가능성
15	中	먹 흔적 / 뒷면 hole 바탕 異形 / 어긋난 층이 보임
16	風	먹 흔적 / 옆면 경사진 연마 흔적(주조 시 결함) / 분리 뒷면 사진 상단 뒷면 테두리 형태 → 사각형, 반은 타원형으로 다른 활자의 모습과 차이
17	淸	먹 흔적 / 우측 어긋난 상하층 / 우측 가장자리가 깨어짐으로 인하여 뒷면 가운데 흙이 무너져 내림 / 글자면 아래, 옆면 어긋난 층 / 가운데 hole 주물이 채워짐
18	歸	먹 흔적 / 정면하단부 어긋난 층 / 뒷면 원형 내 균열 / 옆면 사선 연마 흔적, 수직연마 흔적
19	珍	먹 흔적 / 옆면 사선 연마, 옆면 수평 연마 / 정면 좌하단에 어긋난 층
20	證	먹 흔적 / 뒷면 홈바닥 이형 돌출부 있음
21	大	먹 흔적 / 옆면 수평 연마 흔적 / 글자 정면 상단 좌우 분할선, 어긋난 층

번호	글자	상태
22	巨	분할선 / 측면 사선 연마 / 바닥 홈 치우침
23	揚	측면 연마, hole / 바닥 홈 내부 돌기 /
24	副	전면적 먹 노출 / 측면 연마 / 바닥 홈 내부 돌기
25	月	전면적 먹 노출 / 측면 연마
26	一	전면적 먹 노출 / 측면 연마 / 바닥 홈 일부 제거됨
27	佛	전면적 먹 노출 / 분할선 / 바닥 홈 내부 돌기
28	瞑	획 사이 먹 노출 / 분할선 / 바닥 홈 내부 돌기
29	無	획 사이 먹 노출 / 바닥 홈 내부 돌기, 홈 직경이 큼
30	般	글자 표면 훼손 / 전체적으로 마손
31	般	획 사이 먹 노출 / 바닥 홈 내부 돌기, ㅁ형 홈 / 글자 가장자리 마손
32	上	활자 전면 먹 노출 / 측면 연마 / 바닥 마모
33	受	활자 전면 먹 노출 / 분할선 / 측면 연마 / 바닥 마모
34	臣	분할선, 상하층 어긋남
35	則	활자 전면 부식, 손상 / 분할선 / 측면 연마
36	得	획 사이 다량 먹 노출 / 글자 획의 일부 훼손 / 측면 연마 흔적
37	是	전면적 먹 노출 / 글자 표면의 훼손이 심함 / 분할선 / 측면 연마 흔적
38	切	전면적 먹 노출 / 글자 표면의 훼손이 심함 / 분할선 / 측면 사선 연마 / 금속 내부 재질 노출
39	荅	부분적 먹 노출 / 글자 표면의 훼손 / 분할선 / 측면 사선 연마 / 바닥 홈 내부 돌기
40	服	글자 일부 획의 파손 / 분할선
41	趣	활자 전면, 측면 먹 노출 / 글자의 가장자리 획 마모 / 측면 사선 연마 / 바닥 홈이 한쪽으로 치우침
42	三	획 표면 먹 노출, 마손 / 바닥 마손
43	切	글자 표면의 훼손이 심함 / 바닥 홈 가운데 돌기 / 먹 노출 / 측면 연마

(3) 작은 활자(1) 石

번호	글자	상태
1	石	글자 표면의 훼손이 많음 / 활자가 전체적으로 기울어짐 / 측면 사선 연마

이 활자들 대부분은 형태상으로 구분할 때 3종이었으나 그 밖에 추가적으로 中字 크기의 1/4 정도의 소자인 '石' 자가 확인되었다. 이 '石' 자의 형태적인 사항과 『東國李相國全集』에서의 분포는 이미 선행연구[11]에서 언급한 바가 있으며 그 형태상 홈형 활자로 옆면에는 연마의 흔적이 있음을 밝혔다. 한편 크기와 관련지어 볼 때 지금까지 알려진 조선시대 활자의 경우 작은 자를 만들 때에는 중자와 비교하여 세로 길이는 중자와 같고

11 남권희, 「동국이상국집의 간행과 판본」, 『동아시아 금속활자 인쇄문화의 창안과 과학성』, 성남: 한국학중앙연구원, 2012, pp. 37-38.

가로 길이는 중자의 1/2 크기가 되도록 만들었다. 이와 같이 세로를 본문의 중자와 같이 만드는 것은 조판을 할 경우 만약 활자의 크기가 세로의 1/2이 되면 1~2자로 주석이 문장에 들어갈 때 좌우의 대열이 맞지 않게 되므로 이를 방지하기 위한 고안으로 세로를 중자와 같게 한 것으로 보인다. 그러나 『東國李相國全集』과 같은 초기의 간행물에서는 활자의 세로도 1/2로 만들어 작은 활자를 중자의 1/4 크기로 주조하였기 때문에 상대적으로 글자가 더 작게 보인다. 후대에 들어 이러한 단점을 보완하여 세로를 중자 크기로 길게 한 것으로 판단된다.

2) 날개-홈형 활자

이 활자의 몸체 옆에 돌출된 부분은 활자를 조판할 때 획과 획이 서로 닿지 않게 할 목적으로 고안된 것으로 추정하였다. 활자의 발달과정으로 볼 때 후속의 형태는 이러한 고안이 오히려 조판할 때 높낮이 차이를 맞추기 어렵고 불편을 초래하여 없애는 방향으로 개선되었을 가능성도 있다.

(1) A그룹

번호	글자	상태
1	不	전면 먹 노출 / 바닥면 수평·경사 연마, 글자면 수평 연마 흔적 / 글자 표면 균열
2	時	먹 노출 / 바닥면 수평 연마
3	佛	전면적 먹 노출 / 글자 표면 균열, 바닥 사선 연마 / 좌하부에 hole 4개
4	普	바닥 수평 연마 / 홈이 낮음
5	善	전면적 먹 노출 / 바닥 수평 연마 / 홈이 좌측으로 치우침 / 홈 중앙 돌기
6	心	바닥면 수평 연마 / 획 아랫부분 상대적으로 깊이 파임
7	心	전면적 먹 노출 / 획 아랫부분 상대적으로 깊이 파임 / 왼쪽·오른쪽의 날개 有無 다름(왼쪽 無, 오른쪽 有) / 뒷면의 좌우는 날개 유무와 관계없이 가지런함
8	悲	전면적 먹 노출 / 바닥면 사선 연마 / 우측 날개 부분 층이 하나 더 있음
9	佛	전면적 먹 노출 / 바닥면 수평 연마
10	眷	전면적 먹 노출 / 바닥 우측 하단 내부 구리 성분 노출
11	所	전면적 먹 노출 / 바닥면 수평 연마
12	廣	전면적 먹 노출 / 바닥면 수평 연마
13	菩	전면적 먹 노출 / 바닥면 사선 연마 / 바닥 우하부분 주성 시 hole과 주물 삽입 실패로 인한 형태 변형 / 중앙 홈 바닥 고르지 않음
14	大	전면적 먹 노출 / 바닥면 수평 연마
15	脫	전면적 먹 노출 / 바닥면 수평 연마(낮음)
16	善	전면적 먹 노출 / 바닥면 사선 연마 / 글자면 균열 / 홈이 좌측으로 치우침
17	切	전면적 먹 노출 / 바닥면 홈이 잘림 / 바닥면 하단부 분할선 우측 내부 구리 성분 노출

번호	글자	상태
18	爲	전면적 먹 노출 / 바닥면 사선 연마 / 홈내 소형 돌기
19	光	전면적 먹 노출 / 바닥면 수평 연마, 글자 표면 수직 연마 / 홈바닥 소형 돌기 다수 있음
20	仁	전면적 먹 노출 / 바닥면 수평 연마, 부분 사선 연마 / 좌하단부 분할선 / 홈 내부 선형 돌기
21	所	전면적 먹 노출 / 바닥면 수평 연마 / 홈이 우측으로 치우침 / 바닥면 좌측 hole / 홈바닥 중앙 소형 돌기
22	大	전면적 먹 노출 / 바닥면 수평 연마, 글자면에 여러 방향의 연마 흔적 / 홈이 좌측으로 치우침
23	種	전면적 먹 노출 / 바닥면 수평 연마, 글자면 균열, 사선 연마 흔적 / 홈 바닥 선형 돌기
24	徧	전면적 먹 노출 / 바닥면 수평 연마
25	尒	전면적 먹 노출 / 바닥면 수평 연마, 글자면 사선 연마 흔적
26	大	전면적 먹 노출 / 바닥면 수평 연마 / 바닥면 균열 / 홈이 좌측으로 치우침
27	法	전면적 먹 노출 / 우측 상단부 분석을 위한 연마 흔적 / 글자면 균열(어음에는 있었으나 나중에 없어짐) / 바닥면 홈이 메워짐(주형이 무너져 내림)
28	於	전면적 먹 노출 / 바닥면 수평 연마 흔적
29	生	전면적 먹 노출 / 바닥면 사선 연마 / 원형 균열
30	行	전면적 먹 노출 / 바닥면 사선 연마, 글자면 수직 연마, 우측 날개면 연마 흔적 / 글자면 균열 / 홈 내부 소형 돌기 다수 있음
31	所	전면적 먹 노출 / 바닥면 사선 연마(균열) / 글자면 균열 / 홈 내 소형 돌기
32	無	전면적 먹 노출 / 바닥면 부식 많음
33	方	전면적 먹 노출 / 바닥면 수평 연마 / 표면 획 손상, 내부 획 남았음 / 홈 내 선형 돌기
34	令	전면적 먹 노출 / 바닥면 수평 연마(균열) / 홈이 매우 낮음
35	瓔	전체적으로 마모 심함 / 바닥면 수평 연마 / 홈내 상단 돌기(주물이 밀림) / 주형 파손
36	願	전면적 먹 노출 / 바닥면 수평 연마 / 좌상단부 분할선 / 홈의 우측 치우침 / 홈 내 우측 분할선 / 홈 내 바닥 주물사
37	平	전면적 먹 노출 / 바닥면 수평 연마, 글자면 수직 연마
38	三	전면적 먹 노출 / 바닥면 수평 연마(균열) / 글자 주위 깊이 새김

(2) B그룹

번호	글자	상태
1	安	먹 노출 / 뒷면 넓은 홈
2	無	먹 노출 / 왼쪽은 날개, 오른쪽은 없음 / 상단 분리 형태 / 뒷면 사진 중 가지쇠의 주물 주입구로 보이는 돌출부 있음 / 글자의 좌우가 서로 높이가 현저하게 달라(좌<우) 불균형 초래 / 조판상의 문제점 야기 → 父字 印着時의 문제
3	常	먹 노출 / 측면 수평 연마 흔적
4	勝	먹 노출 / 바닥면 수평으로 연마 흔적 / 상단부 층구조 보임
5	材	흙, 부식으로 덮임, 글자 표면 먹 / 옆면 사선 연마 흔적
6	爲	먹 노출 / 뒷면 평면 상단 분할선
7	樂	먹 노출 / 뒷면 연마 흔적
8	自	옆면 먹 노출 / 정면 하단 분할선, 어긋난 층(측면도 확인됨)
9	智	전체적으로 먹 / 바닥면 연마 흔적, 옆면 사선 연마
10	現	획 사이 먹 흔적 / 글자면 내부 구리 상태 노출 / 전체적으로 마모가 많음

번호	글자	상태
11	人	먹 노출 / 글자 표면 연마 흔적, 바닥면 수평 연마 흔적
12	無	먹 노출 / 바닥면 사선 연마 흔적 / hole 2곳
13	大	먹 노출 / 정면 상부 분할선 / 부분적으로 내부 구리 상태 노출
14	心	먹 노출 / 바닥 수평 연마 흔적 / hole 1곳 / 홈 바닥 산화 형태
15	尒	먹 노출 / 날개형이나 좌우가 마모되어 날개의 일부만 확인
16	捨	글자면 전체 먹 노출 / 옆면 수직 연마 흔적 / 바닥면 균열 확인
17	下	먹 노출 / 바닥면 수평 연마 흔적, 옆면 사선 연마 흔적, 날개 옆면 부분 수평 연마 흔적 / 좌하단 가로세로 균열
18	五	먹 노출 / 바닥면 수평 연마 흔적
19	在	전면적 먹 노출 / 균열 / 바닥면 수평 연마 흔적, 옆면 수직 연마 흔적 / 바닥 홈이 좌측으로 치우침
20	力	전면적 먹 노출 / 바닥 수평 연마, 옆면 사선 연마 / 글자 표면 균열 / 가장자리에 균열이 심함
21	薩	먹 노출 / 하단부 옆면 사선 연마 흔적 / 바닥면 하단부 돌출 부분 → 어긋난 구조에서 상부의 쇳물이 아래로 흘러내림
22	斷	글자 전면적 먹 노출 / 바닥면 사선 연마 / 바닥면 홀 부분 돌출(주물이 무너진 현상) / 상단부 주물 흘러내림 현상 / ※글자면 수평의 예
23	以	글자 전면 먹 노출 / 바닥면 수평 연마 흔적, 옆면 수직 연마 / 바닥면과 분할선이 타원형
24	圓	활자 전면 먹 노출 / 바닥면 수평 연마, 옆면 사선 연마
25	嚴	글자면 상하의 연마 흔적, 바닥면 수평 연마 / 가장자리 균열 / 하부 구조의 기울기 확인
26	無	글자면 먹 노출 / 옆면 수직 연마 흔적

(3) C그룹

번호	글자	상태
1	諸	활자 전면적 먹 노출 / 분할선 / 바닥 홈 돌기
2	塵	글자 획 사이 먹 노출 / 분할선 / 바닥면 사선 연마
3	善	활자 전면적 먹 노출 / 분할선 / 바닥 홈 돌기 / 글자 가장자리 마손
4	願	활자 전면적 먹 노출 / 분할선 / 바닥 홈 치우침, 돌기 / 바닥 연마
5	品	활자 전면적 먹 노출 / 분할선 / 바닥 홈 돌기
6	屬	활자 전면적 먹 노출 / 분할선 / 글자 가장자리 획 훼손 / 바닥 홈 돌기
7	心	아랫부분 획이 깊이 파임 / 일부분 먹 노출 / 바닥홈 일부 제거됨
8	樂	활자 전면 먹 노출 / 일부 획 마손 / 분할선

3) 네다리형 활자

이 활자는 證道歌字들과 함께 발견된 것이지만 아직까지 그 印本이 확인되지 않고 활자 자체를 조사하여도 먹이 묻은 흔적을 발견할 수 없다. 또 이 종류의 활자는 지금까지 발견된 활자들을 볼 때 특정의 韻으로 군집되어 있음을 알 수 있다.

활자들의 외형적인 특징은 지금까지 발견된 것들과 같아서 힘 있는 歐體의 획 바탕에 글자의 획은 깊이 새겨져 있고 활자의 바닥면은 매우 얇은 편이며 아래 다리가 있는 부분보다 글자면의 높이가 더 높게 주조되었다.

(1) A그룹

번호	글자	상태
1	罿	바닥 OX형 / 옆면 수평 연마 / 중앙부 돌기 다수 / 획 주변 깊이 새김
2	肜	바닥 OX형 / 옆면 수평 연마 / 옆면 분할선 / 중앙부 돌기 /
3	甗	바닥 OX형 / 옆면 수평 연마 / 정면 하단 부분 분할선, 바닥면 우하단 분할선 / 바닥면 좌하단 주입구 추정 돌기
4	裨	바닥 OX형 / 옆면 수평 연마 / 분할선 / 바닥면 우하단 다리 형태 검토
5	韥	바닥 ㅁX형 / 수평 연마 / 조각칼의 흔적, 옆면 사선
6	蓬	바닥 OX형 / 옆면 수평 연마 / 중앙 돌기
7	艶	바닥 ㅁX형 / 옆면 수직 연마
8	叢	바닥 OX형 / 중앙 돌기
9	狘	바닥 OX형 / 옆면 사선 연마 / 좌상단 어긋난 구조
10	瓻	바닥 OX형 / 옆면 수평 연마 / 주물 흘림 현상
11	樅	바닥 OX형 / 옆면 사선 연마 / 주물 주입 안 된 부분 있음
12	鍾	바닥 OX형 / 옆면 수평 연마 / 중앙부 돌기
13	鶄	바닥 OX형 / 옆면 사선 연마 / 분할선 / 넓은 네다리
14	朧	바닥 OX형 / 옆면 수평 연마 / 중앙 돌기
15	風	바닥 OX형 / 옆면 사선 연마 / 넓은 네다리, 균열
16	芎	바닥 OX형 / 옆면 사선 연마 / 분할선 / 주물 흘림 현상
17	蚣	바닥 ㅁX형 / 옆면 수직 연마 / 정면 좌상단 분할선, 하단부 분할선 / 넓은다리
18	靡	바닥 OX형 / 정면 좌하단 분할선 / 중앙 돌기
19	汎	바닥 OX형 / 옆면 수평 연마 / 정면 좌상단 분할선, 좌하단 분할선 / 넓은 네다리
20	忡	바닥 OX형
21	凍	바닥 ㅁX형
22	悾	바닥 OX형 / 넓은 네다리
23	噹	바닥 OX형 / 옆면 수평 연마 / 주물 흘림 현상
24	忠	바닥 (약간 작은) OX형 / 옆면 사선 연마 / 중앙돌기
25	崚	바닥 ㅁX형 / 옆면 수평 연마 / 좌하단 분할선 / 넓은 네다리
26	琉	바닥 OX형 / 옆면 수평 연마 / 넓은 네다리
27	支	바닥 OX형
28	崇	바닥 (약간 작은) OX형
29	貔	바닥 OX형
30	烽	바닥 OX형 / 옆면 수평 연마
31	屍	바닥 ㅁX형 / 옆면 수평 연마 / 중앙 돌기
32	公	바닥 OX형 / 바닥면 우하단 분할선

번호	글자	상태
33	憧	바닥 ㅁX형 / 넓은 네다리, 옆면 주물 흘림 현상
34	娍	바닥 ㅁX형 / 옆면 사선 연마 / 분할선
35	僼	바닥 ㅁX형 / 옆면 수평 연마 / 중앙돌기/ 넓은 네다리
36	郫	바닥 OX형 / 옆면 수평 연마
37	疲	바닥 OX형
38	枝	바닥 OX형 / 옆면 수평 연마
39	粟	바닥 OX형 / 옆면 수평 연마
40	榱	바닥 OX형 / 옆면 수평 연마
41	鶱	바닥 OX형 / 옆면 수평 연마 / 좌하단 분할선 / 중앙 돌기
42	瞳	바닥 (낮은)OX형 / 옆면 수평 연마 / 획 주변 깊은 새김

(2) B그룹

번호	글자	상태
1	灘	바닥 OX형 / 글자면 높이가 높음
2	從	바닥 OX형 / 옆면 사선 연마
3	忪	바닥 OX형 / 옆면 수평 연마
4	穹	바닥 옆면 수평 연마, 옆면 수직 연마
5	罷	바닥 OX형, 가운데 돌기 / 옆면 수평 연마, 옆면 사선 연마 / 글자면이 하부보다 높음
6	攻	바닥 낮은 OX형 / 옆면 수평 연마 / 정면 우측 분할선, 어긋남 / 주물 차지 않은 곳
7	鬆	바닥 낮은 OX형 / 전체적으로 마모 심함
8	氏	바닥 OX형 / 옆면 수평 연마 / 정면 하단부 분할선
9	委	바닥 낮은 OX형 / 옆면 수평 연마
10	硿	바닥 낮은 OX형 / 옆면 수평·사선 연마 / 풍화 마모 심함
11	顒	바닥 OX형 / 옆면 수평 연마 / 주물이 흘러내림 / 분할선
12	衰	바닥 ㅁX형 / 옆면 수평 연마 / 분할선 확인됨
13	楓	바닥 OX형, 중앙 돌기 / 옆면 수직·사선 연마
14	妐	바닥 OX형 / 옆면 수평 연마
15	駴	바닥 OX형 / 옆면 수평 연마
16	蚳	바닥 OX형, 중앙 돌기 / 옆면 수평 연마
17	庸	바닥 낮은 네다리 구조 / 가운데 주물이 무너짐, 형태를 알 수 없음 / 옆면 수직 연마
18	筩	바닥 OX형, 중앙 돌기 / 옆면 수평·사선 연마
19	鎔	바닥 ㅁX형, OX형 중간형 / 옆면 사선 연마
20	籠	바닥 ㅁX형 / 옆면 수평·사선 연마
21	菘	바닥 OX형, 넓은 네다리면 / 옆면 사선 연마
22	憧	바닥 ㅁX형, 넓은 네다리면 / 옆면 수평 연마
23	種	바닥 OX형, 넓은 네다리면 / 정면, 옆면 하단부 분할선
24	童	바닥 OX형 / 옆면 사선 연마 / 경사진 분할 면 / 분할선 확인
25	橦	바닥 OX형, 넓은 네다리면 / 옆면 사선 연마 / 옆면 분할선
26	同	바닥 OX형, 중앙 돌기 / 옆면 사선 연마

번호	글자	상태
27	筒	바닥 낮은 OX형 / 옆면 / 정면 하단부 분할선
28	躬	바닥 낮은 OX형 / 옆면 사선 연마
29	披	바닥 OX형 / 중앙 원에 ㅁ 돌기
30	逢	바닥 OX형 / 옆면 수평 연마
31	濛	먹 / 바닥 OX형, 넓은 네다리 / 옆면 사선 연마
32	綾	바닥 OX형

(3) C그룹

번호	글자	상태
1	豊	바닥 OX형 / 측면 연마 / 깊은 획 새김
2	雄	바닥 OX형, 가운데 돌기 / 가장자리 획 훼손 / 분할선 / 측면 연마
3	夢	바닥 O형, 가운데 돌기 / 측면 사선 연마
4	朦	바닥 OX형 / 네다리 바닥면이 넓음
5	爐	바닥 OX형 / 분할선 / 측면 연마
6	嚨	바닥 OX형, 가운데 돌기
7	渢	바닥 ㅁX형 / 측면 연마
8	墉	바닥 OX형 / 전체적 훼손이 있음 / 일부 다리 부분 파손
9	鳥戎	바닥 OX형, 가운데 돌기
10	蒙	바닥 OX형, 가운데 돌기 / 측면 연마
11	訩	바닥 OX형 추정, 이물질로 덮임 / 활자 표면 먹, 인주 등으로 오염
12	從	바닥 OX형, 가운데 돌기 / 가장자리 획 훼손 / 분할선 / 측면 연마
13	叢	바닥 OX형, 가운데 돌기 / 측면 연마
14	風	바닥 OX형, 가운데 돌기 / 측면 사선 연마
15	充	바닥 O형기 / 분할선 /측면 사선 연마
16	夆	바닥 O형, 가운데 돌기 / 분할선 / 측면 사선 연마
17	雙	바닥 ㅁX형, 가운데 돌기 / 측면 연마 / 글자 하단부 훼손
18	僮	바닥 OX형 / 가장자리 획 일부 파손
19	嵩	바닥 ㅁX형, 가운데 돌기 / 측면 연마
20	樅	바닥 OX형, 가운데 돌기 / 측면 연마
21	夢邑	바닥 OX형, 가운데 돌기 / 가장자리 획 훼손
22	匙	바닥 OX형, 가운데 돌기 / 측면 연마
23	茶	바닥 OX형, 가운데 돌기
24	犧	바닥 OX형, 가운데 돌기 / 가장자리 획 마손
25	黐	바닥 ㅁX형 / 하부 구조가 낮음
26	比	바닥 ㅁX형 / 하부 구조가 낮음 / 분할선
27	遺	바닥 OX형, 가운데 돌기
28	虧	바닥 OX형, 가운데 돌기 / 측면 연마
29	惟	바닥 OX형, 가운데 돌기
30	空	바닥 OX형 / 측면 사선 연마

3. 3종 활자의 특징

1) 證道歌字

이 유형에 들어가는 활자 중 날개-홈형[12]은 지금까지 확인한 바로는 실물 데이터를 확인할 수 있는 전체 200여 자 중 70여 자이며 이미 알려진 '복' 자와 같은 홈형 활자는 60여 자로 추정된다. 이 활자들은 표면에 먹이 잔존되어 있고 획 사이의 깊은 곳에는 비교적 많은 양의 먹[13]이 누적되어 있다.

2) 특징

이 證道歌字의 확인된 활자 중 같은 글자로 '大, 心, 佛, 切, 法, 爲, 無, 善, 所'자는 3개 이상이며 날개-홈형과 홈형 활자가 동시에 나타나는 것은 '不, 無, 切, 爲, 時' 등이다. 이러한 같은 유형의 구분은 단순히 글자가 같은 것이 아니라 서체도 유사하여 동시에 사용되었을 가능성이 높다. 한편 '一, 切, 折, 森' 등의 경우와 같이 비록 서체는 유사하나 다른 글자보다 크기가 작은 것도 있고 이 경우 뒷면의 둥근 홈이 완전히 형성되지 못하고 잘라진 경우도 있다.

證道歌字의 옆면을 확대하여 보면 주조할 때의 가스 배출로 인한 氣孔이나 주조 후 鍊磨한 斜線의 흔적들이 보이며 바닥면에서도 연마한 흔적을 대부분의 활자에서 찾을 수 있다.

---

12 '날개-홈형, 홈형, 네다리형'으로 구분하는 기준은 외부적인 형태에 의해 임시 명명한 것으로 앞으로의 연구에 따라 그 명칭에 대한 재검토도 이루어질 것이나 그때까지 편의적으로 부르고자 한다.

13 이 먹을 대상으로 KBS의 '역사스페셜' 팀이 한국지질자원연구원과 일본의 팔레오 라보 연구소에 의뢰하여 탄소연대분석을 하여 추정연대가 11~13세기로 확인되었다.

그림 3-21 3개 이상의 동일 글자

그림 3-22 날개-홈형과 홈형의 같은 글자

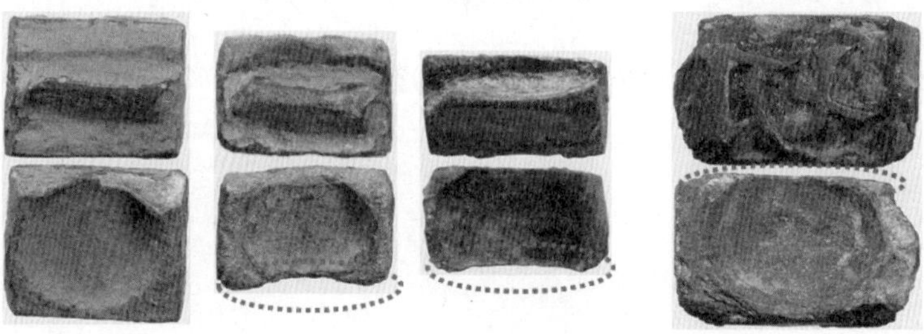

그림 3-23 동일자의 크기 및 뒷면 둥근 홈의 형성 차이

그림 3-24 氣孔 및 연마 흔적

3)『證道歌』에 사용되지 않았던 活字

이 활자는『證道歌』의 본문에 사용되지 않았으나 다른 활자와 형태적으로 같아서 당시『古今詳定禮文』이나『東國李相國全集』등 다른 印本에는 사용되었을 가능성이 높다. 그 예로 材, 郙, 尓 자는 글자의 획 사이에 먹들이 잔존하고 있어서 분명히 사용되었음을 알 수 있다.

材 郙 尓

그림 3-25 『證道歌』에 사용되지 않은 활자

4) 네다리형 활자

이 활자는 보존된 현 상태에서 획이 정교하고 먹이 잔류되어 있지 않아 실재 인출에는 사용되지 않았을 것으로 추정되고 이 유형의 고려활자로 현재까지 찍은 印本이나 같은 유형을 찾을 수 없다. 현재 확인된 바로는 총 90여 字이다.

鎔 穹 庸

그림 3-26 네다리형 활자

이 네다리형 활자는 그 글자의 분포가 어떤 특징을 보이고 있다. 이를 당시의 대표적인 운서 중의 하나인『廣韻』으로 대조하면 주로 앞부분에 위치한 활자들이다.『廣韻』에 따른 네다리형 활자의 분포 위치는 다음과 같다.

ㅁ 『廣韻』 上平聲 卷第1
東, 冬, 鍾, 江, 支, 脂, 之, 微, 魚, 虞, 模, 齊, 佳, 皆, 灰, 咍, 眞, 諄, 臻, 文, 欣, 元, 魂, 痕, 寒, 桓, 刪, 山

(1) 平聲

① 東 356자 중 51자

	1	2	3	4	5	6	7	8	9	10	11	12	13	14	15	16	17	18	19	20
~20				鞺					涷									同		童
~40								筒	瞳			罿		箽					橦	
~60	鸅									穜										
~80					忠						爞									鬷
~100									忡			崇						駥	娀	菘
~120									駥			狨				躬				
~140		彤		雄			夢			艶		穹			芎					
~160				汎			渢		風		楓					豊				
~180		僼		充	琉															
~200	硿		悾								公				蚣				攻	
~220				蒙		濛				矇										
~240										籠			朧					聾		
~260			嚨												峴					
~280																			叢	
~340																	蓬			

鞺涷/同童筒瞳罿箽橦鸅穜/忠爞/鬷/忡/崇/鳥戎娀菘/駥狨/躬/彤/雄/夢艶/穹芎/汎渢/風楓/豊僼/充琉/硿悾/公蚣攻/蒙濛矇/籠朧聾嚨峴/叢/蓬

② 鍾 233자 중 15자

	1	2	3	4	5	6	7	8	9	10	11	12	13	14	15	16	17	18	19	20
~20	鍾		忪								妐									
~40																				憧
~60											庯					墉	鎔			
~100																		顒		
~120					喁															
~140												從		雈						
~160		逢					夆													
~180		烽								樅										

鍾忪妐/憧/庯墉鎔/顒喁/從雈/逢夆/烽/樅

③ 支 513자 중 14자

	1	2	3	4	5	6	7	8	9	10	11	12	13	14	15	16	17	18	19	20
~20	支							枝									氏			
~100			委																	
~140					披															
~160								虧												
~200						犧														
~220																				
~240							疲		罷						匙					
~260																				
~280											灑									
~320																				裨
~340																				
~360																			郫	
~420															罘					

支枝氏/委/披/虧/犧/疲罷匙/灑/裨郫/罘

④ 脂 345자 중 11자

	1	2	3	4	5	6	7	8	9	10	11	12	13	14	15	16	17	18	19	20
~20																				
~40																				
~60										貔										
~80																				
~100													⿰單辰		⿱⺮希		⿰希瓦			
~120																				
~140															蚳					
~160										屍										
~180																				
~200																			緌	
~220				衰	榱				惟		遺									

貔/⿰單辰/⿱⺮希⿰希瓦/蚳/屍/緌/衰榱/惟遺

(2) 上聲

발견된 네다리형 활자 중에는 「廣韻」 卷3의 上聲에 속하는 '氏', '靡', '委' 3자가 나타난다. 그중 '委'는 평성의 '支' 운과 상성의 '紙' 운에 같이 나타나므로 운으로 구분하기 어렵다. 紙~靡의 분포에서 알 수 있듯이 이 활자들은 발견 초기부터 잘 쓰이지 않는 글자들이 많았고 다사용 글자의 중복 출현이 없었다. 그러나 證道歌字의 경우는 일부 많이 쓰이는 글자는 현재까지 4~6개의 같은 글자의 활자가 발견되고 있다.

제5절 활자 자형과 『證道歌』 인본의 글자 대조

證道歌字를 확정하기 위해서 가장 먼저 필수적으로 거쳐야 하는 과정은 실물활자의 글자를 현존의 목판 번각본 『證道歌』와 정밀하게 대조하는 작업이다. 이를 위하여 번각본의 글자를 모두 가나다 등의 순서로 모으고 특히 같은 글자를 모아서 이체자별로 다시 재배열을 거친 후 활자의 서체와 대조한다. 이 경우에도 같은 증도가자에서도 홈형과 날개-홈형 구분이 서체와 어떤 관계를 가지는지 검토해야 하며 훼손이나 파손된 글자 획에 대한 고려도 필수적이다.

또 번각본의 글자도 현존하는 4종의 번각본을 먼저 대조하여 가장 분명한 글자를 선정하는 과정이 필요하고 이 판본이 번각본인 관계로 번각할 때의 변용 부분에 대한 포괄적인 이해가 중요하다. 이 대조작업의 정확성을 높이기 위하여 글자를 컴퓨터로 반전하여 일치시키는 과정을 거치고 선별된 여러 글자 가운데 번각본임을 전제로 획이나 길이, 글자의 굵기 등을 감안하여 가장 일치도가 높은 글자와 활자를 예시하였다. 특히 71자를 대상으로 한 대조에서 글자의 획의 방향, 특징적인 삐침이나 마무리 등까지 일치하고 있으므로 이 활자가 『證道歌』를 찍었던 활자라는 것을 확정적으로 밝힐 수 있다.

표 3-4 활자와『證道歌』인본의 서체 대조

No	활자 이미지 반전	비교	인본 글자
1	 '切' 字		 02-a-01-08
2	 '爲' 字		 02-a-08-05
3	 '心' 字		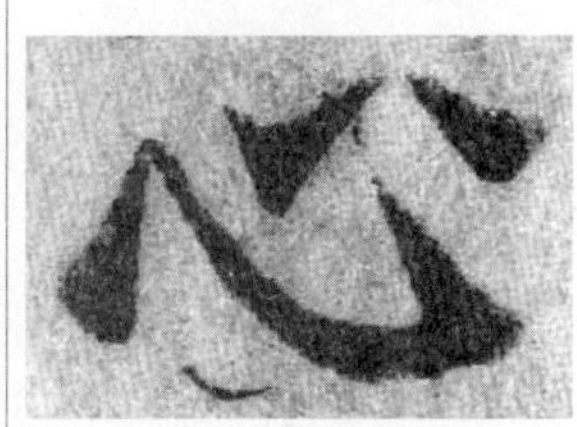 36-b-07-08
4	 '一' 字	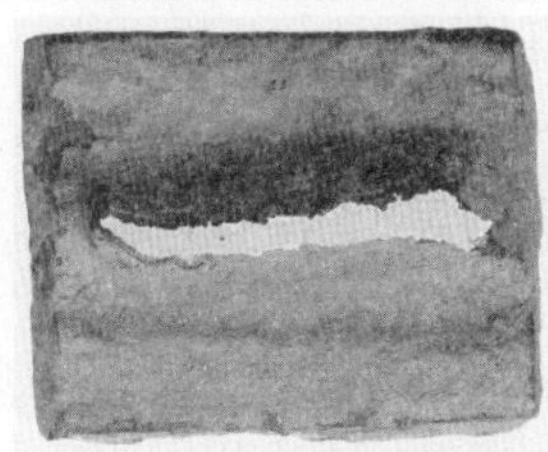	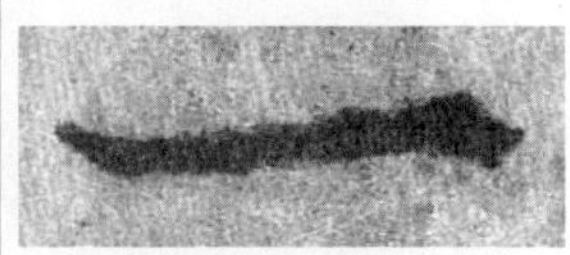 24-b-04-01
5	 '界' 字		 42-a-08-11

No	활자 이미지 반전	비교	인본글자
6	 '時' 字		 33-b-04-10
			 36-a-02-11
7	 '大' 字		 4-a-08-09
8	 '大' 字		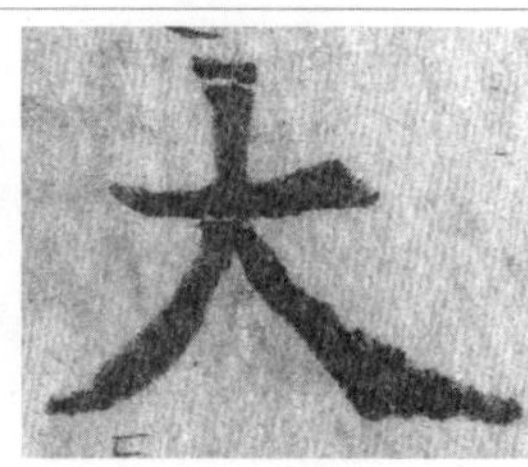 36-a-03-10
9	 '一' 字	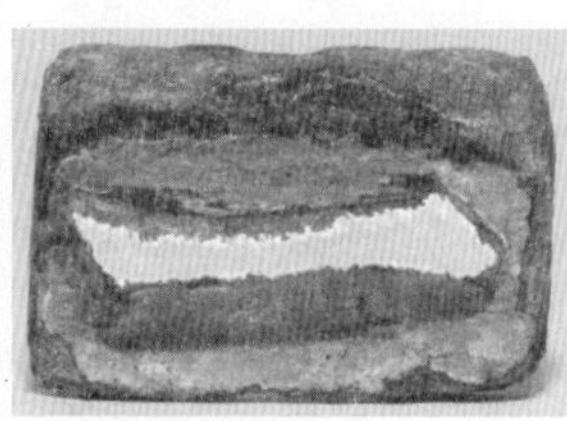	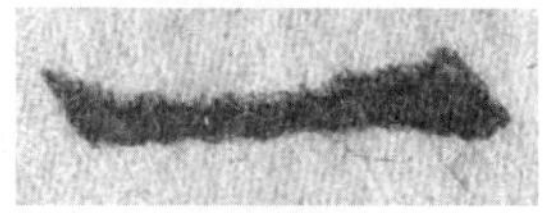 12-a-03-04

No	활자 이미지 반전	비교	인본 글자
10	 '光' 字		 30-b-07-10
			 04-b-01-08
11	 '法' 字		 36-b-06-08
12	 '人' 字		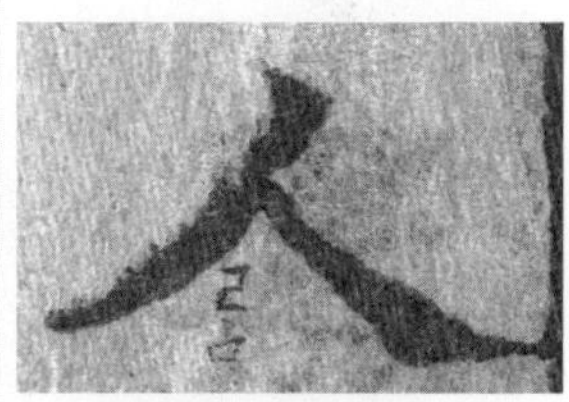 24-b-01-14
13	 '所' 字		 01-a-04-02

No	활자 이미지 반전	비교	인본 글자
14	 '衆' 字		 20–b–05–08
			 13–a–08–11
15	 '源' 字		 10–a–06–10
16	 '行' 字		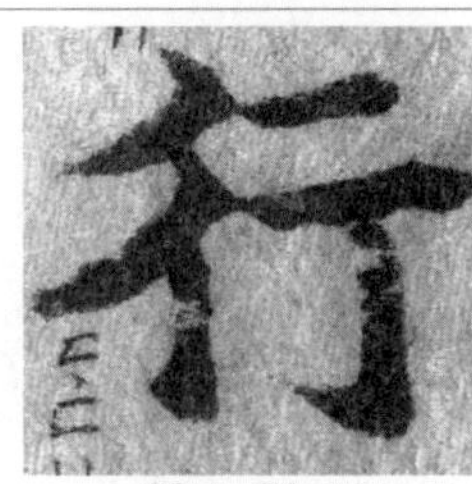 38–b–03–11
17	 '生' 字		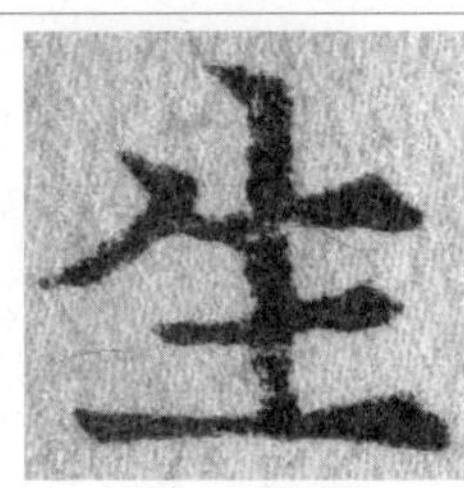 12–a–08–04

No	활자 이미지 반전	비교	인본 글자
18	 '願' 字		 10-a-07-01
19	 '常' 字		 09-a-02-01
20	 '諸' 字		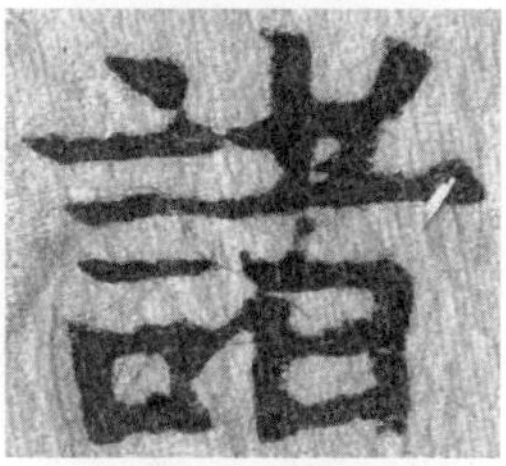 02-a-05-15
21	 '徧' 字		 10-a-04-08
22	 '大' 字	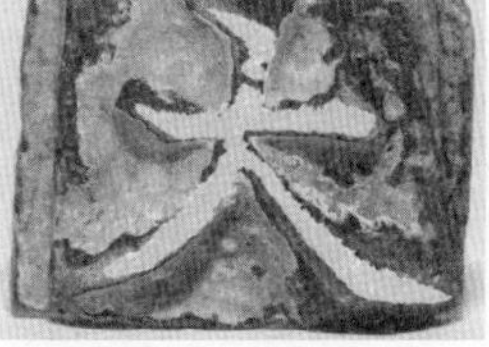	 20-a-07-07

No	활자 이미지 반전	비교	인본 글자
23	 '福' 字		 16-b-08-07
24	 '三' 字		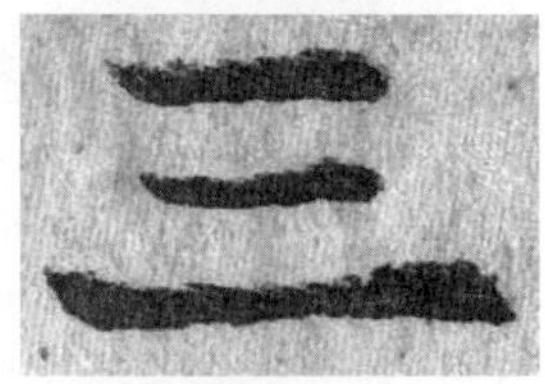 17-b-01-05
25	 '令' 字		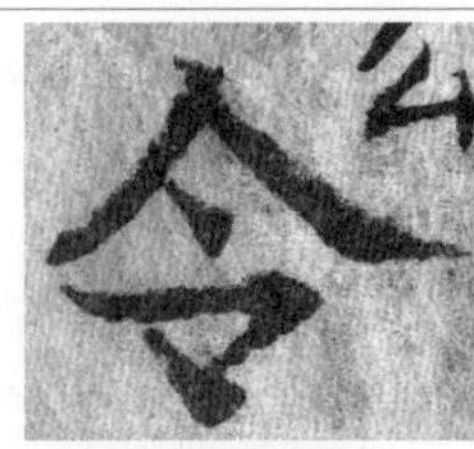 31-a-02-05
26	 '爲' 字		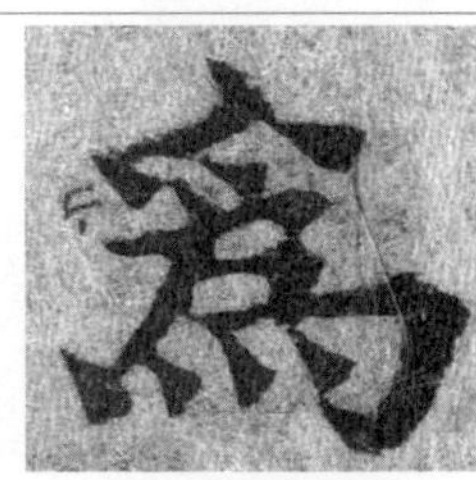 35-a-08-09
27	 '悲' 字		 30-b-03-08

No	활자 이미지 반전	비교	인본 글자
28	 '子' 字		 20-b-05-11
29	 '種' 字		 01-a-05-15
30	 '等' 字		 01-a-06-02
31	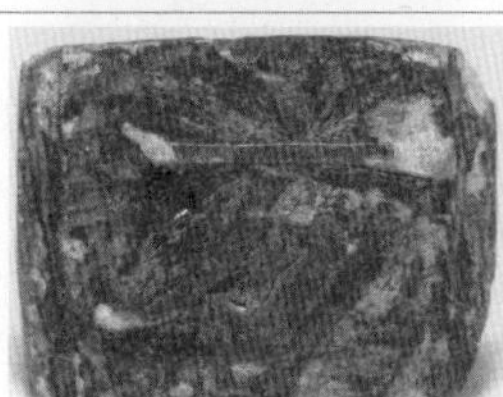 '方' 字		 03-a-03-09
32	 '於' 字		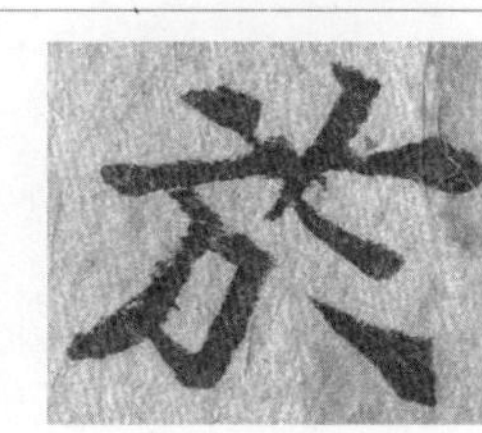 01-a-06-05

<table>
<tr><th>No</th><th>활자 이미지 반전</th><th>비교</th><th>인본 글자</th></tr>
<tr><td>33</td><td>
'於'字</td><td></td><td>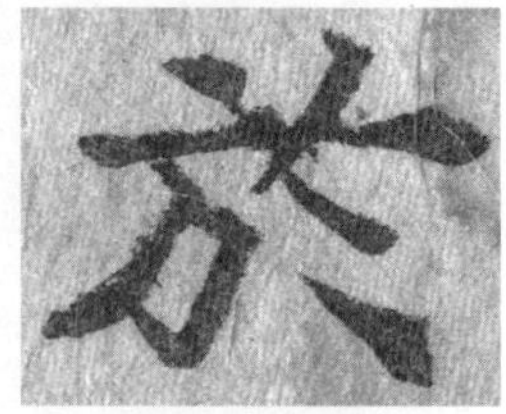
01-a-06-05</td></tr>
<tr><td>34</td><td>
'平'字</td><td></td><td>
26-b-06-13</td></tr>
<tr><td rowspan="2">35</td><td rowspan="2">
'我'字</td><td></td><td>
11-b-04-01</td></tr>
<tr><td></td><td>
12-b-08-09</td></tr>
<tr><td>36</td><td>
'心'字</td><td></td><td>
04-b-07-11</td></tr>
</table>

No	활자 이미지 반전	비교	인본 글자
37	 '不' 字		 41-b-08-10
38	 '明' 字		 12-b-06-04
39	 '佛' 字		 24-b-06-02
40	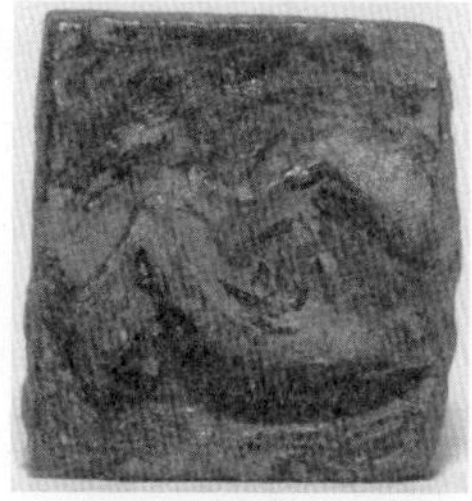 '心' 字		 21-b-02-05
41	 '佛' 字		 27-a-06-11

No	활자 이미지 반전	비교	인본 글자
42	 '無' 字		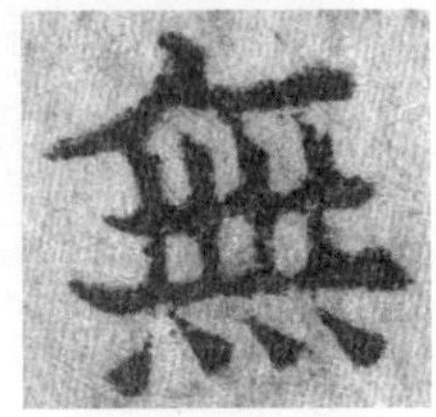 24-b-06-10
43	 '所' 字		 41-b-07-13
44	 '我' 字		 01-a-02-01
45	 '不' 字		 12-b-06-05
46	 '法' 字		 03-a-06-10

No	활자 이미지 반전	비교	인본 글자
47	 '衆' 字		 40-a-06-05
48 청주 고인쇄 박물관 소장	 '受' 字		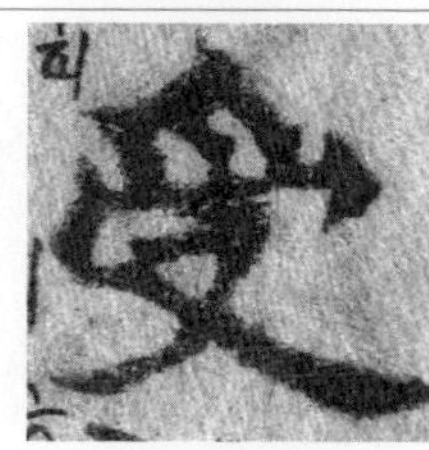 21-a-03-05
49 청주 고인쇄 박물관 소장	 '般' 字		 27-a-06-05
50	 '般' 字		 48-a-02-09 『동국이상국전집』
51 청주 고인쇄 박물관 소장	 '上' 字		 36-a-04-04

No	활자 이미지 반전	비교	인본 글자
52	 '慈' 字		 12-a-08-05
53	 '日' 字		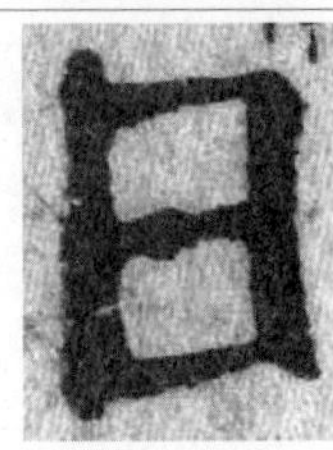 25-b-03-12
54	 '方' 字		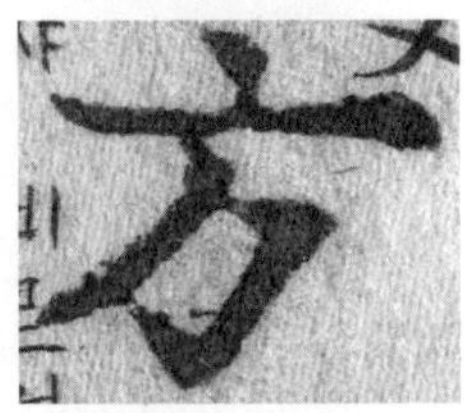 10-a-07-04
55	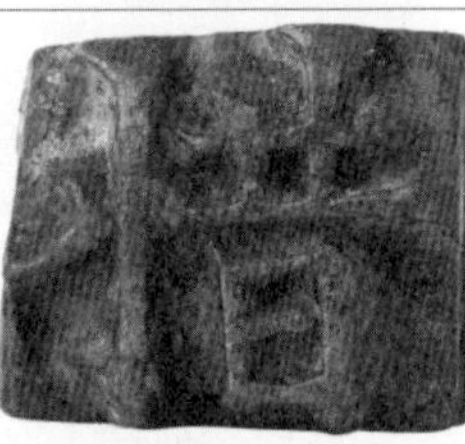 '惜' 字		 27-a-04-09
56	 '者' 字		 01-b-03-05

No	활자 이미지 반전	비교	인본 글자
57	 '時' 字		 08-b-07-13
58	 '諸' 字		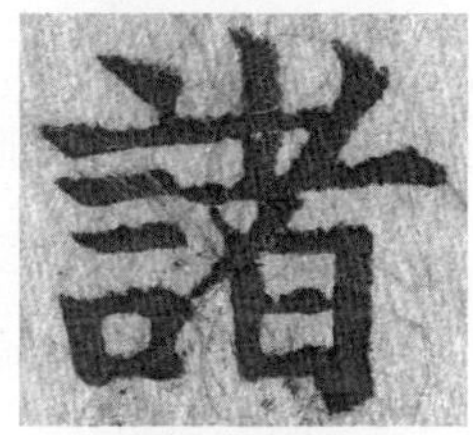 01-a-02-08
59	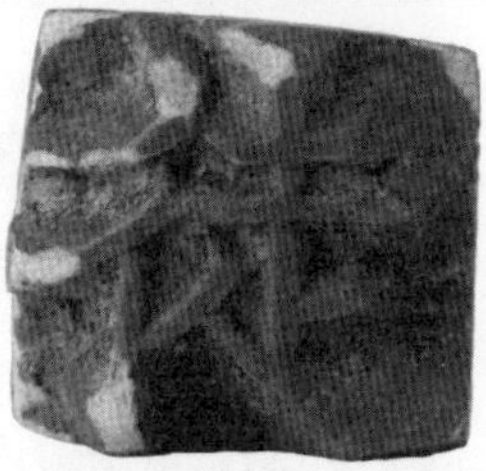 '徒' 字	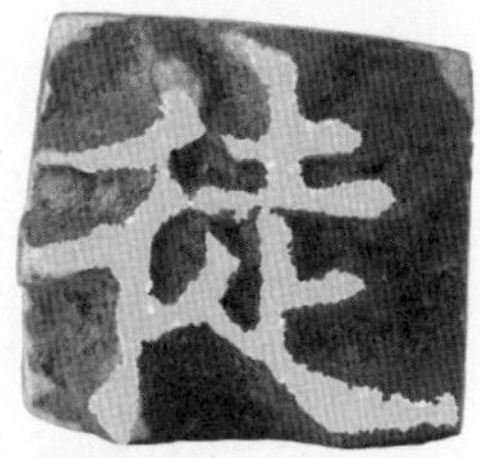	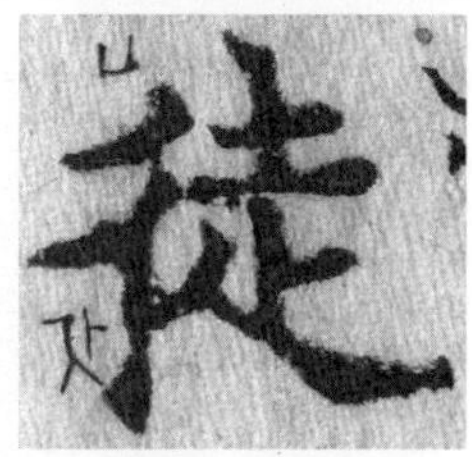 11-b-02-05
60	 '得' 字		 36-a-05-07
61	 '中' 字		 20-b-07-10

No	활자 이미지 반전	비교	인본 글자
62	 '淸' 字		 09-a-06-04
63	 '歸' 字		 35-a-05-05
64	 '常' 字		 09-b-08-04
65	 '爲' 字		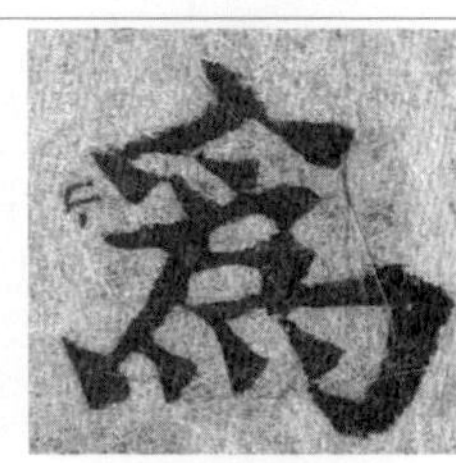 35-a-08-09
66	 '人' 字		 40-a-06-06

No	활자 이미지 반전	비교	인본글자
67	 '大' 字		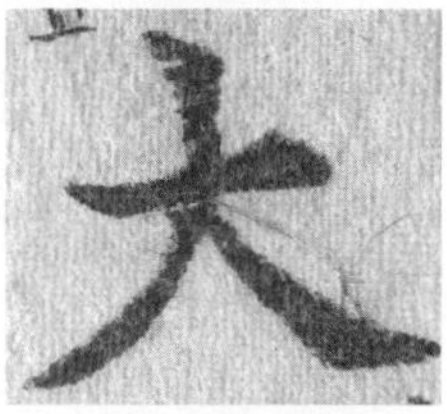 12-b-01-04
68	 '心' 字		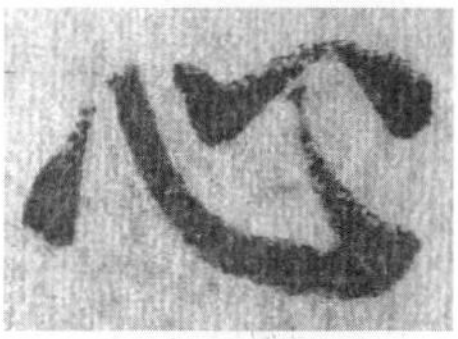 36-a-05-04
69	 '五' 字		 08-a-01-06
70	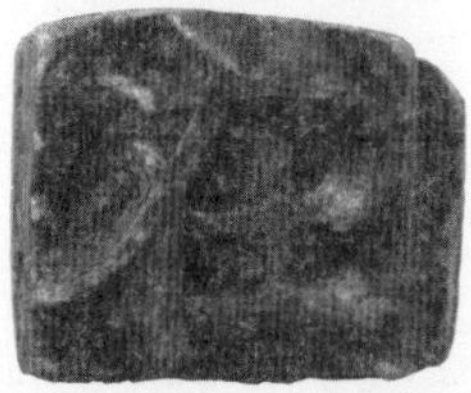 '在' 字		 08-a-02-08
71	 '薩' 字		 01-a-03-03

참고 **실물활자 복제품에 의한 印面 조사**

실물활자의 서체를 연구하기 위해서는 현존하는 번각본들의 동일 글자들과 서체를 대조하는 것이 필수적 과정이며 이와 더불어 실물의 활자가 실제 상황에서 인출이 가능한 활자인지에 대한 검토와 실제 먹을 칠한 후 찍었을 때의 印面 상태가 제대로 나타나는지에 대한 점검도 필요하다. 고려시대의 먹이 잔류하고 있는 현존 활자에 실험적으로 먹을 바르고 실험할 수 없기 때문에 3D스캔을 한 후 황동으로 3D 프린트로 복제한 금속활자를 대상으로 글자를 찍어 낸 후 인본과 대조할 필요가 있다. 물론 이 과정에서 청동 합금이 아닌 황동으로 진행한 까닭에 먹이 묻어나는 과정 중 印面에서 미세한 차이가 발생할 수 있고 먹의 종류, 즉 고려시대의 油煙墨 여부와 종이의 동질성 여부도 문제가 되지만 활자 서체 등 전체의 경향을 파악하는 데는 큰 영향을 미치지 않을 것이므로 이를 찍어서 대조하면 그 결과는 [표 3-5]와 같다.

표 3-5 3D 복제 증도가자 인영과 인본 서체 비교

구분				
3D복제 증도가자 인영	善	行	我	切
증도가자 번각본 『증도가』	善 25-b-08-11	行 21-b-08-07	我 13-a-01-11	切 02-a-01-08
3D복제 증도가자 인영	佛	三	生	所
증도가자 번각본 『증도가』	佛 24-b-06-02	三 10-b-04-11	生 16-b-07-09	所 22-b-07-12
3D복제 증도가자 인영	不	徧	福	光
증도가자 번각본 『증도가』	不 01-a-03-12	徧 10-a-04-08	福 30-b-02-04	光 03-a-03-04

제6절
활자 형태로 본 鑄造法

발견된 고려활자들의 물리적 형태상의 특징은 이미 앞선 연구를 통하여 밝힌 바와 같이, 활자의 전존상태가 땅속에 묻혀 있던 당시의 상황에 따라 달라져 글자의 획과 활자 몸체가 온전한 것도 있고 외부적인 충격이나 자연적인 요인 등에 의하여 산화나 부식된 부분이 많은 것도 있다. 확인되는 활자 중에는 글자면뿐만 아니라 활자 전체에 흙과 함께 먹이 노출된 경우도 있다.

발견된 활자 중 증도가자에 속하는 활자들은 상대적으로 보존된 상태가 나빠서 표면이 거칠어지고 연마 면마저 산화되어 일부 떨어지거나 삭아 버린 경우도 보인다. 또 특정 활자는 표면의 산화와 부식이 진척되어 마치 국립중앙박물관에 소장된 '複' 자와 같이 글자의 모서리 획들이 둥글게 변형되는 현상을 보이는 것도 있다.

활자의 예가 많아지면서 증도가자의 변형 형태도 보인다. 물론 기본적인 형태와 구조는 같지만 날개가 없는 유형에서 측면의 어긋난 분할층을 빈번하게 볼 수 있고 '般' 자의 경우처럼 같은 글자의 이체자들도 나타난다.

네다리형 활자의 경우 일부의 활자들은 상부와 하부가 밀착되어 분할선이 거의 글자의 바닥면에서 형성되는 경우도 볼 수 있다. 이러한 원인은 성현의 『용재총화』에 나타난 것과 같이 주물사를 이용한 주조의 경우 상틀과 하틀에 꽂히는 父字의 상부와 하부가 얕게 형성되어 몸체를 이룰 만큼의 깊이가 되지 않은 경우로 볼 수 있다. 이미 선행의 연구[14]에서 이러한 향상에 대하여 바른 접합, 얕은 접합, 깊은 접합의 세 가지로 나누어 살펴보기도 하였다.

금속활자를 주조할 수 있는 몇 가지 방법이 문헌상에 기록이 있지만 실제 활자를 대상으로 주조 방법을 추론해 낼 때 전존하고 있는 물리적 상태, 즉 크기, 상하부의 구조, 옆면의 연마 상태, 활자 표면의 상태, 같은 글자체의 복수 활자 등을 분석하여 밀랍주조

14 남권희, 「高麗 金屬活字 證道歌字의 鑄造法과 印刷技術史的 分析」, 『서지학보』, 제39호(2012. 6.), pp. 216–217.

법, 주물사주조법, 도토주조법 등 주조의 방법을 알아낼 수 있다. 그러나 전래의 활자들은 이미 사용되었거나 주조 후 다듬는 과정을 거치면서 처음의 크기나 표층이 변화되어 실제상 추정이 어려운 경우도 있다. 대상이 된 고려활자도 부식, 훼손으로 인하여 전래의 상태가 완전하지 않아 추정이 어려운 부분도 있지만 대부분은 기본적인 초기의 상태를 짐작할 수 있다.

이러한 관점에서 발견된 3종의 고려활자들은 옆면의 층, 연마 흔적, 동일 글자의 활자 비교를 통하여 대체로 주물사주조의 방법으로 제작되었을 것으로 추정되고 있으며 이를 형태별로 나누어 보면 다음과 같다.

1. 활자 형태별 모양 분석

활자 형태	부분	특징
홈형 활자와 날개-홈형 활자	윗면	① 사각 형태에 글자가 활자의 가장자리까지 전체적으로 가득 차 있음
		② 글자면은 수평을 유지. 단, 부식된 면은 획의 아랫부분이 드러남
		③ 글자면에는 사용에 따른 마모가 있고 먹이 묻어 있으며 균열이 나타나는 경우도 있음
		④ 글자 획 전체 위아래의 휘어진 경사는 약 60~70도 이상으로 추정됨
		⑤ 글자 획의 가장자리가 바닥보다 깊이 파내어진 곳도 많음
		⑥ 글자 획 사이에 먹이 잔류되어 있고 일부 활자는 전면과 측면까지 먹이 묻은 경우도 있음
		⑦ 몇 글자에서는 글자 표면에 연마 흔적이 보임
	옆면(전후, 좌우)	① 주조 후 연마한 흔적이 수평·수직·사선 형태로 나타남
		② 상하의 어긋난 분할선이 보이는 경우도 있음
		③ 어긋난 조합 및 주조에 따른 상/하의 한쪽만 연마 흔적이 나타남
		④ 주조 시 기포와 주입 실패에 따른 구멍, 흔적이 나타남
		⑤ 균열이 간혹 나타남
		⑥ 날개형의 경우 좌우의 두께(높이)가 같지 않은 경우가 많음. 이는 다음과 같은 사유 때문이라고 추정됨
		㉠ 父字의 下퇼을 주물사에 고정시킬 때 좌우의 압력이 달랐을 경우
		㉡ 父字의 下퇼이 형태가 균일하지 않았을 경우
		㉢ 주성 후 연마 과정에서 글자면과의 조정 등의 이유로 한쪽을 더 연마시켰을 경우
		⑦ 글자 상부에서 주물이 흘러 내려 표면에 덧붙어 형성된 경우
		⑧ 한 면에서 연마 방향이 다른 상태
		⑨ 연마 후의 각도가 수직이 아니라 역사다리꼴의 경우가 많음
	옆면(좌우)	① 날개형일 경우 날개 쪽에 연마 흔적이 있음
		② 글자 상부와 하부의 층이 어긋나 분할선, 분할 면이 나타나는 경우
		③ 연마 방향은 수직·수평·사선형으로 나타남

활자 형태	부분	특징
홈형 활자와 날개-홈형 활자	바닥면	① 연마 흔적이 수평·사선형으로 나타남(수직은 없음) ② 홈이 좌우로 치우쳐 생성된 경우도 있음 ③ 홈의 상하 부분이 글자 크기로 인해 형성되지 않은 경우가 있음 ④ 홈의 깊이는 2.5~3.5mm가 일반적으로 활자 높이의 반 정도임 ⑤ 홈의 내부에 주형이 깨지거나 무너지는 현상에 의한 돌기가 만들어짐 ⑥ 홈의 가장자리부터 가운데로 향하는 경사면에 단이나 층으로 보이는 흔적 있음 ⑦ 홈의 중앙바닥면에 보이는 작은 돌기나 흔적은 주조 틀 下型의 가운데 남긴 공간의 상태로 짐작되는 부분 있음 ⑧ 홈의 크기는 일정하지 않음. 활자의 테두리 정도를 남기고 생성된 것도 있음 ⑨ 홈의 바닥과 경사진 벽체의 경계선(분할선)이 나타나는 경우도 있음 ⑩ 바닥면에는 먹이 나타나지 않음 ⑪ 홈의 경사면 벽에 칼로 조각된 흔적이 남아 있는 것도 있음[예: '惜' 字]
네다리형 활자	윗면	① 글자가 구양순체이며 홈형 활자보다는 큼 ② 글자의 획이 분명하고 글자면과 바탕면의 차이가 크다. 즉 글자를 새긴 경사가 가파르고 깊이가 깊음 ③ 전체적으로 먹의 잔류 흔적이 없음 ④ 글자면과 획의 마모가 없고 사용한 흔적이 보이지 않음
	옆면 (전후, 좌우)	① 글자의 높이가 하부의 높이보다 높음 ② 연마의 흔적이 수직·수평·사선형으로 나타남 ③ 활자의 상부와 하부가 구분되는 분할선이 노출된 경우도 있음[예: '駴' 字] ④ 상부의 주물이 주형 접합 시 일치하지 않아 아래로 흘러내려 하부의 옆면에 덧붙어 남은 경우도 있음 ⑤ 흙이 덮여 있거나 남아 있는 활자는 획이 선명하나 표면의 흙을 완전히 제거한 일부 활자들의 획은 마모 흔적이 많음
	바닥면	① 가운데 O형 테두리 흔적과 네 모서리를 향해 난 조각도의 흔적이 X형으로 나타남 ② 하부에서 네다리의 끝부분(바닥면)을 남긴 정도가 다름 ③ 가운데 O형 테두리 흔적 내부에 나타나는 돌기는 하부 가운데 새긴 테두리에 형성된 부분 가운데의 노출에 따라 생긴 것임 ④ 일부 활자에서는 중앙의 흔적이 ㅁ형으로 만들어진 것도 있음

2. 홈형, 날개-홈형, 네다리형 활자 분석

이와 같은 3종류의 활자에 대한 부분적인 분석에 있어서 각 위치별로 연마 흔적이나 같은 글자의 활자 형태, 뒷면의 둥근 홈의 위치, 형태 등으로 통하여 활자의 주조 방법을 추론할 근거를 확보할 수 있다.

즉 주조된 활자의 옆면을 보면 연마 도구에 의하여 사선 방향이나 수평으로 연마한 흔적이 보이고 아래 바닥면에도 글자의 가로 방향으로 연마 흔적이 나타난다. 이러한 연마는 밀랍주조 방법에서는 잘 보이지 않고 주물사주조법에 의하여 성형된 제작물에 나타나는 일반적인 현상이다.

또 '法, 心, 佛, 無, 切, 所' 등의 같은 글자의 복수 활자를 통하여 증도가자가 주물사주조 방법에 의하여 만들어졌다는 것을 서체 및 활자실물 비교에 의하여 알 수 있고, 더불어 날개, 즉 좌우측의 돌출 부분이 있는 활자와 그렇지 않은 활자의 같은 글자를 비교해도 글자가 같다는 것을 확인하였다.

한편 활자 뒷면 둥근 홈의 기능과 위치, 성형 모습은 활자마다 달리 나타난다. 간혹 父字의 상하부 주조 틀의 접합이 정교하지 않아서 좌우, 상하의 한쪽으로 치우쳐진 경우도 있다. 이미 형태적인 특성에서 언급된 바와 같이 활자의 아랫면에 형성되어 있는 둥근 홈의 형태는 타원형과 동심원에 가까운 2종류가 있다. 또 글자의 형상에 따라 활자의 세로가 줄어든 경우에는 둥근 홈이 완전하게 형성되지 못하고 절단된 형태로 나타나는 경우도 있다.

활자 아랫면에서의 둥근 홈의 형성 위치도 반드시 중앙에 위치하는 것이 아니라 한쪽으로 치우쳐진 경우도 자주 보인다. 활자의 글자면, 즉 상부와 하부가 주조 과정에서 상부와 하부틀이 정확하게 맞물리지 않고 어긋나는 경우 실물활자의 예에서 보듯이 활자의 하단부 몸체나 바닥면의 홈 위치가 좌우 혹은 상하로 치우쳐진 상태로 주조되기도 한다.

이 활자의 가장 특징적인 형태인 좌우의 돌출된 날개는 이미 앞선 연구를 통하여 기능과 성형이란 측면에서 볼 때 활자 조판의 초기에 행간의 구분을 위한 동인찰, 즉 계선의 역할로 추정하였다. 즉 활자를 만들 때 글자 간의 간격을 유지하고 먹을 발라 인출할 때 글자간 획이 서로 닿지 않도록 고안된 것으로 추정할 수 있다. 그러나 실제 사용에 있어서는 획의 다소와 글자의 크기에 따라 활자의 크기도 달라지므로 조판상 상당한 불편을 초래하였을 가능성이 있다. 이러한 문제를 해결하기 위하여 좌우의 돌출 부분을 없앤 개선된 형태의 활자가 만들어졌을 것으로 추정된다. 그러나 두 가지 유형의 글자가 당시에 독립적으로 사용되었는지, 혼합하여 사용되었는지는 현재의 판본으로는 추정하기 어렵다.

3. 활자의 하부 형태와 구조

나무에 새겨진 父字에 의하여 활자를 주조할 때는 父字를 주물사에 심거나 꽂을 때 주형의 아랫부분이 어느 정도 깊이에서 형성되었는가도 활자의 바닥 홈의 형태를 결정하는 요소가 되고 주조 방법을 짐작할 수 있는 실마리를 제공하기도 한다.

활자 아랫부분의 형태는 현존하는 활자로 볼 때 대체로 3가지로 나타나고 있다. 네다리가 있는 것은 공통적이며 가운데 요철선의 형태에 따라 구분된다. 또 네다리의 형성은 父字를 만들 때 조각도의 진행 방향에 의하여 활자의 중심에서 상하좌우의 사면 방향으로 홈이 만들어지면서 남은 부분이 다리가 되도록 구조화되어 있다.

1) 홈형 활자의 하부

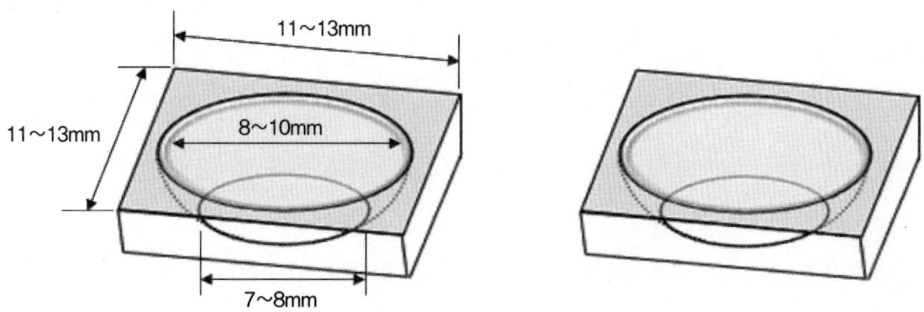

그림 3-27 홈형 활자의 하부 모습

홈형도 홈의 중앙 깊이에 따라 주물사의 분할 면까지 닿아 합쳐진 것과 홈의 중앙 깊이까지 그대로 형성된 형태로 나누어 볼 수 있다.

2) 네다리형 활자의 하부

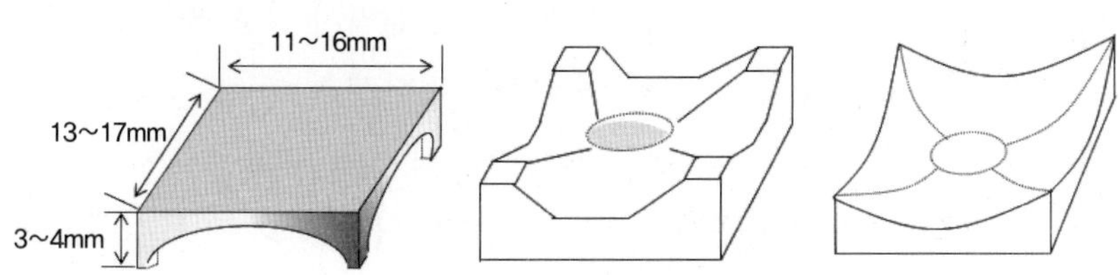

그림 3-28 네다리형 활자의 모습

父字의 바다 부분을 형성시킬 때 새겨 낸 장인의 의도는 알 수 없으나 조각도의 깊이와 넓이에 따라 하부의 네다리가 형성된 모습이 달리 나타난다.

제7절 父字를 이용한 鑄物沙 鑄造

1. 조선시대 현존 활자와의 비교에 의한 주조법 개요

삼국부터 고려에 이르기까지 여러 유적에서 발굴된 유물 중, 금속을 재료로 하여 만든 주물제품에는 금속활자 주조와 관련 있을 것으로 추정되거나 또는 간접적으로 주조방법을 추론해 볼 수 있는 유물들이 있다. 그 예로 무기로 쓰이는 槍의 앞부분, 貨幣 등을 만들 때 사용하던 거푸집이 남아 있고 유리나 금속을 녹일 때 쓰던 도가니 등도 확인된다.

이와 같은 고고학적 유물과 금속활자의 주조를 관련지어 검토할 때 지금까지의 선행연구에서는 밀랍주조법, 주물사주조법, 도토주조법 등으로 구분하여 왔다. 이 분야에 있어서 최근의 연구는 과거의 문헌상 기록에 기초한 연구를 바탕으로 하여 주조재료, 주조방법 등을 재검토하고 전존하고 있는 실물활자에 기초한 실험적·과학적·실증적인 연구에 한층 박차를 가하여 금속활자 주조와 조판, 인출에 대한 이론과 근거를 조금씩 확립하는 과정에 있다.

특히 주조 방법 중 활자의 형태에 대하여 '조선 왕실 주조 금속활자 복원사업'에서 추론·논의된 주조 방법의 이론과 국립중앙박물관에 소장된 활자가 일부 연구, 공개되면서 형태와 주조 방법에 대한 이론적 근거의 확보에 박차를 가하게 되었다.

즉 금속활자의 주조도 앞뒤 내지 위아래 양면이 있는 다른 금속유물과 마찬가지로 상하의 틀이 분리된 거푸집을 사용하였다는 증거가 현존의 실물을 조사하면서 밝혀졌다. 그 근거로 활자의 네 측면에서 어긋난 분할 면이 관찰되고 활자의 뒷면 내지 아랫면에서는 활자의 몸통과 연결된 아치형 두 축의 다리 위치가 활자의 윗부분과 맞게 배치되는 것이 아니라 한쪽으로 치우치거나, 기울어지고, 일부의 활자에서 한쪽 다리가 완전히 주조되지 않고 없어진 외형이 있어 『용재총화』에서 언급된 바와 같이 아래위가 분리된 별도의 주조 틀에서 주성된 것임을 알 수 있었다.

■ 고려시대

그림 3-29 고려시대 활자의 가지쇠와 분할선

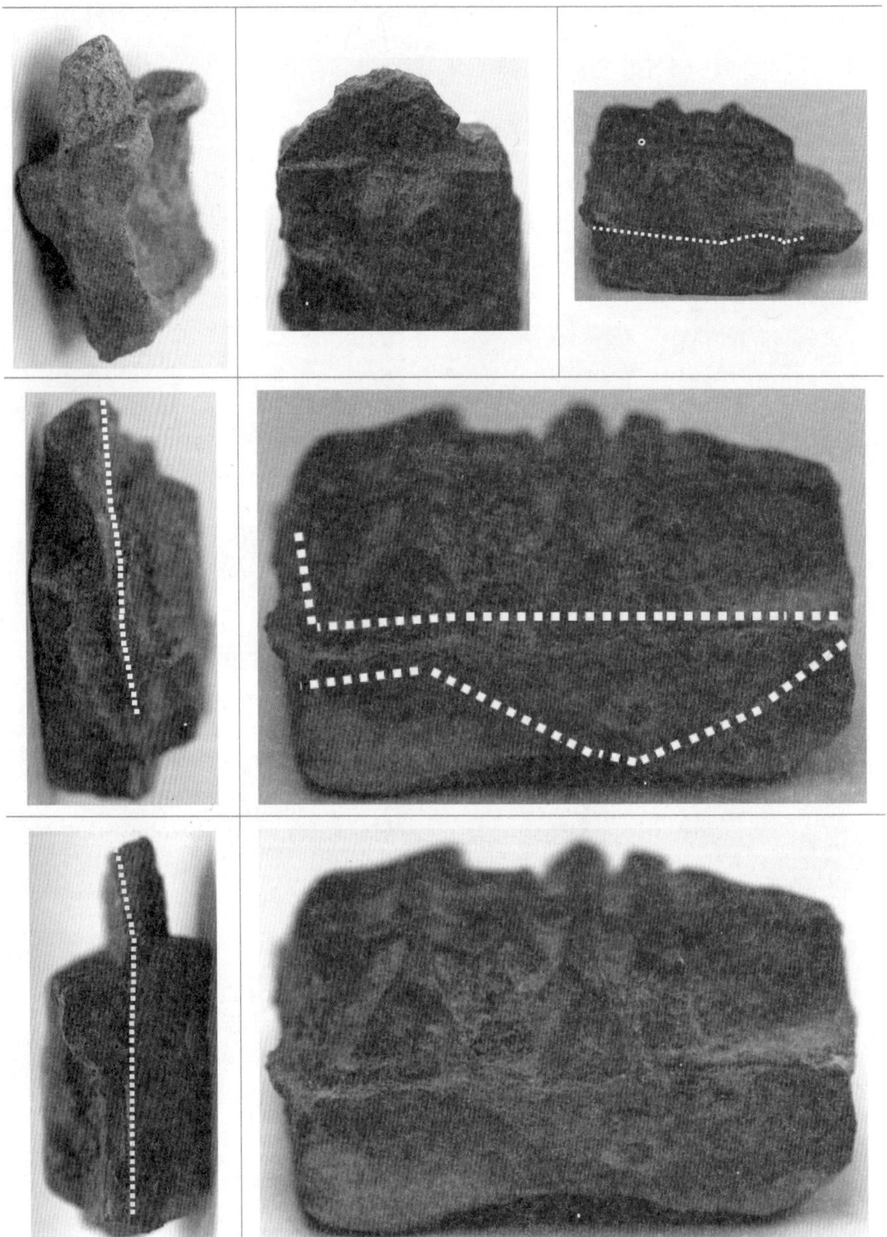

그림 3-30 〈그림 3-29〉의 부분 확대

■ 조선시대

그림 3-31 조선시대 후기 활자에 붙은 너덜이(화재로 인하여 쇳물이 옮겨 붙음)

그림 3-32 조선시대 후기 활자에 붙은 너덜이(화재로 인하여 쇳물이 옮겨 붙음)

이 현상은 아래위의 母型이 서로 결합될 때 정확한 위치에 연결되지 않은 채 한쪽으로 치우쳐져 주조되었을 경우에 해당한다. 현존의 실물활자에서 이러한 현상을 볼 수 있는 이유로 일부 잘못 주조된 경우 쓰임이 없어 별치하였던 것이 오히려 잘 보존되어 전해지고 있거나 실제 조판 작업에 그다지 문제되지 않아 계속적으로 사용하였을 가능성 등을 추정할 수 있다. 이러한 활자들을 조판할 경우 18세기 이후의 실록의 편찬과 간행과 관련된 의궤류에서 조판에 쓰이는 災傷休紙에 대한 언급이 많이 나오고 이를 물에 적신 후 활자의 고정에 사용하였다는 『실록』과 『일성록』의 기사가 있으므로 비록 활자의 아랫면이 고르지 않더라도 젖은 종이로 높낮이를 맞추는 작업은 그리 어렵지 않았을 것으로 추정된다.

이러한 활자 옆면의 어긋난 단층면 현상과 뒷면의 불일치 현상은 국립중앙박물관에 전시 중인 고려의 '복' 활자에서 아래의 원형 홈 부분과 글자면과 이어진 몸통 부분이 분리되어 있다든가 조선시대에 주조된 顯宗實錄字, 校書館印書體字, 壬辰字, 整理字 등의 활자 옆면과 뒷면 조사에서도 확인할 수 있었다.

비교적 후기에 정교하게 만들어진 整理字나 全史字, 三鑄韓構字의 경우에도 정방형의 몸체와 깊은 아치형 하단부 다리를 가지고 있지만 옆면과 뒷면을 자세히 검토하면 역시 같은 현상을 볼 수 있다.

2. 父字에 의한 활자 주조 방법의 예시

이 활자들의 외적 형태상의 특징을 보면 나무에 새긴 父字를 만들 때 상부와 하부의 글자 부분과 아래의 홈이 형성되어 있다. 이러한 父字와 父字를 빼내고 상하틀을 조합할 때 나타나는 어긋난 분할선은 조선시대에도 이어져 후기의 현존 실물이 남아 있는 관주활자에서 그 특징들을 찾아볼 수 있다. 2007년 국립중앙박물관에서 제작한 한글 금속활자의 도록에도 그 예가 많으며 이어 간행된 校書館印書體字 도록에서도 마찬가지 현상을 확인할 수 있다.

이 현상에 대하여 일부 연구자들은 활자를 만들 때 실험적으로 시도한 것이라는 추정을 하고 있으나 현존하는 여러 종류의 국립중앙박물관 소장 금속활자들에서 전반적으로 나타나는 현상이므로 실물활자의 옆면을 자세히 살펴보면 주조 시 주조 틀의 상하를 접합할 때 생기는 분할선을 쉽게 찾아볼 수 있다.

이 분할선은 2가지 형태가 있다. 증도가자나 네다리형 활자의 일부처럼 측면이 연마되지 않았거나 연마되어도 어긋난 분할층이 그대로 보이는 형태이다.(예: 네다리형 '橦, 穜' 자 등) 특히 네다리형의 경우 상하의 주조 틀 속의 주물사에 목활자의 父字를 압착시켰다가 들어낼 때 음각으로 파여진 부분의 깊이가 얕아서 주물사에 새겨진 두 母型을 조합했을 경우 아랫부분의 형태 중 완만한 터널형으로 파내어진 부분의 상단부가 위틀의 분할 면과 바로 닿아서 활자의 몸통이 얇아진 경우가 자주 보인다. 간혹 실물활자에서는 얇아진 부분이 부식이나 외부적인 요소에 의하여 떨어져 나가거나 삭아 버린 현상이 나타나기

도 한다.(예; '披, 菘, 朧' 자 등)

이 주조법의 이론적 근거는 성현의『용재총화』에 이미 언급된 바와 같다. 즉, 바닷가 갯벌의 부드러운 흙을 깔고 미리 황양목에 글자를 새겨 만들어 둔 父字를 찍으면 오목하게 찍힌 부분이 활자의 인면과 몸체가 된다. 이때 주조 틀의 다른 쪽이자 앞의 父字를 찍은 면과 짝을 이루는 아래 틀에 활자의 아치형 다리가 되는 부분이 찍힌다.

그 후 금속을 녹인 용액이 흘러 들어갈 수 있도록 주물주 입구, 가지쇠를 만든다. 이때 활자의 아랫부분, 즉 다리가 되는 부분과 가지쇠가 서로 연결된 형태로 미리 만들어져 있다면 시간과 노력을 줄일 수 있었을 것이다.

주물사를 채우고 이미 만들어진 父字를 위에서 누르면 父字를 둘러싼 주물사가 父字의 체적만큼 밀려나 주물사가 깨어진다. 또 한 면에서 여러 父字를 사용하면 父字 간의 간격이 가까울수록 母型이 깨어지는 결과를 초래할 수 있다. 이 때문에 父字를 주물사 면의 위에서 아래로 찍는 방법에 대해서는 회의적으로 보고 반대로 글자를 매몰시키고 주물사로 다진 후 父字를 빼내는 방법을 사용하였다.

그러나 현존의 금속활자로 볼 때 父字의 체적 중 글자면은 2~3mm 정도로 전체 활자의 1/3 정도에 지나지 않으므로 주물사의 空隙과 父字 간의 간격이 어느 정도 확보된다면 母型이 부서지지 않을 것으로 추론된다. 다만 다량, 동시 주조의 방법으로 父字를 막대형으로 만들었을 경우는 좀 더 기술적인 방법으로 先埋沒의 방법도 고려할 수 있었을 것이다.

이러한 방법에 의하면 활자의 父字를 주물사를 다진 틀에 놓고 눌러 쇳물이 들어갈 공간을 만들 때 그 깊이나 힘에 의하여 활자 간 차이가 있을 수 있으나 숙련된 기술자라면 큰 오차가 발생하지 않았을 것으로 추정된다. 이 현상을 확인하려면 현존 활자 중에서 같은 글자면과 같은 뒷면의 모양을 가진 실물활자를 확인하여 그 높이를 정확하게 측정함으로써 주조 방법을 추론할 수 있다. 그러나 이때에도 주조 후 연마의 과정을 거치고 미세한 높이의 차이는 연마에 의하여 변화될 수 있으므로 비교하기 어려울 수도 있다. 아무튼 이러한 주조 방법에 대한 자세한 검토는 국립중앙박물관에 소장된 실물활자들이 상당량 정리, 공개되어야만 확인할 수 있을 것으로 현재로선 가능성만을 언급해 둔다.

이와 같이 상하분리주물틀에 의한 전통적인 주조 방법은 앞뒷면이 있는 다른 금속재 주물에 공통적으로 적용된 방법이었던 만큼, 금속활자의 주조도 고려시대부터 실물활자에서도 확인되는 것과 같은 방법으로 이루어졌을 것으로 추정된다.

표 3-6 고려시대 금속활자 주조 과정

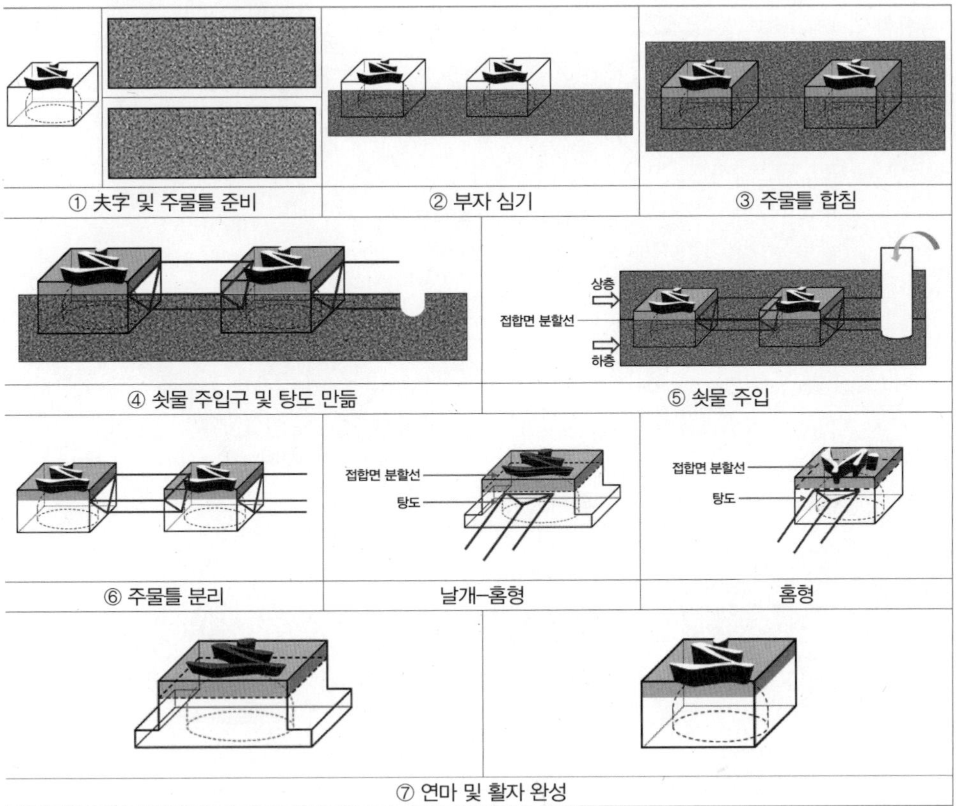

3. 鑄型의 상·하부 결합 방식

〈그림 3-33〉~〈그림 3-34〉와 같이 아래위의 주조 틀을 합칠 때 활자의 경우 형태적으로 작아서 위와 아래가 정확하게 맞지 않는 경우가 발생한다. 조선 후기 실물활자의 예에서 자주 나타나듯이 잘못된 접합, 즉 부정합면이 나오게 된다.

이러한 문제의 해결을 위해서는 여러 가지 측면의 기술적 고안이 전제가 될 수 있지만 우선 암수틀의 고정결합 방식과 글자배치를 고정할 수 있는 주형틀에 탈·부착이 가능한 눈금형 그리드만 있으면 간단히 해결되며 오차도 최소한에 그칠 것으로 판단되어 이 책에서는 〈그림 3-35〉와 같이 그림으로 나타낸다.

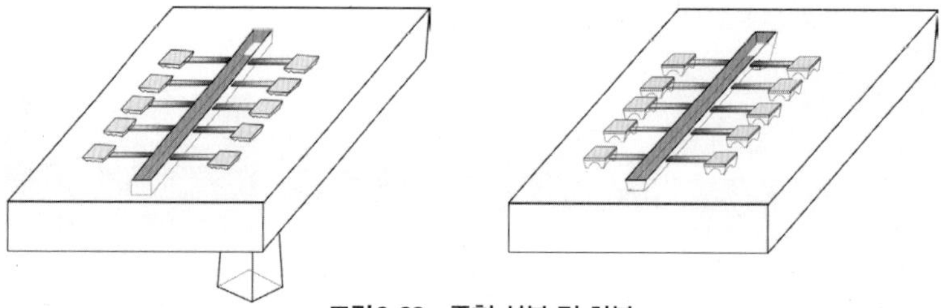

그림 3-33 주형 상부 및 하부

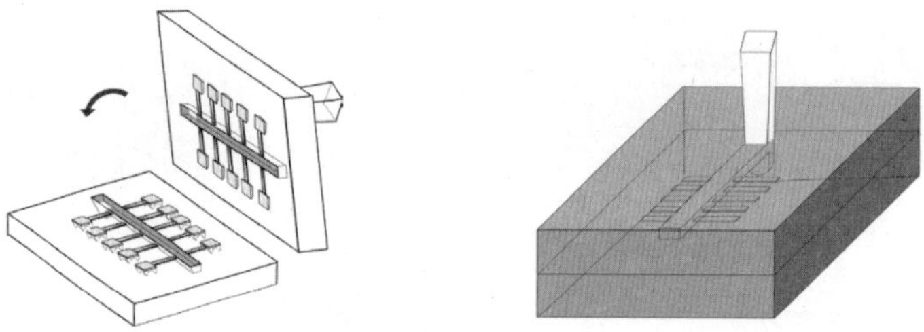

그림 3-34 상하가 합쳐진 주조 틀

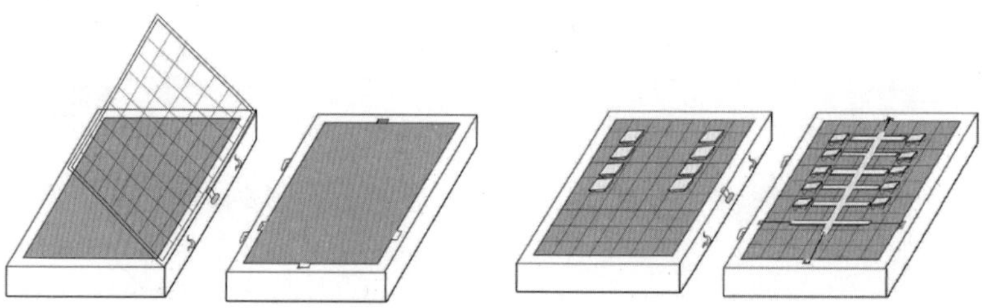

그림 3-35 상하 주물틀에서 활자의 글자면과 하부를 일치시키는 방법 예시

이와 같은 방법에도 불구하고 조선시대의 실물활자들에서는 글자면에 연결된 하부구조 중 몸체가 없이 다리만 연결된 현상도 보게 된다. 이는 주물사에 하부를 매몰시킬 때 몸체가 끝까지 파묻히지 않고 1/3 정도를 남기고 父字의 하부를 들어낸 상태에서 상부의 글자면과 접합되어 matrix를 형성하였기 때문이다.

4. 활자 뒷면의 형성

홈형 활자의 아래 바닥면이 되고 임의 명칭인 날개로 나타나는 약 1~2mm의 좌우 돌출 부분도 상하 주물틀의 접합 상태에 따라 둥근 홈이 활자 뒷면 가운데 위치하지 못하고 좌우로 치우쳐 주조된 것도 나타난다. 뿐만 아니라 둥근 홈의 형태가 완전히 형성되지 못하고 글자의 종횡 차이에 따라 일부는 활자의 외곽 경계 면 쪽으로 치우친 것도 보인다. 이는 주조 후 연마에 의하여 없어진 것이 아니라 이미 주조 당시에 주물틀의 부정합으로 인하여 생겨난 것으로 추정된다.

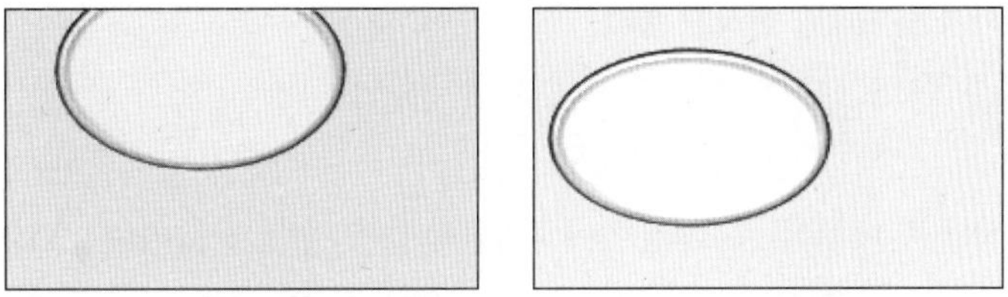

① 상하 쏠림　　② 좌우 쏠림

현존의 활자 바닥면으로 재구하여 볼 때 네다리형의 하단부는 천공형의 경우 바닥면의 가운데 위치에 사각형과 원형의 테두리가 있고 약간의 돌출부위가 표출되어 있다. 이 부분에는 父字의 아랫부분 중 가운데가 둥글게 새겨지고 주물틀의 주물사에서 父字를 들어낼 때 주형이 깨어져 생긴 균열에 의하여 표면에 생성되는 주름 현상이 나타나기도 한다.

즉, 父字의 母型이 제대로 형성되지 못하는 현상은 평면적으로 상하, 좌우로의 치우침도 있고 상하의 주물사에 압착시킬 때의 깊이와 주물사 접합면의 정돈상에서 그 힘의 강약에 따라 활자 두께의 형성이 달라질 수 있다. 따라서 같은 그림과 같이 주조의 과정에서 두께와 모양이 달라질 수 있다.

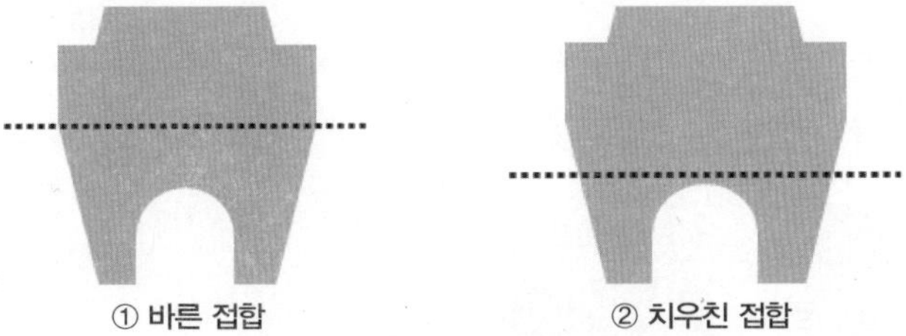

① 바른 접합　　② 치우친 접합

이러한 접합상의 문제는 상부, 하부의 양쪽에서 모두 일어날 수 있다.

이상과 같은 실물활자의 조사 관찰에서 공통점과 차이점을 정리하면 다음과 같다.

① 활자의 정면 일부와 옆면에서 분할 면이 층과 접합된 부분이 나타난다.

② 홈형과 날개/홈형 활자에는 글자 획 사이에 사용하고 남은 먹이 잔류하고 있다.

③ 활자의 상하, 좌우의 측면은 사선 방향으로 연마되어 있다.

④ 자면의 균열, 자획의 파손이 보이고 전체적인 부식 부분의 노출이 많다.

⑤ 주물 주입의 실패로 생긴 작은 공간과 父字를 빼낸 공간의 접합 불량으로 인해 주물사가 흘러내린 현상도 있다.

⑥ 홈 내부에서도 상하의 접합면, 즉 분할선이 확인된다.

이러한 현상들은 대부분 주조 방법에 따른 특징에 관한 것들이며 그 밖에 일부 외부 상태는 보관전래상의 문제에 따른 현상으로 정리될 수 있다.

5. 실물활자의 어긋난 분할 면 노출 현상

1) 홈형

활자의 상하·좌우의 측면에 층이 확인된다.

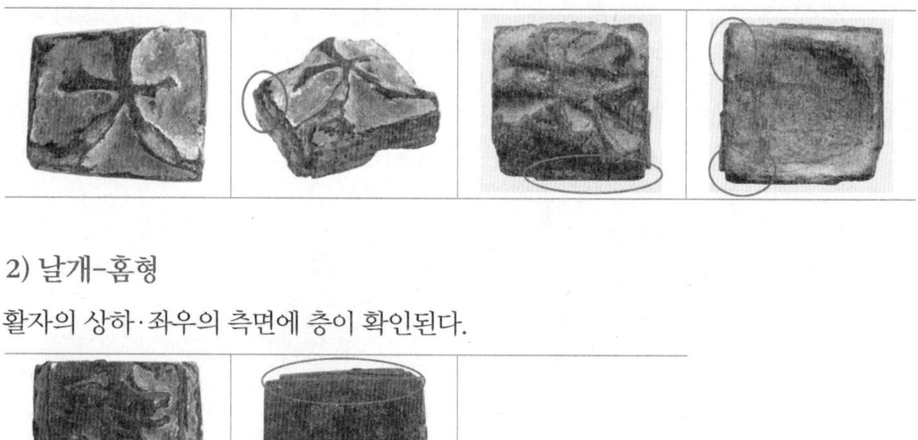

2) 날개-홈형

활자의 상하·좌우의 측면에 층이 확인된다.

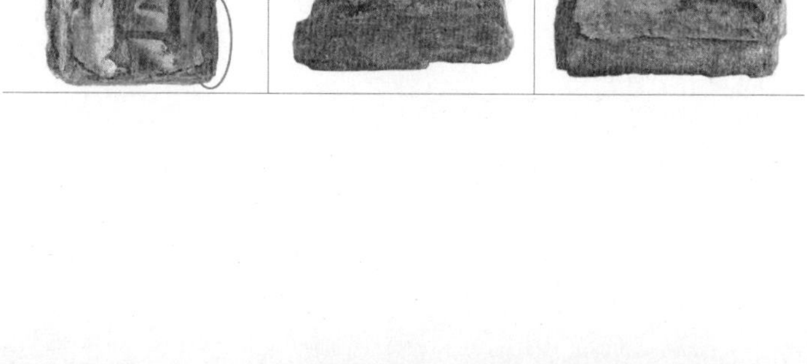

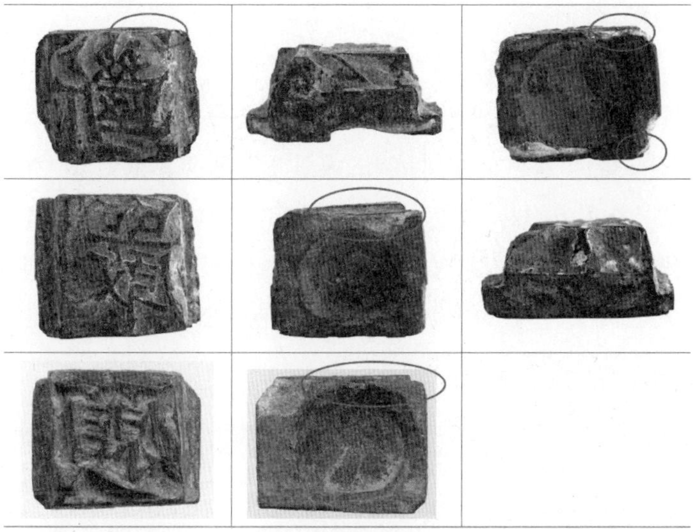

3) 네다리형

활자의 측면과 모서리 부분에서 층이 확인된다.

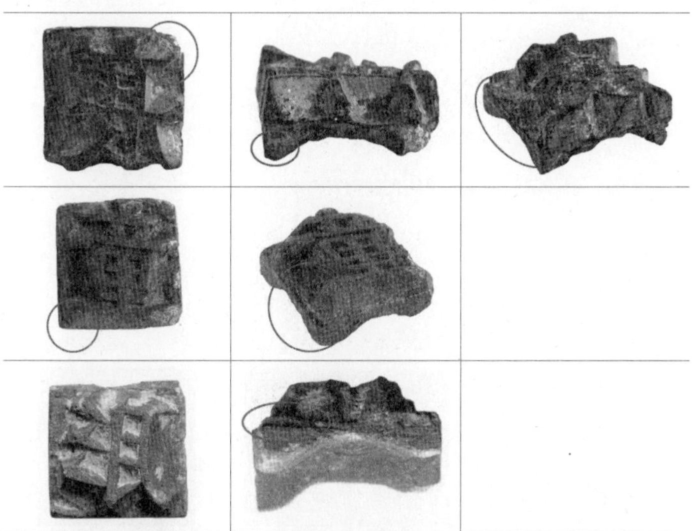

6. 같은 글자의 復數 활자

證道歌字에 분류되는 활자는 대개 불교와 관련되는 단어에 사용되는 글자이며 그중에는 2개 이상 남아 있는 것도 있다. 같은 글자 내에서도 홈형과 날개/홈형의 두 가지가 모두 나타나기도 하지만 두 종류가 같이 사용되었는지는 분명하지 않다. 다만 옆면의 돌출 부분이 界線의 기능을 하였을 것으로 추정되기 때문에 혼용하기는 어려웠을 것으로 판단되지만, 조판상 空木의 역할을 하는 재료가 따로 있었다면 전혀 불가능하였던 것은 아닐 것이다.

표 3-7 중복활자 집계

	날개/홈형	홈형	한쪽만 잔존		날개/홈형	홈형	한쪽만 잔존
心	1	1	1	不	1	1	
所	3	–	–	善	2	–	
無	3	2	1	常	1	1	
爲	2	1		尒	1	–	
大	4	1		人	1	1	
佛	2	–		諸	–	2	
我	–	2		時	1	1	
衆	–	2		切	1	2	
法	–	2		願	2	–	
一	–	2					

제8절 證道歌字의 주조 활자 수량

證道歌字의 주조되어 사용한 활자의 수량을 추정하기 위하여 먼저 발견된 활자의 글자별 분포를 통하여 활자주조의 범위 파악 단서를 추정하기로 하고, 이를 위해 『東國李相國全集』에 나타난 글자별 수를 비교하여 보았다. 또 개별 글자에 대한 비교의 대상으로 비록 조선 후기에 주조된 활자에 한정되기는 하지만 주조된 활자의 개별 글자별 수량을 세밀하게 기록해 둔 『芸閣唐字藪』와 『衛夫人鐵木大字藪』를 대상으로 가장 많이 주조된 상위 50자를 뽑아서 결과를 수치화하였는데, 그 결과는 [표 3-8]과 같다. 대체로 주

표 3-8 『東國李相國全集』 字數 통계

字群	字數	字音數	總字數
가	35,621 (13.54%)	1,108 (14.83%)	36,729 (13.58%)
나	4,258 (1.62%)	141 (1.89%)	4,399 (1.63%)
다	10,267 (3.90%)	275 (3.68%)	10,542 (3.90%)
라	9,698 (3.69%)	474 (6.34%)	10,172 (3.76%)
마	13,444 (5.11%)	351 (4.70%)	13,795 (5.10%)
바	18,306 (6.96%)	553 (7.40%)	18,859 (6.97%)
사	38,107 (14.49%)	837 (11.20%)	38,944 (14.40%)
아	56,148 (21.35%)	1,235 (16.53%)	57,383 (21.22%)
자	37,722 (14.34%)	901 (12.06%)	38,623 (14.28%)
차	14,570 (5.54%)	579 (7.75%)	15,149 (5.60%)
카	39 (0.01%)	1 (0.01%)	40 (0.01%)
타	2,678 (1.02%)	148 (1.98%)	2,826 (1.04%)
파	4,563 (1.73%)	211 (2.82%)	4,774 (1.76%)
하	17,547 (6.67%)	620 (8.30%)	18,167 (6.72%)
기타(뜻, 음 불명)	43 (0.02%)	37 (0.50%)	80 (0.03%)
總 計	**263,011字**	**7,471種**	**270,482**

書名	大字	小字	기타	總數
『東國李相國全集』	254,514	8,454	43	263,011
『芸閣唐字藪』	36,138	1,048	–	37,186
『衛夫人鐵木大字藪』	52,137	34,286	–	86,423

조된 글자 수가 많다는 것은 사용된 빈도도 비례한다는 것을 전제로 한다.

[표 3-8]의 수치를 보면 『東國李相國全集』에 사용된 글자의 수는 모두 263,011자이고, 한자 음가별로 종수를 분류한 결과 7,471종이 사용되었다. 먼저 字群으로 분류하여 사용빈도를 통계 내 본 결과 '아' 자군이 21.35%(56,148자), 그 다음 각각 '사'·'자' 자군이 14.49%(38,107자)와 14.34%(37,722자) 순으로 빈도가 높았다. 이 자군의 수치를 토대로 『東國李相國全集』에 사용된 전체 263,011자 가운데 가장 많이 사용된 글자를 상위 50자까지 선별하고 그것을 수치화하였는데, 그 결과는 [표 3-9]와 같다. [표 3-9]는 『동국이상국전집』의 상위 50자, 그리고 『芸閣唐字藪』[15]와 『衛夫人鐵木大字藪』[16]에서 가장 많이 사용

15 『芸閣唐字藪』는 『唐鐵字大小』라고도 하는데, 校書館에 소장되어 있던 校書館印書體字를 기록한 字譜로 추정하고 있다. 字譜는 목활자 또는 금속활자에 대한 部首別·字櫳別 수량을 밝혀 놓은 것으로 권말에 전체 활자의 수를 기록하고 있어 활자 연구에 기본 사료가 된다. 김영선, 「活字 字譜考」, 『文獻情報學論集』 第8輯(2002), p. 360.

16 『衛夫人鐵木大字藪』의 표제는 『芸閣字藪』이다. 교서관에 수장하고 있던 위부인자를 大字·小字로 대별하고 각 활자에 대한 철

표 3-9 『東國李相國全集』, 『芸閣唐字藪』, 『衛夫人鐵木大字藪』 상위 50자

사용 빈도순	글자명	『東國李相國全集』 상위 50자		사용 빈도순	글자명	『芸閣唐字藪』 상위 50자		사용 빈도순	글자명	『衛夫人鐵木大字藪』 상위 50자	
		자수	%			자수	%			자수	%
1	之	7,431	2.83	1	之	65	0.17	1	也	69	0.13
2	不	3,397	1.29	2	而	60	0.16	2	以	62	0.12
3	以	2,072	0.79	3	次	58	0.16	3	百	55	0.11
4	人	2,037	0.77	4	以	55	0.15	4	侍	50	0.10
5	而	2,003	0.76	5	不	47	0.13	5	賢	49	0.09
6	有	1,782	0.68	6	也	46	0.12	6	將	49	0.09
7	其	1,739	0.66	7	公	45	0.12	7	君	48	0.09
8	一	1,645	0.63	8	因	44	0.12	8	能	47	0.09
9	於	1,633	0.62	9	吟	39	0.10	9	而	47	0.09
10	者	1,537	0.58	10	旣	38	0.10	10	於	45	0.09
11	無	1,492	0.57	11	臣	37	0.10	11	之	44	0.08
12	爲	1,465	0.56	12	罪	37	0.10	12	月	42	0.08
13	也	1,442	0.55	13	可	35	0.09	13	徒	42	0.08
14	所	1,251	0.48	14	夫	35	0.09	14	東	42	0.08
15	日	1,156	0.44	15	大	35	0.09	15	如	41	0.08
16	大	1,095	0.42	16	何	35	0.09	16	凡	41	0.08
17	何	1,085	0.41	17	皆	34	0.09	17	名	40	0.08
18	如	1,083	0.41	18	將	34	0.09	18	作	40	0.08
19	是	1,050	0.40	19	亦	33	0.09	19	後	38	0.07
20	此	1,048	0.40	20	戰	33	0.09	20	人	38	0.07
21	天	1,042	0.40	21	歟	33	0.09	21	軍	38	0.07
22	云	1,037	0.39	22	兮	31	0.08	22	不	38	0.07
23	公	1,009	0.38	23	翁	31	0.08	23	入	38	0.07
24	自	992	0.38	24	用	31	0.08	24	南	38	0.07
25	可	936	0.36	25	劄	31	0.08	25	此	37	0.07
26	然	887	0.34	26	則	31	0.08	26	何	37	0.07
27	則	867	0.33	27	非	31	0.08	27	后	37	0.07
28	上	859	0.33	28	孫	30	0.08	28	與	37	0.07
29	國	858	0.33	29	宮	30	0.08	29	欲	37	0.07
30	未	856	0.33	30	韻	30	0.08	30	但	37	0.07
31	子	826	0.31	31	乃	29	0.08	31	木	37	0.07
32	生	810	0.31	32	此	28	0.08	32	勿	36	0.07
33	得	809	0.31	33	誌	28	0.08	33	九	36	0.07
34	我	794	0.30	34	遵	28	0.08	34	耳	36	0.07
35	中	789	0.30	35	見	28	0.08	35	始	36	0.07
36	亦	721	0.27	36	碣	28	0.08	36	民	36	0.07
37	若	720	0.27	37	所	28	0.08	37	便	35	0.07
38	年	706	0.27	38	從	28	0.08	38	時	35	0.07
39	山	706	0.27	39	河	28	0.08	39	毋	35	0.07
40	下	683	0.26	40	是	28	0.08	40	國	35	0.07
41	相	681	0.26	41	其	27	0.07	41	令	34	0.07
42	月	676	0.26	42	別	27	0.07	42	聖	34	0.07
43	已	671	0.26	43	太	27	0.07	43	七	34	0.07
44	心	652	0.25	44	令	27	0.07	44	司	34	0.07
45	文	650	0.25	45	固	27	0.07	45	化	34	0.07
46	事	648	0.25	46	於	26	0.07	46	又	34	0.07
47	來	647	0.25	47	必	26	0.07	47	故	34	0.07
48	時	622	0.24	48	能	26	0.07	48	則	34	0.07
49	三	620	0.24	49	縣	26	0.07	49	見	34	0.07
50	見	617	0.23	50	且	26	0.07	50	莫	34	0.07

표 3-10 『東國李相國全集』과 『芸閣唐字藪』 및 『衛夫人鐵木大字藪』 상위 50자 중 동일 글자

『東國李相國全集』	동일 글자(17자)	『芸閣唐字藪』
人, 有, 一, 者, 無, 爲, 日, 如 天, 云, 自, 然, 上, 國, 未, 子 生, 得, 我, 中, 若, 年, 山, 下 相, 月, 已, 心, 文, 事, 來, 時 三	可, 見, 公, 其 大, 不, 所, 是 也, 於, 亦, 以 而, 則, 之, 此 何	次, 因, 吟, 旣, 臣, 罪, 夫, 皆 將, 戰, 歟, 兮, 翁, 用, 劄, 非 孫, 宮, 韻, 乃, 誌, 遵, 碣, 從 河, 別, 太, 令, 固, 必, 能, 縣 且
『東國李相國全集』	**동일 글자(14자)**	**『衛夫人鐵木大字藪』**
有, 其, 一, 者, 無, 爲, 所, 日 大, 是, 天, 云, 公, 自, 可, 然 上, 未, 子, 生, 得, 我, 中, 亦 若, 年, 山, 下, 相, 月, 已, 心 文, 事, 來, 三	見, 國, 不, 時 也, 於, 如, 以 而, 人, 之, 則 此, 何	百, 侍, 賢, 將, 君, 能, 月, 徒 東, 凡, 名, 作, 後, 軍, 入, 南 后, 與, 欲, 但, 木, 勿, 九, 耳 始, 民, 便, 毋, 令, 聖, 七, 司 化, 又, 故, 莫

된 글자 50자의 수치를 함께 나타내었다. 『東國李相國全集』과 『芸閣唐字藪』 및 『衛夫人鐵木大字藪』에서 가장 많이 사용된 글자는 각각 '之·不·以·人·而'와 '之·而·次·以·不' 그리고 '也·以·百·侍·賢' 자 순으로 나타나고 있는데, 이러한 글자들은 대체적으로 자주 사용하는 글자들에 속한다.

[표 3-10]은 『東國李相國全集』과 『芸閣唐字藪』, 『衛夫人鐵木大字藪』의 상위 50자 가운데 동일 글자를 제시한 것으로, 『芸閣唐字藪』와는 17자가, 『衛夫人鐵木大字藪』와는 14자가 동일 글자로 나타났다. 아울러 『東國李相國全集』, 『芸閣唐字藪』, 『衛夫人鐵木大字藪』에 공통으로 나타나는 동일 글자는 7자(見·不·於·以·而·之·此)로 나타나고 있다.

이를 바탕으로 추정할 때 현재 알려진 증도가자 중 '不, 所, 大, 爲, 於, 無' 등은 일반적으로 많이 나타나고 '佛, 心, 法, 善, 菩, 願' 등은 불교 문헌에서 자주 나타나는 글자의 특징을 보이고 있다. 현재 확인된 문헌의 특징을 볼 때 『證道歌』는 불교문헌이고, 『古今詳定禮文』과 『東國李相國全集』은 비록 주제가 불교는 아니지만 『東國李相國全集』이 내용적으로 불교적인 주제를 많이 수록하고 있기 때문에 글자의 쓰임과 현재 나타나는 글자도 이를 반영하고 있는 것으로 추정된다.

활자와 목활자의 수량을 기록한 字譜로 서울대학교 규장각한국학연구원에 소장되어 있다. 김영선, 「活字 字譜考」, 『文獻情報學論集』 第8輯(2002), p. 365.

제9절 『東國李相國全集』의 조판 방법

1. 활자 조판의 증거로서의 誤植

『東國李相國全集』의 확인된 판본 중 증도가자로 찍었다고 추정되는 『東國李相國全集』의 권27 제26장 뒷면 권말제에는 '東國李國相全集 卷第二十七'이라 하여 '相國'이 '國相'으로 뒤바뀌어 있다.[17] 이러한 현상은 저본이 목판본이나 원고본일 경우에는 나타날 수 없는 현상이며 활자본이나 활자본을 저본으로 번각되었을 경우 그 저본에 의하여 나타날 수 있는 오류 현상이다.

비슷한 현상의 예로 『直指』의 경우 하권 제2장 '不動'의 어휘에서 '動' 자를 빠뜨려 문장 끝에 朱書로 부기시켜 교정해 둔 예도 있다.

이미 선행연구를 통하여 『證道歌』와 『東國李相國全集』의 글자와 판면에 나타난 현상을 중심으로 두 책을 찍은 글자가 같으며 같은 활자인 증도가자에 의한 것임이 증명되었다. 이와 더불어 배열된 글자가 뒤바뀐 예는 이 조판이 바로 활자에 의한 것임을 재검증하는 사례이기도 하다.

이 『동국이상국전집』은 이규보가 병석에 있을 때 최이가 문집을 빨리 간행하여 보여주기 위해 금속활자를 이용하여 간행한 정황으로 미루어 볼 때 철저하게 교정하지 못하였던 까닭에 후에 목판으로 다시 간행할 때 수정·보완하였다는 권말의 간행기록이 있으나 권27의 권말제처럼 제대로 고쳐지지 않은 부분도 있었던 것이다. 이러한 제목에서 나타난 오류현상을 감안하여 만약 본문 전체를 대교하면 더 많은 곳에서 같은 현상을 확인할 수도 있을 것이다.

---

17 『동국이상국전집』 권27이 권말제의 글자가 뒤바뀐 사실은 2013년 7월 20일 개인 소장자가 소장본에 의거하여 연락과 함께 파일을 받아 알게 된 사실이다. 참고로 국립중앙도서관에는 이 판본이 있으나 해당 권차가 소장되어 있지 않았다.

『동국이상국전집』 권제27 권말제

『동국이상국전집』 권제27 권수제

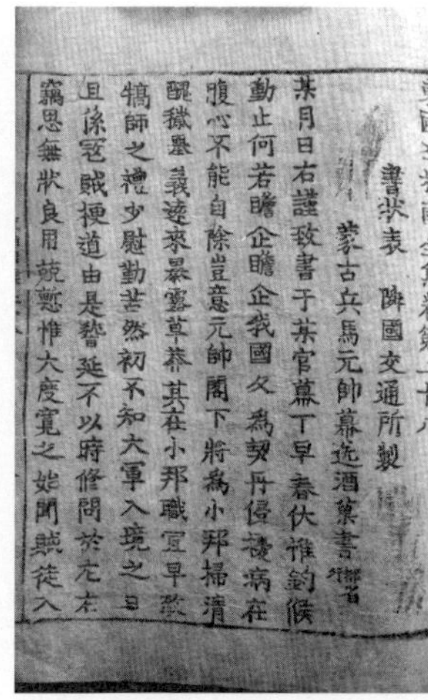

『東國李相國全集』 권제28 권수제

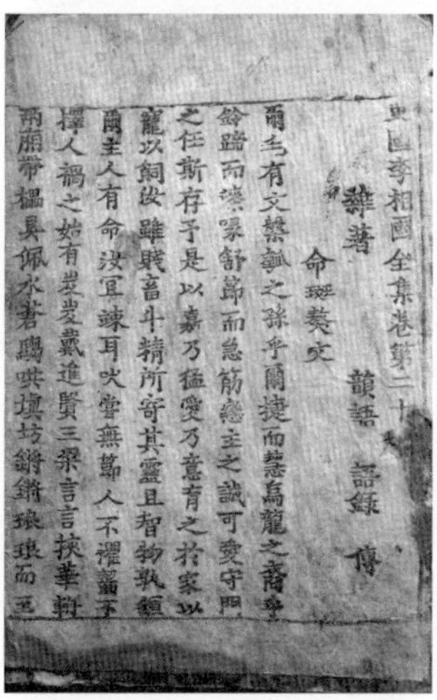

『東國李相國全集』 권제20 권수제

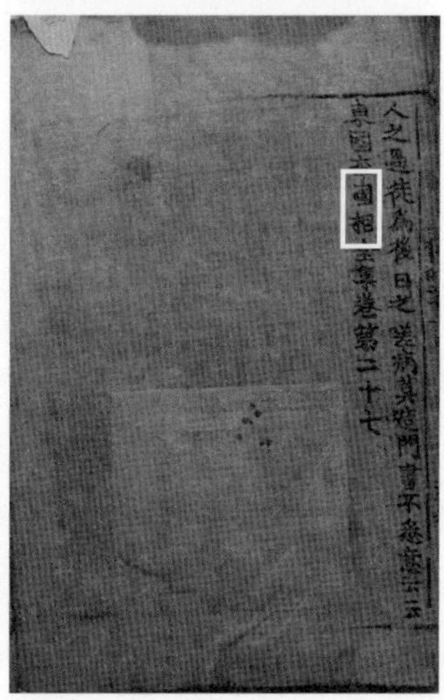

『東國李相國全集』 권제27 제26장 뒤 권말제
'國' 자와 '相' 자의 순서를 잘못 조판함

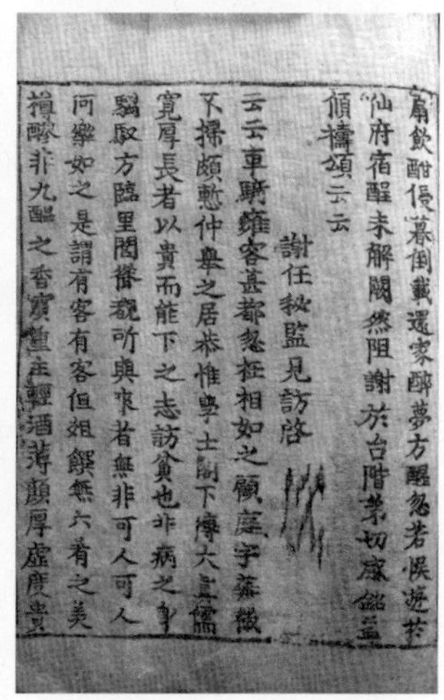

『東國李相國全集』 권27 제26장 앞

그림 3-36 『東國李相國全集』 활자본과 번각본의 비교 및 권27의 조판 오류 사례

2. 匡里; 邊欄

일반적으로 활자의 조판틀은 조립식과 고정식으로 나누어진다. 현존하는 활자 인본을 대상으로 살펴보면 고려시대의 『直指』, 조선 전기의 계미자 인본들, 세종조의 경자자

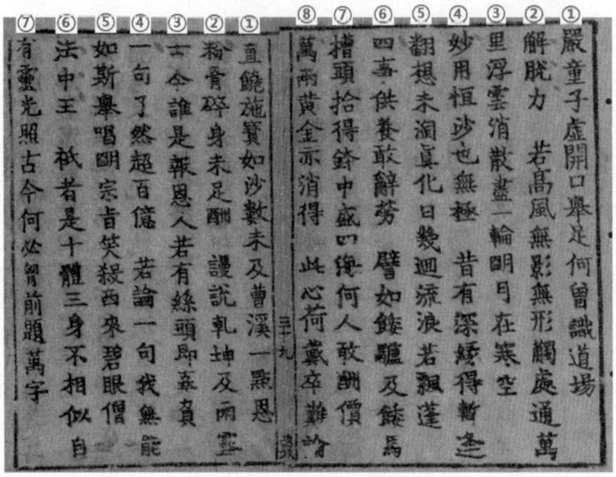

그림 3-37 『증도가』 제39장 앞·뒷면, 뒷면 7행 조판

일부 인본과 조선 후기의 정유자 인본 등에서 상하좌우의 테두리가 서로 붙어 있는 것을 볼 수 있다. 그 밖에 대부분의 활자본에서는 분리되어 조립된 형태로 나타난다. 그러나 『證道歌』의 경우 현존본이 활자의 인본이 아니라 번각본인 까닭에 그 원본에서 어떠한 상태로 있었을 것인가는 알 수 없다. 간혹 번각본의 경우에도 판심 부분의 어미가 분리되어 새겨져 원간본의 상태를 추정할 수 있는 것도 있으나 『증도가』의 경우 판심부에 張次와 각수명 외에는 다른 이미지가 없으므로 추론에 도움이 되지 않는다.

이러한 상황에서 『증도가』 현존본의 제39장 뒷면 판식은 다른 장이 8행 15자의 기본 형식을 유지하고 있는 것에 비하여 여기서는 7행으로 끝나고 바로 좌측의 변란으로 마감되어 있다. 즉 다른 면보다 한 행이 부족한 셈이지만 문장을 대조하여 보면 빠진 부분이 없고 바로 제40장 앞 제1행으로 연결되고 있으므로 이는 조판상의 오류임에 틀림없다.

이와 같은 실수가 발생한 원인을 추론하여 보면 활자본을 조판하거나 만드는 데 저본이 된 자료가 권자본이었던 까닭에 판에 맞추어 여러 사람이 일정 분량을 나누어 동시에 조판이 이루어지면서 장차별 구분을 잘못하여 할당 진행되었을 것으로 추정된다. 이후 이미 뒷장까지 조판된 상태에서 앞의 모자라는 행을 축차적으로 당길 수 없는 상태가 되었으므로 1행이 부족한 대로 판을 마감처리할 수 밖에 없었을 것이다.

한편 『直指』나 계미자 인본들을 보면 고정식 철우리인 2개의 조판틀로 반복하여 조판과 인쇄를 돌려 가면서 진행하였던 것을 알 수 있지만 『證道歌』는 당시 활자로 찍은 활자본이 없어 판식을 알 수 없으므로 현존의 번각본을 대상으로 어떠한 조판틀을 당시 사용했는지는 추적하여 알 수는 없다. 다만 일반적인 기준으로 볼 때 특정 책을 만드는 조판틀은 책별로 규격화되어 있었을 것으로 판단되고, 이러한 규격에서 한 행을 채우지 않은 상태로 조판하여 인쇄하면 인출된 책을 보는 사람은 한 행이 부족한 것으로 오인할 수 있기 때문에 제39장을 7행으로 편법처리하고 마감하여 조판틀을 고쳐 조판, 인출한 것으로 추정된다.

이때의 조판 과정을 추론할 때 만약 4변의 철우리가 조립식이었다면 3변의 변란을 고정하고 1행씩 활자를 배열한 후 우측의 변란을 마감하여 고정시켰을 수도 있고 만약 4면이 고정식이었다면 특별한 방법으로 우측 변란을 당겨 처리하였을 수도 있다. 또 다른 가능성으로 활자본에서는 공란이 있었지만 번각 시에 교정하여 현재의 상태로 되었다고 추정할 수도 있으나 현존 판본과 실물활자를 대상으로 살펴보면 원본에 충실하게 번각하였다고 보는 편이 더 타당할 것이다. 같은 상황에서 『直指』나 계미자의 인본으로 추정하여 보면 아래의 철판과 변란, 계선이 일체형으로 붙어서 만약 『證道歌』와 같은 상황이 발생한다면 공란으로 비워 둘 수 밖에 없었을 것이다. 이러한 점을 고려해 본다면 증도가의 조판틀이 적어도 아래 바닥 판만은 철우리와 분리되어 있었을 가능성이 크므로 『直指』나 계미자 인본과는 조판틀이 달랐을 것으로 추정된다.

3. 字間, 行列

앞서의 형태적인 연구 중 『證道歌』를 번각된 인본으로 추정하며 제목과 저자 표시의 줄에서 글자가 비스듬하게 식자된 점 등을 특징으로 들었다. 또 『東國李相國全集』에서도 글자의 배열상 각 줄 앞부분, 즉 각 印面의 상단부는 비교적 촘촘하게 식자되어 있고 하단부는 전반적으로 글자 간의 간격이 넓게 식자되어 있음을 밝힌 바 있다. 즉 이러한 배열은 활자의 불규칙한 크기를 배려하여 식자 시 약간 여유가 있는 고정된 철우리를 사용한 까닭으로 판단된다. 이러한 경향은 이미 『證道歌』의 일부 인면에서도 나타나고 있었다. 현재의 인본으로 이 판식이 『直指』나 계미자 식자판과 같이 고정되어 있었던 것인

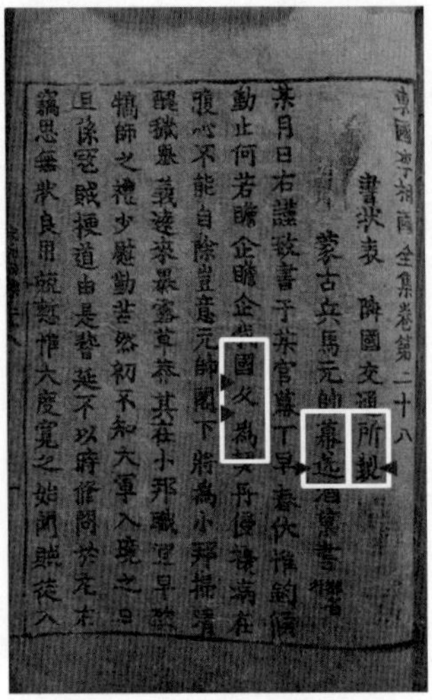

그림 3-38 『동국이상국전집』 권28

지는 추정하기 어렵지만 기본적인 구조는 유사하였을 것으로 추정된다.

배열된 활자를 인출된 글자를 통하여 살펴보면 권28 제1장 앞 제2행의 '所製' 중 '製' 자가 비뚤어져 있고, 3행의 '幕送酒菓書' 중 '送' 자가 기울어져 있으며, 제5행 '我國久爲契丹侵擾'에서 '久' 자 위아래 여백이 다른 부분과는 달리 상대적으로 공백이 넓다.

또 활자를 배열한 옆줄은 조선조의 활자처럼 수평 높이가 일치하지는 않고 큰 차이는 없지만 대체로 오르내림이 많다. 이를 통해 활자의 크기가 당시에는 규격화된 것이 아니고 글자의 획수나 구조에 따라 일정하지 않았음을 알 수 있다. 특히 실물활자 중 '一' 자나 '切' 자 등은 글자의 가로와 세로 길이의 차이가 큰 경우가 적지 않았다.

이처럼 行列이 고르지 못한 현상은 초기 활자판으로서의 특징을 보이는 것으로 인본을 살펴보면 이러한 현상이 전면적으로 나타남을 알 수 있다.

4. 활자 뒷면의 홈과 밀랍 사용 여부

금속활자의 주조와 책의 인쇄, 출판에 있어 활자판의 조판과정은 출판의 효율과 성공이라는 측면에서 초기부터 시간적으로나 기술적으로 여러 가지 어려움들이 산재하였다.

이러한 어려움 때문에 실록을 비롯한 각종 기록에서 효율적 조판을 위한 다방면의 고안과 노력을 경주하였다. 이 조판에 영향을 미치는 요소로는 활자의 형태, 높낮이, 활자의 고정 방법 등이 있다. 인쇄의 효율성을 높이기 위하여 활자를 정방형으로 만들고 높이를 일정하게 하며 초기에는 조판틀의 바닥에 활자 고정을 위하여 밀랍을 깔았다가 후에 활자 사이에 나무나 종이 등으로 쐐기를 박아 문질러 인출할 때도 흔들리지 않도록 개선하였다.

이와 같은 여러 고안에 의하여 전존하고 있는 금속활자나 목활자를 살펴보면 활자의 뒷면에 검은 덩어리와 솜이나 한지 같은 물질이 뭉쳐져 있는 것을 볼 수 있다. 국립중앙박물관 소장의 금속활자 뒷면과 고려대학교 박물관 소장 임진자 배열 식자판 등에서 확인이 되지만 현재까지 정확한 물질명을 알지는 못하고 있는 실정이다.

이에 비하여 지금까지 발견된 증도가자나 네다리형 활자의 뒷면에서는 흙으로 추정되는 접착물만 있을 뿐 다른 물질은 전혀 확인되지 않는다. 증도가자의 경우 활자의 앞면, 즉 글자면에는 획이 겹쳐지는 부분에서 산화된 금속상태와 함께 검은 먹이 나타난다. 즉 앞면에는 여러 곳에서 먹의 잔류가 확인되고 있음에도 불구하고 아랫면 홈 내부와 바닥에서는 아무 물질도 확인되지 않는다. 또 오랜 기간에 걸쳐 활자가 여러 차례 사용되었음에도 활자 주조 시의 母型 파괴나 균열에 의한 흔적만 있을 뿐 다른 양상을 찾아볼 수 없다. 만약 『직지』나 계미자 등의 기록에 의하여 밀랍이 조판 시 활자의 고정에 사용되었다면 적어도 먹이 확인되고 잦은 사용으로 활자의 표면에 균열이 있거나 획이 무뎌진 활자에서는 밀랍 내지는 유사한 점착성 물질이 미량이나마 발견되어야 할 것이다. 그러나 물질이나 재료 등이 전혀 없는 상태라면 증도가자의 조판에서는 밀랍을 사용하지 않았다고 추론할 수밖에 없다.

조선시대의 조판 방법 개선과 같은 활자 고정방법이 있었을 것인지는 관련 기록이 없어서 알 수 없다. 그러나 현존 활자들의 높이나 규격이 일률적으로 비슷하고 일부 좌우의 돌출된 날개 부분이 활자를 흔들리지 않게 하는 보조적인 역할의 일부를 하지 않았을까 추정된다. 비록 많지 않지만 현존하는 활자의 그 형태를 보면 평면적 크기 면에서 고르지 못한 면이 보이고 번각본 『증도가』 일부에서도 같은 양상을 확인할 수 있으므로 별도의 다른 활자 고정법과 조판법이 고안되었을 가능성도 있지만 현재로서는 짐작하기 어렵다.

제10절 복제 활자의 배열에 의한 조판 시험

활자 조판에 필수적인 요소 중 하나이자 조판 방법 못지않게 중요한 것으로 활자의 크기와 형태를 들 수 있다. 크기와 형태는 인출을 위한 활자의 고정 방법에 영향을 미치는 것으로 조선 초기처럼 바닥에 밀랍을 깔거나 흔들림을 막기 위하여 종이나 나무 등으로 활자간의 여백 공간에 쐐기를 끼우는 방식이 고안되기도 하였다. 즉 좋은 상태의 인출과 다량 인쇄물을 확보하기 위해서는 활자의 높이가 가능한 일정해야 하고 인출 작업 시 움직이지 않도록 바탕에 밀랍을 깔거나 공간을 메우는 것이 필연적이었다.

활자 인쇄의 발달사 측면에서는 중국 원대에 활자의 고정을 위하여 진흙을 바닥에 깔고 굳힌 후 인쇄하였다는 기록이 있으나 이 방법은 활자를 오염시키고 오랜 시간이 소요되는 단점이 있었다. 다른 방법으로 활자 몸통에 구멍을 내고 철사로 꿰어 활자를 고정시키는 방법도 고안되었으나 모두 본격적으로 활용되지 못하였다.

1. 증도가자; 날개-홈형/홈형 활자

증도가자의 경우 현존하는 번각본 『證道歌』와 『東國李相國全集』을 바탕으로 하고 복제된 활자를 배열해 봄으로써 비록 원간본과 번각의 오차가 있고 활자 복원에서도 복원 시의 오차가 존재하지만 전체적인 현상을 확인하는 과정이 될 수 있으므로 여기서는 실험적 단계로 적용해 보았다.

〈그림 3-39〉는 증도가자를 영인본 『證道歌』 제42장 앞뒷면에 배열한 것으로 증도가자 일부를 3D 스캔으로 이미지와 데이터를 확보하여 반투명의 플라스틱으로 복제한 것이지만 해당 글자가 전부 존재하는 것이 아닌 만큼 같은 글자의 복제 활자도 포함되어 있다.

또 증도가자의 형태 중 돌출부가 있는 것과 없는 것이 있지만 현재로서 정확한 선후를 가릴 수 없고 선행 연구에서 이미 같은 글자의 중복활자가 두 가지 유형 모두에서 나

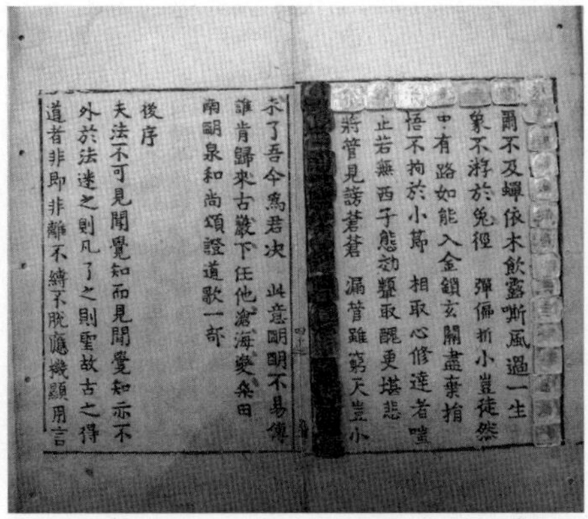
罽不及蟬依木飲露嘶風過一生
象不游於兎徑 彈偏析小豈徒然
中有路如能入金鎖玄關盡棄捐
悟不拘於小節 相取心修違者嗤
止若無西子態効顰取醜更堪悲
將管見謗蒼蒼 漏管雖窮天豈小
未了吾今為君決 此意明明不易傳
誰肯歸來古巖下 任他滄海變桑田
南明泉和尚頌證道歌一部
後序
夫法不可見聞覺知而見聞覺知亦不
外於法迷之則凡了之則聖故古之得
道者非即非離不縛不脫應機顯用言

그림 3-39 『증도가』 제42장 앞뒷면, 복제활자 배열

타나고 있음을 확인하였으므로 우선 두 활자를 구분하여 조판하지 않고 혼합하여 배열하였다. 그 결과 대체로 활자가 주어진 철우리 내에 들어가지만 그 이전에 그 틀이 되는 인본이 활자본을 번각하고 시간이 경과하였던 판본이므로 저본보다는 나무의 축소로 판식이 줄어들었다.

현존의 번각본에서는 매 장마다 변란, 즉 철우리의 크기가 달라져 있다. 이는 번각 시나 그 후 나무가 건조되는 과정에서 생기는 오차가 작게는 1~2mm에서 크게는 10mm 이상의 차이를 보이는 것도 있으므로 가능한 기준은 변란 안쪽의 길이가 긴 쪽을 택하는 것이 당시의 조판 상황과 가까울 것으로 판단된다. 따라서 실물의 복제 활자에 의한 조판에서는 그러한 판식의 상황도 고려하여야 할 것이다.

한편 〈그림 3-40〉은 앞장은 1행에 15자가 배열되는 판식으로 기본적으로는 날개, 즉 돌출 부분이 없는 상태에서 세로를 배열하고 가로는 좌우의 자간과 행간의 구분을 목적으로 고안하였을 것으로 추정되는 돌출 부분이 있는 활자를 배열하여 보았다. 그 결과 비록 판식의 축소가 있었을 것으로 예상되지만 대체로 철우리 판식 내에 활자를 배치할 수 있었다.

앞의 『東國李相國全集』 복원 활자 배열 그림에서 10행 18자의 기본 판식에서 그 광곽의 크기는 번각본의 상태에 따라 20.5~22.3cm까지 큰 차이를 보이고 있다. 그 원인은 이미 앞에서 언급된 바와 같이 번각 후 목판의 자체 수분 증발에 의한 축소나 보관 관리 상태의 좋고 나쁨에 따라 변형과 축소를 초래한 것에 기인한 것으로 판단된다.

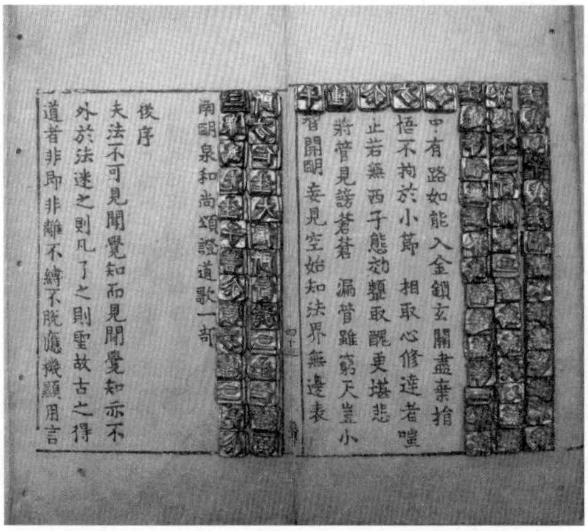

그림 3-40 『증도가』 제42장 앞뒷면, 복제활자(황동) 배열

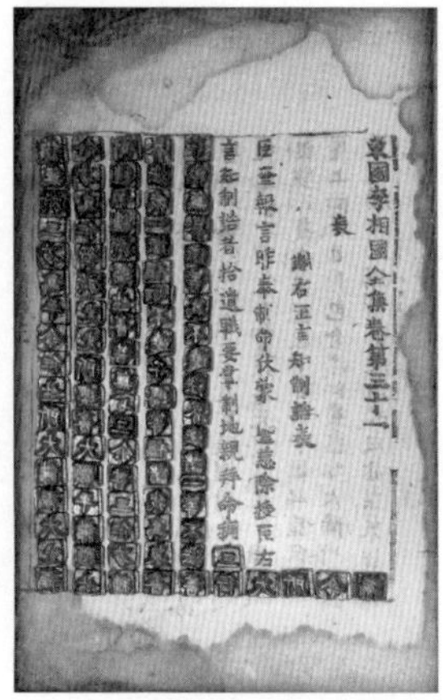

그림 3-41 『東國李相國全集』 권제31 앞장 복제활자(황동) 배열

한편 『證道歌』에서와 같이 날개가 없는 홈형 활자는 번각본의 자수와 같이 배열되지만 날개 홈형 활자의 경우는 세로 배열에서 역시 1자 정도의 차이를 보인다. 두 번각본의 경우 글자별로 구분하여 보면 글자의 크기가 같지 않은 것이 간혹 보이나 이는 발견된 활자의 수량이 제한적이고 그 내용도 일치하지 않아 나타나는 현상으로 이러한 차이가 바로 조판에 영향을 주었을 것으로 판단된다. 행렬이 바르지 못한 것도 마찬가지 현상이지만 초기의 활자주조라는 관점에서 본다면 활자 서체의 저본이 된 책에서의 차이가 반영되었을 가능성이 크고 특별한 경우 한 문장 내의 배열상 문제로 글자의 크기가 조정된 경우도 상정해 볼 수 있지만 그 가능성은 낮을 것으로 여겨진다.

활자의 배열과 조판 등 이와 관련하여 상정할 수 있는 다른 해석은 필자가 이미 선행연구를 통하여 언급하였듯이 『證道歌』가 활자로 찍히기 전에 이미 다른 활자본이나 인쇄물이 존재하였을 가능성이 있다는 것이었다. 그 논의에서는 『證道歌』에 나타난 글자 크기들의 차이가 큰 것이 많고 같은 글자 무리에서도 편차가 심하므로 보충 내지 혼용의 가능성이 있다고 추정하였다. 따라서 글자의 크기는 같으나 복원된 활자를 배열할 때 번각되어 전하고 있는 저본의 광곽 및 본문이 전체적으로 줄어들었기 때문으로 추정된다. 한편 서로 다른 형태 활자, 즉 날개/원형의 『證道歌』자는 1차 날개가 있는 상태의 기본틀에서 이미 수정된 날개가 없는 형태가 혼재된 조판으로 진행되었을 것으로 추정된다.

유부현에 의하면(표 3-11 참조) 문화재청 검증 결과 중 광곽 변화율을 최대로 적용한 값에서는 모두 조판이 가능한 것으로 되어 있지만 문화재청은 평균값을 적용하여 불가능 또는 조건부 가능이라는 결과를 내렸다고 하였다.

문화재청 조판 검증 결과 검토 중 광곽 변화 예측치에 대한 것을 보면 『석보상절』 활자본과 번각본 사이의 수축률을 고려하여 평균값으로 번각본 『증도가』에 적용하고 그 결과 증도가자는 조판이 어렵다고 결론 내렸다. 하지만 이 결과는 번각본은 목판으로 찍어 낸 것이라 금속활자와 달리 그 판이 계속해서 수축하기에 활자본보다 광곽의 크기가 작을 수밖에 없는 특성을 제대로 이해하지 못하고 내린 결론이다.

표 3-11 문화재청 조판 검증 결과(문화재청 보도자료, 2017. 04. 13.)[18]

광곽 변화 예측치 적용 조판 가능성
『석보상절』 활자본 → 번각본의 세로 최대 93.74%, 최소 96.41%, 평균 95.00%를 번각본 『증도가』에 적용하여 산출한 활자본 『증도가』의 광곽 예측치

홈형	광곽 변화율 적용(㎜)				홈날개형	광곽 변화율 적용(㎜)			
	번각본	최소 (173)	최대 (186)	평균 (183)		번각본	최소 (173)	최대 (173)	평균 (173)
세로 1행 15자	광곽 길이 \ 활자 크기	179.4 <182.1 <184.0	192.9(96.41%) <195.8(95.00%) <198.46(93.74%)	189.9 <192.6 <195.2	세로 1행 15자	광곽 길이 \ 활자 크기	179.4 <182.1 <184.6	192.9 <195.8 <198.4	189.8 <192.6 <195.2
	최소 4(一)	가능 (11.10×15=166.5)	가능	가능		최소 1(切)	가능 (10.10×15=151.5)	가능	가능
	최대 18(衆)	불가 (13.90×15=208.5)	불가	불가		최대 9(普)	불가 (14.30×15=214.5)	불가	불가
	평균 12.50	불가 (12.50×15=187.5)	가능	가능		평균 13.0	불가 (13.0×15=195.0)	일부 가능	불가
가로 8행	광곽 길이 \ 활자 크기	123.1 <123.9 <125.1	130.2 <131.0 <132.3	127.1 <128.0 <129.2	가로 8행	광곽 길이 \ 활자 크기	123.1 <123.9 <125.1	130.2 <131.0 <132.3	127.1 <128.0 <129.2
	최소 19(源)	가능 (11.90×8=94.40)	가능	가능		최소 43(心)	가능 (12.90×8=103.20)	가능	가능
	최대 27(福)	가능 (14.10×8=112.8)	가능	가능		최대 29(슈)	불가 (17.10×8=136.8)	불가	가능
	평균 13.10	<	가능	가능		평균 15.9	불가 (15.9×8=127.2)	조건부 가능 (무계선에 한정)	조건부 가능 (무계선에 한정)

* 필자 주: 세로의 광곽 길이 최대(186mm)의 경우 다음과 같이 계산됨.
최대 93.74%는 198.4mm, 최소 96.41%는 192.9mm, 평균 95.00%는 195.8mm

18 유부현, 「학술토론집: 세계에서 가장 오래된 금속활자」,(2017. 09. 28.), 국회의원회관 제1소회의실, p. 34에서 발췌.

2. 네다리형 활자

이미 선행의 연구에서 네다리형 활자는 증도가자와 서체나 활자의 형태가 판이하게 나타났다. 또 서체만을 대상으로 볼 때 조선 초기 1403년에 주조된 계미자와 크기와 서체 등 비슷한 면이 있다. 따라서 이 장에서는 이 네다리형 활자의 복제활자를 계미자 인본의 복사면에 시험 배열하여 서로 간의 유사점 등을 살펴보았다.

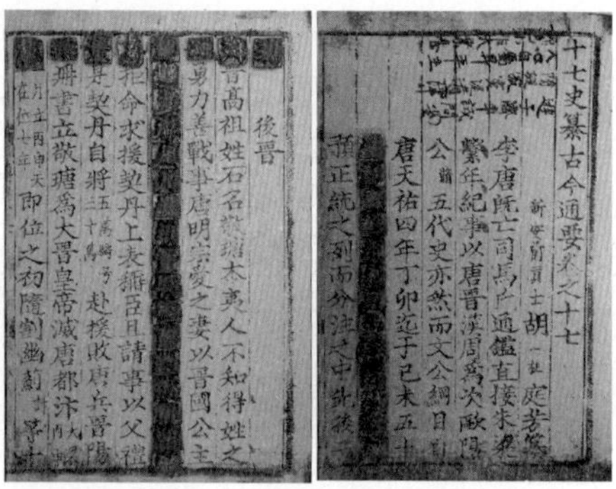

그림 3-42 『十七史纂古今通要』 권17 권수제

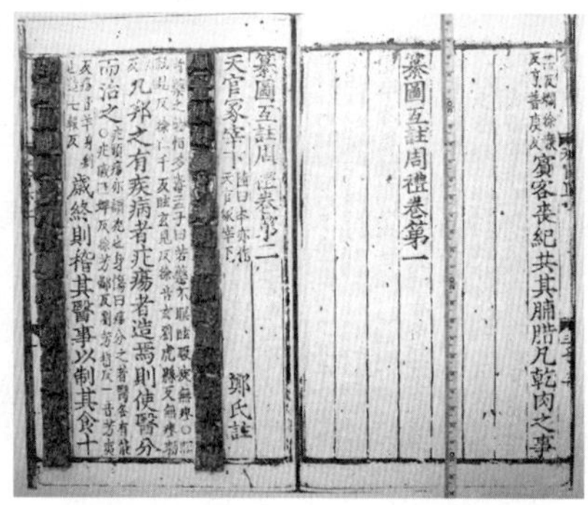

그림 3-43 『纂圖互註周禮』 권2 권수제

이러한 작업의 결과 복제활자는 계미자에서 볼 수 있는 특징을 함께 드러내어 획과 자간이 서로 맞물리지 않으면 변란, 즉 철우리 안쪽으로 활자가 배열될 수 없는 상태로 보인다. 또 활자의 크기도 글자의 획수나 자형에 따라 상대적으로 달라져 차지하는 조판 틀 내에서의 면적도 다르게 나타난다. 비록 이 활자의 인본이 현재까지 발견되지 않았지만 계미자의 특징을 보여 주고 있으며 이후 활자 조판에 관련된 조선왕조실록의 기록에서 활자 바닥의 네 모서리를 평정하게 하였다는 것을 볼 수 있어 전후의 영향을 어느 정도 보여 주는 것이라 여겨진다.

제4장 證道歌字의 과학적 분석

고려시대

금속활자를 감정하고 평가하는 데는 서체나 형태를 기본으로 하여 사료에 언급된 기록과의 일치여부도 검토하고 더 구체적으로는 과학적 방법을 동원하여 성분, 부식 상태, 내부 구조, 먹 등을 분석하는 종합적 연구가 필수적이다.

특히 출토된 자료의 경우에도 전래 과정을 정확하게 알지 못하거나 부식이나 외부적인 요소로 손상되었을 가능성이 있고 구체적인 사용의 시기를 추정할 때도 과학적인 분석이 반드시 필요하다.

2010년에 발표된 고려시대 금속활자인 證道歌字를 확정하는 데는 글자의 서체를 목판 번각본과 대조하는 인문학적 방법에 덧보태어 발견된 활자의 금속 성분, 부식 상태, 잔존 먹을 통한 방사성탄소 연대측정, 납동위원소비에 의한 재료의 생산지 추정 등과 같은 과학적 방법이 필요하게 되었다. 그러나 이 활자는 13세기로 추정되는 중요한 유물인 까닭에 파괴의 방법을 적용하기 힘들고 실제 인쇄가 가능하였던 활자인지 확인하기 위해 먹을 바르고 찍어 내 보는 실험적인 방법도 채택하기 어렵다. 따라서 이러한 필요성을 해결하기 위해서는 최소한의 범위 내에서 파괴 방법을 병행하거나 3D 촬영과 복제를 통하여 복제본을 만들어 실험해 보는 것이 가장 현실적인 대안인 것이다.

지금까지 과학 분야의 전문가들에 의하여 분석된 과정과 결과는 證道歌字의 파괴와 비파괴 방법에 의한 금속 성분 분석, 납 동위원소비 분석에 의한 금속 재료의 산지 추정, 잔존 먹의 방사성탄소 연대분석에 의한 활자의 사용 시기 추정 등이다.

제1절 금속활자 성분 분석 사례

금속활자의 성분을 과학적으로 분석한 선행의 연구들은 많지 않으나 주로 1930년대부터 조선시대 활자를 중심으로 검토되기 시작하였다. 금속활자 중 가장 보편적인 청동활자를 구성하는 성분은 구리를 기본으로 주석과 납, 철 등이 포함되어 있어서 합금에 의해 유연하고 쉽게 마모되지 않는 성질을 지닌 금속으로 되어 있다. 이러한 특징은 금속활자에 국한되는 것이 아니라 전통시대 일상에 사용되는 금속 제품에 일반적으로 요구되는 기본 속성이었다.

조선시대 금속활자의 과학적 성분 분석에 대한 결과는 손보기, 김두종[1]에 의해 국내외의 시도를 각각 소개하였지만 구체적인 과정이나 대상활자에 대한 이미지, 사용 기기, 분석 방법 등에 대해서는 언급하지 않았다. 그 소개된 내용을 정리하면 다음과 같다.

1931년 8월, 쥬드슨 댈런드(Judson Daland), 미국 펜실베이니아 의과대학

이 분석은 1931년 8월에 미국 펜실베이니아 주 프랭클린 연구소의 월간지에 발표된 것으로, 구성 성분은 구리 79.45%, 주석 13.20%, 아연 2.30%, 철 1.88%, 납 1.66%, 망간 0.45% 등이다.

1943년, 일본 加茂儀一『技術發達史, 5; 印刷技術發達史』, 商工行政社

이 책에 소개된 금속활자의 성분은 위의 1931년도 분석과 완전히 같고 1455년 주조한 활자의 분석임을 밝히고 있다. 이 1455년은 조선 세조 때의 乙亥字 주조 시기와 같은 것이지만 최근 한국의 국립중앙박물관에 한글 소자 20여 자만 알려져 있을 뿐 잔존의 여부는 알 수 없다. 따라서 일본에서 분석된 이 활자의 구체적인 소장처와 분석 대상활자에 대한 정확한 정보가 알려져 있지 않고 1931년의 활자와 동일 여부도 확인되어야 한다. 지금까지의 과학적 성분 사례에서 개별 금속활자의 성분 분석이 동일하게 나온 적은 없고 실제적으로 합금의 비율까지 일치하기는 어려울 뿐 아니라 동일 활자라 해도 파괴 분석의 위치에 따라서 성분이 달리 나타난다. 현재까지 일본에 현존하는 금속활자 중 조선 초기의 을해자라 알려진 활자는 보고된 바 없다. 활자의 판정이나 분석 성분 인용에 신중을 기해야 하는 분석 결과이다.

1956년 3월, 조지 고든(George Gordon), 미국 캘리포니아대학교 금속공학과

이때의 성분 분석 결과는 구리 84%, 납 7%, 주석 7%, 아연 1%, 철 0.1%, 니켈

---

1 金斗鍾,『韓國古印刷技術史』, 서울: 探求堂, 1974, pp. 358–361.

0.05%, 인 0.05% 등이다. 이 분석 결과에 대하여 손보기는 「이조인쇄기술사」[2]에서 改鑄甲寅字(癸酉字)[3]의 성분으로 인정하였다. 그러나 현재까지 실물로서 再鑄甲寅字가 확인되지 않았으므로 구체적인 분석 대상에 대한 검토가 이루어지지 않았다.

1961년 6월, 韓鳳熙, 서울대학교 공과대학 冶金科

조선 후기의 전존하고 있는 활자 중 壬辰字, 韓構字, 整理字, 校書館印書體字의 4종을 대상으로 韓國鑛業研究所에서 분석한 것이다. 이때의 성분 분석 결과는 壬辰字는 구리 73.04%, 납 17.50%, 주석 6.12%, 아연 2.30%, 철 0.83% 등이고 韓構字는 구리 87.10%, 주석 4.83%, 납 4.43%, 아연 2.50%, 철 1.02% 등이다. 고딕체 두 활자 중 整理字는 구리 70.10%, 납 14.01%, 아연 10.00%, 주석 4.70%, 철 0.90% 등이며 校書館印書體字는 철 81.24%, 구리 10.56%, 비소 6.73%, 탄소 0.84%, 유황 0.361%, 규소 0.163% 등이다. 그러나 이때의 校書館印書體字는 希顯堂鐵字나, 校書館筆書體鐵字의 성분으로 판단되고 2007년의 분석에서도 철활자가 아닌 동활자로 밝혀졌다.

1973년 11월, 孫寶基, 연세대학교 한국사학과

조선 후기의 활자 중 전존하고 있는 顯宗實錄字, 韓構字Ⅰ, 甲寅Ⅷ(丁酉字), 整理字Ⅰ를 대상으로 분석한 것이다. 이때 顯宗實錄字는 구리 64.7%, 주석 18.4%, 납 4.4%, 아연 3.1%, 철 2.1% 등이며 韓構字Ⅰ는 구리 79.8%, 주석 16.6%, 납 2.1%, 철 2.0%, 아연 1.4%의 순서이며 甲寅Ⅷ(丁酉字)는 두 점으로 구리 80.8/78.2%, 주석 9.8/12.1%, 납 3.6/3.8%, 아연 1.2/2.6%, 철 1.9/1.5% 등이다. 整理字Ⅰ는 구리 80.5%, 아연 6.3%, 주석 6.1%, 철 1.3%, 납 1.1%의 순서이다. 또 芸閣Ⅰ자나 希顯堂字에 대해서는 철 81.24%, 구리 10.56%로 같은 성분으로 밝혀 두었다.

그러나 활자의 명칭에서 국립중앙박물관에 전존하고 있는 활자를 고려할 때 韓構字Ⅰ은 다분히 韓構字Ⅲ에 대응하고 甲寅Ⅷ은 丁酉字가 아니라 壬辰字, 整理字Ⅰ은 整理字Ⅱ을 대상으로 분석한 것이라 보는 것이 타당할 것이다. 이 분석에서 지칭된 활자들이 현재 남아 있는 것이 많지 않거나 없으며, 구체적인 활자를 한정하지 않는 한 初鑄와 再鑄

2 고려대학교 민족문화연구소, 『韓國文化史大系』 3, 서울: 고려대학교 민족문화연구소, 1968.

3 이 癸酉字(甲寅字Ⅳ, 손보기)는 선조 때 주조된 庚辰字(천혜봉 등)라 부르기도 한다.

표 4-1 분석된 활자의 금속 성분[4]

	때	활자이름	구리	아연	주석	납	철	나머지	분석날짜
놋쇠	12세기	고려활자	50.9	0.7	28.5	10.2	2.2	0.1	1975. 3.
	1434	갑인 I 자	(84.0)	(3.0)	(7.0)	(5.0)	(0.1)		갑인Ⅳ.
	1455	강희안자	79.45	2.30	13.20	1.66	1.88		1931. 8.
	1573	갑인Ⅳ자(경진자)	84.0	1.0	7.0	7.0	0.1		1956. 3.
	1677	현종실록자	64.7	3.1	18.4	4.4	2.1		1973. 12. 11.
	1677	한구자 I	79.8	1.4	16.6	2.1	2.0		1973. 12. 11.
			87.1	2.5	4.0	4.43	1.0		1961. 6.
	1777	갑인Ⅷ자	80.5	1.2	9.8	3.6	1.9		1973. 12. 11.
			78.2	2.6	12.1	3.8	1.5		1973. 12. 11.
			73.04	2.3	6.32	17.50	0.8		1961. 6.
	1795	정리자 I	85.5	6.3	6.1	1.1	1.3		1973. 12. 11.
			70.1	10.0	4.7	14.01	0.9		1961. 6.
무쇠	1684	운각 I 자	10.56				81.24		1973. 12. 11.
		희현당자	10.56				81.24		1975. 4.

活字의 구분이 용이하지 않기 때문이다. 또 芸閣I字나 希顯堂字의 성분인 철 81.24%, 구리 10.56%는 1961년 6월, 韓鳳熙에 의하여 분석된 校書館印書體字의 철 81.24%, 구리 10.56%와 완전히 일치하는 것으로 이 데이터도 대상 활자가 밝혀지고 재점검되지 않는 한 신뢰성을 확보하기 어렵다고 볼 수 있다. 즉 2007년에 국립중앙박물관 소장의 전후기 교서관인서체자를 과학적으로 성분 분석한 결과 기존의 기록과 선행연구에서 밝혔던 철활자가 아니라 구리가 주성분인 청동활자로 확인되었고 여기서 언급된 데이터는 希顯堂鐵字나 校書館筆書體鐵字의 성분으로 판단된다. [표 4-1]은 손보기가 제시하고 있는 금속활자 성분 분석의 사례표이다.

2006년 유혜선,[5] 국립중앙박물관

여기서는 일제강점기 때 조선총독부 참사관 분실에서 인계받은 戊申字와 병용하여

4 손보기, 『새판 한국의 고활자』, 서울: 寶晉齋, 1982, p. 68.

5 유혜선, 「국립중앙박물관 소장 한글 금속활자의 과학적 분석」, 국립중앙박물관 역사부, 『한글금속활자』, 서울: 국립중앙박물관, 2006, pp. 252–263.

사용되었던 금속제 한글활자 중 대·소자 각 30개를 대상으로 비중 측정 및 XRF 분석을 수행하여 성분을 분석하였다. 이때 활자를 증류수와 에탄올이 혼합된 용액에 넣고 초음파로 세척하여 건조시킨 다음 개별 활자당 앞뒤, 상하좌우의 6곳, 소자는 3곳을 비파괴 분석으로 성분 측정하였다. 그 결과는 30점 활자의 성분별 평균치로 계산하면 대자는 구리 76.23%, 납 15.13%, 주석 7.16%, 아연 1.19%, 니켈 0.24%, 철 0.09%이며 소자는 구리 76.27%, 납 14.37%, 주석 8.03%, 아연 1.03%, 니켈 0.21%, 철 0.1%로 그 경향을 볼 수 있다.

2006년 6월 유혜선, 이재정,[6] 국립중앙박물관

여기서는 국립중앙박물관에 소자된 壬辰字, 整理字, 韓構字, 鐵活字 각 30점을 대상으로 비중 측정 및 XRF 분석을 실행하여 활자를 유형화하고 성분을 분석하였다. 여기서 철활자는 희현당철자가 아닌 교서관 필서체철자로 순조 대부터 구한말까지 족보, 문집을 찍을 때 사용하였으며 희현당철자와 혼합하여 쓰기도 하였다.

유물의 전처리 과정에서 이물질 등을 제거하기 위하여 활자를 증류수와 에탄올이 혼합된 용액에 넣고 초음파로 세척하여 건조시킨 다음 개별 활자당 앞과 상하좌우의 5곳(5단면), 철활자는 2~3곳을 비파괴로 분석하였다. 이때 비중 측정 결과는 임진자는 8.51, 정리자 8.64, 한구자 8.74, 철활자 6.81의 평균 비중 값으로 나타났다. 성분 분석의 분포에 있어 임진자는 크게 2그룹, 정리자는 3그룹으로 나누어지지만 전체적인 경향은 壬辰字의 경우 성분별 최대치와 최소치가 구리 93.56~66.20%, 납 16.47~3.08%, 주석 14.64~2.49%, 아연 8.96~0.12, 철 1.23~0.03%를 보인다. 整理字는 구리 80.54~69.91%, 납 13.88~0.65%, 주석 25.88~6.31%, 아연 5.12~0.11%, 철 2.15~0.08%의 분포로 나타난다. 韓構字는 구리 81.08~76.74%, 주석 17.74~4.04%, 납 16.30~3.33%, 아연 0.36~0.06%, 철 0.15~0.03%이다. 철활자는 철 65.22~50.07%, 비소 36.29~25.47%로 나타난다.

6 이재정, 유혜선, 「국립중앙박물관 소장 금속활자의 과학적 분석」, 『書誌學硏究』 제33집(2006. 6.), pp. 145-166.

2007년 유혜선,[7] 국립중앙박물관

여기서는 국립중앙박물관에 소장된 17~18세기경 교서관에서 만든 것으로 추정되는 校書館印書體字를 대상으로 1684년경(숙종 10) 주조의 전기활자와 1723년경(경종 3) 주조의 후기활자로 구분하여 각각 20자씩 총 40자를 선별하고 증류수와 에탄올이 혼합된 용액에 넣고 초음파로 세척하여 건조시킨 다음 개별 활자당 앞뒤, 상하좌우의 6곳을 비파괴 분석으로 측정하였다. 그 결과는 40점 활자의 성분별 평균치로 제시된 데이터는 구리 73.13%, 납 14.99%, 주석 9.15%, 아연 1.66%, 니켈 0.20%, 철 0.14%이다. 또 전기의 교서관인서체자 비중은 평균 8.728이며 후기는 8.757로서 작은 편차만 보일 뿐 활자의 조성 성분이나 제작 기술상의 차이는 크지 않은 것으로 밝혀졌다.

이상과 같은 금속활자의 금속 성분 분석에 대한 사례들은 개별의 특정 활자에 대한 것이 많고 근자에 들어 분석 대상의 숫자가 늘어 종합화할 수 있는 근거가 마련되고 있다. 20세기 초·중반의 분석들은 분석 결과를 신뢰할 수 있다 하더라도 대상 활자에 대한 정확한 활자명이나 사용 시기 등에 대한 파악이 부정확하여 신뢰도를 떨어뜨리는 경우가 많다.

한편 금속활자의 과학적인 성분 분석에는 파괴와 비파괴 분석을 적용할 수 있으나 유물의 특성상 파괴할 수 없는 경우가 많고 비파괴의 경우에도 이물질로 표면이 오염되거나 부식이 심할 경우 제대로 유물의 현상을 반영할 수 없게 된다. 또 비파괴의 경우 유물의 특정 지점의 현상을 반영하게 되므로 보다 객관적인 데이터를 확보하기 위해서는 분석 지점을 다양하게 할 필요가 있고 파괴 분석의 경우에도 유물의 표면이 아닌 중심부의 안정된 분포를 반영할 수 있도록 분석 위치를 고려하여야 한다.

이러한 증도가자의 성분 분석에 간접적으로 참고가 될 만한 금속활자 성분 분석 외에도 국외의 사례로는 대표적 일본 금속활자인 쓰루가 동활자(駿河銅活字)의 분석 사례가 있다. 비록 시기적으로는 17세기로 늦지만 조선 후기의 다른 활자와 비교하는 것도 의미가 있다. 그 처음의 사례로는 1987년 2월 2일 NHK TV에서 방영한 凸版印刷株式會社 總合硏究所 分析그룹의 電子線 마이크로애널라이저에 의한 비파괴검사가 있었다. 이때

7 유혜선, 「국립중앙박물관 소장 교서관인서체자의 과학적 분석」, 국립중앙박물관 역사부, 『校書館印書體字』, 서울: 국립중앙박물관, 2007, pp. 274–286.

대자 '佛', '人', '化' 지와 소자 '也', '之', '泉' 자를 대상으로 분석한 결과 주성분인 구리, 납에 주석과 철의 소량 성분이 공통적으로 포함되어 있었다. 그 밖에 알루미늄, 유황, 아연, 비소가 포함된 활자도 있었다.[8] 또 2000년 3월에는 종합연구소 재료기술연구소 시험분석팀에서 진행된 동활자의 분석에서 대자 '洋', '冶', '今' 3점에 대하여 EPMA 분석장치로 전자선 마이크로애널라이저를 이용하였다. 분석 결과는 '洋' 자는 Cu 85.7%, Sn 6.4%, Si 3.0%, Pb 2.0%, As 1.9%, Al 1.0%이며 '冶' 자는 Cu 82.8%, Sn 9.7%, S 3.1%, Si 2.0%, Cl 0.9%, Fe 0.8%, Al 0.7%, '今' 자는 Cu 88.6%, Zn 6.7%, Pb 2.8%, Sn 1.9% 의 분포를 가진 것으로 나와 활자마다 성분의 차이가 있음을 보여 주고 있다.

한국의 전통시대 금속활자도 구리의 주성분에 주석, 납, 철 등의 순서를 보이고 전체적인 구성은 크게 다르지 않은 것으로 보인다.

제2절 證道歌字의 금속 성분 분석

지금까지 알려진 여러 종류의 금속활자에 대한 성분 분석 사례 중 가장 빠른 시기의 것은 국립중앙박물관에 소장된 '複' 자이며 1975년의 비파괴 분석에 의하여 구리 50.9%, 주석 28.15%, 납 10.2%, 철 2.2%, 아연 0.7%로 확인되었다. 이러한 비율은 청동활자의 경우 파괴검사를 하면 구리가 70~85% 정도 차지하는 것과는 차이를 보이지만 표면의 오염이나 부식과 산화로 인하여 주석의 함유량이 표면에서 높이 나타나는 것은 일반적인 현상이라 할 수 있다.

이와 마찬가지로 13세기 고려활자로 추정되는 증도가자는 물론 같이 발견된 네다리 활자도 기본적인 과학분석 방법에 의하여 검토되어야 되므로 우선 비파괴 분석으로 전체의 경향을 파악한 후 특정의 활자에 대하여 파괴 분석을 적용하는 것이 바람직하다.

8 百瀨 宏,「駿河版銅活字; その成立と鑄造技法解釋」, 印刷史研究會 編,『本と活字の歴史事典』, 東京: 柏書房, 2000, p. 83.

1. 證道歌字의 비파괴 성분 분석

1) 분석 대상과 방법[9]

개인 소장의 101개 활자와 청주고인쇄박물관 7자를 대상으로 하였으며 대표적인 비파괴 분석 방법인 휴대용 X-선 형광분석기(P-XRF: Portable X-ray Fluorescence System)를 이용하여 활자의 활자 면과 측면을 함께 분석하여 비교하였다. 측면을 분석한 이유는 활자 면은 부식이 심하고 이물질이 많아서 상대적으로 오염이 적은 측면이 분석에 용이할 것으로 판단했기 때문이다. 개인 소장 활자의 분석은 Thermo Fisher Scientific사의 휴대용 X-선 형광분석기(Niton XL2-980)로, 청주고인쇄박물관 소장 활자의 분석은 미국 Innov X사의 휴대용 X-선 형광분석기(Innov-X System)를 이용하여 금속성 원소들을 중심으로 분석하여 비교하였다.

2) 분석 결과

비파괴 성분 분석기인 휴대용 X-선 형광분석기를 이용하여 개인 소장 및 청주고인쇄박물관에서 소장하고 있는 활자를 분석한 결과, 표면 부식 및 흙 등 이물질이 표면에 덮여 있어 차이는 있으나 대부분 활자의 표면 부식 특성은 일정한 경향성을 보여 주고 있음을 확인할 수 있다.

휴대용 X-선 형광분석기는 비파괴성분 분석기이므로 유물의 표면을 쉽게 분석할 수 있는 장점이 있으나, 금속유물의 경우 부식이 심한 상황에서는 표면 부식물만을 분석하여 실제 정확한 성분비를 알기 어려운 단점이 있다. 마찬가지로 개인 및 청주고인쇄박물관에서 소장하고 있는 증도가자도 파괴 분석이 불가능하여 활자의 표면 부식물 및 이물질들을 함께 분석한 결과이므로 실제 성분비와는 차이가 클 것으로 추정된다. 그러므로 향후 활자의 정확한 성분비를 확인하기 위해서는 파괴 분석을 포함한 다른 분석법을 적용하는 것이 필요하다.

다음은 분석 대상인 108자에 대한 활자 면과 측면의 분석 결과를 평균값으로 정리한 것이다.

---

9 이 분석의 진행은 공주대학교 문화재보존과학과 무기질문화재연구실이 담당하였다.

표 4-2 활자 측면 및 글자면의 P-XRF 분석 결과 평균값[10]

No	원소	함량 평균값			성분이 함유된 활자수(총 108개)	
		측면	글자면	총합 평균	측면	글자면
1	Sb	0.50	0.37	0.44	102	101
2	Sn	31.06	24.08	27.58	108	108
3	Cd	0.07	0.04	0.078	24	–
4	Mo	0.43	0.09	0.28	9	4
5	Nb	0.19	0.04	0.12	54	64
6	Zr	0.04	0.03	0.04	99	101
7	Bi	0.30	0.21	0.26	105	101
8	Pb	22.26	20.58	21.30	108	108
9	Zn	0.09	0.07	0.08	15	14
10	Cu	27.98	36.21	32.20	108	108
11	Ni	0.09	0.07	0.09	20	–
12	Fe	2.27	2.29	2.18	108	108
13	Mn	0.08	0.09	0.09	10	15
14	Ti	0.32	1.89	1.58	4	16
15	Al	6.90	7.41	7.22	99	102
16	P	1.06	0.60	0.92	62	14
17	Ag	–	–	–	–	–
18	Si	8.77	9.38	9.19	103	102

이 결과를 보면 글자면에서는 구리 36.21%, 주석 24.08%, 납 20.58%의 순서로, 측면에서는 주석 31.06%, 구리 27.98%, 납 22.26%의 순서로 나타나 역시 청동 부식의 특징인 주석 성분이 증가되었음을 보여 주고 있다. [표 4-3], [표 4-4]는 증도가자(홈형/날개-홈형)와 네다리형 활자를 분류하여 그 분석 결과의 평균값을 정리한 것으로 증도가자의 글자면에서는 구리 40.78%, 주석 22.50%, 납 22.33%의 순서이고 측면에서는 주석 30.94%, 구리 29.29%, 납 24.54%로 나타났다. 또한 네다리형 활자에서는 글자면이 구리 30.16%, 주석 25.88%, 납 18.19%의 순서이고 측면에서는 주석 31.59%, 구리 26.62%, 납 18.69%로 나타났다.

10 국립문화재연구소, 『증도가자 기초학술조사 연구』, 대전: 국립문화재연구소, 2014, p. 123.

표 4-3 증도가자 측면 및 글자면의 P-XRF 분석 결과 평균값

No	원소	함량 평균값			성분이 함유된 활자 수(총 62개)	
		측면	글자면	총합 평균	측면	글자면
1	Sb	0.35	0.24	0.30	59	59
2	Sn	30.94	22.50	26.72	62	62
3	Cd	0.07	–	0.07	12	0
4	Mo	0.25	0.05	0.19	5	2
5	Nb	0.18	0.05	0.11	31	34
6	Zr	0.04	0.03	0.04	57	59
7	Bi	0.33	0.22	0.27	60	59
8	Pb	24.54	22.33	23.43	62	62
9	Zn	0.07	0.05	0.07	5	1
10	Cu	29.29	40.78	35.03	62	62
11	Ni	0.10	–	0.10	13	0
12	Fe	1.89	2.03	1.96	62	62
13	Mn	0.04	0.07	0.06	1	3
14	Ti	0.19	3.24	2.22	1	2
15	Al	5.79	5.72	5.75	58	59
16	P	1.15	0.83	1.08	32	8
17	Ag	–	–	–	0	0
18	Si	6.77	6.49	6.63	59	59

표 4-4 네다리형 측면 및 글자면의 P-XRF 분석 결과 평균값

No	원소	함량 평균값			성분이 함유된 활자 수(총 46개)	
		측면	글자면	총합 평균	측면	글자면
1	Sb	0.72	0.56	0.64	43	42
2	Sn	31.59	25.88	28.73	46	46
3	Cd	0.08	–	0.08	12	0
4	Mo	0.90	0.12	0.38	2	4
5	Nb	0.23	0.05	0.13	23	30
6	Zr	0.05	0.03	0.04	42	42
7	Bi	0.28	0.21	0.25	45	42
8	Pb	18.69	18.19	18.44	46	46
9	Zn	0.10	0.08	0.09	10	13
10	Cu	26.62	30.16	28.39	46	46
11	Ni	0.10	–	0.10	7	0
12	Fe	2.17	2.76	2.47	46	46
13	Mn	0.09	0.10	0.10	8	13
14	Ti	0.37	1.70	1.46	3	14
15	Al	8.76	9.83	9.30	41	42
16	P	0.83	0.35	0.74	30	7
17	Ag	–	–	–	0	0
18	Si	11.75	13.72	12.71	44	42

3) 비파괴 분석 4종[11]

분석의 대상이 된 활자는 '子, 光, 法, 汎'의 4종 활자로 '子' 자와 '法' 자는 날개가 없는 홈형 활자이며 '光' 자는 날개와 홈이 있는 활자이다. '汎' 자는 證道歌字가 아닌 네다리형의 고려활자로서 비교의 대상으로 분석되었다.

증도가자로 추정되는 활자와 네다리형 활자에 대하여 발견의 초기에 금속 성분을 과학적으로 조사하고 결과의 객관성을 확보하기 위하여 비파괴 분석이 진행되었다. 이때 개별 활자의 표면에서 6~10곳을 선정하여 분석하였으며 그 위치는 활자의 앞면(글자면), 뒷면, 옆면을 대상으로 하였다.

(1) 증도가자 상 분석 결과(X-선 회절분석)

'子, 光' 자는 Cu5.6 Sn, '法' 자는 PbCo3, Cu13.7 Sn이다.

(2) 조성 분석 결과(SEM의 EDS 분석)

① 증도가자 홈형 '子' 자

(weight%)

C	O	Mg	Al	Si	P	S	Cl	Ca	Fe	Cu	As	Sn	Pb
	41.06		4.58	5.98	0.63	0.36	0.23		1.10	24.72	0.86	14.26	3.23
	42.44	0.41	4.72	6.23	1.11		0.32		1.70	19.65		14.86	8.56
20.41	37.61	0.32	3.59	4.64	0.29				1.44	15.04		9.08	7.58
	38.24		3.46	4.65	0.83		0.47		1.16	19.33	0.65	21.33	9.87
	42.78		5.06	5.48	0.48		0.36		1.44	16.82	0.91	13.64	13.03
26.85	35.84	0.31	4.38	5.84	1.00			0.40	1.66	15.03		2.73	5.96

11 이 활자들의 분석은 경북대학교 공과대학 신소재공학부 이호성 교수에게 의뢰하여 2005년 4월 26일 금오공과대학교에서 분석이 진행되었다.

② 증도가자 날개/홈형 '光' 자

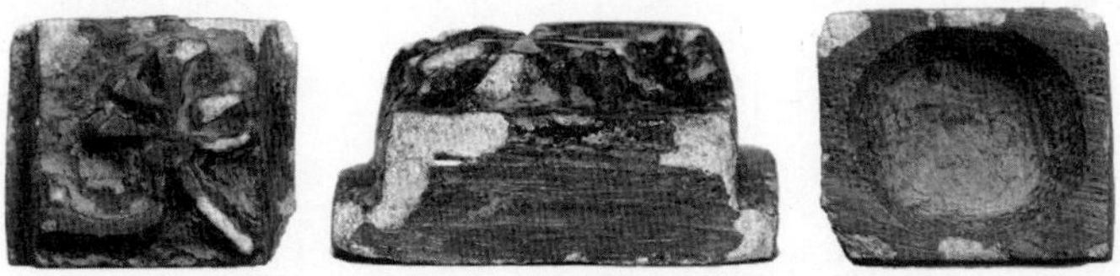

(weight%)

C	O	Mg	Al	Si	P	K	Cl	Ca	Ti	Fe	Cu	As	In	Sn	Pb
	39.47		2.27	2.96	0.63					1.12	16.27	0.83		22.62	13.92
26.85	42.81	0.18	3.393	4.06	1.22			0.35		1.85	7.64			4.17	6.93
32.53	36.83		3.15	2.77	1.00		0.16	0.29		0.89	7.84	0.41		7.16	6.97
26.56	37.21	0.30	4.02	3.96	1.10		0.19	0.38		1.07	9.39			8.05	7.76
	45.82	0.43	8.02	8.25	2.51	0.48		0.48		1.77	18.19			2.12	11.95
19.90	41.25	0.41	5.44	5.75	1.29			0.27		1.52	10.94			5.15	8.09
	48.15	0.54	9.19	9.31	2.67	0.61		0.57		1.96	15.48				11.52
36.95	34.16	0.22	3.23	2.86	0.99			0.38		0.95	7.96			5.34	6.79
27.52	39.97	0.24	4.46	5.34	0.90			0.43	0.14	1.89	9.92		0.46	1.80	6.91
22.22	39.02	0.23	5.37	5.45	1.08			0.30		1.66	11.16	0.33		5.53	7.64
30.85	34.92	0.16	3.37	2.94	1.57			0.21		1.04	9.79	0.28		6.62	8.25
26.53	34.45		3.46	2.70	1.96		0.15	0.28		1.07	11.07	0.38		7.77	10.18
	49.11	0.29	5.90	5.95	1.86		0.13	0.30		1.28	11.77	0.49		12.34	10.58

③ 증도가자 홈형 '法' 자

(weight%)

C	O	Mg	Al	Si	P	S	Cl	Ca	Ti	Fe	Cu	As	Ag	Sn	W	Pb
19.40	5.30										61.72			8.76		4.81
											80.54			12.30		7.15
	37.20			1.36							14.11			23.19		24.13
				2.32							20.26			38.29		39.13
17.13	6.96										60.53			7.94		7.45
	12.32					1.21	1.95				56.29			11.36		16.88
16.23	16.10			0.51		0.84	1.17				34.03			11.36		19.76
	7.55						0.98				72.69			9.73		9.06
16.90	6.46						1.10				57.55	0.99		8.31		8.70
	7.32						0.81				72.56			10.91		8.41
	34.57			1.64							17.08			19.11		27.61

이 활자는 내부성분의 파악을 위한 시뮬레이션 실험으로 파괴 분석을 할 때 대상이 되었던 활자로 바닥면의 한 모서리를 연마하여 측정한 까닭에 데이터상 특정 위치에서 Cu가 80% 이상으로, 같은 활자의 다른 부분 표면의 비파괴 분석의 경우도 외부적 손상이 많아 구리가 대체로 50% 정도인 것에 비해서도 높게 나타난다. 또 다른 증도가자의 경우 20% 내외의 구리 성분과 비교하면 차이가 현저하다.

④ 네다리형 '汎' 자

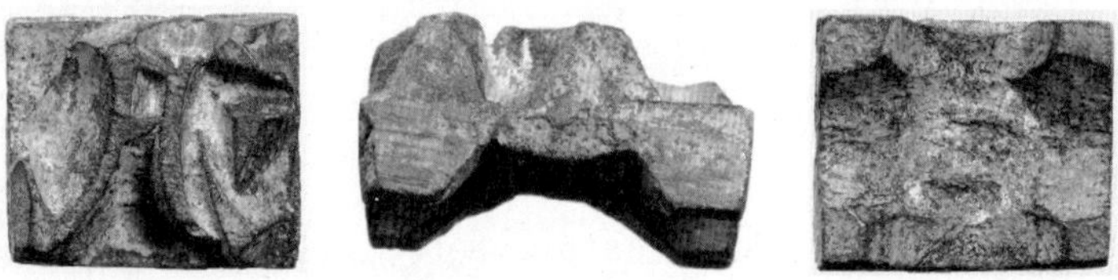

(weight%)

C	O	Mg	Al	Si	P	S	Cl	Ca	Ti	Fe	Cu	As	Ag	Sn	W	Pb
	42.85	0.44	6.58	8.43	1.72	0.90	0.28	0.64		2.07	13.65		1.94	7.98		12.51
	42.40	0.54	5.50	6.81	1.63	1.28	0.29	0.35		1.52	17.63		2.19	8.81		11.06
13.96	35.43	0.25	3.18	3.87	1.21	1.60	0.21	0.32		1.08	16.70		2.22	10.84		9.12
16.13	33.09		2.91	3.46	1.46	1.94		0.33		0.95	17.29	0.64	2.39	8.29		11.12
14.43	32.69		2.78	4.08	0.74	1.04				0.87	26.44		1.45	8.34		7.16
	47.62	0.61	7.42	12.21	2.07	0.73	0.30	0.52	0.22	1.93	10.33		0.97	3.53		13.53
	45.48		3.73	4.39	1.23	0.98	0.32			0.93	10.99	0.71	2.82	13.45	1.32	13.93
	35.93		4.94	4.76	2.96	1.55	0.42	0.52		1.22	18.20	0.70	1.98	6.54		20.28

4) 증도가자 '常' 자의 비파괴 분석

이 활자의 분석은 소장자가 개별적으로 연구소 분석 의뢰하여 분석한 결과이다. 대상의 활자는 홈형의 證道歌字로서 앞면과 뒷면에 모두 흙으로 싸인 부분이 많다.

(1) 분석 대상과 방법

본 분석은 비파괴 조사방법인 형광X선분석(XRF)과 현미경 관찰을 통하여 고려활자의 화학조성과 미시적 특징을 살펴보았다.

분석의 방법 중 화학조성은 형광X선분석기(XRF, X-Ray Fluorescence Sequential Spectrometer, Model:

그림 4-1 증도가자 '常' 자

Seiko Instrument Ins. SEA2220A, Japan)를 이용하여 분석면적 3mm에 대하여 50kV 자동전류로 100초 동안 측정하였다. 형광X선분석은 1차 X선 조사에 따른 특성 X선을 이용하므로 정량분석에 유리하도록 분석면적을 평면으로 하였다.

미시적 특징 관찰은 실체현미경(Stereocopic Microscope, Model: Leica MZ75)을 이용하여 표면 상태를 확인하였다.

(2) 분석 결과

① 화학 조성

증도가자 '常'의 XRF 분석 결과 주성분은 구리, 주석, 납 등으로 청동 재질이며 토양 등 이물질에 의해 Fe(철) 성분이 소량(3.1~4.2%) 검출되었다. 분석 위치에 따른 주성분 Cu : Sn : Pb의 비율은 상측면과 글자 부위에서 34.3 : 43.6 : 18.1과 53.5 : 20.9 : 21.7로 차이를 보인다. 이는 사용이나 매장 환경에서 부식 정도의 차이에 의한 것으로 추정된다.

표 4-5 증도가자 '常' 자의 XRF 분석 결과

분석번호	분석위치 및 특성	화학조성(%)						비고
		Cu	Sn	Pb	Fe	Ni	Zn	
02	상측면	32.4	47.4	16.8	3.1	0.01	0.22	
03	상측면	36.2	39.9	19.4	4.2	0.04	0.26	
	평균	*34.3*	*43.6*	*18.1*	*3.7*	*0.03*	*0.24*	
	표준편차	*2.7*	*5.3*	*1.8*	*0.81*	*0.03*	*0.03*	
01	글자	55.0	18.9	22.3	3.4	0.11	0.35	
04	글자	50.3	24.0	21.6	3.7	0.11	0.32	
05	글자	55.2	19.8	21.3	3.2	0.09	0.34	
	평균	*53.5*	*20.9*	*21.7*	*3.4*	*0.10*	*0.34*	
	표준편차	*2.8*	*2.7*	*0.52*	*0.23*	*0.01*	*0.02*	

② 현미경 관찰

'常' 자에 대한 현미경 관찰로 전면 글자 끝 부분에서 균열이 발생되어 있음을 확인할 수 있고, 뒷면 중앙 홈에서는 첨착물이 아닌 청동 돌기가 확인된다.

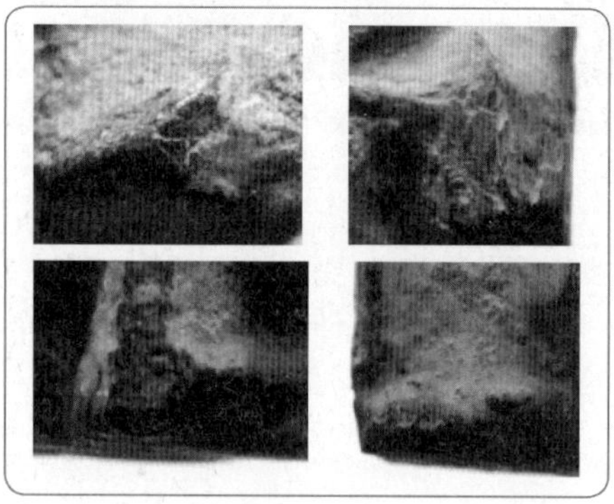

앞면 글자부 균열 현상

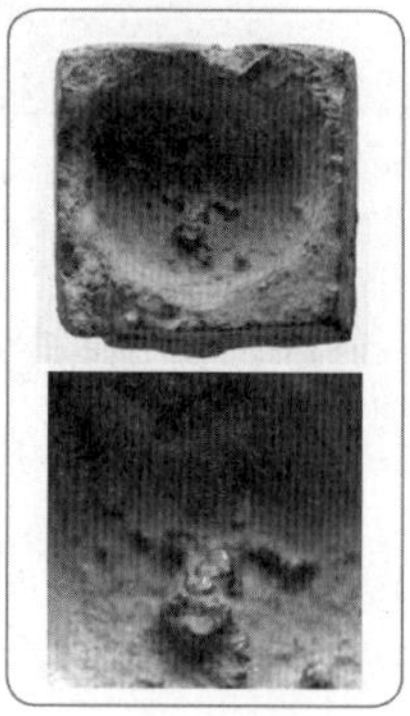

뒷면 청동 돌기 흔적

그림 4-2 '常' 자의 부위별 실체 현미경 사진

5) 증도가자 '爲' 자의 비파괴 분석 부분별 데이터(앞면 2, 옆면 2, 뒷면 1)

(1) '爲' 자의 앞면-1 데이터

① Quantitative Results

Elt	XRay	Int	Error	K	Kratio	W%	A%	ZAF	Formuia	Ox%	Cat#
Si	Ka	44.1	0.8571	0.0228	0.0199	4.59	9.33	1.8261		0.00	0.00
S	Ka	42.4	0.8402	0.0229	0.0200	3.19	5.68	1.3434		0.00	0.00
Cl	Ka	132.6	1.4866	0.0727	0.0634	9.40	15.14	1.2839		0.00	0.00
Fe	Ka	63.6	1.0292	0.0763	0.0665	6.26	6.40	0.9033		0.00	0.00
Cu	Ka	333.4	2.3571	0.6379	0.5565	57.18	51.38	0.9999		0.00	0.00
Zn	Ka	19.2	0.5650	0.0442	0.0386	3.91	3.42	0.9912		0.00	0.00
Br	La	13.9	0.4806	0.0240	0.0209	5.15	3.68	1.4002		0.00	0.00
Sn	La	77.7	1.1383	0.0992	0.0866	10.31	4.96	0.9259		0.00	0.00
				1.0000	0.8725	100.00	100.00			0.00	0.00

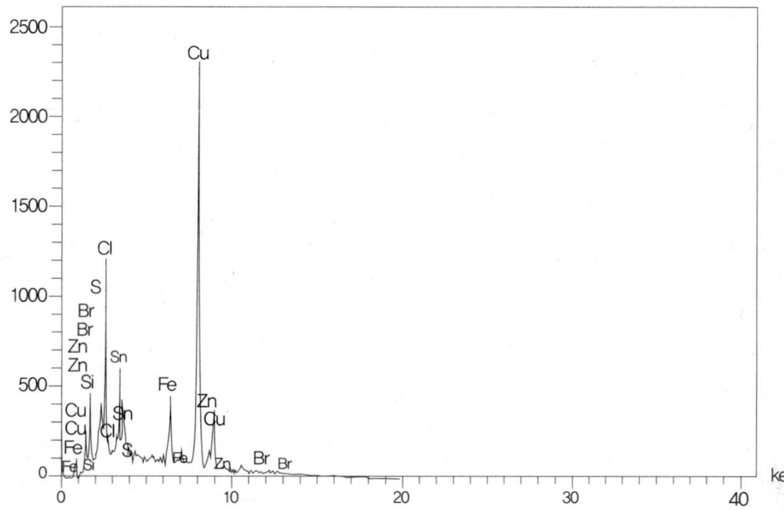

② Automatic Identification Results

keV	counts	Present	Possible
0.219	132	B–Ka	
0.703	–	Fe–La1	
0.923	356	Cl–Si–ESC, Cu–La1	
1.486	1134	Br–La1	
1.741	2607	Si–Ka	
2.345	1441	S–Ka	
2.626	7124	Cl–Ka	Am–Mz2
2.846	218	Cl–Kb	
3.441	2955	Sn–La1	
3.688	1447	Sn–Lb1	
3.922	215	Sn–Lb2	
4.134	171	Sn–Lg1	
6.402	2503	Fe–Ka	
7.069	378	Fe–Kb1	
8.041	15503	Cu–Ka1	
8.612	417	Zn–Ka1	
8.909	2103	Cu–Kb1	Os–La1

* Present B(5), Si(14), S(16), Cl(17), Fe(26), Cu(29), Zn(30), Br(35), Sn(50)
* possible Os(76), Am(95)

(2) '爲' 자의 앞면-2 데이터

① Quantitative Results

Elt	XRay	Int	Error	K	Kratio	W%	A%	ZAF	Formuia	Ox%	Cat#
Al	Ka	19.7	0.5729	0.0105	0.0091	2.71	6.24	2.2636		0.00	0.00
Si	Ka	60.5	1.0040	0.0314	0.0274	6.10	13.47	1.7597		0.00	0.00
Cl	Ka	39.4	0.8102	0.0217	0.0189	2.83	4.95	1.2941		0.00	0.00
Fe	Ka	46.6	0.8814	0.0562	0.0490	4.74	5.27	0.9279		0.00	0.00
Cu	Ka	300.4	2.2377	0.5772	0.5037	51.57	50.36	0.9965		0.00	0.00
Zn	Ka	22.0	0.6051	0.0509	0.0444	4.49	4.26	0.9869		0.00	0.00
Zr	La	7.1	0.3445	0.0100	0.0088	1.43	0.98	1.0662		0.00	0.00
Mo	La	40.4	0.8210	0.0528	0.0461	6.65	4.30	0.9827		0.00	0.00
Sn	La	147.7	1.5691	0.1893	0.1652	19.48	10.18	0.9163		0.00	0.00
				1.0000	0.8726	100.00	100.00			0.00	0.00

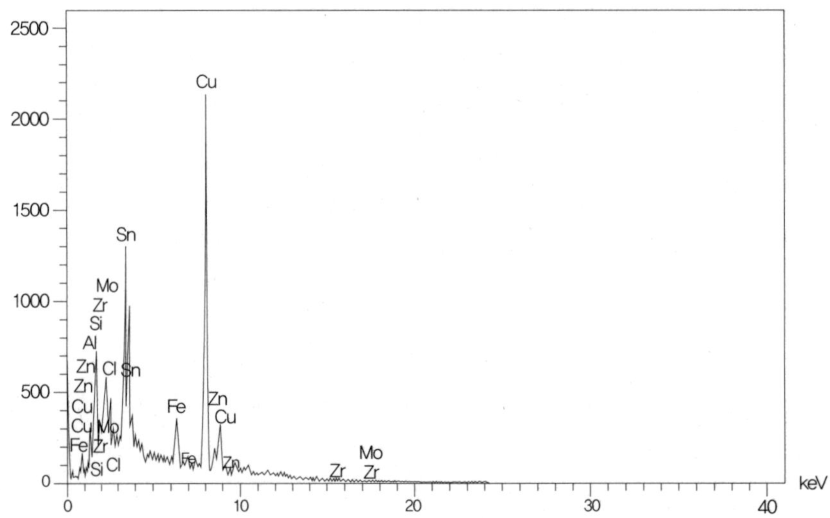

② Automatic Identification Results

keV	counts	Present	Possible
0.218	183	B-Ka	
0.703	-	Fe-La1	
0.935	408	Cu-La1	
1.266	72		As-La
1.481	1307	Al-Ka	
1.739	3853	Si-Ka	

keV	counts	Present	Possible
2.020	292	Zr-La1	
2.351	2236	Mo-La	
2.639	1341	Cl-Ka	
3.444	6641	Sn-La1	
3.686	4188	Sn-Lb1	
3.920	475	Sn-Lb2	
6.401	1653	Fe-Ka	
7.036	290	Fe-Kb1	
8.041	13837	Cu-Ka1	
8.612	465	Zn-Ka1	
8.905	1630	Cu-Kb1	

* Present B(5), Al(13), Si(14), Cl(17), Fe(26), Cu(29), Zn(30), Zr(40), Mo(42), Sn(50)
* possible As(33)

(3) '爲' 자의 옆면-1 데이터

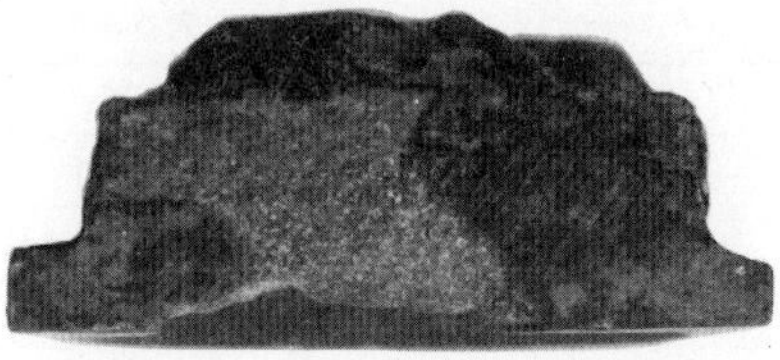

① Quantitative Results

Elt	XRay	Int	Error	K	Kratio	W%	A%	ZAF	Formuia	Ox%	Cat#
Al	Ka	29.2	0.6978	0.0170	0.0143	4.08	7.56	2.1775		0.00	0.00
Si	Ka	79.6	1.1517	0.0451	0.0380	8.27	14.71	1.7206		0.00	0.00
P	Ka	17.2	0.5353	0.0101	0.0085	1.66	2.68	1.6022		0.00	0.00
Cl	Ka	102.7	1.3081	0.0618	0.0520	7.83	11.03	1.3046		0.00	0.00
Ca	Ka	109.0	1.3478	0.0784	0.0661	7.59	9.46	1.0428		0.00	0.00
Fe	Ka	81.7	1.1672	0.1076	0.0906	8.67	7.75	0.9180		0.00	0.00
Cu	Ka	272.2	2.1300	0.5713	0.4812	50.49	39.70	1.0211		0.00	0.00
Zn	Ka	21.7	0.6008	0.0548	0.0462	4.80	3.67	1.0143		0.00	0.00
Mo	La	37.8	0.7937	0.0539	0.0454	6.61	3.44	0.9906		0.00	0.00
				1.0000	0.8423	100.00	100.00			0.00	0.00

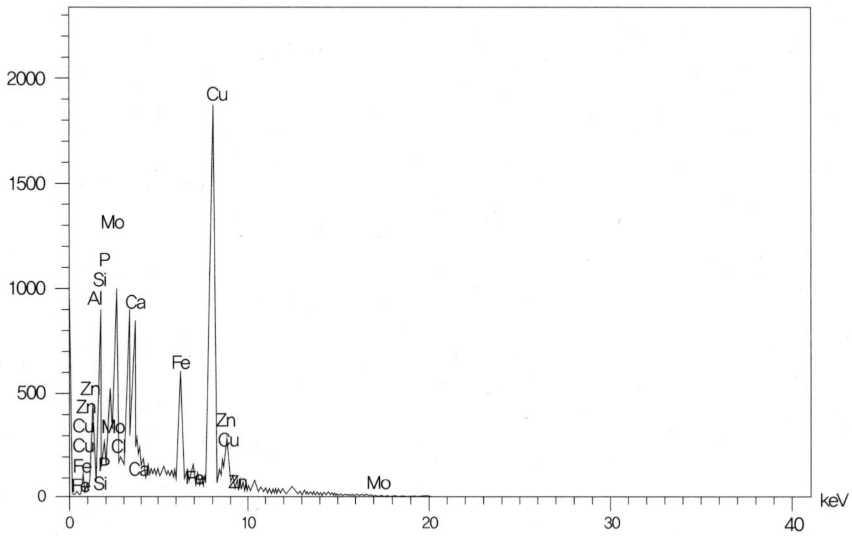

② Automatic Identification Results

keV	counts	Present	Possible
0.221	174	B-Ka	
0.703	-	Fe-La1	
0.928	260	Cl-Si-ESC, Cu-La1	
1.242	93		Mg-Ka
1.484	2000	Al-Ka	
1.741	5400	Si-Ka	
2.018	654	P-Ka	
2.354	1939	Mo-La	
2.626	5280	Cl-Ka	Am-Mz2
3.443	4049	Sn-La1	
3.688	4031	Ca-Ka	
6.398	3411	Fe-Ka	
7.063	384	Fe-Kb1	
8.044	12499	Cu-Ka1	
8.637	513	Zn-Ka1	
8.905	1551	Cu-Kb1	

* Present B(5), Al(13), Si(14), P(15), Cl(17), Ca(20), Fe(26), Cu(29), Zn(30), Mo(42), Sn(50)
* possible Mg(12), Am(95)

(4) '爲' 자의 옆면-2 데이터

① Quantitative Results

Elt	XRay	Int	Error	K	Kratio	W%	A%	ZAF	Formuia	Ox%	Cat#
Al	Ka	29.7	0.8963	0.0107	0.0093	2.88	5.37	2.3528		0.00	0.00
Si	Ka	84.2	1.5088	0.0297	0.0258	5.93	10.59	1.8136		0.00	0.00
P	Ka	22.0	0.7719	0.0081	0.0070	1.40	2.27	1.6364		0.00	0.00
S	Ka	61.9	1.2938	0.0229	0.0199	3.21	5.02	1.3568		0.00	0.00
Cl	Ka	220.1	2.4389	0.0824	0.0716	10.74	15.20	1.2988		0.00	0.00
Ca	Ka	61.3	1.2869	0.0274	0.0239	2.72	3.40	1.0340		0.00	0.00
Fe	Ka	68.8	1.3633	0.0563	0.0490	4.46	4.00	0.8729		0.00	0.00
Cu	Ka	541.2	3.8245	0.7068	0.6146	63.70	50.32	1.0087		0.00	0.00
Zn	Ka	35.3	0.9770	0.0556	0.0484	4.98	3.82	1.0042		0.00	0.00
				1.0000	0.8695	100.00	100.00			0.00	0.00

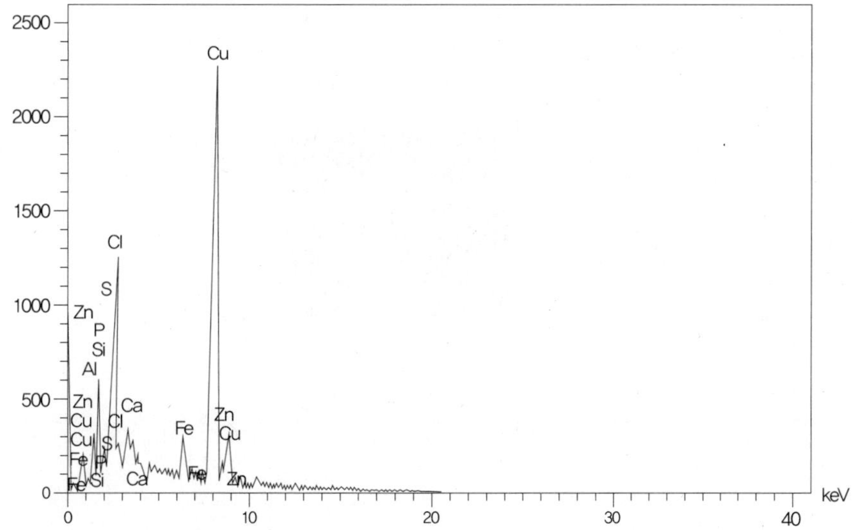

② Automatic Identification Results

keV	counts	Present	Possible
0.222	102	B-Ka	
0.703	–	Fe-La1	
0.930	395	Cu-La1	
1.483	1172	Al-Ka	
1.743	3248	Si-Ka	

keV	counts	Present	Possible
2.022	293	P-Ka	
2.351	1421	S-Ka	
2.624	7125	Cl-Ka	Am-Mz2
2.852	204	Cl-Kb	
3.436	876		Sn-La1
3.679	721	Ca-Ka	
6.391	1352	Fe-Ka	
8.044	15367	Cu-Ka1	
8.614	414	Zn-Ka1	
8.907	1916	Cu-Kb1	
11.914	126		Br-Ka1

* Present B(5), Al(13), Si(14), P(15), S(16), Cl(17), Ca(20), Fe(26), Cu(29), Zn(30)
* possible Br(35), Sn(50), Am(95)

(5) '爲' 자의 뒷면 데이터

① Quantitative Results

Elt	XRay	Int	Error	K	Kratio	W%	A%	ZAF	Formuia	Ox%	Cat#
Si	Ka	71.5	1.0915	0.0349	0.0296	6.56	12.74	1.7516		0.00	0.00
S	Ka	56.7	0.9724	0.0291	0.0246	3.87	6.59	1.3245		0.00	0.00
Cl	Ka	191.3	1.7855	0.0992	0.2841	12.41	19.08	1.2785		0.00	0.00
Fe	Ka	66.8	1.0555	0.0759	0.0643	6.17	6.02	0.9205		0.00	0.00
Cu	Ka	325.9	2.3307	0.5899	0.5000	51.70	44.36	1.0063		0.00	0.00
Zn	Ka	17.8	0.5444	0.0388	0.0329	3.36	2.80	0.9973		0.00	0.00
Br	La	115.1	0.5021	0.0248	0.0210	4.92	3.35	1.3337		0.00	0.00
Sn	La	88.9	1.2175	0.1074	0.0910	11.00	5.05	0.9396		0.00	0.00
				1.0000	0.8476	100.00	100.00			0.00	0.00

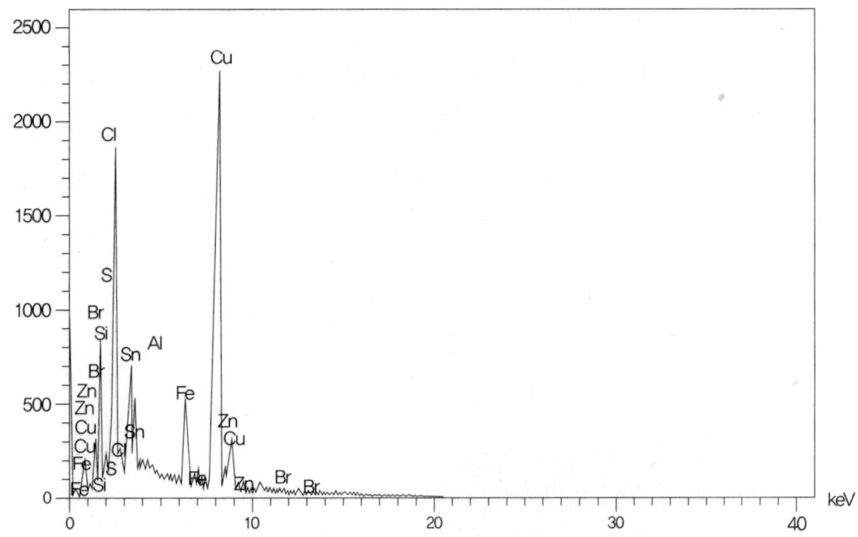

② Automatic Identification Results

keV	counts	Present	Possible
0.223	152	B-Ka	
0.703	-	Fe-La1	
0.921	351	Cl-Si-ESC, Cu-La1	
1.485	1343	Br-La1	
1.739	4675	Si-Ka	
2.341	2072	S-Ka	
2.626	10742	Cl-Ka	
3.439	3171	Sn-La1	
3.680	1955	Sn-Lb1	
3.928	259	Sn-Lb2	
6.402	2833	Fe-Ka	
7.044	383	Fe-Kb1	
8.043	15428	Cu-Ka1	
8.625	495	Zn-Ka1	
8.902	2041	Cu-Kb1	Os-La1
19.165	18		

* Present B(5), Si(14), S(16), Cl(17), Fe(26), Cu(29), Zn(30), Br(35), Sn(50)
* possible Os(76)

(6) 네다리형 '充' 자의 표면 분석

이 활자는 청주고인쇄박물관 소장이며 증도가자와 함께 발견된 고려활자로서 먹이 묻지 않았고 사용한 흔적이 없는 활자이다. 글자의 획 중 아래의 끝 쪽 삐침 획이 외부적인 요인으로 훼손되어 떨어져 나가 활자의 내부가 부분적으로 노출되어 있다. 이 활자의 특정 위치에 대하여 국립과학수사연구소(2015)에서 측정한 비파괴 성분 분석 중 구리와 주석의 비율을 제시한 결과가 있으며 인용하면 다음과 같다.

'充' 활자의 부위별 Cu, Sn 검출 결과[W%]

'充' 활자의 표면보다 내부의 주석 함량이 더 높게 측정됨

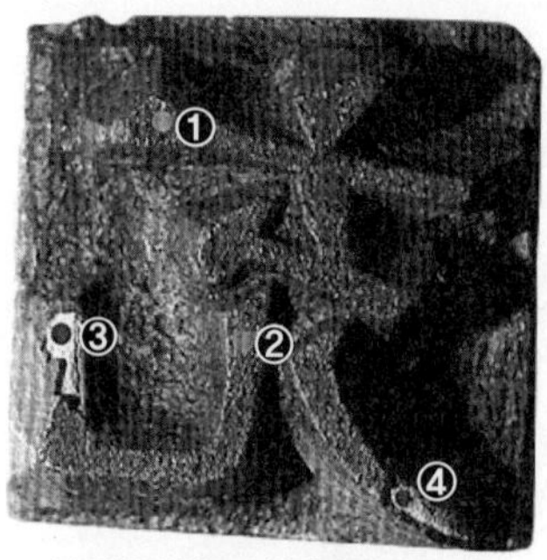

'充' 활자(청주고인쇄박물관 소장)

위치 \ 성분	Cu	Sn
①	31	47
②	30	49
③	22	55
④	20	56

이 분석 데이터에 의하면 파손된 부분에서 주석의 성분이 높게 나타나며 이는 청동유물이 부식될 때 주석 성분이 높게 나타나는 일반적인 현상을 잘 반영하고 있다.

대체로 활자의 성분 분석 결과는 어떤 분석법을 사용하였는지에 따라 다른 결과를 가져온다. 습식분석이 현재 가장 정확한 자료를 제시하지만, 휴대용 XRF 분석은 많은 오차로 인해 정량값 사용에 신중해야 한다. 또한 활자 표면의 녹을 제거하지 않고는 정확한 분석 결과를 얻을 수가 없으므로 내부 깊은 곳의 시료에 의거하여 분석하는 것이 정확하다. 위의 분석과 마찬가지로 청동부식의 경우 구리보다 주석의 비율이 높게 나타나는 전형적인 현상도 확인할 수 있다. 대상이 된 네다리형 활자 '充' 자의 표면 및 내부의 구리, 주석 성분비는 내부에서 주석 함량이 높게 측정되어 청동의 내부부식의 현상에 해당한다.

내외부의 분석 중 일부에서 나타나는 층은 청동유물이 산화부식될 때 생기는 밀도의

그림 4-3 네다리형 활자 '充' 자

변화에 의하여 나타나는 것으로 추정된다.

일반적으로 청동 재료의 유물은 구리의 함량이 70~80% 내외이며, 주석이 10~20% 내외, 그리고 납이 10~20% 내외이다. 실제로 증도가자를 파괴 분석한 심층부 금속 성분도 이와 같은 현상이 나타났다.

2. 證道歌字의 파괴 분석

청동 금속활자에 대한 파괴 분석으로 확보할 수 있는 데이터는 기본적인 성분이 구성비율과 부식의 상태, 활자 내부의 단면, 내부균열 상태, 성분들의 배합상태 등이다.

1) '法' 字의 파괴 분석에 의한 조성 성분 데이터

발견 초기 활자의 구성성분을 대략적으로 파악하기 위하여 시뮬레이션하는 과정에서 證道歌字 활자 중 사용되었던 먹이 묻어나고 복수의 같은 글자가 있는 '法' 字를 선택하였다. 활자의 뒷면을 파괴 분석하기 위하여 표면 일부를 가로, 세로 1mm 정도로 연마하여 그 아래의 부식이나 산화되지 않은 층을 노출시켜 성분을 분석하였다.

(1) 조성 분석 결과(Energy Dispersive Spectroscopy)(경북대학교)

표 4-6 경북대학교 분석 데이터

C	O	Cu	Sn	Pb
53.57	11.00	32.22	2.45	0.77
		90.17	7.37	2.46
	79.97	7.63	6.72	4.01

이 분석의 데이터는 비파괴 분석할 때 이미 파괴된 부분이 있어 비파괴 부분과 함께 데이터로 제시되어 있으며 Cu가 80% 이상으로 조사되었다.

(2) XRD 측정 결과

$PbCO_3$ / $Cu_{13.7}Sn$ / $Fe_{0.88}Ti_{1.11}Zr_{0.94}O_5$ 로 확인된다.

2) 증도가자 EDS 면 분석에 의한 성분 분석

2014년 한국서지학회에서 한국기초과학지원연구원의 정연중[12]은 증도가자의 표면 녹을 제거한 청동심의 전자현미경 관찰을 통한 성분분포에 대해 발표하였고, 이후 활자의 EDS 면 분석을 수행하여 구리는 74~80%, 주석은 8~9%, 납은 10~17%가 포함되어 있음을 확인하였다.

이 과정에서 대상이 된 활자는 證道歌字 '樂' 자와 네다리형 활자 '匙' 자로 면 분석을 한 결과 EDS에서 관찰되는 활자의 주성분은 구리와 주석 그리고 납으로 구성되며, 홈형 즉 증도가자보다 네다리형이 주물 상태의 혼합이 고르게 되어 있어 활자 형태에 따른 제작기법이 다소 차이가 있음을 알 수 있다.

활자의 형태적인 분류에 따른 면 분석 결과 홈형 증도가자의 시료에서 Cu가 74%, Sn이 8%, Pb가 17%를 보이는 반면, 네다리형 활자에서는 Cu가 80%, Sn이 8%, Pb가 10%를 보였다. 이 같은 원료의 배합비율과 제작기법 차이는 활자의 형태에 따른 제작시기의 차이에 기인한 것으로 추정된다.

---

12 정연중, 「증도가자의 금속학적 특성연구」, 한국서지학회 2014년 5월 16일 발표자료(청주고인쇄박물관)

표 4-7 EDS 분석 및 면 분석 결과

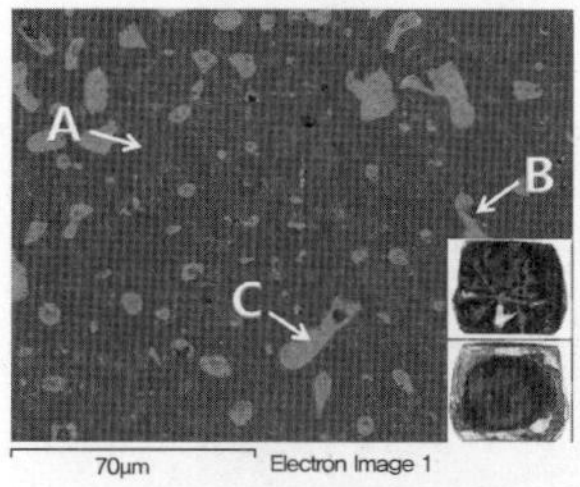

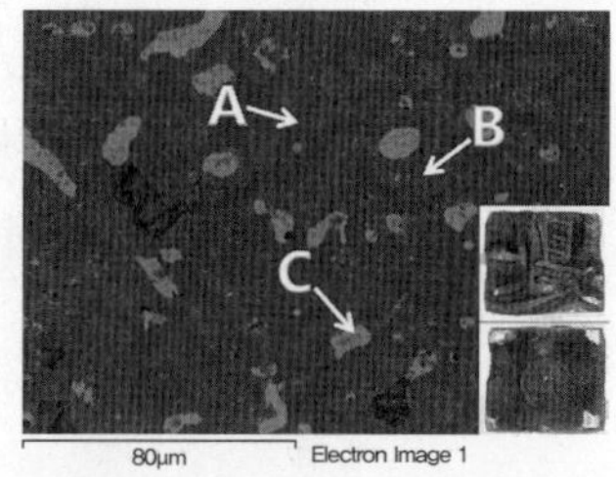

Element	Weight%
O K	0.51
Cu L	74.38
Sn L	8.02
Pb M	17.09
Totals	100.00

Element	Weight%
O K	0.58
Cu L	80.45
Sn L	8.71
Pb M	10.26
Totals	100.00

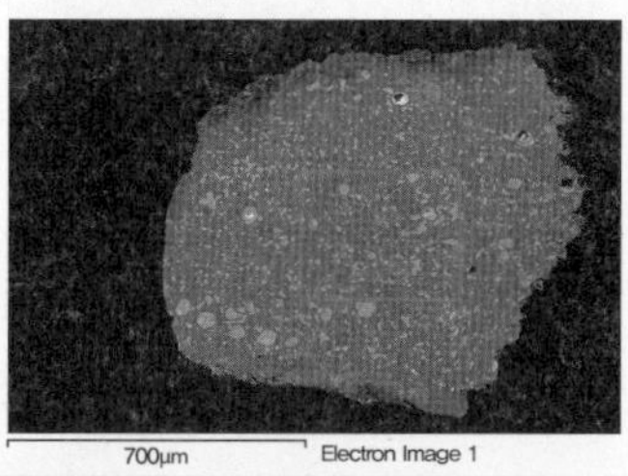

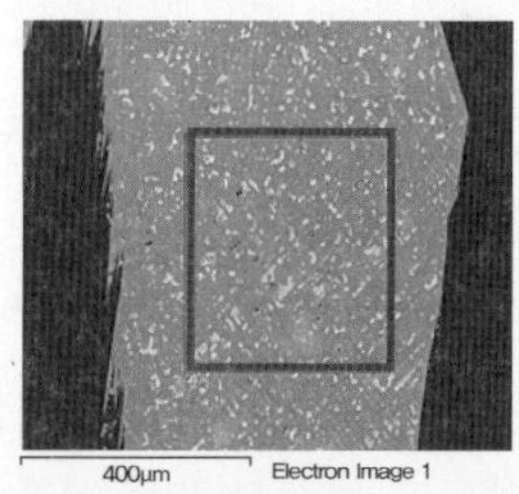

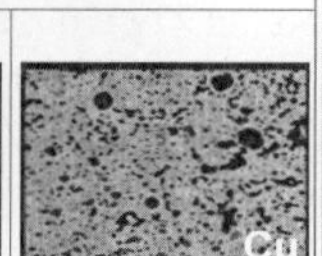

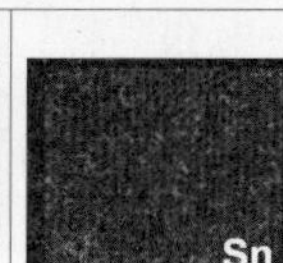

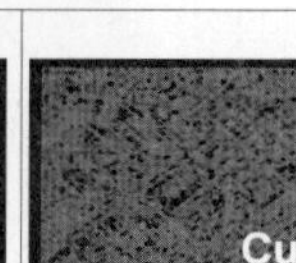

3) 證道歌字 SEM EDS 분석

증도가자의 내부 상태를 단면으로 확인할 수 있는 과학적 분석 방법으로 'SEM EDS 분석'이 있다. 증도가자의 확보된 시편으로 활자의 청동심과 부식면의 경계, 균열의 상태와 이에 의한 내부 부식의 진행상태를 알 수 있다.[13]

---

13 이 자료는 한국기초과학지원연구원의 정연중 책임연구원으로부터 제공받았다.

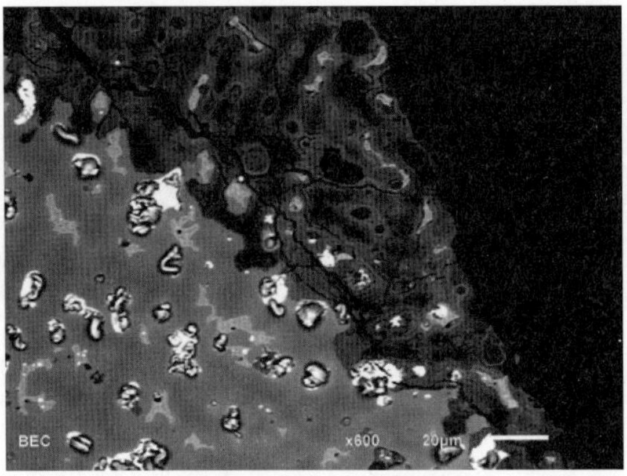

그림4-4 증도가자 SEM 사진

SEM 관찰결과에 따르면 활자는 표면의 균열을 따라 부식이 진행되고 이로 인하여 형질이 변화되는 것을 확인할 수 있으며 이는 청동 부식의 과정에서 내부 성분의 밀도 차이에 따른 현상이라 할 수 있다.

한편 활자 내부에 대하여 더 추가적인 데이터를 얻고자 한다면, ① 감마선 촬영으로 균열의 상태를 알 수 있고, ② 적외선 열화상 분석으로는 균열, 박리, 박락 등의 결합상태를 알 수 있으며, ③ 라만 분광 분석으로는 부식화합물의 성분을 색상별로 확인할 수 있다.

3. 證道歌字 금속 성분 분석

1) 활자의 내부 성분과 상태

CT 촬영에 의하여 나타난 부식층으로 추정되는 부분을 다른 유물과 비교하면 특히 고대 청동유물의 부식 상태의 경우 다른 금속과 달리 내부에서부터 부식되는 경향이 있다. 이때 생긴 녹은 분말상태의 녹으로 'Paratacamite', 흔히 '靑銅病'이라고 하며 이를 CT 촬영하면 표면과 내부의 밀도 차이로 인하여 이중구조로 보일 수 있다. 이와 관련된 예시는 다음과 같다.(그림 4-5 참조)

(1) 5세기 청동 못의 내외부 부식

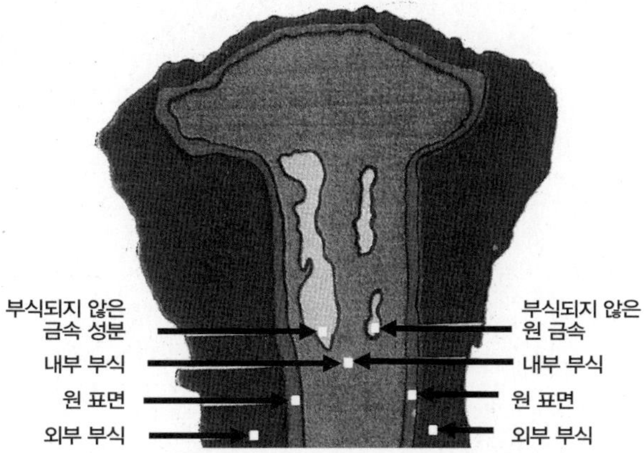

그림 4-5 내부 부식의 학계보고 사례: 청동 못[14]

〈그림 4-5〉는 발굴된 5세기경의 청동 못으로 원 표면을 기준으로부터 외부의 부식층과 내부의 부식층이 존재하고 내부 깊은 곳에 원래의 금속 성분이 일부 남아 있는 미부식층 상태를 단면으로 보여 주고 있다. 이와 같이 청동유물은 외부 환경에 의하여 부식될 때 층이 생기게 되는 것이다. 이와 관련하여 이오희는 "청동제 유물이 산화해 생기는 부식생성물만 30종 이상이다. 상당수 증도가자에서 관찰되는 가루 같은 녹은 땅속 염화물에 의해 생기는 악성 녹인 염기성 염화제2구리로 보인다. 또 청동유물에서 표면과 내부 층의 이중구조는 대개 부식에 따른 밀도 차이로 나타난다."[15]라고 하였다.

(2) 청동 부식의 상황과 특성

다음의 예시(그림 4-6)들은 '국립문화재연구소, 「현미경으로 바라본 청동기의 부식 특성(2014)」'[16]에서 부식이 일어나는 상황과 조건을 도식한 것으로 금속활자의 경우도 틈부식, 입계부식, 침식부식 등의 현상이 나타난다.

---

14 ICCROM(국제문화재보존복구연구센터), 『Ancient Metals; Structure and Characteristics Technical Cards』 교육자료에서 5세기 청동 못의 종단면에서 외부 부식층, 원 표면, 내부 부식층, 미부식층으로 나누어짐을 볼 수 있고 구리 77.5%, 주석 13%, 납 6.6%, 철 0.6%, 아연 0.8% 등의 성분으로 나타났다. 이 데이터는 이오희 교수로부터 제공받은 자료이다.

15 한겨레신문 2015년 12월 14일 자 기사. 이오희(한국전통문화대학교 석좌교수) 「증도가자 진위 공방에 부쳐」

16 국립문화재연구소, 「현미경으로 바라본 청동기의 부식 특성」, 연구분야 『보존관리지침』, 2014, p. 20.

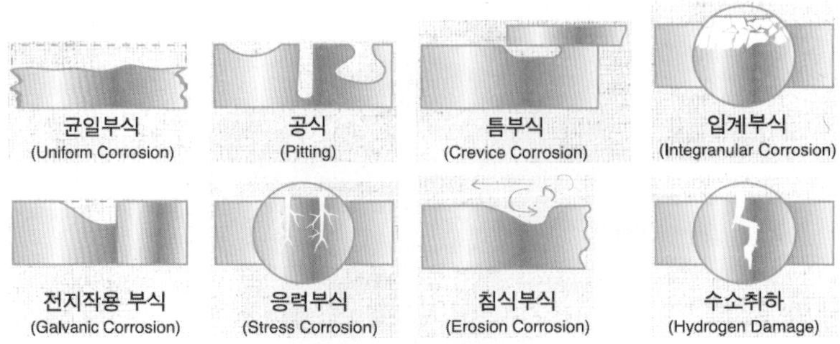

그림 4-6 부식의 종류

(3) 금동 유물편의 부식

〈그림 4-7〉은 경주의 황남대총에서 출토된 금동 유물편의 미세조직 사진으로 청동기 부식 생성물의 색이 확인되어 적색과 청록색의 부식층이 생성되었음을 알 수 있다.

그림 4-7 금동 유물편의 미세조직 사진

(4) 청동기 유물의 부식층

〈그림 4-8〉은 청동기편의 미세조직 사진으로 부식생성물로 된 상부와 금속층이 부식된 중간과 하부로 크게 3개의 층으로 구분된다.

그림 4-8 금동 유물편의 미세조직 사진

제3절 먹의 방사성탄소 연대측정

1. 활자에 잔존한 먹

증도가자의 발견 초기부터 홈형, 날개-홈형의 활자에는 획이 겹치는 부분이나 글자면, 활자 상면의 바닥에 먹이 노출되어 있거나 흙이 덮여 있는 아랫부분에 있어 표면으로 보이지 않지만 흙을 제거하면 먹이 노출되는 경우가 많다. 그러므로 활자의 훼손과 먹에 대한 검토를 할 때 이전 단계에서 어떻게 활자들이 드러나고 전래되었는지의 과정에 대한 추론과 현존의 상태를 다각도로 검토하여야 한다.

이 활자들은 본래 토양 속에 매몰되어 있었던 것으로 이물질의 접촉은 물론 토양과 수분 등이 활자 외부에 남은 채로 출토되었고 그 후 흙 등을 제거하는 과정에서 활자의 표면은 물론 흙 아래에 잔존하던 먹의 내·외부까지 함께 훼손될 수밖에 없었을 것이며 또 땅속에서 수분 등에 노출되어 증발하는 과정에서 먹이 수축되고 박리되었던 현상을 보이고 있다.

이러한 현상을 현재 국립중앙박물관에 소장된 조선시대로부터 전래된 금속활자와 동일하게 취급할 수는 없다. 현재까지 발견된 증도가자는 활자 면이 흙으로 덮인 것과 흙이나 불순물이 제거된 활자로 나눌 수 있고 이 두 유형의 활자에서도 먹의 잔존은 공통적으로 나타나는 현상이다. 다만 노출되어 있느냐의 여부로 나누어질 뿐이다.

먹이 노출된 상태에서 활자 면과 분리되거나 먹끼리 뭉쳐진 현상은 경계지점에서 보이며, 현존의 먹이 전래되는 과정에서 외부적인 요인으로 인하여 긁히거나 물에 세척되거나 아니면 출토 당시 수분이 많은 상태에서 노출된 후 건조되는 과정에서 일어나는 현상으로 추정된다.

그 밖에 2015년 11월에 알려진 개성 만월대 부근 출토 활자에서도 먹이 잔류하고 있는 것으로 확인되고 있어 이 먹의 분석으로 동질성 여부를 검토해야 한다.

2. 방사성 탄소연대분석

방사성 탄소연대 측정법은 물질에서 방사성탄소인 ^{14}C의 함량을 측정하여 그 물질의 고고학적 및 지질학적 연대를 결정하는 방법이다. 자연계의 탄소는 3개의 동위원소 ^{12}C(98.9%), ^{13}C(1.1%), ^{14}C(1.2×10-10%)로 구성되어 있고 이 가운데 ^{14}C는 핵반응의 형태 중 우주선중에 있는 열중성자가 대기 속의 질소(N)원자핵과 상호 작용하는 과정에서 형성되거나 β선을 내보내면서 자체로 붕괴되어 질소원자로 변화되고 불안정하기 때문에 5730±30년의 반감기를 가지고 붕괴한다. 한편 대기 중에서 형성된 ^{14}C 원자는 이차 $^{14}CO_2$화합물로 산화되고 이 대기 속의 탄산가스 $^{14}CO_2$는 광합성 과정에서 식물에 흡수되었다가 식료품 등으로 동물 유기체에 흡수되면서 우주방사선과 대기권, 그 외 생물권과 교환된다. 이 과정에서 ^{14}C의 생성과 붕괴는 일정한 상태에서 동적평형상태에 놓이게 된다. 그러나 유기체가 죽으면 ^{14}C의 교환과정이 중지되고 이때부터 유기체는 자기의 고유한 반감기를 가지고 방사성붕괴법칙에 따라 끊임없이 감소되는데 이를 측정하는 것이 방사성 탄소연대분석법이다.[17]

이와 마찬가지로 증도가자에 잔류된 먹도 그 원재료였던 나무가 베어져 광합성 과정이 중단되고 ^{14}C가 고유한 반감기로 방사성붕괴법칙에 따라 감소되므로 측정 시점의 상태에서 이를 환산하여 나무가 베어져 먹으로 만들었을 것으로 예상되는 시기를 찾을 수 있다.

이 증도가자의 진위 여부 감정의 한 방법으로 활자의 사용 시기를 추정하고자 방사성 탄소연대분석을 한국지질자원연구원[18]과 서울대학교 AMS 센터, 일본의 팔레오 라보 연구소를 통하여 잔류 먹 분석을 실행하였다.

1) 한국지질자원연구원

(1) 2010년 분석

이 자료는 證道歌字가 2010년 9월에 발표되고 이후 활자의 진위 여부와 사용 시기의

17 사회과학원 고고학연구소, 『고고학년대측정』, 과천: 진인진, 2009, pp. 9–10.

18 이 분석은 한국지질자원연구원의 홍완 박사가 수행하였다.

판단을 위하여 활자에 잔류되어 있는 먹에 대한 분석의 필요성이 제기되자 한국방송공사(KBS)의 프로그램 '역사스페셜' 팀이 한국지질지원연구원에 분석을 의뢰하여 확보한 결과이다. 이 결과에 근거하여 2010년 12월 2일에 방영되었던 자료의 원본 데이터[19]이다. 이 데이터는 당시 육안으로 먹의 잔존이 확인되는 대상 금속활자 4자('佛', '悲', '廣', '春')를 公州에 소재한 忠淸文化財研究院에 의뢰하여 前處理過程을 통해 활자의 덮은 흙을 제거하고, 그 아래 먹을 분리 채취하여 한국지질자원연구원 홍완 박사를 통하여 분석하였다.

표 4-8 증도가자 잔류 먹의 1차 분석

	활자명	이미지	보정연대		확률(%)	연구기관 - 의뢰인
			시작	끝		
1차 분석	佛		1010	1210	95.4	■ 한국지질자원연구원 – KBS 역사스페셜 ＊결과: 2010. 11.
	悲		1160	1280	95.4	

(2) 2012년 분석

1차의 분석에서 그 대상의 숫자가 제한적이어서 데이터의 신뢰성을 높이고 전체적 데이터의 경향을 반영하기 위해 개인 소장의 활자를 대상으로 분석 대상을 넓히는 연구를 진행한 결과 1차 때보다 보정연대가 올라가는 것으로 분석되었다. 이때 보정연대의 끝은 먹을 만들기 위하여 나무가 베어지는 마지막 시기를 의미하는 것으로 '我' 자의 시료에서 1160년경으로 확인되었다.

19 이 데이터와 결과의 연구목적을 위한 사용에 대해서는 담당 PD 김종석 님의 양해가 있었다.

표 4-9 증도가자 잔류 먹의 2차 분석

	활자명	이미지	보정연대		확률(%)	연구기관-의뢰인
			시작	끝		
2차 분석 결과	令		640	780	95.4	■ 한국지질자원연구원 – 홍완 박사 * 결과: 2012. 6. (연구 목적으로 분석)
	我		1020	1160	95.4	
	等		890	1050	87.5	
	切		860	1030	95.4	
	福		890	1050	93.7	

(3) 2014년 분석[20]

① 대상활자 샘플링의 기준

금속활자 자체에는 유기물이 없어서 방사성탄소 연대측정을 할 수 없으므로 금속활자가 사용될 때 금속활자에 남겨진 먹의 연대를 측정하여 금속활자가 사용된 연대를 측정하였다. 이를 위해 확대경을 사용하여 금속활자 표면에 남아 있는 먹의 유무에 따라 시료를 선정하였으며, 또한 유기물에 의해 오염된 것을 피하고자 흙과 녹으로 덮여 있는 활자를 먼저 선별하고 그 외에 활자 표면의 먹이 노출되어 있지만 그 양이 충분한 활자도 추가로 택하여 개인 소장 활자 101점 중 20개의 활자를 선정하여 분석 대상으로 삼았다. 분석 대상 활자는 기분석 글자인 '福, 我' 자를 포함하여 '爲, 時, 普, 光, 所, 行, 生, 願, 諸, 三, 爲, 菩, 於, 心, 善, 無, 所, 法' 자 등 20자였다.

20 국립문화재연구소, 『증도가자 기초학술조사 연구』, 대전: 국립문화재연구소, 2014, pp. 112–120.

표 4-10 분석 대상 활자 실물

			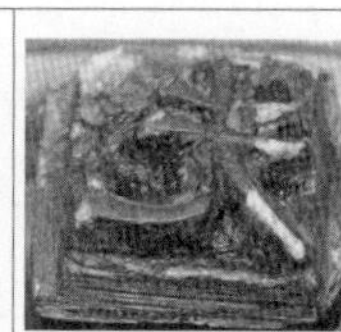	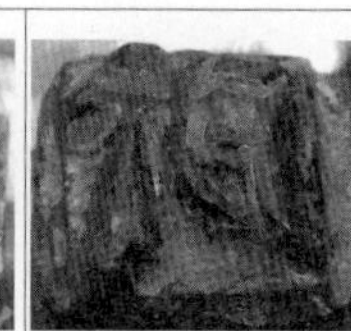
2. 爲	7. 時	9. 普	13. 光	17. 所
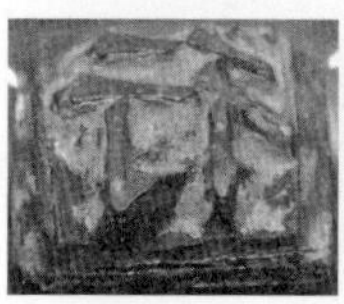	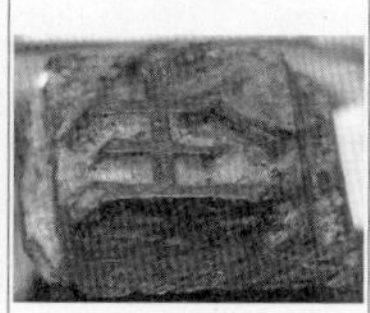		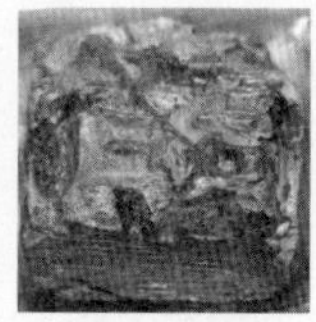	
20. 行	21. 生	22. 願	24. 諸	27. 福
	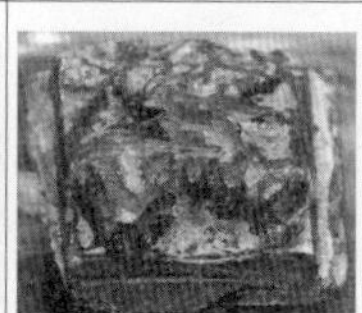		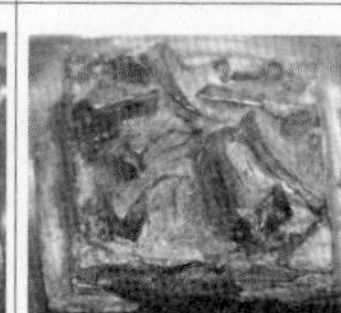	
28. 三	31. 爲	39. 菩	40. 於	42. 我
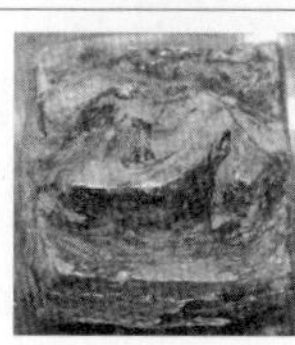			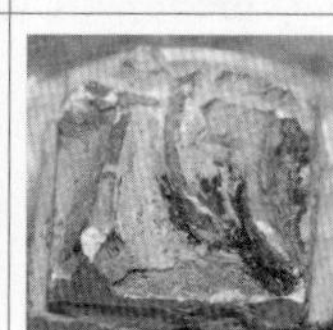	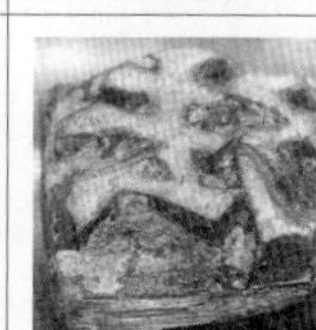
47. 心	49. 善	51. 無	53. 所	57. 法

② **활자별 시료 채취 기준**

방사성탄소 연대분석을 위해서는 탄소 질량 기준으로 1.0~1.5mg의 시료가 필요하다. 일반적으로 유기물은 40~60%의 탄소로 구성되어 있으므로 측정에 필요한 먹의 양은 4mg 정도가 된다.

먼저 멸균된 수술용 메스를 이용하여 표면의 흙과 녹을 제거한 후 활자의 표면이 상하지 않는 선에서 표면에 묻어 있는 먹을 채취하였다. 측정에 사용된 20개의 금속활자에서 회수한 먹 시료의 양과 화학처리 및 환원 과정을 마친 후의 시료 양은 [표 4-11]과 같다.

표 4-11 시료의 양

분류번호 활자명	Size (mg)	After AAA(mg)	Graphite (mg)	분류번호 활자명	Size (mg)	After AAA(mg)	Graphite (mg)
002 爲	12.890	2.52	1.17	028 三	11.320	1.916	1.102
007 時	12.135	3.034	1.115	031 爲	분석불가		
009 普	4.684	0.985	0.046	039 菩	4.139	0.302	0.109
013 光	8.387	2.408	1.124	040 於	10.293	1.068	0.518
017 所	4.180	1.158	0.068	042 我	7.508	2.531	1.085
020 行	1.271	No		047 心	4.938	1.639	0.891
021 生	2.994	No		049 善	5.53	0.427	0.187
022 願	1.716	No		051 無	3.453	No	
024 諸	13.944	3.57	1.090	053 所	4.660	0.313	0.092
027 福	4.606	1.115	0.592	057 法	2.928	No	

③ 전처리 과정 및 분석 방법

먹 시료들은 현미경을 사용하여 확인하고 그중에 육안으로 구별하여 채취한 먹 시료 사이에 이물질들이 포함된 것이 확인되어 추가적인 제거작업을 하였다. 이전 분석[21]에서는 먹의 양이 매우 적고 화학처리 과정에서 시료의 손실이 발생하기 때문에 활자의 표면이 흙으로 덮여 있어서 외부 오염이 제한적인 시료를 선별하였다. 그러나 2014년 분석에서는 활자 표면에 묻어 있는 먹이 외부에 직접 노출된 것들도 시료로 선별하였기 때문에 오염의 가능성을 제거하기 위해 산-염기-산(acid-alkali-acid, AAA)의 화학처리를 하였다.

현미경으로 관찰하며 흙, 녹과 같은 이물질을 제거　　화학처리(AAA)를 마친 먹 시료

그림 4-9 전처리 과정

21 2010년 2점('佛', '悲'), 2012년 5점('令', '我', '等', '切', '福')

화학처리를 마친 먹 시료는 연소, 환원 과정을 통해 흑연(graphite) 형태로 회수되었다. 환원 과정을 마친 흑연은 표적 제작을 하여 가속기를 이용하여 방사성탄소 연대측정을 하였다. 각각의 표적은 27분간 측정을 하였고, 얻어진 $^{14}C/^{12}C$ 비율을 이용하여 연대(yrBP)를 계산하고 OxCal로 보정하여 최종 연대 값(Cal. age)을 구하였다.

④ 분석 결과

분석을 위해 선정된 총 20개의 금속활자 중에서 5개의 활자(行, 生, 願, 無, 法)에서는 회수된 먹의 양이 적어서 이후의 실험과정에서 배제되었고, '爲' 자의 경우는 회수한 시료가 먹이 아닌 전부 녹으로 판명되어 분석을 하지 않았다.

분석 불가능한 6점의 활자를 제회하고 남은 14점의 시료는 현미경으로 관찰하며 추가적인 이물질 제거 작업을 하였다. 이후 화학처리 과정을 통해 이물질이 많이 제거된 것을 확인할 수 있었다. 연소 및 환원 과정을 거친 14개의 시료 중 4개의 시료(普, 菩, 善, 所)는 흑연이 0.1mg 안팎의 매우 적은 양이 얻어졌고, 전체 시료의 평균 환원 수율은 90%이었다.

측정에 사용한 탄소량이 적은 3개의 시료 '普, 菩, 所' 자는 charge 값이 적고 연대의 오차도 커서 신뢰성 있는 결과를 얻지 못하였다. 3개의 시료를 제외한 11개 시료에서 얻어진 평균 charge 값은 254μC이였고, 가중평균 연대 값(yrBP)은 936±20yrBP, 이를 달력연대 값으로 보정한 값은 AD 1033~1155(95.4% 신뢰도)인 결과를 얻었다.

가속기를 이용한 시료의 연대측정 결과(yrBP)와 이를 달력연대로 보정한 결과는 [표 4-12], [표 4-13]과 같다.

표 4-12 분석 결과

분류번호 활자명	Graphite (mg)	Charge[22] (μC)	yrBP	δ¹³C (‰)	Cal. age (AD)	C.L[23] (%)
002 爲	1.17	292	903±33	−25.8	1036~1210	95.4
007 時	1.115	261	912±35	−28.9	1031~1206	95.4
009 普	*0.046*	*42*	*1359±80*	*−13.5*	*540~880*	*95.4*
013 光	1.124	278	945±34	−25.1	1022~1161	95.4
017 所	0.068	252	881±35	−26.1	1039~1223	95.4
024 諸	1.090	281	960±34	−27.1	1019~1156	95.4
027 福	0.592	284	890±34	−24.3	1039~1218	95.4

분류번호 활자명	Graphite (mg)	Charge[22] (μC)	yrBP	$\delta^{13}C$ (‰)	Cal. age (AD)	C.L[23] (%)
028 三	1.102	255	918±35	−29.9	1028~1190	95.4
039 菩	*0.109*	*72*	*1423±62*	*−26.2*	*531~695*	*89.0*
040 於	0.518	221	976±37	−27.9	995~1155	95.4
042 我	1.085	269	944±34	−30.0	1022~1162	95.4
047 心	0.891	292	888±33	−25.1	1039~1219	95.4
049 善	0.187	116	1031±49	−28.8	892~1052	81.9
053 所	*0.092*	*65*	*1182±65*	*−24.7*	*688~983*	*95.4*

표 4-13 2014년 분석 금속활자 11점과 보정연대

	활자명	이미지	보정연대		확률(%)	연구기관 - 의뢰인
			시작	끝		
4차 분석 결과	爲 (002)		1036	1210	95.4	• 한국지질자원연구원 - 경북대학교 산학협력단 * 결과: 2014. 11.
	時 (007)		1031	1206	95.4	
	光 (013)		1022	1161	95.4	
	所 (017)		1039	1223	95.4	
	諸 (024)		1019	1156	95.4	
	福 (027)		1039	1218	95.4	

22 Collected beam charge of ^{12}C ions

23 Confidence level

	활자명	이미지	보정연대		확률(%)	연구기관-의뢰인
			시작	끝		
4차 분석 결과	三 (028)		1028	1190	95.4	• 한국지질자원연구원 - 경북대학교 산학협력단 * 결과: 2014. 11.
	於 (040)		995	1155	95.4	
	我 (042)		1022	1162	95.4	
	心 (047)	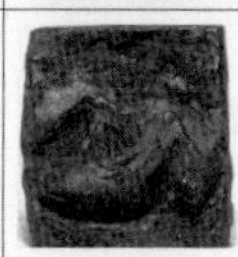	1039	1219	95.4	
	所 (053)		688	983	95.4	

(4) 2015년 분석

이때의 분석 대상이 된 활자는 개인 소장의 활자로서 날개-홈형과 홈형의 증도가자이며 앞의 선행 분석과 마찬가지로 먼저 육안으로 먹이 잔류된 것으로 보이는 활자를 선별하고 2014년과 같이 현미경으로 관찰하며 추가적인 이물질 제거 작업과 전처리 과정을 거쳐 분석의 시료를 만들었다.

의뢰된 15점의 활자 '安, 智, 切, 心, 勝, 淸, 薩, 力, 證, 在, 以, 時, 常, 捨, 無' 중 시료의 탄소 함유량이 통계적으로 충분한 정밀도를 얻기에 부족한 측정부적합 시료는 '捨'와 '無' 2점으로 분석에서 제외되었다.

이 결과에 의하면 보정연대의 하한 시기는 1260년이고 대부분의 분포는 1160~1190년인 것으로 분석되어 증도가자가 사용되던 직전 시기와 같은 분포를 보여 주는 데이터이다.

표 4-14 2015년 분석 대상 금속활자 13점

	활자명	이미지	보정연대 시작	보정연대 끝	확률 (95.4%)	연구기관-의뢰인
분석 결과	安	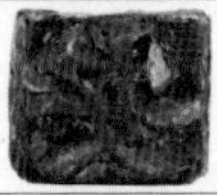	900	920	1.9	• 한국지질자원연구원 - 개인 * 결과: 2015. 7.
			960	1160	93.5	
	智		990	1170	95.4	
	切		890	930	7.7	
			940	1050	80.1	
			1080	1150	7.7	
	心		990	1160	95.4	
	勝		1040	1100	16.8	
			1110	1260	78.6	
	淸		1040	1220	95.4	
	薩		1020	1160	95.4	
	力		1020	1190	95.4	
	證		1020	1170	95.4	
	在		1030	1210	95.4	
	以		770	790	0.5	
			870	1050	92.2	
			1090	1150	2.7	
	時		1010	1190	95.4	
	常		1010	1190	95.4	

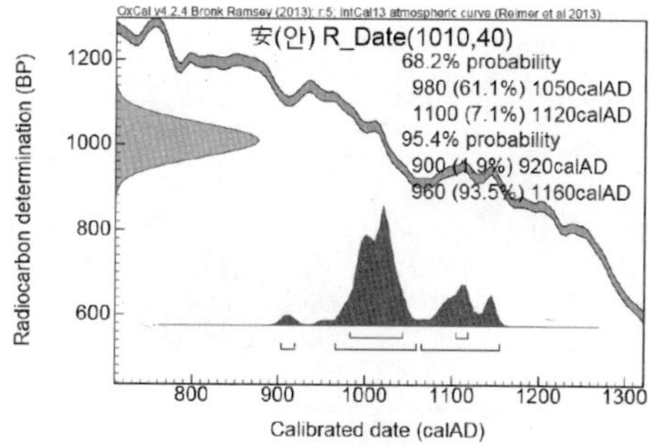
OxCal v4.2.4 Bronk Ramsey (2013); r:5; IntCal13 atmospheric curve (Reimer et al 2013)
安(안) R_Date(1010,40)
68.2% probability
980 (61.1%) 1050calAD
1100 (7.1%) 1120calAD
95.4% probability
900 (1.9%) 920calAD
960 (93.5%) 1160calAD
Radiocarbon determination (BP)
Calibrated date (calAD)

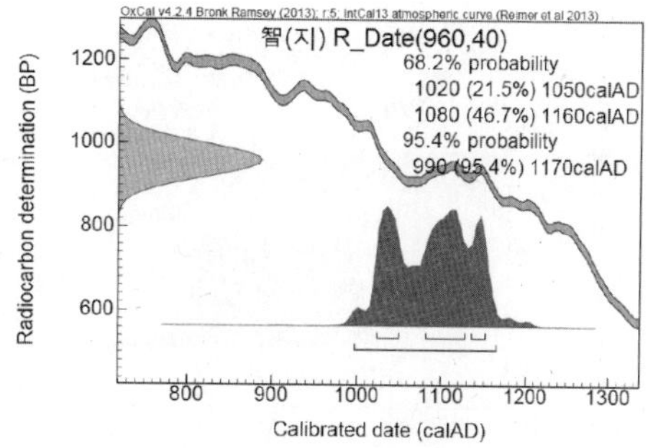
OxCal v4.2.4 Bronk Ramsey (2013); r:5; IntCal13 atmospheric curve (Reimer et al 2013)
智(지) R_Date(960,40)
68.2% probability
1020 (21.5%) 1050calAD
1080 (46.7%) 1160calAD
95.4% probability
990 (95.4%) 1170calAD
Radiocarbon determination (BP)
Calibrated date (calAD)

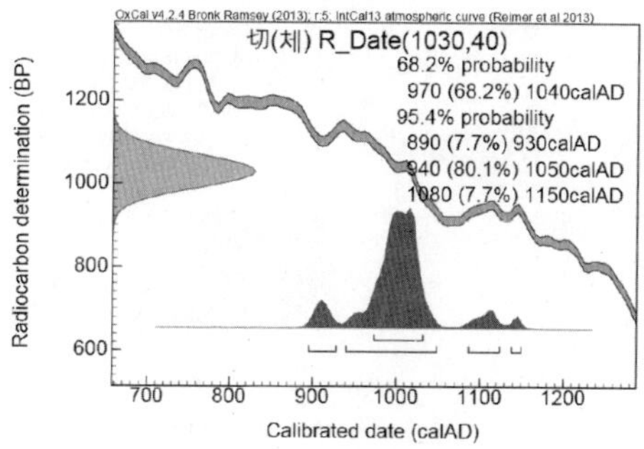
OxCal v4.2.4 Bronk Ramsey (2013); r:5; IntCal13 atmospheric curve (Reimer et al 2013)
切(체) R_Date(1030,40)
68.2% probability
970 (68.2%) 1040calAD
95.4% probability
890 (7.7%) 930calAD
940 (80.1%) 1050calAD
1080 (7.7%) 1150calAD
Radiocarbon determination (BP)
Calibrated date (calAD)

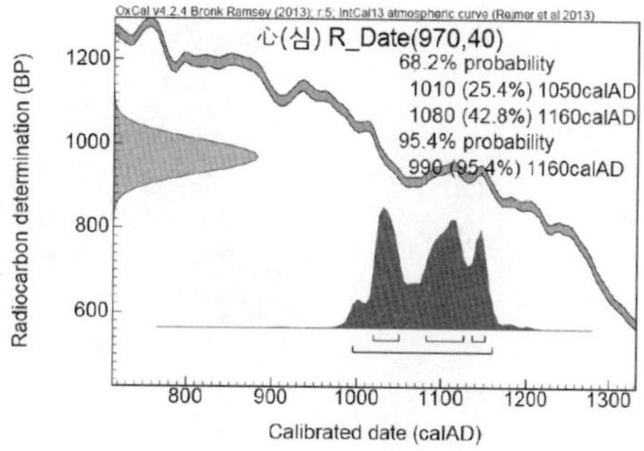
OxCal v4.2.4 Bronk Ramsey (2013); r:5; IntCal13 atmospheric curve (Reimer et al 2013)
心(심) R_Date(970,40)
68.2% probability
1010 (25.4%) 1050calAD
1080 (42.8%) 1160calAD
95.4% probability
990 (95.4%) 1160calAD
Radiocarbon determination (BP)
Calibrated date (calAD)

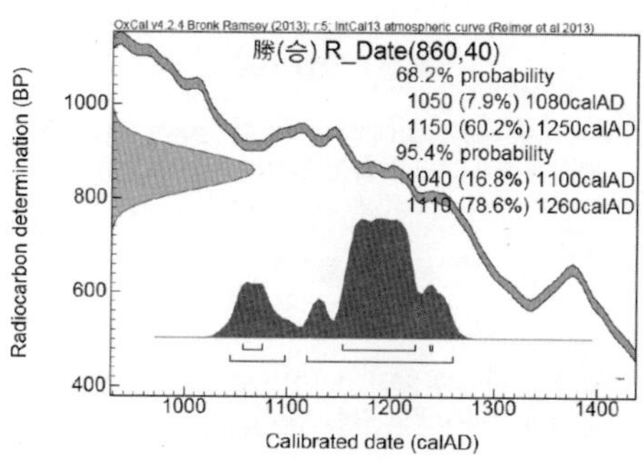
OxCal v4.2.4 Bronk Ramsey (2013); r:5; IntCal13 atmospheric curve (Reimer et al 2013)
勝(승) R_Date(860,40)
68.2% probability
1050 (7.9%) 1080calAD
1150 (60.2%) 1250calAD
95.4% probability
1040 (16.8%) 1100calAD
1110 (78.6%) 1260calAD
Radiocarbon determination (BP)
Calibrated date (calAD)

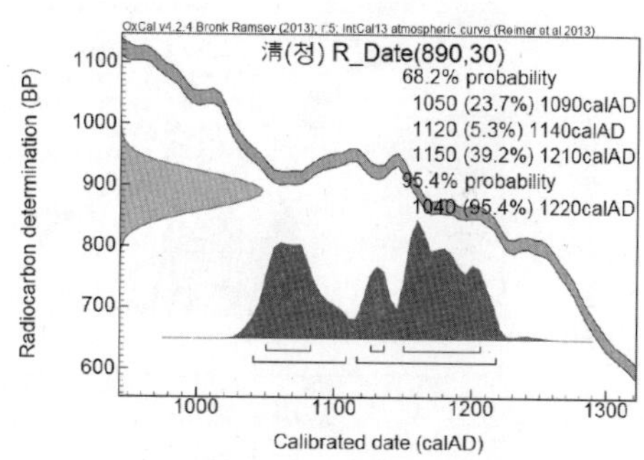
OxCal v4.2.4 Bronk Ramsey (2013); r:5; IntCal13 atmospheric curve (Reimer et al 2013)
淸(청) R_Date(890,30)
68.2% probability
1050 (23.7%) 1090calAD
1120 (5.3%) 1140calAD
1150 (39.2%) 1210calAD
95.4% probability
1040 (95.4%) 1220calAD
Radiocarbon determination (BP)
Calibrated date (calAD)

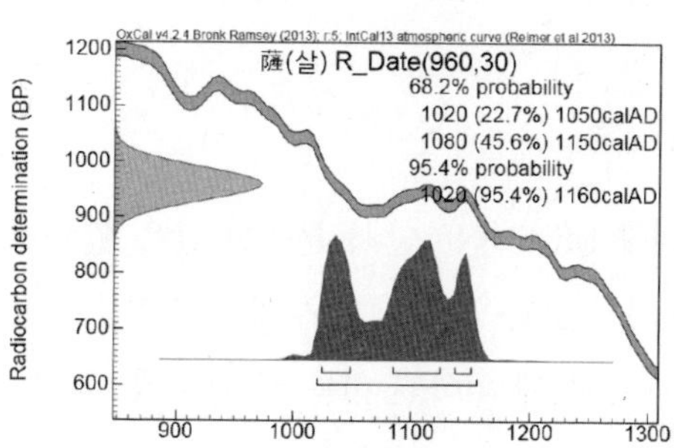
OxCal v4.2.4 Bronk Ramsey (2013); r:5; IntCal13 atmospheric curve (Reimer et al 2013)
薩(살) R_Date(960,30)
68.2% probability
1020 (22.7%) 1050calAD
1080 (45.6%) 1150calAD
95.4% probability
1020 (95.4%) 1160calAD
Radiocarbon determination (BP)
Calibrated date (calAD)

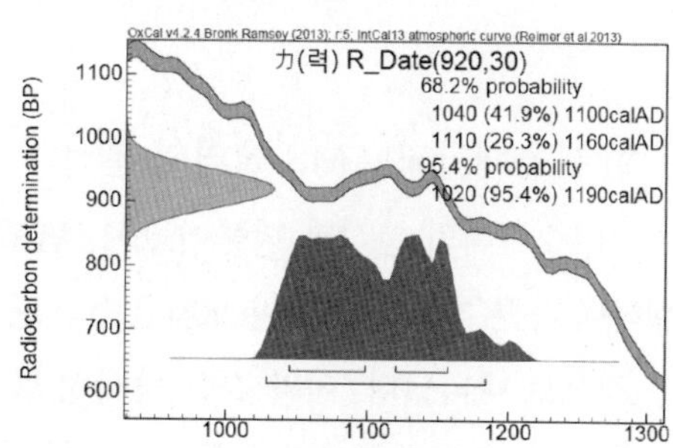
OxCal v4.2.4 Bronk Ramsey (2013); r:5; IntCal13 atmospheric curve (Reimer et al 2013)
力(력) R_Date(920,30)
68.2% probability
1040 (41.9%) 1100calAD
1110 (26.3%) 1160calAD
95.4% probability
1020 (95.4%) 1190calAD
Radiocarbon determination (BP)
Calibrated date (calAD)

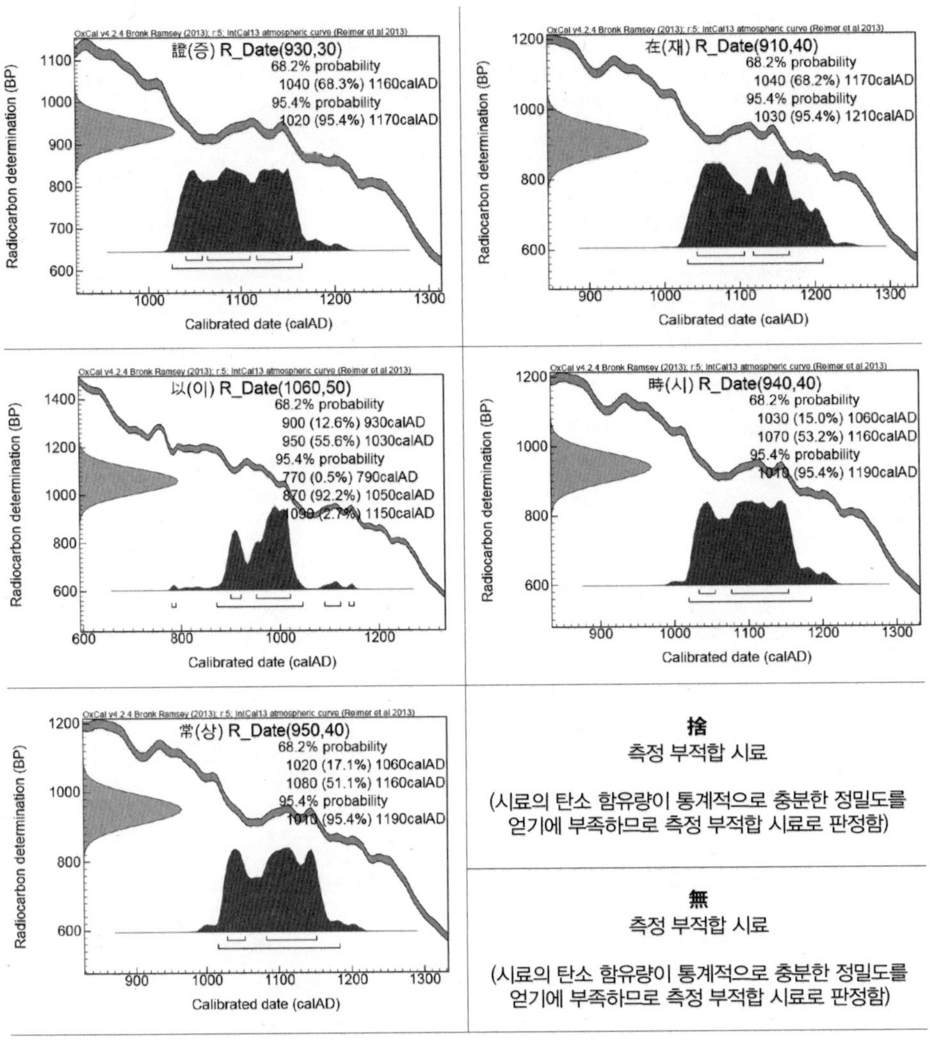

그림 4-10 2015년 분석 대상 금속활자 역연교정도

2) 서울대학교 AMS 센터의 분석(2013)

이미 2차례의 분석과 더불어 2013년 6월 대구 MBC에는 앞서 분석한 같은 활자에 대하여 다른 기관을 통하여 교차검증의 단계를 거친 결과 역시 같은 시대적 분포를 보이는 것으로 나타났다. 이와 같은 방사성 탄소연대 분석에 의하면 비록 각 활자에 나타나는 분포는 다르지만 시기상 최하한 시기로 나타나는 것은 1270년대까지로 비정되고 있다. 즉 13세기 후반에 베어진 나무에서 먹이 만들어졌으므로 그 이후에도 일정기간 사용되었을 가능성이 많을 것으로 추정된다. 더욱이 현존의 자료를 기준으로 볼 때 1230년 중반에 찍었을 『古今詳定禮文』이나 1241년의 『東國李相國全集』 경우는 그 활자를 사용하여 책을 찍어 낸 시기가 13세기 중반을 넘지 않고 있으므로 활자에 잔류된 먹이 1270년대로 나타난다면 이 활자를 사용하여 13세기 후반에 다른 책이나 자료를 찍었던 것이 분명하다.

2013년 6월 대구 MBC에서 증도가자에 대한 다큐멘터리를 제작하면서 앞서 한국지질자원연구원이나 일본의 팔레오 라보 연구소에서 실시한 것과 같은 방사성탄소 연대측정을 다시 하였다. 이때의 대상 활자는 비교를 위해 같은 활자인 '廣' 자와 처음 분석하는 '衆' 자를 채택하여 잔류된 먹에 대한 AMS 측정을 하였으며 그 결과의 요약은 다음과 같다.

표 4-15 '衆', '廣' 자의 AMS 측정 결과

	활자명	이미지	보정연대		확률(%)	연구기관-의뢰인
			시작	끝		
분석 결과	衆		1200	1300	94.2	• 서울대학교 기초과학공동기기원 - 대구 MBC 창사50주년 특별기획 * 결과: 2013. 6.
	廣		1050	1280	95.4	

(1) '衆' 자의 잔류 먹

활자의 분석을 위한 전처리 사항으로 활자에서 채취한 분말로부터 탄소를 얻기 위해 combustion 과정을 거치고, reduction 과정을 거쳐 graphite화시켰다.

세 번의 측정 결과를 평균한 값이며 시료의 연대는 Libby의 ^{14}C 수명 8033 yr를 사용하여 도출하였고 방사성 탄소연대(radiocarbon age)의 단위인 BP(before present)로 나타내었다. 오차의 산출은 표준편차에 근거하였으며, 시료량은 5.4mg이며 시료 준비 과정과 측정 과정에서 발생하는 동위원소 비의 변화(fractionation)를 기준치 $\delta^{13}C$ = -25 ‰로 보정한 -28.34의 값으로 방사성 탄소연대(BP)는 750±40년의 결과를 얻었다. 이 결과를 연대 눈금 맞춤(Calibrated Ages)으로 환산하여 AD 1260년이란 결과로 분석되었다. 이 Calibration 결과는 IntCal04 calibration curve와 OxCal v3.10을 사용하여 구한 것이다.[24]

표 4-16 '衆' 자의 방사성 탄소연대 분석 결과

시료 ID	시료설명	시료량 (mg)	$\delta^{13}C$ (‰)	pMC(%)	방사성 탄소연대 (BP)	연대 눈금 맞춤 결과 (Calibreted Ages)
증도가자 ① (衆)	powder	5.4	−28.34		750±40	AD 1260

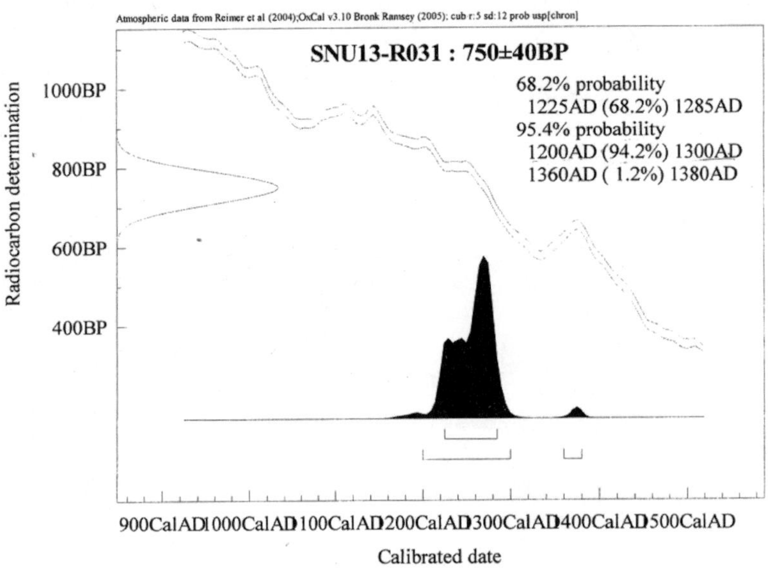

그림 4-11 '衆' 자의 방사성 탄소연대 분석도

(2) '廣' 자의 잔류 먹

활자의 분석을 위한 전처리 사항은 앞선 '衆' 자의 경우와 같다. 분석의 시료량은 5.4mg이며 시료 준비 과정과 측정 과정에서 발생하는 동위원소 비의 변화(fractionation)를 기준치 $\delta^{13}C$ = -25 ‰로 보정한 -26.92의 값으로 방사성 탄소연대(BP)는 820±40년의

24 전거는 Bronk Ramsey C., Radiocarbon 37(2), 1995, pp. 425–430 ; Bronk Ramsey C., Radiocarbon 43(2A), 2001, pp. 355–363임을 분석 결과 표에 밝혀 두었음.

결과를 얻었다. 이 결과를 연대 눈금 맞춤(Calibrated Ages)으로 환산하여 AD 1220년이란 결과로 분석되었다.

표 4-17 '廣' 자의 방사성 탄소연대 분석 결과

시료 ID	시료설명	시료량 (mg)	δ13C (‰)	pMC(%)	방사성 탄소연대 (BP)	연대 눈금 맞춤 결과 (Calibreted Ages)
증도가자 ② (廣)	powder	1.3	−26.92		820±40	AD 1220

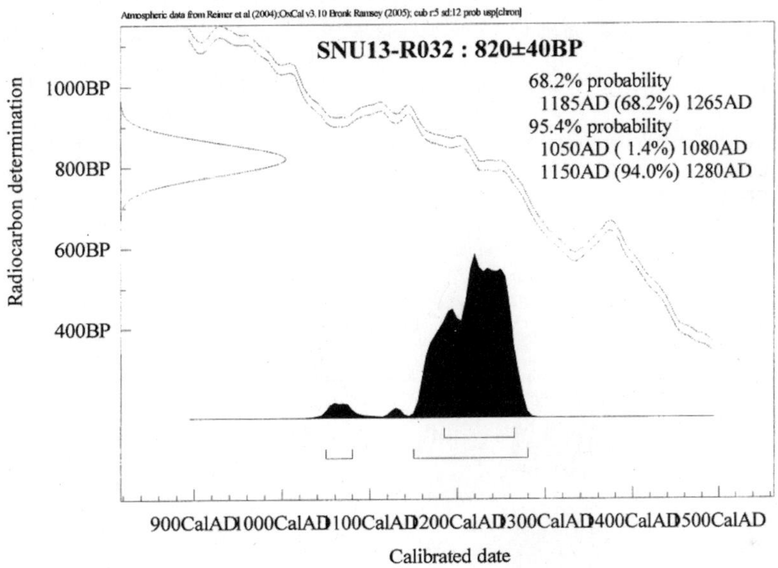

그림 4-12 '廣' 자의 방사성 탄소연대 분석도

이상의 결과에서 보듯이 '豪' 자에 잔류된 먹은 AD 1260년경으로 추정되며 '廣' 자에 잔류된 먹은 AD 1220년경으로 나타났다. 그중 교차 검증된 '廣' 자의 먹은 일본 팔레오라보에서의 측정 결과인 AD 1016~1150년(95.4%)과 큰 차이가 나지 않았고 그 차이도 시료와 먹의 채취 위치가 서로 달랐던 것이 원인으로 판단된다.

현재까지 흙으로 덮인 상태에서 먹이 잔류하고 있는 활자를 대상으로 방사성 탄소연대를 측정한 결과 그 하한선이 1270년보다 늦지 않게 나타나고 있다. 즉 증도가자의 사용 시기가 역사기록에서 고려 원종이 강화도로부터 개성으로 환도하는 시기인 1270년경에 걸쳐 있고 실물활자의 발견 장소가 開城인 점 등을 감안하여 볼 때 활자의 발견 장소, 시기, 역사기록, 실물이 모두 일치하고 있다.

3) 日本 팔레오 라보(Paleo Labo)사 분석

이때의 분석도 2010년 11월 한국방송공사(KBS)의 프로그램 '역사스페셜' 팀에서 日本의 埼玉縣 戶田市에 소재한 Paleo Labo社에 AMS법으로 방사성탄소 연대측정[25] 분석을 의뢰하여 확보한 결과이다. 이 결과에 근거하여 2010년 12월 2일에 방영된 자료의 원본 데이터[26]이며 당시 육안으로 먹의 잔존이 확인되는 대상 금속활자 2자('廣', '眷')를 公州에 소재한 忠淸文化財硏究院에 보내 前處理過程을 통하여 활자의 덮은 흙을 제거하고, 그 아래 먹을 분리 채취하여 팔레오 라보사에 보내 분석되었다. 이는 한국지질자원연구원의 분석 데이터와 더불어 그 결과를 교차 검증하는 과정이었다.

표 4-18 '廣', '眷' 자의 팔레오 라보 AMS 분석

	활자명	이미지	보정연대		확률(%)	연구기관-의뢰인
			시작	끝		
1차 분석	廣		1041	1108	96.4	• 일본 paleo labo AMS - KBS 역사스페셜 * 결과: 2010. 12.
	眷		936	970	95.4	

팔레오 라보사에서 금속활자 시료에 대해 가속기질량분석법(AMS법)으로 방사성탄소 연대측정을 실시한 과정은 다음과 같다.

---

25 Paleo Labo AMS 연대측정그룹
伊藤 茂(이토시게루), 尾崎大眞(오자키히로마사), 丹生越子(뉴에츠코), 廣田正史(히로타마사시), 山形秀樹(야마가타히데키), 小林紘一(고바야시코이치), Zaur Lomtatidze · Ineza Jorjoliani · 孔智賢(공지현)

26 이 데이터와 결과의 연구 목적을 위한 인용과 사용에 대해서는 담당 PD 김종석 님의 양해가 있었다.

(1) 시료와 방법

측정 시료에 대한 정보와 조제(調製) 데이터는 [표 4-19]와 같고 시료는 금속활자에 부착된 먹(시료No.1115-1·1115-6) 2점이다. 시료는 조제 후 가속기질량분석계(팔레오·라보, COMPACT AMS: NEC製 1.5SDH)를 사용하여 측정하였다. 얻어진 ^{14}C 농도에 대해 동위체분별효과 보정을 실시한 후 ^{14}C 연대, 역연대(曆年代)를 산출하였다.

측정 시료는 금속활자에 잔류된 먹이며 시료 '眷' 자의 먹은 전처리 전 중량이 7.9mg이었고 초음파세정과 산-알칼리-산 세정(염산; 1.2N, 수산화나트륨; 0.1N, 염산; 1.2N)의 순서로 전처리 과정을 거쳐 처리 후 중량은 0.8mg이었다. 또 다른 시료인 '廣' 자의 먹은 전처리 전 중량이 8.5mg이었고 앞의 시료와 같은 전처리 과정을 거친 후 중량은 3.4mg이었다.

(2) 결과

표에는 동위체분별효과의 보정에 사용되는 탄소동위체비($\delta^{13}C$), 동위체분별효과 보정 후 역연대 교정(曆年較正)[27]에 사용되는 연대치, 관용에 따라 연대치와 오차를 조정하여 표시한 ^{14}C 연대, ^{14}C 연대를 역연대로 교정한 연대 범위를 기록하였다. 역연대 교정용연대(yrBP±1σ)는 연대치와 오차의 1자릿수를 조정하지 않은 수치로 향후 역연대 교정곡선이 갱신되었을 경우에도 이용할 수 있도록 기록하였다.

^{14}C 연대는 AD 1950년을 기점으로 몇 년 전인지를 나타내는 연대로 ^{14}C 연대(yrBP)의 산출에는 리비(Libby)의 ^{14}C 반감기 5568년이 사용되었다. 부기한 ^{14}C 연대오차(±1σ)는 측정통계오차, 표준편차 등을 바탕으로 산출하였으며, 시료의 ^{14}C 연대가 ^{14}C 연대 오차 범위 안에 들어갈 확률이 68.2%인 것을 나타낸다.

^{14}C 연대의 역연대 교정에는 OxCal4.1(교정곡선데이터: INTCAL09)을 사용하였고 1σ(One Sigma)의 역연대범위는 OxCal의 확률법을 사용하여 산출한 ^{14}C 연대오차에 상당하는 68.2% 신뢰한계의 역연대범위이며, 2σ(Two Sigma)의 역연대범위는 95.4% 신뢰한계의 역연대범위이다. 괄호 안의 백분율 수치는 역연대가 각각의 신뢰한계의 범위 안에 들어갈 확률을 의미한다. 〈그림 4-13〉 그래프 안 세로축에 있는 곡선은 ^{14}C 연대의 확률분포를 나타내

27 역연대 교정이란 대기 중의 ^{14}C 농도가 일정하다는 전제하에 반감기 5568년으로 산출해 왔던 ^{14}C 연대에 대하여 과거의 宇宙線強度와 地球磁場의 변동에 의한 대기 중 ^{14}C 농도 변동 및 반감기 차이(^{14}C의 반감기 5730±40년)를 교정함으로써 실제의 연대치에 가까운 연대를 산출하는 것이다.

며 二重 곡선은 역연대 교정곡선을 나타낸다.

표 4-19 방사성탄소 연대측정 및 역연대 교정 결과

대상 활자	$\delta^{13}C$ (‰)	역연대교정용연대 (yrBP±1σ)	^{14}C 연대 (yrBP±1σ)	^{14}C 연대를 역연대로 교정한 연대범위	
				1σ 역연대범위(68.2%)	2σ 역연대범위(95.4%)
眷	−25.59±0.11	1046±22	1045±20	989AD(68.2%)1017AD	902AD(3.8%)915AD 969AD(91.6%)1025AD
廣	−24.96±0.11	972±25	970±25	1021AD(33.4%)1046AD 1093AD(27.8%)1120AD 1141AD(7.0%)1148AD	1016AD(39.9%)1060AD 1065AD(55.5%)1155AD

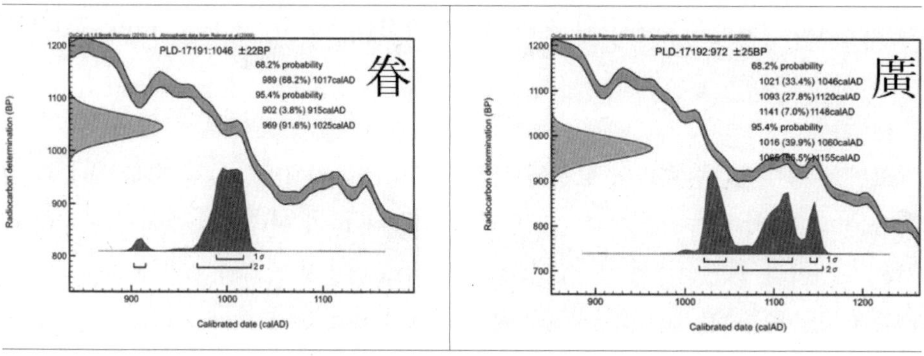

그림 4-13 분석 대상 금속활자 역연교정도

금속활자에 부착된 먹의 측정결과를 2σ역연대범위 중심으로 기재할 때 시료 '眷' 자의 먹은 902~915cal AD(3.8%)와 969~1025cal AD(91.6%)로 나타나고 시료 '廣' 자의 먹은 1016~1060cal AD(39.9%)와 1065~1155cal AD(55.5%)의 역연대범위를 나타낸다.

4) 종합

이상과 같은 활자에 잔류된 먹의 방사성 탄소연대 분석 과정에서 현재까지의 조사 결과로 보면, 흙으로 덮어진 상태의 먹이 잔류되어 있는 활자를 대상으로 방사성 탄소연대를 측정한 결과 그 하한선은 1270년보다 늦지 않은 것으로 나타나고 있다.

앞서 분석한 같은 활자에 대하여 다른 기관을 통하여 교차검증의 단계를 거친 결과 역시 같은 시대적 분포를 보이는 것으로 나타났다. 이와 같은 방사성 탄소연대 분석에 의하면 비록 각 활자에 나타나는 분포는 다르지만 시기상 최하한 시기로 나타나는 것은 1270년대까지로 비정되고 있다. 이러한 결과는 13세기 후반에 베어진 나무에서 먹이 만들어졌고 그 이후에도 일정기간 사용되었기 때문일 가능성이 높다.

이 결과를 증도가자가 사용되었던 시기와 관련지어 역사기록에서 살펴볼 때 고려 원종이 강화도로부터 개성으로 환도하는 시기였던 1270년경에 걸쳐 있고 실물활자의 발견 장소도 開城인 점 등을 감안하여 볼 때 활자의 발견 장소, 시기, 역사기록, 실물이 모두 일치하고 있음을 알 수 있다. 더욱이 현존의 자료를 기준으로 볼 때 1230년대 중반으로 추정되는 『古今詳定禮文』이나 1241년에 찍었던 『東國李相國全集』의 경우는 증도가자를 사용하여 책을 찍어 낸 시기가 13세기 중반을 넘지 않고, 활자에 잔류된 먹이 1270년대로 나타난다면 이 활자를 사용하여 13세기 후반에 다른 책이나 자료를 찍었을 가능성도 배제할 수 없다.

제4절 납 동위원소비 분석에 의한 금속 재료의 생산 지역 추정

1. 납동위원소의 분석 개요[28]

금속활자의 성분에는 소량의 납이 포함되어 있어 이를 납 동위원소비 분석에 의하여 얻은 생산지역별 데이터와 비교 분석하면 금속 재료의 생산지를 알 수 있다.

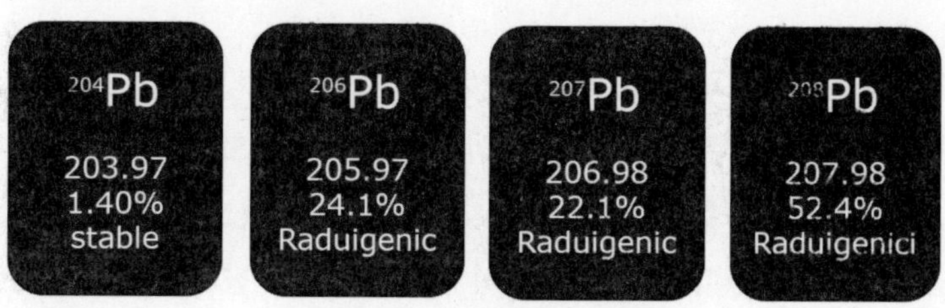

그림 4-14 납(Pb)의 동위원소

28 납동위원소비에 의한 분석 결과는 한국기초과학자원연구원의 정연중 박사의 연구 결과를 요약한 것이다.

납은 방사성 동위원소 중의 하나이다. 자연계에 존재하는 납의 동위원소는 약 9종이 있고 그중 204Pb, 206Pb, 207Pb, 208Pb 4종이 대표적이다. 또 이들은 지구 생성 초기부터 동위원소의 존재비가 정해져 있다. 납동위원소들은 우라늄(U)과 토륨(Th)의 방사성 붕괴로 원자 속의 양자와 중성자가 변화하면서 만들어진다. 이러한 납의 동위원소 비는 방사성 붕괴에 의해 지구 생성 초기의 존재량이 우라늄과 토륨의 존재량에 따라 변화한다.

납(Pb)은 황화광물인 방연석(galena)에 의해 얻어지고 일반적으로 방연석에는 납이 86.8% 함유되어 있다. 또 방연석은 우라늄과 토륨이 거의 없는 0에 가까운 U/Pb 비율을 갖고 있으며 납동위원소는 조성이 변하지 않는 특성이 있어 분석에 용이하다.

스텐톤(Stanton)과 러셀(Russell)(1959)이 다양한 연대를 가진 9개의 광산에서 분포된 방연석을 채취하여 분석한 결과 각 광산마다 고유의 납동위원소비를 가진다는 것을 밝혔으며 이 같은 광산마다의 특유한 동위원소비 조성을 기준으로 금속 재료의 근원지 추정 및 탐사에 이용된다.

이 과정에서 납동위원소비를 측정하는 기기로 열이온화질량분석기(TIMS: Thermal Ionizaton Mass Spectrometer)를 사용하여 컬럼화학을 통해 분리된 납을 측정한다.

표 4-20 열이온화질량분석기를 통한 납 측정

	$^{206}Pb/^{204}Pb$	$2\sigma SE$	$^{207}Pb/^{204}Pb$	$2\sigma SE$	$^{208}Pb/^{204}Pb$	$2\sigma SE$	$^{207}Pb/^{206}Pb$	$2\sigma SE$	$^{208}Pb/^{206}Pb$	$2\sigma SE$
NBS 981 (N=30)	16.898	0.006	15.454	0.007	36.498	0.9140	0.0002	2.1599	2.1599	0.0020
Recommed value	16.936		15.489		36.701	0.9146		2.1670	2.1670	
Fractionation factor	1.0022		1.0029		1.0056	1.0007		1.0033	1.0033	

이와 같은 분석의 결과 고대 유물의 납동위원소비가 납광산의 납 동위원소비 값과 일치할 경우에 유물 제작 시 사용된 납 원료의 생산지를 추정할 수 있고 다른 유물에서도 납동위원소비가 같다면 모두 같은 광산의 재료를 사용한 것으로 추정할 수 있다. 즉 청동유물에 납이 1% 이상 함유되어 있다면 이는 의도적으로 첨가한 것으로 납동위원소비는 첨가된 납의 산지를 나타낸다.

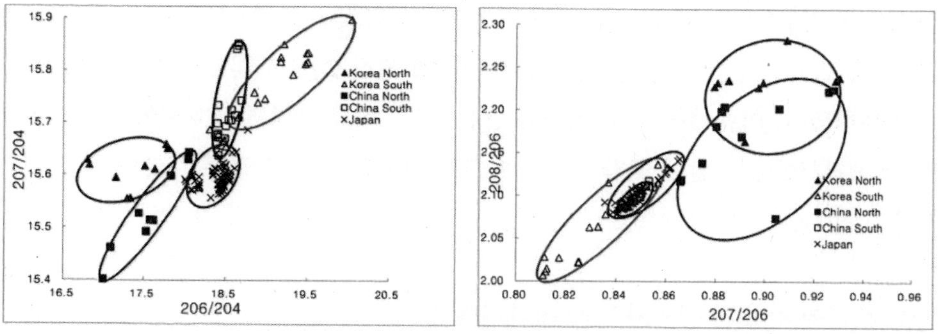

(from Mabuchi, 1985)

그림 4-15 동북아 지역 납 동위원소 영역별 분포도

2. 한반도 남부 지역 납 동위원소비 영역별 분포와 증도가자 분석

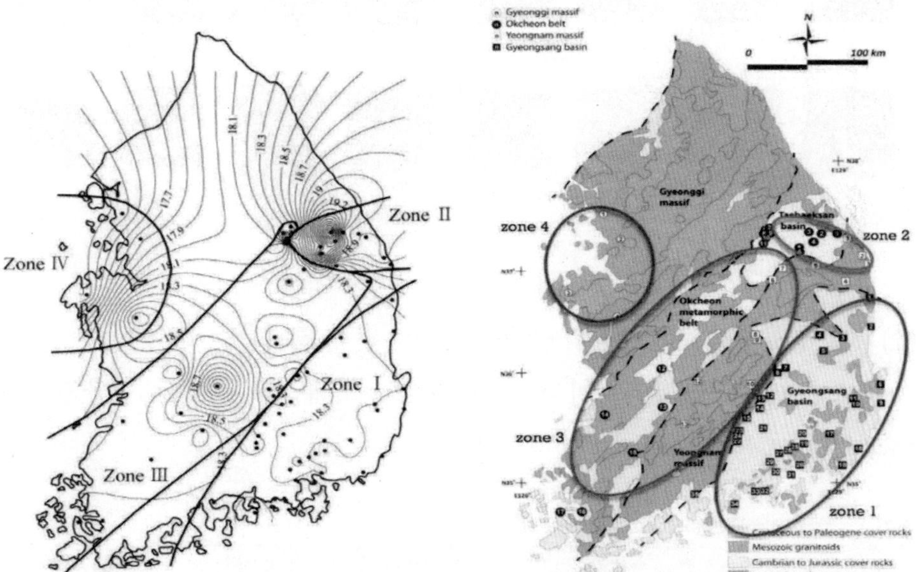

그림 4-16 한반도 남부 지역 납 동위원소비 영역별 분포도

한국기초과학자원연구원에서는 2010~2012년 사이에 한반도 방연석 광산의 현

장조사 및 시료 채취를 하여 총 90개 광산에서 282점 시료의 납 동위원소비 자료를 정리하였고 2012년 발표논문자료에서도 69개 광산 215점 시료에 대한 분포 현황을 정리하였다. 이를 통하여 우리나라 납동위원소비의 영역별 분포도가 만들어졌으며, 금속활자에서도 납이 포함되어 있으므로 이를 분석하면 금속 재료의 산지를 추정할 수 있다.

1) 분석에 사용된 증도가자와 네다리형 활자

분석 대상이 된 활자는 홈형 증도가자 '切', '法', '揚'와 날개-홈형 '善', '心', '樂', 네다리형 활자 '匙', '空'의 8점이었다. 이 활자들에서 미량의 금속편을 채취한 뒤 납 성분을 분리하고 이에 대한 동위원소 비를 분석하여 그룹별로 나누는 과정을 거친다.

표 4-21 분석에 사용된 대상 활자

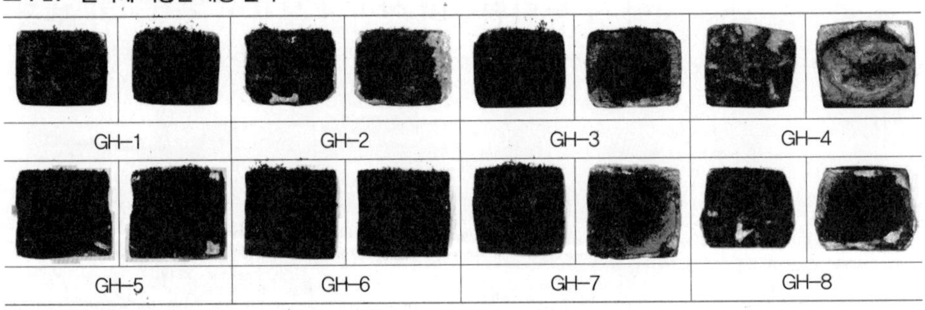

2) 분석에 사용된 증도가자의 납 동위원소비 분석 결과

대상이 된 8점의 활자에 대하여 각각 납동위원소비를 분석한 결과는 다음과 같다. 이 중 증도가자는 GH-1, 2, 3, 4, 7, 8의 6점이다.

표 4-22 8점의 활자에 대한 납 동위원소비 분석 결과

	$^{206}Pb/^{204}Pb$	$^{207}Pb/^{204}Pb$	$^{208}Pb/^{204}Pb$	$^{207}Pb/^{206}Pb$	$^{208}Pb/^{206}Pb$
GH-1	18.404	15.679	38.837	0.8519	2.1102
GH-2	18.315	15.682	38.835	0.8562	2.1202
GH-3	18.319	15.656	38.745	0.8546	2.1149
GH-4	18.325	15.659	38.776	0.8546	2.1161
GH-5	18.545	15.723	39.014	0.8478	2.1035

	$^{206}Pb/^{204}Pb$	$^{207}Pb/^{204}Pb$	$^{208}Pb/^{204}Pb$	$^{207}Pb/^{206}Pb$	$^{208}Pb/^{206}Pb$
GH-6	18.526	15.724	39.006	0.8487	2.1055
GH-7	18.362	15.726	38.985	0.8564	2.1228
GH-8	18.363	15.669	38.773	0.8537	2.1159

이 증도가자의 납 동위원소비 자료를 한반도의 납 동위원소 영역별 분포도와 비교하면 대체로 다음과 같이 나타난다.

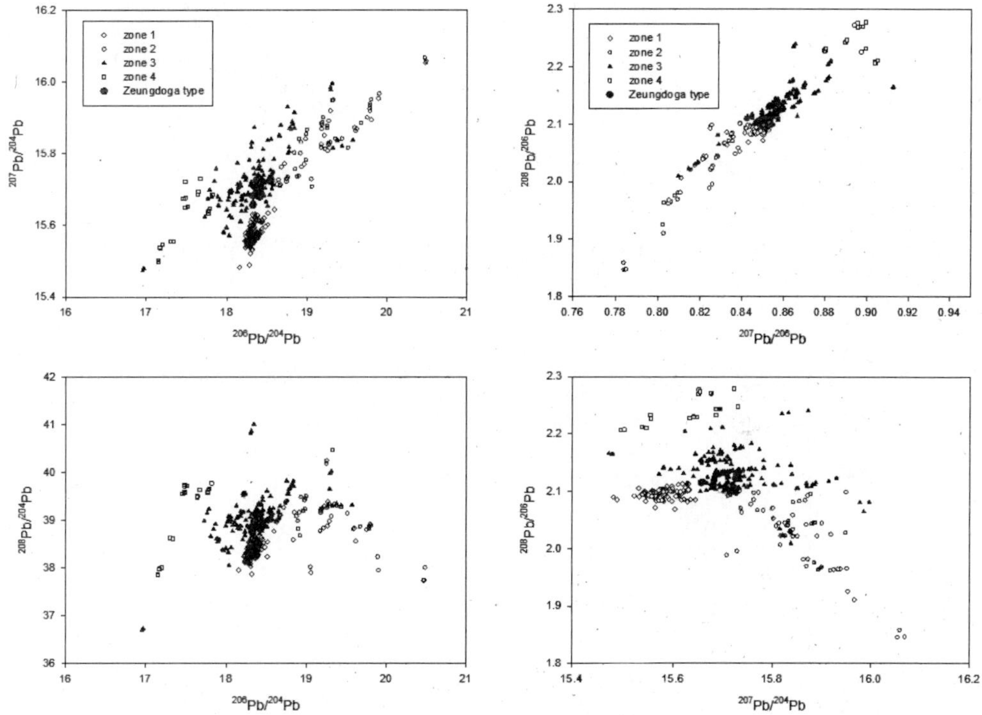

그림 4-17 [표 4-23]의 영역별 분포도

3) 한반도 납동위원소비의 광역 분포도와 증도가자 비교

이러한 분석에 의하여 증도가자의 납동위원소비는 206Pb/204Pb=18.31~18.54, 207Pb/204Pb=15.65~15.73, 208Pb/204Pb=38.74~39.01를 보여 좁은 범위 내에서 분포하고 있음을 보여 준다.

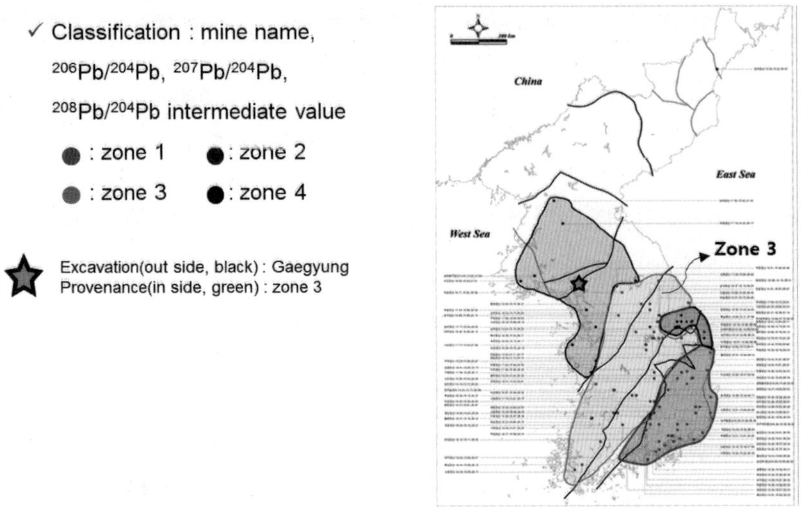

그림 4-18 한반도에서 증도가자의 납 동위원소비 광역분포

한편 지역적으로 분포된 한반도 방연석 표본의 납 동위원소비 구성은 다음과 같이 군집되어 나타난다.

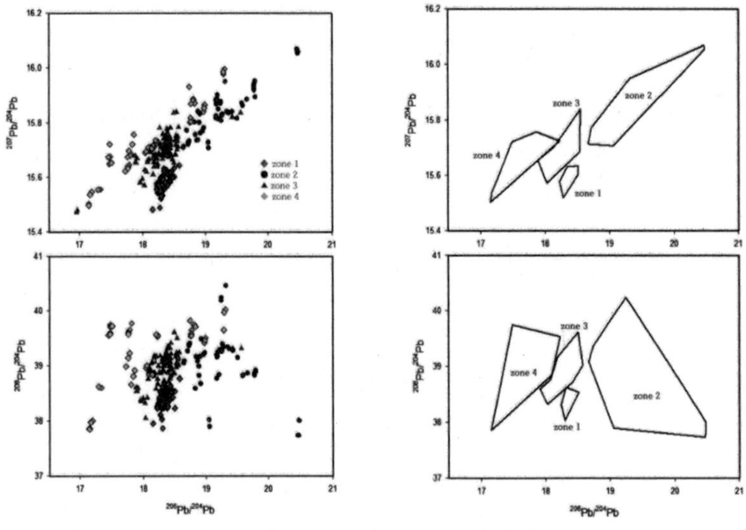

그림 4-19 한반도 방연석 표본의 납 동위원소비 구성

이러한 분포도를 바탕으로 할 때 개성 지역에서 출토된 증도가자의 납 동위원소 분석

결과는 원료의 산지가 Zone 3영역으로 지역적으로는 전라도, 충청도와 강원도 북부 지역에 해당한다. Zone 3지역 중 충청북도 지역과 강원도 북부에는 금속광산이 많이 분포하고 있다.

3. 증도가자와 조선 후기 금속활자의 납 동위원소비 비교 결과

고려시대의 금속활자인 증도가자와 네다리형 활자의 납동위원소비와 조선 후기 금속활자로서 개인 소장 증도가자와 임진자, 정리자와 서울대학교 규장각에 소장된 전사자의 납동위원소비를 비교하면 다음과 같다.

표 4-23 증도가자와 조선 후기 금속활자의 납 동위원소비 비교표

Sample name	$^{206}Pb/^{204}Pb$	$^{207}Pb/^{204}Pb$	$^{208}Pb/^{204}Pb$	$^{207}Pb/^{206}Pb$	$^{208}Pb/^{206}Pb$
대구-1	18.404	15.679	38.837	0.8519	2.1102
대구-2	18.315	15.682	38.835	0.8562	2.1202
대구-3	18.319	15.656	38.745	0.8546	2.1149
대구-4	18.325	15.659	38.776	0.8546	2.1161
대구-5	18.545	15.723	39.014	0.8578	2.1035
대구-6	18.526	15.724	39.006	0.8487	2.1055
규장각 전사자	17.707	15.601	38.300	0.8810	2.1628
임진소자 변	17.391	15.545	37.512	0.8938	2.1570
임진소자 모	17.292	15.584	37.636	0.9013	2.1565
임진소자 림	17.209	15.507	37.242	0.9011	2.1641
임진소자 비	17.218	15.531	37.266	0.9021	2.1642
정리대자 도	18.253	15.634	38.573	0.8565	2.1132
정리대자 일	18.354	15.674	38.782	0.8540	2.1130
정리자대자 기	17.877	15.614	38.381	0.8734	2.1468
정리자대자 위	18.347	15.652	38.713	0.8531	2.1099

이 활자 중에서 대구-1, 2, 3, 4(1, 4는 홈형, 2, 3은 날개/홈형)는 증도가자이며 대구-5, 6은 네다리형 활자로 조선 후기 활자들과는 납동위원소비의 차이가 확연하다. 이러한 차이를 한반도 표본도를 근거로 표시해 보면 〈그림 4-20〉, 〈그림 4-21〉과 같다.

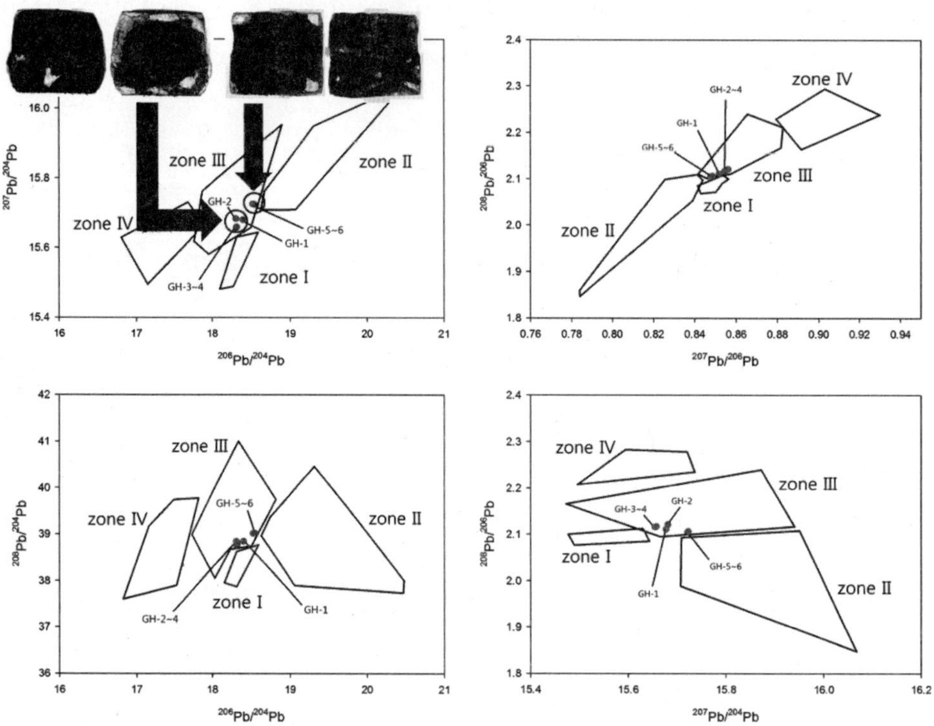

그림 4-20 증도가자 및 네다리형 활자의 한반도 분포도

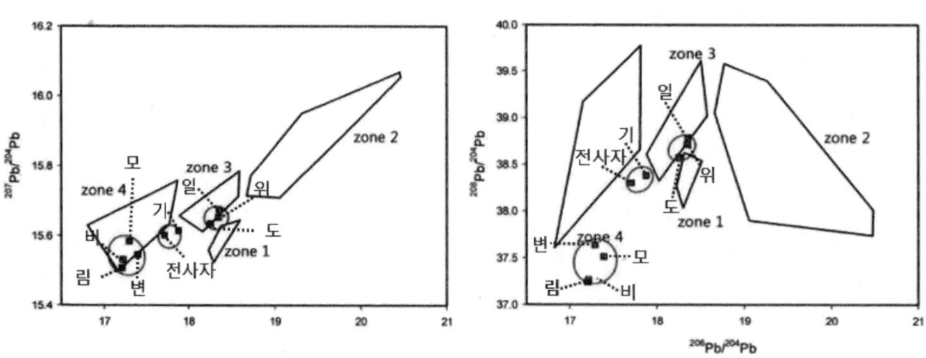

그림 4-21 조선후기 금속활자의 한반도 분포도

* **변, 모, 림, 비**: 임진자 소자 / * **기, 도, 일, 위**: 정리자 대자 / * **전사자**

4. 문화재청의 증도가자 조사 결과[29]

1) 내부 구조 조사

① 모든 활자는 접합된 흔적이나 균열이 관찰되지 않아 한 몸체로 주조된 것으로 보이며, 주조 시 발생하는 기포가 관찰됨

② 기포의 크기는 차이가 있으나 대체로 고려활자, '복' 활자, 언문자 소자에서 큰 기포가 많이 나타나고 임진자에서 기포의 양이 작은 편임

③ 활자의 형태에 관계없이 모든 활자가 비슷한 주조 특성을 보이며 기포는 활자면보다 후면, 측면 쪽에 주조결함이 많음

④ 고려 금속활자는 CT 조사 결과 표면층은 내부보다 밀도가 낮아 상대적으로 더 투과된 모습을 보이는데 표면층과 구분되어 보이는 층이 불균일한 것으로 보아 부식층으로 보이며 두께는 위치에 따라 차이가 있고 세 종류의 활자 모두 비슷한 모습을 보임

⑤ 고려 금속활자는 표면에서 부식층과는 다른 층이 보이는데 CT 조합 과정에서 잔상이 남아 중복된 형상으로 나타나는 것으로 보이며, 조선활자에서도 부식물이 거의 없는 상태이나 비슷한 형상이 나타남

2) 표면 조사

덧칠 등 표면의 유기화합물을 조사하기 위해 자외선 조사를 실시하였으나 조사 결과 유기물, 덧칠 등은 확인되지 않음

3) 표면 성분 분석

① 성분 분석 결과, 고려 금속활자, '복' 활자, 언문자 소자는 구리-주석-납의 3원계합금이며, 임진자는 구리-주석-납-아연의 4원계합금임

② 고려 금속활자와 '복' 활자는 SEM-EDS 분석 결과 산소(O)가 높게 나타나고 임진자, 언문자 소자는 산화가 낮게 나타나 상대적으로 고려 금속활자, '복'활자의 부식 정도가 큼

③ '복' 활자는 산소(O)가 38~41%로 나타나 고려 금속활자와 비슷한 산화 정도를

---

29 문화재청, 『금속활자 과학적 조사』, 서울: 국립문화재연구소 문화재보존과학센터, 2016.

보이나 CT 조사에서 확인된 것처럼 부식의 깊이는 매우 낮은 것으로 보임

④ 비소(As)는 고려 금속활자에서는 모든 활자에서 검출되고 '복' 활자에서도 검출되나 조선활자에서는 임진자에서 13점, 언문자 소자에서는 5점만이 검출됨

⑤ 은(Ag)은 고려 금속활자에서는 101점 중 84점에서 검출되나 조선활자와 '복' 활자에서는 검출되지 않음

⑥ 니켈(Ni)은 임진자에서는 2점, 언문자 소자에서는 7점이 검출되나 고려 금속활자와 '복' 활자에서는 검출되지 않음

⑦ 이 외의 미량원소로는 인(P), 황(S), 염소(Cl) 등이 검출됨

⑧ 고려 금속활자 내부 부식물은 표면과 상당한 차이를 보이는데 대체로 주석의 함량이 활자 면보다 5% 정도 높게 나타남

⑨ 고려 금속활자 부식물 성분에서 편차가 많이 발생하는데 그 이유는 표면에서 부식되기 쉬운 주석, 납 등이 선택적으로 부식되면서 표면에 집중되어 분포하기 때문에 분석 결과 높게 나타나는 것으로 보이며 부식의 정도에 따라 편차가 발생하기 때문인 것으로 보임

4) 금속소지 성분 분석

① 고려활자는 대체로 구리 : 주석 : 납 = 70 : 13 : 17의 분포를 보이나 임진자는 구리 : 주석 : 납 = 84 : 11 : 3을 보여 고려 금속활자가 상대적으로 구리의 함량은 적고 납의 함량은 높은 것으로 나타남

② 1% 미만의 철(Fe), 니켈(Ni), 아연(Zn), 비소(As), 은(Ag), 안티몬(Sb), 비스무스(Bi) 등이 검출되었는데 이는 일반적으로 동광산에 혼합되어 있는 성분임

③ LA-ICP-MS 분석에서 미량원소가 활자에 따라 양이 약간의 차이가 나타나는데 철(Fe), 비소(As), 은(Ag) 등은 No. 5 醯(초 혜)에서 높게 나타나고 다른 활자는 비슷한 경향을 보이며 아연, 안티몬은 No. 92 琉(귀고리 충)에서 높게 나타남

5) 결정구조 분석

① 대부분의 활자에서 금속인 청동합금, 산화물인 탄산동, 산화동이 검출되었으며 주석과 납의 부식으로 인한 주석산화문, 탄산납, 산화납 등이 검출됨

② 라만분광분석 결과 대부분의 활자에서 탄산동(malachite, $Cu_2CO_3(OH)_2$)이 확인되었고 일부에서 산화동인 산화제2구리(cuprite, Cu_2O), 산화제1구리(tenorite, CuO)와 탄산

납(cerussite, $PbCO_3$)이 확인됨

③ 라만분광분석에서는 X선회절분석(XRD)에서 분석된 부식산화물과 비슷한 산화물을 얻었으며 특이한 결정구조는 발견하지 못함

6) 산지 추정

표면 부식물의 납 동위원소 분석을 실시한 결과를 우리나라의 광상 및 중국, 일본의 광상을 비교한 결과 208/204와 206/204 분포도에서 중국 남부와 일부 겹치는 것도 있으나 전체적으로 우리나라 Zone 3인 옥천대·영남육괴와 유사한 분포를 보임

제5장

證道歌字의 서체 분석

제1절 증도가자의 서체 분석

證道歌字 활자의 서체와 목판 번각본『증도가』의 서체를 서로 대조하고 직접 비교하여 유사점을 찾아보았다. 그간의 선행연구[1]들에서도 현존의 판본이 번각본이라는 점에 유의하여 활자의 자형과 번각본 서체의 유사점에 초점을 두고 여러 차례 연구를 진행하였다. 이를 통하여 비록 활자본 원본을 저본으로 번각한 판본이지만 현존 증도가 판본은 활자의 서체를 그대로 반영해 비교적 정교하게 판각된 목판본임을 알 수 있었다. 따라서 발견된 실물활자와 목판의 글자를 대조하는 일도 그다지 어려운 작업은 아니다.

1 주요 선행연구는 다음과 같다.

① 청주고인쇄박물관,『고려 금속활자 조사연구』·『證道歌』 硏究, 청주: 청주고인쇄박물관, 2011.

② 남권희,「證道歌字와『東國李相國集』」,『고려시대 금속활자 '證道歌字' 학술발표집』, 경북대 사회과학연구원·청주고인쇄박물관, 2011. 6.

③ 남권희,「高麗 證道歌字의 印刷技術史的 意義」, 국제학술회의 발표집『고려의 금속활자와 세계인쇄사의 재조명』, 성남: 한국학중앙연구원, 2012. 2.

④ 손계영,「여말선초 금속활자를 통해 본 證道歌字 字形의 특징」,『書誌學硏究』 第63輯(2015).

⑤ 이승철,「〈證道歌〉와 "證道歌字"의 서체 비교분석」,『고려시대 금속활자 '證道歌字' 학술발표집』, 경북대 사회과학연구원·청주고인쇄박물관, 2011. 6.

⑥ 이승철,「『증도가』 판본 연구」, 제1차 국제학술회의 발표집『동아시아 금속활자 인쇄문화의 창안과 과학성』, 성남: 한국학중앙연구원, 2012. 12.

⑦ 이완우,「'증도가자'와 고려시대 서예사」, 국제학술회의 발표집『고려의 금속활자와 세계인쇄사의 재조명』, 성남: 한국학중앙연구원, 2012. 2.

⑧ 이완우,「新出 金屬活字와 高麗時代 書風」, 제2차 국제학술회의 발표집『동아시아 금속활자 인쇄문화의 창안과 과학성』, 성남: 한국학중앙연구원, 2013. 9.

지금까지의 증도가자 서체에 대한 연구는 크게 세 가지 측면으로 나누어 진행되었다. 첫 번째는 증도가자의 서체와 이를 저본으로 번각한『證道歌』및『東國李相國全集』의 글씨를 비교한 연구이다.[2] 이는 증도가자 서체의 특징적 부분을 활자와 번각본 중의 동일 글자를 찾아 비교한 것으로, 글자의 크기를 기본으로 하고 서체상 동일한 이체자의 출현 여부, 특징적인 획의 방향이나 길고 짧음, 굵기 등의 일치 여부를 컴퓨터로 분석하였다. 또 현존하는『증도가』및『동국이상국전집』이 번각본임에도 불구하고 홈형 활자들의 전반적인 서체는 물론 字劃의 방향과 크기 등이 상당히 유사하다는 점을 밝히고『증도가』와『동국이상국전집』두 판본의 저본이 같은 활자로 인출되었음을 밝힌 연구들이다.

두 번째는 증도가자 서체와 고려시대 金石文·寫經·木板本의 글씨를 비교한 연구[3]로, 증도가 활자 59자의 서체를 대상으로『증도가』를 찍었던 시기와 일치하는 10~12세기 石刻搨本, 13세기 寫經, 11~13세기 高麗 大藏經의 木板 印出本과 비교한 결과, 1125년경의 石文과 1275~1283년경 寫經 사이의 시기에 주조되었을 가능성이 높은 것으로 추정됨에 따라 새로 발견된 활자가 고려시대 주조 금속활자임을 간접적으로 증명하였다.

세 번째 연구는 증도가자 서체의 비교대상을 금속활자본으로 삼아 증도가자에서 확인할 수 있는 독립된 특징을 도출하고 이를 통해 인출본(금속활자본)에서 증도가자를 구별할 수 있는 기준을 제시한 연구이다. 이를 위하여 둥근 홈형 활자 88자를 분석 대상으로 삼고 고려·조선시대에 주조된 금속활자 중에서 고려의 興德寺字, 조선의 癸未字, 庚子字, 甲寅字와 같은 초기 활자의 서체를 분석하였다.

---

2 ① 이승철,「고려 금속활자의 자체 연구」,『고려 금속활자 조사연구』, 청주: 청주고인쇄박물관, 2011.
② 남권희,「증도가자의 발견과『남명천화상송증도가』의 연구」,『書誌學報』第36號(2010).
③ 남권희,「고려 금속활자 증도가자의 주조법과 인쇄기술사적 분석」,『書誌學報』第39號(2012).

3 이완우,「新出 금속활자와 고려시대 서예사」,『書誌學報』第39號(2012), pp. 229-272.

제2절
서체 비교를 통한 증도가자 조성 시기 분석[4]

1. 고려 금속활자와 寺刊本 板經의 비교

이 증도가자의 서체에 대하여 書藝史的 관점에서 그 주조 시기를 검토한 선행연구[5]에서는 이 활자의 자형을 고려시대 歐陽詢類 石文, 충렬왕대 佛教寫經, 大藏經 板本의 자형과 비교하였다.(표 5-1)

첫 번째 비교 대상군인 石文 중의 유사한 서체는 1125년에 세워진 '大覺國師碑' 석문의 서체로, 구양순 서풍을 따랐으면서도 점획에 부드러운 曲勢가 보이고 기울기도 심하지 않으며 또 짜임도 옆으로 벌어져 본 금속활자의 서체와 유사한 양상을 보였다. 또 일부 자형은 顔眞卿 등 中唐 이후의 것도 나타나므로 이 금속활자의 서체는 안진경 서풍이 유행하기 시작한 12세기 이후 또는 大覺國師碑가 세워진 1125년 이후에 주조되었을 것으로 추정하고 있다.

두 번째 비교 대상군인 충렬왕대 1275~1283년의 佛教 寫經들과 비교했을 때는 일부 유사점은 있으나 자형 등에 차이가 많았으므로 이 금속활자의 주조 시기가 13세기 후반을 크게 넘지 않을 것으로 추정하였다.

세 번째 비교 대상군인 대장경들은 宋의 開寶勅板 대장경, 初雕大藏經(1011~1087), 再雕大藏經(1236~1251)이었으며 그 밖에 초조대장경 이후에 판각되었을 寺刊本 板經들과 비교하였다. 그 결과 서체의 점획이나 기울기, 자형을 비교했을 때 증도가자의 서체가 사간본 판경들과 유사하다는 것을 확인하였다. 사간본 판경들은 초조본에 바탕을 두면서도 점획의 굵기는 가늘어지고 글자의 기울기는 심해졌던바 이러한 점은 재조대장경에서 더

---

4 이 부분은 이완우의 「'증도가자'와 고려시대 서예사」, 국제학술회의 발표집 『고려의 금속활자와 세계인쇄사의 재조명』(한국학중앙연구원, 2012. 2.)과 「新出 金屬活字와 高麗時代 書風」, 제2차 국제학술회의 발표집 『동아시아 금속활자 인쇄문화의 창안과 과학성』(한국학중앙연구원, 2013. 9.) 등의 연구를 정리한 것이다.

5 이완우, 「新出 금속활자와 고려시대 서예사」, 『書誌學報』 39(2012), pp. 229–272.

표 5-1 고려 금속활자와 佛教典籍의 비교[6]

초조대장경	고려 금속활자		『증도가』 번각	사간본 판경	재조대장경
人		人	人	人	人
生		生	生	生	生
不		不	不	不	不
子		子	子	子	子
心		心	心	心	心
佛		佛	佛	佛	佛
行		行	行	行	行
所		所	所	所	所
福		福	福	福	福
醢		醢			醢

6 이완우, 「서체 분석」, 『증도가자 기초학술조사 연구』, 대전: 국립문화재연구소, 2014, p. 35.

진행되었다. 특히 세로획이 왼쪽으로 기울어지자 글자의 均勢를 맞추기 위하여 가로획을 오른쪽으로 길게 뽑거나 점획의 오른쪽을 굵게 강조하는 등의 변화가 생겨났다. 이러한 점은 증도가자 서체에서 세로획이 상당수 왼쪽으로 기운 것과 같은 양상이다.

이러한 시사점을 종합해 보면 증도가자는 서체상으로 볼 때 1125년 '대각국사비'와 충렬왕대인 1275~1283년경에 조성된 불교 사경들 사이의 기간에 주조되었을 것으로 짐작된다. 또한 증도가자의 서체가 사간본 판경들과 유사점이 가장 많다는 점에서 앞으로 간행 연대가 분명한 사간본 판경과 비교하여 증도가자의 주조 시기를 좀 더 구체화할 수 있을 것으로 보인다.

2. 고려시대 寺刊 木板本과의 비교

고려시대에 사찰에서 간행된 여러 板經 중 그 시기를 추정할 수 있는 판본을 대상으로 증도가자의 서체와 비교하여 증도가자 성립의 上·下限을 추정할 수 있다. 그중 증도가자와 관련된 시기에 간행되었을 것으로 추정되는 예로서 보물 제1650호인 서울 開運寺 木造阿彌陀如來坐像의 腹藏에서 나온 사간본 판경이 있다. 이 불상은 단엄한 상호, 세련된 조각기법, 장중하고 균형감 있는 조형 등 완성도가 높아 고려 후기 불상을 대표하고 있으며, 특히 이 불상의 복장에는 1274년(至元 11, 고려 元宗 15) 4월 12일에 高麗國 동쪽의 深接大師가 주관하여 무량수불을 金塗한다는 重修願文이 들어 있어 적어도 13세기 전반에는 조성되었을 것으로 짐작할 수 있다.

아울러 복장에는 1322년(至治 2, 충숙왕 9) 5월 19일 高麗國 中部 進士井洞 1里에 사는 崔椿이 발원하여 金佛腹藏을 조성한다는 발원문이 있고, 같은 날 牙州 鷲峯寺 依止道人(天正 惠興)의 발원문도 함께 들어 있다. 이들 조성 발원문 3점과 함께 모두 41건 58점에 이르는 고려시대 사경(7점)·목판본(15점)·서적(1점) 및 조선시대 서적(5점)·탑본(1점)·다라니(8점)·복장물(1점)이 포함되어 있다. 그중 고려시대 사경과 목판본 21점은 보물 제1650호 〈서울 개운사 목조아미타여래좌상 腹藏典籍〉으로 지정되었다. 21점 가운데 목판본 경전은 15점으로, 1점을 뺀 모두가 『화엄경』이며 晉本(60권)·周本(80권)·貞元本(40권)이 고루 포함되어 있다. 형식은 26행 17자를 기본으로 한 고려시대 목판본의 전형을 보이고 판각된 시기는

표 5-2 고려 금속활자와 寺刊本 板經의 비교

고려 금속활자 搨本	호림박물관 『화엄경』 周本 권34	보물 제1650호 〈서울 개운사 목조아미타여래좌상 복장전적〉			
		『화엄경』 晉本 권2		『화엄경』 周本 권2	
人	人	入	入	入	入
生	生	生	生	生	生
不	不	不	不	不	不
子	子	子	子	子	子
心	心	心	心	心	心
佛	佛	佛	佛	佛	佛
行	行	行	行	行	行
所	所	所	所	所	所
福	福	福	福	福	

복장 발원문에 의거하여 1274년 또는 1322년이 下限이 된다.

이런 기준으로 증도가자와 개운사 『화엄경』 목판본의 자형을 비교하면 [표 5-2]와 같다. 개운사 판경 가운데 인출과 보존상태가 양호한 『화엄경』 晉本·周本 권2(그림 5-1과 5-2 참조)

표 5-3 자형으로 본 고려 금속활자의 계열

개보칙판 대장경	초조대장경 『화엄경』 晉本 권1	대각국사비 1125	서울 개운사 『화엄경』 晉本 · 周本 권2	호림박물관 『화엄경』 周本 권34	재조대장경 『화엄경』 晉本 권1	고려 금속활자
尒	尒	爾	尒	爾	爾	尒
遍	遍		遍	徧	徧	徧
所	所	所	所	所	所	所
切	切	切	切	切	切	切
為	為	為	為	爲	爲	爲

를 비교대상으로 삼았다. 비교한 결과, 대부분의 자형은 같았으며 '所' 자만 달랐고 또 글자의 짜임새, 점획의 형태와 기울기, 완곡도 등에서 매우 유사한 면모를 보였다. 개운사 『화엄경』은 몇몇 자형, 예를 들어 '遍, 尒, 所, 切, 為' 자가 개보판대장경이나 초조대장경 계열과 같았다. 따라서 개운사 판본의 간행 시기가 올라갈 것으로 추정된다.(표 5-3 참조)

이미 발견된 고려 금속활자에 대해 1239년 晉陽公 崔怡(?~1249)가 금속활자본 『南明泉和尙頌證道歌』를 翻刻한 판본과 자형을 비교해 그 일치 여부가 확인되면서 『南明泉和尙頌證道歌』를 찍을 때 사용한 활자라는 설이 제기된 바 있다.[7] 이러한 점을 고려할 때 이 증도가자가 1274년 또는 1322년을 下限으로 하는 개운사 『화엄경』 판경과 유사한 성격을 보인다는 점은 그 주조 시기를 판단하는 데 하나의 참고가 될 수 있다.

---

7 남권희, 「證道歌字의 발견과 『南明泉和尙頌證道歌』의 연구」와 「證道歌字와 『東國李相國集』」; 『고려 금속활자 조사연구』, 청주: 청주고인쇄박물관, 2011.

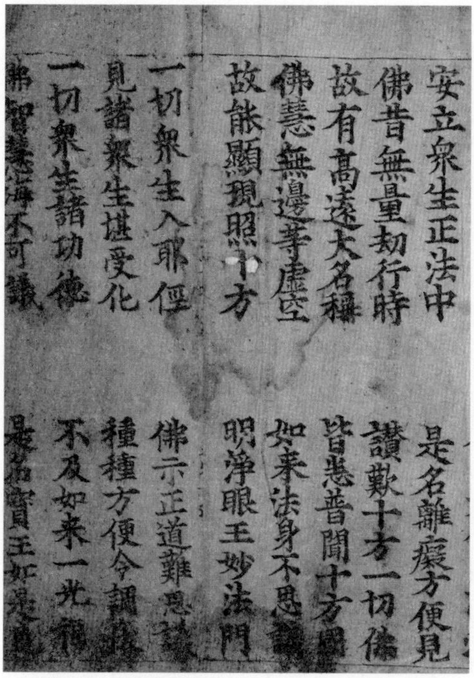

安立衆生正法中
佛昔無量劫行時
故有高遠大名稱
佛慧無邊等虛空
故能顯現照十方
一切衆生入邪徑
見諸衆生堪受化
一切衆生諸功德
佛智慧海不可議

是名離癡方便見
讚歎十方一切佛
皆悉普聞十方國
如來法身不思議
明淨眼王妙法門
佛示正道難思議
種種方便令調伏
不及如來一光明
是名寶王如是見

그림 5-1 周本『화엄경』 권2 부분, 보물 제1650호, 서울 開運寺

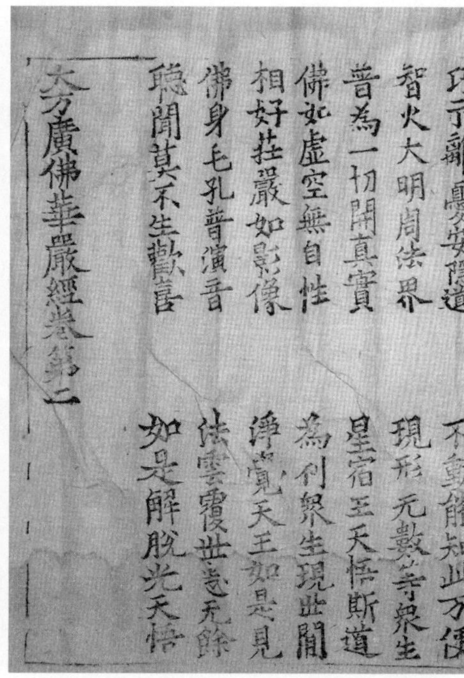

巧示離憂安隱道
智火大明周法界
普為一切開真實
佛如虛空無自性
相好莊嚴如影像
佛身毛孔普演音
聽聞莫不生歡喜
大方廣佛華嚴經卷第二

不動能知此方便
現形無數等衆生
星宿王天悟斯道
為利衆生現世間
淨覺天王如是見
法雲覆世悉無餘
如是解脫光天悟

그림 5-2 晋本『화엄경』 권2 부분, 보물 제1650호, 서울 開運寺

제3절
여말선초 금속활자 서체와 證道歌字 字形의 비교[8]

발견된 고려 활자 가운데 13세기에 주조된 것으로 밝혀진 증도가자인 원형홈 활자를 대상으로 여말선초 금속활자본에서 동일한 글자를 뽑아 이들의 자형을 비교·분석하면서 이체자나 글자의 點劃의 특이 사항을 살펴보았다.

8 이 부분은 손계영, 「여말선초 금속활자를 통해 본 證道歌字 字形의 특징」, 『書誌學研究』 第63輯(2015. 9.)의 연구를 정리한 것이다.

대상이 된 금속활자는 증도가자, 『直指』를 인출한 興德寺字, 활자의 형태나 조판 기술의 개량 등 금속활자 인쇄가 본격적인 단계에 들어서기 이전인 조선 초기에 조성된 癸未字·庚子字·甲寅字 등이다. 이 5종의 금속활자본 서체 88자와 증도가자를 비교하여 자형의 고유한 특징을 다음과 같이 제시하였다.

1. 서체의 점획이 증감된 자형

正字를 기준으로 점 또는 획의 일부가 생략되거나 간소화된 용례로 '廣' 자, '善' 자, '爲' 자, '徧' 자, '源' 자, '願' 자 등이 있다.(표 5-4 참조)

'廣' 자의 경우 '广' 아래 '黃'의 획 하나를 생략하여 '黃'으로 표기한 자형이 사용되었다. 즉 '广' 아래 상단을 '廿'로 표기한 자형이 정자인 반면, '卄'로 표기한 경우 이체자에 해당되는데, 후자의 자형은 흥덕사자·경자자·갑인자 3종의 인본에서 발견된다.

'善' 자의 경우 대부분 정자의 자형에서 벗어나지 않은 형태이지만, 『직지』의 흥덕사자에서는 '口' 위의 점 2개가 생략된 형태이다. 즉 증도가자·계미자·경자자·갑인자에서는 정자를 사용한 반면, 흥덕사자에서는 획이 생략된 '善'의 자형을 사용하였다. 또 증도가자 '善' 자의 특징은 시작하는 위쪽 두 개의 점이 '∨' 방향이 아니라 '∧' 방향이라는 점이다.

'徧' 자와 '源' 자의 경우 '徧' 자의 오른쪽 '戶'의 윗점을 생략한 '尸'를 사용한 '徧' 자형과 '源' 자의 '厂'와 '日' 사이 획을 생략한 '源' 자형이다. 正字와 큰 차이는 없지만 점 하나 또는 획 하나가 생략된 이체자이다. '徧'과 '源'의 용례도 갑인자에서만 나타나는 특징이라는 점에서 주목된다.

'願' 자의 경우 두 가지 형태인데, 하나는 왼쪽의 '原'에서 '厂'와 '日' 사이 획이 생략된 '願'의 자형이고, 또 하나는 '願' 자의 왼쪽 '原'을 변형한 '頋'의 자형이다. 전자는 갑인자, 후자는 흥덕사자에서 사용되었다.

또 점획이 추가된 용례는 '切' 자와 '嚴' 자로, '切' 자의 경우 증도가자·흥덕사자·갑인자에서는 정자를 사용하였으나 흥덕사자·계미자·경자자에서는 왼쪽의 '七'이 '土'로 변형된 '切'의 자형을 사용하였다. 흥덕사자에서는 正字와 異體字 두 가지 모두 발견된다. '嚴' 자의 정자 형태는 상단 2개의 '口' 아래에 '厂'을 사용한 자형으로, 흥덕사자·계미자·경자자·

표 5-4 점획이 생략되거나 간소화된 용례[9]

	증도가 활자 (13세기)	증도가 번각본 (1239)	흥덕사자본 (1377)	계미자본 (1403)	경자자본 (1420)	갑인자본 (1434)
廣		廣		廣		
廣			廣		廣	廣
善		善		善	善	善
善			善			
爲		爲	爲	爲	爲	
為						為
徧		徧	徧	偏	遍	
徧						徧
源		源	源	源		
源						源
願		願		願	願	
願						願
顛			顛			

표 5-5 점획이 추가된 용례[9]

	증도가 활자 (13세기)	증도가 번각본 (1239)	흥덕사자본 (1377)	계미자본 (1403)	경자자본 (1420)	갑인자본 (1434)
切	切	切	切			切
切			切	切	切	
嚴			嚴	嚴	嚴	嚴
嚴	嚴	嚴				

표 5-6 점획이 변형된 용례[9]

	증도가 활자 (13세기)	증도가 번각본 (1239)	흥덕사자본 (1377)	계미자본 (1403)	경자자본 (1420)	갑인자본 (1434)
清	清	清		清	清	清
清			清			
於	於	於	於	於	於	
扵						扵
衆	衆	衆				
衆			衆			
眾				眾	眾	眾

---

9 上揭書, pp. 208–209.

갑인자 등 대부분의 금속활자에서 정자의 자형을 사용하였으나 유일하게 증도가자에서는 2개의 '口' 아래에 점이 추가된 '⺈' 자형을 사용하였다. '⺈'가 들어간 자형은 증도가 활자뿐만 아니라 증도가 번각본에서도 동일하게 나타나고 있다.

2. 서체의 점획이 변형된 자형

점획이 변형된 용례로는 '淸', '於', '衆' 자 등이 있다. '淸' 자의 경우에는 왼쪽 아래의 '円'의 형태는 흥덕사자에서만 발견되고 증도가자·계미자·경자자·갑인자 등에서는 '円'을 '月'로 변형한 자형을 사용하였다. '於' 자는 왼쪽이 '方'이 사용된 자형은 흥덕사자·계미자·경자자 등 대부분의 활자에서 나타나는 반면, 갑인자의 경우에는 예외적으로 왼쪽의 '方'을 '才'의 형태로 변형한 '扵'의 자형을 사용하였다. 증도가자의 경우는 두 가지 모두 나타나고 있다.

또 '衆' 자의 경우 하단의 '豕' 형태가 세 가지로 나타난다. 정자는 상단의 '血' 아래에 점을 찍고 왼쪽으로 삐치는 세로획을 그은 후 세로획을 중심으로 왼쪽으로 2개의 획과 오른쪽으로 2개의 획이 있는 '衆'의 자형으로, 증도가 활자와 번각본에서만 나타난다. '衆' 자의 변형된 형태로 『흥덕사자』에서는 '血' 하단의 중앙에 점을 찍지 않고 곧장 세로획을 긋고 왼쪽에 2개의 획과 오른쪽에 3개의 획을 넣은 '衆' 자형을, 계미자·경자자·갑인자에서는 '血' 아래에 점을 찍지 않고 오른쪽으로 삐쳐 올리는 세로획을 긋고 왼쪽에 2개의 획과 오른쪽에 3개의 획을 넣은 '衆' 자형을 사용하였다. '衆' 자도 '嚴' 자와 마찬가지로 고려 말에 조선 초의 활자를 구분하는 명확한 경계가 되고, 동시에 증도가자를 구분하는 주요 근거가 될 것으로 보인다.

3. 篆隷에서 변형된 자형

篆隷의 자형에서 변형된 용례는 '珍' 자, '所' 자, '爾' 자, '明' 자가 있으며 그 사례는 [표 5-7]과 같다.

표 5-7 篆隷의 자형에서 변형된 용례[10]

	증도가 활자 (13세기)	증도가 번각본 (1239)	흥덕사자본 (1377)	계미자본 (1403)	경자자본 (1420)	갑인자본 (1434)
珍				珍	珍	珍
珎		珎	珎			
所		所	所	所	所	
𠩄			𠩄			𠩄
尓			尓			
爾		爾			爾	
爾						爾
明			明	明	明	
眀						眀
朙		朙				

'珍' 자의 경우 정자 형태는 조선 초기 금속활자인 계미자·경자자·갑인자에서 사용되었던 것으로 확인되는 반면, '珍'의 오른쪽 '㐱'이 '尓'로 변형된 '珎' 자형은 隷字에서 변형된 형태로 증도가자와 흥덕사자의 사례에서 발견된다.

10 上揭書, p. 210.

'所' 자의 경우에는 증도가자·흥덕사자·계미자·경자자 등 대부분의 금속활자에서 정자의 사용이 일반적인 것으로 보인다. 흥덕사자 중 일부의 글자 및 갑인자의 경우에는 '所'의 異體字인 '邧'의 사용이 두드러지게 나타나는데, 이러한 형태도 [표 5-7]에서 보는 바와 같이 예자에서 유래된 것이다.

'爾' 자의 경우 여말선초 금속활자에서 두 가지 형태, 즉 '爾' 자의 상단을 '爫'로 변형한 자형과 획수를 간략하게 변형한 '尒' 형태로 나타난다. 전자의 경우는 갑인자에서, 후자의 경우는 증도가 활자와 흥덕사자에서 확인된다.

'明' 자의 경우 두 가지 형태, 즉 왼쪽의 '日'이 '囧' 또는 '目'으로 변형된 경우로 구분된다. 정자인 '明' 자는 흥덕사자·계미자·경자자 3종에서 확인되고, '朙' 자는 증도가 활자와 증도가 번각본에서 확인되며, 좌측에 '目'을 사용한 '眀' 자는 갑인자본에서만 나타난다.

이와 같이 여말선초 금속활자 자형을 분석·비교한 결과 단순하게 점획이 증감·변형된 용례도 있지만 자형이 篆字 또는 隷字의 영향을 받아 글자의 구성요소가 완전히 다른 형태로 변형된 경우도 있다.

4. 증도가자 자형 중 갈고리획의 특징

증도가자 활자체의 특징은 이체자·이형자의 존재와 글자의 세로획을 갈고리(亅) 형태로 강조한 용례가 많다는 점이다.

증도가자의 서체 중 '亻, 彳' 획의 끝부분을 갈고리획으로 처리한 '彳' 부수자의 대표적인 사례는 '徒' 자·'得' 자·'行' 자이고, '亻' 부수자의 대표적인 사례는 '佛' 자이다.(표 5-8 참조) 또 '几' 자 부수의 좌우 획을 처리한 예는 '風'에서 찾아볼 수 있고 '中' 자, '下' 자, '常' 자, '在' 자 등에서는 세로획을 갈고리 형태로 강조(표 5-9 참조)하였다.

그 밖에도 ① '厂'의 획 사이의 분리(願, 源, 廣, 嚴), ② '戶'의 점획 사이의 분리(所, 偏), ③ 心, 以의 점 사이의 연결 및 점획의 분리, ④ '氵'의 점 사이의 연결성(源, 清), ⑤ '亅, 丿'의 머리 부분 강조(不, 爲) 등 특정 점획이 강조되거나 변형된 용례가 있다.

표 5-8 亻·彳의 끝부분을 갈고리로 처리한 용례: 徒자·得자·行자·佛자

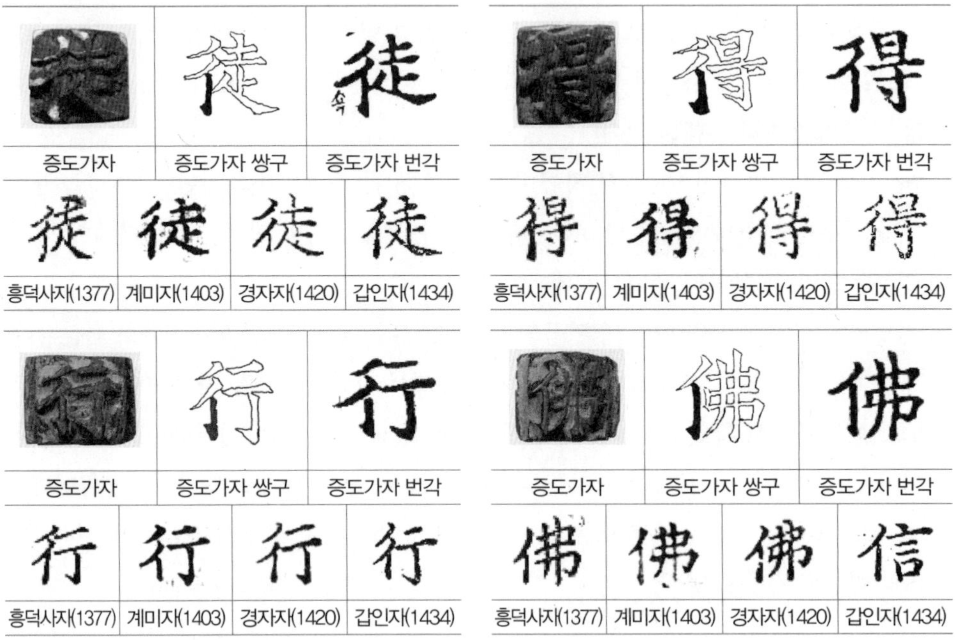

표 5-9 세로획의 끝부분을 갈고리로 처리한 용례: 中자·下자·常자·在자

제4절 증도가자의 개별 활자 서체 분석

1. '複' 활자의 직선도 분석

현재 국립중앙박물관에 소장되어 있는 '複' 활자는 출토 후 전래되는 과정에서 부식 부분이 제거되고 여러 차례 먹으로 찍어 보거나 인주를 묻혀 찍는 등 외부적 요인이 누적되었으며 모서리 부분이 마모됨에 따라 둥글게 곡선을 이루고 있다.

국립중앙박물관 소장 '複' 자

청주고인쇄박물관 소장 '上' 자

그림 5-3 '複' 자와 '上' 자[11]

증도가자와 네다리 활자들은 그와 같은 현상이 적게 나타나며 대부분의 각이 살아 있고 획의 끝이나 경계 부분은 훼손 및 파손이 다소 보인다. 이는 전래된 국립중앙박물관 '複' 자와 달리 증도가자와 네다리 활자들은 출토 전후에 보존이 잘되고 관리환경이 좋았기 때문으로 여겨진다.

---

11 국립문화재연구소, 『증도가자 기초학술조사 연구』, 대전: 국립문화재연구소, 2014, p. 365, p. 368.

2. 한글활자 5종의 직선도 분석

참고로 국립중앙박물관에 소장되어 있는 한글활자 '갓, 갸, 담, 뒤, 래' 중에서 갓(p. 45, p. 208, p. 212, 을해자) · 갸(6자, p. 46, p. 118) · 담(9자, p. 64, p. 65, p. 149 4번째 자) · 뒤(1자, p. 72) · 래(p. 76, p. 207, p. 208, 을해자)[12] 활자들은 조선 전기 즉 15세기부터 자주 사용된 활자로, 마모되면서 획의 가장자리가 둥글게 변화한 것이다. 그러나 증도가자의 경우 먹이 글자 표면에 남아 있어 자연적인 코팅 역할을 하여 글자면이 외부로부터 물리적인 훼손 등이 없었던 부분은 비교적 온전하게 남아 있다.

국립중앙박물관의 『한글금속활자』 도록[13]에 제시된 한글활자들은 사용빈도가 낮아서 직선도가 높은 활자들이 대부분이다. 〈그림 5-4〉는 '갸' 자를 대상으로 사용빈도에 따른 획의 마모도 차이를 보여 준다.

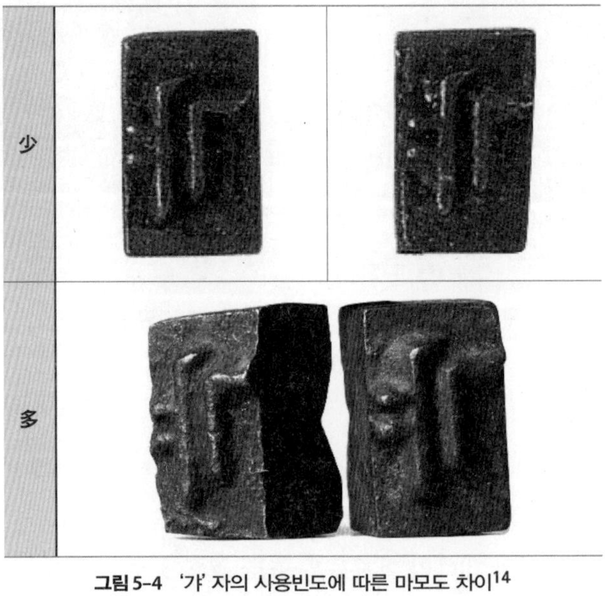

그림 5-4 '갸' 자의 사용빈도에 따른 마모도 차이[14]

12 여기서 페이지는 국립중앙박물관 역사부, 『한글금속활자』(서울: 국립중앙박물관, 2006)의 페이지다.

13 국립중앙박물관 역사부, 『한글금속활자』, 서울: 국립중앙박물관, 2006.

14 이미지는 국립중앙박물관 역사부, 『한글금속활자』(서울: 국립중앙박물관, 2006) p. 46, p. 118에서 발췌하였다.

활자 획의 직진성은 단순히 제작시대의 관점으로만 판단되는 것이 아니라 주로 사용 횟수와 관련되거나 보존상태와 직접적인 관련이 있다. 그 예로 현존하는 조선 후기 제작의 활자 중 사용되지 않은 활자들은 글자 획의 테두리 선들에서 매우 선명한 각도를 보인다.(그림 5-5 참조)

참고로 2015년 11월 30일 발견된 고려활자의 경우(개성 만월대 신봉문터 부근에서 출토) 비록 훼손은 있지만 글자 획이 둥글게 마손되지 않고 선명하다. 또 윗면 즉 글자면은 평평하고 측면은 가파른 현상을 보이고 있다.

斜	漱	愛	淵

瘃	它	氏	

그림 5-5 조선 후기 금속활자

3. 네다리 고려활자의 이체자 분석

1) 네다리 고려활자의 이체자 '𩕳' 자 분석

그림 5-6 '𩕳' 字(청주고인쇄박물관 소장)

현재까지 증도가자와 함께 발견되어 알려진 고려활자는 네 모서리에 삼각뿔 형태의 네 다리가 있는 형태로, 크기도 증도가자보다 약간 크고 글자의 서체도 다르다. 또 현재까지 발견된 글자 중에는 잘 쓰이지 않는 僻字나 古字들이 확인되어 '갈 ⿱龍瓦' 자나 '닭 [illegible]' 자 등의 예를 볼 수 있다. 이 글자를 대상으로 구체적인 전거, 글자체, 음, 뜻을 제시해 보면 다음과 같다.

중국 자전류

글자	『玉篇』	『廣韻』 北宋(1008)	『集韻』 宋(1039)	『類篇』 宋(1069)	『字彙』 明代	『正字通』 清代	『康熙字典』 清代	明文 漢韓大字典[15]
⿱龍瓦	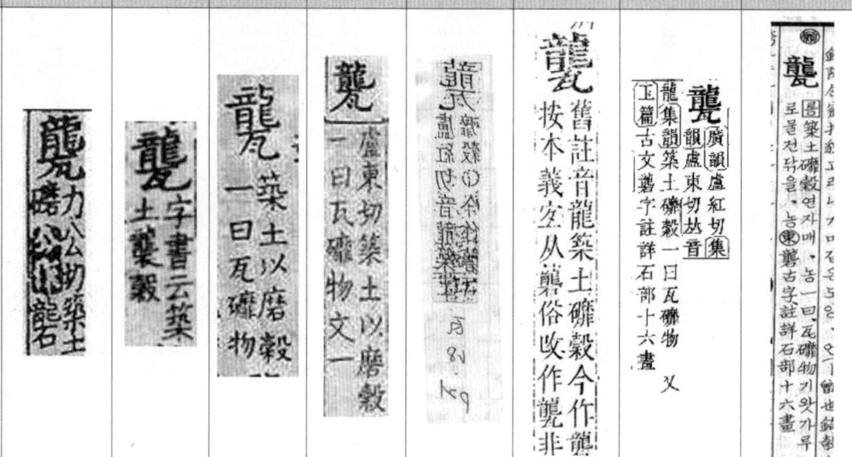							
⿱龍石								

15 金赫濟·金星元, 『明文漢韓大字典』, 서울: 明文堂, 1995, p. 790, p. 916.

이와 같은 전거에 의하여 활자에 보이는 이체자는 아래 획 부분이 훼손되어 정확하지 않지만 음은 '롱'이며 뜻은 '갈다' 등의 의미로 사용되고, 대만 이체자자전에서 '壟'은 '礱' 자의 이체자로 통용되고 있다.

이 이체자들은 초기에 사용되고 이후 사용되지 않았으므로 이 활자의 주조와 사용 시기를 추정하는 데 중요한 근거가 된다.

대만 이체자자전[16]

釋義 '築土以磨穀. 見集韻, 平聲, 東韻. 作「壟」形時, 爲「礱」之異體.'

2) 네다리 고려활자의 이체자 '雈' 자 분석[17]

송나라의 陳彭年 등이 중수한 『대광익회옥편(大廣益會玉篇)』(1013)에 수록되어 있으나 발음과 뜻은 알려지지 않았다. 『대광익회옥편』은 양나라 고야왕[18]이 편찬한 자서(字書)인 『옥편(玉篇)』을 당(唐)나라 고종(高宗) 때인 674년에 손강(孫强)이 글자 수를 보충한 본에 근거하여, 송(宋)나라 진종(眞宗) 때인 1013년에 진팽년, 오예(吳銳), 구옹(邱雍) 등이 칙명을 받아 대폭 수정하면서 총 22,700여 자를 수록하여 증수(增修)한 것이다.

동시대의 또 다른 자서인 송나라 인종 때인 1039년에 황제의 칙명에 따라 편찬된 『集韻』에 기록되어 있다고 훈과 음을 밝힌 『中文大辭典』 1~10권 중 9권 1393페이지에서 '雈' 자의 출전을 『集韻』이라 하였으며, 음은 '牆容切'이라 표기하고 훈은 '雞也', 즉 '닭이다'고 하였다.

牆容切에서 切이란 反切法을 뜻하는데, 반절법이란 쌍성과 첩운을 이용하여 두 글자로 한 글자의 음을 표기하는 방법이다. 반절법은 중국 육조시대부터 표의문자인 한자의 음을 나타내기 위해 창안되었는데, 이에 따르면 牆容切의 음은 '종'이 된다.

---

16 http://140.111.1.40/main.htm

17 박재성, 「고려시대 금속활자 증도가자 중 '雈'자의 훈과 음에 대한 고찰」, 학술토론집 『세계에서 가장 오래된 금속활자』(2017. 9. 28. 국회의원회관 제1소회의실) pp. 22–23에서 발췌.

18 고야왕(顧野王, 519~581): 중국 남북조시대 양(梁)·진(陳)의 학자. 字는 희빙(希憑), 장쑤성(江蘇省) 출생. 양나라에서 벼슬을 하여 태학박사(太學博士)가 되었다. 양나라 멸망 후에 진(陳)나라를 섬겨 560년 찬사학사(撰史學士), 570년 국자박사(國子博士), 574년 대저작장국사지량사사(大著作掌國史知梁事史)가 되었다. 당시 남조에서 가장 완비된 책이었던 『옥편(玉篇)』은 30권으로 이루어진 자서로, 허신이 저술한 『설문해자』의 부수 체계를 따라 540개의 부수로 이루어졌으며, 글자 밑에 주음과 함께 방대한 용례와 주석을 병기한 것이 특징이다.

『中文大辭典』에서 '雚' 자의 출전으로 밝힌 『集韻』은 송나라 인종 때인 1039년(北宋 寶元 2)에 정도(丁度), 계숙(季淑) 등이 황제의 칙명(勅命)에 따라 편찬하기 시작한 중국의 음운서(音韻書, 발음 표기 자전)[19]이다. 절운계(切韻系) 운서의 체재를 따랐으며 206운(韻)으로 나뉘고 자수(字數)는 5만 3525자를 수록하였으며 10권으로 구성되어 있다. 당시의 발음 상태나 음운학의 발전 정도를 알 수 있으며 1066년에 완성하였다.

따라서 증도가자 이후 발견되지 않은 '雚' 자는 1039년에 간행된 『集韻』에 실린 한자의 훈과 음을 확인할 수 있으므로 증도가자의 주조 시기를 간접적으로 밝힐 수 있다.

4. 증도가자와 여말선초 금속활자의 자형 비교[20]

해당 한자	證道歌字 (13세기)		『證道歌』 飜刻本 (1239)	興德寺字 (1377)	癸未字 (1403)	庚子字 (1420)	甲寅字 (1434)
巨			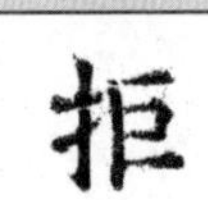		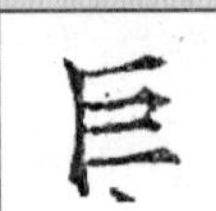	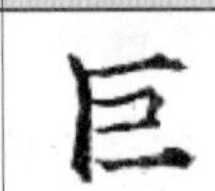	
界				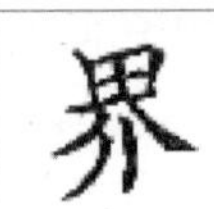		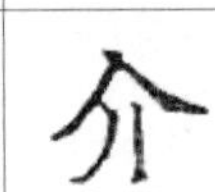	
光				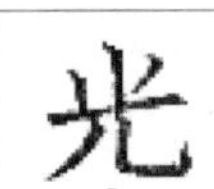	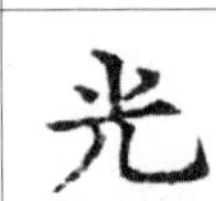	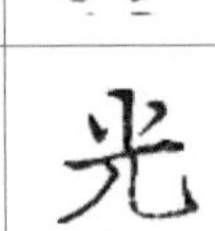	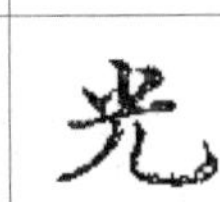
廣					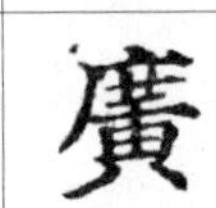	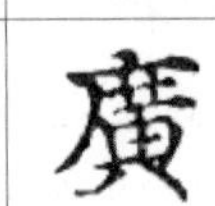	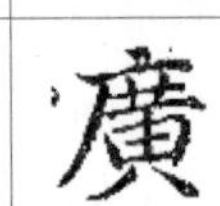

19 한자를 운(韻)에 따라 분류하고 배열한 자전. 한시를 지을 때 서로 압운(押韻)이 가능한 한자들을 한데 묶은 책을 말한다. 한자들을 사성(四聲)에 따라 넷으로 분류하고 운이 같은 글자끼리 모은 뒤, 다시 성모(聲母)가 같은 글자끼리 모아서 배열한다. 각 운마다 대표하는 운자 하나를 택하여 '운목(韻目)'으로 정한다. 중국에는 표음문자가 없으므로 이들 운서에는 주로 반절법(半切法)·36자모(字母)를 이용하고 있다.

20 손계영, 「여말선초 금속활자를 통해 본 증도가자 자형의 특징」, 書誌學硏究, 제63집(2015. 9.), pp. 226-233.

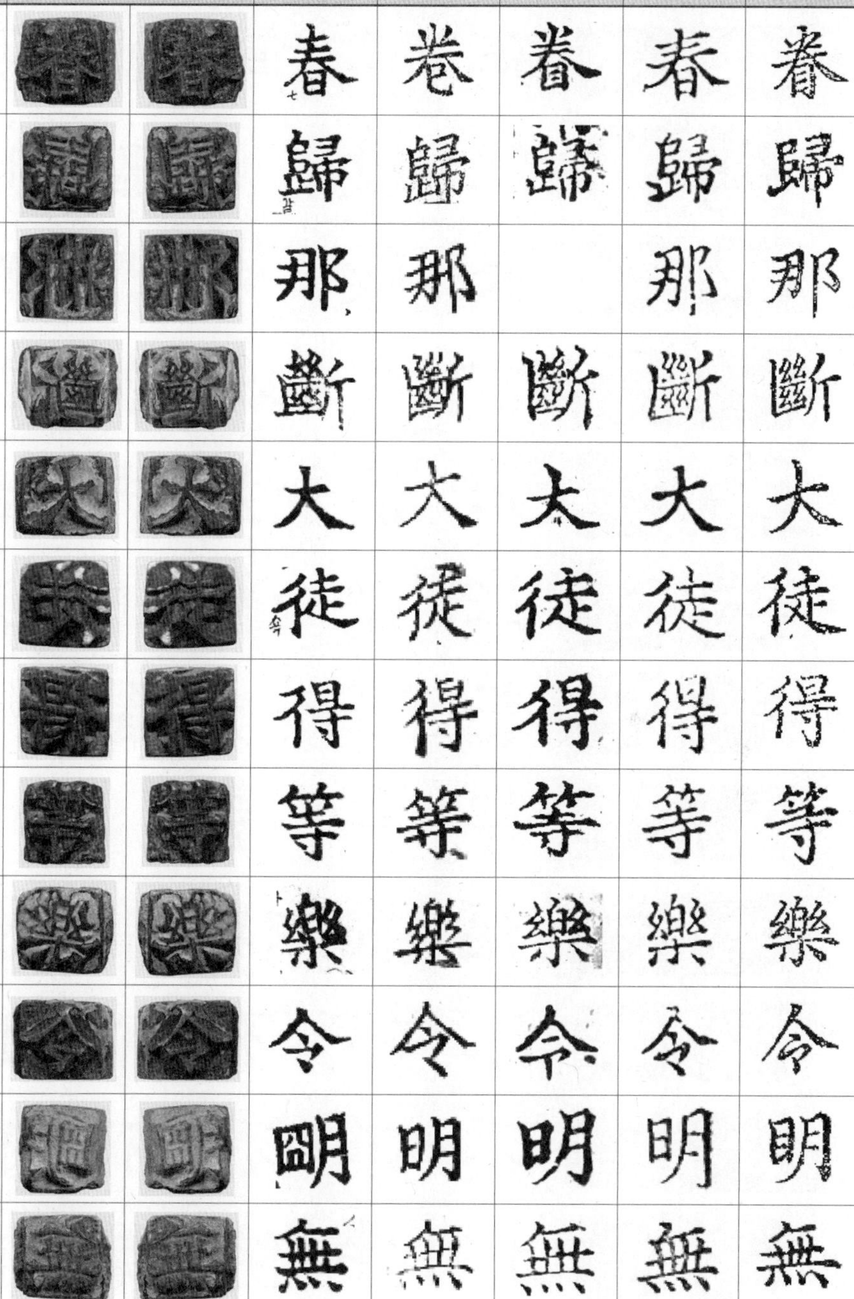

해당 한자	證道歌字 (13세기)		『證道歌』 飜刻本 (1239)	興德寺字 (1377)	癸未字 (1403)	庚子字 (1420)	甲寅字 (1434)
眷							
歸							
那							
斷							
大							
徒							
得							
等							
樂							
令							
明							
無							

해당 한자	證道歌字 (13세기)	『證道歌』 飜刻本 (1239)	興德寺字 (1377)	癸未字 (1403)	庚子字 (1420)	甲寅字 (1434)
無						
般	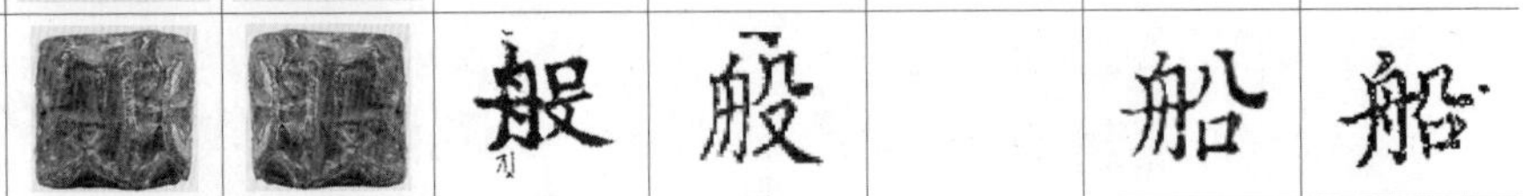					
般	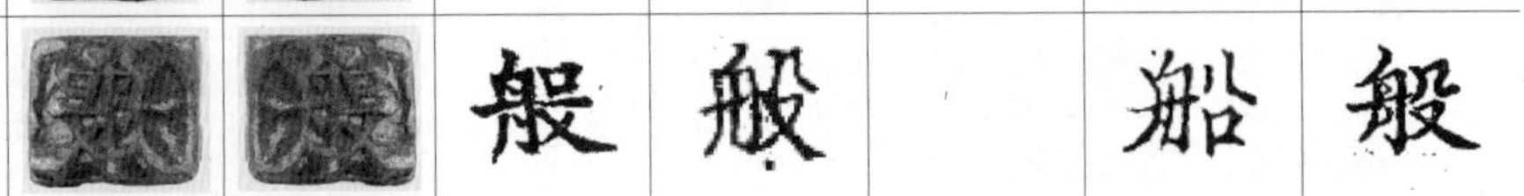					
方						
法	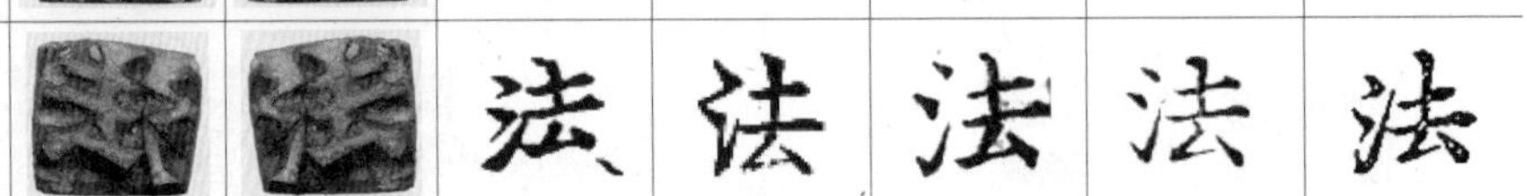					
法	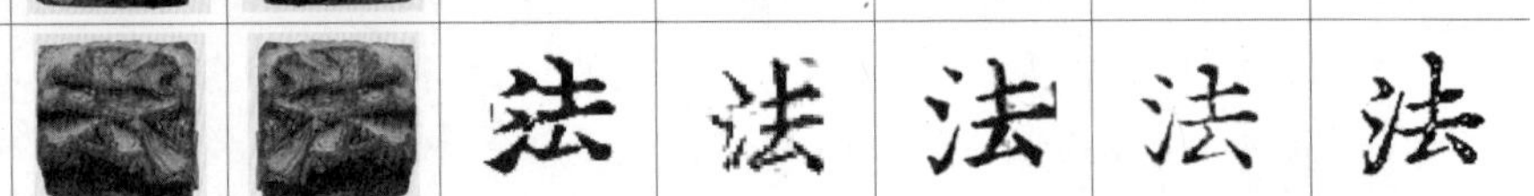					
普	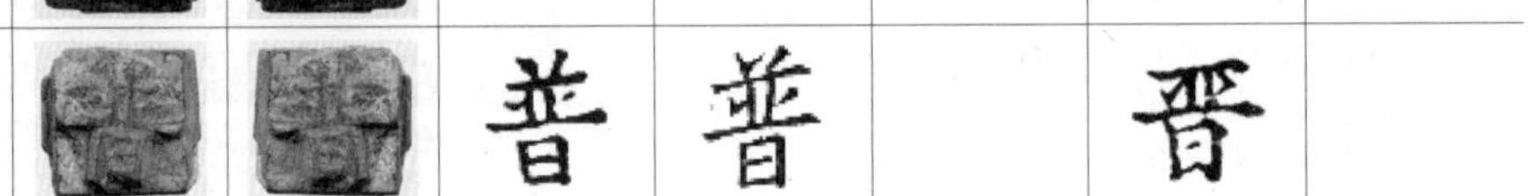					
菩	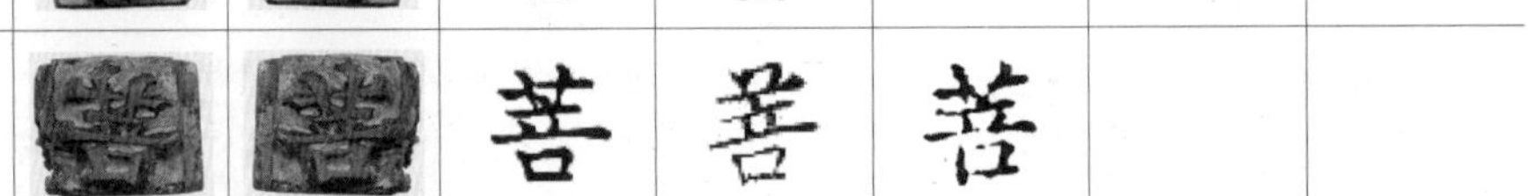					
福	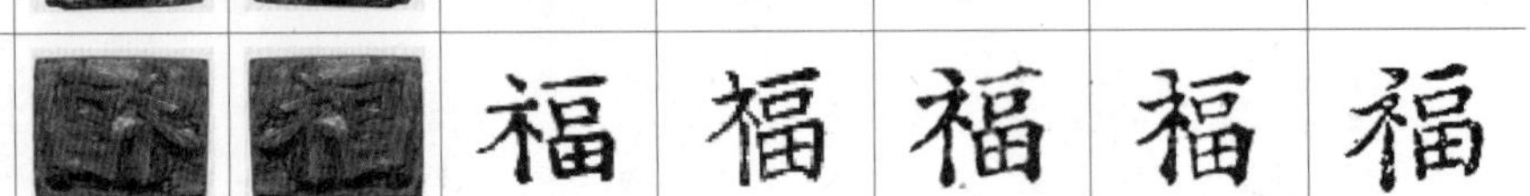					
不						
不						
佛	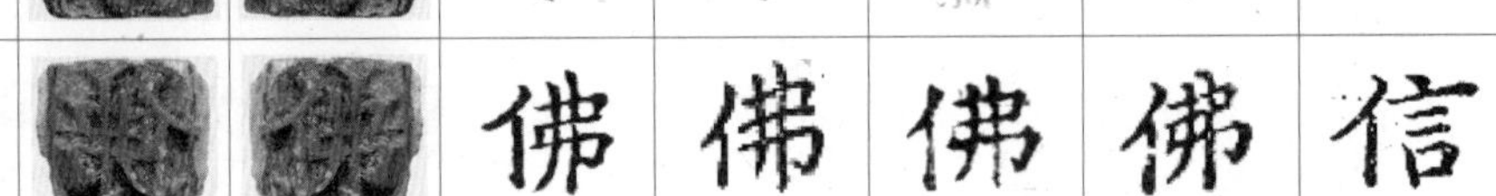					

해당 한자	證道歌字 (13세기)		『證道歌』 飜刻本 (1239)	興德寺字 (1377)	癸未字 (1403)	庚子字 (1420)	甲寅字 (1434)
佛	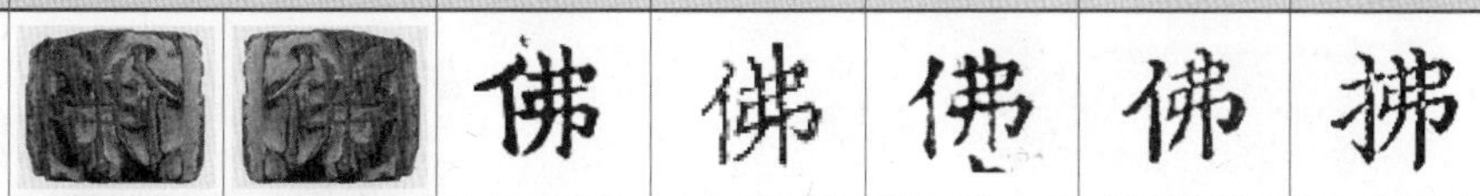						
悲							
捨	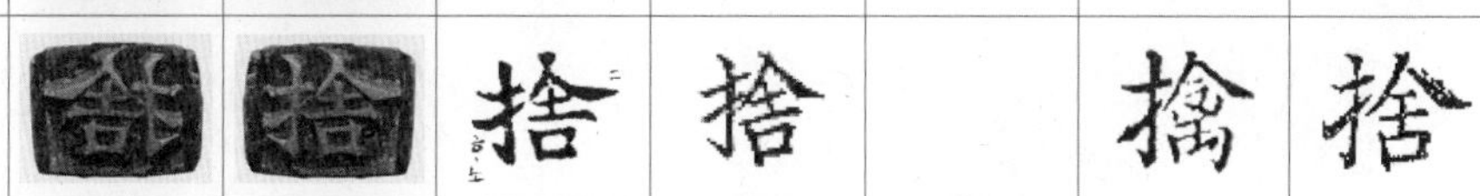						
薩	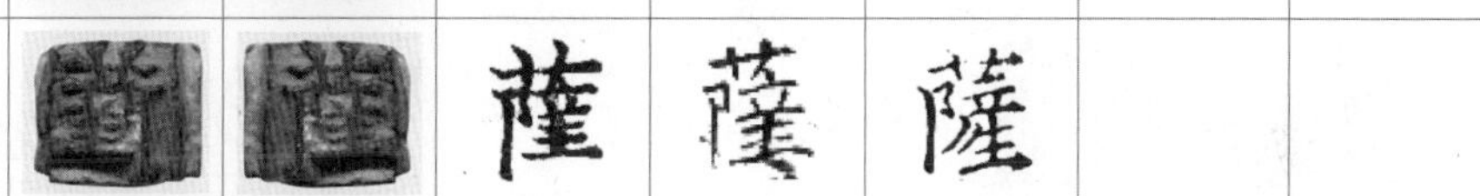						
三							
上							
常							
常	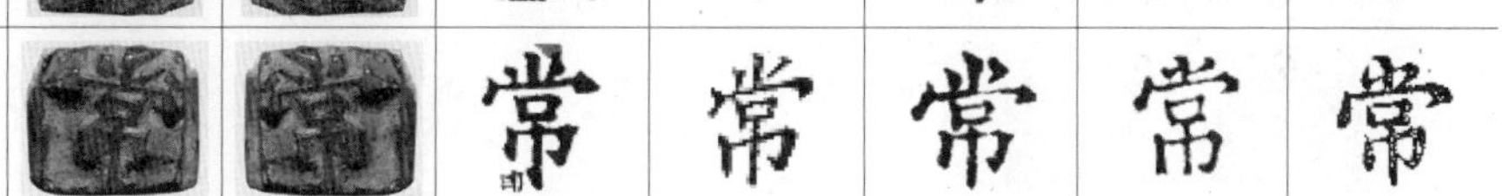						
生							
惜	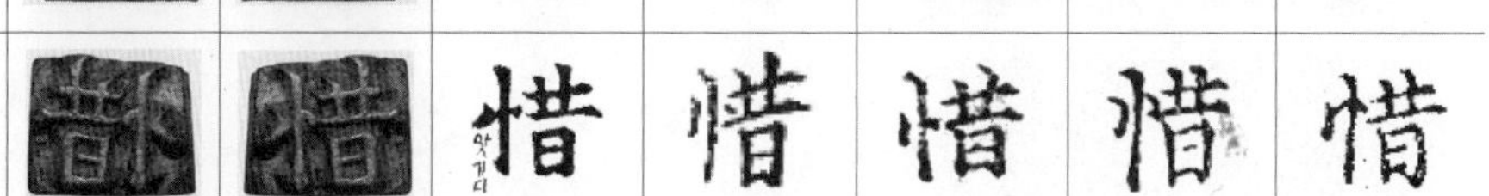						
善	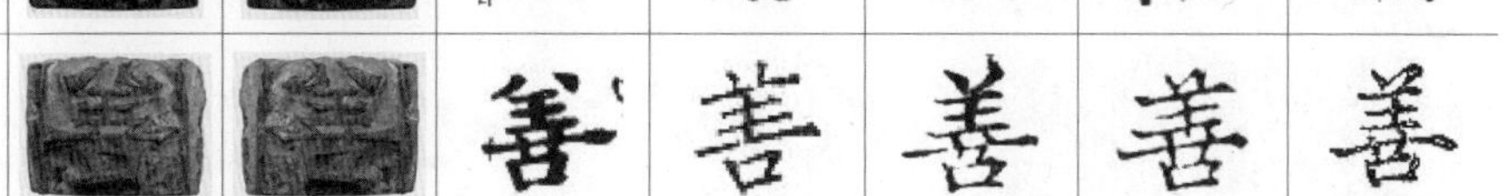						
善							

해당 한자	證道歌字 (13세기)		『證道歌』 飜刻本 (1239)	興德寺字 (1377)	癸未字 (1403)	庚子字 (1420)	甲寅字 (1434)
善							
所	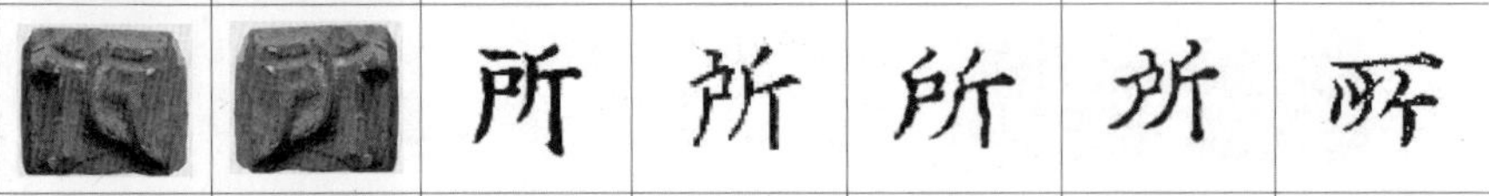						
所	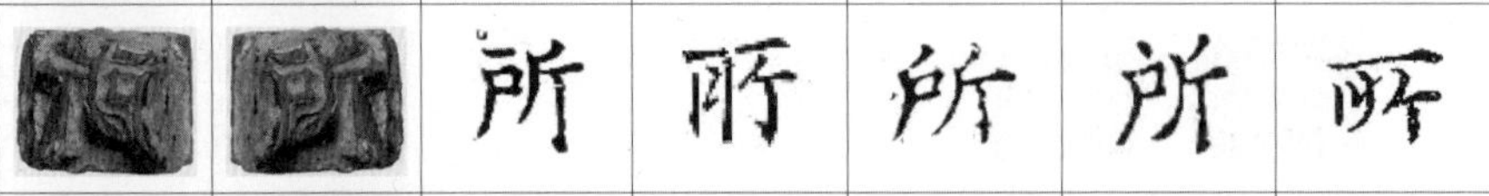						
所	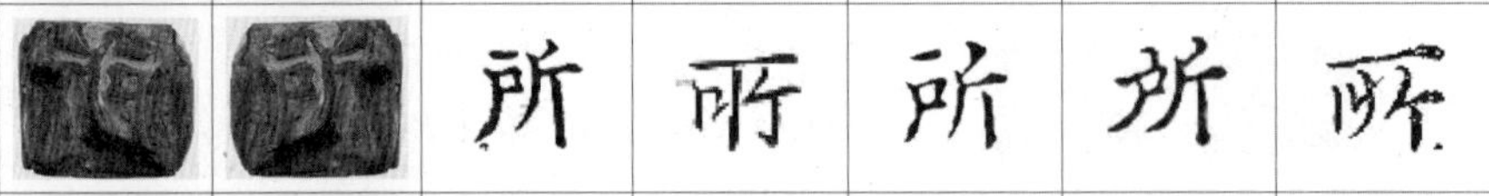						
受							
勝							
時							
時							
臣							
心							
心							
心							

해당 한자	證道歌字 (13세기)	『證道歌』 飜刻本 (1239)	興德寺字 (1377)	癸未字 (1403)	庚子字 (1420)	甲寅字 (1434)
我		我	我	我	我	我
安		安	安	安	安	安
揚	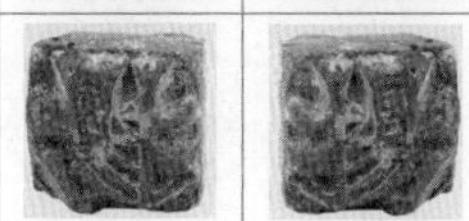	揚	陽	陽	陽	陽
於		於	於	扵	於	扵
嚴		嚴	嚴	嚴	嚴	嚴
力		力	力	力	力	力
五	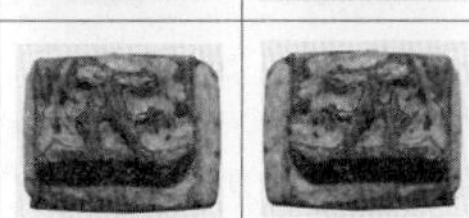	五	五	五	五	五
圓		圓	圓	圓		圓
源	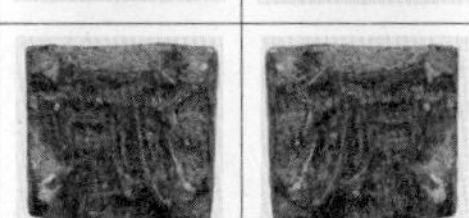	源	源	源	流	源
願		願	願	願	願	願
月		月	月	月	月	月
爲	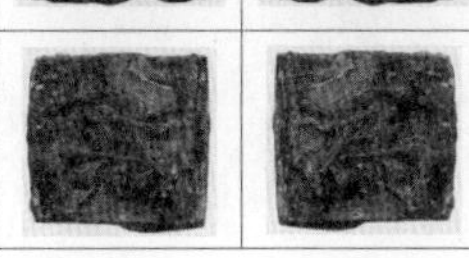	爲	爲	爲	爲	爲

해당 한자	證道歌字 (13세기)		『證道歌』 飜刻本 (1239)	興德寺字 (1377)	癸未字 (1403)	庚子字 (1420)	甲寅字 (1434)
爲							
以							
尒							
仁							
人							
人							
日							
一							
子							
慈							
者							
自							

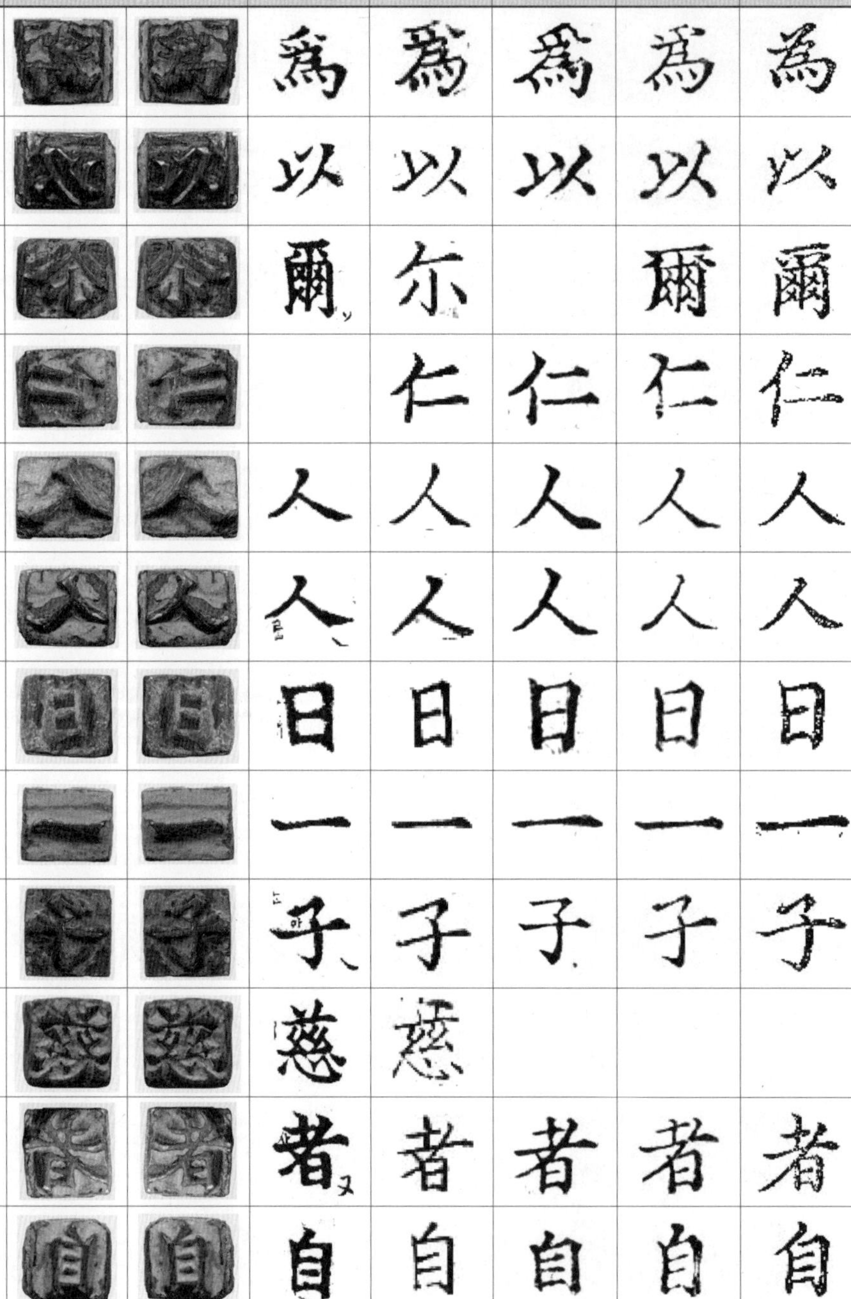

해당 한자	證道歌字 (13세기)		『證道歌』 飜刻本 (1239)	興德寺字 (1377)	癸未字 (1403)	庚子字 (1420)	甲寅字 (1434)
在							
材							
切							
切							
諸							
諸							
中							
衆							
衆							
證							
智							
塵							

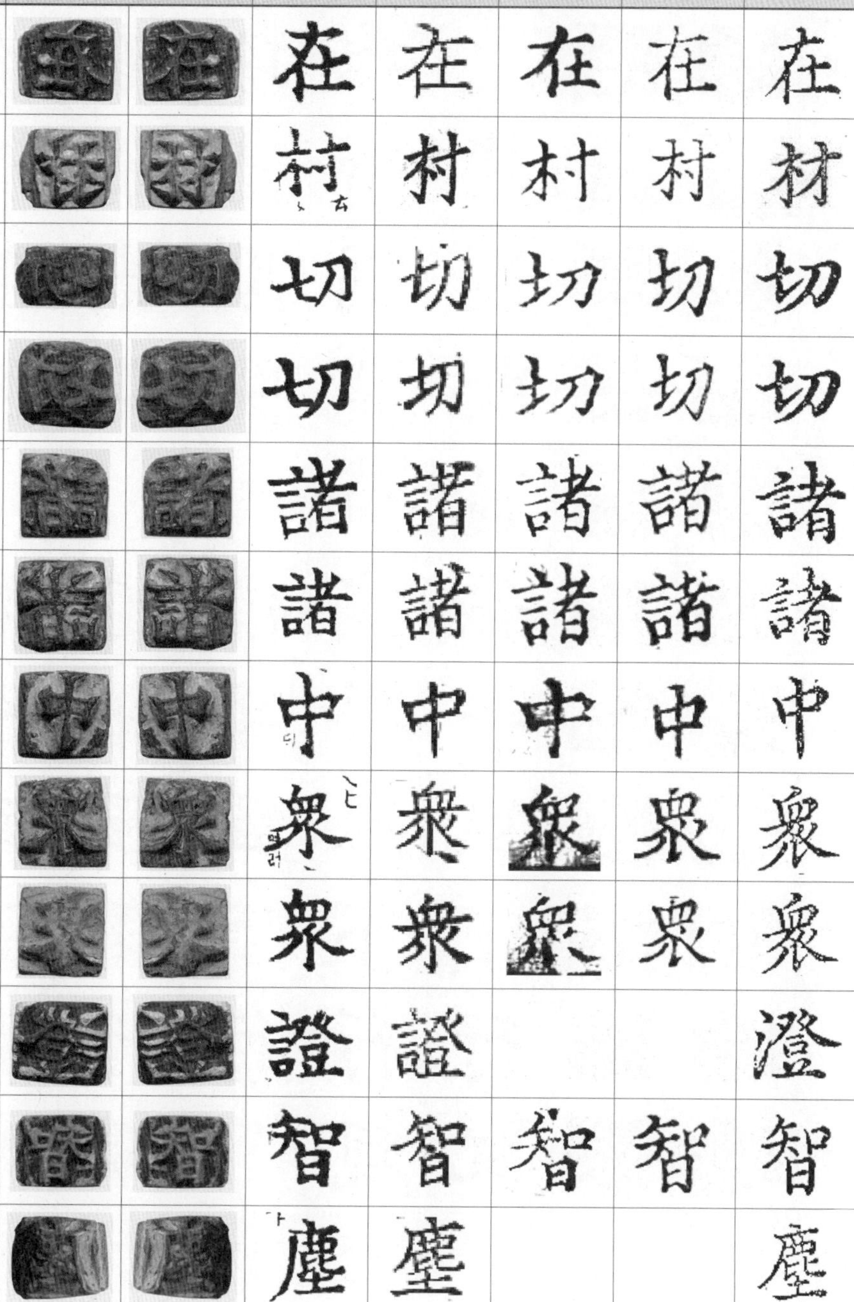

해당 한자	證道歌字 (13세기)		『證道歌』 飜刻本 (1239)	興德寺字 (1377)	癸未字 (1403)	庚子字 (1420)	甲寅字 (1434)
珎							
清							
則							
脫							
筒							
徧							
平							
風							
下							
行							
現							

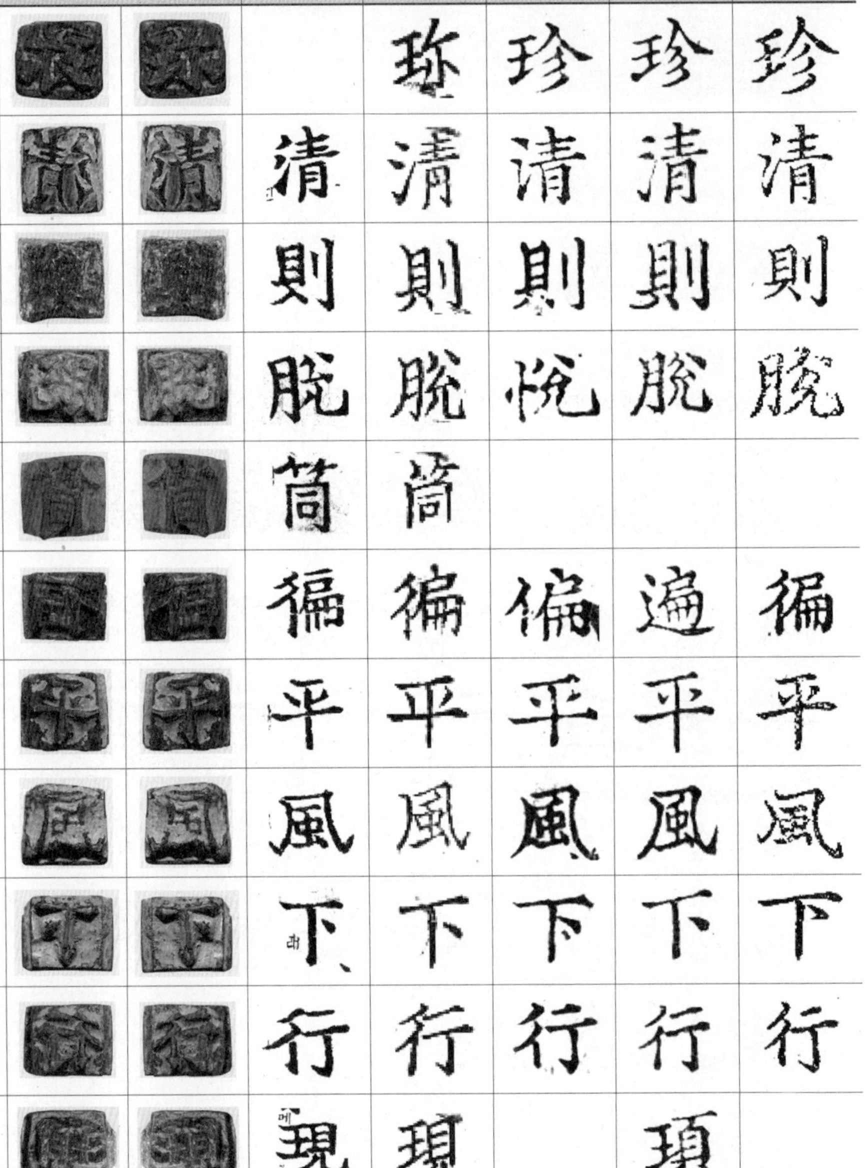

제6장 『南明泉和尙頌證道歌』의 간행과 판본

제1절 『南明泉和尙頌證道歌』의 간행과 판본

1. 책의 간행 기록

이 책은 法泉이 千頃山에 있을 때 지어졌으며 宋의 神宗 熙寧 9년(1076) 7월에 浙江省의 括蒼(지금의 浙江省 麗水)에서 처음으로 간행이 이루어지게 된다. 卷末에는 祝況의 序가 수록되어 있고 1077년 7월에는 卷首에 吳庸의 序를 더하여 책의 면모를 갖추었다.

高麗에 옮겨와 유통된 것은 宋나라의 初刊本이나 그것이 정확히 언제 이루어졌는지는 기록이 전해지지 않아 알 수 없다.

『南明泉和尙頌證道歌』의 현존 목판본 간행 시기는 몽고의 침입을 받고 高麗 高宗 19年(1232)에 수도를 임시 江華로 옮긴 지 8년째가 되는 同王 26年 乙亥年(1239) 9월 江華 武人政府의 제일인자였던 中書令 崔怡가 쓴 글의 내용으로 파악할 수 있다.

이 책의 跋文의 내용을 살펴보면,

> 夫南明證道歌者 實禪門之樞要也 故後學參禪之流 莫不由斯 而入升堂
> 覩奧矣 然則 其可閉塞而 不傳通乎 於是募工重彫鑄字本 以壽其傳焉
> 時己亥九月上旬 中書令晉陽公 崔怡 謹誌

와 같다. 즉 이 책의 간행 동기는 선문의 책인『南明泉和尙頌證道歌』가 후학들이 참선을 하는 데 의거하는 중요한 책이지만 그것이 흩어지고 없어져 전하지 않으므로 기술자를 모아 활자본을 다시 목판본으로 번각하였다는 것이다. 飜刻本의 간행 시기에 대해서는 몽고군이 쳐들어와 江華島로 천도한 수년이 경과한 1239년 9월에 重彫하였다는 기록이 있으므로, 그 底本이 되는 金屬活字 印本은 1232년 강화도로 천도하기 전 開京에서 이미 간행되었음을 알 수 있다.

2. 저자

1) 玄覺(? ~713)

『證道歌』의 저자인 永嘉 眞覺大師는 唐代人으로 법호는 玄覺, 법명은 道明이며 浙江省 溫州府 永嘉縣(지금의 浙江省 永嘉) 사람이다. 俗姓은 戴氏이며 후에 諡號는 無相, 塔號는 淨光이라 하였다. 永嘉縣에 살았던 까닭에 법명을 永嘉로 쓰기도 하였다.

현각은 출가하여 天台宗 7祖 天宮 彗威禪師로부터 처음에는 天台 智者大師의 教義와 止觀, 즉 教觀을 배웠다. 左溪 玄朗(673~754)과 같은 시대의 인물로서 講院을 두루 거치고 선지식을 찾아다니다 어느 날 涅槃經을 보다가 法의 근본을 깨쳤다. 그 후 온주 개원사에서 수행하고 있을 즈음 혜능의 제자인 玄策禪師[1]을 만나 그의 권유로 六祖 慧能(638~713)을 찾아가 깨달은 바를 印可받았다. 그때 혜능과 生死와 無常, 無生과 分別 등에 대한 대화와 교감을 통하여 세 번의 인가를 받은 후 혜능이 하룻밤 머물도록 만류했다하여 법호를 '一宿覺'이라 하였다. 이후 溫江으로 돌아와 여러 선승들과 수행하였으며 고향인 永嘉縣의 龍興寺에 머물며 제자들을 지도하였다.

『景德傳燈錄』에 의하면 현각은 혜능의 嗣法弟子 18인 중 한 사람으로 전해지고 후에 혜능의 제자 중 懷讓, 彗忠, 行思, 神會와 더불어 5대 제자로 불리게 되었다.

현각의 저술로는 『證道歌』와 『永嘉集』이 가장 대표적이다. 그 밖에 『禪宗悟修圓旨』, 『觀心十門』, 『釋代通鑑』, 『宗統編年』, 『編年通論』 등을 남겼으며 49세가 되던 해인 先天 2年(713) 10월 17일 열반에 들었다.

---

1 神策, 大策, 智策, 智榮 등 여러 이름으로 불림

2) 法泉

한편 이 『證道歌』에 대하여 후에 南明山[2](지금의 浙江省 新昌境內)의 法泉 스님이 頌을 쓴 책이 바로 이 책 『南明泉和尙頌證道歌』이다. '千頃山 沙門 法泉 頌'이라는 저자 표시가 책의 卷首 序文과 卷首題에 이어 한 행을 이루고 있다.

『證道歌』를 註釋한 法泉은 宋代 胡廣 德安府 隨州縣 출신으로 俗姓은 時氏였으며 龍居山 智門院 信玘禪師에게 出家하였고 法號를 佛慧라 하였다. 法嗣는 筠州 雲居의 大愚曉舜禪師에게 받고 靑原 行思의 12世가 되었으며 후에 大明, 千頃, 靈巖, 南明 및 金陵의 蔣山 法泉院으로 옮겨 다니며 정진하다 만년에 황제의 勅命으로 大相國의 智海禪寺에 주석하면서 宗師가 되었다.

책의 後序에 의하면 千頃山에서 여러 사람들과 지내던 여가에 證道歌 句節을 나누어서 頌을 지어 永嘉大師의 본마음을 펼쳐 보였다고 한다.

3. 책의 내용과 형식

『證道歌』는 唐나라 永嘉의 玄覺禪師(643~713)가 禪宗의 第6祖 慧能을 만난 후 하룻밤 사이에 얻은 큰 깨달음을 249句의 古詩體로 읊은 것으로 禪宗의 법문을 운문 형식으로 설명하였다.

이 『證道歌』의 완전한 서명은 '永嘉大師證道歌南明泉禪師繼頌'이다. 이와 같은 여러 종류의 註釋書가 宋代 이후에 유통되었고 그중 法泉의 繼頌이 중요한 주석서로 평가되어 왔다.

그 내용은 부처의 영원불변한 진리를 깨닫고 체득할 수 있는 精髓를 노래한 것으로 모든 사람은 태어날 때 佛性을 가지고 있어 누구나 參禪修行을 하면 부처의 본체를 깨달을 수 있다는 것이다.

이러한 證道歌의 형식은 霽月 通光[3]에 의하면 문학 형식 중 樂府의 장편 歌行體를 말

---

2 南明과 千頃은 모두 山 이름이며 法泉禪師가 살던 곳이다.

3 제월통광 현토역주, 『증도가 언기주』, 서울: 불광출판사, 2008, pp. 8–13.

하는 것이며 明代 徐師曾의 『詩體明辯』에서 '歌'는 '감정을 표출하여 가사를 길게 뽑아 이것저것 일정한 것 없이 뒤섞어 놓은 것'이라 설명하였다. 현각이 살았던 盛唐時期에는 近體 律詩가 가장 성행했으므로 『證道歌』에도 이러한 경향이 반영되어 있다고 볼 수 있다.

『證道歌』 형식에 있어서는 공통적으로 논의되는 첫머리의 '君不見' 구절을 인정하느냐 여부에 따라 전체를 267句 134聯 또는 266句 133聯으로 볼 수 있지만, 일반적으로 이 세 글자는 反問强調形 詩句에서 사용될 뿐이며 구절을 형성하기 어렵기 때문에 266句로 통용하고 있다.

또 형식의 전체적인 흐름을 볼 때 3·3의 6言句는 시작의 첫 句節인 起句에만 있고 文體는 대체적으로 對偶의 형식으로 앞에는 韻字가 없고 뒤 句節에는 韻字가 나타난다. 또한 『證道歌』는 古體詩의 성격에 따라 한 句節씩 건너 韻字를 쓰고 또 바꾸어 쓸 수도 있는 隔句換韻의 방식으로 되어 있다.[4]

한편 저자와 관련된 자료 중 『禪宗永嘉集』은 唐 永嘉玄覺(665~713)의 『永嘉集』에 대해 晋淨源의 科와 行靖의 註를 모은 것으로 修禪의 要義와 歷程을 서술하여 도에 들어가는 요결을 十門으로 구성하였다. 현존하는 자료를 통해 보면, 고려에서는 『선종영가집』보다는 『證道歌』가 주로 유통되었던 것으로 추정된다.

『證道歌』는 고려 말에도 유행하여 普愚, 懶翁 등 14세기의 선승들이 『證道歌』를 기본으로 歌頌을 지었다는 것이 확인되므로 고려 말 『證道歌』의 형식은 禪師들이 가송을 찬술할 때의 기준이 되었던 것으로 여겨진다. 太古의 「太古菴歌」는 『證道歌』를 본떠 지었다고 하며, 이색은 나옹의 三歌(翫珠歌·百衲歌·枯髏歌)도 『證道歌』의 句法을 본떠 지은 것으로 높이 평가하고 있다. 李穡이나 權近 등 여말 성리학자들도 『證道歌』에 대해 잘 알고 있어 고려 말 『證道歌』가 유행한 것은 여러 자료에서 확인된다. 한편 永嘉 玄覺과 관련된 저술 중에는 조선시대 이전부터 읽히고 간행된 『선종영가집』이 있으며 李邦直의 後誌가 확인되는 가장 이른 기록이다. 고려 말 나옹의 문도들에 의해 간행된 이 『선종영가집』은 조선 초 自超의 문도인 得通 己和(1376~1433)가 說誼를 더하여 『禪宗永歌集說誼』를 찬술했고, 이에 대한 언해본인 『선종영가집언해』가 1463년(세조 9) 세조의 명으로 刊經都監에서 간행되었다. 당시 세조가 직접 구결을 정하였으며 효령대군을 비롯해 前檜巖寺住持 曉雲 등 여러

4 上揭書, p. 12.

승려들이 참여하였다.

고려 후기 나옹 慧勤이 중국에서 유학할 때 인도에서 티베트를 거쳐 중국에 들어온 指空과 교유하였고 指空은 泰定帝의 御香使로 파견되어 1326년 개경에 이르렀다.

이때 많은 신도들이 그의 주변에 운집하였고 그중 玉田 達蘊을 포함한 여러 사람이 指空에게 계를 받거나 출가하게 되었다.

달온은 1328년 지공을 따라 원에서 각지를 다니며 1353년까지 견문을 넓혔다. 달온의 俗姓은 曺氏이며 공민왕의 元從功臣이다. 공을 세워 재상을 역임한 사람의 동생인데 曺益淸의 동생으로 추정되고 있다.[5] 달온은 1355년 이후 귀국하였으며 李穡의 『牧隱文藁』 卷3 「書證道歌後」에 의하면 이때 가지고 온 永嘉 玄覺의 『證道歌』를 前贊成事 禹磾가 간행하게 되자 달온이 이색에게 그에 대한 後序를 부탁하며 이미 귀국한 지 20년이 되었다고 하였다.

달온이 가지고 온 『證道歌』는 1316年(元 延祐 3) 趙孟頫가 글씨를 쓰고 그에 대해 危素가 발문을 썼다고 한다. 한국에 전하는 조맹부가 쓴 『證道歌』의 권말에는 "延祐丙辰夏 吳興 趙孟頫 爲龍光大司徒筠幹禪師書"라는 발문이 있다. 1355년(元 至正 15) 조맹부의 아들인 待制 趙仲穆이 달온의 松月幹에서 조맹부의 『證道歌』를 보고는 그 뒤에 題했다고 한다.

현재 한국에 전하는 조맹부가 쓴 『證道歌』는 달온이 가지고 온 것을 우제가 1386년경 번각하고 이것을 다시 중각한 판본일 가능성도 있다. 특히, 조선시대 송설체가 유행하면서 달온의 전래본 역시 여러 차례 중각되었을 것으로 추정된다.[6]

4. 각수

이 번각본은 총 44장으로 판심 아래쪽에 그 판을 새긴 각수명이 새겨져 있어 이를 정리하면 [표 6-1]과 같다.

---

5 姜好鮮, 「高麗末 懶翁慧勤 硏究」, 서울대 대학원 박사학위논문, 2011, p. 60.

6 上揭書, pp. 60–61.

표 6-1 증도가 번각본의 각수

刻手名	새긴 면	合計
淂	1, 2	2
東伯	3, 4, 27, 28, 44	5
叔躾	5, 6, 29, 37, 38, 39	6
珎才	7, 8, 21, 32	4
唐甫	9, 10, 30, 35	4
公大	11, 12, 24, 36	4
吳準	13, 14, 41, 42	4
一明	15, 16, 22, 23, 31	5
二世	17, 18, 33, 34	4
元暉	19, 20, 40, 43	4
思集	25, 26	2

刻工 9명에게 2장을 한 板의 兩面에 새기도록 배당하고 그것이 끝나는 대로 1장 半板 또는 2장 1板씩을 또 맡겼으며 그 밖에 '思集', '淂'의 刻手 두 사람이 더 가담되어 총 11명의 각수가 44장을 22板의 兩面에 나누어 새겨 냈다.

각수들의 板刻技法은 우수한 편이었고 또 飜刻이기 때문에 各 板別 글자의 차이는 있으나 대체로 楷正한 歐陽詢體를 거의 그대로 잘 나타내 주고 있다. 그리고 각 장을 조사해 보면 판각한 후 시간이 경과되어 글자 획에 나뭇결이 나타난 것이 있는가 하면 글자 획이 끊어지거나 일부를 잃은 것도 자주 나타나고 있어 鑄字版을 重雕한 後刷本임을 알 수 있게 한다.

표 6-2 소장처별 각수 표시 사례

장차	소장자		장차	소장자		장차	소장자		장차	소장자	
	개인	대성암		개인	대성암		개인	대성암		개인	대성암
1장		–	2장		–	3장			4장		
5장			6장			7장			8장		
9장			10장			11장			12장		

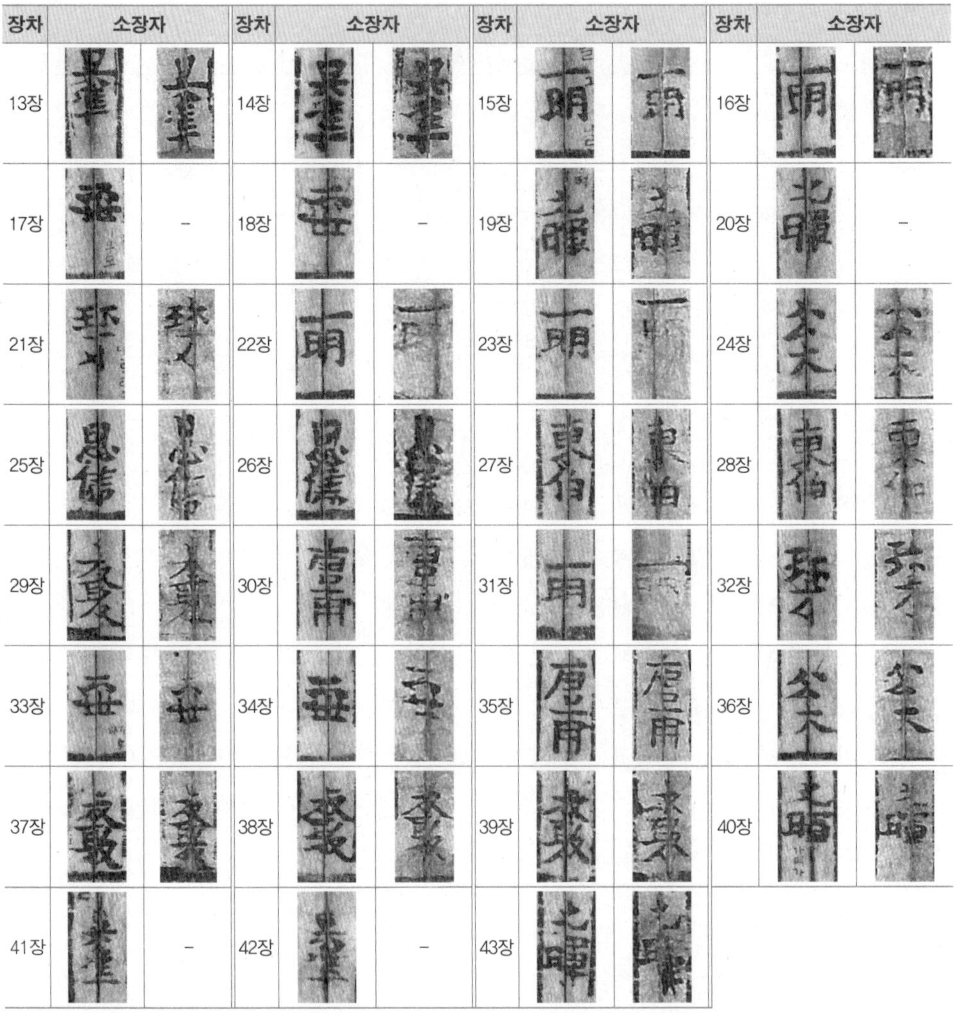

장차	소장자		장차	소장자		장차	소장자		장차	소장자	
13장			14장			15장			16장		
17장		-	18장		-	19장			20장		-
21장			22장			23장			24장		
25장			26장			27장			28장		
29장			30장			31장			32장		
33장			34장			35장			36장		
37장			38장			39장			40장		
41장		-	42장		-	43장					

전체 각수 중 東伯, 一明, 吳準, 唐甫, 公大, 珍才 6명은 같은 시기, 즉 1236년에서 1251년 사이에 판각이 이루어졌을 것으로 추정되는 再雕大藏經의 刻手로 참여하였으며 그중 一明, 東伯, 公大, 珍才 네 사람은 증도가의 飜刻이 이루어지던 1239년에도 大藏經의 刻手로 참여하고 있었다. 특히 一明은 22板, 東伯은 60板으로 많은 양의 板刻에 동원되었다.

조선시대의 기준으로 보아 일반적인 책의 경우 숙련된 우수한 각수 1인이 3일에 양면

1판 정도로 새겼다는 기록이 『內閣日曆』 등에 자주 언급되고 있으므로 이로 미루어 東伯의 경우는 같은 해 180일 정도를 쉬지 않고 판각 작업에 참여하였음을 알 수 있다.

당시 참여한 각수들은 비슷한 시기에 간행된 다른 책이나 판각 사업에 자주 이름이 새겨져 있으니 東伯의 경우 13세기에 梵字로 판각된 4개의 圓形 陀羅尼인 『一切如來心祕密全身舍利寶篋印陀羅尼』의 邊欄 밖에서도 그의 이름이 보인다.

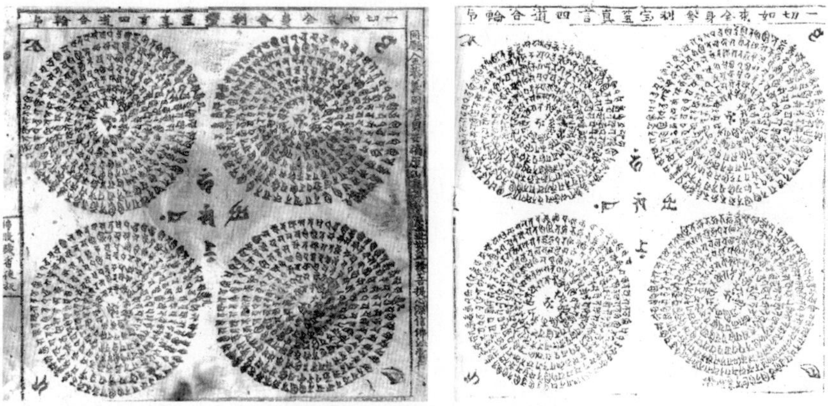

그림 6-1 東伯이 새긴 다라니

표 6-3 再雕大藏經板에 새겨진 證道歌 刻手 중 同一 刻手

經名	經番	卷次	函名	年度	處	刻手名	刻板量			비고	
							數	外	總		
大般若波羅蜜多經	1	70	洪	1237	1	一明	19	3	22	一明	
大般若波羅蜜多經	1	100	月	1238	1	一明	20	21	41		
大般若波羅蜜多經	1	525	珠	1239	1	一明	22		22		
護命法門神呪經	351	單	知	1240	1	一明	13	19	32		一明 合194
大智度論	549	53	立	1241	1	一明	26	24	50		
佛說無希望經	184	單	鞠	1242	1	一明	12	2	14		
大般若波羅蜜多經	1	7	天	–	3	一明	13		13		
大般若波羅蜜多經	1	202	秋	1238	1	吳準	9		9		吳準 合13
大般若波羅蜜多經	1	495	號	1238	1	吳準	4		4		
大般若波羅蜜多經	1	46	宇	1237	1	唐甫	17		17		
大般若波羅蜜多經	1	116	昃	1238	1	唐甫	7	38	45		
無垢淨光大陀羅尼經	352	單	知	1240	1	唐甫	5	8	13		唐甫 合84
十誦律	890	61	以	1244	1	當甫	2	1	3	唐甫	
法苑珠林	1406	53	滅	1244	2	當甫	1		1		
大方廣佛華嚴經搜玄分齊通智方軌	1506	1上	杳	1245	2	當甫	1	4	5	唐甫	

經名	經番	卷次	函名	年度	處	刻手名	刻板量			비고	비고 (합계)
							數	外	總		
大般若波羅蜜多經	1	2	天	1237	1	東伯	20	21	41	東伯	東伯 合158
大智度論	549	9	作	1240	1	東伯	4		4		
大般若波羅蜜多經	1	307	調	1238	1	東伯	1	39	40	東伯 東伯刻	
大法炬陀羅尼經	388	20	彼	1239	1	東伯	19	41	60	東伯刻	
不空羂索神變眞言經	287	25	貞	1241	1	東伯	10	1	11	東白	
善見律毗婆沙	937	6	姑	1244	1	東伯	1	1	2		
大般若波羅蜜多經	1	21	玄	1237	1	公大	21		21		公大 合142
大般若波羅蜜多經	1	208	秋	1238	1	公大	22	30	52	公代	
根本說一切有部毗奈耶	891	1	甘	1243	1	公大	1		1		
大般若波羅蜜多經	1	592	奈	1240	1	公大	2		2		
最勝問菩薩十住除垢斷結經	382	8	能	1241	1	公大	5		5		
大方等大集經	56	41	有	1242	1	公代	11	5	16		
大方廣十輪經	58	4	唐	1239	1	公代	2		2		
阿毗達磨大毗婆沙論	952	36	惻	1244	1	公代	1	26	27	公大 公代 公代 供大	
阿毗曇毗毗婆沙論	951	26	切	1244	2	公代	2	10	12	公代	
雜阿毗曇心論	960	3	摩	–	3	公代	2	2	4	公代	
大般若波羅蜜多經	1	595	奈	1239	處	珍才	6		6		珍才 合18
大般若波羅蜜多經	1	10	天	–	3	珍才	11	1	12	晋才	

『阿毗曇毗毗婆沙論』의 경우 卷6과 卷8은 大藏都監에서 간행되었고 卷1·2·4·5·9~28·30~32·34~35·37~43·45~60은 分司大藏都監에서 간행되었다. 이때 公代가 새긴 12板은 제26권으로 大藏都監의 간행본으로 확인된다.

따라서 『증도가』의 간행에 참여하였던 각수들은 大藏都監이 있었던 江華京에 머물면서 再調大藏經의 刊行과 그 밖의 급히 필요한 서책 간행에 참여하였던 것으로 보인다.

표 6-4 1239년 大藏經 판각 작업에 참여한 證道歌 刻手

經名	經番	卷次	函名	年度	處	刻手名	刻板量			비고
							數	外	總	
大般若波羅蜜多經	1	525	珠	1239	1	一明	22		22	
大法炬陀羅尼經	388	20	彼	1239	1	東伯	19	41	60	東伯刻
大方廣十輪經	58	4	唐	1239	1	公代	2		2	
大般若波羅蜜多經	1	595	奈	1239	1	珍才	6		6	

이러한 관점에서 보면 지금까지 논란이 되고 있는 再調大藏經이 刻板되었던 장소가 江華인가 南海의 分司大藏都監인가의 논의에 대해, 적어도 1239년을 전후한 시기에는 江華의 大藏都監에서 板刻 作業이 상당 부분 이루어졌을 것으로 판단된다.

제2절 『南明泉和尚頌證道歌』의 판본

1. 高麗 活字本 飜刻版本 4종

1) 三省出版博物館 所藏本(寶物758號)

이 책은 보물 제758호로 지정되어 있다. 표지에는 '南明頌證道歌'라는 題簽이 있으며 배접지에는 墨書의 禪詩 1首가 쓰여 있다. 또 제1장의 상단 여백에 다음과 같이 朱書로 永嘉大師의 證道歌를 泉和尙이 다시 編한 것임을 기록하였다.

永嘉玄覺大師證道歌 歌之矣後南明泉公重訟於其間成篇 可謂如龍得珠 錦上洒華 哉底

본문 중에는 같은 색의 朱書로 句의 시작이나 중요 부분을 표시하였다. 제28장 뒷면의 1행과 2행 사이에 '無一句乎'의 朱書가 있어 기록한 사람이 字句를 하나하나 대조하였음을 알 수 있다. 그러나 현존하는 이 책의 飜刻本 판본 중에서 刓缺이 가장 심하게 나타나므로 印出의 시기가 상대적으로 늦었던 것으로 추정된다. 重彫本은 1~2세기 後刷本이긴 하지만, 그래도 새김이 정교한 편이어서 바탕이 된 金屬活字本의 특징이 다음과 같이 잘 나타나고 있다.

① 한 版에 같은 글자의 동일한 字形은 나타나 있지 않으나, 글자의 크기와 모양은 비교적 整然한 편이다.

② 한 글자가 비스듬하게 기울어진 것이 자주 나타나고 있다.
③ 본문의 行列이 곧바르지 않고 좌우로 出入이 심하고 삐뚤어져 있다.
④ 윗글자의 아래 획과 아랫글자의 위 획이 서로 물린 것은 보이지 않는다. 이러한 현상은 기술이 아직 미숙했던 초기의 金屬活字印刷에서 볼 수 있는 특징이지만 興德寺 印本보다는 훨씬 나은 것으로 분석되므로 비록 거듭 새겨진 것이지만 遷都 以後의 官鑄印刷術이 상당한 수준에 이르렀음을 알 수 있다.

그 밖의 형태적 사항이나 내용은 다른 판본과 동일하고 1991년에 실물 크기로 影印되어 배포되었다.

2) 空印博物館 소장본

이 책은 보물 제758-2호로 공인박물관에 소장되어 있다. 한때 安東의 朴東燮 舊藏本이었던 관계로 이 판본에 의거하여 鑄字本 여부의 공방이 있었고 2014년에도 일부에서 같은 논란이 제기되었던 책이다.

이 책의 전권에 걸쳐 하나하나 확대하여 상호 정밀히 검토해 본 결과 匡郭, 字樣, 字劃의 太細, 字間의 치수, 張次의 숫자, 刻手名 등은 보물 제758호나 사찰의 개인 소장본과 거의 같고 刀刻의 痕跡과 木理가 빠짐없이 전 字形에서 나타나므로 같은 계열의 飜刻本임을 알 수 있다.

體制는 제1장에서 제2장까지는 熙寧 10年(1077) 丁巳 7月에 쓴 吳庸天用의 序文 "南明泉和尙頌證道歌 一部 幷序"가 나오고 이 序文 끝에 이어 "南明泉和尙頌證道歌 千頃山沙門 法泉 頌"으로 本章이 시작된다. 本章에서는 各章의 첫 句節은 永嘉大師의 證道歌 한 句節, 때로는 그 일부를 끌어다 인용한 것으로서 인용한 句節 다음은 한 字씩 떼어놓은 공백에다 표시하였다.

句節에 따라서는 借字吐 '…羅爲示尼(라하시니)'를 각별히 달아 놓은 것이 여러 곳 나타난다. 여기서 永嘉大師에 대한 尊待法에 세심한 배려가 있었음을 확인할 수 있는데 이 점에서 證道歌와 繼頌을 구별하지 않은 朝鮮 成宗 13年(1482)의 언해본과는 그 體制를 달리하고 있다.

이렇게 하여 320首의 終章이 다 끝나고 나면 '南明泉和尙頌證道歌 一部'라는 文句를 또 한번 附記하고 다시 한 행을 띄어 쓰고 나서 祝況의 後序가 이어진다. 이 後序에 이어

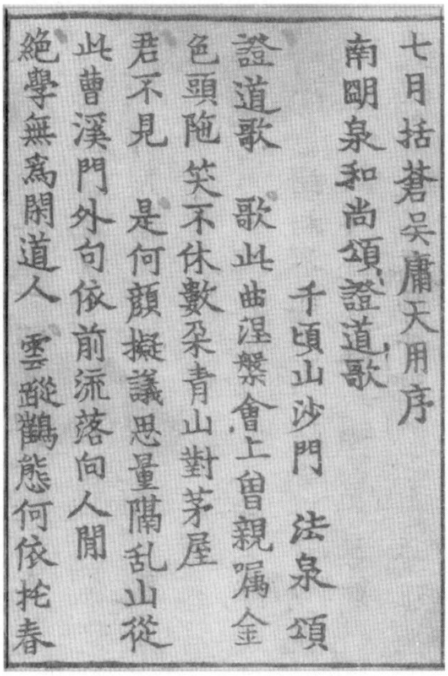
七月栝蒼吴庸天用序
南明泉和尚頌證道歌
千頃山沙門 法泉 頌
證道歌 歌此曲涅槃會上曾親囑金
色頭陁笑不休數朶青山對茅屋
君不見 是何顔擬議思量隔乱山從
此曹溪門外句依前流落向人間
絶學無爲閑道人 雲蹤鶴態何依托春

그림 6-2 삼성출판박물관 소장본

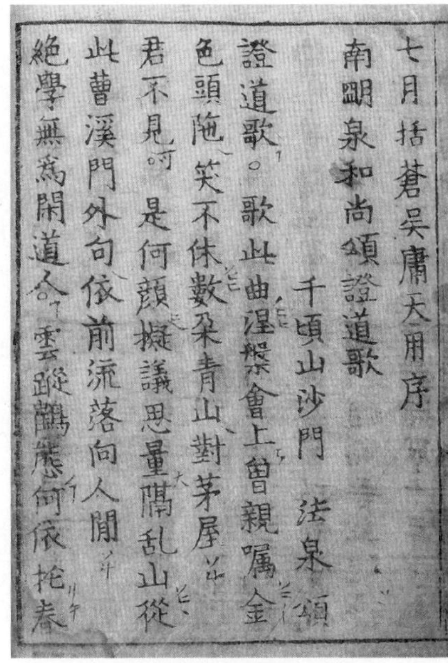
七月栝蒼吴庸天用序
南明泉和尚頌證道歌
千頃山沙門 法泉 頌
證道歌。 歌此曲涅槃會上曾親囑金
色頭陁笑不休數朶青山對茅屋
君不見 是何顔擬議思量隔乱山從
此曹溪門外句依前流落向人間
絶學無爲閑道人 雲蹤鶴態何依托春

그림 6-3 공인박물관 소장본

위에서부터 2字의 간격을 낮추어 좀 작은 글씨체로 跋과 刊行한 기록이 될 高麗 權臣 晋陽公 崔怡의 誌文이 있다.

이 誌文은 1239年 이전에도 있던 鑄字本을 강화도 천도 후 다시 만든 것이다. 관련 발문의 글 중 '於是募工重彫鑄字本'을 '……工人을 모아 重彫함에 있어서는 鑄字本으로 하여 오래 전해 가도록 한다'로 고쳐 해석해야 옳다는 일부 의견은 한때 제기된 내용에 대한 잘못된 해석이며 鑄字本을 木版本으로 다시 새긴다는 의미로 해석하는 것이 정확하다.

표지에는 題簽 자리에 書名이 붙어 있지 않고, 드물게 보는 七針眼釘法의 線裝이 특히 눈에 뜨인다. 표지의 紙質이나 裝線 등으로 보아 改裝의 흔적은 없고 본래의 원본 그대로 잘 보존된 옛것으로 추정된다. 紙質은 다소 얇은 楮紙이다. 이 책의 印面을 자세히 살펴보면 다른 판본보다 缺劃이나 刓缺이 많아 시기적으로 늦게 인출된 판본임을 쉽게 알 수 있다.

3) 華翁主人 所藏本; 寺刹 個人所藏本

이 책에서 소개하는 책으로 형태적인 면에서는 版心 부분이 잦은 열람으로 해진 부분이 많고 판심 하단은 白紙를 덧대어 보강하였다. 제1장은 落張되어 확인할 수 없으며 제2장의 2行 아래와 제134장 뒤, 제138장 앞 天頭의 여백에 所藏者의 표시로 인정되는 '華翁主人'이라는 墨書가 보인다.

전체적인 인쇄는 활자본과 비교할 때 서로 다른 異形態가 섞여 있으나 글자 획의 굵기가 같고 선명한 상태로 보아 지금까지 알려진 판본 중 시기적으로 가장 빠른 편에 속한다. 또 본문 중 오른쪽에 墨書로 쓰여진 한자의 略體口訣의 형태도 고려시대의 형태로 空印博物館 판본의 口訣보다 약간 시기적으로 앞선 것으로 보인다.

본문에 쓰여진 口訣字는 약 50개로 이를 정리하면 다음과 같다.

去 / 거	大 / 대	灬 / 로	二 / 시	ラ / 의
ロ / 고	木 / 더	彔 / 록	七 / ㅅ	リ / 이
乃 / 나	丁 / 뎡	才 / 리	ろ / 야, 아	乀 / 이
ㅌ / 나	刀 / 도	禾 / 리	亽 / 어	印 / 인
又 / 노	斗 / 두	里 / 리	亠 / 여	尺 / 자
ヒ / 니	矢 / 디	尸 / 리, 시	厼 / 여	ソ / 하
尼 / 니	月 / 들	乙 / ㄹ	五 / 오	丿 / 호
斤 / 날	厶 / 대	亇 / 마	午 / 오	兮 / 히
ㄱ / ㄴ	丶 / 라	火 / 브, ᄇ	牛 / 우	十 / 히, 긔
丨 / 다	亼 / 라	氵 / 샤	卜 / 와	

이 중 고려본 능엄경 등 13~14세기에 쓰이던 구결자와 새로이 쓰인 '斤/날', '才, 禾/리', '火/브, ᄇ', '尸/리, 시', '尺 /자', '矢/디', '牛/우' 등의 글자가 보인다. 특히 그중 몇 가지의 형태를 살펴보면, 'ソ 厼 兮/ᄒ면', 'ロ 斤/코날', 'ソ リ 火 七/하리붓' 등은 고려 후기에 기입된 특색 있는 구결 형태이며 다른 고려본에 볼 수 없는 '牛' 자도 보인다. 그 용례는,

① 21B-1 若入荒田ソろ 隨午得牛七ソ厼 不勞移步ソろ…
------ソろ ----ソ丆 ---- ソろ
만약 무성한 밭에 들어 손을 따라 얻으면, 피곤히 걸음 옮기지 아니하며…

② 21B-8 不了ソろ 用修行ソ又月灬 了得修行牛七ソ厼…
---ソろ ----ソㅌヒ ----- 大
알지 못하여 행을 닦으니, 알아서 행을 닦으면…

③ 34B-5 唯有文殊牛 七 知此數ソ ろ

－－－－－－次七 －－－－ソ ろ

오직 문수보살만이 이 수를 아시어

④ 35A-6 若遇眞知識牛 七 ソ ゕ 縱令枯木丶 厶 刀

－－－－－－－ソ 丆 －－－－－－ 、刀

만약 진실한 지식을 만나면 비록 시든 나무라도

⑤ 40B-5 唯有虛空牛 七 是舊隣リ 又 丨

－－－－－－火七 －－－－灬 丨

오직 허공, 이것이 옛 이웃이로다.

이상의 5가지 용례에서 '牛 七'과 '牛 七 ソ ゕ'의 경우 '옷'은 '火 七'과 같이 강세를 나타내는 조사 '곳'의 의미로 사용되고 '牛 七 ソ ゕ'는 공인박물관본 등에서의 'ソ 丆/하면'에 대응되고 있다. 이러한 용법은 일반적인 고려본에서 'ラ 七/옷'으로 쓰이나 '牛 七'은 '오/우'의 교체 현상으로 보아야 할 것이다.

4) 金秉九 所藏本

이 개인 소장본은 앞의 3종에 비해 인쇄 상태가 양호한 편이다. 그동안 판각의 형태나 글자의 마모도 등 여러 측면에서 삼성출판박물관 소장본이 영인자료의 보급과 더불어 국가 지정문화재로 관리되어 주자본의 번각본을 대표해 왔다. 이 개인 소장본은 인쇄 상태가 비교적 깨끗하지만 그럼에도 인출 시기가 판각 초기 이후 많이 경과된 흔적이 보인다. 글자에 따라 획이 탈락, 마모됨은 물론 수분이 빠져 나감에 따라 인판 자체가 줄어든 것으로 추정되는 부분도 있어 초간으로부터 1~2세기 후에 인출된 판본으로 추정된다.

이 판본은 고려 고종 26년(1239)에 최이가 이미 간행한 금속활자본을 底本으로 삼아 다시 새긴 것 중 하나가 전해진 것이다. 닥종이에 찍은 1책의 목판본(금속활자 번각본)으로 크기는 세로 27.5cm, 가로 16.6cm이다.

책머리 부분에는 1077년에 吳庸 天用이 지은 글이, 끝부분에는 1076년에 祝況이 판을 새길 때 지은 글이 실려 있다. 그 뒤에 최이가 선종에 있어 '증도가'가 중요함에도 불구하고 전해지지 않자 금속활자본을 거듭 새겨 냄으로써 후대에 오래 전하기 위해 만들었다는 기록이 있다.

구결이 기입된 이 책은 한자 약체자 구결이나 한글 구결로 토를 달거나 한자의 한글

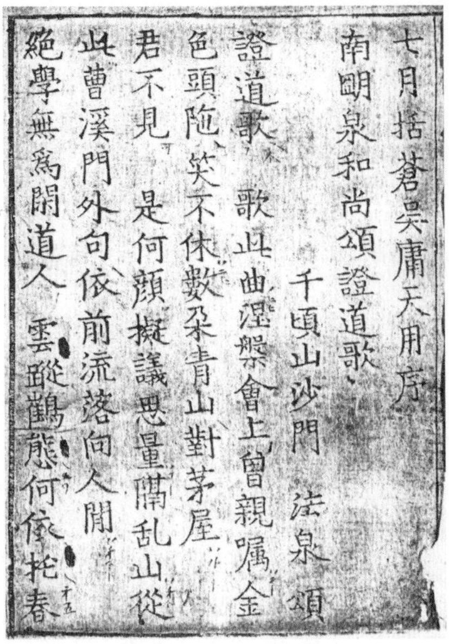
七月括蒼吳庸天用序
南明泉和尚頌證道歌
千頃山沙門 法泉 頌
證道歌 歌此曲涅槃會上曾親囑金
色頭陁笑不休數朶青山對茅屋
君不見 是何顏擬議思量隔乱山從
此曹溪門外句依前流落向人間
絕學無爲閑道人 雲蹤鶴態何依托春

그림 6-4 사찰 개인 소장본

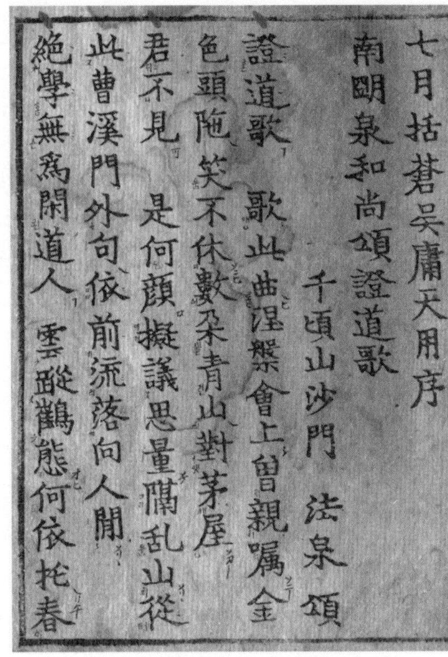
七月括蒼吳庸天用序
南明泉和尚頌證道歌
千頃山沙門 法泉 頌
證道歌 歌此曲涅槃會上曾親囑金
色頭陁笑不休數朶青山對茅屋
君不見 是何顏擬議思量隔乱山從
此曹溪門外句依前流落向人間
絕學無爲閑道人 雲蹤鶴態何依托春

그림 6-5 개인 소장본

새김을 해당 글자 밑에 작은 글씨로 달아 놓았다.

이 구결본 『증도가』에는 글자 왼쪽으로 漢字 略體字 口訣이 달려 있다. 그리고 오른쪽으로는 작은 글씨로 역시 한자 약체자 구결, 한글 구결, 해당 글자의 한글 새김 등이 가필되어 나타난다. 또한 간혹 한자로 숫자 표시가 되어 있거나 권점이 찍혀 있기도 하다. 이들 구결(토)이나 다양한 표시 등은 『증도가』의 언해본인 『남명집언해』와 관련 있어 보인다.

2. 『證道歌』와 관련된 版本

1) 國立中央圖書館 一山文庫 소장본

國立中央圖書館의 一山文庫 所藏本은 版式이 四周單邊 半郭의 크기가 세로, 가로 각각 17.7×12.3cm에 界線이 없고 8行 15字, 版心은 上下內向 黑魚尾, 간혹 黑口도 나타나는 것이 삼성출판박물관이나 공인박물관 소장본과 다른 점이다. 상단으로부터 3/5

정도 내려온 부분에 張次가 있고 版心題는 없다. 다른 판본에서 보이는 하단의 刻手名도 보이지 않는다. 개인 소장의 자료 중 匡郭의 크기도 같고 落張으로 남은 11장의 墨書口訣이 있는 번각본도 이와 같은 版인 것으로 추정된다.

표 6-5 각 장별 판심 차이

해당 면	판구	어미
11張	上下大黑口	上下內向黑魚尾
12張	上下大黑口	上下內向黑魚尾
14張	×	×
15張	×	×
16張	×	×
17張	×	×
18張	×	×
19張	×	×
20張	×	×
21張	×	上下內向黑魚尾
22張	×	上下內向黑魚尾

이 版을 자세히 검토하면 비록 번각은 하였으나 後刷本이 아닌 초기의 印出本이다. 그러나 번각 시 획이 굵어지거나 생략되고 일부의 획이 없어진 곳이 여러 곳 보인다.

표 6-6 번각 후 획이 굵어진 글자

해당 면	글자 위치	해당 글자
12A	2行 15字	盡
14B	5行 13字	無
15A	5行 1字	春
15B	6行 12字	不
17B	5行 1字	還
20A	5行 14字	溪
21B	2行 3字	心
	3行 2字	不
22A	6行 3字	德

이 책에는 口訣이 없으나 개인 소장본에는 墨書의 口訣이 있어 공인박물관본과 그 변화를 비교할 수 있다. 이 책의 本章에서는 永嘉 스님의 『證道歌』 첫 句節에만 宏德의 註를 欄上이나 또는 夾注로서, 그 句節 옆에다 거의 全張에 걸쳐 기입하였다. 이 宏德의 註

는 高大本 證道歌에서 인용된 것임을 확인할 수 있다. 그리고 卷末에는 누구의 것인지는 모르나 印記 "止觀道刀"(朱方印)가 있다. 표지에는 붓으로 쓴 『南明泉和尙頌證道歌』란 書名이 있고 五針眼釘法의 線裝으로 改裝된 흔적이 있다.

이 책 안의 字樣의 太細나 字間들의 치수 등은 전체적으로 보아 거의 삼성출판박물관 소장본을 그대로 飜刻한 것이 아닌가 할 정도로 글씨체들이 흡사하다. 다만 匡郭의 크기가 세로 8cm, 가로 3cm로 작고, 첫 張 '南明泉和尙頌證道歌 一部 幷序'의 '一部 幷'과 終章 끝에 있던 '南明泉和尙頌證道歌 一部'의 '一部' 등이 보이지 않는다. 또 後序의 끝에 가서 '㝵字……'〈43b〉의 '㝵'이 '得'으로 바뀐 것도 삼성출판박물관 소장본과는 다르다. 그러므로 이 책은 삼성출판박물관 소장본을 그대로 模寫하여 板木에다 새로 새긴 摸刻本으로 추정된다. 개인 소장본에 의하여 그 간행 시기를 추정하면, 세로 발포 폭이 보이지 않고 針眼이 7개인 점과 紙質과 번각된 字體, 版心, 白口와 黑口와 黑魚尾가 혼재되어 있는 점으로 미루어 보아 조선 초기의 판본으로 보인다. 또 이 자료에 대해 金斗鍾(1981:122)에서도 이미 밝힌 바 있어 이를 여기서 옮겨 보면 다음과 같다.

> ……본 서가 비록 주자본은 아니더라도 그 刊記에 의하여 鑄字本을 중조한 것은 틀림없다. 본 중간본의 字形은 大中型이고 字體는 晋體字로 보이므로 鑄字의 原字體도 高麗 초·중기에 널리 유행하던 晋體字였으리라고 생각된다.……

2) 高麗大學校 大學院圖書館 소장본

이 책의 판식은 四周單邊 匡郭의 크기가 세로, 가로 각 17×15.5cm이고, 無界, 10行 19字, 版心은 白口 上黑魚尾이며, 상단으로부터 중심 부분에 版心題 '泉頌'이, 또 하단 부분에 張次가 있다.

序文, 後序 및 本張 등의 내용은 모두 삼성출판박물관, 국립중앙도서관 소장본과 같은데 序文의 標題가 『南明泉和尙頌證道歌序』이며, 本章의 標題는 『永嘉眞覺禪師證道歌』로, 또 그 옆 『千頃山 沙門 法泉 繼頌』의 '繼…'가 추가되었음이 각각 다르다. 그리고 終章에 이은 '後序'에는 題字 없이 그 本文이 시작되고 卷末에 있던 崔怡의 誌文은 삭제되었다. 뒤이어 『永樂 甲辰 十月 日 高敞 文殊寺 開板』이란 刊記가 새로이 추가되었다. 즉 전라북도 고창의 文殊寺에서 1424年에 목판으로 刊行되었음을 알려 준다.

표지에는 제첨으로 『證道歌』란 墨書가 있고 裝線에 의한 五針眼法으로 철한 본래의 서책 모습을 그대로 간직하고 있다. 冊張의 紙質은 다소 거친 楮紙이다. 원래 소형의 책자인 까닭에 본문 안에서 原文의 漢字를 省劃體로 써넣은 많은 俗字들이 특히 돋보인다. 이 책에는 口訣이 빠짐없이 전 장에 걸쳐 墨書로 되어 있고 대체로 그 언해본(1482)의 한글 懸吐와 일치한다. 그러나 本張에서 後人의 것으로 보이는 다른 글씨체의 漢字 補注나 한글의 補吐 등이 섞여 있다.

3) 鐘路圖書館 소장본

이 판본은 국립중앙도서관 소장본을 그대로 飜刻한 版本으로 추정되며 판식은 四周單邊 匡郭의 크기가 세로, 가로 각 17.7×12.3cm이고 無界, 8行 15字, 版心은 上下內向 黑魚尾이며 간혹 黑口도 나타난다. 상단으로부터 3/5 정도 내려온 부분에 張次가 있고 版心題는 없다. 다른 판본의 하단에 있었던 刻手名도 보이지 않고 국립중앙도서관 소장본과 형태적으로 유사하지만 몇 부분에서 다음과 같은 차이점이 나타난다.

표 6-7 국립중앙도서관 소장본과 종로도서관 소장본의 차이

장 차 \ 소장처	국립중앙도서관 소장본	종로도서관 소장본
40장 뒤	張次가 三十九가 오류	張次가 四十 訂正
42장 뒤 3행	南明泉和尙頌證道歌	南明泉和尙頌證道歌一部
43장 뒤 8행	得	㝵

그런데 卷末인 崔怡의 誌文이 있는 뒷면에 이 책의 간행에 관계하였던 施主, 刻手, 飯頭, 錬板 등의 人名과 刊記인 '嘉靖 五年 丙戌 六月 日 慈悲山 深源寺 開板'이란 기록이 있다. 판본의 다른 간기는 '嘉靖 五年(1526) 黃海道 慈悲山 深源寺 重刊'이라 하여 1526年 강원도 철산군 신서면 내산리 보개산에 있는 深源寺에서 새겨 낸 것임을 알 수 있다.

4) 淸州古印刷博物館 소장본 및 개인 소장본

위 두 『證道歌』는 보물로 지정(제758호)된 鑄字版 飜刻本과 내용은 같으나 형태적으로는 전혀 새로운 목판본으로서 시기는 麗末 鮮初의 것으로 판단된다. 그 차이를 비교하면 [표 6-8]과 같다.

표 6-8 鑄字版 飜刻本과 개인 소장본 비교

	청주고인쇄박물관 소장본	개인 소장본
版心題	없음	「南」
版式	8行 15字	9行 16字
刻手名	版心 하단에 있음	없음
魚尾	無魚尾	上魚尾
匡郭의 크기	18.5×12.5cm	18.5×11.5cm
기타	글자의 異形	문장 중에 圈點을 표시

형태사항을 살펴보면, 크기는 23.1×14.9cm이며 앞뒤의 표지가 없고 청주고인쇄박물관본은 卷末의 後序 부분 중 끝장이 缺張되어 간기나 번각에 대한 기록은 찾아볼 수 없다. 그 版式은 四周單邊에 匡郭은 18.5×11.5cm이며 界線 없이 9行 16字로 판각되어있다. 版心은 上下白口 上黑魚尾로 아주 작은 어미의 형태로 보아 13세기 중반에 유행하였던 형식이다. 그러나 판본의 마모가 심하여 책의 탈락과 마모 현상이 보인다. 版心題는 '南' 자가 한 字만 있을 뿐이며 張次 표시가 있다.

5)『南明泉和尙頌證道歌事實』

海印寺에 소장된 高麗大藏經의 補遺板 庭函에『南明泉和尙頌證道歌事實』上·中·下, 3卷 1冊이 포함되어 있다. 내용은『證道歌』에 대해 注釋한 것인데 먼저『南明泉和尙頌證道歌』를 略揭한 다음 宋의 梵天 彦琪의「證道歌註」를 중심으로 여러 經論·語錄·史傳·詩文 등을 광범위하게 인용하여 注解하고 있다.

6) 高麗大學校 大學院圖書館 소장 활자본『永嘉眞覺大師證道歌』

이 판본은 금속활자로 찍은 甲寅字本이다. 1卷 1冊으로 繼頌인『南明泉和尙頌證道歌』이전의 그 源流가 되는 永嘉大師의『證道歌』만을 註解한 文獻이다. 인출된 시기는 1424年에 간행된 高麗大本『南明集』에 다소 뒤진 世祖 9年(1457)이나 口訣은 오히려 古形을 유지하고 있다.

版式은 四周單邊, 匡郭의 크기가 세로, 가로 각 24.8×16.9cm이고 有界, 10行 17字, 註解의 小字는 雙行, 版心은 白口 上下內向黑魚尾로 版心題에는 '證道歌'가 쓰여 있고, 하단에 張次가 있다. 卷末에 世祖의 御製跋이 있으며 "天順元年(1457) 秋 七月 日"의 印

出記가 보인다. 이어 姜希孟, 申叔舟, 韓明澮, 曹錫文, 金守溫, 任元濬 등의 跋이 附記되어 있다. 기타 卷首 右下에는 '法施之寶'(朱文方印)이란 印記가 있고 표지에는 '證道歌註解'란 表題가 새로 붙어 있다. 여기 原文에 대한 註解는 '宏德', '祖庭', '彦琪'의 順으로 기록되어 있다.

7) 서울대 가람문고 『永嘉大師證道歌南明泉禪師繼頌』 上·下 및 이겸노 소장본

이 책은 成宗 13年(1482)에 內需司에서 간행된 것으로 추정되는 上·下 2권 2책의 乙亥字本(乙亥字·補寫)이다. 이 언해본은 남명 천선사가 『證道歌』에 계송하여 읊은 320편에서 세종이 남명천계송 30수를 우리말로 번역하였을 뿐 끝을 맺지 못하고 승하하였고 1482年에 이르러 상·하편 2책으로 완성되었다. 1책은 상편 부분으로 表題는 '證道歌'이며 卷頭에는 "永嘉大師證道歌南明泉禪師繼頌"라고 쓰여 있고 版心題는 '南明'이다. 卷首에 1077年(北宋 神宗 熙寧 10)에 括蒼 吳庸天用이 쓴 序文이 있는데, 여기서는 "南明禪師 泉公이 千頃에 있을 때 『證道歌』를 贊한 320首의 頌을 지었다"고 하였다.

本文의 경우 永嘉大師의 원문은 極行까지 올려 쓰고 그 아래에 南明禪師의 頌文을 달았으며 다시 아래에 小字의 언해문을 달아 놓았다. 또 이보다 한 단을 낮추어 小字로 국문 주석도 달았다. 제2책은 하편 부분이나 表題는 '南明集'이며 책의 중간 부분은 제1책과 같은 字體의 활자본이나 책의 앞부분과 뒷부분의 꽤 많은 지면이 필사로 補寫되어 있다. 손상된 부분을 후대에 보완해 넣은 것으로 보인다.

본문이 끝난 다음에 1076年(北宋 神宗 熙寧 9) 括蒼의 祝況이 지은 後序가 있는데 여기서는 "道는 본래 증거할 바가 없는데 歌로써 증거한 것은 비록 言의 자취를 면하지 못하나 종내 누가 되지는 않는다. 후세에 이로 말미암아 깨닫는 자가 부지기수였고 또 이를 따라 주석한 자 역시 부지기수였다. 그러나 영가대사의 本旨를 眞得한 자는 드물었는데 泉禪師가 그 類로 그는 千頃에서 무리들을 이끄는 여가에 이를 나누어 頌을 달았다"고 하였다.

後序에 이어 成宗 13年(1482)에 韓繼禧와 姜希孟이 쓴 跋文이 있다. 이들의 발문에서는 "世宗이 일찍이 『金剛經五家解』 중의 『冶父頌』, 『宗鏡提綱』 중의 『得通說誼』, 『證道歌南明繼頌』을 번역하여 『釋譜(釋譜詳節)』에 넣고 싶어 하셨다. 이에 문종과 세조에 명하여 함께 撰하게 하고 친히 고쳤다. 이때 「冶父頌」과 「宗鏡二解得通說誼」 부분은 초고가 이미 이루어졌으나 교정할 겨를이 없었으며 또 『南明』은 겨우 30여 首만 번역되었다. 世宗은 文宗

과 世祖에게 이 일을 마칠 것을 遺命하셨는데 文宗이 세상을 떠난 후 세조가 이를 계승하였다. 세조가 遺教를 받들어 먼저 『釋譜』를 간행하고 중국에서 『證道歌』에 대한 彦琪의 주석본, 또 宏德 祖庭의 주석본 등을 구해 왔으나 완성을 보지 못하였다. 세조의 遺囑이 있었으나 함부로 할 수 없어 먼저 『楞嚴經』, 『法華經』 등을 간행하였다. 지금 大王大妃(세조비)께서 禪德 學祖에게 다시 『金剛三解譯』을 교정하게 하고 또 『南明』을 번역하게 하였다. 이어 두 책을 慈聖大妃(세조비)의 명령으로 완성하고 印出하여 『三家解』 2백 책, 『南明』 5백 책을 乙亥字로 인출하여 여러 사찰에 내리셨다"라는 기록이 있다.

세종 대에 언해 작업이 시도되었을 만큼 이 책이 조선시대의 선불교에 미친 영향은 지대하였다. 특히 永嘉玄覺이 曹溪 慧能의 법을 이어 중국 頓悟禪을 표방하였고 이러한 기조가 『證道歌』에 드러나고 있었다는 측면에서 임제종을 중심으로 하던 조선 선불교가 이 책을 매우 중요하게 취급하였음을 짐작케 한다. 뿐만 아니라 오늘날에 이르기까지도 깨달음에 대해 간결하면서도 그 정수를 전하고 있는 것으로 여겨져 한국 선불교의 여러 선사들의 禪詩에 인용되고 있다.

8) 國立中央圖書館 소장본 『永嘉眞覺禪師證道歌』

版式은 四周雙邊 匡郭의 크기가 세로, 가로 각 15.6×11.5cm이고 無界, 10行 19字, 版心은 上下內向黑魚尾로 나타난다. 李仁榮의 『淸芬室書目』에는 '宣祖九年 丙子 龍仁 瑞峯寺 刊本 木版本 四周單邊 無界 10行 19字, 匡郭 16.0×12.5cm, 黑口, 萬曆四年丙子三月日 京畿 龍仁土 光教山 瑞峯寺 開板'이라고 기록하고 있다.

이 책이 판각된 연대는 책의 말미에 1576년(선조 9)에 해당되는 '萬曆四年丙子三月日'라고 되어 있으며, 간행한 장소는 경기도 용인의 光教山 瑞峯寺로 기록되어 있다. 이 판본은 일반적인 편집 방식처럼 원문을 註釋보다 한 칸 올려 적거나 원문과 주석을 다른 줄에 배치하는 형식을 취하지 않고, 『證道歌』의 원문을 매 구절 단위로 나누고 글자 하나만큼의 간격을 둔 다음에 곧이어 게송 하나씩이 덧붙여지는 형태를 띠고 있다. 이는 법천의 게송이 『證道歌』에 못지않은 평가를 받고 있음을 간접적으로 인정한 것으로 볼 수 있다. 본문이 끝난 다음에 1076年(北宋 神宗 熙寧 9) 括蒼의 祝況이 지은 後序가 있다.

이 책을 간행한 瑞峯寺는 경기도 용인 光教山에 있었던 사찰로 寺趾에 고려시대 李知命이 찬하고 柳公權이 써서 金 大定 25年(1185)에 세워진 「玄悟國師碑」가 있다. 이곳에서는 『證道歌』를 간행하던 시기인 宣祖 15年(1582)에도 『儒釋質疑論』이 간행되었고 이듬해인 宣祖 16年(1583)에는 『野雲自警』이 언해되어 간행되기도 하였다. 宣祖 34年(1601)에도 『佛說預修十王生七經』이 간행되는 등 주로 16세기 佛經의 刊行事業이 빈번하였다.

3. 鑄字本 『證道歌』 飜刻 版本들의 印出 狀態 比較

1) 版式에 의한 印出時期 비교

현전하는 『證道歌』 3種(A: 三省出版博物館本, B: 空印博物館本, C: 寺刹 個人所藏本)에 대하여 목판의 마모도와 글자의 훼손 정도를 비교·분석한 결과 외형적 상태는 A본이 가장 善本이지만 글자 등의 원형에 가까운 것은 C본으로 보인다. 그러나 삼성출판사 소장본과 최근 공개된 개인 소장본을 비교하면 비록 인출의 시기가 초간으로부터 1~2세기 후의 것이지만 개인 소장본의 상태가 더욱 善本의 상태라 할 수 있다. 기존의 3종과 개인 소장본을 일일이 따로 비교하지 못했지만 3종 가운데 비교적 상태가 양호한 삼성출판박물관본과 개인 소장본을 비교해 보면 개인 소장본의 상태가 육안으로도 마모 상태나 글자 획 상태가 완전하고 좋은 것으로 확인된다.

기존에 알려진 3종의 匡郭을 비교한 결과 [표 6-9]와 같이 A판의 경우 다른 판에 비해 여러 판에서 광곽의 선이 끊어지는 현상이 심해짐을 보이고 있다. 이는 시간의 변화에 따라 수차례 인출한 결과 목판이 마모되는 과정을 보여 주는 것이라 할 수 있다. 또 대체로 변란에 나타나는 刀刻의 흔적이나 시간의 경과에 따라 나뭇결이 마모되거나 터진 부분이 같은 위치에 더 넓어지거나 새로 눈에 띄게 갈라진 곳을 발견할 수 있다. [표 6-9]는 개인 소장본이 발견되기 전 주자본의 번각본으로 알려진 3종을 광곽의 마모도 차이로 비교한 것이다.

표 6-9 3種 板本의 각 장별 匡郭의 마모도 비교

장차	마모도	장차	마모도
1A	A=B	2A	B=C>A
1B	B>A	2B	C>B>A
3A	A=B=C	4A	C>B>A
3B	C>B>A	4B	C>B>A
5A	C>B>A	6A	C>B>A
5B	C>B>A	6B	C>B>A
7A	C>B>A	8A	C>B>A
7B	A=B=C	8B	C>B>A
9A	C>B>A	10A	C>B>A
9B	C>B>A	10B	C>B>A
11A	C>B>A	12A	C>B>A
11B	C>B>A	12B	C>B>A
13A	C>B>A	14A	C>B>A
13B	C>B>A	14B	C>B>A
15A	C>B>A	16A	C>B>A
15B	C>B>A	16B	C>B>A
17A	C>B>A	18A	C>B>A
17B	C>B>A	18B	C>B>A
19A	C>B>A	20A	C>B>A
19B	C>B>A	20B	C>B>A
21A	C>B>A	22A	C>B>A
21B	C>B>A	22B	C>B>A
23A	C>B>A	24A	C>B>A
23B	C>B>A	24B	C>B>A
25A	C>B>A	26A	C>B>A
25B	C>B>A	26B	C>B>A
27A	C>B>A	28A	C>B>A
27B	C>B>A	28B	C>B>A
29A	C>B>A	30A	C>B>A
29B	C>B>A	30B	C>B>A
31A	C>B>A	32A	C>B>A
31B	C>B>A	32B	C>B>A
33A	C>B>A	34A	C>B>A
33B	C>B>A	34B	C>B>A
35A	C>B>A	36A	C>B>A
35B	C>B>A	36B	C>B>A
37A	C>B>A	38A	C>B>A
37B	C>B>A	38B	C>B>A
39A	C>B>A	40A	C>B>A
39B	C>B>A	40B	C>B>A
41A	C>B>A	42A	C>B>A
41B	C>B>A	42B	C>B>A
43A	C>B>A	44A	C>B>A
43B	C>B>A	44B	C>B>A

2) 글자 간의 마모도를 통한 완전성과 간행 시기 비교

각 판본들에서 획이 떨어지거나 마모된 글자를 조사한 결과 확실하게 마모된 글자는 233자 였으며, 이 가운데 3종 모두 마모도가 동일하게 나타나는 글자는 48자였다. 글자의 마모도 분석 또한 C본이 가장 양호한 것으로 나타나고 있다. ( ) 안에 표시된 것은 다른 판과 마모 정도가 동일한 것을 나타낸 것으로 ABC순으로 표기하였다.

그 결과 마모의 상태가 가장 양호한 글자는 C본의 경우 115자, B본은 106자, A본은 59자로 나타나 C본이 가장 상태가 양호함을 알 수 있다. 마모가 심한 글자의 경우는 A본이 107자로 가장 많고, B본이 53자, C본이 46자로 나타나 이 또한 C본이 가장 상태가 양호한 것으로 나타났다.

표 6-10 마모된 글자의 수

마모도 / 판종	상 급	하 급
A	40(10, 9) / 59	91(10, 6) / 107
B	20(10, 76) / 106	33(10, 10) / 53
C	30(9, 76) / 115	30(6, 10) / 46
AB	10	10
AC	9	6
BC	76	10

표 6-11 3종의 마모된 글자 상태 비교

장차-항	한자	상태비교			
		상	중	하	비고
01A-6	言				ABC
01A-8	相				ABC
01B-6	嘵	C	B	A	
01B-8	解	A	C	B	
02A-3	居				ABC
02A-7	因	C	A	B	
02A-4	大	B	A	C	
03A-5	平	A	B	C	
03A-8	霞	C	B	A	
03B-2	佛	C	B	A	
03B-2	未	C	B	A	
03B-3	迴	A	B	C	
03B-4	五	C	B	A	
03B-5	萬	A	C	B	

장차-항	한자	상태비교			
		상	중	하	비고
03B-6	三	B	C	A	
03B-8	最	A	C	B	
04A-1	風	B	A	C	
04A-1	鴰	AC		B	
04A-2	秖	B	C	A	
04A-8	易	B	C	A	
04A-8	酬	B	A	C-없음	
04B-2	頓	A	C	B	
04B-2	覺	A	B	C	
04B-2	向	A	B	C	
04B-7	月	B	C	A	
05A-3	外	BC		A	
05A-5	見	BC		A	
05A-5	豈	BC		A	
05A-7	無	BC		A	
05A-8	千	BC		A	
05B-1	外	AC		B	
05B-4	剖	BC		A	
05B-7	須	BC		A	
06A-2	與	BC		A	
06A-3	時	BC		A	
06A-3	物	BC		A	
06A-3	無	BC		A	
06A-3	識	BC		A	
06A-3	萬	BC		A	
06A-4	木	BC		A	
06A-4	此	BC		A	
06A-4	來	BC		A	
06A-5	是	BC		A	
06A-5	眞	BC		A	
06A-5	道	BC		A	
06A-6	晩	BC		A	
06A-6	成	BC		A	
06A-6	無	BC		A	
06A-7	空	BC		A	
06A-7	豈	BC		A	
06A-7	隨	BC		A	
06B-1	超	BC		A	
06B-2	莫	BC		A	
06B-2	提	BC		A	
06B-2	覞	BC		A	
06B-2	欲	BC		A	
06B-3	虛	BC		A	
06B-3	豈	BC		A	

장차-항	한자	상태비교			
		상	중	하	비고
06B-3	解	BC		A	
06B-3	生	BC		A	
06B-3	頭	BC		A	
06B-3	角	BC		A	
06B-4	中	BC		A	
06B-4	慮	BC		A	
06B-5	粒	BC		A	
06B-5	直	BC		A	
06B-5	未	BC		A	
06B-6	空	BC		A	
06B-7	求	BC		A	
06B-7	實	BC		A	
06B-7	問	BC		A	
08A-5	體	B	C	A	
08A-7	如				ABC
08B-1	趣				ABC
09A-1	殿	A	BC		
09A-8	夫	BC		A	
09B-2	續	A	B	C	
09B-8	身	A	B	C	
10A-1	有				ABC
10A-4	珍				ABC
10B-8	月	A	C	B	
11A-2	垢	B	C	A	
11A-8	義	B	C	A	
11B-6	不				ABC
12A-1	魚				ABC
12A-1	船	A	BC		
12A-1	釣	AB		C	
12A-8	忘	BC		A	
12B-8	達				ABC
13B-2	性	BC		A	
13B-2	香	AC		B	
14A-1	日	BC		A	
14A-3	未				ABC
14A-4	日				ABC
14A-7	跋				ABC
14A-8	不	AC		B	
14B-1	西	C	AB		
14B-2	坐	A	BC		
14B-3	春	BC		A	
14B-5	鞋	BC		A	
15A-3	當				ABC
15A-3	時				ABC

장차-항	한자	상태비교			
		상	중	하	비고
15A-8	野	AB		C	
16A-1	巖	BC		A	
16A-2	靜	A	BC		
16B-2	更	BC		A	
16B-3	花	BC		A	
16B-8	施	BC		A	
16B-8	殿	AC		B	
17A-4	衰				ABC
17A-5	樂				ABC
17B-2	爭	AC		B	
17B-3	春				ABC
18A-8	江				ABC
18A-8	誰	BC		A	
18B-4	坐	A		BC	
19B-8	法	BC		A	
21A-3	楚				ABC
22A-1	不				ABC
22B-7	賴				ABC
23A-3	心	B	C	A	
23B-3	聞	A	B	C	
23B-4	天				ABC
24A-5	于	BC		A	
24B-7	花				ABC
25A-5	中	BC		A	
25A-6	指	C	B	A	
25A-7	迷	A		BC	
25B-3	天	B		AC	
25B-7	淸	AB		C	
26A-5	然	A		BC	
26B-8	黙				ABC
27A-3	塵				ABC
27B-2	行	A	C	B	
27B-6	不	B		AC	
28A-1	船	C	A	B	
28A-2	舩	AB		C	
28A-7	舞	C	A	B	
28B-2	緣	C	A	B	
28B-3	聖	C	A	B	
28B-5	寒	A	C	B	
28B-6	聞	A		BC	
28B-7	提	AC		B	
29A-5	歸	BC		A	
29A-5	向	C		AB	
30A-1	大				ABC

장차항	한자	상태비교			
		상	중	하	비고
30A-1	河	A	C	B	
30A-1	臺	C	A	B	
30A-1	辨	C	A	B	
30A-1	研	C	A	B	
30A-1	醜	C	A	B	
30A-2	千	C	A	B	
30A-3	知	C		AB	
30A-4	眞				ABC
30A-8	三	B		AC	
30A-8	衆				ABC
30A-8	不	A		BC	
30B-2	踔				ABC
30B-3	岸	A		BC	
30B-3	昔	A	C	B	
30B-4	去	C		AB	
30B-5	河				ABC
30B-6	同	A	C	B	
30B-7	自				ABC
30B-7	年				ABC
31A-1	方	B	A	C	
31A-4	作	A		BC	
31A-7	酸	A	B	C	
31B-6	聞	B		AC	
32A-1	喚				ABC
32A-1	時	BC		A	
32B-2	後	AB		C	
32B-4	三				ABC
32B-5	坐	C		AB	
32B-8	暫				ABC
33A-1	毗				ABC
33A-5	甚	AB		C	
33B-6	樹	B		AC	
33B-8	失	A	C	B	
34A-5	種	C	A	B	
34A-8	討	B	A	C	
34B-1	排	A	C	B	
34B-5	三	C		AB	
35B-3	自	BC		A	
36A-1	傳	A	B	C	
36A-4	解	AC		C	
36A-8	捏				ABC
36B-2	冒	A		BC	
36B-4	未	B		AC	
36B-6	空	AB		C	

장차-항	한자	상태비교			
		상	중	하	비고
37A-2	開				ABC
37B-2	勇	A	B	C	
37B-2	早				ABC
37B-4	互	BC		A	
37B-6	師				ABC
37B-7	舊	A		BC	
37B-8	去				ABC
38A-2	慬	A	B	C	
38A-6	秘	BC		A	
38B-1	救	AB		C	
38B-1	生	C		AB	
38B-7	棑				ABC
38B-8	香	BC		A	
39A-3	月				ABC
39A-4	得	A		BC	
39A-4	逢	BC		A	
39A-6	事	BC		A	
39A-7	四	BC		A	
39A-8	論	BC		A	
39B-2	雨	C		AB	
39B-2	露	C		AB	
39B-3	古	BC		A	
40A-1	虛	AB		C	
40B-2	未	B	A	C	
40B-4	王	BC		A	
40B-4	任	AB		C	
40B-5	幻				ABC
40B-5	生	BC		A	
40B-7	昔				ABC
40B-8	百	C		AB	
41A-3	形	C	B	A	
41A-6	火	C		AB	
41B-1	眞	BC		A	
41B-3	比	BC		A	
41B-3	滅	A	B	C	
41B-8	盡	AC		B	
41B-8	桑	C	A	B	
42A-7	天	BC		A	
43A-5	累	A	B	C	
43B-5	絕				ABC
43B-7	而				ABC
44A-2	序	BC		A	
44A-4	則	A	C	B	

제3절
『南明泉和尙頌證道歌』 飜刻本의 특징

1. 형태적인 특징

현존하는 1239년 판각의 이 판본들은 모두 인출의 시기가 판각된 초기로부터 오랜 시간이 경과한 상태인 까닭에 글자에 따라서는 획의 탈락, 마모는 물론 수분이 빠져 나감에 따라 판이 줄어든 현상이 나타난다.

이렇게 추측하는 근거는 다음과 같다. 활자본이 처음 만들어진 시기의 활자 조판틀은 초기의 경우 여러 판을 만들어 사용하기 어려웠을 것이며 『直指』의 경우나 癸未字 印本에서 보듯이 2~3판을 교체하면서 사용하였을 것이므로 匡郭의 높이나 크기 차이가 클 수 없다. 또 각수에 의한 차이를 인정한다 할지라도 현존본에서 보이는 만큼 큰 차이는 아닐 것이며 동원된 각수 역시 高麗 再雕大藏經의 판각에도 동원되었던 각수들이었던 만큼 어느 정도의 수준은 유지하였을 것으로 짐작된다. 뿐만 아니라 개별 면에 새긴 글자와 알맞은 경계를 이루고 있다는 측면에서도 실수나 의도적인 차이라 할 수 없다. 따라서 이는 판목을 마련하는 과정에서 건조 등 완전한 준비가 되지 않았거나 각판 후 보관이 제대로 되지 않아 판목이 외부에 노출되는 상태가 서로 달라 수축의 차이가 많았을 가능성 등으로 추정된다. 이러한 결과로 다음과 같은 각 부분의 차이를 볼 수 있다.

① 匡郭되는 중 板面의 세로 높이 차가 큰 부분: 제4장과 제5장, 제6장과 제7장, 제10장과 제11장, 제19장과 제20장, 제25장과 제26장, 제28장과 제29장, 제30장, 제35장과 제36장
② 글자 획의 굵기: 제29장과 제30장, 제39장과 제40장, 제42장과 제43장
③ 글자의 行伍 중 옆줄이 고르지 않은 장도 있음
④ 전체의 각 면은 8행이나 제39장 뒷면은 7행으로 구성됨
⑤ 行間은 3~4mm의 간격을 유지함

이와 같은 현상은 조선시대의 번각본들이나 다른 판본에서도 初刻本과 後의 刻本을 비교해 보면 쉽게 드러난다. 그 예로 『三國遺事』의 14세기 泥山本과 16세기 正德本을 비교하면 原本을 살린 부분과 補刻 내지 飜刻한 부분을 쉽게 구분할 수 있다.

그러나 비슷한 시기에 번각한 『五倫行實圖』처럼 整理字로 찍고 바로 이 판을 목판으로 飜刻시켜 배포한 경우, 또 國民教化라는 중요한 국가적인 정책의 일환으로 판이 만들어진 경우는 거의 원본에 버금갈 정도로 정교하게 새겨졌고 목판이 수축되는 시간적 경과도 없었던 만큼 그 새긴 판이 일치됨을 현존하는 校正刷本[7]와 印本으로 확인할 수 있다.

『證道歌』에서 보이는 글씨의 특징은 각 張에 따라 글씨의 굵기가 다르고 邊欄과 글자의 배열에 있어 띄어진 간격이 달라 아래위로 치우쳐진 경우도 있고, 목판에 版下를 배치할 때 한쪽으로 쏠려 제18장, 제36장의 앞뒤나 여러 부분이 版心의 좌우 경계선이나 좌우 邊欄의 방향과 일정한 간격이나 평행을 이루지 않고 한쪽으로 경사진 모습을 보여준다. 활자본, 즉 저본의 상태 때문인지 아니면 저본을 목판에 뒤집어 붙일 때 판면의 안쪽 부분만을 오려 붙인 방법 때문인지는 알 수 없으나 논리적으로 생각한다면 다분히 版下를 붙일 때 정확하게 붙이지 못한 것이 원인일 확률이 높다.

2. 글자와 배열의 특징

『證道歌』 木板本의 印面에 나타난 글자들을 형태별로 자세히 살펴보면 좌우는 물론 아래위 글자의 적당한 간격이 유지되고 있음을 알 수 있다. 특히 行間의 간격은 발견된 활자의 형태로 볼 때 좌우 옆면의 아랫부분에 높이와 폭이 1mm인 돌출 부분이 있는 활자, 즉 날개/홈형 활자로 계선이 없는 상태에서 좌우 글자의 字劃이 서로 부딪히지 않도록 고안된 기능이라 할 수 있다.

또 한 版 내의 활자 배열에 있어서도 제39장 뒷면의 경우 7行으로 다른 면과 行數가 다르게 組版되어 있지만 내용은 다음 장으로 제대로 연결되는데 이는 저본인 활자본을

---

7 南權熙, 「古版畫博物館 所藏 五倫行實圖 木板의 飜刻 刊行에 대한 研究」, 『한국의 고판화; 고판화박물관 소장품도록』, 원주: 치악산 명주사 고판화박물관, 2005, pp. 270-285.

조판할 때의 실수로 볼 수 있다. 제한된 수량의 조판틀을 사용했다면 이러한 차이는 조판 당시에도 발견되었을 것이나, 그다음 장의 조판이 이미 완성되어 行次를 순차적으로 밀어내지 못한 것으로 추정된다.

『證道歌』의 글씨는 板面상으로는 유사하게 보이지만 번각된 각 張의 글씨를 자세히 관찰하면 글씨의 크기, 굵기, 길이 등이 張마다 조금씩 차이가 난다.

본문에 사용된 글자의 경우 일부 古字를 사용한 부분도 있어서 '囧月'[8]의 경우 본문에 균일하게 사용되었지만 후대에 붙인 표지의 제목 부분에서는 '明(표지 題簽)' 자 등이 쓰였다.

또 글자 획의 특징을 든다면 '中'의 마지막 획처럼 세로로 내리긋는 선의 마지막 추켜올림이라든지, '風' 자의 제1획 끝의 올리는 차이 등 여러 측면에서 특징지을 수 있다.

한편 같은 글자의 다른 형태, 즉 '於', '扵', '扵'와 같은 異字의 사용이 폭넓게 이루어지고 있으며 '氵' 변의 제1·2획 방향이 서로 다른 3~4개 유형의 글자를 쉽게 찾을 수 있다. 서로 다른 글자체가 혼용된 것인지, 초기의 활자가 주조될 때 이미 父字의 글자가 달랐던 것인지 정확하게 알 수 없으나 나타난 글자의 모양과 크기로 볼 때 서로 다른 2종 이상의 활자가 사용되었을 것으로 추정된다. 한 예로 글자의 1·2획을 이루는 '丷(善)', '八(義)' 등은 글자의 서체가 다르게 쓰였고 '森' 자 등 일부 글자는 크기가 달라 수의적으로 사용되었음을 알 수 있으며 제27장 뒤 3行에 쓰인 '折' 자의 경우와 같이 확연히 크기가 다름을 느낄 수 있는 글자도 많다.

이러한 현상은 『證道歌』 간행 당시가 활자 사용을 처음 시도하던 초기 단계라 기술적으로 미숙해서였을 수도 있고, 이미 사용 중이던 다른 활자와 혼용되거나 같은 활자를 보충 주조하면서 크기가 달라진 데 따른 차이일 수도 있다. 실물활자본이 나타나거나 대조할 수 있는 활자의 수가 많아지면 그 원인을 찾을 수 있을 것이다.

3. 現存 飜刻本 『證道歌』의 글자 비교

『證道歌』의 판본에 나타난 같은 글자의 글씨를 서로 비교하여 관련성을 분석하면 비

8 참고로 같은 활자로 찍은 『東國李相國全集』에는 古字와 함께 '明' 자도 사용되었다.

록 전체적인 느낌은 유사하다 할지라도 구체적인 부분은 서로 다르게 나타난다. 그 현상을 정리하면 다음과 같다.

① 전체의 印面에 사용된 같은 글자의 모든 획은 정밀한 기준을 적용한다면 굵기, 길이, 방향, 모양이 각기 다르다.

② 현존본은 飜刻된 1239년보다 1~2세기 후대의 印出本으로 글자와 변란 등에서 木理와 끊어진 부분이 많고 전체적으로 글자의 획이 굵어졌다.

③ 현존본의 각 장별 크기가 서로 다르거나 차이가 많은 경우도 가끔 확인되며 匡高의 높이는 전체적으로 18~18.2cm가 주류를 이룬다.

표 6-12 장차별 광고 높이 비교

張次	匡高 앞(cm)	匡高 뒤(cm)
4	18.2	17.7
5	17.3	17.2
6	17.2	
7	18.2	

④ 육안으로 쉽게 차이가 확인되는 제5·6장은 行間, 字間은 물론 글자의 書體 면에서 다른 면과 확연히 구분된다. 이 두 장은 刻手도 '叔躲'으로 서체, 행간, 자간, 획의 굵기 면에서 다른 면과 차이가 난다.

표 6-13 각수별 판의 광고 크기 비교

刻手	張次	匡高(cm)
吳準	13뒤	17.8
吳準	14앞	18.5
一明	16뒤	17.6
二世	17앞	18.1
叔躲	29앞,뒤	16.8

그러나 같은 叔躲의 판이라도 37, 38, 39판은 앞의 다른 刻板과는 전체적인 느낌이 다르다.

표 6-14 叔敦이 새긴 판의 광고 크기 비교

刻手	張次	匡高(cm)
叔敦	37뒤	17.8
叔敦	38앞,뒤	18.1

제40장, 제43장 元暉가 새긴 판 역시 다른 면과 비교하면 글씨의 횡폭이 크고 굵으며 행간이 줄어들었다. 다음의 예는 刻手 旲準이 새긴 판이나 크기가 다르다.

표 6-15 旲準이 새긴 판의 광고 크기 비교

刻手	張次	광고(cm)
旲準	41뒤	17.9
旲準	42앞	18.3

즉 목판을 새기는 일반적인 과정에서 볼 때 각수가 임의로 판의 크기를 조정하기는 어렵다. 또한 底本, 즉 금속활자로 찍었던 원본의 각 장 크기가 매 판의 조립 시마다 달랐다고 가정하기도 어렵다. 비록 이보다 후기의 활자본이지만『直指』의 경우 두 판을 교대로 組版과 印出이 진행되었고 朝鮮時代 前期에도 대체로 몇 개의 鐵亐里 판으로 교대해 가며 조판이 이루어졌으며 작업의 편리성 면에서도 같은 추정을 이끌어 낼 수 있다.

그렇다면 이러한 차이는 새겨진 목판의 수분 증발 과정, 즉 마르는 과정에서 생겨난 것으로 추정된다. 대개 새길 목판을 장만할 때는 나무판을 켠 다음 솥에 소금을 넣어 삶아 결을 삭이고 그늘에서 오랜 시간 서서히 말린 후에 판각을 파는 것이 일반적이다. 그런데 이 과정에서 제대로 건조시키지 못하면 나무가 틀어지거나 휘어지기도 하고 판각 후에도 같은 과정이 진행되어 전체적으로 수축되는 현상을 보이기도 한다.

⑤ 정밀한 형태적 기준으로 현존『證道歌』의 글자를 개별 비교해 보면 서로 일치하는 글자는 1자도 존재하지 않는다. 바로 이 점이 현존본은 여러 刻手가 동원되어 새겨진 飜刻本임을 증명하는 것이다.『證道歌』 자체의 글자끼리 정밀한 기준을 적용하여 비교했을 때 서로 같지 않다면 발견된 금속활자와 작은 차이가 발생함은 당연한 것이다. 번각본에 영향을 미치는 요소로는 각수 간의 차이(기술, 숙련도, 서체의 선호도), 목판의 보존 현상, 시간적 경과, 인출 시의 변인 등이 있다.

⑥ 활자본 자체에서의 변형 요인

같은 글자의 다른 형태가 존재한다면 底本을 통하여 서로 다른 글자체를 병용하였거나 字本을 쓴 사람이 달리 썼을 가능성이 높다. 또 활자가 부족하여 보충되거나, 補鑄로서 混用되는 경우로 일부 『證道歌』에서도 '於' 자 등에서 볼 수 있다. 일반적으로 飜刻板인 경우 그 인출본 시간 경과나 인출의 횟수에 따라 나무에 새겨진 획이 닳아 획이 굵어지지만 活字版은 그 반대로 印出 횟수가 거듭됨에 따라 인출본의 획은 가늘게 나타난다. 즉 처음 주조되었을 당시의 활자는 글자면과 글자의 몸체 부분의 경계선이 날카로우나 인출이 잦아지면 먹솔의 스침과 한지를 문질러 낼 때 등의 반복된 마찰로 인하여 경계선이 닳아 무뎌지고 자획의 중간 부분만 볼록하게 남게 되므로 자연히 찍혀진 印面의 글씨들은 가늘게 나타난다. 뿐만 아니라 조선시대의 活字 印本 중 비교적 주조된 시간이 상당히 지난 뒤 印出된 활자들은 겹치는 획 간에 어긋난 층이 생기기도 하고 같은 획 사이에서도 굵기가 달라지기도 한다.

⑦ 전체적인 形態書誌學的 관점에서 飜刻本『證道歌』의 특징은 다음과 같다. 번각시 여러 명의 刻手가 참여하여 부분적으로 서체, 크기, 行間 등이 달라지고 板面의 匡高 높이도 달라진 것은 당시 板木의 준비와 판각 후 보존상의 조치가 완벽하지 않았음을 알 수 있다. 또 번각된 후 시간적으로 오래 경과된 시점에서 印出되어 획의 마모나 缺落이 많다.

⑧ 活字體의 특징은 대체로 다음과 같은 현상이 나타난다.

㉠ 같은 글자의 크기가 大, 小 차가 심한 것
예) 8뒤 8行 14字 [森(大), 森(小)]

㉡ 같은 글자 다른 형태
예) 於, 扵, 扵

㉢ 글자 획의 방향이 서로 다른 경우
예) 氵, 丷, 八, 此

㉣ 일반적 본문 글자와 크기가 다른 활자
예) 8앞 1行 衫(小字)

㉤ 異體 (朙, 刻)

㉥ 同一字의 異体字가 있어 底本의 조판에 사용된 활자가 한 계통이 아니라 일부 보충된 활자나 같은 글자의 다른 父字가 있는 것으로 추정

표 6-16 같은 글자의 다른 이체자형

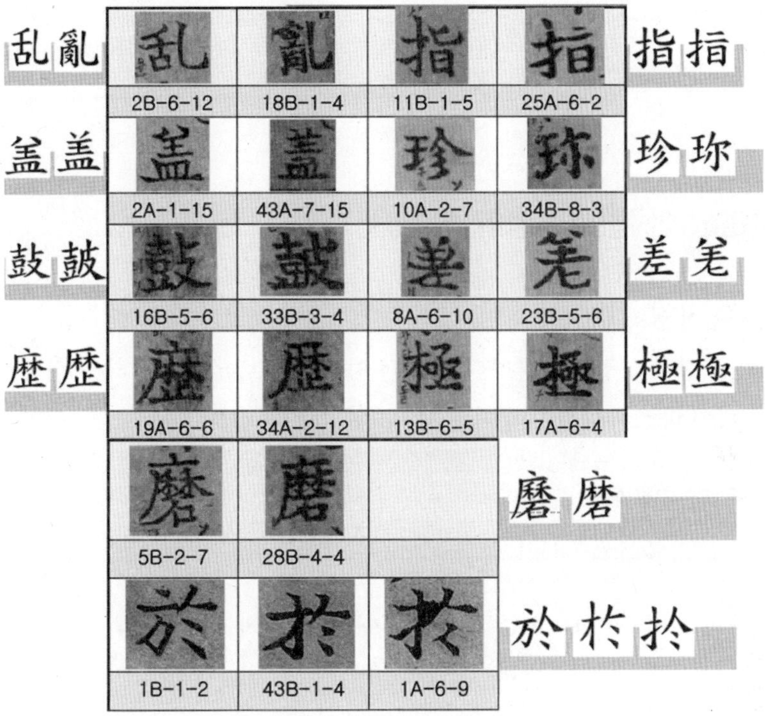

표 6-17 같은 글자의 誤字 내지 通假字로 추정되는 異體字

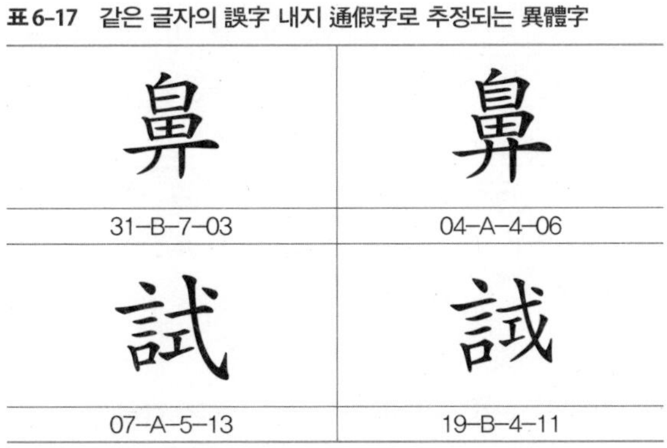

제4절
고려시대 실물 금속활자와 연구의 제 문제

1.『證道歌』와『證道歌諺解』의 口訣

1) 구결의 자형

『證道歌』 구결의 특징은 이본마다 사용된 자형이 다르게 나타난다는 점과 구결의 기입자 수가 각기 다르게 나타나는데 이를 제시하면 다음과 같다.

표 6-18 『證道歌』 구결 자형

구분	자형
'공인박물관 소장본'에 기입된 자형(59개)	可, 厺, 口, 人, ㇆, 乃, 尹, 又, 匕, 乇, 丨, 大, 力, 叻, 亇, 丁, 彐, 刀, 斗, 圡, 知, 入, 月, 厶, 丶, 亽, 灬, 灬, 刂, 扌, 曰, 乚, 广, 久, 丆, 面, 火, 七, 氵, 全, 二, 士, 卩, 厓, 厂, 卜, 阝, 才, 令, 亠, 亦, 午, ラ, 乀, 丿, 亐, 兮, ソ, 爲
'사찰 개인 소장본'에 기입된 자형(62개)	可, 厺, 去, 口, 人, ㇆, 乃, 又, 匕, 尼, 乇, 斤, 丨, 大, 亇, 丁, 彐, 刀, 斗, 矢, 入, 月, 朩, 厶, 丶, 亽, 灬, 录, 刂, 矛, 扌, 禾, 里, 乚, 个, 久, 丆, 火, 七, 氵, 八, 全, 舍, 二, 尸, 士, 厓, 卜, 阝, 令, 亠, 午, 牛, 五, ラ, 乀, 印, 尺, 丿, 亐, ソ, 十
'개인 소장본'에 기입된 자형(52개)	可, 厺, 口, 木, ㇆, 乃, 又, 匕, 乇, 丨, 大, 力, 底, 丁, 刀, 圡, 入, 月, 厶, 丶, 亽, 录, 了, 刂, 乚, 广, 久, 丆, 未, 巴, 邑, 七, 叱, 氵, 八, 二, 士, 卩, 厓, 卜, 阝, 才, 亠, 午, ラ, 乀, 其, 去, 丿, 亐, 兮, ソ

『證道歌』 이본들과 한국학중앙연구원 소장본『永嘉眞覺禪師證道歌』, 文殊寺版『永嘉眞覺禪師證道歌』에 기입된 구결을 포함하여 비교할 때 각 이본별로 새롭게 나타나는 자형은 '개인 소장본'에만 나타나는 자형이 '底, 邑'로 2개, '사찰개인 소장본'에만 나타나는 자형이 '去, 尼, 矢, 矛, 禾, 里, 个, 舍, 尸, 牛, 尺'로 11개, '공인박물관소장본'에만 나타나는 자형이 '叻, 知, 曰, 面, 厂, 爲'로 6개이다.

표 6-19 세 판본의 구결 비교 예시(30장 뒷면 3行, 8行)

구분		예시
30장 뒷면 3행	(공인)	岸樹欲崩ソス 魚小水ヒ 悲哉ヽ 不悟昔人言ソ又ㄱ了
	(사찰)	岸樹欲崩ソス 魚小水去ㄴ 悲哉ㅅ 不悟昔人言ソ又丁
	(개인)	岸樹ヽ 欲崩ヽス 魚小水オㄴ 悲哉不悟昔人言ソ又ㄱ底
	[한글]	岸樹ㅣ 欲崩이며 魚小水어늘 悲哉不悟昔人言ᄒᆞ논뎌
	[언해]	두듥엣 즘게 믈 어디고져 호미며 져근 므렛 고기어늘 슬프다 녯 사ᄅᆞᄆᆡ 마ᄅᆞᆯ아디 몯ᄒᆞ논뎌
30장 뒷면 8행	(공인)	聞說如來頓敎門ソロ 半笑半瞋ソろ 情不悅ソ十
	(사찰)	聞說如來頓敎門ㄴロ 半笑半瞋ソろ 情不悅ソㅌㅣ
	(개인)	聞說如來頓敎門ソ士邑ロ 半笑半瞋ソろ 情不悅ソㅌㅣ
	[한글]	聞說如來頓敎門ᄒᆞᅀᆞᆸ고 半笑半瞋ᄒᆞ야 情不悅ᄒᆞᄂᆞ다
	[언해]	如來ㅅ 頓敎門ᄋᆞᆯ 니ᄅᆞ샤ᄆᆞᆯ 듣ᄌᆞᆸ고 半만 웃고 半만 서글허 ᄠᅳ데 깃디 아니ᄒᆞᄂᆞ다

2) 『證道歌諺解』

『南明泉和尙頌證道歌』의 언해본인 『증도가언해』는 세종 때부터 기획과 번역이 시작된 것을 學祖(1432~?)가 완성하여 1482년(성종 13)에 금속활자인 을해자로 상·하 2권 2책을 간행하였다.[9]

이 책의 상권에는 吳庸의 서문이 언해와 함께 실려 있고, 그 뒤 토를 단 七言四句體의 한문송·정음번역문·정음주해문의 순서로 156수의 노래가 실려 있다. 하권은 164수의 노래를 싣고 이어서 축하하는 내용의 後序가 언해되어 있고, 끝에 韓繼禧와 姜希孟의 발문이 있으며 이 발문은 『금강경삼가해』의 발문과 같다.[10]

본문은 한문 원문에 한글 구결을 단 구결문, 이를 우리말로 번역한 언해문, 그리고 주석 부분으로 이루어져 있다.

3) 개인 소장본 『證道歌』와 『證道歌諺解』의 구결 비교

묵서 기입 구결본 『證道歌』에는 글자 왼쪽으로 漢字 略體字 구결이 달려 있다. 그리고

9 세종대왕기념사업회, 『역주 남명집언해』 상 참조.

10 『한국민족문화대백과사전』 참조.

오른쪽으로는 작은 글씨로 역시 한자 약체자 구결, 한글 구결, 해당 글자의 한글 새김 등이 가필되어 나타난다. 또한 간혹 한자로 숫자 표시가 되어 있거나 권점이 찍혀 있기도 하다. 이들 구결(토)이나 다양한 표시 등은『증도가』의 언해본인『증도가언해』와 관련이 있으므로 구결본『증도가』의 한자 약체자 구결, 가필 구결,『증도가언해』의 한글 구결이 달린 구결문, 언해문 등을 함께 대열하여 비교해 봄으로써 구결본『증도가』 구결의 특징을 알 수 있다. 우선 예시의 문장을 들어 보면,

① [한문 원문][11] 識慈尊須急去 廻頭鷂子過新羅 (03b.03)
② [한자 구결문] 織慈尊ソヒㄱ 須急去ソ丶 廻頭丶ア 鷂子丶 過新羅ソリ丶
③ [가필 구결문] 識慈尊ㄴ 須매 急리 去 廻頭鷂子過디 新羅ㄴ
④ [한글 구결문] 識慈尊ᄒᆞ닌 須急去ᄒᆞ라 廻頭ㅣ면 鷂子ㅣ 過新羅ᄒᆞ리라
⑤ [언해문] 慈尊ᄋᆞᆯ 아디 몯ᄒᆞ닌 모로매 ᄲᆞᆯ리 가라 머리 두르혀면 도롱태 新羅ᄅᆞᆯ 디나리라
⑥ [현대역] 자존을 알지 못하는 자는 모름지기 급히 가라. 멀리 돌아가면 도롱태가 신라를 지나리라.

예시의 ①, ②, ③은 모두 구결본『증도가』에 나타난 것으로, ①은 한문 원문에 권점과 숫자 표시를 제시하였고, ②는 한자 약체자 구결문, ③은 가필 구결문을 제시하였다. ④와 ⑤는 언해본에 나타나는 한글 구결문과 언해문을 제시하였다.

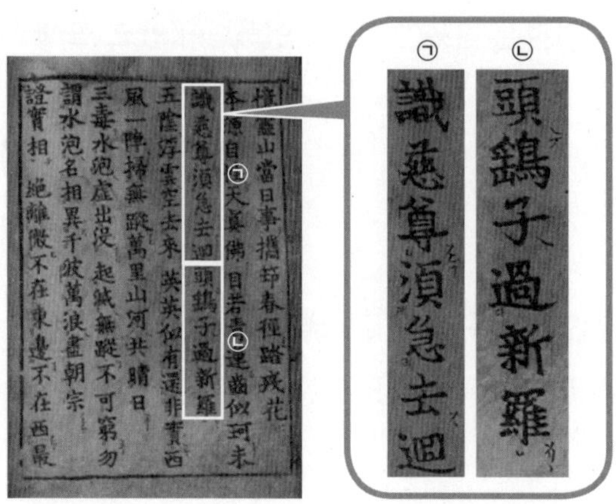

11 본 한문 원문에는 권점과 숫자 표시도 함께 제시한다.

2. 『證道歌』 구결의 특징

1) 한자 약체자 구결-한글 구결 일치

원문의 각 글자 오른쪽에 달린 한자 약체자 구결은 언해본의 한글 구결과 정확히 일치한다.

[약체] 昧者丶 不如ソ乃 乃以色乙 見如來ソス 以音聲乙 求如來ソㅌㄴ 豈不謬哉仐 (01b03-04)

[한글] 昧者ㅣ 不知ᄒᆞ야 乃以色ᄋᆞ로 見如來ᄒᆞ며 以音聲ᄋᆞ로 求如來ᄒᆞᄂᆞ니 豈不謬哉리오 (언해 序2a03-04)

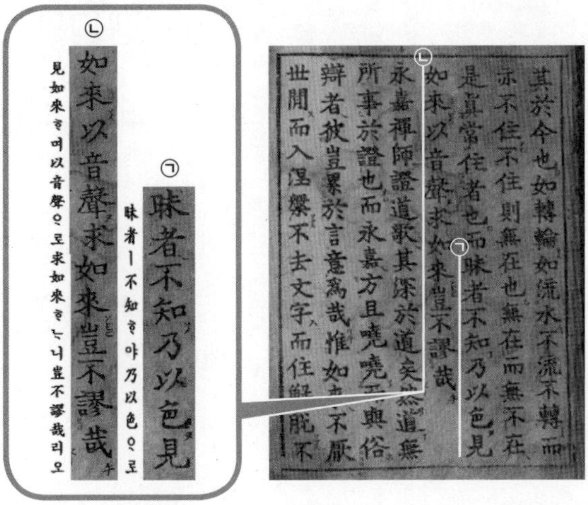

2) 숫자 표시

본문 글자의 오른쪽에 312회 정도 한자로 숫자를 표시한 예 '一/二/三/四, 一二三弖'가 나타나는데 이는 언해문의 어순과 일치한다. 전통시대에 이처럼 고전이나 경서를 읽을 때 묵서로 본문풀이의 순서를 표시한 것을 자주 볼 수 있는데, 음독구결의 한계인 한문과 우리말의 어순 차이를 해결하기 위한 한 가지 방편으로 볼 수 있다.

[원문] 四海晏淸時雨足 不勞野一老二賀四昇平三 (03a.05)

[언해] 四海 便安히 몱고 時節ㅅ 비 足ᄒᆞ니 ᄆᆡ햇 늘그니로 昇平 慶賀호ᄆᆞᆯ 잇비 마롤 디니라 (언해 上04a05-07)

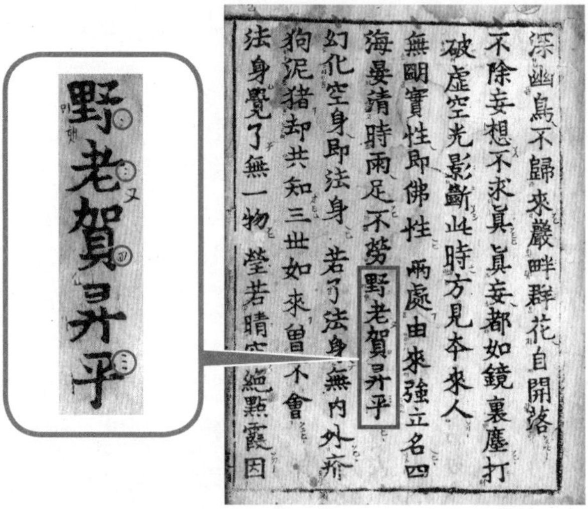

3) 聲調 표시

글자 위에 표시한 권점이 33회 정도 보인다. 이는 성조 표시로, 한 글자가 다른 의미로 쓰일 때 달라지는 平上去入의 聲調를 표시한 것이다. 조선 전기의 문헌에 표시된 경우가 간혹 있다.

[원문] 我聞 °恰似飮甘露 一滴能今萬病消 (11b.04)

4) 가필 구결

가필된 구결(토)은 한자의 왼쪽에 한글, 한자, 약체자 구결 등 다양한 형태로 나타나며 어휘의 어두·어말음이나 어휘, 절, 문법요소 등을 다양하게 기입하였다. 이를 특징별로 분류하여 살펴보면 다음과 같다.

(1) 기입 방법에 따른 분류

가필된 구결은 여러 기입 방법을 이용하였는데 이를 분류하면 다음과 같다.

① 한자 약체자

본래 기입된 한자 약체자 구결에 부족한 부분을 채우기 위해 좀 더 자세히 한자 약체자 구결을 기입하였다. 이 구결은 주로 글자의 오른쪽 아래에 작게 기입하였다.

如ㅅ ヒ 丶(38a.04)/곧ᄒᆞ니라, 金口乙(37b.05)/金口로, 取ㅅ 자(35b.06)/取ᄒᆞ며

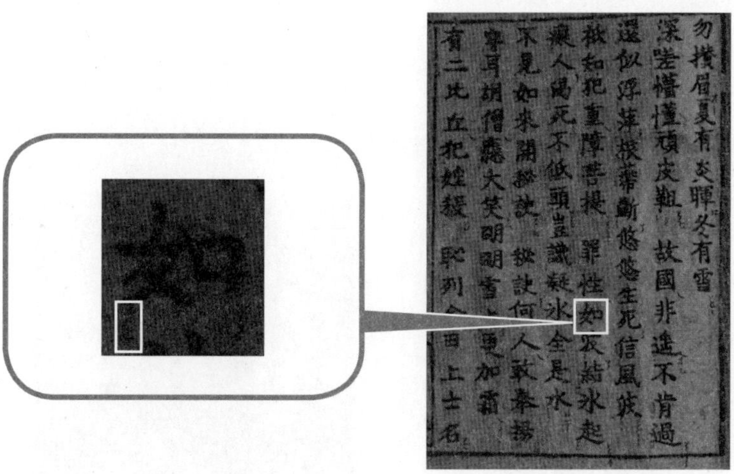

② 한글

각 글자의 왼쪽 위·아래·가운데나 광곽의 왼쪽과 오른쪽 여백 등에 각 글자나 문장이 언해되었을 때 새김이나 토, 문장을 한글로 기입하였다. 통계적으로는 이처럼 한글을 이용한 경우가 가장 많다.

癡어린(38a.05)/어린, 勿말라(29b.06)/말라, 紛紛어즈러이(29b.07)/어즈러이

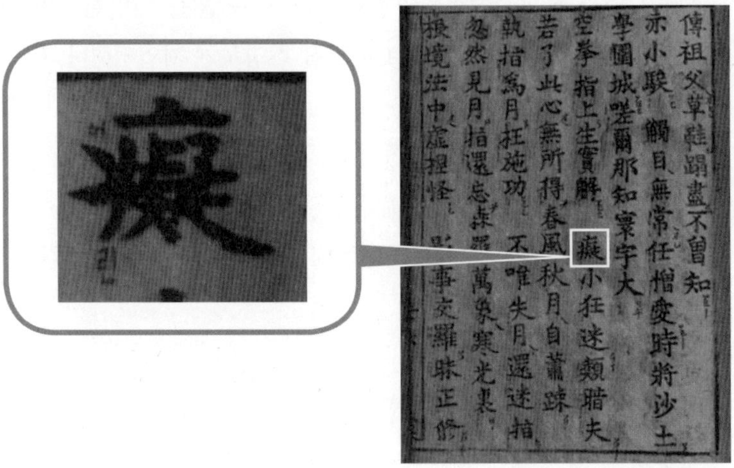

③ **한자**

원문에는 없었으나 언해될 때 한자어를 이루면서 추가되는 한자를 원문 사이에 기입하였다. 이 수는 많지 않은 편이다.

爲中ᄃᆞ媒丶(22a.06)/中媒 ᄃᆞ외니라, 本來空(29a.04)/本來 뷔니

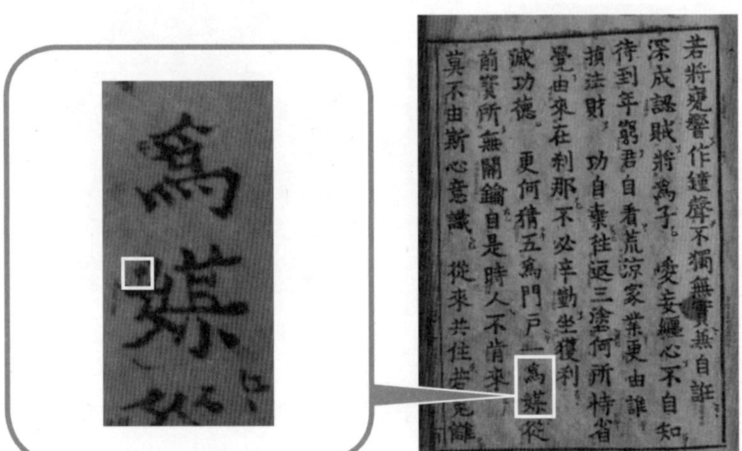

④ **복합형**

한자 약체자와 한글을 함께 결합시켜 사용한 경우가 보인다. 한글로 해당 한자의 새김을 쓰고 문법요소 등은 주로 사용하는 한자 약체자 구결자를 함께 사용한 경우가 많다.

莫업스ヒ(22a.08)/업스니, 若ᄀᆞᆮッヒ丶(26b.06)/ᄀᆞᆮᄒᆞ니라

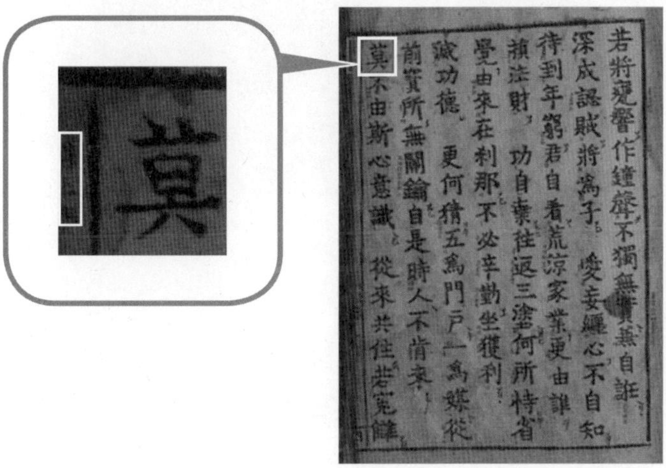

(2) 기입 대상에 따른 분류

① **어휘의 어두음 표시**

한자 원문자에 언해하였을 때 번역되는 어휘의 어두음을 표시하였는데, 각 글자의 왼쪽 윗부분이나 글자 사이에 적었다.

居사(02a.03)/사ᄅᆞ실,[12] 發베프(02a.04)/베프샤, 滿ᄆᆞ(12a.07)/ᄆᆞᄃᆞᆨᄒᆞ니
不乇(03b.06)/몯ᄒᆞ리로다

---

12 '居'는 원문의 한자, '사'는 가필 구결, '(02a.03)'는 원문의 장차, '사ᄅᆞ실'은 해당 한자의 언해본의 언해된 부분을 제시하였다.

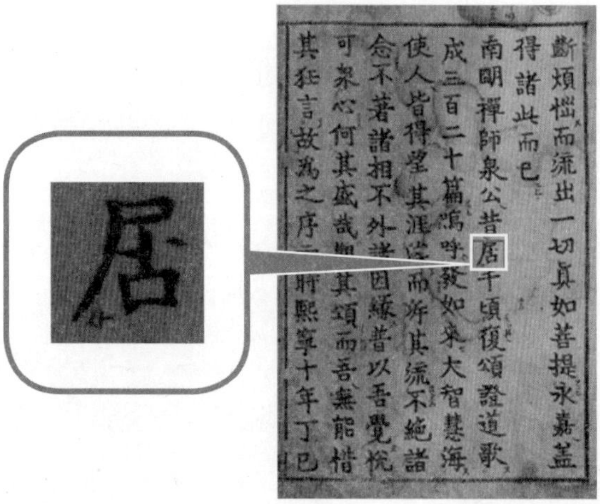

② **어휘의 어말음 표시**

한자 원문자에 언해하였을 때 번역되는 어휘의 어말음을 표시하였는데, 각 글자의 왼쪽 아랫부분에 적었다. 어말음은 주로 문법요소를 적은 경우가 많다.

風ᄅᆞᆷ(04a.01)/ᄇᆞᄅᆞᆷ, 團려운(04b.04)/두려운, 自ㄟ(13b.01)/제

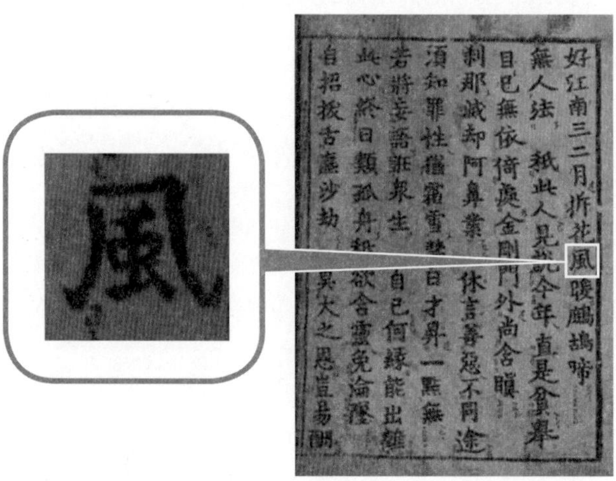

③ 어휘의 어두-어말음 표시

한자 원문자에 언해하였을 때 번역되는 어휘의 어두음과 어말음을 동시에 표시하였는데, 각 글자의 왼쪽 윗부분이나 글자 사이에 어두음을 표시하고, 아랫부분에 어말음을 표시하였다.

廻두-혀디(13b.05)/두르혀디, 方보-ㅊ(01b.06)/보야ᄒᆞ로

(13b.05)의 예는 '廻'자 윗부분에 '두'라고 쓰고, 아래에 '혀디'라고 써서 '두르혀디'로 번역됨을 나타내었고, (01b.06) 예는 '方'자 윗부분에 '보'라고 쓰고, 아래에 한자 약체자 구결로 'ㅊ'라 써서 '보야ᄒᆞ로'로 번역됨을 나타내었다.

이 외에도 '忻깃구-ㄴ(13b.04)/깃구믈', '者사ᄅᆞ-ㄴ(14a.05)/사ᄅᆞ믈'과 같이 어절의 어두 부분을 글자 오른쪽 윗부분에 일부 적고 아랫부분에 어휘에 결합되는 조사 등을 따로 기입한 경우가 보인다.

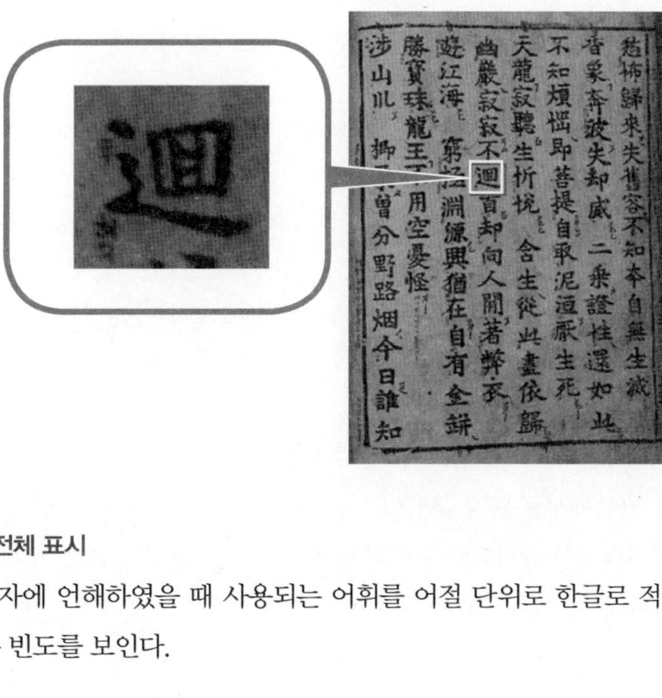

④ 어휘 전체 표시

한자 원문자에 언해하였을 때 사용되는 어휘를 어절 단위로 한글로 적었다. 이 경우가 가장 잦은 빈도를 보인다.

積사하(34a.06)/사하, 急샐라(34a.06)/샐라, 留머믈옴(34a.06)/머믈음

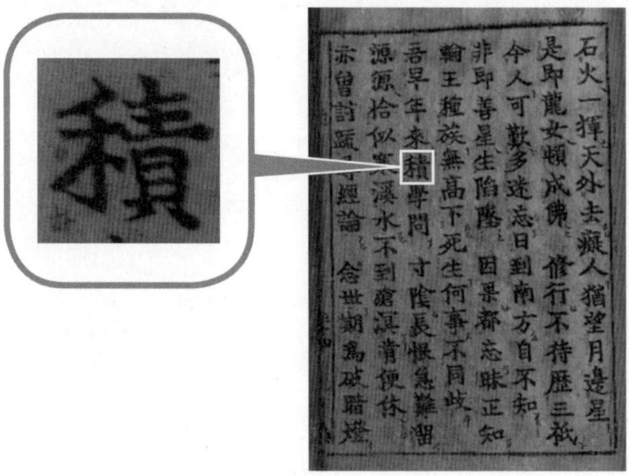
石火一揮天外去癡人猶望月邊星
是即龍女頓成佛 修行不待歷三祇
令人可歎多迷忘日到南方自不知
非即善星生陷墜 因果都忘昧正知
輪王種族無高下死生何事不同歧
吾早年來積學問 寸陰長恨急難留
源源恰似寒溪水不到滄溟肯便休
亦曾討疏尋經論 念世間爲破暗燈

⑤ **절 및 문장 단위 표시**

[가필] 無ᄉᆞᆫ 畏홈 說닐오ᄆᆞᆫ 直바 與 迷徒모ᄅᆞᄂᆞᆫ 물로 去釘楔몯과 쇠야밀 ᄲᅢ혀ㄷ丶 (37b.08)

[언해] 저홈 업슨 닐오ᄆᆞᆫ 바ᄅᆞ 모ᄅᆞᄂᆞᆫ 물로 몯과 쇠야밀 ᄲᅢ혀니라

[가필] 爭似毗藍園ㅌ 樹下즘게 아래 才ㄱ 生나샤 四顧도라보시매 絶追攀조차 더위 자봄 그추미 엇뎨 곧ソリ午 (33a.01)

[언해] 毗藍園ㅅ 즘게 아래 ㄱ 나샤 四方 도라보샤매 조차 더위 자봄 그추미 엇뎨 곧ᄒᆞ리오

(37b.08)는 명사절이나 서술절로 길게 토를 붙인 경우이다. (33a.01)는 문장 단위로 토가 붙었는데, 원문에서는 문장 부사나 서술어 등이 문장의 앞에 나오지만 언해문으로 바꾸면 문장 마지막에서 해석되므로 어휘 단위로 구결을 붙이는 데 한계가 있어 이렇게 적은 경우가 많다.

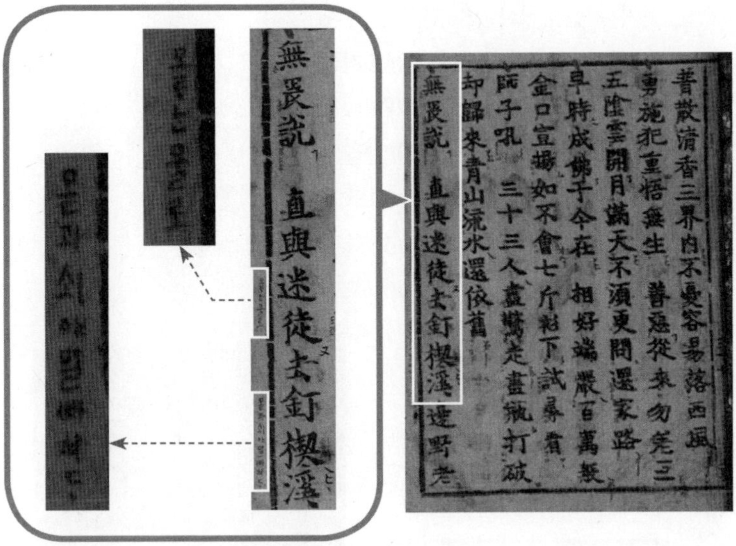

⑥ **문법요소 표시**

한자 약체자로 붙어 있는 본래의 구결 외에 가필로 조사, 어미 등의 문법요소를 언해문에 맞게 한자의 아래나 한자 왼쪽 아래에 표시하였다. 주로 사용된 문법요소는 다음과 같다. 본 구결보다 좀 더 상세하게 기입하여 언해문으로 번역되는 데 도움을 주고 있다.

a. 조사

주격 조사 乀/이　　목적격 조사 乚　　관형격 조사 ㄷ/ㅋ

부사격 조사 ㄋ/에/애[처소]　　ス/灬[도구], ㅏ/木[공동]　　접속 조사 ㅏ/木

주제 보조사 ㄱ　　조사 결합형 ㄋㄷ

b. 어미

전성어미　-ᄂᆞᆫ　{忍ᄂᆞᆫ(12a.04)/츰ᄂᆞᆫ}

연결어미　-디　{打디(04b.05)/티디}

　-거든　{困거든(04b.03)/잇브거든}

　-고　{老고(12b.01)/늙고}

	-거나	{在거나(08a.02)/잇거나}
	-거늘	{移거늘(10b.07)/옮거늘}
	-ス	{去ス(04b.07)/가며}
종결어미	-刂午	{知刂午(08a.07)/알리오}
	-도다	{無도다(10a.04)/업도다}
	-ㅊ丨	{國히ㅊ丨(12a.03)/나라히로다}
	-ㄴ、	{聲리ㄴ、(11a.06)/소리니라}

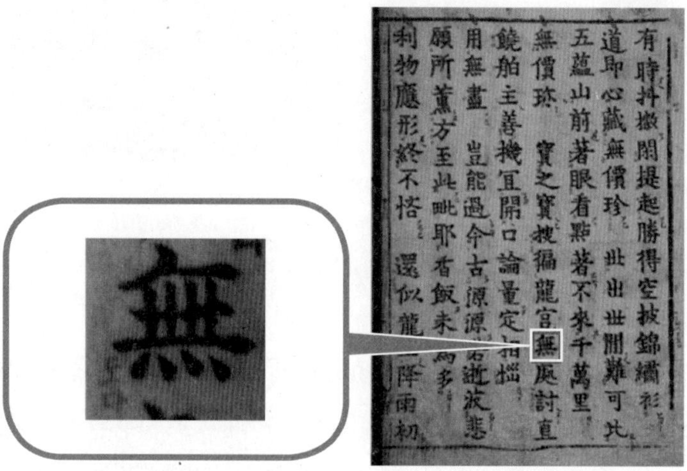

c. 결합형

丷-계	丷ㄋ	{向丷ㄋ(11a.04)/向ᄒᆞ야}
	丷ㄱ	{眞實丷ㄱ(11b.03)/眞實ᄒᆞᆫ}
	丷ㅜ	{不丷ㅜ(12a.06)/아니면}
	丷ㄋㄲ	{無다 丷ㄋㄲ(13a.01)/업다 ᄒᆞ야도}
	丷刂、	{愚癡어리미혹丷刂、(13a.01)/어리미혹ᄒᆞ리라}
	丷、	{待리더라丷、(14a.05)/기드리더라 ᄒᆞ라}
	丷ㅅ	{默즈丷ㅅ(14b.04)/즘즘ᄒᆞ며}
	丷ㄴ	{閑閑므던丷ㄴ(14b.08)/므던ᄒᆞ니}
	丷ㄲ丨	{得丷ㄲ丨(14b.08)/得ᄒᆞ도다}
	丷ㅊㄴ	{請丷ㅊㄴ(16a.02)/請ᄒᆞ노니}
ノ-계	ノ刂ㄴ	{通ノ刂ㄴ(12b.04)/通호리니}

ノ미 {發ノ미(13a.05)/發호미}

ノ厶 {傳ノ厶(14a.05)/傳호ᄃᆡ}

ノ丶 {信ノ丶(16b.03)/信호라}

⑦ 어휘 보충자 표시

[가필] 是名흠是相本來無生 衆여러毛럭師子一毛럭ㇷ畢ᄆᆞᄎᆞㄴ丶 (20b.05)

[언해] 이 일훔이 相이 本來 無生이니 여러 터럭 師子ㅣ 흔 터럭의 ᄆᆞᄎᆞ니라

(20b.05)는 원문이 언해될 때 한자가 2음절 어휘를 이루면서 보충되는 글자를 기입하였다. '時節(24a.02), 芥子(24b.01), 微妙ソㄱ(26a.02)' 등 여러 군데에서 이와 같은 보충자가 확인된다.

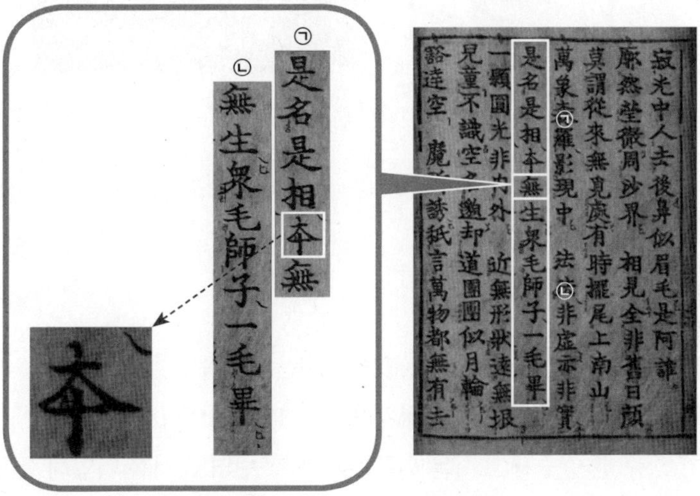

⑧ 한자음 표시

[가필] 明ㅏ暗ㅏㄴ忘저來맨若ᄀᆞソㄴ丶砥止뿟돌平홈 不둘아닌(26b.06)

[언해] ᄇᆞᆯ곰과 어드움과ᄅᆞᆯ 니저오맨 뿟돌 平홈 ᄀᆞᄒᆞ니라

(26b.06)의 '止'는 원문에 없던 한자를 추가하여 적은 것인데 '砥'의 음을 표시해 준 것이다. 이는 언해와는 관계 없이 원문의 한자음을 표시하였다. 이 외에도 '迂牛斜구브며

빗디(13a.06)'의 '牛', '攪交저서도(12a.04)'의 '交'가 각각 원문의 한자음을 표기한 것으로 보인다.

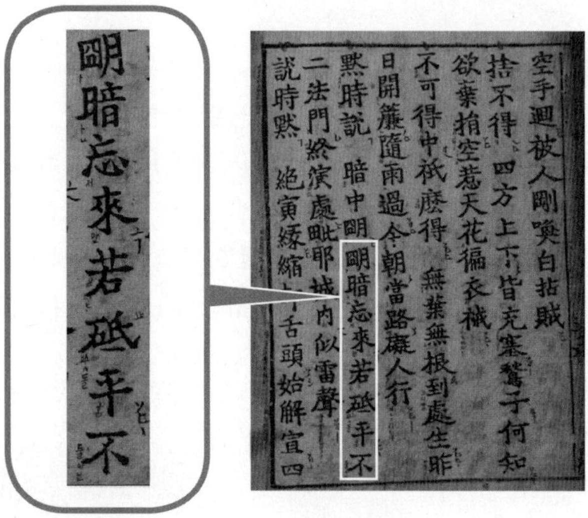

3. 종합

개인 소장본 묵서 기입 구결본『證道歌』의 원문 오른쪽에 현토된 한자 약체자 구결과『證道歌諺解』의 한글 구결은 대체로 일치하는 경향을 보인다. 구결자 외에 본문의 좌우에 표시된 기호 중 한자 숫자 표시는 원문의 우리말 번역 순서를 기입해 둔 것이며 이 순서도 대체로 언해본의 언해문 어순과 일치하고 있다. 또 원문의 왼쪽에 가필된 한자 약체자 구결이나 한글 새김 등도 언해본의 언해문과 일치한다. 특히 한자의 좌우에서 한자 釋을 지시하는 한글 새김의 일부는 언해문으로의 전환을 용이하고 정확하게 하는 데 기여하고 있다.

제7장 『東國李相國全集』의 간행과 판본

제1절 『東國李相國全集』의 선행 연구

『東國李相國全集』은 고려시대의 학자 李奎報(1168~1241)의 문집이다. 全集과 後集으로 구성되어 있고 현존하는 판본들은 대부분 목판본으로 고려시대의 판본을 비롯하여 이 판의 後刷本, 改刻本, 조선시대 重刊本 등이 알려져 있다.

그러나 고려 무신정권 시기 강화도로 천도할 당시 금속활자인 證道歌字로 찍었던 李奎報의 문집 『東國李相國全集』에 대하여서는 그간의 선행연구들에서는 목판본으로 간주되었고 이 책의 글자가 『證道歌』와 같다는 점은 검토되지 않았다. 특히 證道歌字로 찍었던 책을 교정하고 번각한 고려시대 分司大藏都監版에 대하여서는 이미 선행 연구[1]를 통하여 『證道歌』와 『東國李相國全集』를 비교하고 동일 활자에 의한 印本임을 밝혔음에도 불구하고 직접적인 대조 작업을 하지 않고 막연한 추정만으로 글자가 서로 다르다는 주장을 편 글[2]도 있다. 또 관련된 版本들은 그 傳本이 많지 않거나 기관 소장본을 제외하면 접근이 힘들고 또 각각의 판본들이 시대를 달리하며 補刻이나 改刻한 등의 이유로 계통을 세우기가 용이하지 않다.

『東國李相國全集』의 판본에 대한 관련 문헌으로는 金永元의 연구[3]를 비롯하여 선행의 이론적 연구와 영인본, 번역본이 있으며 그중 판본과 간행에 관해서는 2~5차례까지 간행되었다는 다양한 언급이 있지만 전래된 책의 본문에 간행 당시의 序文, 跋文, 刊記, 印

1 南權熙, 「證道歌字와 東國李相國全集」, 『書誌學研究』 第48輯, 2011. 6.

2 천혜봉, 『한국금속활자 인쇄사』, 서울: 범우, 2012, p. 37.

3 金永元, 「東國李相國全集의 編纂과 刊行에 관한 書誌的 研究」, 성균관대 대학원 석사학위논문, 2011.

出記 등의 기록이 없는 판본이 많으므로 대체로 추정에 그치고 있는 실정이다.

제2절 李奎報의 생애

이규보의 생애에 관련된 기록은 年譜나 『高麗史』에 상세하며 그 밖에 개인 문집이나 금석문 등 史料에 일부 확인되고 있다. 여기서는 각종 기록들을 종합하여 편년을 중심으로 정리하여 보았다.

李奎報의 初名은 仁底,[4] 字는 春卿, 號는 白雲居士·三酷好先生[5]이며 黃驪縣 출신이다. 그의 가계 중 증조부는 李殷佰으로 中尹 벼슬을 지냈고 조부인 李和는 校尉를 지냈으며 아버지 李允綏는 戶部郎中을 역임하였다. 어머니 金氏는 金壤郡 출신이었다.

이규보는 어린 시절부터 文才가 뛰어나 9세부터 글을 잘 지었고 점차 經史百家를 두루 섭렵하였다. 14세에는 私學의 하나인 文憲公徒 誠明齋에 들어가 15세까지 수학하면서 시를 빨리 잘 짓는 재능으로 주변의 촉망을 받았다.

16세에는 水州에 머물면서 사마시에 응시하였으나 합격하지 못하였고 18세인 1186년에도 과거 시험에 응시하였으나 실패하는 등 이후 20세에 이르도록 科試의 글을 멀리하고 술과 자연을 벗 삼기를 즐겼다. 22세인 1189년 司馬試에서 柳公權의 座下에서 장원으로 급제하고 이듬해에 任濡가 知工擧였던 禮部試에 응시하여 同進事에 합격하였다. 그러나 바로 관직에 나가지 못하고 24세 때인 1191년에 아버지의 상을 당해 天磨山에 들어가 수년간 우거하게 되는데 이때 자칭 '白雲居士'라 하고 이 시기 중 25세에 「白雲居士語錄」, 「白雲居士傳」, 26세에 「百韻詩」, 「東明王篇」 등의 후대에 전하는 유명한 작품들을 저술하였다. 이 무렵 晉昇의 둘째 딸과 결혼한 후 한동안 丈人인 진승의 집에 거

4 全集 序에는 '仁氐'로 기록되어 있다.

5 시, 거문고, 술 세 가지를 좋아한다는 의미에서 붙인 것이다.

주하면서 妻兄 晉公度와 후에 再調大藏經의 간행과 교정에 관여한 守其[6] 등과 교분을 가졌다. 이어 27세가 되는 1194년에는 「論潮水書」를 지어 東閣 吳世文에게 바쳤고 또 挾注를 단 「天寶詠史詩」 43首와 「理小園記」도 저술하였다. 이듬해인 1195년에도 오세문에게 화답한 「三百韻詩」를 지었다. 29세가 된 1196년 京師에 난이 일어나 黃驪와 尙州 일대를 다니면서 90편의 南遊詩를 지었다.

30세에는 任濡, 崔詵, 崔讜 등이 연명하여 箚子를 올려 이규보를 천거하였고 왕의 제가를 받아 文翰의 일을 맡게 되었다. 또 32세인 1199년에 이르러 당시 집권자인 崔忠獻에게 발탁되어 9월에 全州牧 司錄兼掌書記에 임명되었다. 이때 전주에 머물면서 지은 시가 15~16편이며 33세 때인 1200년에 지은 시가 30여 편이었다. 그는 끊임없이 詩作에 힘을 기울여 34세에도 竹州의 萬善寺에 머물면서 시를 지었고 「四輪亭記」나 「南行記」 등도 남겼다.

35세이던 1202년에 東京, 즉 慶州에서 반란이 일어났을 때 과거에 급제하고도 아직 임관하지 못한 사람 중에서 修製散을 선임하였다. 그는 官으로 있으면서 자원하여 兵馬錄事兼修製로 출정하였지만 벼슬을 얻지는 못하였다. 이듬해에도 東京의 군막에 있으면서 古律詩 10여 수를 지었다. 37세에 京師로 돌아와 崔詵에게 관직을 구하는 글을 올렸고 해마다 史館, 翰林院, 國學 등에서 사람을 천거할 때는 항상 이규보가 우선으로 추천되었다.

40세이던 1207년 처음으로 중앙 관직인 直翰林院에 임시로 임명되었다가 이후 崔忠獻으로부터 '茅亭記'라는 글로 인정받아 실직의 直翰林院을 받게 되었다. 45세에는 千牛衛錄事參軍事를 겸하였고 최충헌과 가까워지면서 46세에는 벼슬도 7品 司宰丞으로 승차되었다.

1215년 48세에 右正言知制誥가 되었고 「初拜正言」와 「朝享大廟頌」을 지었다.

50세에는 右司諫知制誥를 제수받았고 「上晋康候書」를 지었다. 이듬해에는 左司諫知制誥이 되었으며 52세에 桂陽都護府副使兵馬鈐轄로 나갔다가 53세에는 試禮部郎中 起居注 知制誥를 거쳐 試太僕少卿이 되어 起居注로 謝表를 작성하였다. 54세에 寶文閣待制知制誥를 거쳐 55세가 된 1222년에는 太僕少卿에 이르렀다.

57세에는 司馬試 座主되었고 12월에 朝議大夫 試國子祭酒 翰林侍講學士와 知制誥, 58세에 左諫議大夫가 추가되었으며 「王輪寺丈六靈驗記」를 지었다.

---

6 『東國李相國全集』 後集 권5, '頌楞嚴經初卷 偶得詩 寄示其僧統', '僧統又和復荅之'에서 교유한 내용과 '次韻其公見和'에서 守其를 '於予婦爲堂弟'라고 표현하였다.

1227년 『明宗實錄』을 편찬할 때에는 史官이 아니면서도 실록을 연도별로 분담하여 집필하는 데 참여하기도 하였다.[7]

1228년(61세)에는 判衛尉事, 몽고의 침입에 맞서 강화도로 천도하던 시기인 1232년(65세)에는 祕書省事 寶文閣學士 慶成府右詹事 知制誥, 留守中軍知兵馬事 등을 거치며 동안 각종 국가적인 행사와 대외적인 외교문서나 관련된 글들을 지었다. 이후 최씨 정권의 후원을 더욱 입어 樞密院副使 左散騎常侍 翰林學士承旨와 寶文閣學士(66세)를, 政堂文學監修國史(67세), 參知政事修文殿大學士 判戶部事 太子大保(68세) 등의 고위직을 차례로 거치다 1237년 70세에 金紫光祿大夫 守太保門下侍郎 平章事 修文殿太學士 監修國史 判禮部事 翰林院事 太子太保로 致仕하였다. 관직을 마친 후에도 중요한 문서의 작성이나 대외적인 외교문서의 작성에 참여하였다. 74세 때인 1241년 9월 2일에 강화의 사저에서 생을 마쳤다.

이상과 같은 경과에서 이규보가 살았던 당시의 시대적인 배경을 보면 다음과 같다. 그의 초년 시기인 1170년 鄭仲夫가 반란을 일으켜 문신들을 살해하고, 毅宗을 추방하고 明宗을 세우는 등 무신정권의 통치가 시작되었다. 이후 明宗, 神宗을 거치는 동안 내부적으로는 무신들의 집권 아래 자주 난이 일어나고, 외부적으로는 契丹, 金, 蒙古의 압력과 침략이 차례로 잇달으면서 혼란스러운 시대가 계속되었다. 특히 몽고의 초기 침입 시기로부터 여러 차례의 침입에 맞서 저항하던 江華京 시기가 그가 활동하던 주된 시기로 그는 내외적으로 혼란과 암울한 사회 속에서도 평생 많은 글과 작품을 써 53권의 문집으로 남겼다.

제3절
蒙古의 침략과 『東國李相國全集』 편찬의 시대적 배경

1206년 칭기즈칸이 건국한 몽고는 강한 군사력을 바탕으로 주변의 국가들을 정복하였으며 인접한 高麗와는 高宗 6년(1219)에 이미 형제의 맹약을 맺고 있었다. 그러나 몽고

7 『高麗史』 第101卷 列傳 第14, 權敬中傳

의 일방적인 요구와 과도한 공물 징발에 따른 고려의 불만이 누적되어 1225년 결국 몽고의 사신 著古與가 고려에서 咸新鎭(義州)을 거쳐 몽고로 돌아가는 길에 압록강변에서 살해되는 사건이 벌어져 외교관계가 단절되었고 이를 빌미로 본격적인 몽고와의 전쟁이 시작되었다.

몽고의 침입은 크게는 6차에 걸쳐 30여 년간 계속되었으며 그중 1차 침입은 高宗 17년(1230) 몽고의 窩闊台(太宗)가 撒禮搭에게 별군을 주어 金을 정벌하게 하고 1231년 8월 고려를 침공하면서 시작되었다.

전투는 고려군의 부분적인 승리에도 불구하고 전체적으로는 역부족하여 연말경 개경이 포위되기에 이르렀다. 고려 조정에서는 화의를 교섭하여 1232년 1월에 살례탑이 요동으로 철수하도록 하였으나 대신 達魯花赤 72명과 개경에는 都旦을 파견시켜 국정을 간섭하였다.

고려 정부는 이러한 몽고의 위협에 단호히 대처하기 위하여 수도를 江華島로 옮기는 논의를 계속하였다. 宰樞會議 등에서 찬반의 의견이 대립되는 가운데 1232년 6월 16일 崔瑀는 독단적으로 遷都를 결정하였다. 이어 바로 강도 궁궐의 造營이 시작되어 왕은 7월 7일 강화현의 객관에 임시로 거처하게 되었고 高宗 22년까지 본격적인 궁전과 관아 건물의 건축 사업이 진행되었다.

고려의 遷都 등 몽고에 대한 대항 정책은 몽고를 자극하였다. 北界와 西京에서 達魯花赤의 살해나 위협이 발생하자 1232년 9월에 撒禮搭에 의한 제2차 침공이 시작되었다. 고려 정부에 대한 질책과 還都를 촉구하고 공격을 계속하여 경상도 내륙까지 피해를 입었고 符仁寺의 초조대장경이 소실되기도 했지만 침공한 살례탑 역시 12월 16일 處仁城(龍仁)에서 전사하면서 몽고군은 철수하게 되었다.

이어 제3차 침입이 발발하여 高宗 22년(1235)에서 26년(1239)까지 5년간의 긴 전쟁이 이어졌다. 唐古가 고려 江都政府와 교섭 없이 전 국토를 유린한 까닭에 정부는 전쟁의 장기화와 본토의 큰 피해를 우려해 高宗 25년(1238) 12월 장군 金寶鼎과 御史 宋彦琦를 파견하여 철군을 호소하였다. 몽고는 1239년 4월 詔使를 보내 국왕의 親朝를 요구하면서 철군 요청에 응해 주었다. 還都와 親朝가 포함된 여러 요구 사항은 왕 대신 친족을 보내는 방편 등으로 우여곡절을 거쳐 마무리되었다.

그 이후 몽고의 태종이 죽고 황위 계승 문제 등 내부 사정이 복잡해지면서 두 나라의 관계는 전쟁을 벗어나 8년간의 소강상태를 유지할 수 있었다. 그러나 1246년 몽고의 定宗이 즉위하자 1247년에 還都와 國王親朝의 요구를 다시 제기하여 7월에 阿毋侃을 필두로 다시 4차의 침입을 하였다. 그러나 1248년 몽고의 定宗이 갑자기 죽어 몽고군도 철수하였으므로 고려가 입은 피해는 크지 않았다.

몽고는 여러 차례 같은 요구를 거듭한 끝에 고종 40년(1253) 여름에 也窟에 의한 제5차 침입을 하였다가 1254년 1월에 철수하였다. 바로 그해 7월 역시 같은 還都와 親朝를 빌미로 車羅大가 인솔하는 몽고군이 제6차의 침입을 감행하여 1259년까지 계속되었다.

고려 조정도 계속되는 전란에서 국면 전환의 새로운 전기를 만들고자 開京還都와 太子의 入朝를 전제한 몽고군의 철수에 대한 의견이 논의되기 시작하였다. 그러나 1257년 12월 앞의 조건 대신에 왕자 安慶公을 파견하는 데 그침으로써 큰 진전을 얻지 못하였다. 1258년 6월에 다시 몽고의 침략이 계속되었지만 몽고 역시 큰 이득을 보지 못한 채 和議가 계속되고 崔氏政權도 무너졌으며 드디어 1259년 4월 태자 倎을 몽고에 보내게 되었다. 즉 武人政權의 지배력이 약화되고 오랜 江都 생활의 경제적 압박이 커지면서 몽고와의 화의를 모색하게 된 것이다. 그 과정에서 당시 江都에 도착한 몽고의 使者가 江都 內外城의 파괴를 요구하기도 하였다.

1259년 6월 高宗이 죽고 1260년 3월 몽고에 갔던 태자가 돌아와 元宗으로 즉위하였다. 그러나 元에 대한 고려 정부 내의 반감은 여전하였다. 元宗 9년(1268)까지 出陸還都에 반대하는 신하들의 抗蒙政策과 金俊, 林衍 등의 내부적인 갈등 표출로 元宗을 폐하였지만 원의 지원으로 원종은 복위할 수 있었다. 이어 원종은 1269년 元으로부터 귀국하던 도중 還都할 것을 지시하였다. 林惟茂 등이 거절하였지만 다른 세력의 힘을 빌려 1270년 5월에 임유무를 제거함으로써 開城還都가 이루어질 수 있었다.

이러한 전쟁과 武人統治의 과정에서 『東國李相國全集』이 처음 간행되었다. 시기적으로는 1241년으로 江都로 옮긴 지 약 10년 후가 되며 몽고군이 3차 침입 후 철수한 약 8년간의 소강기에 해당한다.

이 시기, 즉 遷都할 즈음부터 還都할 때까지 30년 동안 개성에서 『證道歌』를 활자로 찍었고 江都에서는 그 飜刻本이 간행되었으며 특히 江都에서는 『古今詳定禮文』을 활자로 찍어 주요 기관에 비치시켰다. 『東國李相國全集』도 같은 활자로 찍었다가 還都할 때 그때 사용한 활자들을 다시 開城으로 옮겨 온 것이다. 그 과정을 표로 도식화하면 다음과 같다.

표 7-1 蒙古의 침략과 증도가자 사용의 시대적 배경

연도	사건	문헌	목적	분량	장소	비고
1230						
1231	몽고 1차 침입	『證道歌』 鑄印			개성	
1232	1월. 몽고병 철수					
	6월. 강화도 천도					활자이동
	9월. 몽고 2차 침입					
1234		印本 不傳				〈선행연구〉
1235	몽고 3차 침입	『古今詳定禮文』 4冊 現傳	✓ 책 1부 有 ✓ 관서의 소량 수요	多	강화도	"개성에서의 기술과 지식으로 강화도에서 쉽게 주조" "遂用鑄字"
1239	4월. 몽고병 철수	『證道歌』 飜刻	✓ 책 1부 有 ✓ 다량배포, 오래 보존	小	강화도	증도가자의 번각
1240						
1241		『東國李相國全集』 板本 多數	✓ 긴급, 신속출판 (오류발생)	多	강화도	
재조대장경 간행						
1247	몽고 4차 침입					南明泉頌證道歌事實 3卷
1248	3월. 몽고병 철수					
1249	개경 황폐화					
1250						
1251		『東國李相國全集』 飜刻 (남해분사대장도감)				
1253	7월. 몽고 5차 침입					활자이동
1270	개경환도					신활자주조

제4절 『東國李相國全集』의 편찬과 체제

1. 편찬

年譜에 의하면 이규보가 1241년 7월 병이 들자, 晉陽公 崔怡는 위로하기 위하여 그가 평생 저술한 前後 文集 53권을 모으고 工人을 모아 급히 印刊 작업을 하였지만 작업이 워

낙 방대하여 결국 그가 죽기 전에 완성하지 못하였다. 즉 이 기록에 의하여 문집의 체제가 처음부터 前·後集으로 나누어지고 전체 53권을 편찬한 것처럼 보이지만 정작 그의 문집 편찬의 초기 단계 중 생전에 편찬을 착수한 것은 全集으로 41권이었다.

李需가 쓴 全集序에 의하면 아들 涵이 이규보에게 문집을 만들기를 청하므로 허락하여 문집을 41권으로 나누고 '東國李相國文集'이라 하였다.

그러나 문집의 편찬 과정 중 원고의 수집은 쉽지 않아서 이규보 자신도 詩作의 원고들을 보관하고 있지 않았다. 1223년 편집된 원고의 윤색을 兪升旦에게 부탁하며 보낸 글에 의하면 아들 李涵이 자료들을 찾아내고 있으며, 그 자신도 전부터 交遊하던 儒家나 사찰에서 발견하기도 하고, 간혹 새로 배우는 아이들이 간직해 둔 것에서 발견하기도 하여 약 1,000여 수를 모았지만, 분류 차원에서 卷次로 나누지는 못하고 다만 帙 단위로 구분하는 단계에 그치고 있다는 점을 전하고 있다. 유승단과의 편지를 통해 1차 편찬의 시기는 그가 侍郎의 직위에 있었던 1223년 전후로 확인된다. 그 이후 완성까지의 2차 편집에 대하여 선행 연구에서는 後集의 권1에 수록된 '兒子涵編予詩文 因題其上'이 배열 순서에 의하여 1237년 8~9월 사이에 지어진 것[8]으로 확인하고 그때를 全集 41권의 체제가 갖추어진 시기로 비정하고 있다.

이후 편찬이 완료되자 이규보가 序文을 李需에게 부탁하였고 그 후 받은 서문을 쓴 시점은 1241년 8월이었다. 이때에도 이규보나 이수 모두 간행 예정의 책을 '全集'으로 이해하였으며 李需 역시 문집은 실제로 41권이 편찬되는 것으로 서문을 쓰고 '東國李相國文集' 혹은 '東國李相國全集'으로 제목을 붙였던 점에서 확인된다.

李涵은 全集이 편찬되고 나서 全集에 수록되지 못하고 빠진 것과 全集의 편집 후에 지은 古律詩 847수와 雜文 50수의 詩文을 모아 後集 12권을 다시 편집하였다. 이후 이함은 이규보가 직접 작성한 家狀을 근거로 年譜 1권을 편찬하였다.[9] 즉 1241년 간행 당시 全集의 2차 편집 때인 1237년경에 빠진 글들이 들어가지 못하고 後集으로 들어가게 된 것도 이렇게 全集이 완성본 형태의 권질을 이미 갖추고 있었기 때문일 것이다.

전집에 실린 시의 작성 시기 下限은 1237년 7월로서 이 해 이규보는 70세가 되어 국왕

8 金永元(2011), p. 13.

9 李涵, 「東國李相國文集年譜序」

에게 致仕를 요청하는 表를 올린 후 官路에 나가지 않고 관직생활을 이미 끝냈지만 왕의 윤허는 그해 12월이 되어서야 내려졌다. 全集에 실린 시의 하한이 1237년 7월인 것도 같은 이유이며 이는 그의 아들 涵이 전집의 시문을 편찬하고 남긴 시도 바로 1237년이었던 점에서도 확인된다.

반면 後集은 이규보가 致仕한 이후 지은 글과 1237년 7월 이전의 全集에서 빠뜨렸던 작품을 보충하여 편찬되었다. 全集은 문집의 체제로 들어가야 할 항목이 대부분 포함되어 있어 문집의 완전한 형식을 갖추고 있으나 後集은 12권 가운데 10권이 시에 해당하여 문집의 체제로서는 완전하지 못한 것도 책이 이중적으로 편찬되고 간행되었기 때문으로 판단된다.

문집의 편찬 과정은 全集과 後集의 편찬·간행 과정이 달랐던 사정에 기인한 것으로 보이는 바 1241년 8월 이수의 서문에서 『東國李相國文集』이라고 하였던 것이 1241년 8월 이후, 9월 2일 이전의 이규보의 편지에서는 『東國李相國全集』으로 서명이 바뀌고 있다.

이규보가 스스로 '全集'이라고 표현하고 간행본에서도 '全集'이라고 표기한 것은 41권을 전체의 분량으로 생각하고 활자로 찍었기 때문이라고 판단된다. 또 『全集』의 간행 착수 이후에 『後集』의 編纂이 시작되고 죽음을 전후한 시기에 작성된 誄書, 墓誌銘, 年譜 등에서는 雕印, 雕刻이라는 표현하여 목판본으로 『後集』의 간행을 진행하고 있었다고 추정된다. 비록 53권 전체를 목판으로 간행한 것처럼 표현하였으나, 실제로는 全集은 금속활자로 後集은 목판으로 나누어 간행을 진행하였을 것이다.

이러한 과정에서 편집 형태와 간행 방식이 제목과 달라졌으며 그 시기로 볼 때 전집의 편찬은 이규보의 생전에 먼저 완성되었으나, 그 간행은 후집과 함께 동시에 이루어져 구체적으로는 후집의 서문이 작성된 1241년 12월로 추정할 수 있다.

이상과 같이 문집의 발문, 서문의 기록을 중심으로 全集과 後集, 年譜의 편찬과 간행과정을 살펴보았다. 그러나 문집의 다른 기록들을 검토하여 보면, 그 편찬은 훨씬 이른 시기부터 준비되고 있었고 또 문집이 간행에 착수한 지 5개월 만의 빠른 기간 동안에 완성된 것은 당대 권력자 최이의 배려도 있었지만, 이규보와 그의 아들 涵이 그 이전부터 문집 편찬을 통하여 詩文을 모으고 정리해 두었기 때문에 가능하였다고 볼 수 있다.

2. 文集의 체제와 구성

문집의 내용 구성 중 가장 많은 분량은 詩로서 全集 41권 중 18권과 後集 12권 중 10권이 해당한다. 全集에 1,239수, 後集에 849수로 전체의 수량은 모두 2,088수[10]이다.

이 책은 李奎報가 생전에 저술하고 편집한 내용을 全集과 後集으로 간행한 것이며 서로 각각의 체제를 갖고 있다. 후집은 12권으로 전집의 누락 부분을 수록하고 있으며 전체적으로 볼 때 문학적인 평가는 물론 무신정권과 몽고와의 전쟁, 불교의식 등을 간접적으로 알 수 있는 중요한 내용들이 많다. 문집의 대체적인 구성은 다음과 같다.

① 李需의 序
② 아들 涵의 年譜序, 年譜
③ 全集 卷1~41 古詩와 散文
　全集 1,239首, 後集 849首 합 2,088首
④ 아들 涵의 後集序
⑤ 後集 卷1~12, 전집에서 빠진 시문
⑥ 鄭芝가 지은 誄書, 李需의 墓誌銘

앞서 언급된 1223년 兪升旦에게 보낸 편지에 의하면, 그때까지 그가 쓴 시는 무려 8천여 수나 되었는데, 모두 없어지고 1천 수 가량이 모아져 있었다고 하였다. 그러나 현존의 全集과 後集에 수록된 수량으로 볼 때 1223년, 즉 문집의 편찬이 결정된 이후부터는 詩文들은 제대로 기록을 남겨 대부분이 문집에 수록되었을 것으로 여겨진다.

全集의 경우 권1에는 古賦, 이어 권1 후반에서 권18까지는 모두 古律詩를 수록하고 있으며 古律詩는 형식에 관계없이 대체적인 창작 시기 순으로 배열하고 있으나 정확하지는 않다. 권19부터 권41까지는 '文'으로 유형별로 雜著, 頌, 贊, 偈, 箴, 韻語, 語錄, 說, 序, 雜文, 記, 雜文書, 書狀表, 表, 狀, 敎書, 批答, 詔書, 麻制, 官誥, 碑銘, 墓誌銘, 誄書, 哀詞, 祭文, 儒佛道 儀式 관련 문장 등의 순서로 배열하였다.

10 박종기, 「東國李相國全集에 나타난 高麗時代相과 李奎報」, 『震檀學報』(서울: 一潮閣, 2000) p. 10에서 전체 수에 대한 다른 학자들의 견해도 소개하고 있어 金東旭(2,094수), 徐首生(2,077수), 金慶洙(2,086수) 등을 들고 있다.

全集의 권19에서 권25까지의 頌, 贊, 偈, 銘, 箴, 語錄, 說, 記, 序 등의 雜文은 왕명에 의해 작성된 것과 개인적인 관심에서 쓴 글들이 많지만 구체적인 저술의 年紀를 확인할 수 없는 것들이 대부분이다. 또 권26과 27은 그가 과거 합격 후 求官을 위해 보내거나 혹은 文友에게 보낸 편지글이다. 권28에서 41까지의 14권은 시 다음으로 많은 분량으로 이규보가 文翰職에 있을 때(1208~1218) 王命이나 최 씨 父子의 요청에 의해 작성된 것이다.

後集의 경우도 全集과 같은 체제로 권1에서 권10까지는 古律詩로, 권1의 앞부분은 시기적으로 全集의 누락분을 수록하고 권1의 뒤부터는 창작 시기 순으로 작품을 수록하였다. 권11과 12는 '文'과 같은 유형의 글들로, 贊, 序, 記, 雜儀, 問答, 書, 表, 雜著, 墓誌銘의 순으로 하여 문체별로 배열하고 있다.

全集과 後集은 總目이나 卷別 目次가 없으며 대체로 各卷의 卷首面에 卷首題의 다음 行에 문체별 작품 수가 밝혀져 있다.

수록된 많은 글 중에서 書誌的으로 중요한 것으로는 1237년에 칙명을 받고 지은 '大藏刻板君臣祈告文'이 高麗 再雕大藏經의 간행에 관한 거의 유일한 기록이며, 또 1239년에서 1241년 사이 진양공 최우를 대신하여 지은 '新印詳定禮文跋尾'라는 이 글에서 금속활자로 '詳定禮文'을 인쇄하여 배포하였다는 사실을 기록하고 있다.

제5절 『東國李相國全集』의 刊行과 版本

1. 高麗時代의 간행본

1) 初印本

(1) 證道歌字로 찍은 全集의 출판

현재 알려져 있는 『東國李相國全集』은 李奎報가 죽기 전에 그의 아들에 의하여 우선 全集 41권만 편찬되었고 이 『全集』에서 누락된 것을 나중에 後集 12권으로 편찬하여 수록하였다. 李奎報가 앓아눕기 시작한 것은 그해 7월이며 죽은 것은 高宗 28년(1241) 辛丑 9월 2일로 『東國李相國全集』의 앞머리에 있는 '東國李相國年譜'의 끝에 다음과 같은 기록이 있다.

> …秋七月寢疾 晋陽公聞之 遣名醫等 問診不絕 乃取 公平生所著 前後文集 凡五十三卷 募工雕印 其督役甚急 欲及 公之眼見 以慰其情也 然以 役巨 未能告畢 越九月初二日忽離常寢[11]

이에 따르면 7월에 李奎報가 앓아눕자, 晋陽公 崔怡가 名醫들을 계속 보내 진찰케 하고, 그가 평생 동안 저술한 前, 後 文集 53권을 간행하고자 기술자를 모아 새기도록 하는데, 매우 급하게 일을 독촉하였다. 그것은 찍은 책을 李奎報에게 보여 위로하려는 마음에서였다. 그러나 규모가 큰 일이었으므로 끝내지를 못한 가운데 9월 2일에 李奎報가 죽었던 것이다.

이와 관련된 내용은 그에게 내린 '誄書'나 李需가 지은 '墓誌銘'에도 포함되어 있다.[12] 이러한 기록으로부터 제기되는 문제 중의 하나는 문집의 간행 과정에 관한 것으로 처음부터 문집 53권을 전부 인쇄하려는 의도였던가 아니면 41권을 전체로 생각하고 진행하였던가 하는 것이다. 李需의 「東國李相國文集序」에서 의하면,

> …嗣子監察御史涵收拾萬分之一… 請爲文集 公可其請 分爲四十一卷 號曰東國李相國全集 … 辛丑八月日… 李需序[13]

라고 하여 처음에는 41권만 완성되었음을 알 수 있다. 또 서문을 쓴 날짜가 李奎報가 죽기 1개월 전이므로, 이때는 이미 책을 찍는 도중이었을 때였다. 따라서 처음에는 우선 자료 수집 과정을 거쳐 내용을 완성한 41권만을 목적으로 찍기 시작한 것으로 추정된다.

또 崔怡가 의원을 보내어 진찰케 할 때에는 이미 얼마 후에 세상을 뜰 것을 예상하고

11 大東文化硏究院, 『高麗名賢集』 1, 서울: 成均館大學校 大東文化硏究院, 1973, 影印本, p. 10上.

12 한국고전번역원, 『東國李相國全集』 後集 卷終; 『影印標點 韓國文集叢刊』 2, 서울: 한국고전번역원, pp. 257-260.

13 한국고전번역원, 『東國李相國全集』; 『影印標點 韓國文集叢刊』 1, 서울: 한국고전번역원, p. 283.

그가 생존하는 동안 문집을 인쇄하여 보이고자 하였기 때문에 책의 간행을 독려하였을 것으로 추정된다.

그와 같은 급한 상황에서 많은 분량을 빨리 찍어 내는 방법으로 생각되었던 것이 금속활자 인쇄였을 것으로 당시에는 이미 『詳定禮文』과 같은 많은 분량의 책을 활자로 찍었던 경험을 가지고 있었던 때이다. 이 활자로 찍은 것은 아직 발견되지 않았으나, 만일 실물이 나타난다면 이 책을 인쇄한 시기는 高宗 28년(1241) 7월부터 9월 사이로 추정할 수 있을 것이다.

따라서 『東國李相國全集』의 全集을 활자로 먼저 인쇄하였을 가능성이 크고 실제로 後集과 비교하여 보면 版式 중 全集은 界線이 없고 10行 18字를 기본으로 하는 것에 비하여 後集은 목판본으로 界線이 혼입되어 있고 12行 18-19字로 판면의 체재와 배열이 다르다. 그 밖에 後集은 글자의 서체나 글자 간의 중첩 등 일반적인 목판본에서 볼 수 있는 특징을 그대로 나타내고 있고 全集과는 간행의 형식이 다르므로 급박한 시기에 당시의 형편대로 간행이 진행되었을 것으로 판단된다.

(2) 飜刻本을 통한 初印 활자본의 확인

分司大藏都監本, 즉 全集의 실물을 조사하여 보면 활자본의 번각본이 가지는 특징들을 그대로 반영하고 있는 것을 볼 수 있다. 판면별로 글자의 모양이 서로 다르거나 같은 면에서 아래위의 글자가 확연히 달라진 것이 있으며 개별 글자로 볼 때 비록 번각의 상황에 따라 약간의 차이는 있으나 같은 글자의 서체적인 특징이 동일하게 나타나고 있다. 이러한 현상은 『南明泉和尙頌證道歌』에서도 비슷하게 나타나고 이 판본에서 글자의 낱자가 유난히 기울어진 경우와 각 行의 아랫부분 글자들이 윗부분의 글자와 간격이 크게 나는 경우 등도 있다.

최근에 확인된 자료 중 증도가자로 찍었다고 추정되는 『東國李相國全集』의 권27 제26장 뒷면 권말제에는 '東國李國相全集 卷第二十七'이라 하여 '相國'이 '國相'으로 뒤바뀌어 있다.[14] 이러한 현상은 저본이 목판본이나 원고본일 경우에는 나타날 수 없는 현상

14 『동국이상국전집』 권27이 권말제의 글자가 뒤바뀐 사실은 2013년 7월 20일에 개인 소장자가 소장본에 의거하여 필자에게 연락과 함께 파일을 보내주어 알게 된 사실이다. 참고로 국립중앙도서관에는이 판본이 있으나 해당 권차가 소장되어 있지 않았다.

人之過徙爲後日之嗟病莫造門書不悉意
云云
東國李相國全集卷第二十七

「동국이상국전집」 권제27 권말제

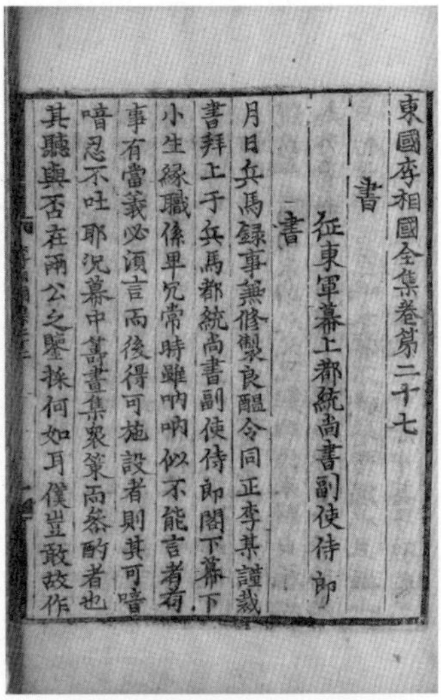
東國李相國全集卷第二十七
書
征東軍幕上都統尚書副使侍郎
書
月日兵馬錄事兼修製良醞令同正李某謹栽
書拜上于兵馬都統尚書副使侍郎閣下幕下
小生緣職係卑況常時雖吶吶似不能言者苟
事有當義必須言而後得可施設者則其可嘿
嘿忍不吐耶況幕中簿書集衆策而參酌者也
其聽與否在兩公之鑒採何如耳僕豈敢故作

「동국이상국전집」 권제27 권수제

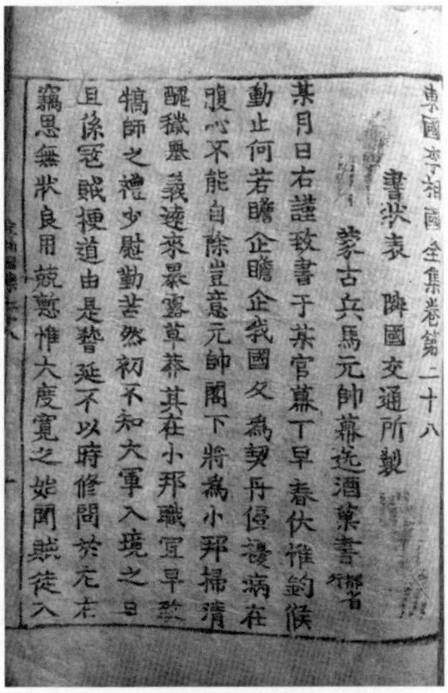
東國李相國全集卷第二十八
書狀表 陪國交通所製
蒙古兵馬元帥幕送酒果書
某月日右謹致書于蒙官幕下早春伏惟鈞候
動止何若瞻企瞻企我國久爲契丹侵擾病在
腹心不能自除豈意元帥閣下將爲小邦掃清
醜獗暴義逵來暴露草莽其在小邦職宜早致
犒師之禮少慰勤苦然初不知大軍入境之日
且係冦賊梗道由是稽延不以時修問於左右
竊思無狀良用兢惕惟大度寬之始聞賊徒入

「동국이상국전집」 권제28 권수제

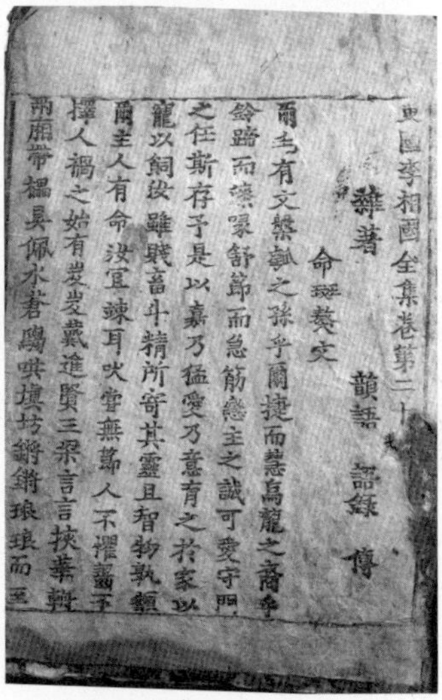
東國李相國全集卷第二十

「동국이상국전집」 권제20 권수제

그림 7-1 『동국이상국전집』의 권수, 권말제

이며 활자본이나 활자본을 저본으로 번각되었을 경우 그 저본에 의하여 나타날 수 있는 오류 현상[15]이다.

---

15 비슷한 현상의 예로 『直指』의 경우 하권의 제2장 '不動'의 어휘에서 '動' 자를 빠뜨려 문장 끝에 朱書로 부기시켜 교정해 둔 예도 있다.

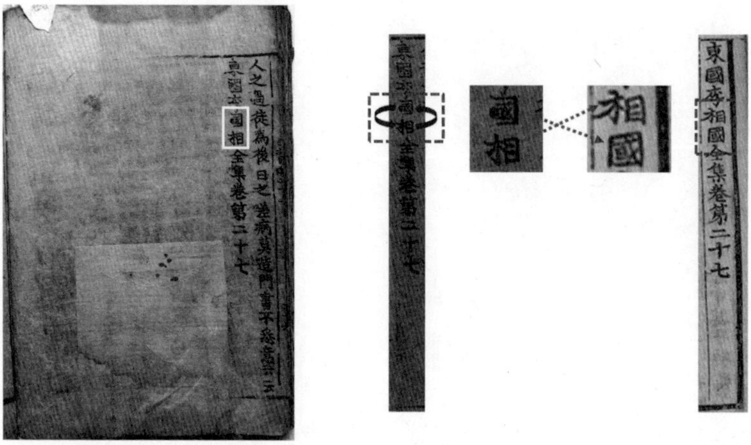

그림 7-2 『동국이상국전집』 권제27 제26장뒤 권말제, '國' 자와 '相' 자의 순서를 잘못 조판함

지금까지 『증도가』와 『동국이상국전집』의 글자와 판면에 나타난 현상을 중심으로 볼 때 두 책을 찍은 글자가 같으며 같은 활자인 증도가자에 의한 것임을 증명하였다. 이에 추가하여 아래위 글자의 순서가 뒤바뀐 예는 이 조판이 바로 활자에 의한 것임을 재검증하는 사례이기도 하다.

이 『동국이상국전집』은 이규보가 병석에 있을 때 최이가 문집을 빨리 간행하여 보여 주려 했던 것이다. 때문에 금속활자를 이용하여 간행하였고 철저하게 교정하지도 못하였으며 후에 목판으로 다시 간행할 때도 수정·보완을 하지 못해 권27의 卷末題처럼 도치된 글자가 제대로 고쳐지지 않은 부분도 있었던 것이다. 이러한 제목에서 나타난 오류 현상을 감안하여 본문 전체를 대교하면 더 많은 곳에서 같은 현상을 확인할 수도 있을 것이다.

2) 木板本 後集의 간행

이 초간본의 간행 시점을 추정할 수 있는 기록으로는 이미 언급하였듯이 年譜의 기록이 있다. 여기에는 1241년 7월 이규보가 병이 들자 최우가 명의를 잇달아 보내어 병문안을 하였고 또 문집 간행을 독려한 것으로 되어 있다. 또 이수가 全集의 서문을 쓴 시점은 1241년 8월로 되어 있어 실제 간행에 착수한 것은 8월경으로 추정된다. 더불어 간행이 완료된 시기를 추정할 수 있는 기록은 後集의 序文에 나타난 작성 일자인데 그 날짜가 1241년 12월로 되어 있어 1241년 12월에는 『東國李相國全集』 全集과 後集이 모두 간행 완료되었을 가능성이 있다.

3) 分司大藏都監의 飜刻 修正版 간행

이미 앞에서 언급한 바와 같이 1241년 7월 이규보의 병이 악화되자 최이가 의원을 보내고 그의 시문 전·후집 53권을 기술자를 시켜 빨리 간행하도록 독려하였다는 연보의 기록과 李需의 기록이 서로 약간의 차이를 보이고 있다. 현존의 판본에서는 全·後集의 書體와 版式이 다르고 특히 후집에서는 卷次에 따라서도 형식상 많은 차이를 보인다.

이와 같이 서둘러 간행이 진행된 책은 1241년 말경에는 완성되었을 것으로 추정되며 이 판본은 잘못되고 빠진 곳이 많아 1251년에 손자 李益培 등이 分司都監에서 大藏經의 판각을 마친 여가에 勅命을 받들어 校勘하여 문집을 再刊行하였다.

李相國集跋尾

嗣孫益培言 祖文順公 全集四十一卷 後集 / 十二卷 年譜一軸 行于世者尙矣

多有訛 / 舛脫漏之處 今者分司都監 雕海藏告 / 畢之暇 奉 / 勅鏤板 予幸守比郡以家

藏一本 讎校流 / 通耳

辛亥歲 高麗國 分司大藏都監 奉 / 勅雕造

使 / 副使 晋州牧 副使 兵馬鈐轄 試尙書工部侍郎 全光宰 /

錄事 將任郎 軍器主簿 同正 井洪湜 /

錄事 將任郎 軍器主簿 同正 張世候 /

校勘 河東郡 監務 管句學事 將任郎 良醞令 李益培[16]

이 발문의 내용에 의하면 初刊의 印本을 이때 重刊하였던 것으로 보인다.

『東國李相國全集』을 1251년에 分司大藏都監에서 간행하였다는 것은 卷末의 간행기록을 통하여 알 수 있다. 권말에 수록된 간행 관련 기록에는 이규보의 손자 李益培의 跋

16 『東國李相國全集』 발문. 이 기록은 내용상 순서에 의하여 다시 정리한 것임.

文과 刊記 및 간행 관련자들의 官職列銜이 나열되어 있다. 분사대장도감에서 책을 간행하게 된 경위는 이규보의 손자이며 당시 河東郡 監務로 있던 이익배의 발문에서 찾을 수 있다. 여기에는 文順公(이규보)의 全集 41卷과 後集 12卷, 年譜 1軸이 세상에 유통된 지 오래되었는데 訛舛되고 脫漏된 곳이 많아서 집에 간수하고 있던 1本을 讎校하여 유통시킨다고 하였다.

당시 간행의 책임자는 晉州牧 수령이었던 副使 全光宰[17]이고 校勘을 담당한 사람은 발문을 쓴 이익배로 되어 있으며 간행에 관여한 인물로는 錄事 張世候와 井洪湜이 있다.

그러나 이때의 家藏本이 原稿本인지 全集의 활자본과 後集의 목판본을 합하여 지칭하는 것인지는 알 수 없다. 즉 초간본으로 직접 교정하였는지 초간본과 원고를 대조하였는지의 교정 방법은 알 수 없으나 일정 부분 교정하였을 것으로 추정된다.

한편 이때 판각된 板木의 이동이나 전래는 알 수 없으나 1454년에 편찬된『世宗實錄』「地理志」의 晉州牧 條의 斷俗寺[18] 항목에서 斷俗寺가 州의 서쪽 42리에 있으며 절에는 韓昌黎集 및 高麗 李相國集板이 있다고 하여 端宗때 까지는 목판이 보관되어 있었음을 짐작할 수 있다. 이 판이 바로 분사대장도감에서 번각한 판이라는 확정은 할 수 없지만 고려 후기의 분사대장도감과 斷俗寺와의 관련성으로 미루어 볼 때 다분히 같은 판으로 간주할 수 있을 것이다.

分司大藏都監에서 간행하였다는 이 판본들의 권말 기록과 더불어 본문 중에는 판각에 직접 참여한 刻手名이 하단에 새겨져 있어 '昌茂'와 '朴京'이라는 이름이 확인되는바 이들은 고려대장경 각수명 대장에서 찾아볼 수 있다. 그중 '昌茂'는 모두 8건이며 역시 같은 분사대장도감판인『法界圖記叢髓錄』,『大方廣佛華嚴經搜玄分齊通智方軌』에서 나타난다.

또 '朴京'은 고려대장경 전체에서 10건이 나타나고 그중 분사대장도감에서 판각된 것은『祖堂集』,『大方廣佛華嚴經搜玄分齊通智方軌』,『十句章圓通記』,『華嚴經探玄記』 등이다. 이미 分司大藏都監에서 간행된 경전에 대한 선행 연구에서 밝혀졌듯이 참여한 각수들은 大藏經이 아닌 다른 자료들의 판각·간행에도 활발하게 참여하였다.

---

17 전광재는 1248년 경상진안동도안찰부사 겸 분사대장도감 책임자를 맡았으며『南明泉和尙頌證道歌事實』도 간행하였다.

18 『世宗實錄』 卷150

2. 證道歌字 飜刻의 『東國李相國全集』 版本

1) 證道歌字로 찍은 『東國李相國全集』

이 판본은 『東國李相國全集』의 편찬과 간행의 과정을 기록으로 살펴볼 때 가장 빠른 판본이 될 것이나 『證道歌』처럼 현재 그 당시의 실물을 확인할 수 없다. 그러나 『證道歌』와 마찬가지로 원간본은 없으나 이를 바탕으로 목판으로 새겨 낸 分司大藏都監의 飜刻本이 남아 있어 그 원형을 짐작할 수 있다. 특히 대장경을 판각할 때 참여하였던 경험이 많고 유능한 각수들이 이 飜刻 작업에도 참여하였기 때문에 금속활자로 찍었던 모습을 추정하기 어렵지 않다. 다만 현존의 판본들이 간행한 지 오래 지난 뒤의 인출본들이 많아 補刻된 부분이 많고 획이 탈락되거나 판의 마모로 인하여 글자의 획이 굵어지는 등의 변화가 나타나고 있다. 향후 원간본이 발견되길 기대해 본다.

원간본이 없는 현 시점에서는 번각본인 分司大藏都監版에 의거하여 이 판본의 형태적인 특징을 유형화하고 이를 『證道歌』의 체재와 비교하여 공통적인 특징과 차이점을 版面 등을 통하여 알 수 있다.

이 판의 조판은 植字할 때 판면의 변란, 즉 네 변이 고정된 鐵亐里 상단부터 축자적으로 배열된 까닭에 위에서 가운데까지는 글자 간의 간격이 하단 부분보다는 비교적 좁은 촘촘한 상태로 식자되어 있고 아랫부분으로 갈수록 글자의 간격이 넓어지는 경향을 볼 수 있다.

또 飜刻時 판면마다 담당한 刻手가 달라지기 때문에 글자의 크기, 두께, 삐침의 정도, 정교함의 정도가 다르므로 서로 구별되는 차이를 느낄 수 있다. 특히 판면마다의 행수는 全集이 10行으로 같으나 글자 수는 17~20자까지 달라진 경우가 있어 글자 간의 여백 차이로 인하여 성기고 빽빽한 느낌의 차이를 보이기도 한다. 일반적으로는 한 행에 18字가 기본적인 배열이지만 간혹 면마다 기본 글자 수의 차이가 나는 것은 組版者가 처음부터 설정을 달리한 데서 기인하는 것으로 볼 수 있다. 이 역시 『東國李相國全集』의 간행이 긴급하게 추진되었음을 간접적으로 보여 주는 것이다.

예 권35 第6장

앞면: 19자(1, 3~10行), 18자(2行)

뒷면: 19자(1~6, 9~10行), 18자(7~8行)

권35 제7장

앞면: 20자(10行), 19자(1~7行), 18자(8~9行)

뒷면: 20자(2, 10行), 19자(1, 3, 5~9행), 18자(4行)

권35 제9장

앞면: 20자(10行), 19자(1~9行)

뒷면: 19자(1~3, 4~5, 10行), 18자(4, 7~9行)

앞의 예에서 보는 것처럼 일반적으로는 한 행이 18자이지만 특정 판면의 전체적 글자 수가 많아진 것을 알 수 있다.

판면과 더불어 글자의 특징은 전체적으로는 『證道歌』와 『東國李相國全集』이 각각 내용과 분량이 다르고 장르상 구별, 즉 본문의 내용이 서로 차이가 나기 때문에 당연히 『東國李相國全集』 全集에서 사용된 글자의 종류, 쓰임, 異體字, 동일자의 다른 크기와 書體 등이 상대적으로 많다. 또 跋文에 의하면 원본의 글자에 오류가 많다고 하였으나 실제의 판본에서는 판각할 때 미리 교정하고 새긴 까닭에 일부를 제외하고 수정된 부분을 확인할 수 있는 부분이 많지 않고 그 頻度도 드물게 나타나 비교적 底本 그대로의 서체나 판의 체제, 글자의 배열 등으로 볼 수 있는 것이 대부분이다.

2) 分司大藏都監版 系統의 飜刻版

『東國李相國全集』은 고려와 조선 전반을 걸쳐 목판본으로 몇 차례 간행되었다. 또 간행된 목판본들 중 고려 말 조선 초기로 추정되는 刊本에서는 補刻되어 혼입된 판이 많고 그 보각의 시기와 층위도 다양하게 나타난다.

그중 證道歌字, 즉 금속활자로 강화도에서 찍었던 全集에 대하여 잘못된 곳을 고치고 목판으로 판각하여 널리 오래도록 전할 수 있도록 李奎報의 손자인 李益培에 의하여 校勘되고 간행한 판본이 分司大藏都監에서 간행되었던 판본이다. 이 판본 중 일부는 선행 연구자[19]들에 의하여 검토되었지만 판본에 대한 감정이 정확하지 않았고 아직 개인들의 소장 자료 중에는 검토되지 않은 것도 많다.

---

19 千惠鳳, 「동국이상국전집, 권18~22, 권31~41」, 『국립중앙도서관 선본해제 VII』, 서울: 국립중앙도서관, 2005, pp. 204~208.

이처럼 分司大藏都監에서 간행되었던 現存本들은 몇몇 기관과 일부 개인 소장본에서 확인할 수 있으나 형태적으로 볼 때 초기의 印出本은 傳本이 드물고 마모가 많거나 補刻板이 삽입된 것이 많다. 이 補刻板 역시 시기별로 다르게 나타나서 원형을 유지한 것과 界線을 보충하거나 書體가 전혀 다른 판이 혼입되어 있는 것도 많다.

또 이때의 간행이 飜刻인지 重刊인지 跋文으로는 정확하지 않으나 실물의 版本을 조사하면 10행 18자의 판면 구성과 서체나 글자 간의 간격, 行 內에서 글자의 드나듦과 치우친 현상 등과 같은 活字本의 특징을 그대로 지니면서도 일부 제한적으로 跋文에서 언급한 대로 빠지거나 잘못된 내용을 바로잡은 것으로 보이는 부분도 있다. 즉 활자본이라면 글자 간의 間隔이나 行間이 유지되어야 함에도 불구하고 간혹 특정 부분에서 字行字數나 書體가 달라진 경우를 볼 수 있다.

(1) 국립중앙도서관 소장본

이 판본은 현존하는 이 계열의 판본 중 비록 全集의 일부분이지만 補板이 적고 마모가 적어 비교적 형태가 온전한 것으로 판단된다. 권제41의 말미에는 李益培 跋文과 分司大藏都監의 刊行記錄 및 간행에 참여한 사람들의 명단이 제시되어 있다. 이 발문과 관련 기록의 글자는 본문의 서체와는 다르며 한 행에 15~17자의 배열과 글자의 크기도 다르다.

① 全集 권18~22, 31~44 (零本 16권 4책)
② 半郭 21.6×17.4cm, 無界, 10行 18字

이 책의 형태적인 특징을 보면 비록 證道歌字를 번각한 판본이지만 번각에 참여한 刻手의 차이에 의하여 판면마다 書體가 약간씩 다르거나 판면의 상하 크기, 즉 匡高도 글자 한 자 정도만큼 차이가 나는 경우도 있다. 종이의 세로 발 끈 폭도 약 3cm로 고려 말부터 조선 초기 간본들에서 많이 볼 수 있는 지질이다.

한편 이 全集의 판종과 형태에 대하여 선행 연구에서는,

> …이 전집의 고려 판종은 현재 2종이 알려지고 있다. … 전존본의 판식을 살펴 볼 때도 광곽 사주단변의 반엽 크기에 있어 세로는 22.0cm에서 23.0cm, 가로는

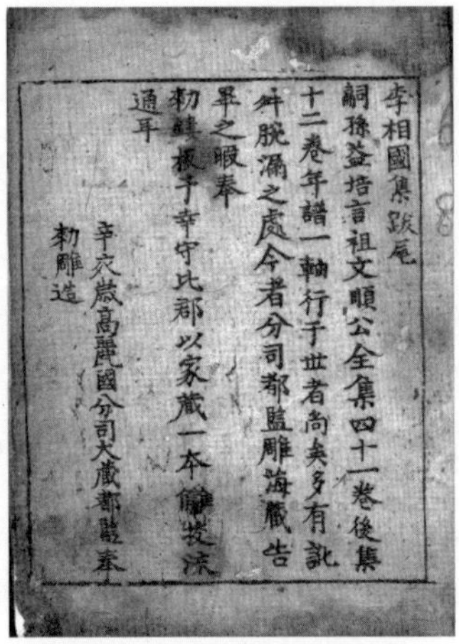

『東國李相國全集』 卷41 李益培 跋文

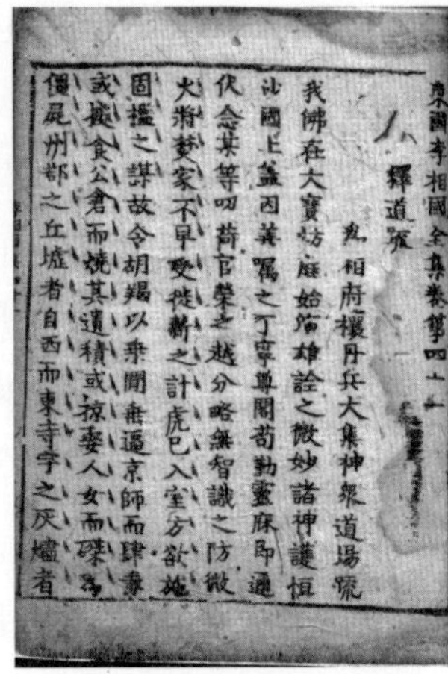

『東國李相國全集』 卷41 卷首題

그림 7-3 국립중앙도서관 소장본

> 18.5cm에서 19.5cm를 드나들고, 계선은 무계에 유계가 혼입되고, 글자는 서법과 크기에 차이가 있고, 항 자수는 대체로 반엽에 12항이 새겨지고 있으나 간혹 13항으로 된 것이 있으며, 매 항의 글자수도 일정하지 않고 16자에서 20자 사이를 드나들고 있다. 판심에는 어미가 없고, 판심제와 권장차의 숫자만이 간략하게 표시되어 있다. 이러한 판식으로도 분담하여 서둘러 새겨 낸 것임이 드러난다.[20]

에서 全集의 형태를 설명하고 있지만 사실 이 설명은 後集에 해당하는 것이며 국립중앙도서관 소장 全集에 해당하는 것은 아니다. 전집은 10行 18字의 판식에 판에 따라 行의 글자 증감이 있으나 界線의 유무나 行數가 달라진 것이 없다. 따라서 이 부분은 전집과 후집의 판본과 간행을 같은 맥락에서 보거나 혼동하고 있는 것이므로 달리 정정되어야 할 것이다.

(2) 숙명여자대학교 소장본

이 책은 앞에서 언급한 국립중앙도서관 소장본과 같은 계열이나 상대적으로 판면의 마멸이 많고 補刻하여 보충한 판이 포함되어 있다. 특이점으로는 全集의 경우 권41이

---

20 上揭書, p. 207.

끝난 다음 李益培 跋文과 刊行記錄이 있으나 이 책에는 제10권 뒤에 위치한 점이 다르다. 발문의 기록도 마멸되어 알아볼 수 없는 부분이 있으나 다른 글자와 비교할 때 다분히 깍아 낸 것처럼 보이기도 한다. 책의 형태적인 사항은 다음과 같다.

① 全集 권9~13, 20~24, 34~37(零本 3책)
② 補刻板 부분 혼입, 권10 末의 李益培 跋文과 刊行記錄
비교: 嗣孫益培言 祖文順公 全集[四]十[一]卷 後集 / [十]二卷 年譜一軸 行
于世者尙矣에서 [ ] 속의 글자가 磨滅되었음.

『東國李相國全集』 卷10 卷首題

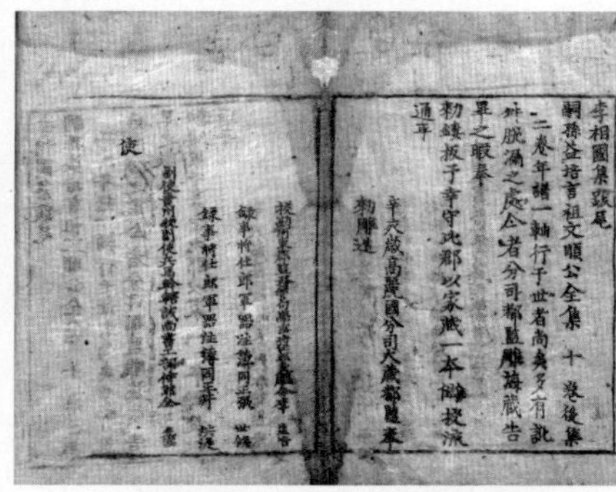

『東國李相國全集』 卷10 뒷부분의 跋尾

그림 7-4 숙명여자대학교 소장본

이 판본에는 각 권마다 補刻된 판이 혼입되어 있고 보각판 역시 여러 유형으로 나타난다.

표 7-2 『東國李相國全集』 卷11의 판식 차이

장	변란	계선	어미	판심
제1장	四周單邊	無界	上白魚尾	版心題 없음
제2장	四周單邊	有界	上白魚尾	
제3장	四周單邊	有界	魚尾 없음	
제4, 5장	四周單邊	有界	上下內向黑魚尾	
제13, 14장	四周單邊	無界	上黑魚尾	

여기에서 나타나는 것과 같이 변란 중 上下가 雙邊인 경우, 界線을 넣은 경우, 魚尾(上下, 黑白의 차이)가 있거나, 版心題의 유무 등이 번각을 하면서 달라진 경우가 있다. 비록 판면

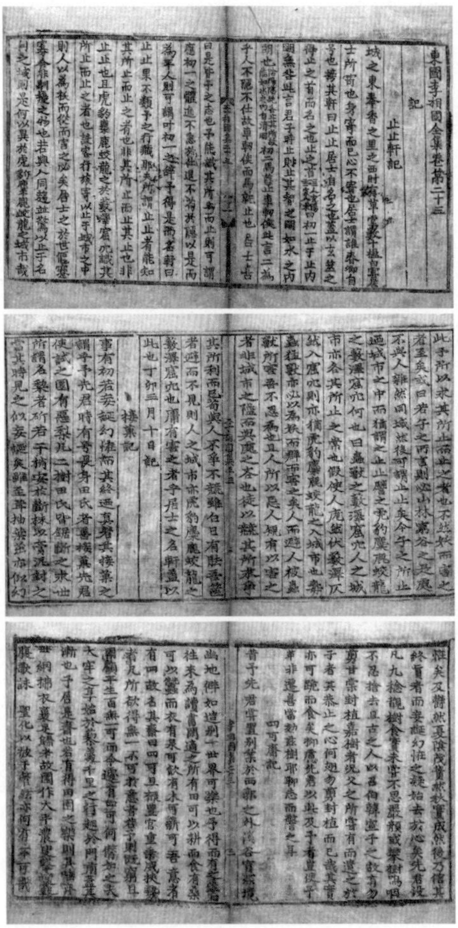

『東國李相國全集』 卷23 第1~3張

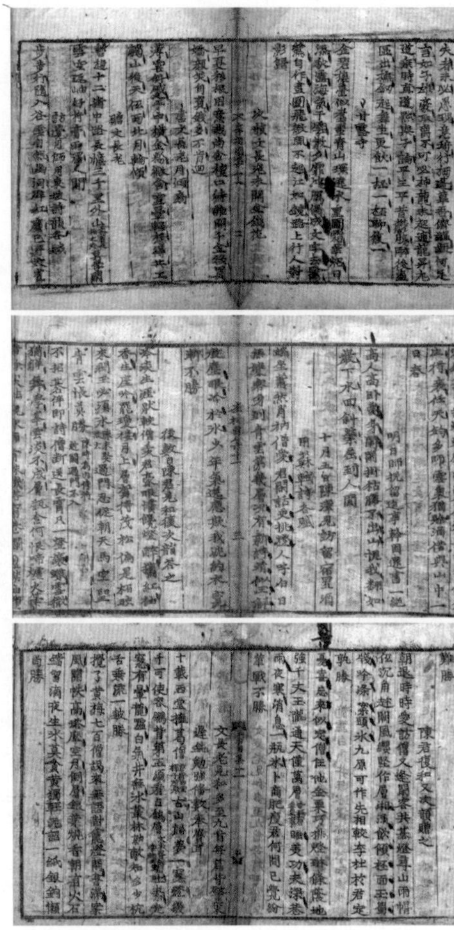

『東國李相國全集』 卷11 第2~4張

그림 7-5 『東國李相國全集』의 다른 版心

은 刓缺과 補刻이 자주 나타나지만 판심의 아랫부분에는 分司大藏都監에서 번각할 때 참여 하였던 刻手名이 제23권 8장의 '昌茂'나 제36권 15장의 '朴京'가 같이 확인이 가능한 부분도 있다. 그러나 대부분의 경우 글자가 작고 판의 마멸로 기록의 유무만을 확인할 뿐 판독되지 않는 경우가 많다.

이러한 판면의 마멸과 보각 상태로 미루어 볼 때 이 판본은 分司大藏都監版을 바탕으로 인출 당시 판이 없었거나 자획을 알아볼 수 없는 부분을 새로 보완한 것으로 보여진다. 다만 보각의 형태가 여러 가지로 나타나 보각의 시간적 층위가 다른 것인지, 각수가 달라서 나타난 현상인지는 구분하기 어렵다.

⑶ 청주고인쇄박물관 소장본

이 책도 앞에서 언급한 판본들과 같은 계열에 속하지만 印面에 나타난 획으로 미루어 볼 때 인출의 시기는 훨씬 뒤에 이루어진 것으로 추정할 수 있다. 소장본은 全集 권제19의 零本 1책이며 본문 중 하단에 '玄回'라는 刻手名을 확인할 수 있다.

⑷ 개인 소장본

① 全集 권14~17

이 책은 分司大藏都監版의 계열이며 零本 1책으로 판각의 상태는 국립중앙도서관 판본과 같은 수준이고 판면이 대체로 양호하다. 본문 중 하단에 刻手名으로 '朴介', '惠[ ]', '金[ ]' 등과 같은 기록이 보이나 닳아서 확인되지 않는 경우가 많다.

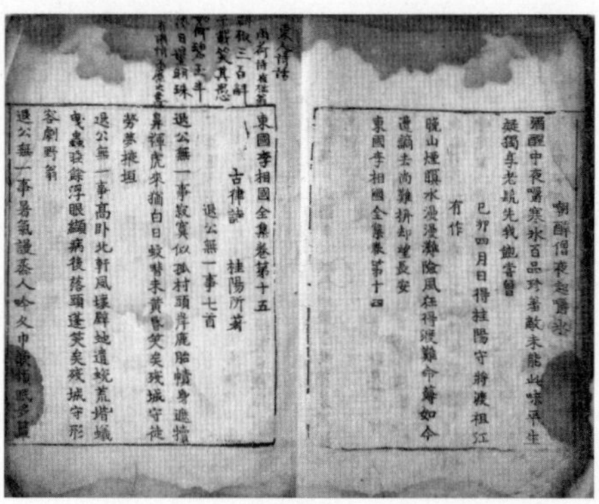

그림 7-6 『東國李相國全集』 卷15 卷首題

② 全集 권30~34

이 책 역시 分司大藏都監版의 계열이며 零本 1책으로 판각의 상태는 획의 마멸이 심하다.

③ 全集 권16~18

이 책 역시 分司大藏都監版의 계열이며 零本 1책으로 판각의 상태는 획의 마멸이 심하다. 본문 중 界線이 있거나 黑口가 있는 補刻板이 혼입되어 있어 번각본 간행 후 오랜 시간이 경과한 시기에 조성·인출된 것으로 추정된다. 보각의 양상은 권16의 제4-6, 14, 17, 18장은 補刻(無界), 제15, 16, 19장 補刻(有界), 20장(有界, 黑魚尾), 권17의 제10장 補刻(有界, 大黑口, 黑魚尾), 18권 제4장 補刻(無界)과 같이 나타난다.

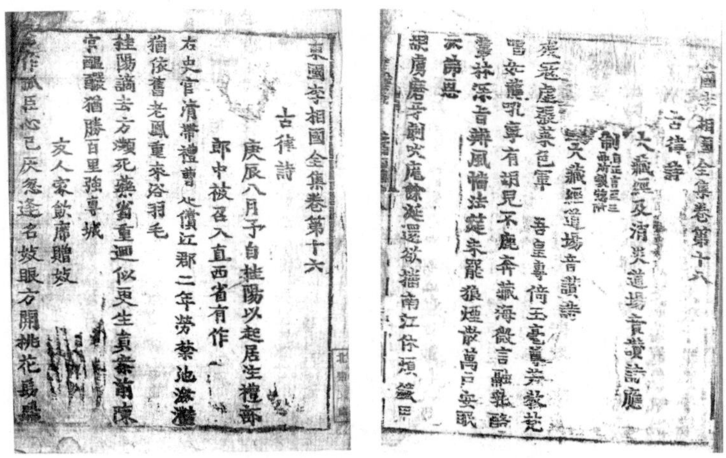

그림 7-7 「東國李相國全集」 卷16, 18의 卷首題

④ 全集 권34~36

이 책 역시 分司大藏都監版의 계열이며 零本 1책으로 판각의 상태는 획의 마멸이 심하다. 본문 중 界線이 있거나 黑口가 있는 補刻板이 혼입되어 있어 번각본 간행 후 오랜 시간이 경과한 시기에 조성·인출된 것으로 추정된다.

3) 後集 12~13 行本

後集은 12行本으로 현전하고 있는 것은 연세대 소장 2책(권1~12)과 補板이 많은 고려대 소장 1책(권7~12) 등이다.

版式은 行數는 12~13行, 한 행당 글자 수는 16~20자로 되어 있어 전집과는 다른 체제로 판각되어 있다. 匡郭은 四周單邊에 版口는 白口이며 魚尾는 黑, 白의 魚尾가 간혹 일부에 나타난다. 판면 중 界線의 유무는 권1~3은 無界이고 권11, 12는 부분적으로 無界로 알려져 있으며 版心題 및 版心 내의 권차와 장차 표시도 일정하지 않는 등 이미 언급되었듯이 급하게 조성되면서 판식이나 내용 면에서 정제되어 있지 못하다.

한편 고려 왕에 대한 避諱는 代字와 缺劃의 방법이 적용되어 代字로는 2대 혜종의 이름인 '武' 자가 '虎' 자로, 3대 定宗의 이름인 '堯' 자가 '高' 자로, 6대 成宗의 이름인 '治' 자가 '理' 자로 바뀐 것도 있으나 '武' 자나 '堯' 자에는 결획도 나타나고 '堯', '武'가 글자의 일부가 된 '賦', '燒', '饒', '曉' 등에서도 결획이 확인된다.

그러나 이러한 피휘 방법이 철저하게 적용된 것은 아니며 이 시기의 다른 판본에서도 이와 같은 현상을 볼 수 있다.

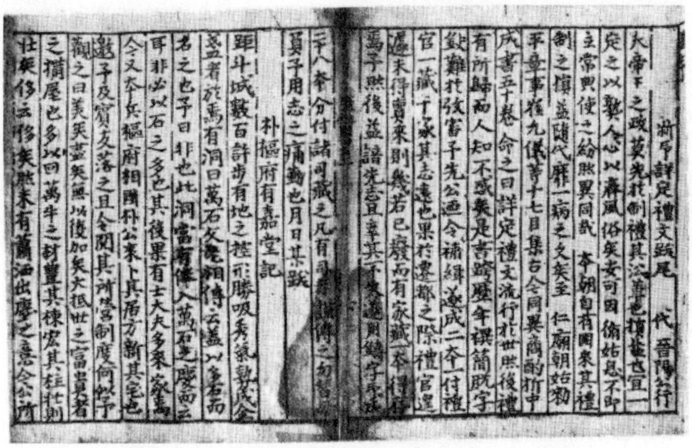

그림 7-8 연세대 소장본 『東國李相國全集』 後集

3. 朝鮮前期 版本

현존하는 조선 전기의 판본은 分司大藏都監版을 補刻한 것을 제외하고 본격적으로 간행된 것은 全集과 後集, 年譜를 합쳐 같은 版式으로 새겨 重刊한 판본을 들 수 있다.

이 책에서 조사한 판본은 한 면에 10행 18자의 초간본 판식을 유지하면서 行間에 界線이 있고 版心은 上下大黑口에 內向黑魚尾의 형식을 기본으로 하면서 간혹 상하의 版口에 魚尾가 추가되어 있는 판본이다. 이러한 양식은 주로 중국의 元代 판본에서 볼 수 있는 것으로 조선 초기에도 元版本을 번각한 경우나 그 영향을 받아 판각된 경우에 주로 나타나는 양식이다.

이 판본 중 後集의 경우는 高麗 版本이 12~13행인 것에 비하여 10행 18자의 全集 체제로 다시 구성되었으며 版心題는 '李相國後集'으로 全集의 版心題인 '李相國集'과는 달리 표기되어 있다. 또 이 책의 全集 권1의 제1~13, 20장의 판심제와 권3의 全卷(1~23장)에도 '全集'으로 표기가 다르다.

한편 이 책에는 간행에 대한 기록이 없으며 全集의 제27권 13, 14, 22~24장의 上黑口 안에는 음각으로 각수명으로 추정되는 '孫之開'라는 글씨가 새겨져 있지만 이것만으로 간행 사항을 추정하기는 어렵다.

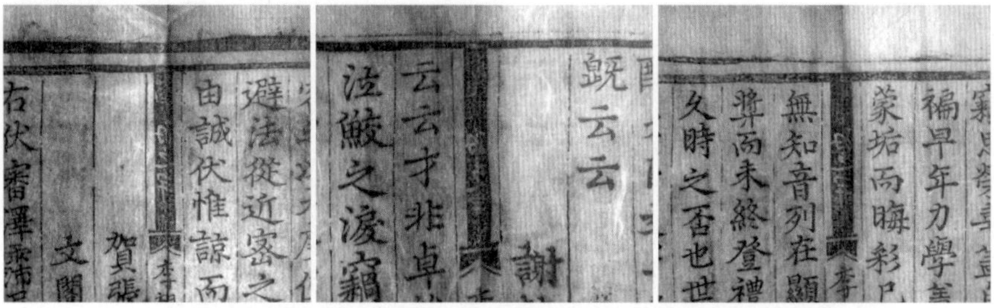

그림 7-9 卷27 第22~24張의 刻手名 '孫之開'

이 판본의 간행 장소를 추정할 수 있는 자료는 기본적으로 魚叔權이 찬한 『攷事撮要』의 임란 전 판본인 1576년과 1585년 판본에서 尙州 條에 '李相國集, 新刊李相國集', 宜寧條에 '李相國集'이 수록되어 있다가 1700년경에 작성된 『古書冊板有處攷』의 같은 尙州 條에 '李相國集 59貼 墨6丁'이라는 기록을 마지막으로 이후의 책판목록에서는 보이지 않는다. 이러한 책판목록의 기록 가운데 1576년 판본의 같은 尙州에서 두 종류로 수록되었다는 것은 이미 앞의 판이 이지러져 인출하기 어려운 상태가 되었기 때문에 새롭게 판각한 판목을 '新刊'이라 구분하고 있는 것으로 추정된다.

이 종류의 기록 중 현존본은 16세기 刊行과 印出로 추정되어 '新刊'에 해당하는 것으로 紙質, 書體 등에 의하여 비정할 수 있다. 이때의 新刊에 대응하는 舊刊이 있다면 版式 등에서 영향을 받거나 답습되어 16세기의 서지적 특징과는 달리 나타날 것으로 실제의 판본에서도 版式과 匡高나 크기 등이 서로 차이가 나는 부분도 있다.

이미 앞에서 언급한 것처럼 이 판본은 후집을 전집과 같은 체제로 다시 편집하여 登梓本을 다시 만들어 간행한 것이다. 그러나 이때도 舊刊을 바탕으로 판각이 이루어졌기 때문에 판식에 있어 世宗, 世祖年間에 나타나는 형식이 간헐적으로 나타나 마치 三國遺事의 판본들에서 朝鮮 前期 版本과 中宗壬申本과의 관계를 연상시킨다.

본문 중에는 한 행에 19字로 배열된 부분도 혼재되어 있고 내용이 확인되지 않는 부분을 墨等으로 처리한 부분도 간혹 보인다. 그러나 판본 계열로 볼 때 高麗의 分司大藏都監本을 번각한 것은 아니며 글자를 서로 비교하여 보면 달라진 부분도 확인된다.

이 책에서 조사한 기관 및 개인 소장본은 다음과 같다.

개인 소장본 A

年譜, 全集 9책(권1~5, 9~17, 22~27, 31~33), 後集 3책(1~8)

전15책 중의 零本(印記: 蒼雪齋藏)

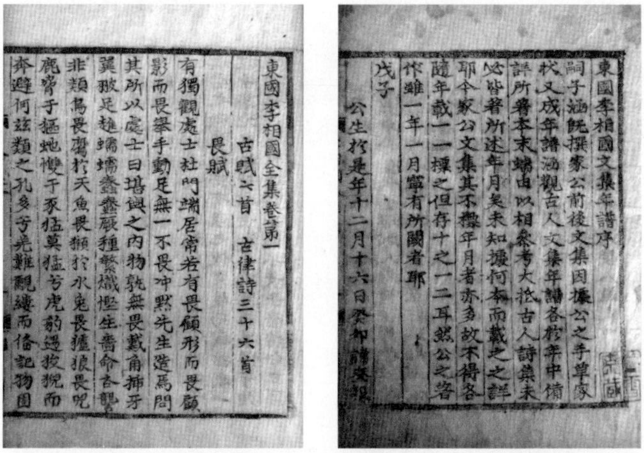
東國李相國全集卷第一
古賦六首
東國李相國文集年譜序

그림 7-10 개인 소장본 A 『東國李相國全集』 序文 및 卷首題

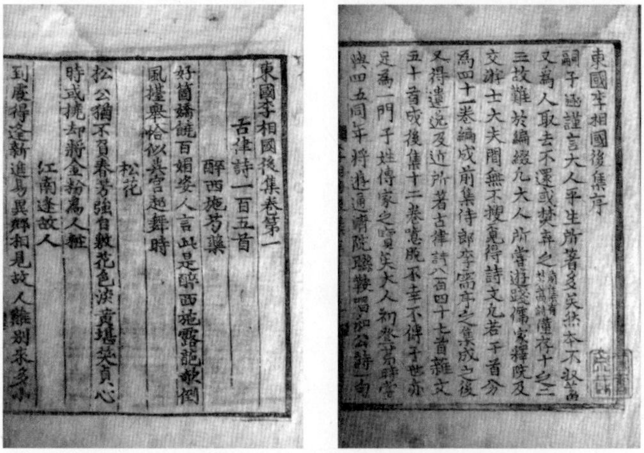
東國李相國後集卷第一
古律詩一百五首
東國李相國後集序

그림 7-11 개인 소장본 A 『東國李相國後集』 序文 및 卷首題

개인 소장본 B

全集 1책(권21~23)

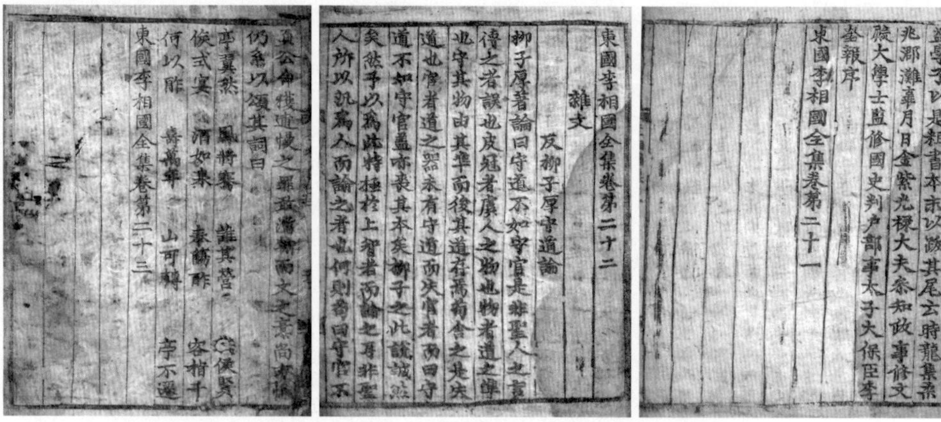
東國李相國全集卷第二十三

東國李相國全集卷第二十二
雜文
反柳子厚守道論

東國李相國全集卷第二十一

그림 7-12 개인 소장본 B 『東國李相國後集』, 卷21-23의 卷首題 및 卷末題

개인 소장본 C

年譜, 全集 2책(권1~2, 13~14)

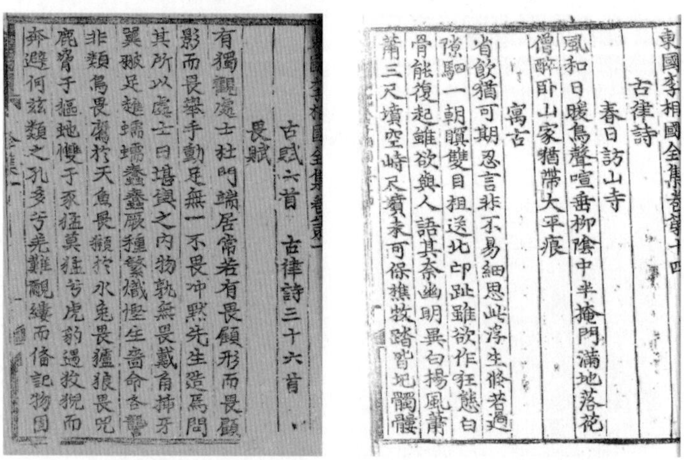
古賦六首 古律詩三十六首
長賦

東國李相國全集卷第十四
古律詩
春日訪山寺
風和日暖鳥聲喧垂柳陰中半掩門滿地落花
僧醉臥山家猶帶太平痕
寓古

그림 7-13 개인 소장본 C 『東國李相國後集』, 卷1, 14의 卷首題題

忠南大

全集 11책(권6~36), 後集 2책(권1~6)

이 중 개인 소장 B본의 권21의 제17장 뒷면 6행의 제14자는 '乃' 자로 고려본에서는 같은 의미의 다른 글자인 '迺'로 쓰였으나 고쳐졌으며 권22의 제20장 뒷면 4행의 '…也好犯[□□]是淩…'에서 [ ]에는 고려본으로 확인하면 '語忌'의 글자가 해당한다. 이와 같이 이 판본에서는 앞의 조선 전기 판본을 바탕으로 登梓本을 새로 작성할 때 확인할 수 없었거나 舊刊의 상태가 완전하지 않았던 것으로 추정되고 이러한 본문의 글자를 확인하지 못하고 墨等으로 처리한 것으로 추정되는 부분이 책 전반에 걸쳐 간헐적으로 나타나고 있다.

한편 이 판본이 임란 전의 冊板目錄에 수록되어 있는 宜寧에 있었던 판본일 가능성도 있으나 舊刊과 新刊의 의미와 조성 시기의 층위를 보여 주는 印本의 형태적인 특징에 의하여 尙州版으로 비정하는 것이 타당하며 향후 개인 소장이나 기관소장본의 망라적 조사에 의하여 宜寧版이 나타날 가능성도 배제할 수 없다.

일반적인 서지 조사에서 壬亂前의 목판본을 대상으로 서책의 간행한 기록을 확인하는 자료로 가장 유용한 것은 冊板目錄들이며 그중 『東國李相國全集』을 수록하고 있는 책판목록은 16세기 후반에 편찬된 『攷事撮要』로부터 19세기에 이르기 까지 10여 종이 넘는다. 이를 시기별과 기록내용 등으로 정리하면 다음과 같다.

표 7-3 책판 목록들에 나타난 『東國李相國全集』 판각 장소 및 분량

책판 목록	판각 장소 및 분량
『攷事撮要』 乙亥字本(1576)	尙州 『李相國集』, 『新刊李相國集』 宜寧 『李相國集』
宣祖 18년(1585)	尙州 『李相國集』, 『新刊李相國集』 宜寧 『李相國集』
『古書冊板有處攷』(1700년경)	尙州 『李相國集』 59貼 墨6丁
『慶尙道冊板』(1730년경)	玄風 10卷 10張 2折 微刓
『冊板置簿冊』(1740년경)	全州 『李相國集』 白紙 17卷 17丈 半在玄風 玄風 『李相國集』 白紙 10卷 3丈
『三南所藏冊板』(1743년경)	玄風 『李相國集』
『諸道冊板錄』(1750년경)	玄風 『李相國集』 7束 8丈
『完營冊板目錄』(1759년경)	全州 『李相國集』 白紙 17束 17丈 李奎報著 玄風 『李相國集』 白紙 7束 10丈半 李奎報著
『嶺湖列邑所在冊板目錄』(1760년경)	玄風 『李相國集』 白紙 10束 10張
『各道冊板目錄』(1778년경)	玄風 『李相國集』 刓缺
『古冊板有處攷』(1780년경)	全州郡 『李相國集』 尙州郡 『李相國集』 59貼 墨6丁
『嶺南冊板』(18세기)	玄風 『李相國集』 10卷 10張 2折 微刓
書冊置簿『諸道冊置簿』(18세기)	玄風 『李相國集』 白紙 10卷 10張 共5卷 全州 『李相國集』 白紙 17卷 17張

여기서는 가장 빠른 시기에 판각되었던 고려시대의 分司大藏都監版은 보이지 않고 조선 초기의 판각으로 추정되는 尙州의 舊板과 新板을 확인할 수 있으며 17세기 말 全州와 玄風의 두 곳에서 나누어 판각하여 합쳐진 내용을 확인시켜 주는 중요한 정보를 제공하고 있다.

그 밖의 기록으로 조선 전기 成俔(1439~1504)의 『慵齋叢話』를 보면 전래된 당시의 문집들에 대한 내용이 있는바 『東國李相國全集』의 全集과 後集도 포함되어 있다.[21] 또 실록의 기사[22]에는, 중종 7년(1512) 홍문관에서 진헌한 역대 문집 중에 『東人詩集』, 『補閑集』 등과 함께 『東國李相國全集』이 포함되어 있는 것을 볼 수 있다.

壬亂 직전인 1589년에 편찬된 『大東韻府群玉』의 「찬집서적목록」에도 『東國李相國全集』이 수록되어 있고 임란 후에도 『海東文獻總錄』에 목록과 해제까지 수록되어 있는 등 이미 판본은 전국적으로 유통되고 있었을 것으로 추정된다. 그러나 이 판본들이 分司大藏都監版 계통인지 아니면 尙州나 宜寧의 舊版 계열인지는 상세한 기록과 자료가 발견되지 않는 한 구분하기 어렵다.

4. 朝鮮後期 版本

1) 형태적 특징과 傳存本

이 판본은 17세기 말, 즉 顯宗代에 간행되었을 것으로 추정되며 규장각 소장본(圭5270)을 비롯하여 다수의 기관과 개인 소장으로 전존되어 있고 영인본으로 잘 알려져 있다. 이 판본의 소장처와 내역은 [표 7-4]와 같다.

표 7-4 조선 후기 판본의 소장처 및 소장내역

소장처	소장내역
高麗大	零本 6책全集 권1~3, 11~13, 16~21, 後集 권1~12 (육당 D~1/A~70)
白樂濬[23]	零本 3책全集 권14~?

21 『慵齋叢話』 卷8 "…李相國前後集幾十卷文順公李圭報所著…今姑取行於世者 錄之如左"

22 『中宗實錄』 卷16, 7年(1512) 9月 6日 條 "…弘文館將本館所藏 東人詩集 補閑集…李相國集等集以 進"

23 연세대학교 중앙도서관, 『貴重圖書展示目錄』, 서울: 연세대학교 중앙도서관, 1967, p. 4.

소장처	소장내역
대구가톨릭대	零本 5책全集 권34~41, 後集 1~12 (石田文庫)
天理大(일본)	零本 3책全集 권14~25 (今西文庫) 零本 4책年譜, 全集 권1~2, 17~24, 31~33 (今西文庫)
奎章閣	14책全集 41권, 後集 12권, 年譜 (印: 侍講院)
버클리대(미국)	全集 권1~4, 後集 권1~12 (Asami 文庫)
미의회도서관	零本 8책年譜, 全集 권1~33
啓明大	零本 7책年譜, 全集 6책 권1~7, 20~23, 34~41, 後集 권1~4, 10~12
忠南大	零本 9책全集 권1~6, 15~20, 24~33
韓國銀行	14책年譜, 全集 41권, 後集 12권
호림박물관	零本 1책年譜, 全集 권1~2

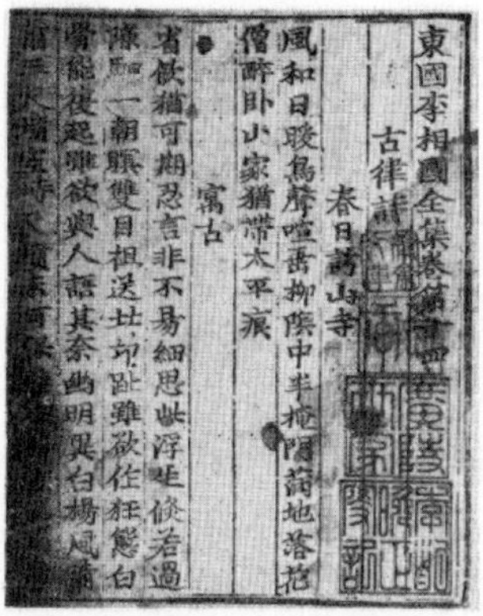

그림 7-14 「東國李相國後集」, 卷14의 卷首題

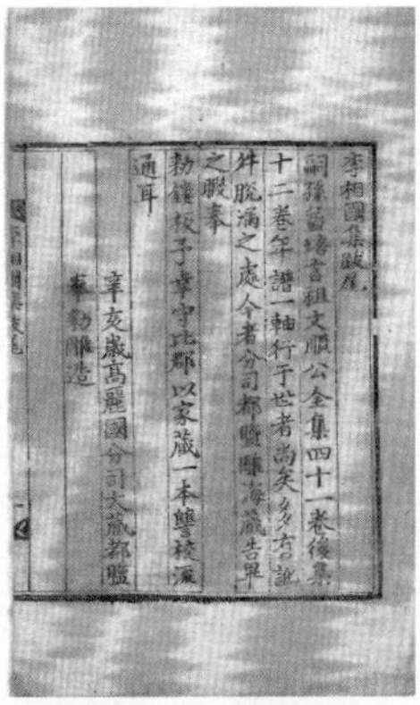

그림 7-15 한국은행 소장본

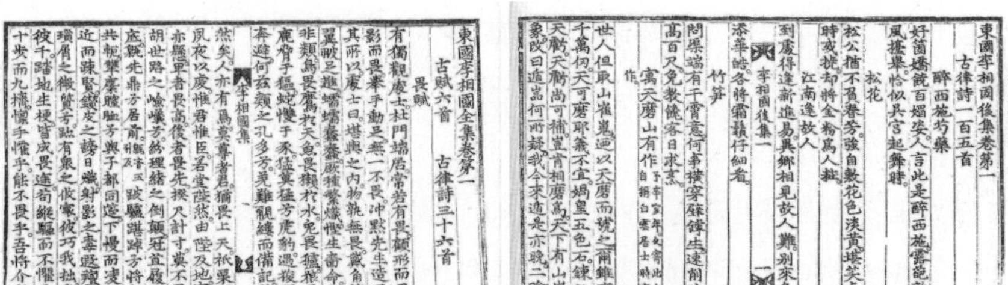

그림 7-16 全集 卷1과 後集 卷1의 卷首題

이 책의 구성은 권수에는 李需의 序文이 있고 이어 年譜의 序文과 연보의 내용이 계속된다. 본문은 全集의 1~41권에 이어 李涵이 쓴 後集의 序文과 권1~12가 있다. 권말의

李益培가 쓴 李相國集跋尾에는 分司大藏都監에서의 판각 내력과 刊記와 더불어 全光宰, 井洪湜, 張世候, 李益培 등 간행에 관여한 4인의 직함과 이름이 나열되어 있다.

이 판본의 형태를 서지학적 관점에서 살펴보면 판면의 기본 체제는 四周雙邊에 10行 18字를 기본으로 하고 간혹 약간의 드나듦이 있으며 版心 중의 魚尾는 黑魚尾에 花紋 내지 有紋이 불규칙적으로 들어간 17세기 간본의 전형적인 특징을 보인다. 이 책판이 玄風과 全州에서 나누어져 판각되었으나 底本이 동일한 까닭에 그 구분이나 차이를 찾아내기는 어렵다. 또 이 판본과 壬亂前本을 축자적으로 대조해 보면 그대로 飜刻한 것은 아니지만 필치가 부드럽게 바뀌는 점 외에는 글자의 위치나 크기 면에서 유사하다는 느낌이 든다.

2) 간행

현존하는『東國李相國全集』의 판본들을 형태적인 특징이라는 기준으로 볼 때 版口에 大黑口가 나타나는 것은 壬亂前 간행본으로 볼 수 있고 版心에 黑口 없이 黑魚尾와 花紋이 혼재된 魚尾가 있는 판본은 17세기 간행본으로 추정할 수 있다.

『東國李相國全集』을 기록하고 있는 冊板目錄類 가운데 1730년경에 작성되었을 것으로 추정되는『慶尙道冊板』의 玄風 條에 '李相國集 10卷 10張 2折 微刓'이라 하여 책판이 당시에 이미 약간 이지러지거나 마멸되고 있는 중이라는 것을 알 수 있다. 즉 이 시기로부터 머지않은 때에 책판이 板刻되었을 것으로 추정할 수 있고 이를 뒷받침하는 기록으로 顯宗 10년(1669)의『承政院日記』4월 29일 기사[24]에 의하면 당시 왕과 신하들 간의 召對와 進講의 자리에서 우리나라의 문장가와『東國李相國全集』에 관한 논의가 있었다.

이때 南二星이 李奎報의 문장을 李太白과 비교하고 그 문집이 세상에 전해지는 것이 드물다는 언급에 왕이 홍문관에서 兩南(경상도, 전라도)에 서신을 보내어 간행할 수 있도록 하고 새로 부임하는 경상도 監司에게도 下直 시에 전교하도록 하였다.

이후의 판각과 관련된 진행사항에 대하여 각종 사료에는 나타나지 않으나 金啓光(1621

---

24 『承政院日記』顯宗 10년(1669년) 4月 29日(辛卯) "…南二星曰 李奎報文章 實東方之李太白 而其文集罕行於世 甚可惜也 上曰 弘文館 以榻前定奪之意 私通于兩南則可以刊行 慶尙新監司下直時 亦當傳敎矣."

~1675)의 『鳩齋先生文集』에 현종 13년(1672) 南二星에게 답한 편지[25]에서 조정의 명을 받아 『李相國集』을 이전에 수교하여 半部는 경상도 玄風에서 半部는 全州에서 分刊하였다는 기록을 볼 수 있다.

이러한 기록은 1740년경의 『冊板置簿冊』, 1759년 『完營冊板目錄』, 1780년경 『古書冊板有處考』 등의 18세기 각종 책판목록에서 전주와 현풍 항목에 『李相國集』 책판이 함께 나타나고 있는[26] 사실에서 확인된다. 그중 『冊板置簿冊』의 全州 항목에서는 '『李相國集』 白紙 17卷 17丈 半在玄風'이라는 기록이 있어 두 곳으로 나누어 판각된 사실을 증명하고 있다.

선행 연구에 의하면 규장각 소장본과 판본이 같은 고려대 소장 零本 6책의 『東國李相國全集』(육당 D-1/A-70)은 全集 권1~3, 11~13, 16~21, 後集 권1~12가 남아 있으며 그중 제1책의 표지 배접지에 '康熙九年 正月日 全州府都會…'란 기록이 있는 고문서가 표지의 배접지로 사용되어 있다.[27] 이때는 바로 1670년으로 『承政院日記』 1669년의 기록과 관련지어 추론하면 이 책의 어느 부분이 全州에서 간행되었던 판본일 가능성이 높다.

한편 이 판본의 底本에 대하여 선행 연구에서는 李瀷(1681~1763)의 『성호사설』에서 언급하고 있는 "『李相國集』이 우리나라에서는 이미 산실되었으므로, 다시 왜국으로부터 구해 와서 세상에 간행했다"[28]는 기록과 일본판이 간행된 사실이 없고 조선 후기에 다른 간행의 예가 없었던 것을 통해, 조선(혹은 고려)시대 간행본이 일본에 유전되었다가 다시 우리나라로 들어와서 간행의 저본으로 사용되었을 것으로 보고 있다. 그러나 이 부분은 전주와 현풍으로 나누어 分刊하던 당시 왕명이 있었고 弘文館에서 지휘를 하고 있던 상황에서 倭國에 대한 언급이 없었던 점과 홍문관 장서로 진행될 가능성은 없었는지 등 뒷받침할 확실한 사료와 신중한 접근이 필요할 것으로 판단된다.

---

25 金啓光, 『鳩齋先生文集』 卷3 「答湖西伯南[仲輝壬了]」 "…李相國集頃嘗讐校 半部則梓于本道玄風半部分刊于全州 蓋兩南皆被命故爾…" 석판본(1943)

26 鄭亨愚 · 尹炳泰 編, 『韓國冊板目錄』, 서울: 보경문화사, 1995.

27 金永元, 「東國李相國全集의 編纂과 刊行에 관한 書誌的 硏究」, p. 63.

28 이익, 『국역 성호사설』(서울: 민족문화추진회, 1977) 제17권 「인사문」 日本忠義 條.

제6절 『東國李相國全集』의 版式과 書體

이 판본의 특징을 『證道歌』와 비교하여 전체적인 판식의 형태와 개별 글자의 사용 등에 대하여 공통적인 특징과 차이점을 비교하면 다음과 같다.

1. 글자

1) 글자의 특징

① 『證道歌』의 글자와 크기가 같다.

② 『證道歌』의 글자와 같은 서체, 유형을 보인다.

③ 글자의 크기가 고르지 않다.

④ '風' 자의 양쪽 올림, '氵' 부수가 들어간 글자들의 공통점이 있다.

⑤ '跏' 자, '此'의 가운데 획, '於'의 3종류 분포, '首'의 1, 2획 방향

⑥ '善', '着' 자 등에서 1, 2획의 2종류 방향, '指'의 '匕' 2종류, '極'의 마지막 획 길이

⑦ 略字, 異體字의 쓰임이 같다.

⑧ 『證道歌』에 없는 小字가 사용되었다.

2) 『證道歌』 글자와의 비교

이러한 일부 특징들에 대하여 비교를 위하여 『東國李相國全集』 권16~18의 본문 글자를 분류하여 『證道歌』의 글자와 대조해 보면 [표 7-5]와 같다.

이는 글자의 서체, 판식 조판의 유사성을 확인하는 시도로서, 만약 두 판본의 각 글자가 미세한 차이라도 있으면 행을 이루거나 전체적인 조판에 있어 글자 수만큼 누적되어 길어지거나 짧아지거나 행의 간격이 맞지 않는다. 따라서 이와 같은 대조방법에 의하여 개별 글자의 같음은 물론 개별 글자의 조합면에서 볼 때도 같은 활자로 책을 찍어 내었다는 것을 간접적으로 증명할 수 있다.

표 7-5 『證道歌』와 『東國李相國全集』 간의 서체 비교

『證道歌』	『東國李相國全集』	『證道歌』	『東國李相國全集』	『證道歌』	『東國李相國全集』

15b-02-14	18B-03-08	20a-06-12	18B-07-13	21a-03-12	21B-09-16
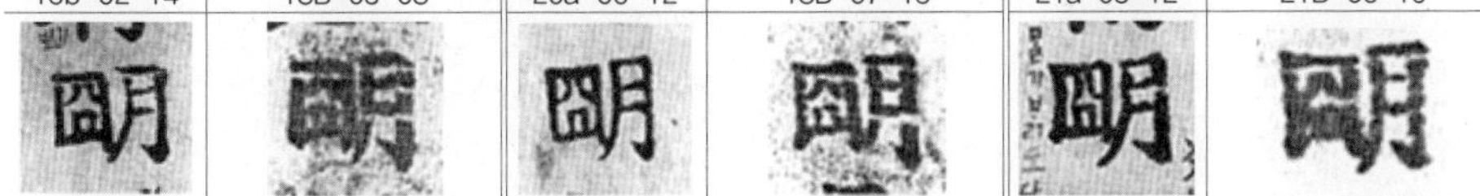					
5b-05-14	8A-01-09	11b-05-13	8B-01-08	18a-02-15	10A-04-06
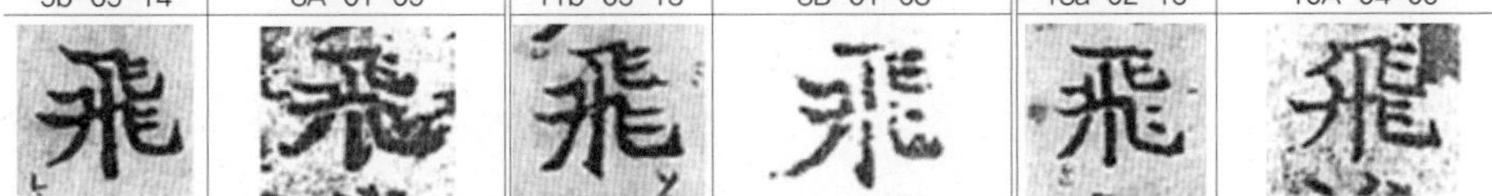					
19a-04-11	7B-02-15	26a-07-14	13A-07-05	31a-04-13	14B-09-07
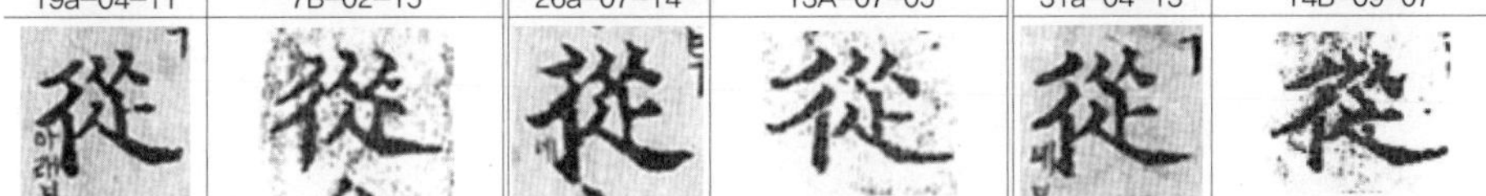					
6a-04-11	5B-03-16	8a-05-03	8B-06-07	10b-02-11	9A-06-15
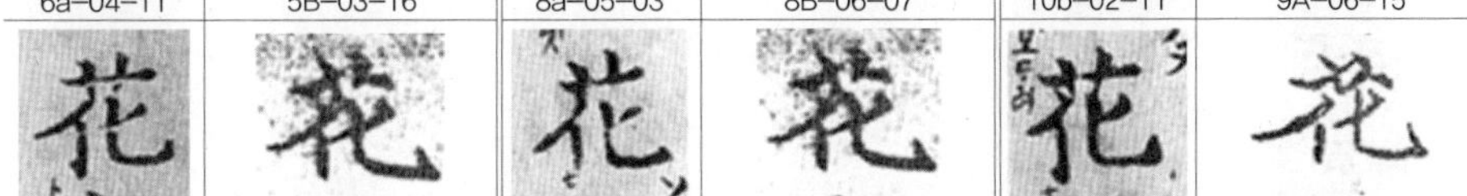					
10b-01-10	4B-04-01	13a-06-14	5B-05-09	15b-07-08	5B-09-14
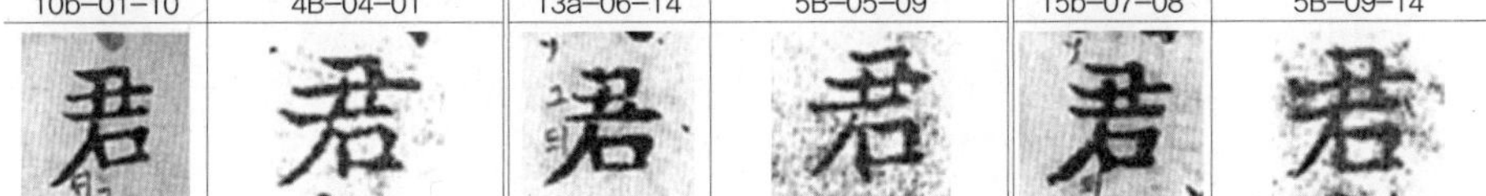					
2b-06-01	4A-08-16	13a-03-06	4A-10-13	18b-05-11	4B-06-05

3) 개별 글자의 비교

다음은 '於', '慈', '淸', '塵', '風' 자의 일부를 예시로 비교한 것이다.

① '於' 字

『證道歌』	1	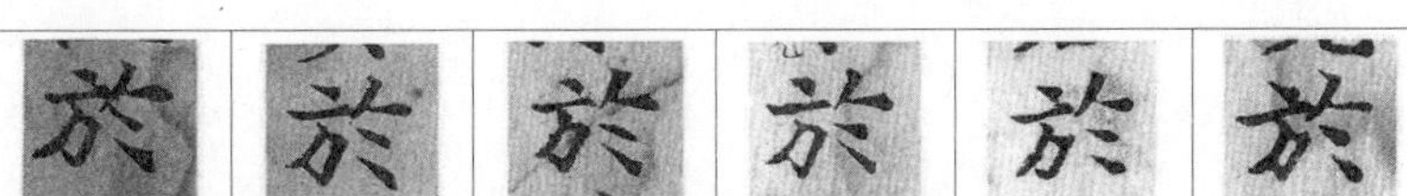					
		01-a-06-05	01-b-01-02	01-b-05-10	01-b-06-03	10-b-03-02	43-a-04-11
	2	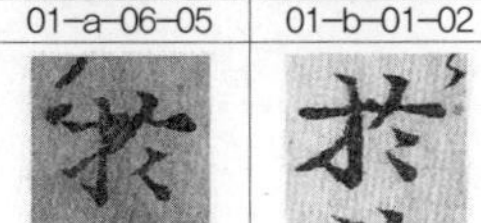					
		01-a-06-09	43-b-01-04				

(continued)

『東國李相國全集』	1	03-a-03-13	10-a-08-08	20-b-07-03	59-b-07-03	64-b-07-11	78-a-07-11
	2	11-b-09-09	33-a-05-02	65-b-03-01	66-b-08-06	76-b-01-12	

② '慈' 字

『證道歌』	1	03-b-03-02	12-a-08-05	23-a-07-13	23-b-04-02	31-a-01-06	35-a-05-08
『東國李相國全集』	1	62-b-04-05	71-b-02-10				

③ '淸' 字

『證道歌』	1	03-a-05-03	07-b-04-14	37-b-01-03	25-b-07-04	18-b-04-03	43-b-06-14
『東國李相國全集』	1	06-b-03-14	40-a-10-13	42-b-10-16	44-b-05-13	46-a-08-09	59-b-03-09

④ '塵' 字

『證道歌』	1	03-a-02-14	05-b-06-13	07-b-03-11	12-a-07-14	16-a-05-01	35-a-04-06
『東國李相國全集』	1	04-b-01-10	04-b-08-15	27-a-02-02	59-a-09-07	67-b-06-10	44-a-09-18

⑤ '風' 字

『證道歌』	1	 03-b-05-01	 04-a-01-09	 20-a-03-04	 30-a-06-06	 35-a-04-05	 36-a-05-09
『東國李相國全集』	1	 02-a-09-04	 03-b-02-09	 07-b-05-05	 10-a-04-11	 16-b-06-16	 17-b-09-10

2. 組版과 版式

비록 현존본의 두 종류 판본 모두 목판의 번각본이지만 판각의 상태가 양호하여 저본의 서체나 판식의 양상을 추정하는 데 큰 어려움이 없다. 『東國李相國全集』의 판식도 『證道歌』와 유사하며 조판의 상태는 판 내의 글자 수가 많아진 까닭에 서로 다른 판으로 보일 수 있으나 글자를 대조하면 서로 동일한 글자의 조판이라는 사실을 알 수 있다. 그 특징은 다음과 같다.

① 界線이 없다.
② 같은 줄 내에서 글자의 겹침이 없다.
③ 같은 줄 내에서 글자의 좌우 쏠림과 드나듦이 있다.
④ 일부 板面에서 上部의 上下 글자 간격이 下部보다 치밀하다.
아래로 갈수록 글자의 상하 간격이 넓어지는 판이 자주 나타난다.
⑤ 좌우의 列이 맞지 않는다.
⑥ 全集 권15의 제14장 뒷면 '與寮友諸君遊冏月月寺' 등 여러 곳에서 字間의 간격과 글자의 기울어진 현상 등을 볼 수 있다.

이러한 특징은 초기 활자본에서 찾아 볼 수 있는 전형적인 현상이다.

전체적으로는 『證道歌』와 『東國李相國全集』의 내용 분량이 각각 다르고 주제 분야, 즉 본문의 내용이 서로 차이가 나기 때문에 당연히 『東國李相國全集』에서 사용된 글자의 종류, 쓰임, 異體字, 동일자의 다른 크기와 書體 등 경우의 수가 상대적으로 많다. 跋文에 의하면 원본에 오류가 많다고 하였으나 실제의 판본에서는 일부를 제외하고 그 頻度가 많지 않고 비교적 底本의 서체나 판의 체제, 글자의 배열 등이 그대로 반영된 판으로 짐작할 수 있는 것이 대부분이다. 版心題는 '李相國集'으로 새겨져 있다.

3. 글자의 서체 一致 경향

『證道歌』와 『東國李相國全集』의 서체를 비교하기 위해 각 책의 본문 중 일부를 임의로 선별하여 하나의 본문으로 재구성하여 서체의 동질성 내지는 차이가 느껴지는지를 살펴보았다. 이를 확인하는 과정으로 같은 문장이나 글자를 對校해야 하지만 두 책은 서로 다른 내용이므로 서체의 전체적인 경향으로 판단할 수밖에 없다. 이의 대조를 위하여 두 책 모두 같은 소위 '증도가자'의 번각본이라는 조건하에 『證道歌』 제1장에서 제2장까지 나오는 일부의 글자와 문장을 무작위로 뽑아 『東國李相國全集』 권17의 제24장 판면 안에 혼합시켰다. 그 결과 다음 그림과 같이 『東國李相國全集』와 『證道歌』의 서체는 구분 지을 수 없을 정도로 비슷하게 나타났다.

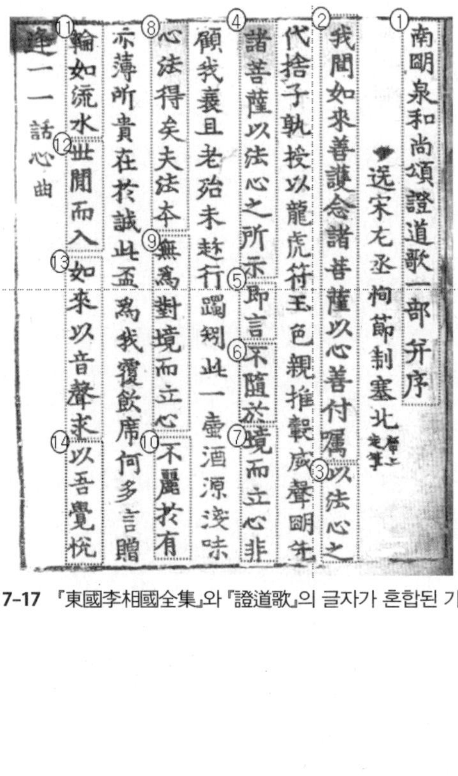

그림 7-17 『東國李相國全集』와 『證道歌』의 글자가 혼합된 가상면

〈그림 7-17〉의 혼합된 본문은 『東國李相國全集』 권17 제24장을 바탕으로 하여 『證道歌』 제1~2장의 일부 글자 및 문장을 배치시킨 것으로 『證道歌』 제1~2장에서 가져온 개별 글자는 [표 7-6]과 같다.

표 7-6 제1~2장에서 가져온 개별 글자

「證道歌」 제1~2장 中	① 1A 1행 ② 1A 2행 ③ 1A 3행 4–7자 ④ 1A 3행 1–9자 ⑤ 1A 4행 9–10자	⑥ 1A 6행 3–5자 ⑦ 1A 7행 11–15자 ⑧ 1A 7행 1–7자 ⑨ 1A 7행 8–14자 ⑩ 1A 6행 7–10자	⑪ 1B 1행 7–10자 ⑫ 1B 8행 1–4자 ⑬ 1B 4행 1–6자 ⑭ 2A 6행 12–15자

결과적으로 두 판본의 내용은 다르지만 글자의 서체는 기본적으로 같아서 글자를 혼합하여 사용해도 구분할 수 없을 정도로 서로 일치하고 있음을 알 수 있다.

제7절 종합

판본들의 성립 과정을 살펴보면 고려시대의 初刊本 활자본인 全集은 李奎報의 병과 죽음이라는 급한 상황에서 조성되었고 이어, 全集에서 빠뜨린 부분을 後集으로 추가하고 같은 1241년에 목판본으로 간행하였다고 추정된다. 이 판본들 중 全集은 활자본인 관계로 전본이 많지 않았고 오류도 일부 있었기 때문에 후에 이를 보완하고 목판본으로 재간행하였다. 이를 주관한 사람은 이규보의 손자인 이함과 전광재 등이었고 현존본으로 볼 때는 활자본을 저본으로 수정 판각한 것으로 보인다. 이 판은 고려 말 조선 전기에 걸쳐 補刻이나 改刻된 판본이 다소 전래되고 있고 傳本으로 볼 때 마멸된 부분이 전반적으로 나타나는 특징을 보인다.

조선 전기의 판본은 版心이 大黑口이며 간혹 상하에 魚尾가 추가로 나타난다. 이 판본은 글자의 배열과 체제는 分司大藏都監版의 형식을 유지하면서 개별 글자는 校正된 부분 외에 의미가 바뀌지 않는 범위 내에서 당시의 통용된 글자로 바꾼 것도 나타난다. 또 본문 중에 확인되지 않은 부분을 墨等으로 처리한 곳도 간혹 보인다.

조선 후기의 판본은 全州와 玄風의 두 곳에 나누어져 판각된 것으로 版心은 白口에 불규칙적인 花紋魚尾의 체제를 가지고 있어 17세기의 판본 특징을 잘 보여 주고 있다. 다른 판본에 비해서는 그 전본이 비교적 많은 편이다.

제8장 『直指』

고려시대

제1절 개요

1. 발견과 存續經緯

『白雲和尙抄錄佛祖直指心體要節』은 인출 당시 上·下 2책으로 인쇄되었는데, 19세기 말(1888~1891)에 주한 프랑스 대리공사로 조선에 주재하였던 꼴랭 드 플랑시(葛林德, Collin de Plancy, 1853~1922)가 프랑스로 귀국할 때 下卷 1책을 가져가게 되었다. 꼴랭 드 플랑시는 원래 파리대학에서 법학을 공부하고 現 국립동양언어문화학원에서 중국어를 공부한 후 1877년 중국 주재 프랑스 공사관 통역에 임명되어 6년 동안 근무한 인물이다. 그는 1887년 말 초대 주한 프랑스 대리공사에 임명되어 그다음 해인 1888년 5월에 부임하였다. 부임 직후 고종을 興福殿에서 알현한 내용과 정황이 『承政院日記』 1888년 5월 3일(갑인년)에 기록되어 있다.

그는 초대 한국 주재 대리공사로 임명되어 1891년까지 서울에 머물면서 한국의 도자기와 고서를 수집하기 시작했고, 서기관으로 서울에 부임해 온 모리스 쿠랑(Maurice Courant, 1865~1935)에게 한국에 전존하는 책의 목록을 만들도록 권유하였다. 한국에 머문 4년(1888~1891) 동안 1년에 한 번씩 많은 양의 책을 수집해 자신의 모교인 현 국립동양언어문화학원에 보내기도 하였다.

그 후에 다시 1896년부터 1906년까지 10년 동안 總領事 겸 서울 주재 공사로 한국에 체류하면서 고서적을 수집하게 되는데, 이 가운데 『白雲和尙抄錄佛祖直指心體要節』이 포함된 것으로 보이나 그 정확한 수집 방법이나 수집 시기는 알려지지 않고 있다.

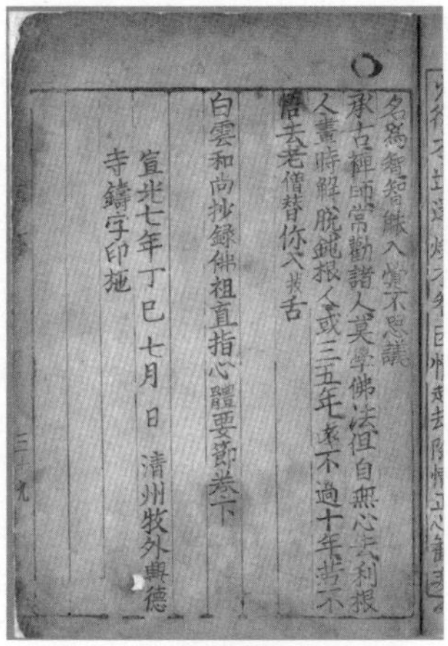

하권 권말제

하권 표지

그림 8-1 프랑스 국립도서관 소장 금속활자본 『직지』

이 책은 1900년 파리에서 열린 세계만국박람회에 전시된 적이 있고 1902년 모리스 쿠랑에 의하여 『한국서지(La Bibliographie Coréenne)』의 제4책 부록에 수록되었으나 가치를 인정받지 못하였다. 1911년 3월 27일부터 30일 사이에 있었던 플랑시의 물품 경매 때에 골동품 수집가인 앙리 베베르(Henry Vever, 1854~1943)가 180프랑에 구입하여 소장하였다가 그가 사망한 후 유언에 따라 1950년에 프랑스 국립도서관으로 기증되어 현재까지 보관 중이다.

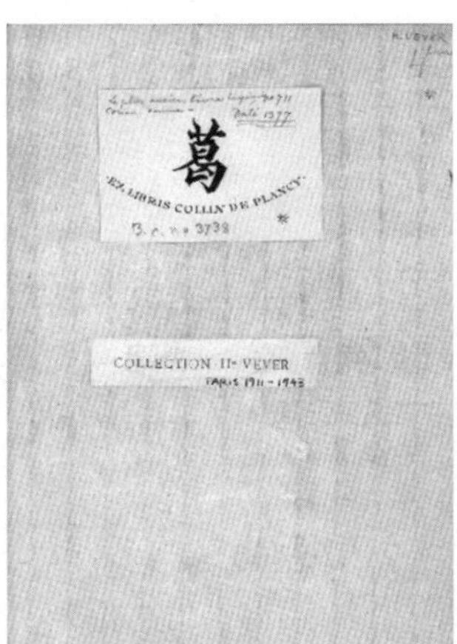

그림 8-2 『직지』 하권 앞표지 이면 플랑시와 베베르의 장서표

그림 8-3 꼴랭 드 플랑시

또 1931년의 『朝鮮活字印刷資料展觀目錄』에서도 중요한 자료로 발표되었지만 주목을 끌지 못다가 1972년 5월에서 10월까지 프랑스 파리의 국립도서관에서 개최된 유네스코의 '세계 도서의 해' 전시회에서 박병선에 의하여 고려 말에 간행된 금속활자본으로 소개되었다. 이후 국내 관련 학자들의 공동 연구로 고려시대 금속활자본임을 고증하였다.

한편 1985년 『白雲和尙抄錄佛祖佛祖直指心體要節』을 간행한 흥덕사의 터가 확인되기도 하였는데, 3월에 銘文이 없는 靑銅金甌 1점이 회수된 것을 계기로 7월부터 이 지역에 대하여 전면 발굴에 들어갔으며 10월 8일에 寺址의 동쪽에서 興德寺의 이름이 들어간 禁口 조각이 발견됨으로써 이 곳이 『白雲和尙抄錄佛祖佛祖直指心體要節』의 刊記 '宣光七年丁巳七月日 淸州牧外興德寺鑄字印施'에서 언급된 것과 같은 사찰임을 확인하였다. 이후 1986년 4월 사적지로 지정되었으나 일부에서 禁口에 나타난 기록을 전적으로 신뢰하는 것에 대한 의문이 제기되었다. 이에 5월부터는 寺址에서 반출한 흙을 조사하여 靑銅佛鉢의 외측면에 高麗 毅宗 4年(1150) 興德寺의 依止重大師 領仁이 발원하였다는 기록을 확인함으로써 寺址가 재확인되었고 6월에는 또 다른 유물인 禁口에서 '甲寅五月日 西原府興德寺…'라는 銘文이 발견되었다.

2. 撰者와 내용

1) 白雲和尙의 행적과 사상

이 책의 撰者인 白雲和尙은 全羅道 古阜(현재 전북 정읍) 사람으로 일찌기 佛家에 입문하여 법명은 景閑, 호는 白雲이라 하였다.

그는 어린 나이에 출가하여 불교경전을 익히며 오로지 수행에만 전력하였다. 景閑은 六祖禪法의 정통인 祖師禪의 본질로서 無心禪을 내세웠는데 중국 臨濟宗 虎丘派의 법맥을 이은 石屋 淸珙(1272~1352)이 그의 스승이며 인도의 고승 指空和尙에게도 가르침을 받았다. 그 후 우리나라로 돌아와 황해도 해주 등지의 사찰에서 주지로 있었으며, 말년에는 경기도 여주의 鷲岩寺로 옮겨 후진 양성에 힘쓰다가 興德寺字本이 나오기 3년 전인 恭愍王 23年(1374)에 77세의 나이로 입적하였다.

『白雲和尙抄錄佛祖直指心體要節』은 景閑이 75세가 되던 해(1372) 그의 스승인 石屋禪

師에게 받은 1권으로 이루어진 책을 참고하고, 송나라 道原의 『景德傳燈錄』과 高麗 慧諶(1178~1234)이 편찬한 『禪門拈頌』을 비롯한 史傳類를 두루 섭렵하여 새로 상·하권을 집성하였다. 그 후 그의 제자들이 유고를 모아 1377년 淸州牧 興德寺에서 금속활자로 찍어 전하게 된 것이다.

景閑에 대한 초기의 기록은 상세하지 않으나, 대선사라는 僧階와 왕실에서 그를 불러 기우제를 주관하게 하였던 사실은 선사가 걸어왔던 길이 비교적 순탄하였다는 것을 보여 주는 것이고, 그 인물됨은 52세가 넘었음에도 불구하고 中國으로 건너가 깨달음을 얻고자 하는 노력을 통하여 어느 정도 짐작할 수 있다. 우리나라 臨濟宗의 시조가 된 太古 普愚國師(1301~1382)와 曹溪禪宗을 다시 일으킨 懶翁 惠勤和尙(1320~1376)과 더불어 우리나라 선교사에 있어 高麗 末期의 3대 인물로 불린 曹溪宗 계통의 큰스님이었다.

景閑은 이외에도 『白雲和尙語錄』을 남기고 있는데, 이 어록은 경한이 평생 동안 닦아온 깨달음의 도에 대한 정수를 모은 것으로 당시의 불교계에서는 '캄캄한 어둠을 밝혀 주는 등불이며, 무더위를 식혀 주는 시원한 바람'으로까지 비유된 책이다.

특히 이 책에서 宰臣 印安에게 올린 글에서는 佛事의 허황됨을 지적하였고, 政丞 尹桓에게 올린 글에서는 '圓覺修證儀'를 얻고자 하는 바람에 대해 경전을 읽는 것보다 마음가짐이 더욱 중요하다고 지적하여 당시의 佛事 위주의 공덕 행위와는 큰 차이를 보이는 그의 無心禪과 在家信仰觀의 특징을 볼 수 있다.

2) 내용 및 명칭

이 책은 한국의 학승들이 大敎科를 마치고 隨意科에서 학습하게 되는 『景德傳燈錄』, 『禪門拈頌』 등 史傳部의 여러 서적에 나타난 역대의 여러 부처님과 祖師들의 偈, 頌, 讚, 歌, 銘, 書, 法語, 問答 중에서 선의 요체를 깨닫는 데 필요한 내용만을 가려 뽑은 것으로 상·하 2권 2책으로 구성되어 있다. 상권에서는 印度와 中國의 유명한 祖師를 수록하였으며, 하권에도 祖師들의 게송, 찬송, 법어, 문답, 서신 등이 수록되어 있다. 그러나 이 책의 편집 체제는 단락 구분이 명확하지 못하여 편집 구성에서 다소 미흡한 점이 보인다.

鷲岩寺本에 의하면 상권에 나타나는 내용은 과거 莊嚴劫 때 나신 毘婆尸 등 3佛과 賢劫 때 나신 拘留孫 등 석가모니 4불을 포함하여 7부처님의 극히 간략한 偈語를 필두로 이들 7불로부터 법통을 이어받은 인도의 제1조인 摩訶迦葉 이하 제28조인 菩提達磨까지의 28존과 達磨를 시조로 하는 중국의 慧可 등 5조사와 그 각 법맥을 이은 후세의 여러 고승 중 惠安國師에 이르기까지의 법어로 되어 있다.

하권에서는 鵝湖和尙 이하 古德和尙에 이르기까지 역대의 모든 부처와 祖師들이 도를 깨치고 선의 요체를 깨닫는 데 필요한 내용으로 이루어져 있는바, 그 앞부분에서는 先師들의 문답으로 도를 토론한 내용이 있으며, 뒷부분에서는 도를 깨치고 기뻐서 지은 大乘讚 10수, 인간의 번뇌는 본래 고적한 것을 알리는 科詩 14수, 심경의 오묘함을 읊은 了元歌, 수도승의 고고한 정신을 엿볼 수 있는 洞山良价和尙이 집을 떠나면서 부모님께 올린 글 등의 내용으로 되어 있다.

특히 하권에는 우리나라의 신라시대 때 고승인 大嶺禪師의 말씀도 들어 있어 주목을 끌고 있다. 이 책의 중심 주제인 直指心體는 "直指人心 見性成佛"이라는 禪宗의 悟道名句에서 따온 것으로 참선하여 사람의 마음을 바르게 볼 때 그 마음의 본성이 곧 부처님의 마음임을 깨닫게 됨을 뜻한다.[1]

한편, 이러한 내용과 더불어 책의 끝부분에는 '白雲和尙抄錄佛祖直指心體要節'이라는 서명이 명기되어 있는데, 이 서명에 관한 문제는 실로 오랫동안 지속되었지만 어떤 명칭도 전폭적인 지지를 받지 못하고 있는 실정이다. 『白雲和尙抄錄佛祖直指心體要節』이라는 완전서명이 대중화하기에는 너무 긴 이름인 까닭에 학자들마다 또 간행자료마다 다양하게 표기되어 왔다. 지금은 사용하지 않지만 처음에 국내에 소개된 '直指心經'이란 명칭을 시작으로 대체로 다음과 같은 여러 양상으로 나타난다. 최근에는 '直指'라는 짧은 명칭이 학계를 비롯한 상용 대표어로 소통되고 있다.

① 直指心經　② 直指　③ 直指心體
④ 直指心體要節　⑤ 白雲和尙直指心體要節　⑥ 白雲直指心體
⑦ 白雲抄錄直指, 白雲直指心要, 白雲直指
⑧ 佛祖心要　⑨ 佛祖直指心體要節　⑩ 佛祖直證心體要節
⑪ 佛祖直證心體　⑫ 心要　⑬ 直指經

1 李世烈 譯, 『直指 下卷』, 서울: 保景文化社, 1997, pp. 11-20.

3. 형태

흥덕사자본『直指』는 당시 上·下 2권으로 간행되었으나 현재 상권은 전하지 않고 하권만이 전래되어 프랑스 국립도서관(BNF) 동양문헌실에 소장되어 있는데, 프랑스 국립도서관 홈페이지에서 그 이미지를 확인할 수 있다. 표지에는 서명과 책차인 '直指 下'가 墨書되어 있고 중앙 상단에 프랑스어로 "이 책은 1377년에 금속활자로 인쇄된 가장 오래된 한국인쇄본이다"라고 적은 기록이 있다. 책을 구성하고 있는 종이는 닥나무로 만든 楮紙를 사용했으며, 붉은 실을 사용하여 다섯 곳을 묶은 五針眼訂法의 線裝本 형태를 하고 있다.

『直指』 표지에는 斜格子卍字紋蓮花紋이 들어 있는데, 이러한 定型化된 표지 문양은 적어도 18세기 이후에 나타나는 문양이다. 따라서 현재의 표지는 후대에 새롭게 改裝된 것으로 보인다. 서지적 형태는 四周單邊에 크기가 24.6×17.0cm로 界線이 있고, 본문의 行字數는 11行 18~20字로 되어 있으며 註는 小字雙行이다. 판심부에 魚尾가 없으며 판심제는 '直指 下'이고, 1장이 없어 卷頭題는 알 수 없지만, 卷末題는 '白雲和尙抄錄佛祖直指心體要節 卷下', 書根題는 墨書로 '直指心經'이라 명기되어 있다.

한편 앞표지와 그 이면에는 꼴랭 드 플랑시와 앙리 베베르를 거쳐 프랑스 국립도서관에 소장되기까지 여러 과정이 첨부된 종이와 기록으로 남아 있다. 즉 표지 상단에 '711'번이 쓰여진 書標가 있는데, 이는 1911년 3월 드루오 경매장에서 경매될 당시 제작된 경매 카탈로그상의 번호이며, 하단에는 프랑스 국립도서관의 한국본 장서를 뜻하는 도서번호 'COREEN 109'번이 덧붙어져 있다. 또한 본문과 표지 사이의 간지도 후대에 덧붙인 것으로, 안쪽에는 꼴랭 드 플랑시의 장서표를 뜻하는 '葛/EX LIBRIS COLLIN DE PLANCY'가 표시된 書標가 부착되어 있다. 여기서 '葛' 자는 플랑시가 조선에 초대 대리공사로 부임하면서 사용한 한자 성명인 '葛林德'의 첫 자를 따서 적어 놓은 것이며, 아울러 이 첨지에는 '1377년에 금속활자로 인쇄했음'을 명확히 기재하고 있다. 그 아래로 앙리 베베르가 1911년부터 1943년까지 소장하고 있었음을 나타내는 첨지도 부착되어 있다.

권말에 '宣光七年丁巳七月日 淸州牧外興德寺鑄字印施'라고 하여 이 책이 간행된 시기와 장소에 대한 사실이 나타나 있다. 간기 다음으로 緣化門人인 釋燦과 達湛 및 施主者 比丘尼 妙德 등 책의 간행과 편찬에 관여한 인물들이 수록되어 있다. 전체적인 인쇄 상태는 비교적 양호한 편이지만 오랫동안 佛腹藏으로 있으면서 송진이 스며든 흔적과 인출 시의 부주의로 印面이 이중으로 인쇄된 흔적 등이 보인다.

조선시대 활자본과 비교해 보면 초기 활자본의 특징상 版心에 黑口와 魚尾가 전혀 없으며, 版心을 구성하는 부분에는 版心題와 卷次 그리고 張次를 나타내는 숫자가 나타나 있다.

4. 관련 자료

1) 鷲岩寺 木板本

興德寺에서 금속활자로 간행한 이듬해인 1378년 6월 경기도 여주의 鷲岩寺에서 간행한 목판본으로 이 판본이 발견됨에 따라 『白雲和尙抄錄佛祖直指心體要節』의 수록 범위, 내용 등에 관한 연구가 급진전을 이루게 되었다. 興德寺字本은 현재 프랑스 국립도서관에 하권만 제일 첫 장이 떨어진 상태로 보관되어 전해지고 있으나, 鷲岩寺本은 간행년대와 간행 장소는 같으나 다른 판본일 것으로 여겨지는 목판본이 국립중앙도서관과 장서각에 각각 상·하 2권 1책의 완질본과 佛甲寺 복장본에서 발견된 일부 파손본 형태로 전해진다. 따라서 현재 전하는 목판으로 간행된 『白雲和尙抄錄佛祖直指心體要節』의 刊本은 모두 3종이 있다.

표 8-1 각 소장처별 『직지』의 특징

소장처	판종	권차	서문	발문	비고
장서각	목판본	상·하권	成士達, 李穡	있음	
국립중앙도서관	목판본	상·하권	없음	있음	후쇄본
불갑사	목판본	상·하권	없음	없음	
프랑스국립도서관	주자본	하권	없음	없음	

藏書閣本은 『白雲和尙抄錄佛祖直指心體要節』의 刊本 중 유일하게 序文과 跋文이 수록되어 있다. 서문은 禑王 3年(1377) 당시 重大匡이였던 成士達과 同王 4年(1378)에 당시 領藝文春秋館事였던 牧隱 李穡이 각각 쓴 것인데, 成士達은 주로 백운화상의 행적에 대해 언급을 하였고 李穡은 '이렇게 보잘것없는 나에게 법린스님 등 백운선사님의 제자분들

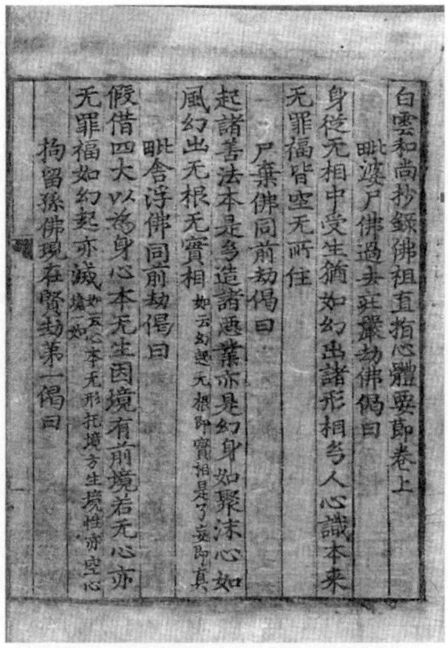
白雲和尚抄錄佛祖直指心體要節卷上
毗婆尸佛過去莊嚴劫佛偈曰
身從无相中受生猶如幻出諸形相幻人心識本来
无罪福皆空无所住
尸棄佛同前劫偈曰
起諸善法本是幻造諸惡業亦是幻身如聚沫心如
風幻出无根无實相
毗舍浮佛同前劫偈曰
假借四大以為身心本无生因境有前境若无心亦
无罪福如幻起亦滅
拘留孫佛現在賢劫第一偈曰

그림 8-4 장서각 소장, 『직지』 상권 권수제

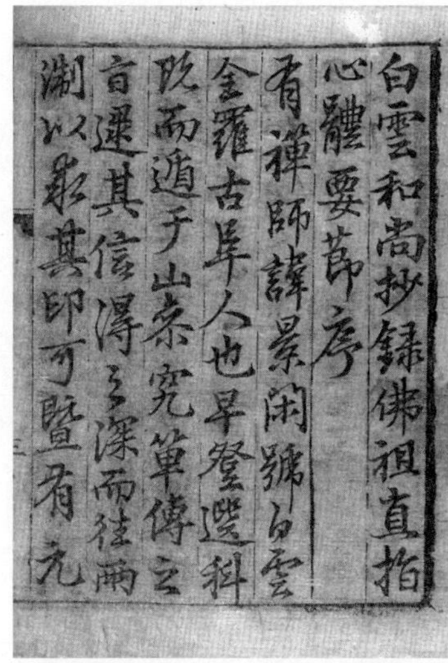
白雲和尚抄錄佛祖直指
心體要節序
有禪師諱景閑號白雲
金羅古阜人也早登選科
陂而遁于山谷究單傳之
旨逮其信得之深而往兩
浙以求其印可暨有元

그림 8-5 장서각 소장, 『직지』 성사달 서문

이 이렇게 글을 써 줄 것을 청하니 몸 둘 바를 모르겠고, 여러 번 사양하였으나 백운선사께서는 77년의 삶을 사시면서 세상 사람들이 모두 섬겨 받드신 존경받을 만한 분이시기 때문에 나의 보잘것없는 글 솜씨로 『白雲和尙抄錄佛祖直指心體要節』에 대한 대략의 뜻을 글로 쓴다'라고 하였다.

한편, 興德寺 金屬活字本에는 빠져 있는 跋文이 藏書閣과 國立中央圖書館의 木板本에 동일한 형태로 나타나는 것으로 보아 목판본 간행 때 누군가가 발문을 쓴 것으로 보이며 제목과 쓴 사람의 기록은 없다.

佛甲寺本은 1998년 靈光의 佛甲寺에서 발견된 것으로 표지뿐만 아니라 藏書閣本에 있는 李穡과 成士達의 서문 및 발문이 모두 없다. 권수와 본문의 훼손이 심하여 본문의 내용은 卷上의 후반부에 가서야 온전하게 볼 수 있다. 책의 크기는 25.5×15.7cm로 藏書閣本이나 國立中央圖書館本보다 더 크고 판식은 藏書閣本과 동일하게 나타난다.

『直指』가 금속활자로 간행된 바로 이듬해 목판본으로 간행된 배경에는 여러 가지 요소가 내재되어 있다. 이렇게 판본을 달리하여 간행하게 된 것은 『直指』가 많은 분량이어서 대량 출판해서가 아니라 후세에 전해질 중요한 책이었기 때문인 것으로 보인다. 처음에는 경비가 적게 드는 활자인쇄를 선택하였다가 수요가 급증하다 보니 또 다시 판짜기

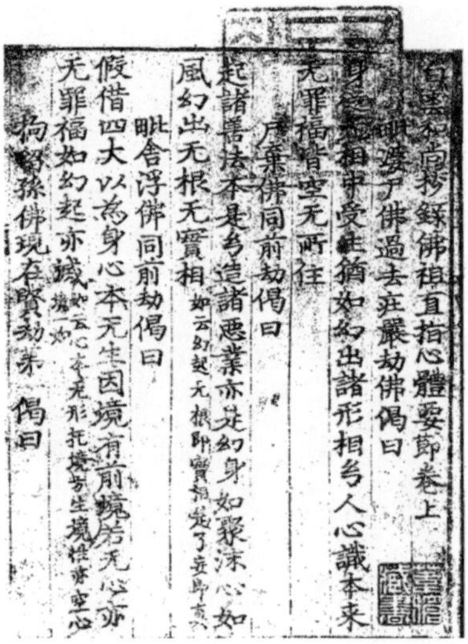

그림 8-6 국립중앙도서관 소장 『직지』 상권 권수제

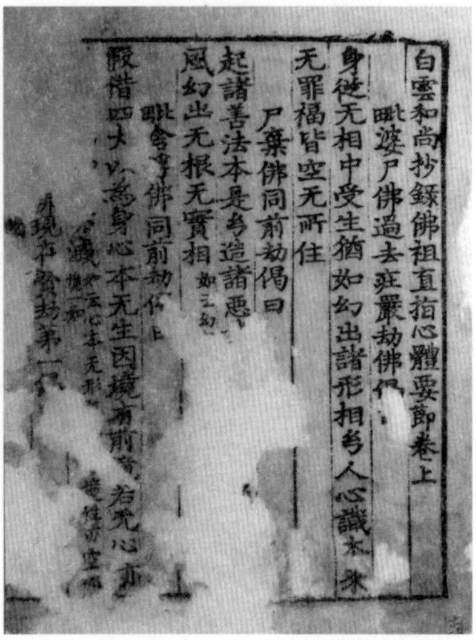

그림 8-7 불갑사 소장 『직지』 상권 권수제

를 해야 되는 활자인쇄보다는 오랜 기간 보관하면서 수시로 인쇄할 수 있는 목판인쇄를 선택하였을 가능성도 있다. 또 금속활자의 상태가 본문 중 소자를 대용한다든가 인쇄의 상태가 고르지 못한 점, 오자 등 출판기술적인 문제로 다시 간행할 수도 있고 취암사와 경한의 관계 또는 제자들 간의 관계상 다시 목판으로 간행하였을 가능성도 있다. 그 밖에 활자본에서 서문과 발문을 포함시키지 못하여 이를 추가하기 위하여 간행했을 가능성을 비롯하여 사회·경제적 측면, 기술적 측면 등에서도 간행의 배경을 찾을 수도 있을 것이나 구체적 사실은 관련 자료의 발굴을 더 기다려야 할 것이다.

2) 筆寫本

『白雲和尙抄錄佛祖直指心體要節』의 필사본으로 현재 유일하게 알려진 흥덕사자본의 필사본 1책과 취암사본 계열의 필사본이 몇 책 전해지고 있다. 흥덕사자본의 필사본이 필사된 시기는 筆寫記에 의하면 1613년이며 이로써 적어도 이 시기까지는 활자본 『白雲和尙抄錄佛祖直指心體要節』이 읽혀지고 있었음을 알 수 있다. 그 특징적인 면을 살펴보면 다음과 같다.

첫째, 이 필사본에는 興德寺字本에는 없는 제1장이 있으며 본문의 기록은 대체로 원문을 충실하게 필사하였다. 따라서 필사 시에 나타나는 일반적인 현상인 誤, 脫, 略字 사용 등을 이 자료에서도 여러 곳에서 찾아볼 수 있고 小字도 그대로 옮겨 적고 있다.

둘째, 鑄字本에서 가필로 보충·수정된 부분, 즉 제2장의 '動' 字 같은 경우 이 필사본에서 원문 속에 넣어 문장을 완성한 것은 프랑스에 소재하고 있는 책을 당시에 베꼈기 때문으로 보인다. 또한 책을 필사하기 전에 미리 邊欄을 그려 두고 序, 上·下卷의 표시를 한 것은 처음에는 체제를 완전하게 만들려 하였으나 이미 당시에도 활자본은 하권만 존재하였기 때문에 부득이 처음의 구분을 무시하고 하권만 옮겨 적은 것으로 보인다.

셋째, 필사 시기는 1613년의 임란 직후이며 필사자는 '松老奄書'로 스님의 법명이나 그 밖의 사항을 알 수 없다.

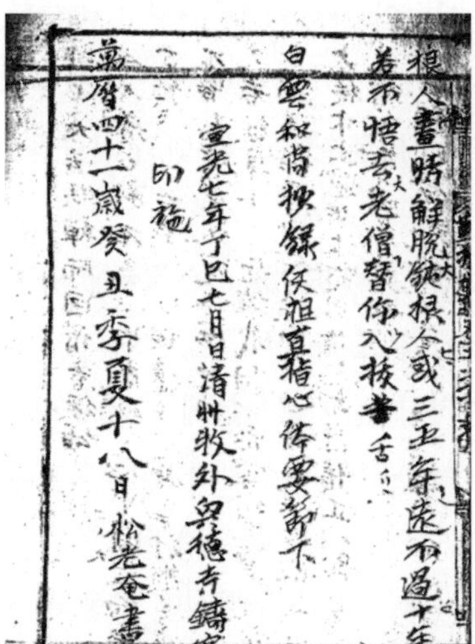
根人晝時解脫鈍根今或三五年遠不過十年
若不悟去老僧替你入拔舌
白雲和尚抄錄佛祖直指心体要節下
宣光七年丁巳七月日淸州牧外興德寺鑄字
印施
萬曆四十一歲癸丑季夏十八日 松老菴書

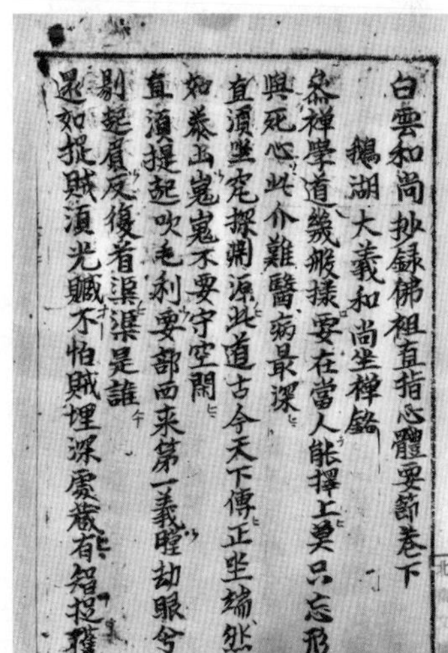
白雲和尚抄錄佛祖直指心體要節卷下
鵝湖大義和尚坐禪銘
叅禪學道幾般樣要在當人能擇上莫只忘形
與死心此介難醫病最深
直須坐究探淵源此道古今天下傳正坐端然
如泰山嵬嵬不要守空閑
直須提起吹毛利要部西来第一義瞠劫眼令
剔起眉反覆着渠渠是誰
還如捉賊須光贓不怕賊埋深處藏有智捉獲

그림 8-8 1613年 筆寫本『白雲和尙抄錄佛祖直指心體要節』

한편 1613년 필사본과는 달리 또 다른 필사본도 전존되고 있는바 이 판본은 鷲岩寺本 계열의 필사본으로 李穡, 成士達의 서문이 함께 권수에 있으며 권말의 발문은 나타나지 않는다. 筆寫의 상태는 대단히 정성을 들여 정교하게 베꼈으나 능숙한 달필의 서체는 아니며 그 형태적으로 판단할 때 시기는 18세기 이후이고 다분히 19세기일 가능성이 많다. 부분적으로 쓰여진 구결도 모두 조선 후기의 형태를 보여 주고 있다.

5. 전래 과정

현존하는 활자본『白雲和尙抄錄佛祖直指心體要節』의 표지를 형태서지적으로 검토하면 격자 모양의 사방연속문양에 중앙 마름모꼴 안에는 花紋이 들어 있다. 이러한 표지의 유행시기는 18세기 후반부터이다. 즉 이 표지는 원래의 고려본에 붙어 있었던 제 표지가 아니라 후대에 새롭게 장정한 것이며 더불어 제1장이 없어진 점 또한 流轉되는 가운데 떨어진 것이라 판단된다.

한편 활자본『白雲和尙抄錄佛祖直指心體要節』의 내부 紙質은 얇은 닥종이에 인쇄된 각 면의 상단 좌우에 진한 얼룩이 있다. 이는 대체로 佛腹藏되었을 경우 木佛의 송진이 책에 스며든 것이므로 프랑스에 있는 현존본이 어느 시기 동안 佛腹藏으로 있었을 것은 확실하다. 다만 그 시기 면에서 표지가 改裝된 시기와 筆寫된 1613년을 비교할 때 麗末鮮初의 어느 때 어느 사찰에 腹藏되어 있다가 적어도 17세기 초 이전에 改金佛事 등의 이유로 佛腹藏이 한번 노출되고 이때 세상에 나와 松老菴과 그 주변의 인물들에게 읽히고 필사된 것으로 추정되기도 한다.

물론 그들이 본 자료가 또 다른 활자본『白雲和尙抄錄佛祖直指心體要節』일 수 있으나 현존의 활자본 본문의 교감에서 제2장 뒷면 8행 '此是如如不[ ]之義' 중에서 빠진 곳을 행의 마지막 글자 뒤에 朱書로서 '動' 자를 추가하고 있고 필사본에는 '此是如如不[動]之義'와 같이 완전하게 교정하여 써 둔 점으로 미루어 볼 때 필사자가 다른 여러 판본과 비교하지 않았다면 그와 같이 잘못된 곳을 쉽게 발견할 수 없었을 것이다.

또 활자본에는 墨書와 朱書로 쓰여진 두 가지의 구결과 구두점이 사용되고 있는 바 이를 자세히 검토하면 주서가 묵서보다 늦게 쓰여졌음을 알 수 있다. 그렇다면 '動' 자의 보충은 조선시대에 와서 이루어졌으며 필사본의 필사자가 몇 부 간행되지 않았을『白雲和尙抄錄佛祖直指心體要節』중에서 또 특별한 교정기록이 있는 이 책에 의거하지 않고 다른 底本을 사용하였을 가능성은 대단히 줄어들게 된다. 단 朝鮮時代 乙亥字 大字 언해본『楞嚴經』의 경우 잘못된 곳의 수정을 위하여 모두 수거하여 朱書로 교정하고 교정자의 이름을 권말에 붙인 경우를 볼 수 있다. 이 책도 혹시 잘못된 곳을 간행된 직후 수거하여 朱書로 교정하였다면 여러 책이 있을 가능성도 있으나 朱書로 써진 구결과 다른 기록을 검토하면 주로 쓰인 용례는 모두 朝鮮時代의 것으로 추정되고 墨書口訣을 쓴 뒤에 덧칠되거나 쓴 것으로 보인다. 따라서 결과적으로는 일괄적인 교정이 아니라 후대의 특정인에 의하여 교정된 결과이므로 이 필사본은 현재까지 알려진 책 중 프랑스에 있는 『白雲和尙抄錄佛祖直指心體要節』의 제1장이 낙장되기 전에 필사한 유일한 책으로 판단할 수 있다.

朱書口訣字의 예: 大 阝[댄] ソ 刂 丶[하리라] ソ 丆[하면] 刂 午[리오]
ソ ロ[하고] ソ ヒ[하니] ヒ 丶[니라] ソ 人[하라] ソ ㅌ ヒ[하나니]

따라서 두 자료의 전래 과정을 추정하면 다음과 같이 정리된다.

표 8-2 필사본 『직지』와 주자본 『직지』의 전래 과정

시기	전래 과정	
14세기 후반	**제1장이 있는 佛腹藏 活字本**	**『直指』 하권**
16세기 말~17세기 初	改金佛事 시 출현되어 流轉: 표지 없음	
17세기 初	筆寫(1613)	原本의 流轉
17세기 중반	筆寫本의 佛腹藏	原本의 제1장이 떨어짐
18~19세기		原本의 改裝
19세기 말	筆寫本의 발견	原本의 발견
20세기 후반		原本의 재발견
20세기 말		

제2절 금속활자본 『直指』의 특징

1. 활자의 주조 방법[2]

『直指』에 나타나는 여러 특징들을 이해하기 위해서는 금속활자의 주조 방법을 살펴볼

2 '1. 활자의 주조 방법', '2. 글자 모양의 특징'은 淸州古印刷博物館, 『直指硏究』(청주: 청주고인쇄박물관, 2010)의 내용을 발췌한 것이다.

필요가 있다. 고려시대 금속활자 주조법에 관한 기록이 문헌에 남아 있지 않고, 학자들 사이에 의견이 분분하여 완벽하게 활자 주조 방법을 고증해 내기란 쉽지 않다. 많은 학자들과 전문가들이 오랜 연구와 실험복원을 통해 현재까지 밝혀낸 전통적인 활자 주조 방법으로는 밀랍주조법, 주물사주조법, 도토주조법 등이 있는데, 학자들은 이 중 『直指』를 찍은 '興德寺字'의 주조법이 밀랍주조법일 것이라는 추정을 제시하고 있다.

먼저 鑄物沙鑄造法은 활자 주조를 위해 특별히 만들어진 모래를 고르게 편 뒤 필요한 수만큼 글자를 찍어 연결된 홈을 통하여 쇳물을 녹여 부어 활자를 만드는 방법이다. 이 방법은 나무로 조각한 父字와 모양이 동일한 활자를 계속 만들어 낼 수 있는 장점이 있다. 만일 『直指』를 인쇄한 興德寺字가 주물사주조법으로 주조된 활자라면 동일한 활자가 같은 장에서 사용된 예가 나타날 수 있다. 그러나 『直指』에는 글자 획이 서로 물리는 경우도 있고 같은 면에서 동일한 활자의 같은 모양이 거의 나타나지 않는다. 그동안 이를 『直指』가 주물사주조법으로 인쇄한 활자라고 설명할 수 없는 증거로 사용하기도 하였다. 그러나 조선 초기 계미자본의 경우 주물사주조법에 의해 활자 주조가 이루어졌으면서도 획이 엇물리는 현상이 나타나기도 한다.

한편 밀랍주조법은 정제된 밀랍에 글자를 새겨 만드는 방법이다. 이 과정에서 만들어진 밀랍활자를 이암(석비레), 모래, 황토 등을 섞어 만든 주형재료로 둘러싸고 마른 후에 열을 가하면 내부의 밀랍은 녹아 없어지고 글자 모양의 字型이 생긴다. 여기에 녹인 쇳물을 부으면 활자가 만들어진다. 밀랍활자가 녹아 없어지기 때문에 하나의 父字(어미자)로 하나의 활자밖에 만들 수 없다는 단점이 있다. 또 네모난 활자가 아니라 글자체대로 만들 수 있는 밀랍 父字의 특성상 글자끼리 맞붙거나 엇물림 현상이 생길 수 있다. 따라서 興德寺字를 밀랍주조법으로 만들었다는 설명도 가능해진다.

앞의 두 주조법과 더불어 도토주조법은 조선 후기 민간에서 사용한 활자 주조법으로 알려져 있다. 먼저 도자기를 만드는 재료를 반죽하여 바닥에 고르게 깔고 반쯤 굳기를 기다려 미리 써 둔 글자를 뒤집어 붙인 다음 조각도로 새긴 후 굳으면 쇳물을 부어 활자를 만드는 방법이라 『厚生錄』에서 언급하고 있지만, 구체적인 방법이 적혀 있지 않아 실제의 실험에서 여러 차례 복원을 시도하였음에도 만족할 만한 결과를 얻지 못하고 있다.

2. 글자 모양의 특징

『直指』를 인쇄한 금속활자는 크기에 따라 큰 자(중간 자)와 작은 자 2종으로 구분할 수 있다. 큰 자(중간 자)는 본문을, 작은 자는 주를 달기 위해 사용된 것으로 보이는데, 작은 자는 본문에서 큰 자(중간 자)가 부족할 때 임시 방편으로 대용하였다. 『直指』에 사용된 중간 크기의 활자들이나 작은 크기의 활자들 모두 같은 크기의 동일한 활자로 분류되지만 자세히 조사해 보면 書體나 크기, 사용 정도 등에 따라 서로 다른 활자들이 혼용되고 있음을 알 수 있다. 이는 주조 시기가 다른 데서 기인할 수 있으며, 『直指』를 인쇄한 것으로 알려진 興德寺字는 『直指』를 인쇄하기 위해 주성된 활자가 아닐 수 있음을 뜻하는 것이기도 하다. 이미 『直指』보다 빠른 시기에 인쇄된 것으로 추정되는 『慈悲道場懺法集解』의 번각본이 발견되었지만, 이에 대해서는 향후 지속적인 연구와 조사가 필요하다. 또한 글자 모양이 부정확하고 글자에 칼로 새긴 흔적이 있는 글자도 있지만 실물을 조사해 보면 모두 금속활자로서 父字에서의 조각 흔적이 그대로 주조될 때 남은 것이라 볼 수 있다.

한편 『直指』의 書體는 거시적으로는 고려 후기에 유행하던 書體이지만 정확히 이와 같은 서체를 가진 문헌은 아직 발견되지 않았다. 개별 글자의 차원에서는 父字를 새기거나 주조 시 거칠게 만들어져 글자 모양이 고르지 않고 주조 시기의 차이에 의한 사용 정도 차이에 따라 획의 굵기 차이와 끊김 현상이 나타나며 가지런하지 못한 편이다.

3. 금속활자본 『直指』의 활자 인쇄 상태

① 『直指』 원본을 자세히 살펴보면 모든 張의 거의 모든 활자(글자)들의 인쇄 상태에서 금속활자인쇄의 가장 큰 특징인 斑點의 흔적을 육안으로도 뚜렷하게 확인할 수 있다.

② 일반적으로 활자체의 굵기가 고르지 못한 현상들이 확인된다. 이러한 현상은 활자인쇄의 기술이 발전하지 못한 초기의 상황에서 그 부자(父字; 木活字 또는 밀랍활자) 刀刻의 미숙 또는 금속활자 주조 기술의 미성숙한 상태를 보여 주고 있다.

③ 인쇄 상태가 진하게 인쇄되지 않았기 때문에 인쇄의 희미한 부분, 즉 획이 빠지거나 분명하지 않은 곳은 묵서로 보충한 곳이 많은 것으로 확인되었다. 그러므로 『직지』에서 대표자나 字型을 선정할 때 세심한 주의가 필요하다.

④ 植字가 잘못되어 誤字가 인쇄된 부분 중 일부를 칼 등으로 긁어내고 덧칠하여 교정한 흔적이 있다.

예 제3장의 앞면 5행 제13자
'今目則' ⇒ '今日則':
'目'의 아랫부분을 칼 등으로
긁어내어 '日' 자로 교정한 사례

⑤ 문장 중에 빠진 부분을 朱書·墨書로 교정한 부분이 있다.

예 ㉠ 朱書로 筆插한 경우 / ㉡ 墨書로 筆插한 경우

제2장 뒷면 8행 제11자 '動'

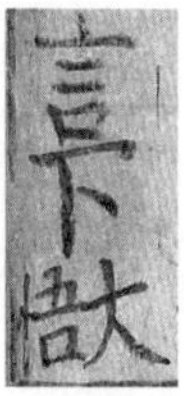

제2장 뒷면 11행 하단부
'言下大悟' 중 '大悟'; 下(中字)大悟(小字)

⑥ 誤字를 지우고 그 자리에 묵서로 교정한 사례가 있다.

예 제2장 뒷면 8행 제7자 '如'

⑦ 마모나 사용 빈도가 많았던 것으로 추정되는 글자가 보인다. 특히 '巖' 자의 경우, 마지막 획인 '文'의 첫 획에 어긋난 층이 보인다.

예 ㉠ 제2장 뒷면 11행 제2자 ㉡ 제6장 앞면 10행 제13자

⑧ 인쇄된 글자 중 父字 刀刻의 흔적 또는 획의 중간이 끊어져 있는 사례가 있다.

예 ㉠ **제6장 뒷면 2행 제13자 '見':**
제2획의 중후반 및 마지막 획의 후미(後尾) 직전 중간 부위는 도각의 확연한 흔적이라 볼 수 있다.

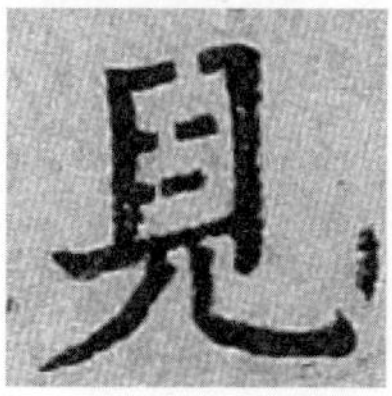

㉡ **제27장 앞면 3행 제7자 '因'**

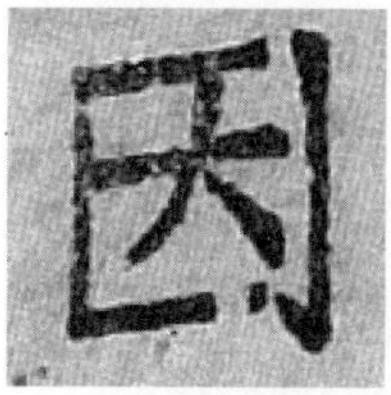

이 경우, 그 부자(父字; 목활자 또는 밀랍활자) 상태가 끊어진 상황에서 鑄成되었을 가능성을 배제할 수 없다.[3]

⑨ 진하게 찍힌 글자 중 확대경으로 반점이 보이지 않는 경우도 간혹 있지만, 반점이 선명하게 나타나는 경향이 대체적으로 강하다.
이 경우 3~5배 등의 확대경으로 인쇄 글자의 상태를 면밀하게 관찰해 보면 인쇄된 획의 전반에서 斑點이 명확하게 나타난다.

예 ㉠ **제27장 앞면 8행 제5자 '然':**
인쇄 상태 진함, 각 획의 일부에서 반점이 또렷하게 보임.

㉡ **제19장 뒷면 2행 제15자 '竹':**
인쇄 상태 진함, 좌변 획의 일부에서 반점이 보임.

특히 위 '竹' 자의 경우, 반점이 잘 나타나지 않을 만큼 그 인쇄 상태가 진하다. 그러나 확대경으로 면밀하게 관찰해 보면 '竹' 자의 좌변 획의 일부에서 반점이 확인된다. 따라서 이들 많은 부분의 진한 글자들은 목활자가 아닌 금속활자로

3 목활자의 부자일 경우 木理에 의한 획의 탈락 가능성 또한 배제할 수 없다.

보아야 할 것이다. 이러한 현상은 조판 때에 조판 면이 고르지 않은 관계로 일부 활자들이 돌출된 상황에서 먹을 칠하고 그 위에 종이를 덮어 문질러 인쇄할 때 진하게 묻어난 결과라고 보아야 할 것이다.

⑩ 개별 글자 획의 주변에 활자 주조 때 생긴 너덜이로 추정되는 연결된 점·선 등이 보인다.

예 ㉠ 제3장 뒷면 9행 제15자 '解' ㉡ 제28장 뒷면 3행 제15자 '解'의 하단부

⑪ 활자의 초기 주성 시 획이 완전하지 않았거나 사용 중 일부 획이 마손되었을 가능성이 있는 글자가 많이 보인다.

예 ㉠ 제10장 뒷면 4행 제9자, 제14장 뒷면 3행 제2자, 제17장 앞면 2행 제2자에 인쇄된 '福' 자의 우방 하단인 '田'의 3획 후반부가 아예 인쇄되지 않은 상태로 나타난다.
㉡ 제26장 앞면 10행 제1자 '其'

제10장 뒷면 4행 제9자

제14장 뒷면 3행 제2자

제17장 앞면 2행 제2자

제26장 앞면 10행 제1자

이러한 경우는 父字의 제작 당시에 刻字匠의 刀刻 실수로 해당 획이 떨어져 나간 상태임을 의심해 볼 수 있다고 판단된다.

⑫ 小字로 補字한 대부분의 경우, 확대경으로 면밀하게 관찰해 보면 글자 획의 인쇄 부분에 斑點이 선명하게 나타난다. 이는 금속활자임을 증명할 수 있는 좋은 예이다.

예 ㉠ 제27장 뒷면 1행 제12자 '恰':
소자 보자, 반점이 보임

㉡ 제10장 뒷면 8행 제3자 '也':
소자 보자, 반점 보임

⑬ 두 줄로 조판된 小字들 또한 각 활자(글씨)의 획 속에서 斑點을 거의 확인할 수 있기 때문에 그 대부분이 금속활자인 것으로 확인된다.

제11장 앞면 11행에 나타나는 소자쌍행의 활자군

⑭ 『직지』의 금속활자본과 목판본의 인면(먹) 상태 실험에서 김동원 등[4]은 주사전자현미경을 통하여 『직지』와 1420년에 인출된 금속활자본 『문선』, 1380년에 간행된 목판본 『대방광원각수다라요의경』에서 시료를 채취 및 분석하여 판종에 따른 인면의 차이를 도출하였다.

4 김동원·홍영관·류해일, 「전자 현미경으로 관찰한 직지 금속활자본과 목판본」, 『과학교육연구』 제33집(2002), pp. 215-220.

4. 『直指』의 전반적인 인쇄 상태

① 인쇄의 상태가 고르지 못하여 먹의 진하고 옅은 차이가 많다.

예 **제33장 뒷면, 제34장 앞면:** 墨書 加筆이 많다.

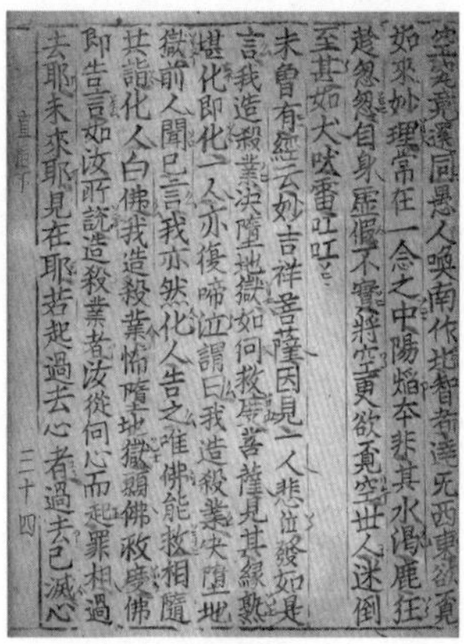

제34장 앞면

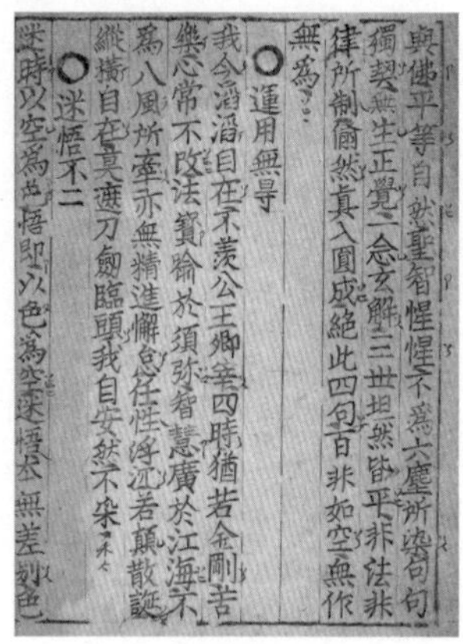

제33장 뒷면

② 인출 시 흔들려 이중으로 찍힌 부분이 많다.

예 ㉠ 제27장 앞면 우하단부는 전체적으로 흔들려 획이 굵어지고 흐려져 있고 제27장 뒷면은 인쇄 상태가 흐리고 하단부 墨書 加筆이 많음을 확인할 수 있다.

㉡ 제36장 앞면 상단부의 경우는 계선이 二重으로 찍힐 정도로 인출면이 흔들린 상태를 확인할 수 있다.

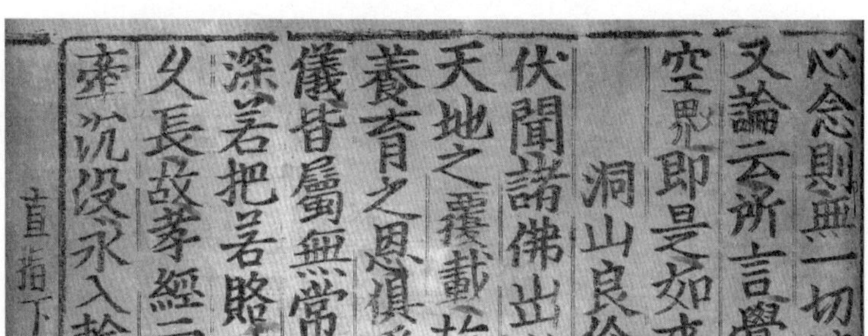

제36장 앞면 상단부

③ 인출 시 활자본체의 가장자리라고 추정되는 부분이 먹의 흔적으로 나타나는 것이 있다.

예 ㉠ 제9장 앞면 5행 제7자 '是'

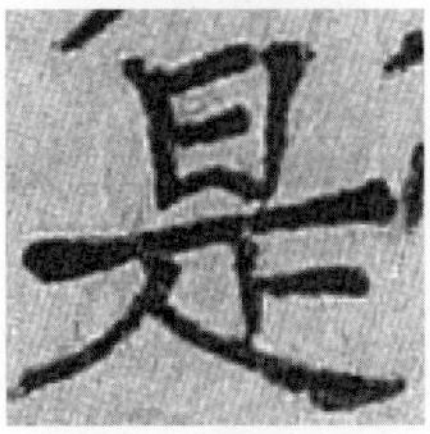

㉡ 제11장 뒷면 5행 제2자 '悟'

㉢ 제14장 뒷면 3행 제9자 '上'

㉣ 제26장 뒷면 3행 제14자 '若'

④ 획의 시작 부분이 인출 시 먹의 퍼짐 현상으로 나타나는 것이 있다.

예 제9장 뒷면 10행 제10자 '云'

⑤ 인출 시 눌림에 의하여 획의 가장자리로 먹이 밀려난 현상을 볼 수 있다.

예 ㉠ 제12장 앞면 7행 제11자 '疑'

㉡ 제12장 앞면 9행 제8자 '乃'

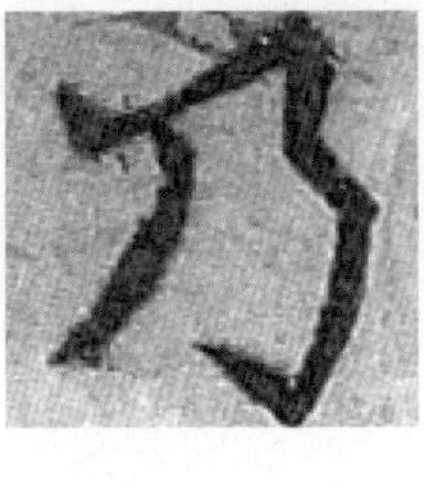

ⓒ 제12장 앞면 11행 제14자 '云'

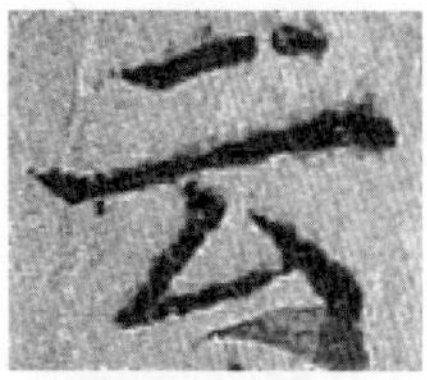

ⓔ 제12장 뒷면 4행 제14자 '設'

⑥ 인출 시 종이가 구겨진 관계로 먹이 제대로 묻지 않은 현상을 볼 수 있다.

예 제17장 앞면 6행 제5자 '宿'

⑦ 인출 과정에서 인출할 종이를 조판면에 내려놓을 때나 또는 종이를 문지르고 난 다음 종이를 떼어 낼 때 미숙하여 이물질 등에 스친 상태가 나타나는 면이 몇 군데 보인다.

예 제28장 뒷면의 중간 부분

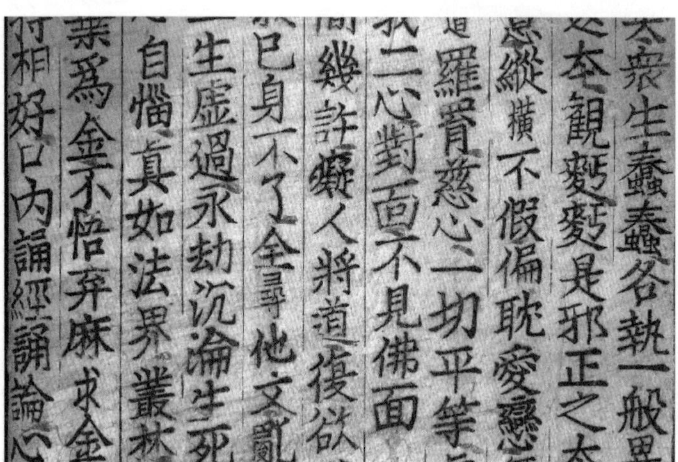

5. 『직지』의 조판 상태

① 활자의 높이와 변란 및 계선의 높이가 서로 맞지 않은 상황에서 나타날 수 있는 현상으로 상변 아랫부분의 인쇄 상태가 원형의 흔적으로 남는 경우가 많다.

예 제2장 뒷면 및 제3장 앞면

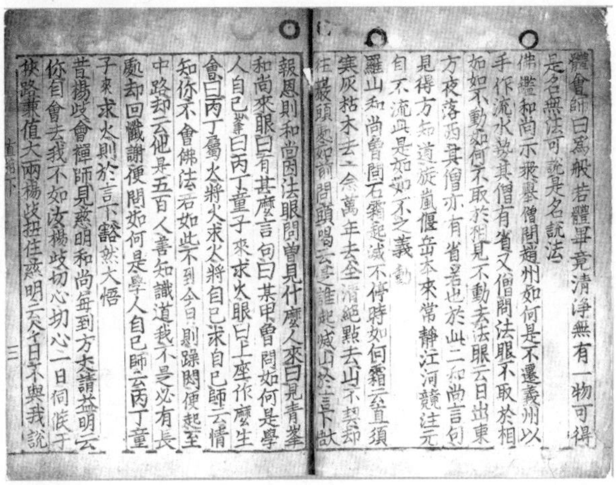

② 위의 활자와 아래의 활자 상호 간에 활자의 높이가 일정하지 않은 상태에서 문질러 인출할 때 나타나는 현상으로 아래 글자의 상부 획 또는 위의 글자 하부 획이 제대로 인쇄되지 않아 인출 후 잘 보이지 않는 경우가 많다.

예 ㉠ 제10장 뒷면 7행 제4~5자 '主堅'의 '堅' 자 상부 획이 잘 보이지 않음

㉡ 제12장 앞면 1행 제8~10자 '雪[峯]'의 '[峯]' 자 하단부 획이 나타나지 않음

제10장 뒷면 7행 제5자 '堅'

제12장 앞면 1행 제9자 '峯'

㉢ 제21장 뒷면 1~2행의 전반적인 인쇄 상태 참조

6. 금속활자본『直指』의 특징

이미 많은 형태서지학적 선행 연구를 거쳐『直指』가 금속활자본이라는 사실은 확정이 되어 있다. 여기에 보완적인 기록으로 책의 마지막 장에 나타난 간행 기록에 청주목 밖의 흥덕사에서 금속활자로 간행되었음이 분명하게 나타나 있다.

이러한 형태서지학적 바탕 아래 지금까지 밝혀진『直指』의 각 장에 나타나는 금속활자본으로서의 특징들은 다음과 같다.

① 본문 속의 行과 列 속에서 글자가 좌우로 치우치거나 비스듬하여 바르지 않고 삐뚤어져 있으며, 그중에는 글자가 옆으로 비스듬하게 기울어진 것이 나타난다.
② 각 면에 나타난 각각의 글자들은 찍힌 먹의 짙고 엷음의 차이가 심하다. 이는 활자의 높낮이 차이에 따라 높은 활자는 진하게 낮은 활자는 연하게 나타난다. 그러나 이 현상도 인접한 활자의 높이가 달라서 나타나는 현상이다.
③ 일부 '日, 一' 자와 같이 상하가 바뀌어도 통용되는 활자들의 경우 실수로 뒤집어서 조판한 것들이 간혹 보이며, 조판 도중에 완전히 빠져 버린 글자들도 나타난다.
④ 주물사주조에 의한 활자 주조는 같은 서체의 글자가 책의 같은 면에 중복하여 사용될 수 있지만 밀랍주조법에 의하여 주조된 활자의 조판은 서로 같은 글자 모양이 없으므로 같은 면에 같은 모양의 활자가 나타나지 않는다.
⑤ 찍혀진 각각의 글자 표면을 자세히 살펴보면 일부 획에 너덜이가 남아 있고, 어떤 글자들은 활자를 주조하는 과정에서 생긴 공기 방울의 구멍인 핀홀의 흔적도 간혹 보인다.
⑥ 인쇄된 글자 면에 먹이 제대로 묻지 않아 생기는 斑點 현상이 많이 나타난다.

이와 같은 특징들은 일반적으로 목판본과 활자본을 비교하는 기본적인 기준에 해당하는 것이다. 목판본의 경우 글자를 바르게 써서 새기기 때문에 行과 列이 대체적으로 바르지만『直指』와 같은 활자본의 경우 개개의 활자들을 조립한 인쇄용 판을 만들어 찍었기 때문에 활자 조립과 밀랍으로 고정시키는 과정의 미숙함으로 말미암아 行이 바르지 않고 글자가 옆으로 기울어지거나 거꾸로 植字된 채로 인쇄되기도 하였다. 또한 찍어낸 인본의 먹 색깔의 균질도의 측면에서도 목판본은 먹색이 비교적 고르지만,『直指』의 경우는 조판 상태에 따라 활자 면이 고르지 않아 먹색의 짙고 엷음 차이가 크며, 특히 활자의 높낮이가 균일하지 않을 경우 글자의 획들 중 일부가 찍혀지지 않은 경우도 나타난다. 물론 먹색이 진하지 않은 것은 나무와 금속의 차이에서 먹의 흡수 상태에 따라 달리 나타나는 현상이기도 하다.

조판할 때 인쇄판의 테두리, 즉 鐵亐里를 돌린 선을 匡郭이라 하는데, 『直指』는 匡郭의 네 모퉁이가 고정된 單邊으로 되어 있고, 匡郭의 上·下변에는 界線이 붙어 있다. 반장의 행수는 11行이며, 각 行의 글자 수는 활자의 크기가 일정하지 않아 18~20字로 한두 字 정도 차이가 난다. 이에 따라 옆줄의 글자에 오르내림이 있어 정확하게 行伍를 구성하지 못하고 있으며, 심한 경우는 위 글자의 아래 획과 아래 글자의 위 획이 서로 붙거나 엇물린 경우도 나타나고 있다.

이러한 고려의 사찰에서 주조된 활자나 조판의 경우와는 달리 1403년(태종 3) 조선시대 최초로 정부에서 주조한 동활자인 癸未字의 경우, 주조 방법이 달랐을 가능성도 있지만 활자 크기와 글자 모양이 비교적 고른 편으로 기술적 차이가 나타나고 있다. 뿐만 아니라 13세기 고려 정부에서 만든 활자본 『南明泉和尙頌證道歌』의 번각본과도 비교해 보면, 지방 사찰에서 만든 寺鑄活字로서의 특징이 분명하게 나타난다. 『증도가』의 경우는 활자본을 다시 목판으로 간행한 것임에도 불구하고 글자의 크기와 배열이 비슷하고 일정하며, 위 글자와 아래 글자가 서로 맞물리는 현상이 나타나지 않는다.

이와 같이 『直指』가 가진 활자본으로서의 조판 특징과 더불어 금속이라는 측면에서 찍은 印面이 목판본과 다른 차이를 확인할 수 있고 초기의 금속활자 또는 지방의 작은 사찰에서의 활자 인쇄라는 사정으로 주조나 조판, 인출이 미숙함도 함께 찾아볼 수 있다.

7. 금속활자본의 세부 분석[5]

『直指』의 인본을 상세하게 분석함에 있어 대상이 되는 부분은 찍은 活字를 비롯하여 활자의 조판에 있어 기본 틀이 되는 版式과 조판의 방법, 印面, 완성된 책의 제본이나 장

5 이 부분은 필자가 프랑스 국립도서관에서 직접 『直指』를 조사한 결과를 요약한 것이다.

정과 관련된 사항들이다. 이러한 사항들은 이 책이 금속활자본임을 증명해 주는 자료임과 동시에 이 활자본으로 당시의 활자 주조법과 전반적인 인쇄 기술을 목판본과 비교할 수 있는 중요한 정보를 담고 있다.

1) 活字

① 『直指』에 사용된 활자는 中·小字와 그 중간 크기의 활자가 있다. 中字에도 진하게 인출된 약간 크고 굵은 활자가 포함되어 있어 전체로 보면 주조 시기가 다른 3종 이상의 활자를 사용하였을 것으로 추정된다.

② 『直指』의 활자는 굵고 가는 차이가 심하며 찍은 印面의 글자도 진하고 연한 濃淡 차이가 심하다. 濃淡의 차이는 활자의 높낮이의 차이에 기인한 것으로 판단된다.

③ 본문 중의 글자를 비교해 보면 書體가 다른 것으로 추정되는 활자가 일부 포함된 것으로 보인다. 글자의 부수나 특정 획의 표현 중 형태나 방향이 다른 것들이 간혹 보인다.

④ 개별 글자의 印面 중 절단된 부분이 자주 나타나는데, 이는 父字를 새길 때의 刀刻 흔적으로 추정된다. 또 쇳물이 母型에 들어갈 때 발생하는 기포에 의한 결함을 포함하여 주성 시에 생기는 여러 가지 원인에 의한 흔적, 주조 후 鍊磨 시에 야기되는 부주의 등이 있으나 父字 새김 시의 결함일 가능성이 높다.

⑤ 글자의 획이 교차할 때 간혹 어긋나는 경우는 일반적인 활자본에서는 활자의 사용 기간이 오래되어 닳은 방향의 차이 때문에 층이 생긴 것으로 추정하지만 여기서는 글자들의 전반적인 마모 상태로 볼 때 父字가 만들어질 때의 결함으로 판단된다.

⑥ 한 활자의 字面 중 좌우 部首나 획의 먹색이 다르게 인출된 것은 父字 새김 시의 결함이나 조판에서 활자가 한쪽으로 기울어진 까닭으로 추정된다.

2) 版式

① 본문의 匡郭은 전체에 사용된 두 종의 철우리 모두 앞면이 20.7×14.8cm, 뒷면 20.7×14.7cm로 거의 동일하다.

② 版心 부분과 본문의 匡郭은 분리되어 있지만 제34장부터 38장까지는 版心의 윗부분 변란만 인쇄되었다. 즉, 제1~33장과 39장은 인쇄된 것이 아니라 아래의 邊欄을 먹으로 加筆하여 그려 넣었다.

3) 조판

① 植字와 校正이 제대로 이루어지지 않아 誤字와 脫字가 있다.

② 誤字의 경우 획을 긁어내거나 加筆하여 수정하였다.

③ 활자의 위아래가 잘못 끼워진 경우도 있다.

④ 활자의 높낮이를 평평하게 맞추지 못하여 글자 간 印面의 농도가 다르다.

⑤ 위아래 활자의 높낮이 차이로 낮은 쪽의 획이 일부 찍히지 못한 경우가 많다.

⑥ 활자 면의 평정이 이루어지지 않았거나 조판의 실수일 가능성으로 한 글자의 좌우 먹색이 달라진 경우도 자주 나타난다.

⑦ 한 면에서 자주 출현하는 활자 중 부족한 글자는 小字로 대신하였다.

⑧ 본문의 순서상 세로 한 줄을 조판해야 할 활자를 小字로 병렬하여 조판한 경우가 간혹 나타난다. 조판 공간의 부족 때문일 수도 있지만, 충분한 공간이 있음에도 병렬시킨 경우도 있다.

⑨ 과정으로 볼 때 조판 시 필사된 底本을 놓고 한 면씩 조판할 때 적어도 2인 이상이 같은 면을 나누어 조판을 진행하면서 연결되는 부분이 맞지 않아 억지로 行에 활자를 끼운 형태가 나타난다. 이는 조판이 앞부분부터 차례로 이루어지지 않았던 결과로 볼 수 있다.

⑩ 활자의 크기를 알 수 있는 먹 흔적이 글자의 좌·우측에 간혹 나타난다.

⑪ 한 行에 18~20字를 배열하였다.(20字는 제9장 앞 3行, 제38장 앞 8行)

4) 冊紙와 제본

① 五針眼 線裝을 하기 전 안쪽에 紙捻을 2곳, 위는 4cm, 아래는 4.5cm 위치에 묶었으며 책의 우측 가장자리에서 針眼까지는 7mm로 書腦가 매우 좁은 편이다. 針眼의 위치는 같은 간격이 아니라 위로부터 2.0/4.4/5.8/6.2/4.7/2.1cm와 같이 다르게 나타난다.

② 제본에 쓰인 실은 선홍색의 붉은 실이며 매우 질긴 편으로 한국의 전통 제본에 쓰인 것과는 다르다.

③ 표지 안쪽의 面紙와 간지 한 장은 세로 발 끈 폭이 1.3~1.5cm인 백색의 닥종이를 사용하였다.

④ 본문 종이 3cm당 촉수는 20개, 세로 발 끈 폭은 2.1~2.5cm로 나타난다.

⑤ 전체적으로 뒷면에 얇은 종이로 배접되어 있다. 배접된 종이의 세로 발 끈 폭은 1.2~1.3cm의 楮紙이다.

⑥ 본문의 상단부로부터 전체 1/3은 나무의 송진이 흡수되어 갈색으로 변색되어 있다.

5) 형태 분석[6]

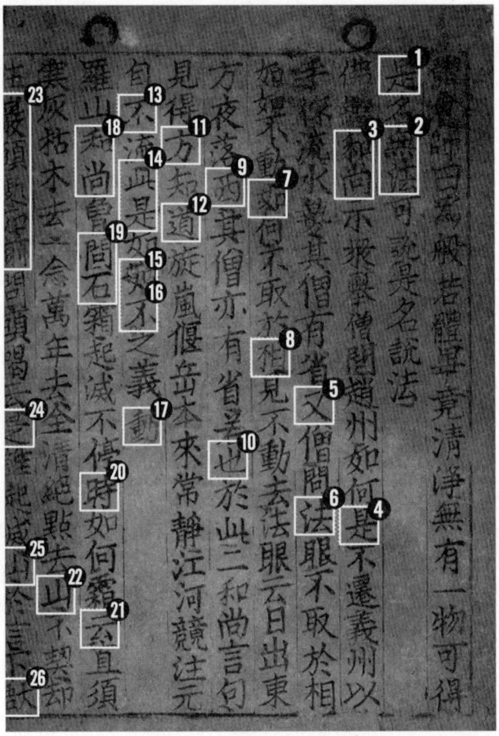

2장 뒷면

■ **2장 뒷면(예시)**

전체적으로 먹으로 획을 보충한 부분과 먹색의 濃淡 차이가 많이 난다. 이는 활자 排字의 높낮이가 고르지 않아 나타난 현상으로 보인다. 일부 글자는 조판 시 빠져 있어 인쇄하고 난 후 朱書로 보충한 흔적도 보인다. 조선 후기 배접한 종이가 아닌 『直指』의 원래 내지에 사용된 한지의 세로 발 끈 폭이 2.4cm 정도이다.

6 清州古印刷博物館, 『直指硏究』, 청주: 청주고인쇄박물관, 2010, pp. 30~31 및 pp. 176~177의 내용을 발췌한 것이다.

❶ ⓮ ⓳ 먹으로 加筆되었다.

❷ 글자 획이 중첩되고 삐뚤게 조판되었다.

❸ 글자 획의 엇물린 현상이 보인다.

❹ ❻ 글자 획에 끊김 현상이 보인다. 이는 父字를 새기거나 주성할 때 생긴 기포 현상으로 보인다.

❺ 글자 획에 끊김 현상이 보인다.

❼ 조판의 불균형으로 글자 획이 선명하지 못해 일부 획을 加筆한 흔적이 보인다.

❽ 위아래 글자와의 높이 차이로 인쇄 상태가 좋지 않고 글자 획의 끊김도 보인다.

❾ 삐뚤게 조판되었고 위아래 글자와의 높이 차이로 인쇄 상태가 좋지 않다.

❿ 글자의 아랫부분을 먹으로 加筆하였다.

⓫ ⓬ 기포 현상으로 말미암은 斑點이 보인다.

⓭ 활자의 주조 상태가 좋지 않은 흔적이 보인다.

⓯ '如' 字의 경우 다른 글자가 인쇄된 부분을 墨書로 修正, 加筆하였다. 원래 활자는 '茹' 字이다.

⓰ 글자 획의 끊김으로 斑點 현상이 보인다.

⓱ '不' 字 아래 '動' 字가 있어야 함에도 조판 시 누락되어 行의 끝에 朱書로 '動'이라 써넣었다.

⓲ 조판 불균형으로 말미암아 인쇄 상태가 좋지 않다.

⓴ 글자 획의 엇물림 현상이 보인다.

㉑ 글자 획의 끊김 현상이 보인다.

㉒ '山' 字는 補字로 추정된다. 斑點이 보이지 않는다.

㉓ '巖' 字의 '攵' 부분 제1획에 층이 나타난다. 일반적으로 금속활자를 오래 사용하면 획이 닳은 면에 따라 층이 나타나지만 여기서는 父字 새김 시의 결함으로 추정된다. 조판 불균형 현상도 보인다.

㉔ 조판이 균일하지 못해 인쇄 상태가 좋지 않다.

㉕ 위 글자와 글자 획이 중첩되었다.

㉖ 먹으로 쓰여졌다.

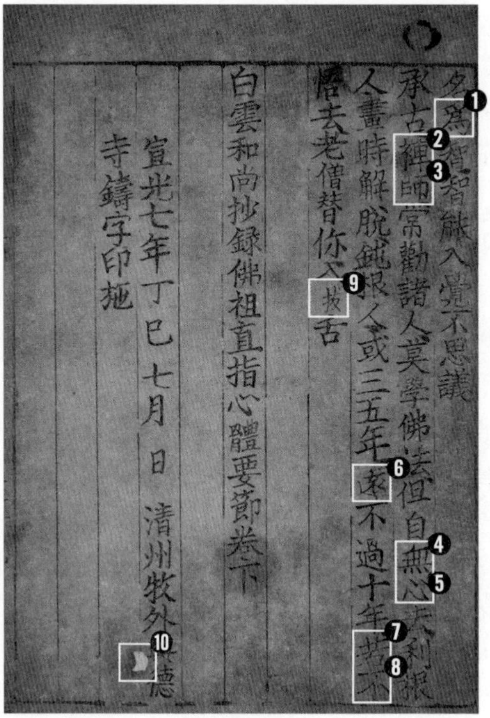

39장 앞면

■ **39장 앞면(예시)**

『直指』의 마지막 장으로 전체적인 인쇄 상태는 흐리다. 작은 자가 중자의 대용으로 사용되었으며 版心 아래의 邊欄에는 먹으로 선을 그려 넣었다. 표지가 없는 상태로 오래 시간이 흐르다 보니 훼손되어 하단부에 작은 구멍이 보이고 배접지가 보인다. 版心題는 '直[ ]下'로 '指' 字가 빠져 있다. 行間의 폭은 1.35cm이다.

❶ ❷ ❸ 위 활자와의 중첩으로 일부 획이 인쇄되지 않았다. 활자의 높이가 낮아 흐리게 인쇄되었다.

❹ ❺ 활자 면이 고르게 조판되지 않아 낮은 부분이 인쇄되지 않자 일부 획을 먹으로 加筆하였다.

❻ ❼ ❽ 활자 면이 고르게 조판되지 않아 인쇄 상태가 좋지 않다.

❾ 작은 자로 대체되었다.

❿ 훼손으로 말미암은 구멍과 배접지가 보인다.

제3절 『直指』 활자 분류[7]

『直指』 下권에 사용된 금속활자의 전체 수량은 반복 사용을 포함하여 5,500여 종 14,000여 字[8]가 넘는다. 이들 활자는 보통 큰 자와 작은 자, 그리고 큰 자보다 약간 작은 정도의 크기로 일정하게 활자 크기를 분류할 수 없는 기타 활자들이다. 글자의 크기는 정하는 기준에 따라 다를 수 있겠지만, 편의상 큰 자와 작은 자 그리고 큰 자보다 조금 작은 자(중간 자)로 구분하였다. 큰 자와 중간 자를 하나로 묶어 중간 자 그룹으로 분류할 수도 있을 것이다.

『直指』에 사용된 활자는 우선 큰 자(중간 자)와 작은 자로 분류할 수 있다. 큰 자로 분류되는 중간 자 크기의 활자는 여러 종류가 사용된 흔적이 보인다. 여기서 기타 활자는 육안으로 큰 자와 작은 자로 분류되지 않는 字들을 의미한다.

큰 자는 본문 대부분에 사용되고 있으며 작은 자는 주로 본문의 내용을 보충하여 설명하는 경우에 사용되고 있다. 간혹 본문의 조판 과정에서 해당 활자가 없을 경우와 字間의 조정, 조판의 미숙 등으로 큰 자 대신 작은 자를 사용한 경우도 찾아볼 수 있다. 또한 문장이 끝나면서 한 글자 정도가 다음 行에 위치할 경우 여백을 줄이기 위해 작은 자를 이용해 조판한 경우도 있다. 동일자 사용 상태를 보면, 역시 같은 판(장)에는 같은 음을 가진 동일 활자가 사용된 흔적이 보이지 않는다. 이는 父字가 나무가 아닌 밀랍으로 새겨졌을 가능성도 포함하는 것이다.

다음은 프랑스 국립도서관에 소장된 『直指』 하권에 인쇄된 글자를 모두 한 字씩 분리하여 비교한 자료 중에서 크기와 書體 등 확연하게 구분할 수 있는 활자들에 대하여 몇몇 예를 들어 본 것이다.

7 淸州古印刷博物館, 『直指硏究』, 청주: 청주고인쇄박물관, 2010, pp. 183~191의 내용을 일부 발췌한 것이다.

8 『直指』 下권에 인쇄된 글자의 수량은 모두 5,538종 14,021字이다. 이는 版心에 조판된 글자와 필사된 글자를 제외한 숫자이다.

① '提' 字의 경우 본문에 인쇄된 글자는 총 18字이다. 우선 글자의 크기 상태로 큰 자와 작은 자, 기타 활자로 분류할 수 있다. 큰 자와 기타 활자의 경우 書體가 다름을 알 수 있다.

큰 자

11-a-04-12 13-a-10-07 21-a-04-15 21-a-05-14 24-b-11-03

26-a-09-04 28-b-04-14 29-a-09-06 32-a-04-01 35-b-05-09

작은 자

25-b-05-14

중간 자: 기타 활자

20-b-02-02 21-a-07-07 21-a-08-04 24-b-07-12 25-a-09-14 29-b-06-02 30-b-11-12

② '更' 字의 경우 본문에 인쇄된 글자는 총 17字이다. 작은 자를 제외하고 큰 자와 기타 활자를 비교해 보면 활자의 크기도 문제지만 書體나 그것을 底本으로 금속활자를 만드는 기술도 서툰 것을 짐작해 볼 수 있다.

큰 자

09-a-05-02 12-a-07-09 13-a-09-04 15-b-01-11 26-a-10-13

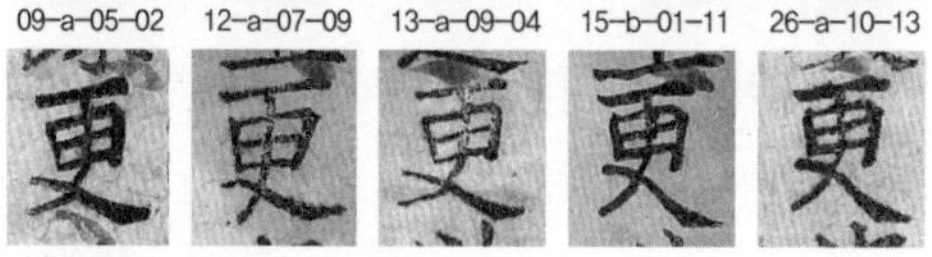

27-a-02-12 29-b-03-02 29-b-08-03 34-a-03-12 36-b-07-14

작은 자

03-b-10-07.2 04-b-09-09.1

중간 자: 기타 활자

09-a-08-01 12-a-03-17 14-a-04-18 23-b-11-18 32-b-06-20

③ '見' 字의 경우 본문에 인쇄된 글자는 총 99字이다. 그 가운데 큰 자와 작은 자, 기타 활자로 다음과 같이 분류할 수 있다. ②에서 살펴본 것처럼 큰 자와 기타 활자의 書體의 다름이 확연하게 나타난다.

큰 자

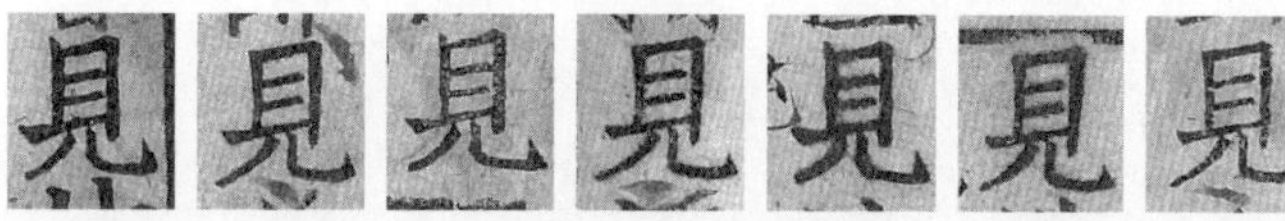

03-a-01-11 03-a-09-07 07-b-01-19 10-b-09-04 12-a-05-13 12-a-07-01 13-a-07-04

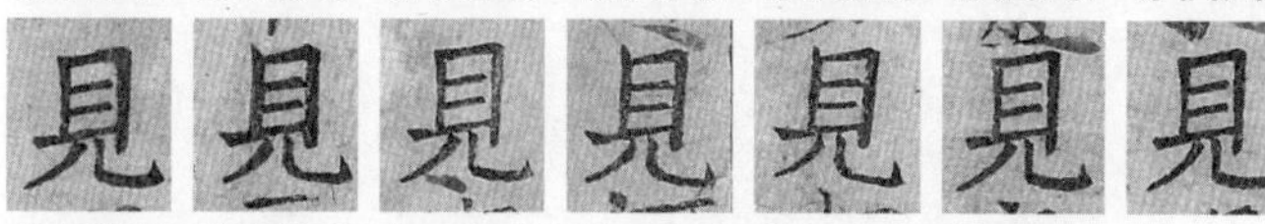

14-b-05-05 14-b-09-18 16-a-04-12 17-a-06-02 20-b-07-08 22-a-08-06 25-a-03-17

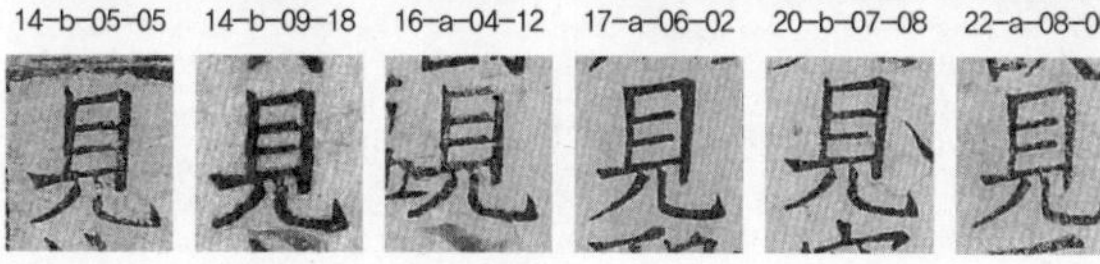

25-a-11-01 28-b-01-12 34-a-05-12 34-b-03-14 35-b-07-08 38-b-09-04

작은 자

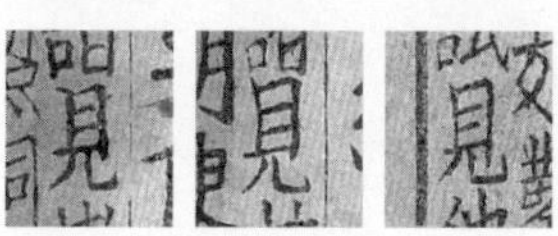

03-b-10-05.1 03-b-10-07.1 11-a-11-16.2

중간 자: 기타 활자

02-b-05-11 02-b-07-01 03-a-01-17 03-b-07-12 03-b-07-17 04-b-02-17 05-b-04-01 06-a-01-04

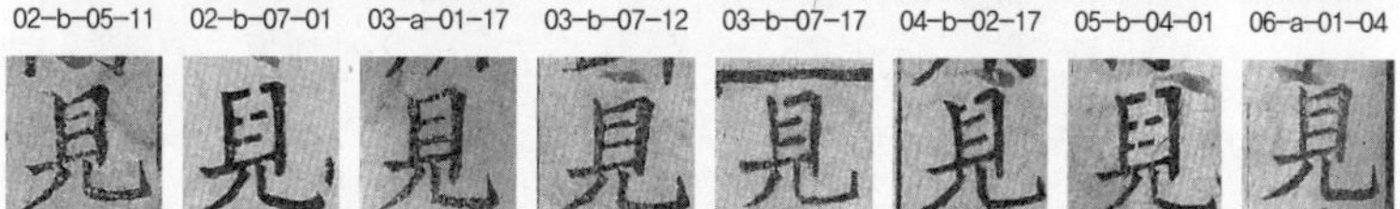

06-b-01-03 06-b-02-13 07-b-02-11 08-b-01-06 08-b-04-01 08-b-04-14 09-b-10-17 10-a-01-08

10-b-02-07 10-b-06-12 11-a-01-02 11-a-01-16 11-a-04-16 11-b-04-12 11-b-09-10 12-a-09-05

④ '求' 字의 경우 본문에 인쇄된 글자는 총 27字이다. 큰 글자와 기타 활자는 획의 굵기나 획의 마무리 각 등 書體에서 차이가 나고 있다.

큰 자

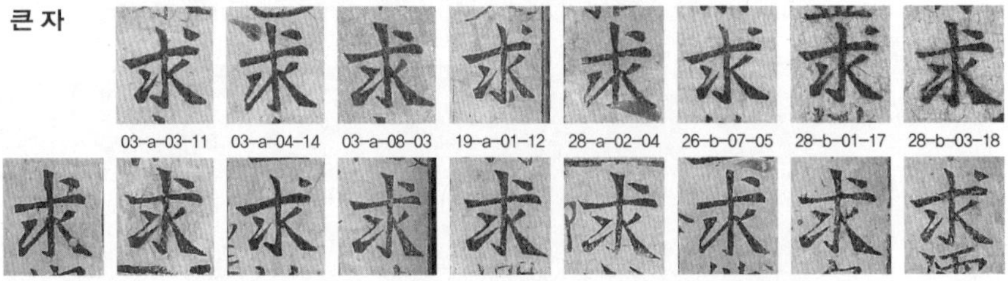

작은 자

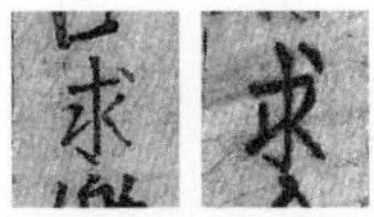

28-a-06-04 28-b-10-09

중간 자: 기타 활자

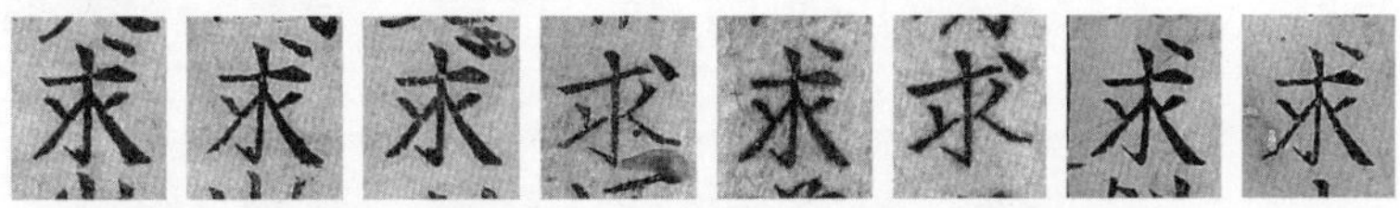

03-a-04-09 22-a-08-03 27-a-06-02 28-a-11-04 28-b-06-11 29-a-08-17 30-b-10-11 37-a-08-17

⑤ '般' 字의 경우는 전체 16字가 등장한다. 큰 자와 작은 자의 구분이 가능하며 특히 본문에 작은 자가 많이 사용된 예를 볼 수 있다.

큰 자

02-b-01-06 09-b-01-05 16-b-04-12 17-b-08-08 18-b-06-17 18-b-08-19

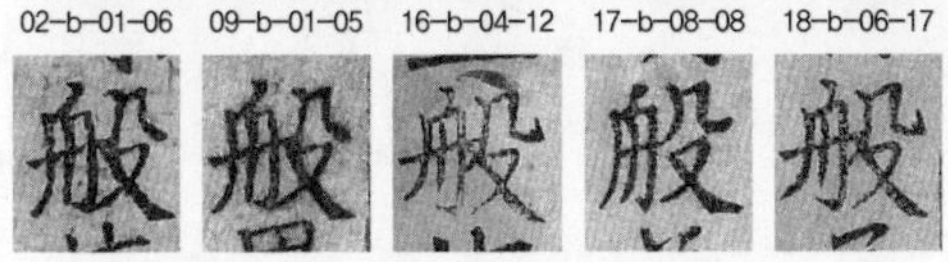

19-b-03-08 28-b-01-10 31-b-10-12 36-b-04-05 38-b-07-14

작은 자: ㉠~㉣의 글자는 주가 아닌 본문에 사용된 경우

㉠ 19-b-04-08 ㉡ 19-b-05-10 ㉢ 19-b-06-17 ㉣ 19-b-06-19 20-b-11-06.2

⑥ '問' 字의 경우는 전체 107字가 등장한다. '問' 字의 경우는 글자의 크기에 의한 구분보다는 글자의 획에 의한 차이점을 살펴볼 수 있다. 즉, 글자 획에 의한 구분으로는 동일자이지만, 주조의 시기나 사용 정도에 따른 磨耗 정도, 父字를 새긴 각수의 차이 등의 원인으로 추정된다.

字劃이 가는 경우

02-b-11-07 03-a-01-09 04-a-01-10 04-a-07-09 04-a-10-06 04-b-10-10 05-b-08-05 06-a-02-03

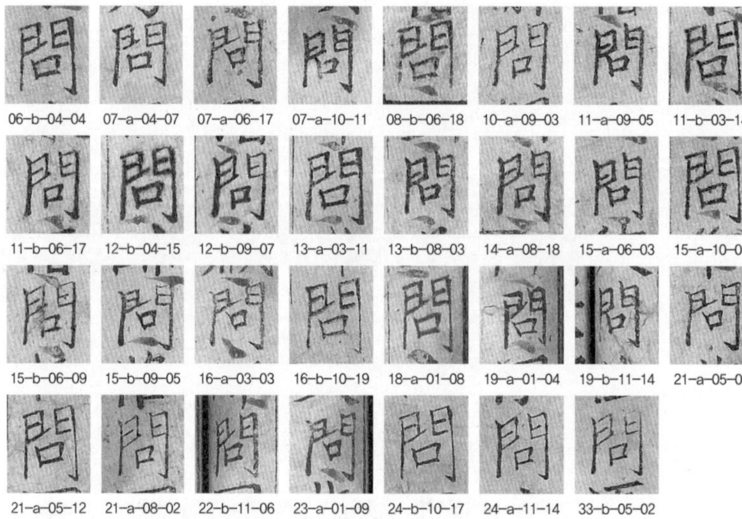
06-b-04-04
07-a-04-07
07-a-06-17
07-a-10-11
08-b-06-18
10-a-09-03
11-a-09-05
11-b-03-14
11-b-06-17
12-b-04-15
12-b-09-07
13-a-03-11
13-b-08-03
14-a-08-18
15-a-06-03
15-a-10-03
15-b-06-09
15-b-09-05
16-a-03-03
16-b-10-19
18-a-01-08
19-a-01-04
19-b-11-14
21-a-05-05
21-a-05-12
21-a-08-02
22-b-11-06
23-a-01-09
24-b-10-17
24-a-11-14
33-b-05-02

字劃이 굵은 경우

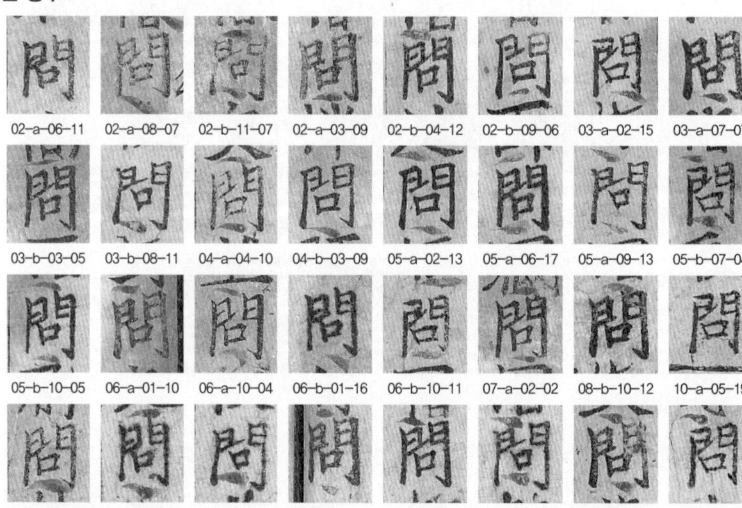
02-a-06-11
02-a-08-07
02-b-11-07
02-a-03-09
02-b-04-12
02-b-09-06
03-a-02-15
03-a-07-07
03-b-03-05
03-b-08-11
04-a-04-10
04-b-03-09
05-a-02-13
05-a-06-17
05-a-09-13
05-b-07-04
05-b-10-05
06-a-01-10
06-a-10-04
06-b-01-16
06-b-10-11
07-a-02-02
08-b-10-12
10-a-05-19
10-a-09-05
10-b-06-13
10-b-09-06
10-b-11-15
11-a-04-05
11-a-05-09
11-a-07-08
11-b-08-04
12-a-09-09
13-b-02-07
13-b-02-18
13-b-10-05
14-a-06-03
14-a-07-03
14-b-11-05
15-a-04-10
15-a-11-09
16-a-05-17
16-b-05-05
16-b-08-10
17-a-05-18
17-a-10-10
17-b-01-06
17-b-03-13

18-a-04-10 18-a-06-05 18-a-08-06 19-b-02-05 20-a-09-09 20-b-03-03 20-b-09-05

21-a-10-12 22-a-04-05 22-a-09-11 22-b-05-10 22-b-06-14 25-a-07-05 26-a-05-07

26-a-05-12 26-a-09-13 29-a-03-14

작은 자: 본문에 사용

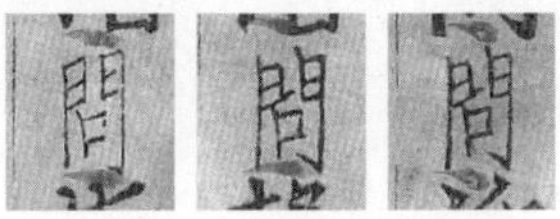

05-b-05-05 05-b-06-05 08-a-06-05

⑦ '僧' 字의 경우는 전체 85字가 등장한다. '僧' 字의 경우는 여타의 글자에 비해 큰 글자와 이보다 작은 중간 크기 기타 활자의 구분이 분명하게 나타난다.

큰 자

02-b-04-07 02-b-04-11 02-b-06-06 04-a-02-03 04-a-07-08 04-b-03-03 05-b-02-11 05-b-05-04

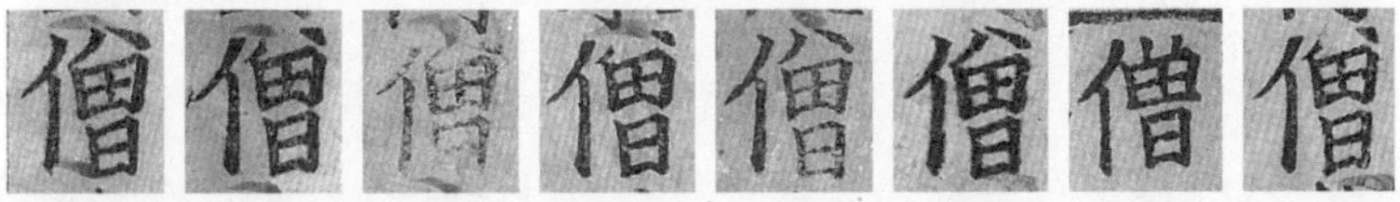

05-b-06-04 05-b-10-04 06-a-10-05 06-a-10-10 06-a-11-07 06-b-02-16 06-b-04-01 08-a-02-08

08-a-09-05 08-b-03-19 08-b-10-11 10-b-05-05 10-b-06-11 10-b-07-15 11-a-05-08 11-b-04-01

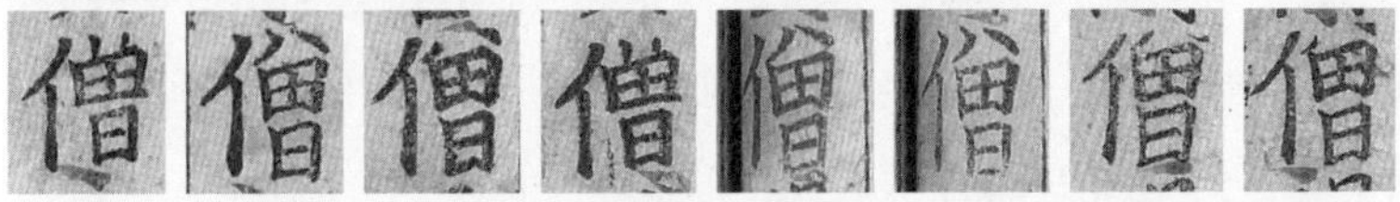

11-b-08-14 12-b-09-06 13-b-08-13 14-a-07-14 14-b-11-04 14-b-11-18 15-a-10-04 15-a-11-10

16-a-03-06 16-a-03-15 16-a-07-11 17-b-03-14 18-a-06-04 19-a-02-10 19-a-07-12 20-b-04-01

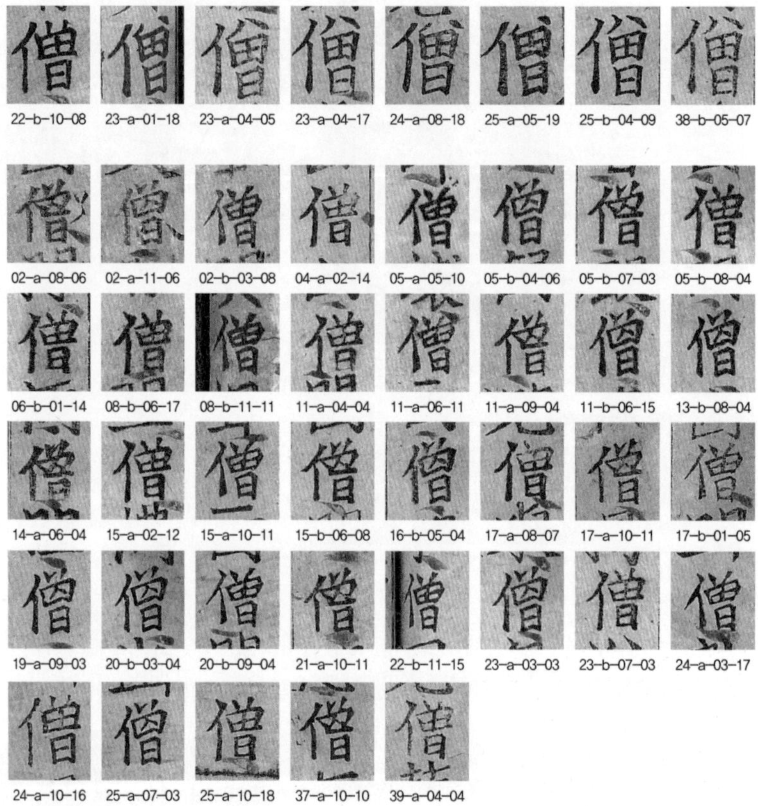

중간 자

이처럼 『直指』에 인쇄된 각 글자들을 통해 『直指』에 사용된 활자의 종류를 비교해 보면 큰 자와 작은 자, 중간 자들로 크기에 따라 구분이 가능하고 또 획이 굵은 활자와 상대적으로 획이 가는 활자의 例도 서로 다른 활자로 살펴볼 수 있다. 이는 활자의 사용 정도에 따라 차이가 나거나, 주성 시기의 차이에서 오는 父字의 새김, 주조 등에서 차이가 발행하는 것이며 서로 다른 활자로 구분할 수 있다. 활자들을 분류하여 비교해 본 결과 『直指』를 인쇄하는 데 사용된 활자의 종류는 적어도 획의 굵기와 마모 정도, 크기, 서체에 따라 3~5종 정도로 추정된다.

제4절
版心과 邊欄 비교

전체의 인면을 조사해 보면 인쇄에 사용된 印版은 2종류로 홀수 판과 짝수 판으로 구분된다. 1장은 缺落이라 알 수 없지만, 2장과 4장, 3장과 5장은 같은 판임을 알 수 있다. 이를 바탕으로 조판의 과정을 추정해 보면 먼저 두 종류의 印版을 준비하고 홀수 판과 짝수 판으로 계속 교대하면서 조판과 인쇄를 진행해 나간 것으로 보인다. 사용된 印版의 아랫부분 匡郭은 다소 여러 곳이 떨어져 나가 있으며 짝수 판은 짝수 판끼리, 홀수 판은 홀수 판끼리 모두 같은 현상이 발생하고 있다.

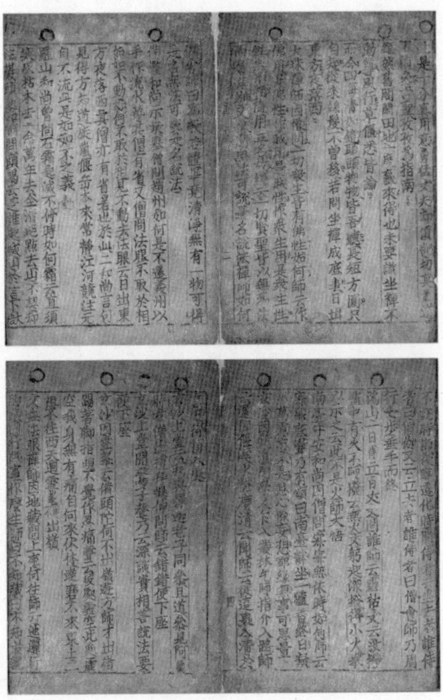

그림 8-9 2장과 4장 인쇄에 사용된 짝수 印版의 전체적인 비교

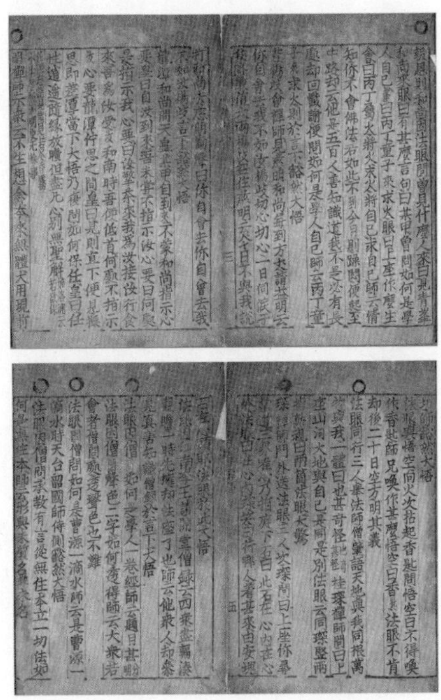

그림 8-10 3장과 5장 인쇄에 사용된 홀수 印版의 전체적인 비교

이는 版心에 조판된 제목과 각 장의 조판에서도 확인할 수 있다. 홀수 판의 版心題가 조판된 위치를 보면 짝수 판의 版心題보다 약간 위쪽에 위치하며 처음 조판되고 나서 계속 사용된 흔적이 보인다. 즉 맨 마지막 장의 版心題 '直指下'에서 '指' 字가 떨어져 나가고 '直[ ]下'의 상태로 조판된 현상이 나타난다.

아랫부분에 張次가 植字된 부분은 판마다 숫자를 달리 조판하여야 했기 때문에 조판 상태가 일정하지 않고 판심 부분 匡郭도 상단 부분과 하단 부분이 많이 깨져 있는 상태로 하단 부분의 匡郭은 붓으로 그린 흔적도 나타난다. 이에 비해 짝수 판의 경우는 版心題 바로 아랫부분이 깨져 있다. 홀수 판과 마찬가지로 장 표시를 나타내는 부분의 조판 상태는 위아래로 배열이 일정하지 않은 점 등에서 『直指』의 조판이 미숙하다는 것이다.

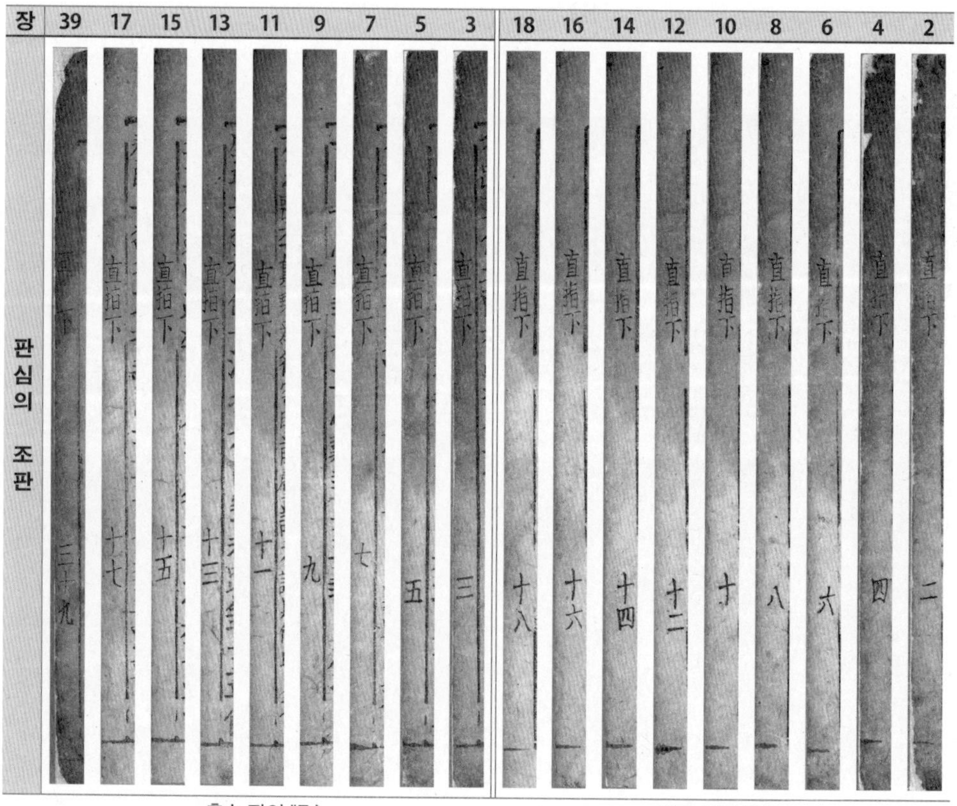

홀수 판의 版心 짝수 판의 版心

① 짝수 판 앞면 상·하 변란 비교

구분	판	
상변	02	
	04	
	06	
	08	
하변	02	
	04	
	06	
	08	

② 홀수 판 앞면 상·하 변란 비교

구분	판	
상변	02	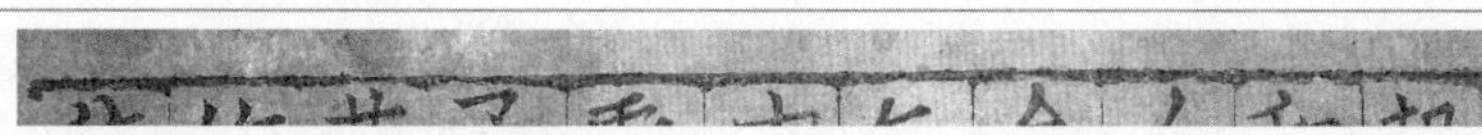
	04	
	06	
	08	
하변	02	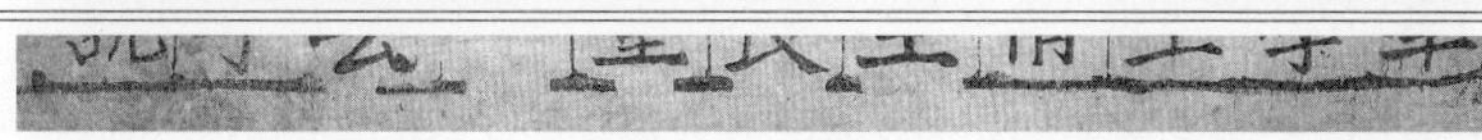
	04	
	06	
	08	

③ 짝수 판 뒷면 상·하 변란 비교

④ 홀수 판 뒷면 상·하 변란 비교

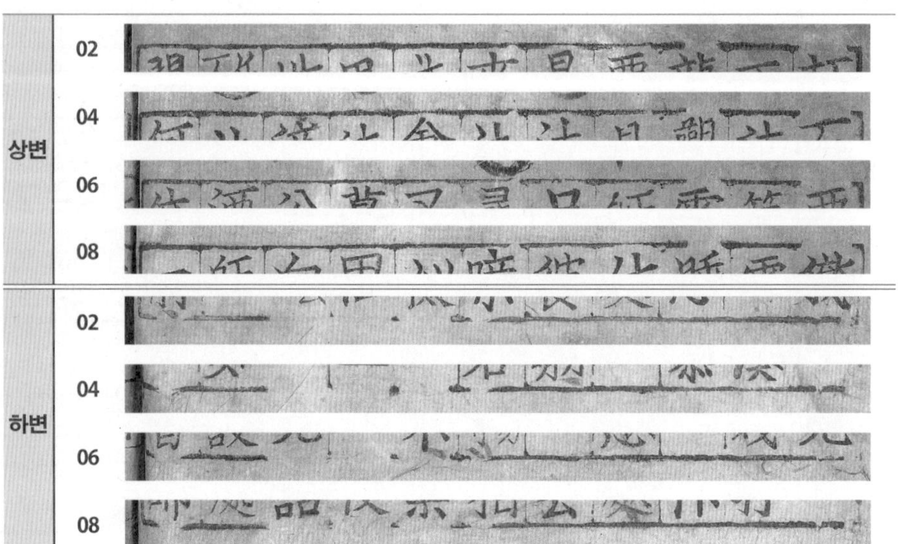

⑤ 짝·홀수 판 앞면 좌변란 비교

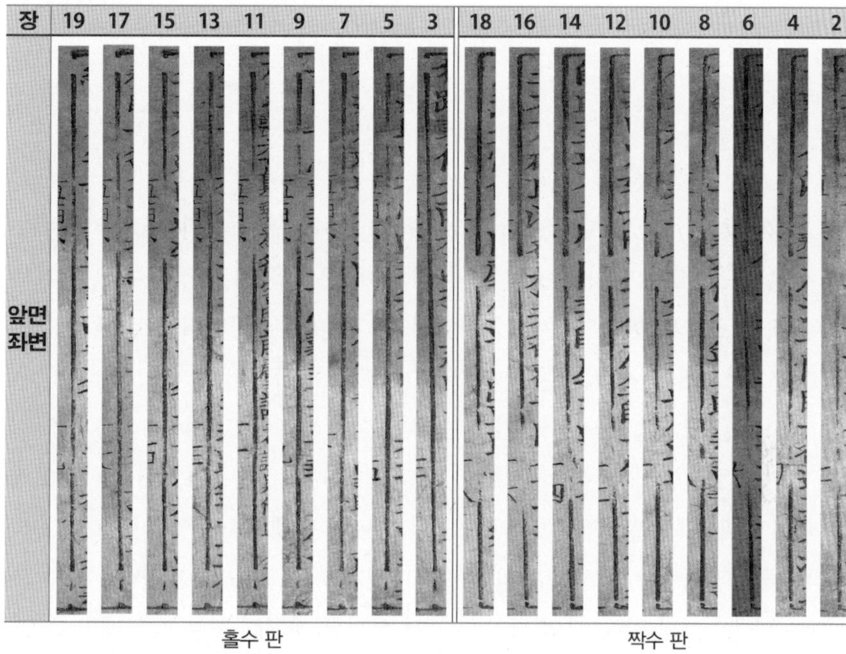

⑥ 짝·홀수 판 뒷면 우변란 비교

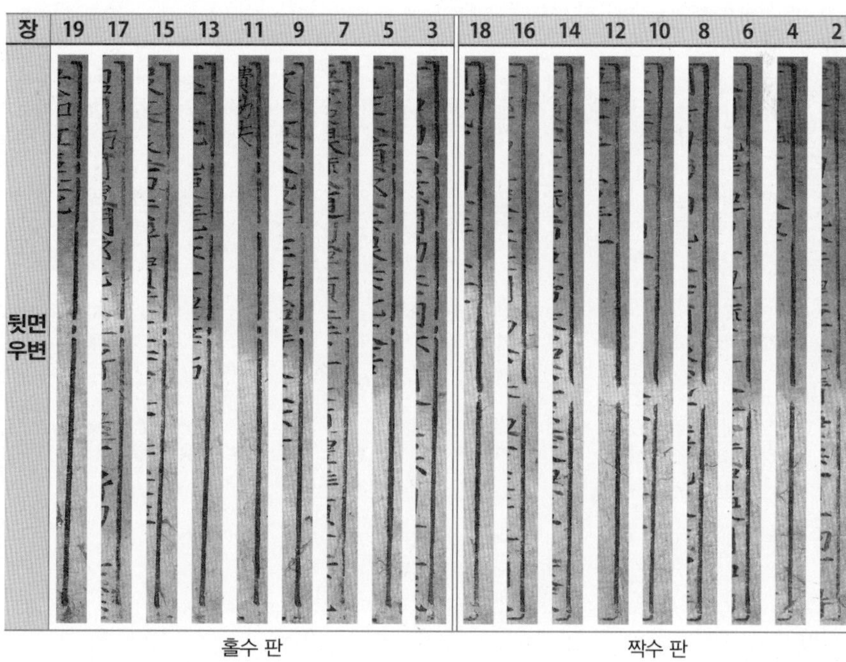

제5절
『直指』의 활자 조판

『直指』의 각 版 및 行별 활자의 조판은 일정하지 못하지만 식자되는 조판 단위로 볼 때 보통 한 판은 22行이고 1行마다 조판된 활자의 수량은 18~21字 정도이다. 활자의 크기에 따라 行마다 조판된 활자의 수량에 차이가 난다. 따라서 장마다 植字된 활자의 수도 가장 많게는 3장의 411字, 적게는 39장의 108字 등 차이가 많이 나고 있다. 한 行에서 작은 자가 사용된 경우를 제외하고 가장 많이 植字된 수는 21字이다. 작은 자의 조판과 빈 공간 없이 植字된 行 가운데 적은 수의 활자가 植字된 行에는 17~18字 정도의 활자가 인쇄되어 있다. 이는 활자의 크기와 배열이 고르지 못해 나타난 현상으로 보인다.

또한, 전체 植字되어 인쇄된 활자의 수량은 총 5,538종 14,021字이다. 이 중 작은 자는 321字이다. 큰 자와 작은 자의 기준은 앞서 살펴본 것처럼 보는 각도에 따라 약간 다르게 나타날 수 있다.

표 8-3 각 장별 인쇄된 활자의 수량

페이지	2		3		4		5		6		7		8		9	
면	앞면	뒷면	앞면	뒷면	앞면	뒷면	앞면	뒷면	앞면	뒷면	앞면	뒷면	앞면	뒷면	앞면	뒷면
글자수	176	189	202	200	184	168	178	174	187	171	191	185	207	207	208	201
합계	365		402		352		352		358		376		414		409	
페이지	10		11		12		13		14		15		16		17	
면	앞면	뒷면	앞면	뒷면	앞면	뒷면	앞면	뒷면	앞면	뒷면	앞면	뒷면	앞면	뒷면	앞면	뒷면
글자수	203	195	214	188	182	190	175	189	186	186	194	182	187	206	191	179
합계	398		402		372		364		372		376		393		370	
페이지	18		19		20		21		22		23		24		25	
면	앞면	뒷면	앞면	뒷면	앞면	뒷면	앞면	뒷면	앞면	뒷면	앞면	뒷면	앞면	뒷면	앞면	뒷면
글자수	173	196	208	178	200	201	199	196	198	189	193	190	205	207	205	190
합계	369		386		401		395		387		383		412		395	
페이지	26		27		28		29		30		31		32		33	
면	앞면	뒷면	앞면	뒷면	앞면	뒷면	앞면	뒷면	앞면	뒷면	앞면	뒷면	앞면	뒷면	앞면	뒷면
글자수	184	163	193	186	179	195	198	161	174	157	163	181	191	180	166	157
합계	347		379		374		359		331		344		371		323	
페이지	34		35		36		37		38		39					
면	앞면	뒷면	앞면	뒷면	앞면	뒷면	앞면	뒷면	앞면	뒷면	앞면	뒷면				
글자수	199	212	207	180	194	207	181	174	165	163	93	15				
합계	411		387		401		355		328		108					

활자의 크기와 획의 굵기 차이는 물론 서체나 마모 정도를 통해 『直指』를 인쇄하는 데 사용된 활자는 한 종류가 아니라 최소한 3종 이상의 활자가 사용되었음을 알 수 있다.

이는 활자의 주조 시기와 관련하여 중요한 의미가 있다. 이 '興德寺字'는 『直指』 외에 번각본 『慈悲道場懺法集解』의 저본에도 사용되었으므로 정확하게 활자들을 비교할 수 있다면 활자의 사용 선후와 종류 등을 구체적으로 밝힐 수 있을 것으로 생각한다. 이미 선행 연구에서 『慈悲道場懺法集解』는 번각본이긴 하지만 『直指』보다 20~30년 정도 이른 시기에 인출되었다고 추정되고 있다.

『直指』에 몇 종류의 활자들이 함께 사용되었고 그 활자들의 주조나 사용 시기가 다르다면, 이는 『直指』 이전에 많은 활자의 주조와 인쇄가 있었음을 방증하는 것이다. 이 활자들이 밀랍주조법으로 주조되었다는 것은 활자 획의 엇물림이나, 같은 印版에서의 동일자 반복 사용이 이루어지지 않고 있다는 점으로 설명되고 있다.

최근 證道歌字에 대한 실물활자 연구와 그 印本들에 대한 보고가 있어 고려시대 중앙에서 처음 주조하여 사용한 활자들은 證道歌字의 사례에 의거하여 주물사주조법으로 만들어진 것으로 확인된다. 글자 획의 엇물림 현상이 나타나지 않고 같은 판에서 동일한 활자가 반복 사용되며 활자 사이의 간격이 일정한 것 등은 주물사주조법에 의한 주조와 조판의 현상이다.

고려시대는 잘 알려진 것처럼 세계에서 가장 먼저 금속활자 인쇄가 시작된 시기이다. 『直指』를 인쇄하기 위해 사용된 금속활자의 종류가 하나가 아닌 여러 종류라는 사실은 지방 사찰의 주조 기술의 미숙함에 기인할 수도 있고 금속활자 주조뿐만 아니라 그 사용이 광범위하고 일반화되어 있었음을 의미할 수도 있다. 이는 이미 『古今詳定禮文』이나 『證道歌』의 '複' 자, '旟' 자 등을 비롯한 『直指』 이전의 금속활자 인쇄 기록 및 흔적을 통해서도 확인할 수 있는 사실이다.

『直指』와 『證道歌』를 통하여 고려시대 중앙과 지방, 관청과 사찰 공히 금속활자가 폭넓게 쓰였음을 알 수 있고 그 기술적인 차원에서도 활자 주조 방법의 다양성과 조판의 발전 등을 확인할 수 있다.

제9장 『慈悲道場懺法』의 판본과 興德寺字本 『慈悲道場懺法集解』 분석

제1절 『慈悲道場懺法』의 판본

1. 『慈悲道場懺法』

1) 의의

『慈悲道場懺法』은 梁武帝의 둘째 아들인 南齊 景陵王이 동방 普光世界의 天王如來께서 설하는 꿈을 꾸고서 『淨住子』 21편 30권을 찬집한 것에서 시작되었다. 양 무제가 그 참문의 「六根門」에 의거해 당시의 대덕인 眞觀 등으로 하여금 총 10권으로 확충 완비한 것이 현행 『慈悲道場懺法』이다. 이후 '梁皇懺'으로도 불린 이 참법은 세간에 널리 유행하여 다양한 판본이 전래되었다. 문헌 기록 중에는 梁武帝의 妃인 郗氏가 생전에 질투가 심하였는데, 죽어서 뱀의 몸이 되어 무제의 꿈에 나타나 자신이 좋은 모습으로 환생할 수 있도록 도와 달라고 부탁하므로 여러 법사를 모아 참회의 글을 지은 것이라 소개한 것이 대부분이다.

懺法이란 경전을 읽어서 지은 죄를 참회하는 법회로, 네 가지 유형이 있다. 첫째, 法華懺法은 『法華經』으로 참회하는 것으로, 陳나라 天嘉 4年(563)에 文帝가 太極殿에서 無庶大會를 베풀면서 행한 참법이다. 天台 智顗가 그 법을 기록하여 법화삼매법을 짓고 그것을 베껴 인출한 것이 법화참법이다.[1] 둘째, 彌陀懺法은 『阿彌陀經』으로 참회하는 것으로, 아미타불을 본존으로 하고 十方三世의 부처를 청하여 지극한 마음으로 예배하면서 온

1 韓國佛敎大辭典編纂委員會編, 『韓國佛敎大辭典』, 서울: 寶蓮閣, 1982, p. 554.

갖 악업과 죄업을 참회하고 극락왕생을 발원하는 것이다.[2] 셋째, 觀音懺法은 『觀音經』으로써 圓通懺法 관세음보살의 名號를 唱하고 참회·공양하는 것으로, 죽은 이를 위하여 죄업을 참회하고 명복을 비는 법식이다.[3] 넷째, 吉祥懺法은 金光明懺法의 별칭으로, 吉祥天을 본존으로 삼고 죄악을 참회하며 福德을 기원하는 수법이다. 이 중에서 觀音懺法, 彌陀懺法, 法華懺法은 滅罪生善, 後生菩提를 위하여 수행하는 것이고 吉祥懺法은 鎭護國家, 息災延命을 위하여 수행하는 것이다.

이 참회 수행의 기본서가 되는 『詳校正本慈悲道場懺法』은 송나라 때 淸凉山 사문 廣鈞이 『慈悲道場懺法』을 7년에 걸쳐 대조하고 교정하여 詳校正本이란 이름을 더 보태어 총 10권으로 간행하였다. 그 첫머리에 康戩이 쓴 『詳校正本慈悲道場懺法序』가 있고 각 권의 말미마다 廣鈞이 초록한 「音義」가 수록되어 있으며, 끝머리에 金守溫의 跋文이 첨부되어 있다. 여기에 空菴和尙 祖丘가 이 상교정본의 서문과 본문, 그리고 음의를 각각 해설하고 「集解序」를 첨부한 『慈悲道場懺法集解』를 고려 말에 금속활자로 간행하였다.

『慈悲道場懺法』을 대상으로 한 주석서 및 관련 저술을 살펴보면 集解를 비롯하여 溫陵 사문 辨眞의 찬주, 淸凉山 광균의 私鈔 3권, 烏婆塞洳 覺明의 주석, 고려 慈恩宗 國一彌授 대사의 述解, 東林 선사의 略解 등이 있었다.

『詳校正本慈悲道場懺法』은 크게 3단으로 구성되어 있는데 1단에서는 상근기(제1~2권), 2단(제3~6권)에서는 중근기, 3단(제7~10권)에서는 하근기에 맞추어 내용을 설명하고 있다. 그중 제2단은 과보를 드러내고 원결을 푸는 것을 함께 밝힌 것이며 조금 관대한 내용으로 중근기를 위한 것이다. 권별 구체적 내용은 제3권은 과보를 드러냄, 제4권은 과보를 드러냄과 지옥을 벗어남, 제5권은 맺힌 원한을 풂, 제6권은 맺힌 원한을 풂, 발원 등으로 구성되어 있다.

2) 간행 배경

이 『慈悲道場懺法』이 간행되어 유통된 고려 후기의 시대적 배경을 살펴보면 당시 불교계의 특징은 무신 집권과 몽고의 침략을 거치면서 禪宗과 天台宗이 주류를 형성하고 地方 佛敎的 성격이 나타나기 시작하였다. 특히 민중과 결합된 結社運動, 神異的 요소의

---

2 上揭書, p. 312.
3 上揭書, p. 258.

부활, 律宗·神印宗·小乘宗·海東宗 등 신라 말에 약간의 세력이 있다가 기록에서 자취를 감췄던 群小宗派의 부활 등을 들 수 있다. 이러한 사회적인 분위기 속에서『慈悲道場懺法』의 간행과 유통, 慈悲懺道場을 여는 것은 밀교적인 경향을 띠는 佛事로서, 밀교의 護摩法 중 敬愛法에 해당하며 이는 모든 사람이 歡喜心을 발하여 天龍八部, 藥叉女 등 귀신을 섭복시키고 모든 적을 回心시켜 歡喜心을 발하게 하며 諸佛菩薩이 護念加持케 하는 법이다.

이와 같은 밀교적인 법회로서 消災道場, 摩利支天道場, 文豆婁道場, 灌頂道場, 大日王道場 등이 여러 차례에 걸쳐 설치되었는데, 그중 慈悲懺道場은 睿宗 6年(1106)에 왕이 친히 文德殿에서 慈悲懺道場을 설치한 기록도 있으므로 비록 그 횟수는 많지 않으나 일찍부터 밀교적 의식이 거행되었음을 알 수 있다. 또 비슷한 시기에 편찬된 義天 大覺國師의『新編諸宗教藏總錄』[4]의 2권 권말 부분 十誦律 아래에 "『慈悲懺法』 十卷 梁武帝述"이란 기록이 있다. 이는 教藏을 간행할 때 처음부터『慈悲懺法』 인용을 계획했다는 증거로, 이 책에 대한 당시의 인식을 짐작할 수가 있다.

지금까지 알려진 판본들을 통하여 고려시대인 14세기경에 여러 판본이 유통된 것으로 추정되지만 정확한 간행기록이 없어 추정만 할 뿐이며, 대체적인 간행 기록으로 이 책의 출판 흐름을 살펴보면 다음과 같다.

1090년대	『慈悲懺法』	義天 續藏經
1200년대	『慈悲道場懺法』	再雕大藏經 補板
1282년	『慈悲道場懺法』	東京副留守 李德孫 發願
13세기	『慈悲道場懺法』	祗林寺 所藏 殘存 落張들
1316년	『詳校正本慈悲道場懺法』	普賢寺比丘 權連 發願禮山 香泉寺
1352년	上同	守閑, 信珪 發願
1377년 전후	『慈悲道場懺法集解』	祖丘 序
1447년	『詳校正本慈悲道場懺法』	明嬪 金氏 發願
1473년	上同	貞熹王后 發願
1543년	上同	熙嬪 洪氏 發願

4 大屋德城, 『高麗續藏經雕造攷』, 서울: 景仁文化社, 1996, 影印本, 卷末附錄.

즉 이러한 여러 과정을 거쳐 集解까지 만들어질 정도로 그 유통이 활발하여 현존하는 같은 제목의 여러 板本들이 고려 후기부터 조선 초기에 걸쳐서 많이 나타나고 있음을 볼 때 그 사상적인 배경에서 당시의 새로운 정권 창출과정에서 일어나는 혼란과 밀교의식의 유행, 개인적인 消災求福의 祈福信仰과 무관하지 않은 것으로 여겨진다.

3) 전래와 간행

앞서 간행 배경에서 살펴본 바와 같이 11세기에 이미 관련 저술이 간행·유포되고 있었음을 알 수가 있다. 다만 卷數에 있어서 7卷이라 함은 현존하고 있거나 기록으로 확인되는 10卷의 體制와는 서로 맞지 아니하므로 필자의 생각으로는 일본에 전하고 있는 목록이 筆寫 시에 '十'이 '七'로 誤記되었을 것으로 짐작된다.

한편 같은 밀교 계통의 내용으로 大德 2년(1298) 居祖社의 元旵에 의하여 이루어진 『現行西方經』에도 10여 차례 『慈悲懺法』을 인용하고 있는바 이는 여말 불교의 밀교적 성격과 그 맥이 이어져 있음을 알 수가 있다. 즉 당시에는 『慈悲道場懺法』이 널리 유통되고 보편화되어 있었을 것으로 여겨지며, 이에 따른 다양한 판본의 유통이 集解를 만들게 된 동기가 되었을 것이다.

그리고 13세기 이후 萬德山 白蓮社를 중심으로 한 천태종의 중흥운동에서 了世 등이 늘 53불에 대한 예참을 행하는 참회수행이라든가 천인에게 계승된 천태, 법화참법 등 법화삼매에 이르게 하는 실천방법으로 참회수행을 강조하여 참회문과 참법이 발달하였던 불교사상의 시대적 흐름과도 대체로 일치한다.

『慈悲道場懺法』이 유행한 사상적 배경은 고려 말의 불교사상이 토착적인 신비사조의 흐름과 민중불교, 지방 중심 불교로서의 경향에 밀교 의식적인 필요성과 彌授를 정점으로 하는 瑜伽業의 懺悔思想과의 혼합으로 경전의 呪誦, 禮懺과 懺悔를 통하여 복을 기원하고 병을 낫게 하며 장수를 바라는 등 현세이익을 기원하는 일반 민중의 요구에 있었다.

이러한 高麗 불교계의 상황 속에서 『慈悲道場懺法』이 처음 중국에서 간행된 1256년으로부터 그리 오래지 않은 시기, 즉 13세기 후반에 高麗에 전래되어 다시 飜刻된 것으로 짐작할 수가 있다. 書體面에서 歐體를 닮아 있고 紙質 또한 楮紙인 것을 미루어 볼 때 그러하다.

또한 『慈悲道場懺法』과 관련된 판본에 대한 기록 중 고려 말의 祖丘가 편한 『慈悲道場懺法集解』에 따르면, 책이 세상에 나온 이래 그 내용과 문자가 읽고 해독하기 어려웠던 까닭에 中國에서는 溫陵 傳教沙門 戒環이 辨하고 眞師가 注를 찬하여 통하게 하였으며 淸凉山 廣鈞師가 詳校한 후에 私抄 3卷을 저술하고 汝南 覺明公이 注本을 만들었다[5]고 전한다.

2. 『慈悲道場懺法』의 여러 版本

『慈悲道場懺法』과 관련된 문헌을 기존의 書誌에서 가려 뽑아 보면 『詳校正本慈悲道場懺法』과 『慈悲道場懺法』, 『慈悲道場懺法集解』 등 세 종류가 보인다. 그러나 『慈悲道場懺法』은 『佛學大辭典』에서는 『啓運慈悲道場懺法』의 略名[6]이라 하고 있으며, 또 달리 『慈悲懺法』이라 불린다[7]고 하였다.

'慈悲道場'이라 題名한 것은 彌勒如來의 夢感에 의한 것이라는 데 연유하며 梁나라 武帝가 처음으로 이 懺法을 찬수하였다는 점에서 '梁皇懺' 또는 '梁皇寶懺'이라고도 한다.

1) 『啓運慈悲道場懺法』

'啓運慈悲道場懺法'에 대해서는 여러 문헌[8]에 『慈悲道場懺法』의 원서명이라고 소개되어 있지만 아직까지 각종 불교서지에서 이와 같은 서명으로 된 책을 찾아볼 수가 없고 다만 『大正新修大藏經』의 「慈悲水懺」에서 懺文과 함께 나타난다. 또 뒤에서 언급할 판본 중 『慈悲道場懺法』의 嚴仁燮本과 啓明大學校 所藏本에도 역시 每卷의 시작 전에 '啓運慈悲道場懺法'이라는 내용이 있다. 그 책의 註에 따르면,

啓	開也發也
運	動也轉也
慈悲	卽四無量心也
懺	梵語略也具云懺摩此云悔往…
法	卽軌持義總目

---

5 祖丘撰, 「慈悲道場懺法集解序」

6 『佛學大辭典』 卷下, 서울: 寶蓮閣, p. 2325.

7 上揭書, p. 2324.

8 織田得能, 『佛教大辭典』, 東京: 大藏出版株式會社, 1954, p. 1864. ; 『佛學大辭典』 卷下, p. 2325.

라 하고 이것은 '懺罪發心起行之軌義法則'이라 하였다. 즉 慈悲道場의 세계로 들어가는 전반부인 것이다. 그렇지만 여러 참고문헌에 소개된 것은 이와 같은 도입부에 나타난 제목을 보고 書名, 즉 卷首題로 판단한 것인지도 모른다.

2) 『詳校正本慈悲道場懺法』

梁 武帝가 찬수한 뒤에 大梁의 天監年間(502~519)에 고승들이 그 내용 중 번잡한 곳을 없애고 요지를 撮錄하였으며 또 여러 경에서 妙語를 선택하여 모았다. 그 후 元代에 이르러 내용을 對校하고 審訂하여 다시 정리하였으므로 '詳校正本'이란 말을 붙이게 되었다.

이 책의 저자에 대하여 여러 가지 기록이 보이는바,

> 『頻伽精舍校勘大藏經』: 梁寶誌寶唱等 仿淨住子製
> 『大日本校訂縮刷刻大藏經』: 梁仿淨子製
> 『至元法寶勘同總錄』, 『閱藏知津』: 梁誌公寶唱等集
> 『大明釋教彙目義門』: 梁寶唱等撰

이라 나타나고 『詳校正本慈悲道場懺法』에서는 '梁朝諸大法師 集撰'이라 밝히고 있다. 이와 같은 서명의 판본에 대하여 국내 소장본을 중심으로 살펴보면 다음과 같다.

(1) 香泉寺本

이 版本은 1977년 檀國大學校 학술조사단에 의하여 처음 알려진 것으로, 충남 禮山의 金烏山 香泉寺에 소장되어 있던 第9卷과 第10卷의 零本 1책이다. 현재 禮山의 修德寺 성보박물관에 수장되어 있으며 책의 크기는 34.4×20.2cm, 半郭은 25.6×16.5cm로 보존상태도 온전한 편이다.

권말에는

> 特爲
> 皇帝陛下 御宇萬年 / 瀋王殿下 福壽無彊 本朝 /
> 主上寶位遐長文貞虎恊雨暘 / 時禾稼稔于顆戢朝野安三世 /
> 師親法界生亡同證菩提請手鏤 / 板印施無窮者 /
> 延祐三年 丙辰八月 誌 /

幹善 普賢寺 比丘 釋連 /
同願施主 文世 嚴夫 /
刻板 山人眞悟 /
邊山開板 /
隨喜 惠山

이라 기록되어 있으며 그 내용은 다음과 같다. 황제의 安寧과 심왕과 임금의 壽福 및 오랜 寶位를 바라고 곡식이 풍성하기를 기원하는 뜻에서 판을 새겨 널리 배포한바, 간행 시기는 延祐 3年(1306)이며 간행의 일은 普賢寺의 比丘 釋連이 주선하고 邊山에서 개판하였으며 板은 眞悟가 새겼다.

本書의 발행사항에 나오는 普賢寺는 『佛敎辭典』에 나오는 24개처 가운데 충남의 서산군 상왕산의 절이거나 서천군 월명산에 있던 절일 가능성이 높으나 이 역시 현재로서는 알 수가 없다.

이 책의 본문에도 고려시대의 피휘가 나타나 '燒'과 '建'의 마지막 획이 결획되어 있다.

(2) 東國大學校圖書館 所藏本

이 책은 零本 3卷 1冊으로 東國大學校의 『古書目錄』에 따르면 고려시대의 刊印本으로 추정되고 있다. 이 版本을 다른 여러 版本과 對校하여 보면 내용면에서는 世祖妃 貞熹王后가 先王 先后를 위하여 成宗 4年(1473)에 간행하였던 國立中央圖書館 소장본과 거의 같으나 판식 등 형태적 측면은 전혀 다르게 나타난다. 또 4卷末의 '音釋'이 國立中央圖書館本에는 '音義'라 되어 있다.

한편 이 책에서는 고려 왕들의 避諱, 缺劃이 나타나는바, '建' 자의 경우 고려 太祖 王建의 이름을 피한 것이며, '運' 자의 결획은 宣宗의 이름을, '堯' 자의 결획은 定宗의 이름을 피한 것이므로 이 판본의 간행연대는 고려로 추정된다. 같은 종류의 避諱가 고려대학교 소장본에도 보이므로 두 책은 같은 계통의 판본으로 추정할 수 있을 것이다.

그러나 卷四의 六張 18行과 19行, 十一張 15行에 나타나는 '燒'는 缺劃이 나타나지 않는바 전체에 걸쳐 避諱가 지켜지지 않는 점으로 미루어 보아 고려시대 간본이라는 것은 再考할 필요가 있다고 여겨진다. 물론 여타의 고려시대 간본에서도 피휘가 철저하게 지켜지지는 않았고 일반적으로 조선시대에 간행된 佛經 등에서 고려의 판본을 저본으로

卷四: 懺四	十一[張] 13行 二十五[張] 9行	燒의 마지막 획 〃
卷五: 懺五	一[張] 9行 二[張] 19行 十八[張] 5行 二十一[張] 10行	建의 아래 받침획 〃 運의 아래 받침획 健의 아래 받침획
卷六: 懺六	四[張] 9行 五[張] 1行 十七[張] 9行 二十一[張] 12行	燒의 마지막 획 〃 〃 建의 아래 받침획

飜刻을 할 경우 부분적으로 避諱나 缺劃을 바로잡은 경우도 있고 완전히 교정하지 못해 그대로 새겨진 경우도 간혹 볼 수 있으므로 여기에 나타나는 현상 역시 같은 것으로 추정할 수 있다.

특이한 점은 六卷末題에서만 『慈悲道場懺法』이라 하여 '詳校正本'이란 말을 쓰지 않았으며 전체적인 서체가 再雕大藏經과 닮아 보인다는 점이다. 이 책의 서지적 사항을 정리하면 다음과 같다.

詳校正本慈悲道場懺法[9]　(貴217.62-상16ㄱ)
梁代諸大法師 集撰 木板[高麗朝] 刊
3卷 1冊(零本) 上下單邊 全郭 25×40cm
全葉 14行 13字 35.2×25cm 假綴
紙質: 楮紙
所藏: 卷4~6

(3) 高麗大學校圖書館 所藏本

이 책은 원래 荷堂 李聖儀 소장본으로, 零本 5권 1책(권1~권5)이다. 『佛書展觀目錄』에서 이 책은 卷子本의 형태를 方冊으로 裝訂한 것이며 서체가 松雪體의 大字라 하였다. 刊記가 없어서 확실한 간행 시기는 未詳이며 다만 荷堂이 권말에서,

9　東國大學校 中央圖書館編, 『古書目錄』, 서울: 同館, 1981, p. 242.

本書 慈悲道場懺法 卷册은 高麗恭愍王二十年 大明洪武四年 西紀1370年[ie 1371] 刊本이다.

라고 墨書한 것만 전할 뿐이다. 최근, 다음에 살펴볼 高昌龍 氏 所藏本과 같은 版本으로 추정되고 있으나 高昌龍 所藏本은 荷堂의 기록과는 다른 1352년 간행본이다.

諸大法師
詳校正本慈悲道場懺法[10]

諸大法師(梁) 集撰 [出版事項未詳] 木版本
1册 20.9×16.6cm
上下單邊 無界 5行 13字
表紙書名:『慈悲道場懺法』
序: (補寫)
所藏本中 卷第1~5의 1책 以外缺

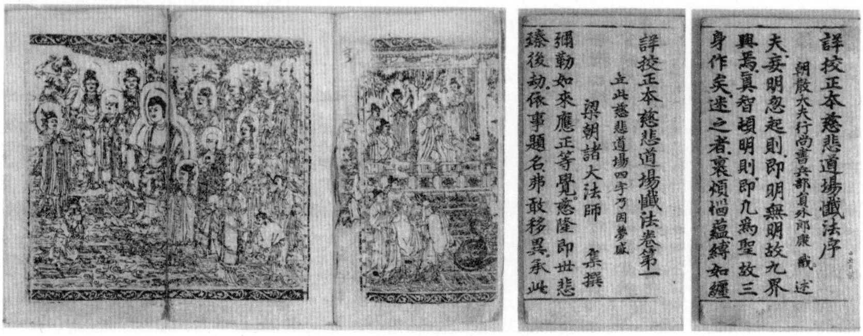

그림 9-1 『詳校正本慈悲道場懺法』

(4) 高昌龍 所藏本[11]

이 책은 零本 4卷 1冊(卷7~10)으로, 본시 卷子本 형태로 판각한 것을 다시 線裝으로 粧冊한 것이다. 권말 기록에 따르면 고려 恭愍王 元年(1352) 10월에 化主인 守閑, 信珪 등의 알선 아래 社主인 正西, 正招, 大選인 若琳, 郎將인 南宮伯, 別將인 柳猛, 崔龍鳳, 金豆彦

10 高麗大學校 中央圖書館 編,『貴重圖書目錄』, 서울: 同大出版部, 1980, p. 56.
11 文化公報部 文化財管理局 編,『動産文化財指定報告書 '86 指定篇』, 서울: 文化公報部 文化財管理局, 1988, pp. 111–113.

등의 시주로 개판되었다. 글씨는 衍虛가 쓰고 鍊板은 靈哲, 禪一이 맡았으며 刊刻은 了心, 省主, 法空, 玉如, 宏乙 등이 담당하였다.

> 諸大法師(梁)集撰 高麗 恭愍王 1年(1352) 木版本
> 零本 1冊(卷七~十) 29.3×17cm
> 上下單邊 匡高 25.8cm 無界 5行 13字 版心無

(5) 金京淑 所藏本

이 책은 보물 937호로 지정된 金京淑 소장본으로, 형태상 절첩본이다. 『動產文化財指定報告書』에 따르면,[12] 고려 말에서 조선 초기의 것으로 추정되는데 太祖의 諱인 '建', 定宗의 諱인 '堯'의 兼避諱字인 '饒', 穆宗의 諱인 '誦'에 각각 缺劃이 있으므로 고려 때의 판각임에는 틀림없지만 인쇄 상태로 보아 후쇄본이라 하였다.

또 권말에 '冊主信談'이란 墨書와 그 뒷면에 '正德元年丙寅十月日晟將元卷傳受信談'이라는 기록이 있고 卷首에는 過去七佛과 未來佛인 彌勒佛의 名號와 도판이 '大慈悲道場懺法變相'이란 기록에 이어 차례로 나열되어 있다.

이 그림은 앞의 北宋本이나 元 大德年間의 西夏文本과 대체적인 구도가 유사하며 이러한 변상의 변화에서 중국에서의 전래로부터 고려, 조선으로 이어지는 판각술의 변화를 단편적으로나마 엿볼 수가 있다.

(6) 啓明大學校 所藏本

이 책은 卷四에서 卷七까지의 零本 1책이며 권수에 4면에 걸친 변상도가 있어 다른 판본과 비교하여 특이하다. 형태는 5행 13자로, 판각의 상태는 획이 굵고 둔하다. 또 卷四의 끝에는 '法玄', 卷五와 卷六의 권말에는 각각 '法空'과 '玉如'라는 刻手名이 나타난다.

각수 '法空'과 '玉如'는 1352년 高昌龍 소장본에도 동일하게 나타나므로 이 둘은 같은 판본으로 추정된다.

---

12 文化公報部 文化財管理局 編, 『動產文化財指定報告書 '87 指定篇』, 서울: 文化公報部 文化財管理局, 1987, p. 228.

詳校正本慈悲道場懺法[13] (귀이 294.3758)
諸大法師(梁)集撰 木版本(高麗版) (高麗後期)
1冊 零本 圖33×17.6cm 束裝
上下單邊 半郭 25.3×13.4cm 無界 5行 13字 無魚尾
所藏本: 권4~7

특히, 이 판본은『慈悲道場懺法集解』의 내용을 여백의 여러 곳에 필사하여 欄上의 여백에 단어를 설명하거나 주기하고 있다.

3)『慈悲道場懺法』

이 책과 관련된 版本으로는 高麗時代의 것으로『慈悲道場懺法』, 大字로 된『詳校正本慈悲道場懺法』, 覺明이 짓고 明公이 注를 달아 元에서 1256년에 간행한 것을 高麗에서 번각한 판본과 朝鮮時代 판본으로 金守溫의 跋文이 있는 1474년 간행본 등이 알려져 있다.

이와 더불어 역대에 간행된 여러 대장경에 수록된『慈悲道場懺法』서명은 대체로 고려 再雕大藏經을 비롯하여 10여 종의 대장경에서 나타나고 있어 大藏經의 이름과 函架順을 정리하면 다음과 같다.

『大明三藏聖教南藏』의 茂函
『大明三藏聖教北藏』의 公函
『大淸三藏聖教』의 路函
『大日本教訂縮刻大藏經』의 調函
『頻伽精金校勘大藏經』의 調函
『大日本教訂藏經』 및 續藏經의 三十
『至元法寶勘同總錄』의 猷函
『大明釋教彙目義門』의 三六
『閱藏知津』의 四二
『嘉興大藏經』 및 續藏의 公函

13 啓明大學校 中央圖書館 編,『古書目錄』, 대구: 啓明大學校 中央圖書館, 1987, p. 117.

앞의 여러 大藏經 중 가장 빠른 시기에 『慈悲道場懺法』을 수록한 것은 『至元法寶勘同總錄』으로, 이는 慶吉祥이 至元 22年(1285)에 시작하여 至元 24年(1287)에 완성한 것이다. 이로 볼 때 『慈悲道場懺法』은 이미 1285년 이전에 大藏經目錄에 수록될 만큼 상당히 전파되었고 보편화되어 있었다고 볼 수가 있다.

(1) 李德孫 發願本

현재 개인이 소장하고 있는 이 판본은 앞서 관판본의 고찰에서 간략히 살펴본 바와 같이 현재 권말의 발문, 간기 등과 卷十의 일부가 남아 있는 불완전본으로, 紙質이나 板刻術 등을 통해 고려의 折本임을 쉽게 알 수가 있으며 1張은 4折이며 한 면은 5行 13字로 새겨져 있다.

그 밖에 같은 판본이 경주 祇林寺의 불복장에서도 고려시대 절첩 형태로 다량 발견되었다.

卷末의 誌文에 따르면 至元 19년(1282) 壬午 7月에 東京 副留守였던 李德孫이 발원하여 간행한 것으로,

> … 特爲 聖壽天長 洎及先考李氏 超升淨刹 現在偏孀 妻之父母 己家配耦
> 孫嬰福壽 延洪三世 一切冤魂 解怨釋結法界故殺誤傷 水陸亡靈 離苦得樂
> 印施無窮者
>
> 時至元十九年壬午七月日誌
>
> 東京副留守前朝散大夫版圖摠郎李德孫

이라는 기록을 볼 때 李德孫이 돌아가신 아버지 李淳牧의 명복을 빌고 처가 쪽 친족이 번성하기를 빌며 모든 영혼들이 원한을 풀고 고통에서 벗어나 極樂往生하기를 바라면서 간행하였음을 알 수가 있다.

책의 版式을 보면 『詳校正本慈悲道場懺法』類에서 보이는 한 면 5行 13字의 절첩본 형식과 일치하나 서체는 약간 달라서 획이 굵고 퍼진 飜刻의 느낌을 준다.

이 책과 기림사 소장 판본을 비교하면 서체가 같고 紙質 등이 유사하며 일본 南禪寺에 소장된 판본과도 일치한다.

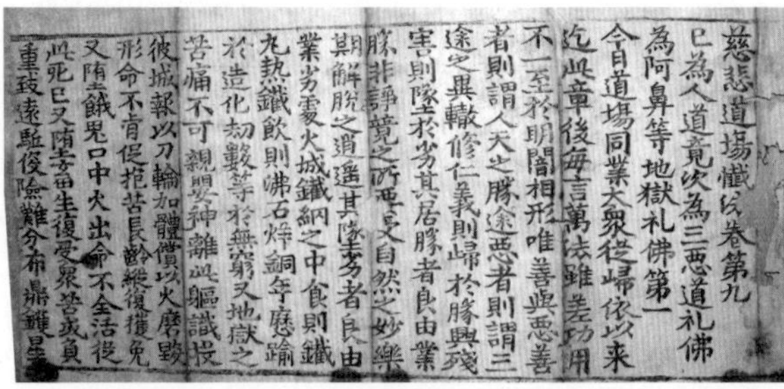

그림 9-2 『慈悲道場懺法』 卷第9

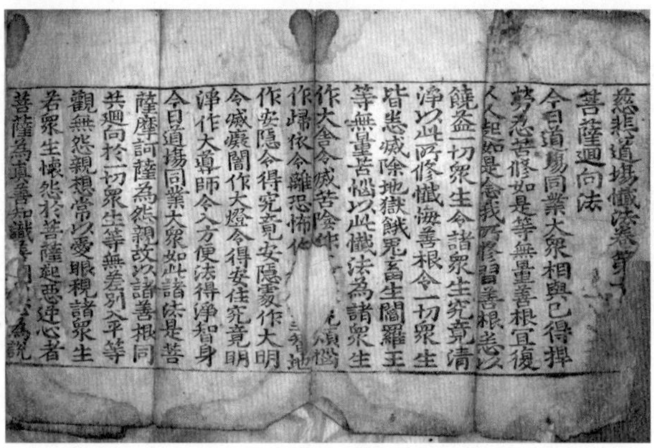

그림 9-3 『慈悲道場懺法』 卷第10

(2) 祇林寺 所藏 釋讀口訣本

이 책은 절첩본이며, 앞의 개인 소장본이나 남선사본과 형태적으로 같고 글자의 서체, 크기, 1행 13자 등 대부분 일치한다. 그러나 장차의 매김에 있어서 전자의 두 판본에서는 매장 20행씩 나누어졌으나 기림사 판본은 21행씩 나누어지고 장차가 바뀐 점에서 차이가 나므로 그 저본은 같을 수 있으나 서로 다른 시기에 판각된 것으로 판단된다. 같은 권차의 부분을 비교하면 분명하겠지만 남선사 소장본에는 제4권이 결본되어 있어서 비교하기 어렵고, 다만 張次 즉 板首題가 기록된 위치가 다른 점에서 같은 판목에서 인출된 것은 아니다.

따라서 만약 이 판본이 권말까지 전부 남아 있다면 이덕손 발원본이 아닌 더 빠른 시기의 발문이 있는 판본일 가능성도 많다. 이 외에도 기림사에는 서로 다른 판본의 절첩본 『慈悲道場懺法』이 소장되어 있다.

祇林寺 聖寶博物館에 소장된 釋讀口訣本『慈悲道場懺法』의 서지사항을 살펴보면 대체로 다음과 같다.

① 기림사 등록번호: 81101200-000380

② 간행 시기: 高麗 木板本, 折帖, 13세기

③ 종이: 두께 0.09cm(제18장), 촉수 13촉, 색 L81.4, a+ 1.7, b+ 12.4

④ 지폭: 제17장/55.6cm, 제18장/56.0cm, 제19장/55.7cm, 제20장/56.2cm, 제21장/56.0cm

* 제21장: 紙高 30.3cm, 匡高 25.3cm, 上下單邊

21행, 1행 13자(간혹 14, 15자), 전 5면, 각면 4행씩, 절첩 크기 30.3×10.4cm

版心題 '四', 張次 '二十一'

하단부 누습의 얼룩

⑤ 내용 부분

張次	行數	1行 第1字 / 21行 第1字
제17장	21행	地 / 切
제18장	21행	操 / 十
제19장	21행	獄 / 十
제20장	21행	是 / 爲
제21장	21행	兕 / 慈

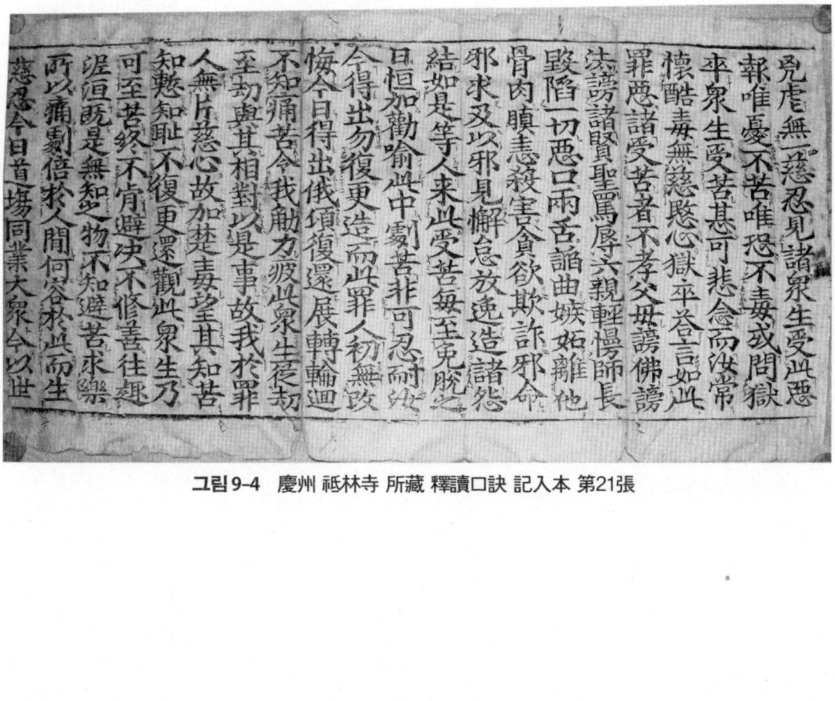

그림 9-4 慶州 祇林寺 所藏 釋讀口訣 記入本 第21張

⑶ 祇林寺 所藏『慈悲道場懺法』

이 판본은 고려본으로, 한 행에 13자인 점은 앞의 판본과 같으나 획의 굵기가 전자보다 가늘어지고 글자 간의 간격도 더 벌어져 있다. 그러나 서체는 유사하여 '法'의 '厶' 부분 등의 처리가 일반적인 정서체와 다른 필치를 보인다. 본문의 글자를 대조해 보면 글자의 순서는 같으나 행간 상의 위치가 달라진 것도 있다. 해인사의 寺刊板 중에도 같은 판이 있으며 간행 시기는 고려 후반으로 추정된다.

책의 권수에는 '慈悲道場懺法傳'의 내용이 36행에 걸쳐 수록되어 있고 이어서 권수제와 본문의 내용이 전개된다.

4) 覺明 註釋『慈悲道場懺法』

⑴ 啓明大學校 所藏本

이 책은 알려진 목록만으로 볼 때 유일본이었으나 필자가 조사한 嚴仁燮 개인 소장본도 같은 계열의 판본으로, 그 版式이나 字體 등을 다른 版本과 비교하면 아주 다른 특징을 지니고 있다.

표지에 쓰여진 서명은『慈悲懺法』이며 同 圖書館의 목록에 나타난 서지사항은,

> 慈悲道場懺法 (귀이 294.3753)
> 覺明(釋) 木板本 [高麗後期別刷] [刊年未詳]
> 2卷 1册 31.2×16.5cm 東裝
> 四周單邊 半郭 23.3×13.2cm 無界 7行 17字 註雙行 無魚尾

와 같고 판본을 高麗板 후쇄본으로 추정하고 있지만 원본을 조사한 결과 紙質이나 자체 및 인쇄의 특징인 刓缺 등이 전혀 나타나지 않으므로 고려시대 원간본으로 보여진다.

이 책은 다른 판본과 비교할 때 첫 張에 본문과 서문을 시작하기 앞서서,

> 啓運慈悲道場懺法　一心歸命三世諸佛
> 南無過去毗婆尸佛　南無尸棄佛
> 南無毗舍淨佛　南無拘留孫佛
> 南無拘那含牟尼佛　南無迦葉佛
> 南無本師釋迦牟尼佛　南無當來彌勒尊佛

과 같은 71字의 名號佛의 도입구가 더 있는 것으로 보아 『大正新修大藏經』에서 『慈悲道場懺法』 對校의 기준본으로 채택하고 있는, 明代인 萬曆 13年(1585)에 간행된 增上寺 報恩藏板과 내용상 같은 체제를 지니고 있다.

한편 이 책은 앞의 71字자가 끝난 뒤에 孟璟이 撰述한 『新開解註慈悲道場懺法』이 있고 序가 쓰여진 각 장은 2단으로 구성되며 윗부분에는 御前川林慈恩普濟教寺 元參習無授沙門 紹傳이 쓴 「釋新刊註慈悲道場懺法序」라는 科序가 있다. 또 科序가 끝난 뒤에는 「慈悲道場懺法要約解幷序」의 제목은 있으나 뒷장이 낙장되어 그 내용을 알 수가 없다. 다만 烏婆索迦 覺明이 述하였다는 著作事項이 시작되고 있는데, 이는 본문에 관계되는 내용이며 要約解 부분과의 관계는 찾아보기 어렵다.

이 책의 성립에 관하여서는 孟璟이 述한 서문에, 梁 武帝가 시작한 이래 懺文의 訓釋이 覺明公에 의하여 이루어져 註로 추가되어 있으며 이후 寶珪大德이 兵難에도 이 책을 깊이 간직하여 지키고 또 祖誘高人이 水火를 피해서 이 책을 전해 온 지 오래되어 孝昌 永壽上人이 이 板을 간행하고자 할 때 萬經勝心과 精勤으로 돈과 곡식을 내어 匠人을 시켜 寶祐甲寅年(1254) 가을에 시작하여 丙辰年(1256)에 인쇄를 마쳤다고 그 경위가 기록되어 있다. 이러한 序에 의거하여 보면 이 판본은 元代에 만들어진 책을 고려에서 다시 새긴 것으로 여겨진다. 지질 등 형태적인 면에서 고려본임을 쉽게 알 수가 있기 때문이다.

覺明이 쓴 要略解에 따르면, 懺法은 梁朝부터 시작되어 士民과 佛徒들에 이르기까지 그것을 見聞하는 사람은 七覺之華에 이르고 讚禮하는 자는 悟性修眞하고 十地之果를 넘을 수가 있다고 하여 대단히 성행하였음을 알 수가 있다. 또 나아가 覺明은 일찍이 閑儒로 있을 때 眞詮師를 만나 가르침을 받고 승도를 찾아 참선을 익히는 등 理를 깨치는 데에 이르지는 못하였지만 점차 眞門에 가까워졌으므로 우선 작은 善이라도 베풀고자 하여 옛사람의 글에서 요점을 추리고 쉽게 풀이하여 後人들이 보고 배움에 있어서 미혹한 곳에 빠지지 않도록 하였다고 언급하였다.

이러한 서문과 要略解를 근거로 볼 때 梁朝의 원본에 訓釋을 단 판본은 元代에 이루어졌고 그 판본이 다시 고려에서 번각된 것으로 추정되는데, 歐體인 서체와 楮紙의 지질로도 미루어 짐작할 수가 있다. 이미 앞에서 발견된 序部分에 관련 자료의 편찬 과정이 언급되었지만 이 자료와 관련지어 볼 때 辨眞師가 注를 찬하고 廣鈞師는 詳校 私抄를 이루고 汝南 覺明公이 注本을 만들었다고 하였으니 覺明의 注本이 바로 이 책에 해당한다.

여기서 明公이 註를 달았다는 점에 착안하여 『慈悲道場懺法集解』에 나타난 '明公云' 또는 '明公曰'이라고 인용된 부분과 이 책의 註를 비교할 때 글자 몇 자의 차이는 있지만 거의 일치한다는 것을 알 수 있다.

따라서 『慈悲道場懺法集解』의 編者인 祖丘는 이 책을 옆에 두고 다른 참고문헌을 대조하면서 편찬한 것으로 여겨지지만 간행 시기로 볼 때 이 책의 고려본을 본 것이 아니라 중국에서 전래된 底本을 보았을 가능성이 크다. 이 책이 고려에서 간행된 시기는 중국에서 간행되었을 때 序 등에서 표기된 1256년 이후의 어느 때일 것으로 底本은 1판에 36행, 고려에서 판각할 때는 1판에 30행으로 변용하여 이루어졌다.

各卷의 끝에는 音釋이 수록되어 있는데, 특히 一卷末에는 陽刻으로 '刻淡如'라는 각수 이름이 새겨져 있다. 이 각수명에 대하여 다른 판본들을 두루 살펴본 결과 淡如, 覺訥이라는 刻手名은 비슷한 시기에 忠州 青龍寺에서 간행된 『禪宗永嘉集』[14]의 誌文 끝에 '淡如 覺訥 李仁隣 刀'라는 기록이 있음을 확인하였다. 즉 『禪宗永嘉集』이 고려 禑王 7年(1381)에 간행되었으므로 동일 인물로 비정한다면 刻僧의 활동 시기와 그 편차를 감안하여도 거의 비슷한 시기일 것으로 추정된다.[15] 따라서 간행 장소도 같은 青龍寺 내지는 忠州 부근의 寺刹이었을 것으로 짐작된다.

(2) 嚴仁燮 所藏本

이 책은 앞의 계명대학교 소장본과 같은 版種이나 계명대 소장본이 卷2까지인 반면 이 책은 卷5까지의 합철이며, 前者는 6행씩 판각된 절첩을 목적으로 만들어졌으나 裝訂의 편의상 7행씩을 한 면으로 제본한 것에 비하여 後者는 15행씩을 한 면으로 하여 6행, 6행, 3행으로 구분되어 있다.

즉 6행씩의 折帖이 그 원형일 것이며, 자세히 살펴보면 序의 앞부분에 變相圖가 일부 남아 있어 原本에는 變相圖가 있었을 것으로 추정되므로 같은 계열인 계명대학교 소장본 역시 變相圖가 떨어져 나간 것으로 추정된다.

권말에는 音釋이 있으나 3卷末의 音釋은 부분적으로 釋을 달지 않은 것도 보이며 『詳

---

14 千惠鳳, 『國寶: 12』, 서울: 藝耕産業社, 1985, p. 146.

15 南權熙, 「高麗本 『慈悲道場懺法』 卷第1~5와 그 口訣 紹介」, 『書誌學報』 第11號(1993), pp. 5-36.

校正本慈悲道場懺法』의 여러 版本에서 보이는 音釋과는 내용상 많이 다르다. 1卷의 卷末에는 각수명 '覺訥'이 음각으로, 2卷의 권말에는 '刻淡如'가 陽刻으로 새겨져 있어 역시 啓明大本과 동일하다.

5) 中國에서 刊行된 版本

高麗時代부터 전래되어 간행되기 시작한 여러 版本을 이해하려면 中國에서 먼저 刊行된 자료를 살펴보는 것이 필수적이나 현존하는 자료가 그다지 많지 않고 접근이 어려운 까닭에 문헌을 통해 몇 가지만 정리해 본다.

(1) 誠庵古書博物館 所藏本

이 책은 중국 목판본이며 杭州의 瑪瑙寺에서 간행된 것으로, 零本 1帖(권9~10)이 남아 있다. 대체로 간행 연대는 元~明朝年間이고 저자는 梁의 誌公寶唱이며 형태는 절첩본이다.

慈悲道場懺法[16] (3-471)

誌公 寶唱(梁)等集 木版 杭州(中國) 瑪瑙寺 [元~明朝年間]刊
1帖(卷9~10) 圖 上下雙邊 半郭 24.5cm 帖裝
書名: 題簽에 의함
版心題: 梁懺
刊記: 板留杭州瑪瑙寺井東房梅石印造
紙質: 錦紙

(2) 『啓運慈悲道場懺法 一心歸命三世諸佛』(976~983)

이 책은 折帖의 형태를 지니고 있으며 卷首의 變相圖 부분에 두 줄로 過去七佛과 未來佛인 彌勒佛의 名號와 圖像이 있고 그 앞에 裝飾된 테두리 속에 '啓運慈悲道場懺法 一心歸命三世諸佛'이라 쓰여 있다.

이를 근거로 周燕는 이 부분을 그 書名으로 간주하고 있으나 선행 연구에서 살펴보았듯이 이러한 내용은 서명이 아니라 책의 내용에 들어가기 위한 도입부에 해당하는 것이

---

16 誠庵古書博物館 編, 『誠庵文庫典籍目錄』, 서울: 同博物館, 1975, p. 281.

다. 그러나 편의상 周蕪의 인용에 의거하였다. 이 책의 간행 시기에 대하여 周蕪는 근거를 밝히지 않은 채 北宋의 太平興國 年間(976~983)의 것이며 梵俠裝[17]이라 하였다. 그 체제와 變相圖의 장식 수법으로 볼 때 후에 간행된 『詳校正本慈悲道場懺法』類에서 보이는 내용과 비슷하며 다음의 元代 판본이나 고려본들과도 대체로 유사한 것으로 여겨진다.

(3) 『梁皇寶懺』(1291~1307)

이 書名은 梁의 武帝가 처음으로 이 懺法을 撰修하였다는 점에서 『梁皇懺』 또는 『梁皇寶懺』[18]이라 한 데서 그 유래를 찾아볼 수가 있다. 특히 梁 武帝는 불교를 신봉할 뿐만 아니라 현재 전하고 있지 않은 『三慧經義記』를 비롯한 6종의 책과, 지금까지 전해지고 있는 『摩訶般若懺文』, 『金剛般若懺文』, 『和太子懺悔詩』를 포함한 10여 종[19]의 책을 저술한 것으로 알려져 있다. 그는 유교적 寬仁과 불교적 慈悲, 특히 불교정신을 바탕으로 신앙과 국정을 이루어[20] 한때 梁代의 태평 문화를 구가하였다.

따라서 그의 저술 중에 자주 보이는 참법과 대표적 정신으로서의 慈悲가 연결된 『慈悲道場懺法』은 사상적인 측면에서 武帝를 대표하고 후대에 세력을 확장한 밀교의 儀禮로 계속적으로 존재하였으며 여러 차례 冊으로 간행되기도 하였다. 이와 같은 배경으로 이름 붙여진 『梁皇寶懺』에 대하여 周蕪는 『中國版畫史圖錄』에서 元의 大德年間(1291~1307)에 兪聲이라는 사람에 의하여 새겨져 杭州路에서 간행된 것이며 형식은 西夏文 즉 河西文으로 된 折本으로, 현재까지 남아 있는 10여 종의 『河西大藏經』 중 하나라고 소개하고 있다.

이 책 역시 西夏文으로 쓰여지고 北京圖書館에 소장되어 있는데, 卷1~10까지의 완질이며 서명은 『慈悲道場懺悔法』으로 소개되었다. 史金波에 따르면 이 책의 每卷首에 序言의 내용과 일치하는 圖가 있고 그림 중에는 '郗氏蛇身爲處', '郗氏天生處'에 해당되는 款題가 西河文으로 쓰여 있다고 전한다. 또 그림에 西夏文과 함께 漢文으로 '兪聲刊'이라고 쓰여 있는 것을 보아 이 시기에 두 문자가 유행한 것으로 추정된다.

17 周蕪, 『中國版畫史圖錄, 上』, 上海: 上海人民美術出版社, 1988, pp. 12-13.

18 上揭書, p. 34.

19 任繼愈 編, 『中國佛教史 第三卷』, 北京: 中國社會科學出版社, 1988, pp. 22-25.

20 森三樹三郎, 『梁の武帝: 佛教王朝の悲劇』, 京都: 平樂寺書店, 1985, p. 168.

또 이 책의 전래 경위는 英國의 스타인(A. Stein)이 黑水城 유적지에서 가져갔을 것으로 추정되고, 西夏文 8字로 쓰여진 '此本屬者 只口移合 慧增'에서 '只口移合'은 西夏 党項族의 姓이고 '慧增'은 이름이므로 이 책은 慧增이 항상 읽었던 것으로 추정된다.[21]

(4) 西夏文 『慈悲道場懺法』(1068~1086)

현존하는 西夏文으로 된 『慈悲道場懺法』은 몇 종이 알려져 있는데, 北京圖書館에 『慈悲道場懺罪法』[22] 卷1과 卷3~10이 所藏[23]되어 있고, 蘇聯科學院 東方學研究所 所藏本[24]과 소장처가 정확히 밝혀지지 않은 英國 所藏本[25] 등이 있다. 또 『新刻慈悲道場懺法』이라는 書名으로 된 목판본이 內蒙古文物考古研究所[26]에 소장되어 있다.

한편 敦煌資料 중 西夏文獻 속에서 발견된 책의 經名은 『慈悲道場懺罪法』으로, '罪' 자가 追加되었으나 變相의 圖像樣式이나 여러 부처들의 名號가 수록된 부분 등이 南禪寺 소장의 고려본 『慈悲道場懺罪法』과 거의 유사하다.

이 책은 西夏文의 折帖 木板本으로 크기는 32.8×13cm, 匡高는 27.9cm이며 각 권의 1장은 4면, 한 면에 5행 15자씩 배열되어 있다. 上下雙邊의 邊欄과 卷首에는 變相圖인 梁皇寶懺圖 4면이 있고, 이어 4면의 부처님 圖像과 名號가 蓮花臺 위에 배치되어 있다. 절첩의 표지에는 인쇄된 題籤이 있으며 변상도의 여백에 '俞聲刊'이라는 각수명이 있고 각 장의 연결부분에는 漢字로 권차, 장차의 숫자가 '第七 十二'와 같이 새겨져 있다.[27] 각 권의 變相圖와 名號, 圖像은 모두 같은 판에서 인출한 것을 반복하여 사용하였다.

이 『慈悲道場懺法』은 여러 種類의 西夏文 飜譯 佛經 중의 하나로, 대부분 皇室에 의하여 간행이 이루어졌다. 이 책들의 卷首에는 變相圖가 있고 卷首題 다음에 小字로 저자사항이 서하문자 두 줄로 쓰여 있다. 이 題款을 漢譯文으로 보면 다음과 같은데, 편찬과 간행에 관여한 皇太后, 皇帝의 이름이 선행되어 있다.

---

21 史金波·白浜·吴峰云 編著, 『西夏文物』, 北京: 文物出版社, 1988, p. 48.
22 경우에 따라서는 '罪' 字를 빼고 사용하기도 한다.
23 史金波, 『西夏佛教史略』, 銀川市: 宁夏人民出版社, pp. 372-373.
24 上揭書, p. 396.
25 上揭書, p. 411.
26 上揭書, p. 347.
27 『中國藏西夏文獻』 5 ; 北京編, 蘭州: 甘肅人民出版社: 敦煌文藝出版社, 2005.

天生全能 祿蕃佑經 式法正國皇太后梁氏 御譯,
救德主世 增福正民 大明皇帝 嵬名 御譯[28]

이 판본을 南禪寺 소장의 高麗本『慈悲道場懺罪法』의 변상도와 서로 비교하면 구도도 거의 같고 인물의 배치나 그려진 양식, 테두리 장식도 같다. 다만 양무제가 난간이 있는 건물의 단 위에 좌정한 위치로부터 내려오는 계단의 위치가 서로 다르게 표현되어 있다.

권1의 序 7면에는 제목 아래 '何森秀 刋'의 漢文과 西夏文으로 '此懺罪法 出處地方 江南 經院 建康府城內 奉勅已集'이라는 내용이 적혀 있어 그 底本이 강남의 판본임을 알 수 있다. 각 장의 연결은 漢字로 '一卷 四'와 같이 표시하고 있다.

이 책을 형태 서지학적인 관점에서 다음 예시의 고려본과 비교하여 볼 때 변상의 구도나 책의 체제면에서 거의 유사한데, 이는 중국에서 간행된 판본이 고려와 서하의 兩端으로 전파된 결과로 추정된다.

책의 간행 연대는 西夏의 大安 연호를 쓴 惠宗 때로, 약 1068년~1086년 사이로 추정되므로 梁代의 6세기경에 편찬되어 동서로 流傳되어 갔음을 짐작할 수 있다. 또 많은 판본이 현존하는 것으로 미루어 당시에도 상당한 양이 간행되고 受持讀誦되었을 것으로 여겨진다. 이 판본들을 소개하고 있는 중국 간행의 문헌들에서는 元代 大德年間의 간행본과 거의 같은 도판들을 인용하고 있다.

다만 이 變相圖는 啓明大學校『詳校正本慈悲道場懺法』에 수록된 것과 비교할 때 인물의 배치, 구도, 내용 등이 흡사하고 또 5行과 편저자 표시 등에서도 유사함을 느낄 수 있다.

그림 9-5 高麗本『慈悲道場懺罪法』卷1 變相圖(南禪寺 所藏本)

---

28 史金波,『西夏佛敎史略』, p. 72.

그림 9-6 西夏文 『慈悲道場懺罪法』 卷1 變相圖(돈황 출토)

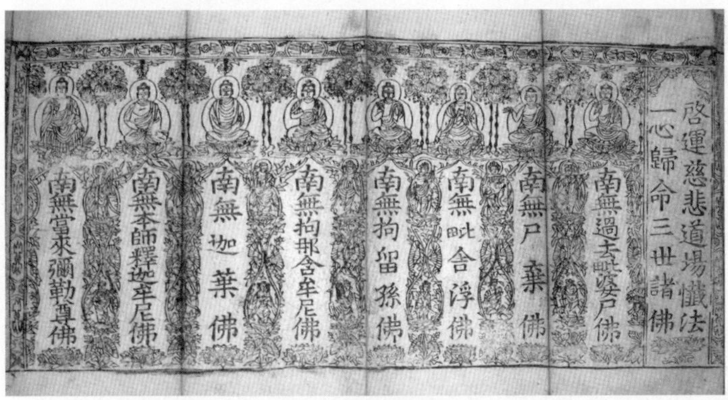

그림 9-7 高麗本 『慈悲道場懺罪法』 卷1 卷首

그림 9-8 西夏文 『慈悲道場懺罪法』 卷1 卷首

제2절 日本 南禪寺 소장 『慈悲道場懺法』

1. 물리적 형태

이 책은 折帖本으로 南禪寺 소장 一切經의 '用'函에 들어 있는 高麗本이다. 전체 10책(권1~10)으로 구성되어 있고, 卷1, 3, 5, 6, 7, 8, 9, 10은 高麗 官板本이며 1282년에 東京副留守였던 李德孫이 발원하여 간행한 것으로, 변상과 간기가 완전하다. 국내 전래본 중에는 이 판본의 零本과 간기 부분만 전해지는 일부가 확인된다. 다만, 남선사본 중 卷2, 4는 日本 寫經이다.

물리적인 형태면에서 이 經의 版式을 卷1의 第1張을 기준으로 살펴보면 紙幅이 30.2cm, 찍은 板의 匡高가 22.8cm, 匡幅이 52.9cm이며, 折帖의 크기는 30.2×13.2cm이다. 세로 발끈 폭은 2.5~3cm, 촉수는 19촉으로 동일한 紙質의 高麗 종이가 사용되어 있다. 板面 1장이 5행씩 구분된 4단으로 구성되어 그대로 제본되어 있고, 張次도 20행으로 끊어 가면서 면수가 표시되어 있다. 卷1, 3은 1행에 12字, 나머지 卷은 1行에 13~15字가 배열되어 있다. 卷1의 앞부분에는 2장의 變相圖가 있으며 그 크기는 1장당 23.8×52.4cm로 동일하다. 卷3과 卷6에는 漏濕, 蟲蝕의 흔적이 있다. 이 經의 版式이 『詳校正本慈悲道場懺法』類에서 보이는 5行 13字의 절첩본 형식과 일치하나 서체는 약간 달라서 획이 굵고 퍼진 번각의 느낌을 주며 卷10의 끝부분에는 李德孫의 發願文이 있다.

한편 卷8은 다른 卷과 서체가 다른 異版本으로, 國內에는 이것과 같은 판본이 高麗大學校, 啓明大學校, 祗林寺 등에 所藏되어 있다.

이 판본은 板首題 부분의 장차 표시에서 '卜'과 '丈'도 간혹 사용되었고 판수제의 위치도 1행 뒤나 2행 뒤에 기입된 것이 다수 보인다. 또 고려 피휘자에 해당하는 '建' 등은 다른 계열의 판본에는 마지막 획의 결획이 보이지만 여기서는 찾을 수 없다. 전체적인 서체의 느낌으로는 기림사본이 더 글자가 바르고 글자의 太細가 고르며 정제된 느낌이 든다.

嗚呼感激旣而求蟒遂不復見
帝明日大集沙門於殿庭宣其
由問善之家以贖其苦
志公對曰非礼佛懺滌悃款方可
帝乃然其言搜索佛經錄其名
号兼親抒眷思灑聖翰撰悔文共
成十卷皆採摭佛語削去閑詞
為其懺礼又一日聞宮室内異
香馥郁良久轉美初不知所來
帝因仰視乃見一天人容儀端麗
謂帝曰此則蟒後身也蒙帝功
德已得生忉利天今呈本身以
為明驗也懇懃致謝言訖不見
自梁迄今已數百年得此經本
虔敬礼懺所為所祈者皆有陰
騭感應猶恐厥事闇然未彰輙
以袓記用達諸耳目矣
慈悲道場懺法卷第一
立此慈悲道場四字乃因夢感
弥勒世尊旣慈隆即世悲臻後

慈悲道場懺法卷第八
奉為阿脩羅道一切善神礼佛第四
今日道場同業大衆重復至誠五
體投地奉為十方盡虛空界一切
阿脩羅王一切阿脩羅各及眷屬
又奉為十方盡虛空界一切聰明
正直天地虛空主善罰惡守護持
呪八部神王八部神將乃至若内
若外若近若遠東西南北四維上
下徧空法界有大神足力有大威
德力如是十方八部神王八部神
將各及眷屬歸命敬礼一切世間
大慈悲父
南無彌勒佛 南無釋迦牟尼佛
南無寶名佛 南無衆清淨佛
南無無邊名佛 南無不虛光佛
南無聖天佛 南無智王佛
南無金剛衆佛 南無善障佛
南無建慈佛 南無華國佛

그림 9-9 南禪寺 所藏本 「慈悲道場懺法」 卷1, 8 書體 比較

2. 刊行 記錄

卷末의 誌文에 따르면 至元 19년(1282) 壬午 7月에 東京 副留守였던 李德孫이 발원하여 간행한 것으로,

> … 特爲 聖壽天長 洎及先考李氏 超升淨刹 現在偏孀 妻之父母 己家配耦孫嬰
> 福壽延洪三世 一切寃魂解怨 釋結法界 故殺誤傷 水陸亡靈 離苦得樂 印施無窮者
>
> 時至元十九年壬午七月日誌
>
> 東京副留守 前朝散大夫 版圖摠郎 李德孫

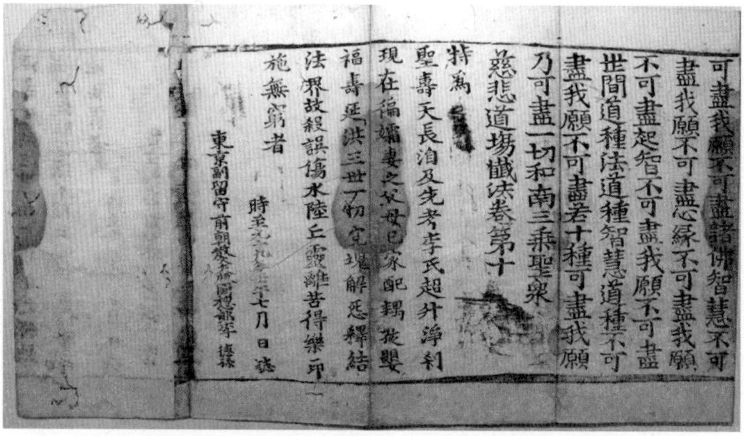
可盡我願不可盡諸佛智慧不可
盡我願不可盡心緣不可盡我願
不可盡起智不可盡我願不可盡
世間道種法道種智慧道種不可
盡我願不可盡若干種可盡我願
乃可盡一切和南三乘聖衆
慈悲道場懺法卷第十
特爲 [illegible]
聖壽天長洎及先考李氏超升淨刹
現在[illegible]妻之父母已家配耦[illegible]
福壽延洪三世一切冤魂解怨釋結
法界故殺誤傷水陸亡靈離苦得樂[illegible]
施無窮者
時至元十九年壬午七月日誌
東京副留守前朝散大夫版圖摠郎李德孫

그림 9-10 『慈悲道場懺法』卷10 卷末에 있는 李德孫 發願文

이라는 기록을 볼 때, 李德孫이 慶州에서 副留守로 있을 때 돌아가신 아버지 李淳牧의 명복을 빌고 처가 쪽 친족이 번성하기를 빌며 모든 영혼들이 원한을 풀고 고통에서 벗어나 극락왕생하기를 바라면서 간행하였음을 알 수가 있다. 이 발문의 내용과 『慈悲道場懺法』이라는 책의 간행 목적이 亡者의 영혼을 천도하기 위한 것이므로 서로 부합한다.

한편 이 誌文에 나타난 李德孫은 전해지는 史書의 기록에 따르면 생전에 아래로는 백성들을 착취하고 위로는 뇌물과 아첨으로 관직 생활을 한 嬖臣으로 분류되는 사람이었다. 그에 관한 傳記 내용은 安鼎福의 『雜同散異』에 墓誌銘[29]으로 실려 있는데, 본 書의 간행과 관련된 사항을 비교하여 보면 序에는 1282년의 직위가 東京副留守 版圖摠郎으로 나타나지만 墓誌에는 그보다 3년 전인 己卯년(1279) 초에 版圖摠郎으로 東京留守로 부임하였다고 기록되어 있어 직위와 관련하여 두 기록에 시간적인 간극이 있다.

그 차이에 대하여 『慶州先生案』을 확인해 보면 墓誌의 기록과 서로 일치하고 있음을 알 수가 있다. 따라서 이 기록은 '東京府留守'를 誤刻한 것으로 추정해 보지만 현재로서는 단정하기 어렵다. 다만 같은 서명의 여러 판본 중 그 간행 연대가 忠烈王 8년으로 현존하는 有刊記本 가운데서 가장 빠른 시기의 판본에 해당한다.

---

29 許興植, 『韓國金石全文: 中世下』, 서울: 亞細亞文化社, 1984, pp. 1084-1085.

제3절 『慈悲道場懺法集解』의 개요

1.『慈悲道場懺法集解』[30]의 연구 동향

이 책은 1987년 처음 발표되면서,『直指』와 같은 興德寺字로 찍은 책의 번각본으로 소개된 이후 서지학과 불교학 분야에서 다음과 같은 연구가 이루어졌다.

① 興德寺字로 찍은『慈悲道場懺法集解』의 飜刻本에 관한 考察
② 1991년 새로 발견된 序文이 있는『慈悲道場懺法集解』에 대한 연구
③ 흥덕사자로 찍은『慈悲道場懺法集解』의 撰者와 刊行에 관한 考察
④『고려시대 기록문화 연구』중 고려활자본을 다루면서 언급
⑤ 번역 및『詳校正本慈悲道場懺法』과의 비교 연구
⑥ 사상사적 연구

또 한국불교사상사 중 유식사상을 다루면서 이 책을 언급한 이만의「彌授의 唯識思想: 祖丘의『자비도량참법집해』를 중심으로」(『한국유식사상가』, 2000)가 있다. 찬자인 祖丘와 고려말 瑩原寺의 소속 변화를 언급한 한기문의 연구[31]도 있다. 한편 이 자료의 기본 체계라 할 수 있는『詳校正本慈悲道場懺法』의 본문을 번역한 다음 그 본문에 대응하는 집해 부분을 번역하고 주석으로 풀이한 성재헌의『慈悲道場懺法集解』(2011)가 있다. 이 책은 집해의 해당 부분을 본문과 대조할 수 있게 제시하고 원문과 번역문을 함께 제시함으로써 이 분야 연구의 기본 서적으로 자리매김하였다.

한편 다른 접근으로 황선주는『직지의 세계』를 통하여, 흥덕사자의 규모를 파악하기

30 이 서명을 이하『慈悲』또는 구분이 필요할 때는『集解』로 약칭한다.
31 한기문,「高麗時期 密陽 瑩原寺의 所屬變化와 그 배경」,『金潤坤敎授定年紀念論叢: 韓國中世社會의 諸問題』, 韓國中世史學會, 2001, pp. 691-708.

위해 『慈悲道場懺法集解』의 글자를 대·소자로 나누어 분석한 결과, 『직지』와 비교했을 때 흥덕사자의 큰 자는 글자가 모두 2,614자로 1,053개 늘어났고 활자는 2,733개로 늘었으며 작은 자는 글자가 447개로 235개가 늘었으며 활자는 630개가 늘어났다고 밝혔다.

2. 간행 배경과 의의

고려 후기 불교계에는 『慈悲道場懺法』이란 책이 이미 그 이전에 중국으로부터 전하여져 쓰이다가 14세기에 이르러 그것을 바르게 사용하고 해석하기 위해 여러 사람이 몇 차례에 걸쳐 연구하여 『集解』라는 책을 세상에 내놓게 되었다.

『集解』를 편찬하게 된 사상적 배경은 고려 말의 불교사상이 토착적인 신비사조의 흐름과 민중불교, 지방 중심 불교로서의 경향에 밀교 의식적인 필요성과 彌授를 정점으로 하는 瑜伽業의 懺悔思想과 혼합되면서 경전의 呪誦, 禮懺과 懺悔를 통하여 복을 기원하고 병을 낫게 하며 장수를 바라는 등 현세이익을 기원하는 일반 민중의 요구에 부응하는 『慈悲道場懺法』을 유포시키고 이해를 증득게 하며 의식의 보편화에 도움이 될 수 있도록 하기 위해서였다.

이 책의 편찬 시기를 추정함에 있어서 같은 활자로 찍었던 『白雲和尙抄錄佛祖直指心體要節』[32]과 관련지어 간행 시기를 추정하면, 같은 시기에 활동을 한 自超를 비롯한 당시의 대표적 고승들과 祖丘의 승직과 승계를 비교할 때, 역시 1377년을 전후한 시기로 판단된다. 하지만 정확한 사실을 알려면 권말의 缺張 부분, 즉 간행 시기를 추정할 수 있는 인명이나 간기가 있을 수 있는 발문이나 간행 기록이 나타나기를 기다리는 수밖에 없다.

『慈悲』는 『直指』와 더불어 興德寺字로 찍은 것이다. 비록 발견된 것은 활자본이 아닌 飜刻本이지만 편자가 확인되고 서문이 있어서 간행 경위를 알 수 있으며, 형태적으로는 『直指』와 같은 鑄字本으로서, 두 책의 공통점이 여러 부분에서 검증되고 있으므로 언젠가는 底本이 되는 활자본의 출현이 기대된다. 이 책의 편찬 목적은 『慈悲道場懺法』의 해

32 이하 『直指』로 약칭한다.

석과 문장의 연결, 字의 音, 文義가 제대로 전해지지 않기 때문에 중국과 고려의 여러 학자가 주석한 것을 취사선택하여 배우는 자가 쉽게 이해하도록 단어와 문장을 풀이하는 것이었다.

3. 撰者 및 형태적인 특징

1) 撰者

이 책의 撰者는 祖丘이며 그는 여말선초에 활약한 천태종 승려로 조선 太祖 때에는 王師인 自超와 더불어 國師로 활약한 적도 있다. 책의 상권 卷首題에 나타난 저자사항의 기록을 살펴보면 다음과 같다.

> 禪教統攝 前瑩原寺兼 佛恩寺住持 敬奉遺教 修/
> 學玄義 國一都大禪師 空菴和尙 祖丘 撰集并序/

이처럼 撰者이자 서문을 쓴 인물로 밝혀진 祖丘는 고려 말의 고승으로, 조선 건국 과정과 그 이후의 행적만 남아 있는 神照,[33] 行乎[34] 등과 함께 고려 말부터 조선 초기에 걸쳐 천태종의 계승자로서 활동하였으나 행적이 많이 남아 있지 않다. 성리학적 의식기반이 약했던 太祖 李成桂에 의하여 國師로 봉해져 王師인 自超와 함께 활동하였다. 『太祖實錄』에 따르면 太祖 3年(1394) 9月 8日 國師로 봉해지고[35] 다음 달인 10月 21日에 책봉의식을 시행하였으며[36] 이듬해(1395) 11月에 病死하였다[37]는 기록이 보일 뿐, 출생 및 다른 행적이 麗末의 다른 國師들에 비하여 전하는 내용이 적다.

다만 충남 금산 寶石寺에서는 창건주를 祖丘 스님이라고 밝히고 있어 조선 태조 대의

33 許興植, 『高麗佛敎史硏究』, 서울: 一潮閣, 1986, p. 282.

34 韓基斗, 「麗末鮮初의 天台·法華思想」, 佛教文化研究所編, 『韓國天台思想研究』, 서울: 東國大學校出版部, 1983, pp. 366-368.

35 『太祖實錄』 卷6 太祖 3年 9月 乙巳 "…以天台宗僧祖丘爲國師…"

36 『太祖實錄』 卷6 太祖 3年 10月 丁亥 "…飯僧百八于內殿行國師封崇禮仍賜鞍馬…"

37 『太祖實錄』 卷8 太祖 4年 11月 甲戌 "…國師祖丘病死爲之停朝…"

國師를 역임한 祖丘가 어떠한 형태로든 이 사찰과 관계를 맺고 있었다[38]고 추정하는 한편, 전북 완주의 安心寺 사적비에도 祖求라는 스님이 절을 창간하였다는 기록이 있어 여기서 언급된 祖求 스님을 『慈悲道場懺法集解』의 撰者인 祖丘 스님으로 추정[39]하기도 하였으나 이는 확실하지 않다.

이 밖에 고려 말에는 몽고와 결탁한 왕실세력의 부패, 불교계의 혼란과 더불어 忠宣王, 忠肅王에 의한 僧政變化로 王師, 國師에 대한 대우가 달라져 彌授의 懺悔府, 普愚의 圓融府와 같이 독립된 官府를 설치하여 국사에게 이를 전담케 하고 王師나 國師의 출생지를 승격시키거나 부모를 追封하였다.[40] 이러한 현상은 조선에서도 계속되어 祖丘와 관련하여 그의 출생지인 潭陽縣이 郡으로 승격[41]되기도 하였다.

한편 祖丘는 고려 후기의 萬德山 白蓮社와 관련되어 그중 『萬德寺志』에 나타난 圓妙(了世), 靜明(天因), 圓院, 眞靜(天頭), 圓照(而安), 圓慧, 無畏(丁午), 牧菴無畏國師(混其)와 함께 국사로 대표되지만 여기에는 불확실한 부분이 있어서 여러 학자들 간 異說이 있다. 특히 韓基斗는 祖丘와 관련하여 混其가 여덟 번째 國師로 책봉되었을 것인지에 대하여 의문을 나타내고 이에 해당하는 사람으로 조선 초에 國師로 책봉된 祖丘를 설정하였다.[42]

한편, 祖丘의 기록이 전하지 않는 이유로 高橋亨은, 太祖가 禪宗으로 自超를 國師에 봉하였으나 후대 教宗이 쇠망함에 따라 祖丘의 行蹟도 찾아보기 힘들게 되었기[43] 때문이라고 보았다. 그러나 祖丘에 관한 한 그가 주로 활동을 한 高麗의 기록도 없으므로 그와 같은 결론을 내리기가 주저된다.

이와 같이 高麗, 朝鮮에 걸쳐 祖丘에 대한 기록이 많지 않아 그의 행적을 정확히 알 수는 없으나 『集解』 卷首의 기록 중 찬자 사항에 나타난 대로 책을 저술할 당시 祖丘의 僧錄司의 職責, 僧職과 僧階가 '禪教統攝前瑩原寺兼佛恩寺住持敬奉遺教修學玄義國一都大禪師空菴和尚'으로, 조구가 신분이 높은 승려였음을 알 수 있다.

---

38 사찰문화연구원, 『전통사찰총서』 12, 서울: 동원, 1999, pp. 48-51.

39 上揭書, pp. 299-300.

40 許興植, 『高麗佛教史研究』, 서울: 一潮閣, 1986, p. 281.

41 『世宗實錄』 卷151 地理志 全羅道潭陽 "…本祖四年乙亥以國師祖丘之母鄕陞爲知郡事…"

42 許興植, 『高麗佛教史研究』, p. 281.

43 高橋亨, 『李朝佛教』, 東京: 國書刊行會, 1973, pp. 50-51.

2) 형태적 특징

현존본 2종에 따르면 이 책의 판본은 藁精紙에 楮紙가 일부 섞인 종이에 인출된 판본과, 얇은 저지로 竹紙와 같은 느낌을 주는 종이에 인출된 판본으로, 둘 다 飜刻木板本이다. 다만 모두 마지막 부분이 落張되어 전모를 알기 어렵다. 지질, 인출된 상태 등의 여러 형태적인 조건으로 보아 이 판본의 인출 시기는 고려 말에서 조선 초기로 여겨진다.

『集解』는 활자본을 飜刻한 목판본이며, 그 저본은 『直指』를 찍었던 興德寺의 같은 금속활자로 인출된 것이다. 즉 형태적인 면에서 『直指』와 版式을 비교하면 거의 같은 형식으로 黑口나 魚尾가 없으며 行數도 같고 글자의 크기도 같다. 다만 字數는 평균 20~21자로 『直指』보다 많은 편이며 그 出入도 심하게 나타난다. 또한 各行列上의 排字가 고르지 않고 비스듬하게 식자된 것이 많을 뿐만 아니라 동일한 字樣의 글자는 『直指』의 경우와 마찬가지로 같은 면에서 찾아보기가 어려운데, 이 책이 飜刻本인 까닭에 그러한 현상이 더욱 두드러진다.

본문에서의 小字 사용은 『直指』보다 적으며, 중복자 사용을 부호화하여 字數를 상대적으로 줄이는 방법을 사용하였고 조판기술의 미숙함 등으로 미루어 볼 때 그 底本은 『直指』와 같은 시기 내지는 『直指』보다 먼저 간행되었을 가능성도 배제할 수 없을 것이다.

4. 간행 시기 추정과 수록 내용

1) 간행 시기

이 책의 번각 저본에 쓰인 활자가 『直指』를 찍은 활자와 같으므로 1377년을 전후로 한 어느 때에 간행되었을 것으로 추정된다. 이를 뒷받침하는 자료로 책 전반에 걸쳐서 인용되고 있는 90여 종의 문헌을 볼 때 『四教儀集解』가 인용되는바 이 『天台四教儀集解』는 黑田亮의 『朝鮮舊書考』에서 1301~1350년 사이에 간행된 것이라 추정[44]하고 있으므로 이 책에서 인용되었을 가능성이 높다고 하겠다.

또 『直指』보다 더 빨리 찍혔을 가능성도 있으므로 미루어 짐작한다면 1351~1376년

44 黑田亮, 『朝鮮舊書考』, 東京: 岩波書店, 1986, p. 30.

사이 중 후반부에 간행되었을 가능성도 있으나 卷末의 跋이나 識文 등이 缺張되어 있어 현재로서는 단정 지을 수가 없다.

2) 수록 내용 및 형식

(1) 내용

이미 앞에서 언급된 『慈悲道場懺法』은 '梁皇懺'으로도 불리면서 懺法과 더불어 세간에 널리 유행하여 다양한 판본이 전래되었는데, 이것들을 송나라 때 淸凉山 사문 廣鈞이 7년에 걸쳐 대조하고 교정하여 詳校正本을 간행하였다.

『詳校正本慈悲道場懺法』은 권수에 康戩이 쓴 序가 있고, 총 10권의 각 권 말미마다 廣鈞이 초록한 『音義』가 수록되어 있으며, 끝에는 金守溫의 跋文이 있다. 한편 『慈悲』는 空菴和尙 祖丘가 이 詳校正本의 서문과 본문, 그리고 음의를 각각 해설하고 '集解序'를 붙여 편찬한 것이다.

조구는 '集解序'에서 "아둔한 자들이 배우기 쉽고 이해하기 쉽도록 여러 학자들의 해석 가운데서 광범위한 해설은 삭제하고 요점만 정리하였으며, 어려운 해설도 삭제하고 쉬운 설명을 선택해 나의 해석을 덧붙여 集解라고 제목을 붙였다."라고 하여 책의 편찬 방향을 밝혔다. 이 집해의 내용은 溫陵 사문 辨眞의 찬주, 淸凉山 廣鈞의 私鈔 3권, 烏婆塞伽 覺明의 주석, 고려 慈恩宗 國一 彌授大師의 述解, 東林 禪師의 略解 등 기존의 주석서 5종을 면밀히 검토하고 요약·정리한 것이 주를 이룬다. 또한 그 형식에 있어서 간간이 대화체가 보이는 점으로 미루어 보아 『慈悲道場懺法』에 대한 강해가 있었고 그 결과물로 『集解』가 편찬된 것으로 짐작된다.

『慈悲』의 저본이 된 『詳校正本慈悲道場懺法』은 크게 3단으로 구성되어 있는데, 이러한 구성에 대해 조구는 "10축의 전체적 구성을 살펴보면 세 단락의 뜻이 있다."는 변진의 해석을 소개하여 『자비도량참법』이 중생의 근기에 맞춰 갖은 내용을 세 차례에 걸쳐 다른 방식으로 설한 『法華經』의 三周說과 같은 형식으로 구성되었음을 밝히고 있다. 조구는 기존 주석서를 바탕으로 字句의 해석과 音義를 상세히 밝힘은 물론이고, 인용된 문구의 전거를 밝히고 수많은 經論에 의거해 자신의 견해를 덧붙였다. 이러한 구성에 따른 세부 항목들을 차례에 따라 정리하면 다음과 같다.

제1단: 앞의 두 권은 참회와 행원을 바로 밝힌 것으로서, 문장과 그 뜻이 간략하므로 상근기를 위한 것이다.

제1권: 1. 삼보에 귀의함 / 2. 의심을 끊음 / 3. 참회 / 자비참법석문(釋文)

제2권: 4. 보리심을 일으킴 / 5. 원을 세움 / 6. 회향하는 마음을 일으킴

제2단: 가운데 네 권은 과보를 드러내고 원결을 푸는 것을 아울러 밝힌 것으로서, 중근기를 위한 것이다.

제3권: 1. 과보를 드러냄

제4권: 1. 과보를 드러냄 / 2. 지옥을 벗어남

제5권: 3. 맺힌 원한을 풂

제6권: 4. 맺힌 원한을 풂 / 5. 발원

제3단: 뒤의 네 권은 自慶과 禮佛과 行門을 총괄해 보인 것으로서, 문장과 그 뜻이 자세하므로 하근기를 위한 것이다. 하근기는 장애가 두껍기 때문에 반드시 널리 참회해야 한다.

제7권

1. 스스로 축하함

 삼보를 생각하도록 경책함 / 참주가 대중에게 사죄함 / 다 함께 큰 원을 일으킴

2. 육도를 위한 예불

 하늘 세계를 받들고 그들을 위해 부처님께 예배함 /
 모든 신선을 받들고 그들을 위해 부처님께 예배함 /
 범왕 등을 받들고 그들을 위해 부처님께 예배함

제8권

아수라 세계의 일체 선신을 받들고 그들을 위해 부처님께 예배함 /
용왕을 받들고 그들을 위해 부처님께 예배함 /
마왕을 받들고 그들을 위해 부처님께 예배함 /
인간 세계를 위해 부처님께 예배함 /
국왕을 받들고 그들을 위해 부처님께 예배함 /
모든 왕을 받들고 그들을 위해 부처님께 예배함 /
부모님을 받들고 그들을 위해 부처님께 예배함 /
과거 부모님을 받들고 그들을 위해 부처님께 예배함 /
스승을 받들고 그들을 위해 부처님께 예배함 /
시방의 비구와 비구니를 위해 부처님께 예배함 /
시방의 과거 비구와 비구니를 위해 부처님께 예배함 /

제9권

아비지옥을 위해 부처님께 예배함 /

회하지옥과 철환지옥 등을 위해 부처님께 예배함 /
음동지옥과 탄갱지옥 등을 위해 부처님께 예배함 /
도병지옥과 동부지옥 등을 위해 부처님께 예배함 /
화성지옥과 도산지옥 등을 위해 부처님께 예배함 /
아귀 세계를 위해 부처님께 예배함 /
축생 세계를 위해 부처님께 예배함 /
육도를 위한 발원 /
무상함을 생각하도록 경책함 /
노고를 마다 않고 일한 이들을 위해 부처님께 예배함 /

3. 회향

회향을 일으킴 / 회향법을 설함

제10권

보살의 회향법

4. 발원

眼根의 원을 일으킴 / 耳根의 원을 일으킴 /
鼻根의 원을 일으킴 / 舌根의 원을 일으킴 /
身根의 원을 일으킴 / 意根의 원을 일으킴 /
입의 원을 일으킴 / 수행해야 할 모든 법문

5. 촉루

讚佛呪願

(2) 序의 기록과 편찬 배경

이 책의 간행 배경에 대한 祖丘의 설명에 따르면, 책이 세상에 나온 이래 그 내용과 문자가 읽고 해득하기 어려웠던 까닭에 중국에서는 溫陵傳敎沙門 辨眞師가 註疏를 찬하여 통하게 하였으며 清凉山 廣鈞師가 詳校한 후에 私抄 3권을 저술하였고 烏婆塞迦 汝南覺明公이 주를 달았다고 한다.

한편 고려에서는 慈恩宗師 國一彌授大師[45]가 述解하고 선가의 鐵匠, 즉 교리에 밝은 東林師가 略解하였으나 이 글들은 세상에 널리 전해지지 못하였다는 기록에서 중국과 우리나라의 관련된 저술을 다루고 있다. 여기서 辨眞師의 저술은 전해지지 않으며 廣鈞師의 詳校本은 후대의 주류를 이루는 『詳校正本慈悲道場懺法』에 해당하고 私抄 3권은

45 이만, 『한국유식사상사』, 서울: 藏經閣, 2000, pp. 398-401.

전해지지 않고 있다. 또 覺明公의 注本은 필자의 선행연구[46]에서 밝힌 바와 같이 '明公云'과 관련하여 集解를 편찬할 때에 이 책을 옆에 두고 다른 참고문헌과 대조하면서 편찬하였을 것으로 祖丘의 序를 통해 그러한 추정이 사실로 확인되었다고 하겠다.

이와 같이 中國의 저술은 일부 확인되지만 高麗 彌授大師의 것과 東林寺의 저술은 전혀 알 길이 없고 판본 형식은 물론 그 존재에 대한 기록마저도 유일하게 이 자료에서만 확인될 뿐이다.

특히 이 책의 序에 해당되는 부분에서는 『慈悲』와 관련하여 『慈悲道場懺法』이 간행·유포된 이후 여러 사람이 이를 쉽게 풀이하고 이해하기 쉽도록 노력을 기울인 역사적인 배경과 集解를 편찬하게 된 내력에 대하여 祖丘 자신이 직접 序를 쓰고 있다. 다만 '序'라는 표현과 구분을 하지 않고 바로 연결하고 있으며, 일반적으로 卷首題가 있기 전에 序를 쓰는 것이 상례이나 이 책은 卷首題와 저자 표시가 있고 본문의 처음 시작과 같은 위치에 序를 편차한 점이 특이하다. 그 내용은 대체로 다음과 같이 요약할 수 있다.

① 이 懺法이 성행하고 있으나 뜻과 법을 풀이할 사람이 적다.
② 몇 가지 전해지는 것은 문장의 연결과 글자의 高低淸濁이 분명하지 못하다.
③ 우리나라에서는 慈恩宗師 國一彌授大師가 述解하고 선가의 哲匠, 즉 교리에 밝은 東林師가 略解하였으나 이 글들은 세상에 널리 전해지지 않았다.
④ 따라서 얻어 보지 못한 자가 많으며 또 보았다 하더라도 그 文義가 깊고 넓어서 배우는 자들이 근원과 갈래를 알지 못하고 그 끝 가까이 연구하지 못하여 이에 종종 사사롭게 쓴 것이 모두 본보기가 되지 못하고 당시까지 전해지지 않았다.
⑤ 또 사람마다 그 배우는 根氣가 다르다.
⑥ 이에 祖丘는 禪教에서 공부한 대로 풀이하였으나 역시 어려운 내용이 되었다.
⑦ 따라서 어리석은 자들이 쉽게 배우고 이해할 수 있도록 여러 학자들이 해설한 것 중에서 넓게 추리고 간략하게 정리하여 어려움을 없애고 쉽게 하였다.
⑧ 주석과 더불어 제목을 '集解'라 하였다.
⑨ 원컨대 배우는 사람들은 文에 의거하여 뜻을 취함에 신중하여야 한다. 이러한 내용에서 祖丘가 이 책을 찬하게 된 이유는 『慈悲道場懺法』 내용을 바르게 전

46 南權熙, 「興德寺字로 찍은 《慈悲道場懺法集解》의 覆刻本에 관한 考察」, 『文獻情報學報』 제4집, 2000, pp. 179–234. 이 연구의 대상본에는 조구의 서문이 없었다.

달하고, 배우고자 하는 사람들이 쉽게 이해할 수 있도록 文과 字의 해석을 여러 학자들의 풀이에서 취사선택하여 편찬하는 데 있었으며 그러한 방법에 따라 제목도 이루어졌음을 알 수가 있다.

이러한 내용을 표로 정리하면 다음과 같다.

『慈悲道場懺法』의 편찬	중국의 2차 자료	한국의 2차 자료
梁 武帝의 撰修, 高僧들의 撮錄 元代의 對校, 審訂(詳校正本)	辨眞師…撰注疏通 廣鈞師…詳校, 私抄 3권 覺明…注	彌授大師…述解 東林師…略解 祖丘…集解

(3) 集解의 형식

이 책은 『慈悲道場懺法』에 나오는 어려운 글자나 어구, 내용에 대하여 音釋이나 상세한 설명을 하고 그에 관한 여러 學者의 견해를 수록하여 공부하는 사람들이 『慈悲道場懺法』을 쉽게 이해할 수 있도록 풀이한 것이다. 따라서 문장의 일관된 흐름이나 연결성을 배제하고 수시로 필요한 부분에 설명을 붙이고 있다. 이와 같은 集解의 형식이나 명칭을 사용하고 있는 자료로는 조선시대에 乙亥字로 간행된 『天台四教儀集解』가 있고, 의천이 편찬한 『新編諸宗教藏總錄』에서 고려시대의 자료 몇 종을 찾아볼 수 있다.

有名 述 『華嚴經集解』 5권	道液 述 『維摩經關中集解』 4권
法圓 述 『金剛般若經集解』 1권	智明 述 『般若心經集解』 4권
惠素 述 『成唯識論集解』 3권	神雄 述 『法華論集解抄』 2권
從義 述 『四教儀集解』 3권	無名氏 『四教儀地位集解』 1권

이와 같이 여러 경전에서 集解의 형식이 등장한 것은 불교 경전의 난해한 낱말이나 구절을 쉽게 풀이하여 내용의 이해와 전달에 도움이 되도록 하기 위해서였으며, 필요 시 音이나 義를 추가하여 설명하는 형식을 갖추었다. 즉 일반적인 불교 경전의 권말에 수록된 音義나 音釋보다 더 구체적이고 상세한 여러 연구자들의 설명이 포함된 것이라 할 수 있다.

제4절 彌授의 생애와 사상

조구가 『集解』의 내용 가운데 註釋 내용으로 많이 이용하였던 책의 저자 중 한 사람인 미수는 고려 후기 忠宣王, 忠肅王 때 불교의 교의를 널리 진작시킨 법상종의 승려였다. 미수에 대한 기록은 대부분 法住寺에 있는 그의 현존 탑비를 통해 연구되어 왔는데, 그의 행적과 더불어 天台宗의 승려였던 祖丘가 저술한 『慈悲』가 발견되어 미수의 註釋 내용이 확인되었고 이것을 통해 미수의 사상을 간접적으로 엿볼 수 있다.

1. 彌授의 생애와 저술

미수(1240~1327)가 활동하던 고려 후기 불교계는 천태종과 조계종을 제외하고는 거의 모든 종파들이 당시 국력이나 왕권 등의 쇠락과 함께 몰락의 위기에 있었다. 이와 같은 교학의 침체기에 법상종 출신인 그는 惠永(1228~1294), 海員(1262~1340) 등과 함께 불교계의 전통을 회복하기 위해 노력한 대표적인 승려였다.

미수는 일선군(지금의 경북 선산)에서 태어났고 俗姓은 김씨, 본래 이름은 子安이지만 후에 꿈을 꾸고 감응된 바가 있어 미수로 개명하였다. 그러나 자안이었던 그의 이름을 아무런 이유 없이 彌授로 바꾼 것이 아니라 彌勒佛을 흠모하여 그 이름의 일부를 차용하여 쓴 것이라고도 전해진다. 조구의 『慈悲道場懺法集解』에 보면 다음과 같은 글이 있다.

> …미수가 이르기를, 미륵불이란 梵語로 彌帝曳隷野(Maitreya)라고 하는데, 이를 慈氏라고 번역한다. 꿈속의 감응으로 인하여 참회했기 때문에 『자비도량참법집해』의 題字에서와 같이 彌勒(慈)을 앞에 두는 것이다.
> 석가모니 부처님께서는 上生會에서 입멸하고자 하실 때 아직도 제도하지 못한 말법 중생들을 모두 慈氏如來에게 부촉했기 때문에, 미륵은 이제 教授師가 되어 모든 중

생들을 교화하고 선법을 수습한다…

이와 같이 미수는 법상종에서 주존불로 여기고 흠모하던 彌勒菩薩을 꿈속에서 알현했던 것으로 생각되며 자신도 이 세상에서 미륵보살의 덕행을 실천하겠다는 각오로 彌勒에서 '彌' 자를 취하고 教授師에서 '授' 자를 빌려 와 이름을 彌授라고 한 것이라는 주장도 있다.

미수는 일찍이 아홉 살 때부터 글을 배워 詩書 등을 익혔는데, 한 번 들으면 곧장 외우는 등 총민함이 남달랐다. 13세 때는 元興寺의 宗然 스님에게 출가해서 구족계를 받고 득도하여 여러 經論을 배웠으며, 19세 때는 選佛場에서 上品科에 합격한 후 國寧寺에 머물렀고, 29세 때는 이미 三重大師가 되어 법상종의 핵심 논전인 『唯識論』을 강석하여, 당시 이 종파 스님들이 모두 그에게 경론을 공부했다고 전한다.

熊神寺에 주석할 때는 수좌, 莊義寺에서는 僧統에 올랐으며, 속리산 법주사에 있을 때는 왕명에 따라 여러 경론에 대해 주석한 후 이것을 세상에 널리 유통시켜 후진들을 계몽하였다. 또한 서책 등으로 편찬된 것이 무려 92권이나 되었다고 전해진다. 또한 重興寺에 머물 때는 당시 충선왕으로부터 行智圓明大師라는 법호를 받았으며, 釋教都僧統에 임명되기도 하였다.

경상도의 瑜伽寺에 주석하고 있을 때는 마침 충선왕이 중국의 연도에 머물면서 『大般若經』 사상에 심취하여 가까운 신하로 하여금 밤마다 독송하게 함으로써 자연히 일행 모두가 『般若經』을 외우게 되었다고 한다. 당시 중국의 강주가 이 경의 『難信解品』을 강설하면서 모든 강사들 중 이 품을 제대로 해석하는 사람이 없다고 말하자, 충선왕이 미수에게 이를 撰解해 달라고 청하기도 하였으며 또한 『心地觀經』에 대해서도 주석해 줄 것을 요청하니 미수가 이에 각각 주석서를 썼다.

미수는 그 후에 慈恩宗의 대종사가 되어 3學 모두를 가르치기도 하였고 五教都僧統도 겸하였으며, 三重大匡兩街都僧統과 菩提薩陀摩訶國一大師祐世君으로도 불렀다.

충숙왕 때는 그를 다시 內殿懺悔師三學法主 및 佛海澄圓弘慈廣智大導師 등으로 받들었다. 미수가 일상의 참회 수행에도 많은 관심을 기울였다는 사실은 조구의 『慈悲道場懺法集解』에서도 증명된다. 즉 "미수는 일찍이 양나라 무제가 죽은 자기 처의 죄를 懺悔·濟度해 주기 위해 여러 대덕들에게 集錄하게 한 『慈悲道場懺法』을 주석하여 『慈悲道

場懺法述解』를 지었다."라 하여 慈悲懺에 관한 미수의 관심 정도를 유추할 수 있다. 조구는 그의 『집해』에서 미수의 이 『술해』 내용을 100곳 넘게 인용하였다.

즉 고려 후기에 쇠퇴해 가는 교학 풍토를 개선하기 위해 심혈을 기울인 것으로 평가되는 미수는, 그 시대의 전체적인 사회 풍조를 변혁하려고 참회법에도 상당한 노력을 기울였던 것으로 짐작된다.

이와 같이 미수는 고려 말기에 법상교학과 참회법을 널리 보급하는 데 노력하다 법랍 75세인 세수 88세 때(충숙왕 14년: 1327) 속리산 법주사에서 열반하였다. 그의 시호를 慈淨國尊이라고 했으며, 탑명을 普明이라고 하였다. 그는 현재 법주사에 안치되어 있다.

2. 彌授의 유식사상[47]

고려 말기의 불교계는 여러 가지 내외의 사정으로 혼란이 계속되어 교학에 대한 관심보다는 현세 이익적인 것에 대한 일반 대중들의 요구가 많았다. 따라서 관세음보살에게 참회하여 無量壽國에 태어나기를 발원하거나 미륵보살에게 참회하여 자비를 구하는 등의 信仰儀禮들이 성행하였다.

이와 같은 당시 불교계의 상황에서 법상 계통의 승려들도 교학은 물론 일반적인 종교의례에까지 영역을 넓혀 惠永은 白衣觀音에게 禮懺하는 『白衣解』를 지었고, 彌授는 미륵보살에게 참회하는 『慈悲道場懺法』에 주석을 달아 『述解』을 찬술하였다.

조구는 『慈悲道場懺法集解』에서 미수의 『술해』 내용을 많이 인용하고 있다. 그러나 『집해』에서는 우리나라 고승들의 주석 내용보다는 중국인들의 것을 많이 援用하고 있다. 간혹 유식사상과 관련된 내용에서도 元曉나 圓測, 太賢 등 우리나라 출신 법상가들의 주장은 언급하지 않고, 주로 圭峯 宗密(780~841)의 『禪源諸全集』에 설해진 내용이나 『자비도량참법』에 대해 중국의 변진과 각명 등이 주석한 내용을 인용하는 경향을 보인다. 고려에서는 東林禪師와 미수의 설만이 얼마간 보이는 정도이다.

조구는 『慈悲道場懺法』 중에 나오는 관련 사상을 언급할 때 이것에 대해 쓰여 있던 내

---

47 이만, 『한국유식사상사』, pp. 396–409.

용이나 익히 알고 있던 중국 여러 학자들의 것을 답습하고 있는데, 賢首나 淸凉, 宗密, 慈恩 등 중국 사상가들의 설을 많이 인용하였다.

1) 梵行과 方等

'梵行'을 "티가 없는 순백한 業"이라고 정의하고 있으며, 『大乘方等經』이라고 할 때, "올바른 것을 方等이라고 한다."라고 하였다.

2) 發菩提心

'發菩提心'에 대해서도 "發이란 일으키는 것(起)을 말하고, 菩提란 깨달음, 즉 無上의 佛果를 가리킨다. 따라서 無上正覺의 마음을 일으키는 것을 발보리심이라고 이름한다."라는 것이 미수의 견해이며, 無明에 관해서도 무명이 진여에 훈부되어 모든 生死法을 낳는다고 정의하였다.

3) 內外法

『자비도량참법』의 본문에서는 "마땅히 생각을 가다듬어 나아가기로 期約했으면 內外法에 다시 망설이지 말아야 한다."고 하여, 내외법이 구체적으로 무엇을 가리키는지를 주석하고 있다. 이것을 보면, "내외법이란 안(內)으로는 邪念을 일으키지 않고 밖(外)으로는 다른 것에 장애되지 않는 것으로서, 自善을 안으로 삼고 他善을 밖으로 삼으며, 自利를 안으로 삼고 利他를 밖으로 삼는 것이다."라고 설명하고 있다.

4) 다섯 가지 학문

다섯 가지 학문에 대해서는 『瑜伽師地論』과 『大乘莊嚴經論』 등의 所說을 들어서 설명하고 있다. 청량산의 광균이 이를 內明, 聲明, 醫方明, 工巧明, 呪術明 등이라고 한 데 대해, 미수는 內明, 因明, 聲明, 醫方明, 工巧明 등 5明이라고 풀이하였다.

5) 5蘊說

일체를 인식론적인 입장에서 설명하는 5蘊說이 사실은 名色을 가리킨다고 하면서, 이 중 色은 色蘊을 말하고 나머지 네 가지 蘊을 총칭해서 名이라고 하기 때문이라고 하였다. 더 나아가 우리들의 마음에서 최상의 것은 계율을 體로 삼았을 때 가능하고, 안주하는 마음은 禪定을 체로 삼았을 때 가능하며, 선함을 즐기려면 은혜를 갚는 것으로, 일체중생을 제도할 때는 悲心으로, 이것을 보호하는 마음은 慈心으로, 그리고 부처와 똑같은 마음은 평등하고 無相하여 法界에 두루하는 것이며, 大菩提心은 곧 깨달은 마음이라고 각각을 정의 내리고 있다.

이와 함께 마음의 주체인 8識의 心性을 思量하고 결정된 신심이 解性을 일으키는 것을 사량할 수 있으면 이내 깨닫게 되어 의심이 저절로 없어진다고 하였다. 이어서 미수는 마음의 自在함을 얻으려면 三明六通해야 하고, 법의 자재함을 얻으려면 百千法門에 통달해야 된다고 하였으며, 4聖諦가 평등하여 無相하다는 것을 설명하면서, 4果를 증득할 때 4諦 모두가 相이 없이 空하다고 생각하면 바야흐로 果를 얻을 수 있다는 것을 말하는 것뿐이라고 부언하고 있다.

6) 修行

수행에 관한 내용에 대해서 주석하기를, 처음으로 無漏의 지혜가 일어나는 것은 初見道地에서이며, 이곳은 또한 무루의 苦忍을 닦는 곳으로서 見道하기 전에 먼저 5位 중 資糧位와 加行位에서 16觀을 닦고 苦·集·滅·道 4성제를 관하는 것을 무루의 16聖心이라고 하였다. 그리고 10地 중 처음의 初地를 極喜地라고도 하며, 또한 이를 외아들을 보는 것과 같은 地位라고도 하는데, 이는 세속에서 그 부모들이 외아들을 보면 마음이 安穩하고 大歡喜心이 나는 것과 같이, 보살도 이 지위에 오르면 환희의 경지가 이와 같기 때문이라고 하였다. 이는 모든 중생들을 마치 외아들과 같이 평등하게 본 것으로서, 有無의 邊을 여의면 초지에 이를 수 있고, 그때 항상 중도를 실천할 수 있다고 하였다.

마지막으로 보살은 初地나 第7·8·9地 등에서 無生法忍, 곧 法空智라는 지혜를 얻는데, 이는 不生不滅하는 眞如의 法性을 인지한 후 거기에 안주하여 움직이지 않는 경지를 말하는 것이다. 이에 미수는 "중생들은 10地菩薩이 忍音하고 정진하는 소리만을 들어야 한다."라는 내용에 대해 "본문 중에서 '忍音修進'이라고 한 것은 잘못이며 이는 곧 '忍辱修進'으로서, 혹은 보살이 부처님께서 말씀하시는 無生法忍의 소리를 듣고 이를 닦아 가는 것을 말한다."고 하였다.

제5절 引用文獻 분석

이 책은 중국과 한국의 여러 승려나 학자들의 견해나 주석이 포함되어 있고 찬자인 祖丘 역시 여러 견해와 더불어 자기 의견을 제시하거나 다른 사람들의 주석을 인용하는 것은 물론 그것을 평가하기도 한다.

이러한 인용은 인용문이나 인용자 표시와 함께 제시되고 있으며 경우에 따라 이름의 앞 한자를 생략하여 표기하기도 하였다. 또 문답식 방법을 통하여 의미를 명확하게 제시할 뿐 아니라 자기의 견해를 다른 견해에 덧붙여 말하는 방식으로 표현하고 있으며 대체로 앞부분(卷1~2)은 상근기에 대한 것으로 주석이 비교적 많은 편이다.

물론 인용 부분에는 어려운 글자의 음과 뜻, 각 학자들의 주석과 풀이를 포함한 견해 등이 언급되어 있다. 『慈悲道場懺法』에 대하여 직접적인 풀이와 언급이 있는 중국의 覺明, 辨眞師, 廣鈞, 고려의 彌授, 東林 등이 주석한 내용이 나타나지만 그 밖에 『慈悲道場懺法』이 아닌 다른 문헌이나 자료에 수록된 10여 명의 견해를 간접 인용하여 본문의 내용을 구체적으로 서술하는 데 노력을 기울이고 있다.

한편 개별적인 인물의 언급 외에도 역대 경전이나 연구서를 인용하고 있어서 80여 종의 불교 관련 저술과 9종의 역사서 및 기타 문헌이 포함되어 있다. 경우에 따라 경전을 완전서명과 부분서명으로 특별한 원칙 없이 자의적으로 표기하기도 하였지만 祖丘가 이 경전의 풀이를 위하여 깊고 넓은 불교지식과 자료를 활용하였음을 미루어 짐작할 수 있다.

1. 引用 註釋者와 引用文獻

책에 인용된 문헌을 권차별로 구분하여 보면 상권(권1~3)의 주석이 하권(권4~10)보다 더 많으며 그중에서도 제1권이 가장 많다. 또 주석자별로 보면 覺明과 辨眞이 가장 많은 편이고 그다음이 彌授大師인데, 16명의 주석자 중 세 사람의 분량이 전체의 대부분을 차지한다.

표 9-1 『慈悲道場懺法集解』에서 나타나는 다인용 인명별 횟수

	上卷				下卷							합계
	序	卷1	卷2	卷3	卷4	卷5	卷6	卷7	卷8	卷9	卷10	
覺明		39	15	13	21	8	10	19	6	5	20	156
辨眞	1	29	20	20	20	11	12	18	3	4	12	150
彌授(懺海師)	3	28	19	22	12	7	6	9	1	4	17	128
東林	1	4	6	7	4	2	2	2		3	2	33
廣鈞	5	2	1									8
[窺]基[48]				1	1				1			3
古德[49]	1							1				2
淸凉	1							1				2
惠式		2										2
宗密	1											1
賢首		1										1
義淨			1									1
寂		1 (音義)										1
圭峯							1					1
永嘉								1				1
延壽								1				1
총 인용된 횟수	13	106	62	63	58	28	31	52	11	16	51	491

표 9-2 『慈悲道場懺法集解』에서 나타나는 권별 인용 횟수와 인명별 순위

	上卷				下卷						
순위	序	卷1	卷2	卷3	卷4	卷5	卷6	卷7	卷8	卷9	卷10
1	廣鈞 (5)	覺明 (39)	辨眞 (20)	彌授 (22)	覺明 (21)	辨眞 (11)	辨眞 (12)	覺明 (19)	覺明 (6)	覺明 (5)	覺明 (20)
2	彌授 (3)	辨眞 (29)	彌授 (19)	辨眞 (20)	辨眞 (20)	覺明 (8)	覺明 (10)	辨眞 (18)	辨眞 (3)	辨眞 (4)	彌授 (17)
3	辨眞 (1)	彌授 (28)	覺明 (15)	覺明 (13)	彌授 (12)	彌授 (7)	彌授 (6)	彌授 (9)	彌授 (1)	彌授 (4)	辨眞 (12)
4	東林 (1)	東林 (4)	東林 (6)	東林 (7)	東林 (4)	東林 (2)	東林 (2)	東林 (2)	[窺]基 (1)	東林 (3)	東林 (2)
5	古德 (1)	廣鈞 (2)	廣鈞 (1)	[窺]基 (1)	[窺]基 (1)		圭峯 (1)	古德 (1)			
6	淸凉 (1)	惠式 (2)	義淨 (1)					淸凉 (1)			
7	宗密 (1)	賢首 (1)						永嘉 (1)			
8		寂 (音義) (1)						延壽 (1)			

48 基: 慈恩窺基(632–682)를 지칭한다.

49 汾州無業 國師를 지칭한다. 景德傳燈錄 卷28

한편 본문에 나타나는 인용문헌의 경우 『楞嚴經』 8회, 『楞嚴解』, 『手鏡』 7회, 『大智度論』, 『智度論』, 『智論』 5회 등의 순으로 많으며 나머지 자료는 거의 한두 번밖에 나타나지 않는다. 이 중 『楞嚴經』과 관련된 자료가 가장 많아 經, 解, 別解, 疏, 鈔를 포함하여 20회가 넘는다.

표 9-3 『慈悲道場懺法集解』에서 나타나는 인용 서명별(가나다순) 횟수

	上卷				下卷							합계
	序	卷1	卷2	卷3	卷4	卷5	卷6	卷7	卷8	卷9	卷10	
決定毗尼經			1									1
古德 頌(1)						1	1	1				3
古人 頌		1										1
觀佛三昧經					1	1						2
廣韻(2)		1										1
俱舍婆娑論(3)											1	1
金剛般若(4)								1				1
寄歸傳(5)					1							1
起世因本經					1							1
起信論						1					1	2
論(6)								1				1
大宋高僧傳		1										1
大莊嚴論	1											1
大智度論, 智度論, 智論		1 智度論	1	1 智度論			1 智論				1 智論	5
大集念佛三昧經		1										1
楞伽經(7)			1									1
楞嚴經(8)	2	3	1					1			1	8
楞嚴谷響鈔(9)				1								1
楞嚴別解						1						1
楞嚴長水疏(10)						1						1
楞嚴解(11)		3			3	1						7
楞嚴環解(12)						1						1
萬善同歸集								1				1
妙宗鈔釋						1						1
般若經(13)				1	1							2
百法論							1					1
百法明門(14)		1										1
梵網經		1										1
梵網經疏 梵網疏(15)		1	1									2
法界次第(16)		1	1	1							2	5
法苑珠林傳		1										1
法華經(17)			3	1								4
別行疏(18) 行願別行疏鈔(19)	1	2						1				4
寶積經(20)							1					1
福田經								1				1
佛藏經		1										1
四敎儀(21)							1				1	2
四敎儀集解	1	2										3
薩多毗婆(22)		1										1
釋論(23)			1									1

釋名				1								1
釋典	1											1
禪源諸全集, 禪源集(24)	1						1				1	3
說文	1			1								2
疏(25)		1										1
蘇秦 結交吟						1						1
俗律										1		1
手鏡(26)	1	2		1	1		1		1			7
須摩提經			1									1
勝鬘經(27)			1									1
十王果報別門			1				1					2
阿含經					1							1
涅槃經(28)		1	3			1					1	6
圓覺鈔(29)						1						1
圓通懺			1									1
瑜伽論	1											1
維摩經(30)						1					1	2
類編(31)		1										1
輪轉頌							1					1
爾雅	1			1							1	3
仁王經						1						1
雜阿毗曇論(32)								1				1
雜染頌(33)							1					1
藏經音義		1										1
正法念處經					1							1
淨住子(34)		1										1
諸佛要集經			1									1
諸乘法數		2										2
造像經					1							1
祖庭事苑, 祖庭集(35)		1	1	1								3
周書								1				1
中觀論			1									1
特世經						1						1
地獄經					1							1
職林 諸后妃傳	1											1
懺法音義(36)				2								2
懺音					1							1
請觀世音經(37)		1										1
請觀音消伏毒害陀 羅尼經								1				1
郗氏序(38)	1											1
行願品(39)								3				3
弘明集		1										1
華嚴經		3	3									6
華嚴經記		1										1
唐書				1								1
德經		1										1
北史								1				1
尙書		1										1
染書	1											1
玉篇	1			1			1					3
莊子	1											1
漢書	2											2
孝經	1											1
합계	19	40	23	14	13	14	11	14	1	1	11	161

위의 인용문헌은 대체로 약어로 표시되어 있어서 완전서명을 추정하여 풀어 보면 다음과 같이 정리된다.

(1) 古德 頌: 十二因緣論
(2) 廣韻: 원문에서는 '廣' 자만 표기
(3) 俱舍婆娑論: 俱舍論 즉 阿毘達磨俱舍釋論
(4) 金剛般若: 金剛般若婆羅密經
(5) 寄歸傳: 南海寄歸內法傳
(6) 論: 大乘起信論이나 釋摩訶衍論으로 추정
(7) 楞伽經: 入楞伽經과 大乘入綾伽經
(8) 楞嚴經: 首楞嚴經
(9) 楞嚴谷響鈔: 首楞嚴經疏谷響鈔
(10) 楞嚴長水疏: 首楞嚴義疏注經
(11) 楞嚴解: 楞嚴經要解
(12) 楞嚴環解: 首楞嚴經要解
(13) 般若經: 仁王護國般若波羅蜜多經
(14) 百法明門: 大乘百法明門論奉專分中略錄名數, 또는 大乘百法明門論略錄, 百法論, 百法明門論이라고도 함
(15) 梵網經疏, 梵網疏: 梵網經菩薩桂本疏
(16) 法界次第: 法界次第初門
(17) 法華經: 妙法蓮華經
(18) 別行疏: 別行疏鈔
(19) 行願別行疏鈔: 大方廣佛華嚴經普賢行願品別行疏鈔
(20) 寶積經: 大寶積經
(21) 四教儀: 天台四教儀
(22) 薩多毗婆: 薩婆多毘尼毘婆沙
(23) 釋論: 大品般若經의 주석서인 摩訶般若波羅蜜經釋論의 약칭. 이를 摩訶般若釋論, 大慧度經集要, 大智度經論, 大智度論, 大論, 智度論, 智論이라 함
따라서 같은 책인 釋論과 大智度論을 병칭한 것을 잘못으로 추정
(24) 禪源集: 禪源諸全集都序

(25) 疏: 梵網經菩薩桂本流
(26) 手鏡: 龍龕手鏡
(27) 勝鬘經: 勝鬘獅子吼一乘大方便方廣經
(28) 涅槃經: 大般涅槃經
(29) 圖覺鈔: 圓覺經大疏釋義鈔
(30) 維摩經: 維摩詰所說經
(31) 類編: 원문에서는 '類' 자만 표기
(32) 雜阿毗曇論: 雜阿毗曇心論
(33) 雜染頌: 十二因緣論
(34) 淨住子: 淨住子浮行法門 / 淨住法, 淨行法門이라고도 함
(35) 祖庭集: 祖庭事苑
(36) 懺法音義: 제3권 말에 부록된 音義를 말함. 廣鈞의 저술
(37) 請觀世音經: 請觀世音菩薩消伏毒害陀羅尼呪經
(38) 郗氏序: 慈悲道場懺法傳

그 밖에 音義에 나타나는 서명과 관련된 기록들을 찾아 보면 다음과 같다.

표 9-4 「慈悲道場懺法集解」 音義에서 나타나는 인용 서명별(가나다순) 순위

卷1		卷3	卷7	卷9	卷10
慈悲懺法釋門	音義	音義	音義	音義	音義
慈悲道場懺法	淨住法	涅槃經	北史	勝天王經[50]	法華經
淨住子	金廣明經		周書		
鈔文	藏經[51]		隋書		
	懺音				

이미 앞의 표에서 제시된 권별 인용 서명의 수를 권별로 인용된 횟수를 중심으로 구분하여 보면 다음과 같다.

50 勝天王經: 勝天王般若波羅密經
51 藏經: 阿育王經

표 9-5 『慈悲道場懺法集解』에서 나타나는 권별 인용 서명 순위

上卷				下卷						
序	卷1	卷2	卷3	卷4	卷5	卷6	卷7	卷8	卷9	卷10
楞嚴經(2)	楞嚴經(3)	法華經(3)	懺法音義(2)	楞嚴解(3)	古德 頌	古德 頌	行願品(3)	手鏡	俗律	法界次第(2)
漢書(2)	楞嚴經(3)	涅槃經(3)	楞嚴谷響鈔	觀佛三昧經	觀佛三昧經	百法論	古德 頌			俱舍婆娑論
大莊嚴論	華嚴經(3)	華嚴經(3)	般若經	寄歸傳	起信論	寶積經	金剛般若			起信論
爾雅	四敎儀 集解(2)	決定毗尼經	法界次第	起世因本經	楞嚴別解	四敎儀	論			楞嚴經
四敎儀 集解	別行疏(2)	楞伽經	法華經	般若經	楞嚴長水疏	禪原集	楞嚴經			四敎儀
釋典	手鏡(2)	楞嚴經	釋名	手鏡	楞嚴解	手鏡	萬善同歸集			禪源集
禪源諸全集	諸乘法數(2)	大智度論	說文	阿含經	楞嚴環解	十王果 報別門	別行疏			涅槃經
說文	古人 頌	梵網經疏	手鏡	正法念處經	妙宗鈔釋	輪轉頌	福田經			維摩經
手鏡	廣韻	法界次第	爾雅	造像經	蘇秦 結交吟	雜染頌	雜阿毗曇論			爾雅
瑜伽論	大宋高僧傳	釋論	祖庭事苑	地獄經	涅槃經	智論	請觀音消伏 毒害陀羅尼經			智論
職林 諸后妃傳	大集念佛三昧經	須摩提經	智度論	懺音	圓覺鈔	玉篇	北史			
郗氏序	百法明門	勝鬘經	唐書		維摩經		周書			
行願別行疏鈔	梵網經	十王果 報別門	玉篇		仁王經					
梁書	梵網疏	圓通懺			持世經					
玉篇	法界次第	諸佛要集經								
莊子	法苑珠林傳	祖庭集								
孝經	佛藏經	中觀論								
	薩多毗婆									
	疏									
	涅槃經									
	類編									
	藏經音義									
	淨住子									
	祖庭事苑									
	智度論									
	請觀世音經									
	華嚴經記									
	弘明集									
	德經									
	尙書									

2.『慈悲道場懺法集解』에 나타난 인용문 중 覺明의 原註와의 비교

이와 같은 비교에 따르면 祖丘는 자료를 인용할 때 원래의 주석을 충실하게 반영하여

기록하였음을 알 수 있다. 이미 앞에서 인용문헌과 인용문에 대한 전체적인 분포를 권차별이나 각종 기록별로 나누어 보았다. 여기서는 祖丘가 이 개별 인용문을 어떻게 언급하고 있는지에 대하여 현존하는 覺明 註釋本을 대상으로 그 예를 字, 句로 축자적으로 비교하면 다음과 같다.

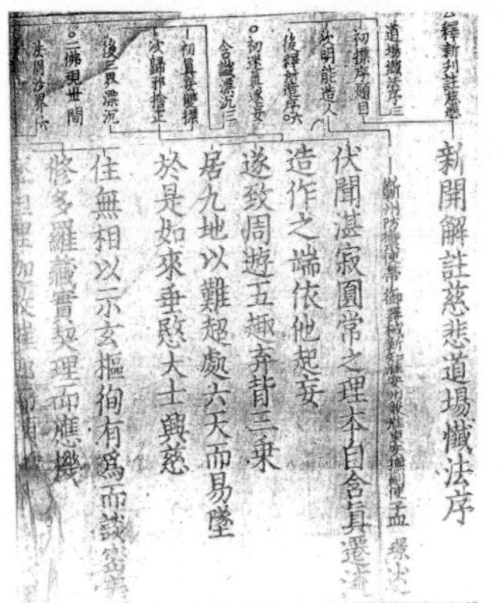

그림 9-11 新開解註慈悲道場懺法序와 科文

그림 9-12 覺明의 『慈悲道場懺法要略解』

『慈悲道場懺法』 卷1 第3張의 烏波索迦汝南 覺明이 述한 慈悲道場懺法要略解의 내용을 바탕으로 일부 용어들을 정리하면 다음 예시와 같다.

(예시)

① 覺明 本文: 啓運慈悲道場懺法

集解: 釋題中 慈悲者 明公云

覺明 注: 啓開也 發也 運動也 轉也 慈悲者

② 集解: 卽四無量心 亦云四等心 不言喜捨者 影略 擧勝言之 亦攝喜捨

覺明 注: 卽四無量心[也] 不言喜捨者 影略[也] 擧勝言之 亦攝喜捨 [顯示利他勝故]

③ 集解: 慈以無嗔爲體 與樂爲用 慈以不害爲體 拔苦爲用

覺明 注: 慈以無嗔爲體 與樂爲用 慈以不害爲體 拔苦爲用

④ 集解: 없음

覺明 注: [若據世典卽 仁恕之道 聖教所目 乃菩提心中 本起之行相也]

⑤ 集解: 夫以佛陀果證越三祇 摠賴斯心 薩埵因修進五位

覺明 注: 夫以佛陀果證越三祇 總賴斯心 薩埵因修進五位
⑥ 集解: 全憑是力 道卽理也 統攝萬行 該因徹果 場謂壇場
覺明 注: 全憑是力 道卽理也 統攝萬行 該因徹果 場謂壇場
⑦ 集解: 起土曰壇 除土曰場 乃會集辦事之處 懺者 梵語略也
覺明 注: 起土曰壇 除地曰場 乃會集辦事之處[所也] 懺者 梵語略也
⑧ 集解: 具云懺摩 此云悔往 謂陳悔往日之過患也 法謂法則 則軌持義
覺明 注: 具云懺摩 此云悔往 謂陳悔往日之過患也 法謂法則 則軌持義
⑨ 集解: 摠目十軸之文 是懺罪發心起行之軌儀法則也
覺明 注: 摠目十軸之文 是懺罪發心起行之軌儀法則也

제6절
『慈悲道場懺法集解』와 『直指』의 형태서지 비교

이미 앞에서 언급한 바와 같이 『慈悲』는 『直指』와 같은 금속활자로 비슷한 시기에 刊印되었다. 따라서 활자나 글자의 유사성은 물론 책의 구성이나 판면의 조판까지 서로 유사한 부분이 확인되지만 수록 내용과 책의 성격이 달라 구조적으로 다르게 나타나는 부분도 있다. 이를 版式과 글자, 組版의 측면으로 분석하면 다음과 같은 양상으로 정리할 수 있다.

1. 版式

두 책의 邊欄은 모두 테두리의 四周가 單邊으로 되어 있고 또 고착된 점이 동일하다. 다만 『慈悲』에서는 모두 6장(上卷 제13장, 제15장, 제25~28장)에서 版心 부분과 본문이 분리되어 있으나 『直指』에서는 대부분의 장에서 아랫부분은 연결되어 있고 윗부분은 분리되어 있다. 그러나 제32~38장의 7장은 『慈悲』에서 보는 것과 같이 연결되어 있다.

『直指』의 판식을 언급할 때 철우리에서 변란 중 하단부의 끊어진 부분이 한 장씩 건너가면서 나타나므로 틀이 두 개 사용되었다고 추정하는데, 판심의 서명 표기 중 '指'의 서체가 반복적으로 달라지는 점도 이를 증명하는 예로 볼 수 있다. 그러나 『慈悲』의 경우에는 번각된 까닭에 변란 등이 어떻게 새겨졌는지 추정하기 어려운 부분이 있다. 다만 다른 간접적인 근거로 半郭에 있어서 서로 行數가 같기 때문에 좌우의 폭이 서로 비슷하여 『直指』는 14.8cm, 『慈悲』는 14.6cm 등으로 서로 같은 부분을 추정할 수 있다. 또 『慈悲』의 匡高 높이가 높은 것은 식자된 같은 크기의 글자에서 배열된 활자의 숫자와 내용이 『慈悲』가 더 많기 때문이다.

界線의 경우 『直指』에는 있으나 『慈悲』에 없는 것은 다음 두 가지의 가능성으로 추정된다.

첫째, 底本에 界線이 없었다면 조판기술의 미숙으로 계선을 넣는 방법을 터득하지 못하였거나 당시의 서책 판면에 대한 선호도가 대장경처럼 계선이 없는 것을 더 선호하였을 가능성도 있다. 그러나 『東國李相國全集』의 예에서와 마찬가지로 처음부터 없었거나 계선이 있어도 활자보다 낮게 조판되어 인출할 때 찍히지 않고 활자끼리 분리되지 않도록 활자를 고정시키는 역할을 하였을 것으로 추정된다.

둘째, 底本에는 界線이 있었으나 번각 시에 생략하였을 가능성도 있다. 하지만 『慈悲』가 字體에서 보는 것과 같이 底本을 충실하게 번각한 것이므로 전자일 가능성이 높을 것으로 여겨진다. 그러나 책 전체를 볼 때 계선이 나타나지 않아 개별 글자의 열이 바르지 못한 부분이 자주 보이지만 조판상의 미숙함이나 편의성 관계로 옆 행을 침범한 글자나 잘못된 식자는 찾아보기 어렵다.

또 行數는 두 책이 같고 行間도 거의 같게 나타난다. 한 行의 字數는 일정치 않아서 『直指』는 불규칙적인 가운데 18字로 된 行이 많은 반면 『慈悲』는 거의 대부분이 20字, 21字이다. 이러한 字數가 행마다 차이 나는 현상은 『直指』보다 『慈悲』가 더 不整하게 나타나므로 비록 半郭의 차이가 있음을 감안하더라도 기술적인 측면에서 『慈悲』의 조판이 더 초기의 현상을 보여 주는 것이라 할 수 있다.

특히 版面의 가장 아래 글자에서 『直指』는 비교적 위 글자와 동일한 간격을 유지하고 크기도 같게 나타나지만 『慈悲』는 번각본임을 감안하여도 이지러지거나 출입이 심하여 고르지 않은 면이 많다.(上卷 제26장 앞, 下卷 제32장 뒤, 제35장 뒤, 제37장 앞, 제44장 앞 등) 즉 이것 역시 조판기술이 『直指』보다 떨어진다는 증거이다. 또한 두 책 모두 版心에 黑口와 魚尾가 전혀 없다는 점이 같은데, 이는 조선시대에 간행된 활자본에서는 사례가 많지 않은 독특한 특징이다.

版心題에 나타난 기록 중 『直指』에서는 권말에 '直[ ]下'와 같이 '指' 字가 탈락되어 활자본임을 추정할 수 있지만 『慈悲』에서는 下卷의 제1장 앞면에서 版心題는 물론 권차, 장차 표시까지 모두 빠져 있다. 특히 版心의 내용이 없고 비어 있는 경우를 『慈悲』에서는 두 곳 찾을 수 있다.

한편 권차 표시는 『直指』에는 모두 있으나 『慈悲』에는 上卷의 제10장 앞과 제37장 앞, 下卷의 제1장 앞과 제33장 앞면에서 탈락되어 있다. 장차 표시는 『慈悲』의 上卷 제38장 앞면에서 '三十[ ]八'로 다른 장과 비교하여 볼 때 字間이 한 字 비어 있는데, 이는 저본에서 활자를 조판할 때의 실수로 판단된다.

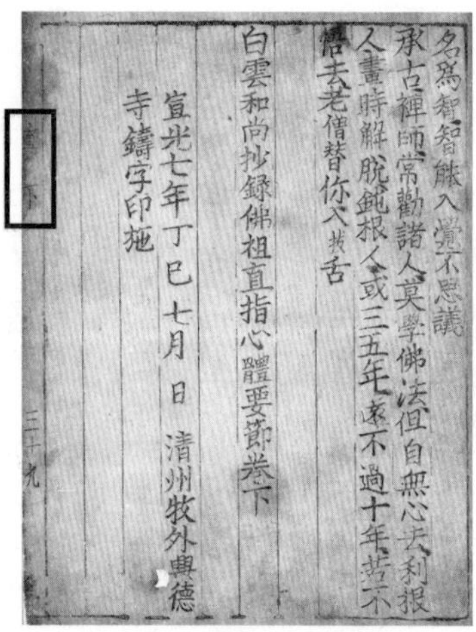
名爲智智能入覺不思議
承古禪師常勸諸人莫學佛法但自無心去利根
人畫時解脫鈍根人或三五年遠不過十年若不
悟去老僧替你入拔舌
白雲和尚抄錄佛祖直指心體要節卷下
宣光七年丁巳七月 日 清州牧外興德
寺鑄字印施

그림 9-13 『直指』 下卷 第39張

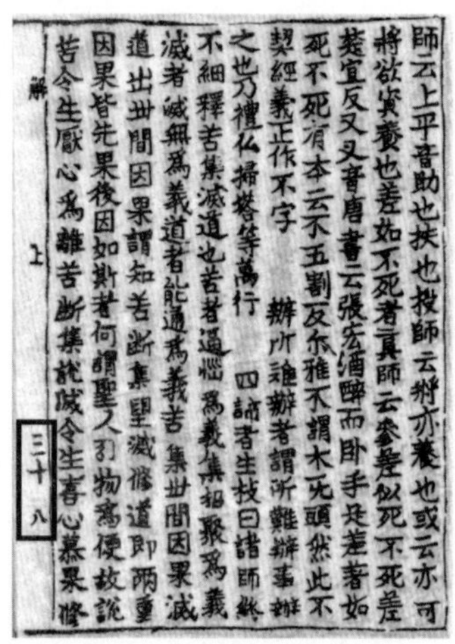
三十 八

그림 9-14 『慈悲』 上卷 第38張

이상과 같은 版式을 바탕으로 『直指』는 조판틀의 사용에 있어서 두 판을 교대로 반복하여 사용하였지만 『慈悲』에서는 현존본이 목판으로 번각된 판본이라 그와 같은 세밀하고 정확한 특징은 찾아보기 어렵고, 다만 版心題와 권차 표시의 간격이 처음부터 몇 장까지는 고르게 나타나다가 10여 장 이후부터는 좁아졌다 넓어졌다를 반복하고 있다. 이러한 오르내림 역시 『直指』에서도 나타나고 있어 두 책의 조판 방법이 유사하였음을 알 수 있다.

2. 활자 및 小字의 사용

『直指』에는 본문 중에 小字가 120여 회나 쓰였고 註에서도 제24장 뒷면 2행에 쓰인 '惡水'의 2자에서 한 차례 정도 사용되었다. 그러나 『慈悲』에는 小字의 註가 많은 까닭에 작은 활자는 대체로 註에서 나타나며 본문 중에는 간헐적으로 나타난다. 두 판본에 사용된 작은 글자 중 공통적으로 쓰인 小字는 '師, 來, 如, 有, 喜, 善, 禪, 余, 日, 般, 靈, 看' 등이다. 두 판본의 활자의 서체 비교에는 앞에서 언급한 여러 특징을 포함하여 본문에 사용된 小字도 그 근거가 된다. 이 활자 중에서 『直指』와 『慈悲』에 쓰인 활자가 같은 종류일 것으로 추정하게 하는 또 다른 근거로 '禪' 字와 '靈' 字를 들 수 있다. 그중 '禪' 字의 경우 『直指』에 쓰인 것 중에서 우측 아랫부분에 활자의 너덜이 내지는 모양상의 특이한 선이 보이는바 『慈悲』에서도 같은 형상의 완전히 일치하는 글자가 확인된다. 또 '靈' 字는 『直指』의 제22장 앞면의 본문 中字 중에서 같은 面에 9회나 반복 사용되면서 中字가 3회, 小字가 6회 사용되어 鑄造數가 적었던 글자를 小字의 활자로 대치하여 사용하였음을 알 수가 있다. 이와 마찬가지로 『慈悲』의 下卷 제30장 앞면에 '靈'이 쓰여진 4회 중에서 3회는 中字로, 1회는 小字로 사용되었고 그 쓰인 小字는 『直指』에 사용된 6개 중 하나와 크기나 字樣에서 완전하게 일치한다.

그 밖에 『直指』에서는 찾아볼 수 없었으나 『慈悲』에 사용된 것으로 興德寺字 중의 小字로 추정할 수 있는 것에는 '夢, 授, 成 , 謂, 等, 若, 卽, 第, 囚, 忍, 果, 因' 등의 글자가 있다.

이상 같은 글자의 같은 서체를 구분·비교하여 두 책의 공통점을 살펴보았다. 한편 서체의 동질성은 확인되지만 책의 구성이나 표현 방법이 『直指』와 다른 점도 찾아볼 수 있다.

첫째, 같은 단어나 내용이 반복되어 같은 活字를 중복하여 사용할 경우에는 가능한 한 중복을 피하고 '丨'의 약부호로 생략한 뒤 처음 사용할 때 '此畫以○字看之'라 註記를 달아 두고 다음부터는 '丨'으로 대신하였다.(빈도: 25회) 이와 같은 특정 부호의 사용은 중복자의 사용을 피함으로써 初期鑄字術에서의 부족한 중복자를 대신한 것으로 보인다.

둘째, 번각된 것만으로 볼 때 『白雲和尙抄錄佛祖直指心體要節』과는 달리 일부는 木活字를 사용한 것 같은 느낌을 준다. 특히 下卷의 제18장 앞의 첫째 줄 아랫부분이나 下卷의 제35장 뒷면의 8~9行 글자들은 다른 면에 나타나는 字體와는 달라 보여 목활자일 가능성이 커 보이지만 이러한 특징이 번각할 때의 균질하지 못한 판각에 기인한 것일 수

표 9-6 '靈' 자의 大·小字 사용 비교도

『慈悲』	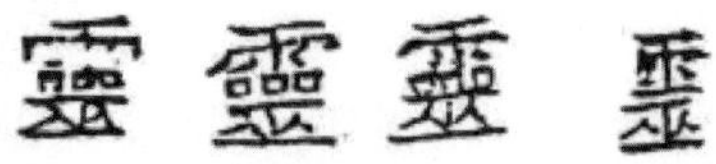
『直指』	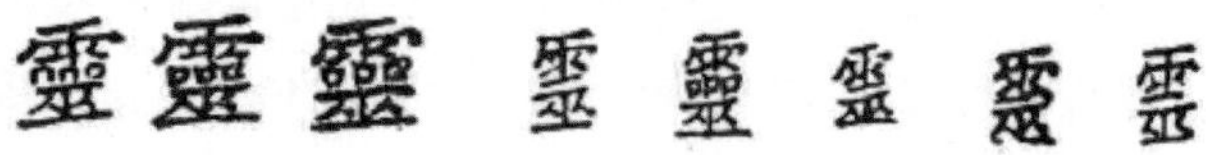

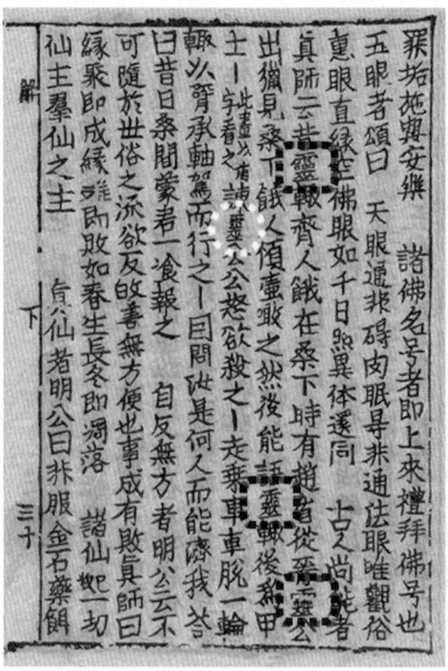

그림 9-15 『慈悲』 下卷의 30面 앞 '靈' 字

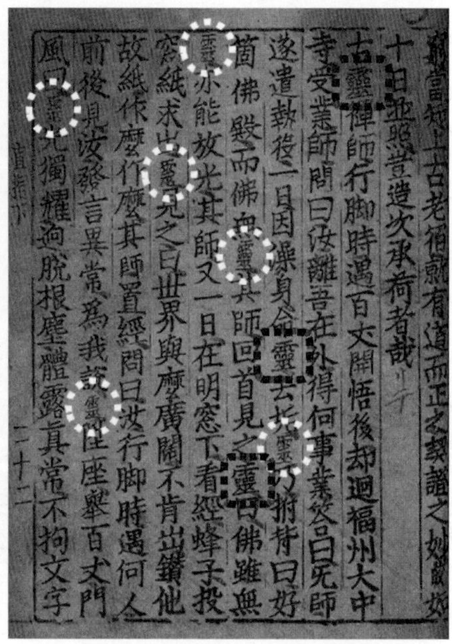

그림 9-16 『直指』의 22面 앞 '靈' 字

도 있어서 단정하기는 어렵다.

셋째, 漢字音에 대한 발음 표시에서 同音을 기록하는 방법(89회), 反切로써 표시하는 방법(55회), 聲調만 표시하는 방법(23회)이 있고 그 기입은 註와 본문에 혼합되어 나타나고 있어 일관된 규칙성을 찾아보기 힘들다.

3. 『直指』 활자와 서체 비교

1) 本文

『直指』와 『慈悲』의 인출에 사용한 활자가 같고, 版式을 비교했을 때 『慈悲』 역시 활자본의 특징을 나타내고 있음을 확인하였다. 이 실물 활자본과 활자 저본을 번각한 판본의 비교를 통하여 관련성과 차이점을 살펴보았다.

먼저 『慈悲』의 전래본은 목판본이다. 이를 활자본과 목판본 구분 방법에 따라 자세하게 살펴보면 그 底本에 쓰인 글자는 활자본의 번각본에서 나타나는 현상을 보이고 서체도 『直指』와 같은 것으로 나타난다. 그러나 이를 구체적인 실증으로 究明하기 위하여 먼저 일부 字體를 선정한 다음 전체에서 같은 글자를 가려 뽑아 활자본 『直指』의 글자와 비교한 결과 동일함이 확인되고 비록 飜刻은 되었지만 본래 활자본 서체의 字樣을 잘 유지하고 있는 것으로 나타났다.

도판에서 비교 대상이 되는 글자 중 『直指』에서 볼 수 있는 '煩惱' 字가 세 가지 型으로 나타난다든가 '是' 자와 '所' 자가 두 가지 型으로 나타나는 등의 특징을 『慈悲』에서도 찾아볼 수 있다. 특히 '煩惱' 字에서 '煩' 字 '火' 部 오른쪽 마지막 삐침 획이 굽어진 것이 『直指』에도 그대로 나타나고 있어 활자가 서로 같음을 알 수 있다.

2) 缺字

『慈悲』의 저본을 조판할 때 실수로 빠뜨린 글자를 확인할 수 있다.

① 下卷 제37장 앞면의 6行 첫 字와 둘째 字 사이에 '初心停心'을 설명하면서 문맥상으로 볼 때 '四多'의 '多'가 빠짐
② 下卷 제2장 뒷면 4行의 '三千大千界'는 여러 版本을 비교하거나 同面 7行을 보아도 '三千大千世界'로 되어 있으므로 '世' 字가 탈락된 것임
③ 下卷 제7장 뒷면의 8行 '毗沙國王維陁始王'에서 다른 版本과 비교할 때 '王' 자와 '維' 자 사이에 '興' 자가 빠져 있음
④ 下卷 제14장 앞면의 2行 '豪者强也奢○逸也'에서 문맥상으로 볼 때 '者' 자가 탈락되어 있음

3) 字間

上卷 제38장 앞면의 版面 중 張次 表示 및 上卷 제27장의 1행과 7행에서도 글자 사이가 특별한 이유 없이 한 칸씩 비워져 있다. 이는 植字할 때 잘못 排字한 것으로 판단된다.

4) 필요 없는 字의 삽입

下卷 제5장의 앞면 10行의 첫 문장 '…具五逆者足滿五劫者…'에서 여러 판본과 비교할 때 '具' 字는 필요 없어 보인다. 또 下卷 제32장 뒷면의 5行 '…相符豈可胡越'에서 '豈' 자는 다른 판본과 비교할 때 관련이 없거나 추가된 것으로 보인다. 일부 판본 중에는 '乃' 字로 나타나는 것도 있다.

5) 飜刻 관련 내용의 補記

下卷 제34장 앞면의 2行末에서 '詳校本頌倒次今改書開板'이라는 내용은 이미 앞에서 언급한 바와 같이 이 책이 飜刻本임을 나타내는 증거이다.

> …此廻向頌生枝曰詳校本三乘六道等次第先後倒錯恐書之者錯也舊本中偈
> 頌次第當然學者詳爲恒會無相者(會卽證也詳校本頌倒次今改書開板)…

6) 植字의 오류(활자를 옆으로 排置한 것)

글자의 방향을 잘못 판단하여 아래위가 바뀐 것으로 『直指』에서는 '日' 字와 '十' 字가 잘못 배열된 곳이 몇 군데 발견되었고, 마찬가지로 『慈悲』에서도 '十' 字가 잘못 排字되어 균형을 잃은 경우가 나타난다. 上卷 제43장 뒷면의 마지막 줄 9번째 자와 下卷 제8장 뒷면의 4째 줄과 7째 줄, 下卷 제23장 뒷면의 첫째 줄 등에서 그 같은 예를 찾아볼 수 있다.

7) 활자의 刓缺

활자가 이지러지는 현상은 金屬活字를 오랫동안 사용하였을 경우에 나타나는 특징으로, 획끼리 서로 교차하는 지점에서 어긋나는 현상을 보인다. 『直指』에서 그와 같은 흔적이 있다는 연구는 없었으나 『慈悲』에서는 下卷 제36장 뒷면의 첫째 줄 '十' 字가 상하의 획과 좌우의 획이 엇갈려 있음을 볼 수 있다. 그러나 이 어긋남은 번각 시의 판각 실수로 나타날 수도 있으므로 저본인 활자본이 나타나야만 정확하게 알 수 있을 것이다.

8) 전체 글자의 대조 사례

『直指』와 『慈悲』의 活字나 印面을 비교하기 위해서는 두 판본의 글자를 동일하게 대조하는 것이 가장 기본적이므로 우선 『直指』의 本文 중 제32장의 앞 반면과 刊記面을 『慈悲』의 글자 중에서 발췌하여 『直指』의 해당 면에 일치시켜 비교함으로써 그 유사성 내지 일치성을 형태적으로 판단할 수 있도록 하였다. 이러한 대조 작업을 통하여 두 印本에 사용된 활자는 크기, 서체, 조판 상태 등으로 볼 때 같은 것으로 추정할 수 있다.

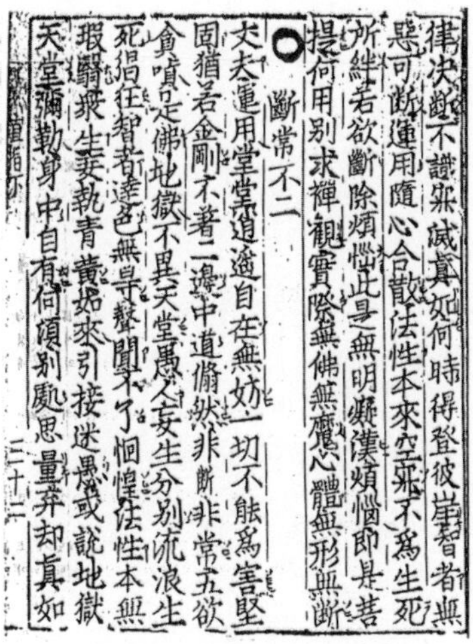

그림 9-17 『直指』의 32面 앞

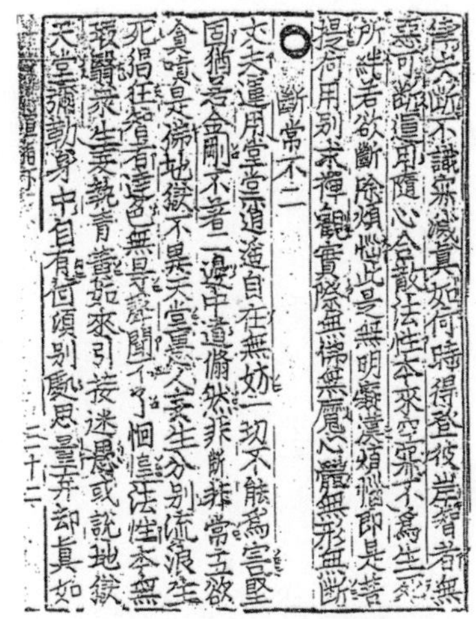

그림 9-18 『慈悲』의 글자로 復元

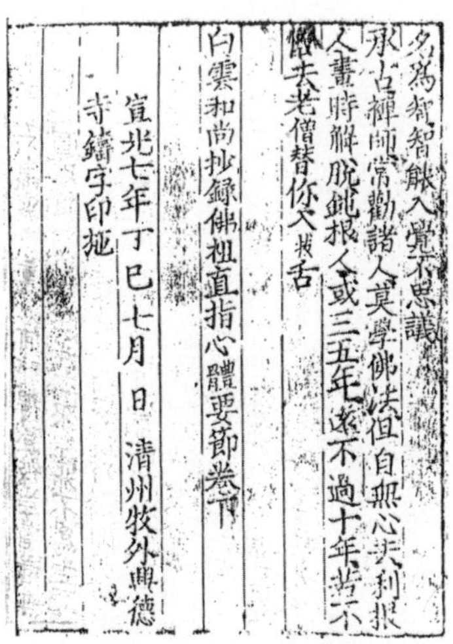

그림 9-19 『直指』의 刊記面

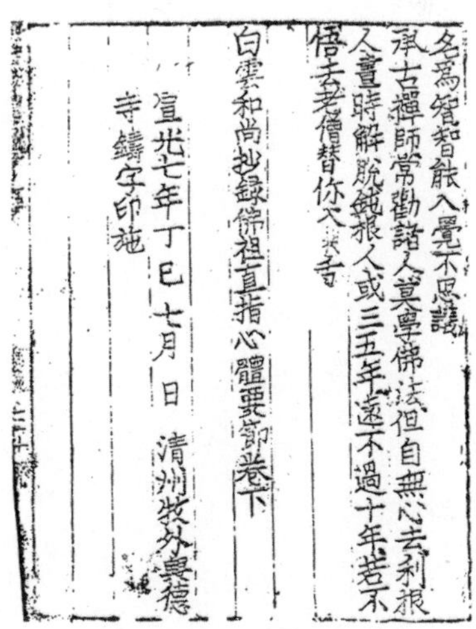

그림 9-20 『慈悲』의 글자로 復元

지식정보의 소통과 한국 금속활자 발달사

제10장 고려시대 金屬活字 인쇄와 출판문화

고려시대

현재까지 기록과 실물로 알려진 고려시대의 금속활자 인쇄 관련 자료들은 금속활자의 실물, 찍은 印本, 사료의 기록 등을 통하여 연구되고 정리되어 왔다. 그중 중앙의 출판물을 짐작할 수 있는 『證道歌』와 『東國李相國全集』을 비롯하여 지방 사찰 출판물인 『直指』의 실물, 같은 興德寺字로 찍은 책의 번각본인 『慈悲道場懺法集解』와 같은 인본들을 통해 고려 후반의 전체적인 출판 상황을 추정할 수 있다.

이미 삼국시대부터 역대 정부마다 서책이나 문서, 목판의 생산과 관리, 보관을 담당한 기관이 있었음은 주지의 사실이지만 그중 금속활자 인쇄라는 새로운 출판 방법이 등장하면서 이를 담당하고 운영하는 기관이 필요해졌다. 이에 시대에 따라 기존의 목판 관리 기관의 기능을 활용하거나 확장 또는 새로운 기관을 설치하는 등의 변화가 이루어졌다.

사료에 나타나는 가장 빠른 기관은 書籍鋪이다. 고려 肅宗 때 國子監에 두었던 출판 담당 부서로서 그 설치의 시원은 『高麗史』에서 찾을 수 있는데, 祝文과 經籍을 맡아 보던 祕書省에 보관되어 있던 冊板이 쌓이고 훼손된 것이 많아지자, 肅宗 5年(1101) 3월 서적포를 설치하여 모든 책판을 이곳에서 인쇄·보급하게 하였다는 기록이 있다. 이때의 서적 간행은 祕書省의 관장하에 이루어졌고, 官學을 진작시키는 데 크게 기여하였다.

한편 활자의 관리에 대한 기록이 포함된 鄭道傳의 『三峰集』에도 서적포에 대한 기록이 전해지는데, 그 내용을 살펴보면 다음과 같다.

> … 吾東方 書籍罕少 學者皆以 讀書不廣爲恨 予亦病此久矣 切欲置書籍鋪鑄字
> 凡經史.子書.諸家詩文 以至醫方.兵律 無不印出 俾有志於學者 皆得讀書
> 以免失時之歎[1]

즉, 설치된 초기에는 목판으로 책을 새기고 간행하였으나 고려 후기에 이르러 다시 종전처럼 서적포를 마련하여 주자로써 經史子集의 책과 의학서, 병서, 법학서 등을 모두 찍어 내어 학자들의 독서와 연구를 널리 권장한다는 것으로 이로 미루어 서적포도 고려 후기에는 鑄字를 관리하였던 기관임을 알 수 있다.

---

1 鄭道傳, 『三峯集』 卷1 置書籍鋪詩並序.

한편 고려 文宗 때 설치한 서적에 관한 사무를 관장하는 기관이었던 書籍店은 소속 관원으로 錄事 2명이 丙科의 權務를 담당하였고, 吏屬으로는 記事 2명, 記官 2명, 書者 2명을 두었다. 恭讓王 4年(1392)의 기사에서 鑄字와 書籍의 인쇄를 관장시키고 令과 丞이 있었다는 사실로 미루어 볼 때, 그 이전에도 단순히 인쇄된 서적뿐만 아니라 주자에 관한 일과 서적의 인쇄까지도 관장하였음을 알 수 있다.

『白雲和尙抄錄佛祖直指心體要節』의 발견으로 인하여 중앙관서가 아닌 한 지방의 사찰에서 이런 금속활자를 만들어 인쇄하였다는 사실이 알려졌다. 이는 당시 書籍店의 금속활자에 의한 인쇄술이 이미 상당히 발달하여, 지방의 사찰에까지 그 기술이 파급되었음을 짐작하게 한다.

그러나 중앙에서는 조직과 제도가 수시로 바뀌어 忠宣王 즉위년에 왕이 文翰署와 史館署를 병합하여 藝文春秋館이라 하고 이로 말미암아 右文館, 進賢館, 書籍店도 翰林院籍과 합쳐졌다가 곧 뒤에 다시 설치되었다. 恭愍王 11年(1362)에 右文館과 進賢館이 藝文館으로부터 독립된 사실로 미루어보아 그 기관들과 함께 병합되었던 書籍店 또한 이 시기에 다시 설치되었을 가능성이 크다.

한편 書籍店과 유사한 명칭인 書籍院에 대해서도 『高麗史』 書籍店 條 아래와 『高麗史節要』에서 "恭讓王四年 置書籍院 掌鑄字 印書籍 有令丞"이라는 내용이 나온다. 恭讓王 4年(1392)에 書籍院을 설치하고 鑄字와 서적을 인출하게 업무를 관장하게 하였으며, 令과 丞을 두었다는 것으로 미루어, 서적점을 대신하여 書籍院이 高麗 말의 鑄字와 印書業務를 담당하였음을 알 수 있다. 조선 개국과 더불어 1395년에 白冊知事 徐贊이 만든 木活字로 『大明律(直解)』도 간행되었고 2년 뒤인 1397년에 찍은 開國原從功臣錄券도 목활자 간행 활동과 연결되어 있었을 것이다.

이와 같은 활자 관리 기관 관련 기록과 더불어 그 印本에 대해서는 이미 앞의 장에서 상세하게 분석하였지만 그 초기에 핵심이 되는 印本인 『古今詳定禮文』과 『南明泉和尙頌證道歌』에 대하여 간략하게 정리하면 다음과 같다.

비록 『直指』와 같은 원본은 아니지만 현존본 『南明泉和尙頌證道歌』는 高宗 26年(1239) 鑄字로 찍은 『南明泉和尙頌證道歌』를 飜刻하여 인출한 책으로서 1책이 목판본이며 현재 보물 제758호로 지정된 것이 있다.

이 책은 당나라의 玄覺이 지은 『證道歌』의 각 구절 끝에 송나라의 南明禪師 法泉이 7자 3구씩, 그리고 원문이 3자인 경우에는 3자를 더한 형식으로 총 320편을 繼頌하여 증도의 깊은 뜻을 보다 구체적으로 밝힌 책이다. 『證道歌』는 玄覺이 千頃山에 있었을 때 저술한 것을 宋나라 神宗 熙寧 9年(1076) 7월에 浙江省의 恬蒼에서 처음 간행한 것으로 그 내용은 禪門에서 부처의 영원불변한 진리를 깨닫고 체득할 수 있는 精髓를 노래로 읊은 것이다. 高麗에 옮겨 와 유통된 것은 宋나라의 初刊本이나 그것이 정확히 언제 이루어졌는지는 기록이 전해지지 않아 알 수 없다.

『南明泉和尙頌證道歌』의 간행 시기는 몽고의 침입을 받고 高麗 高宗 19年(1232)에 수도를 임시 江華로 옮긴 지 8년째가 되는 同王 26年 乙亥年(1239) 9월 江華 武人政府의 제일 인자인 中書令 崔怡가 쓴 글의 내용으로 파악할 수 있다. 이에 따르면 선문의 중요한 책인 『南明泉和尙頌證道歌』가 후학들이 참선을 하는 데 의거하는 중요한 책이나 그것이 흩어지고 없어져 전하지 않으므로 기술자를 모아 활자본을 다시 번각하였다고 한다. 즉 飜刻本의 간행 시기가 이미 인출되었던 金屬活字의 印本을 몽고군이 쳐들어와 江華島로 천도한 1239년 9월에 重彫하였다는 기록으로 나타나는바, 그 底本이 되는 金屬活字 印本은 강화도로 천도하기 이전에 개경에서 이미 간행되었다는 것을 알 수 있다.

이 번각본 『證道歌』는 고려 금속활자 인쇄에 관한 초기 자료가 부족한 가운데 中央官署의 주자 인쇄 시기와 성격을 규명함에 중요한 역할을 담당하고 있으며, 현존 자료 중 가장 앞선 것이라는 점에서 그 의의를 찾을 수 있다. 현존 자료로 삼성출판박물관과 대성암 소장본, 개인 소장자 및 사찰의 스님이 개인 소장한 것이 있다.

더구나 이 활자본을 찍은 금속활자가 최근 200여 자 발견되어 세계출판문화사에 있어서 중요한 이정표를 제시하고 있으며 印本 『直指』어 더불어 실물활자로서 당대의 출판문화의 우수성을 추정하는 중요한 인류사적 유물이 되고 있다.

또 다른 13세기의 금속활자인본 가운데 비교적 빠른 시기의 책으로는 현재까지 발견되지 않았지만 기록에 근거하여 오래된 금속활자본임을 짐작케 하는 『古今詳定禮文』을 들 수 있다. 이 책은 高麗 毅宗의 명령으로 당시 平章事로 있던 崔允儀 등이 편찬한 책[2]으로 모두 50권으로 되어 있는 禮書인데, 이 책을 주자로 찍었다는 것은 이규보의 문집

2 金塘澤, 「詳定古今禮文의 편찬시기와 그 의도」, 『湖南文化研究』 21, pp. 1–12.

인 『東國李相國後集』에 晉陽公 崔怡를 대신하여 지은 「新印詳定禮文跋尾」라는 글에 의하여 알 수 있는바, 그 핵심되는 내용을 간추려 보면,

> … 仁廟朝 始勅 平章事崔允儀 等十七臣… 成書五十卷 命之曰 詳定禮文 流行於世… 予先公迺令補輯 遂成二本 一付體官 一藏于家… 果於遷都際 禮官遑遽 未得賚來… 有家藏一本 得存焉 予然後 益諳先志 且幸其不失 遂用鑄字 印成二十八本 分付諸司藏之……[3]

와 같다. 崔允儀 등이 편찬한 詳定禮文이 오랜 세월을 거치는 동안 책장이 탈락되고 글자가 缺落되어 그 내용을 파악하기 어려워, 崔怡의 선친인 崔忠獻이 이를 補輯하게 하여 두 부를 완성한 다음 한 부는 禮官, 다른 한 부는 자기의 집에 두었는데, 몽고군의 침입으로 강화도로 천도할 때 藝館의 것은 가져오지 못하여 소실되었고, 崔怡의 家藏本만 남게 됨에 이를 다행으로 여기다가 마침내 鑄字로 28부를 찍어 여러 관사에 나누어 간직하게 하였다는 내용으로 주자 인쇄의 근거를 두고 있다.

이 기록은 인출한 동기와 간행 부수를 명시하고 있지만 그 간행 연대가 나타나 있지 않다. 다만 책을 대신 저술토록 한 崔怡가 晉陽侯에 책봉된 해가 高宗 21年(1234)이고 이규보가 죽은 해가 同王 28年(1241)이므로 그 사이에 찍은 것임을 알 수 있다. 이 기록대로 50권이나 되는 거질의 책을 28부나 인출하였다면, 활자의 수량과 간행의 소요시일이 상당하였을 것이며 주조와 조판의 기술 또한 숙련되었을 것으로 추정된다.

뿐만 아니라 이 활자로 찍은 책 중에는 李奎報의 『東國李相國全集』 41권도 포함되어 있는 사실이 필자의 연구로 밝혀져 활자의 종류, 서체는 물론 조판 기술에 이르기까지 여러 가지 출판에 관련된 정보를 간접적으로 제공하고 있다.

이처럼 중요한 자료가 발견되고 연구를 거듭하고 있지만 그중에는 印本의 서체나 인쇄 상태 등을 근거로 고려 금속활자로 찍은 印本이라고 제시되어 학계의 논의가 된 몇 종의 책이 있다. 그중 『淸凉答順宗心要法門』은 고려대학교 중앙도서관에 소장되어 있

3 李奎報, 『東國李相國後集』 卷11, 新印詳定禮文跋尾 代晉陽公行.

다. 약칭『心要法門』[4]이라고 불리며 총 5장으로 구성되어 있는데, 이 책이 금속활자로 추정되는 근거는 마지막 跋文 1장의 내용과 형태이다. 元나라의 武宗(1281~1311)을 1307년에 고려의 忠宣王과 더불어 옹립한 바 있는 別不花라는 인물이 희사를 많이 하여 이 책을 찍어 낸다는 내용[5]으로 그 형태상 글자체가 옆으로 퍼져 있고, 금속을 녹여 부을 때 일어나는 현상인 구부러지는 획이 보이며 특히 글자의 줄이 똑바르지 않고 먹빛이 고르지 못하여 먹의 자국인 반점이 보이는 점을 들어 금속활자라는 주장에 근거를 삼고 있다.

한편『古文眞寶大全』의 경우 誠菴古書博物館에 소장되어 있으며 이 책[6]을 손보기는 고려시대 金屬活字 印本으로 보았다. 그에 의하여 권말의 所藏印이 '李𥶇寶藏'으로 판독되었는데, 그는 高麗 仁宗 2年(1124)에 사신으로 宋에 가서 徽宗에게 '禮成江圖'를 바친 인물이었고, 그 시대적 배경으로 보았을 때 중국에서 북송 말 또는 남송 초에 편찬된 것이 그 무렵 우리나라에 도입되어 1160년대에 간행되었다고 추정한 것이다. 그러나 천혜봉의 연구에서 그 전래와 용어, 인장의 판독 등에 의해 조선시대의 목활자본으로 판정됨에 따라 이 자료들에 대한 재검토와 수정이 이루어졌다.

이러한 고려활자본의 印本에 대한 논란뿐 아니라 활자의 주조 방법에 대한 논의와 활자의 형태 변천, 조판 방법에 대한 논의도 활발하여 실제 복원을 위한 여러 가지 측면의 검토가 이루어졌다. 즉『直指』에 한정되는 蜜蠟鑄造法과 조선시대의『慵齋叢話』에 기록된 鑄物沙鑄造法의 실험과 검증, 그 밖의 陶土鑄造法 등 실물활자에 대한 복원 및 금속 성분의 분석, 조판의 시대별·활자별 차이 분석과 같은 여러 측면을 기록과 전래 실물, 발견된 유물에 대하여 분석하였다.

이제 세계적으로 유래를 찾아볼 수 없는 고려시대의 활자 인쇄술과 실물활자, 印本들에 대하여 보다 차원 높은 학술적 연구와 검토가 이루어지고 기술적인 측면뿐만 아니라 이를 만들어 낸 시대적 배경, 활자인쇄가 인류사에 있어 사상과 지식을 전파하고 소통에 기여한 새로운 측면의 평가도 아울러 진행되어야 할 것으로 생각된다.

---

4 尹炳泰,「高麗金屬活字本 淸凉答順宗心要法門과 中奉大夫崇福使別不化」,『國會圖書館報』第14卷 第10號(1973. 6.), pp. 5-35.

5 "… 順宗問而淸凉荅 圭峯註而惠達科 遂成一卷之書 總括此心之要 中奉大夫崇福使別不花夙彰善本 日覽微言抽施餘資刊行妙典上祝"

6 孫寶基,『금속활자와 인쇄술』, 서울: 세종대왕기념사업회, 2000, pp. 176-177.

부록

고려 금속활자 3종 각 10점 3D 스캔 실측도면 사례

*형태: 홈형 > 홈 / 날개-홈형 > 날-홈 / 네다리형 > 네		
No	활자	형태
1	爲	홈
2	一	홈
3	醯	홈
4	界	홈
5	法	홈
6	人	홈
7	衆	홈
8	源	홈
9	常	홈
10	諸	홈
11	時	날-홈
12	尒	날-홈
13	普	날-홈
14	大	날-홈
15	光	날-홈
16	仁	날-홈
17	所	날-홈
18	行	날-홈
19	生	날-홈
20	願	날-홈
21	雀	네
22	朧	네
23	貌	네
24	䩞	네
25	邑	네
26	烽	네
27	蚣	네
28	靡	네
29	郫	네
30	肜	네
31	石	홈(소자)

No.1

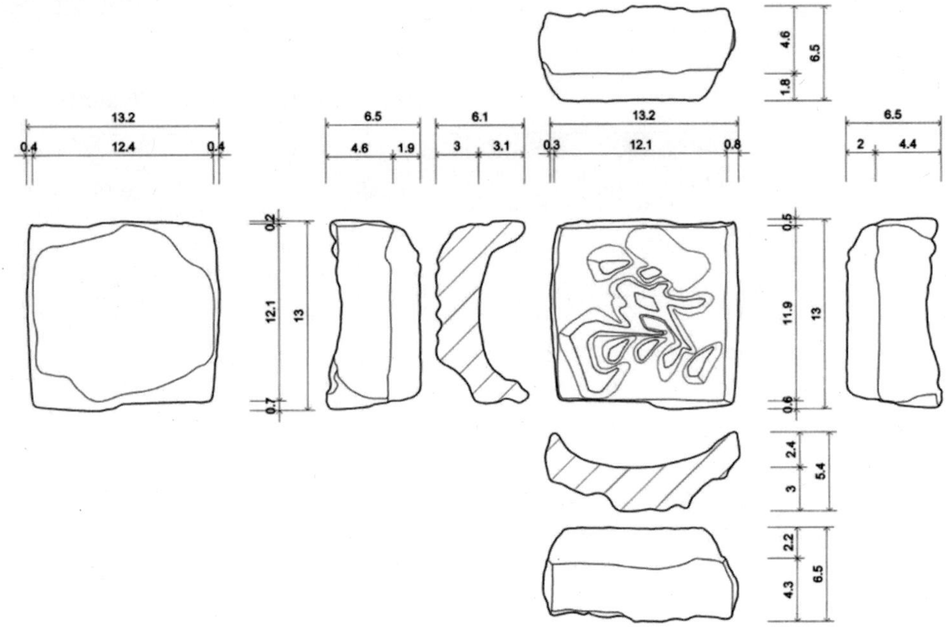

No.2

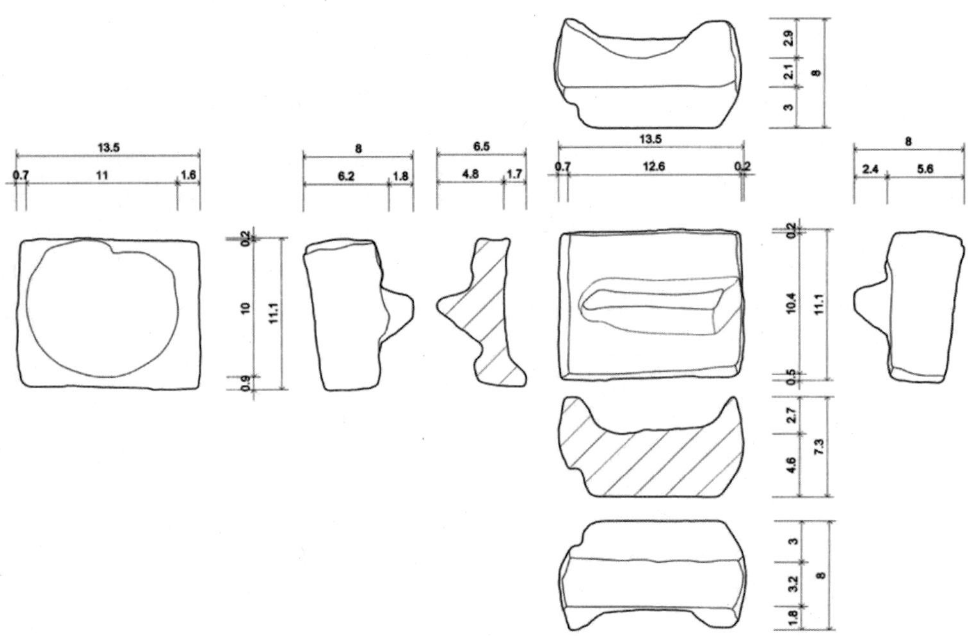

No.3

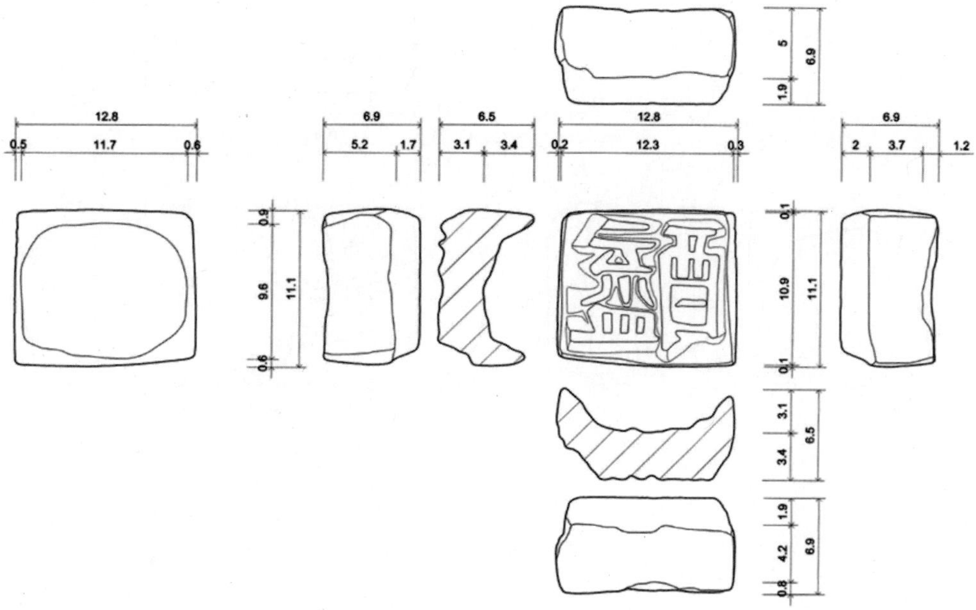

No.4

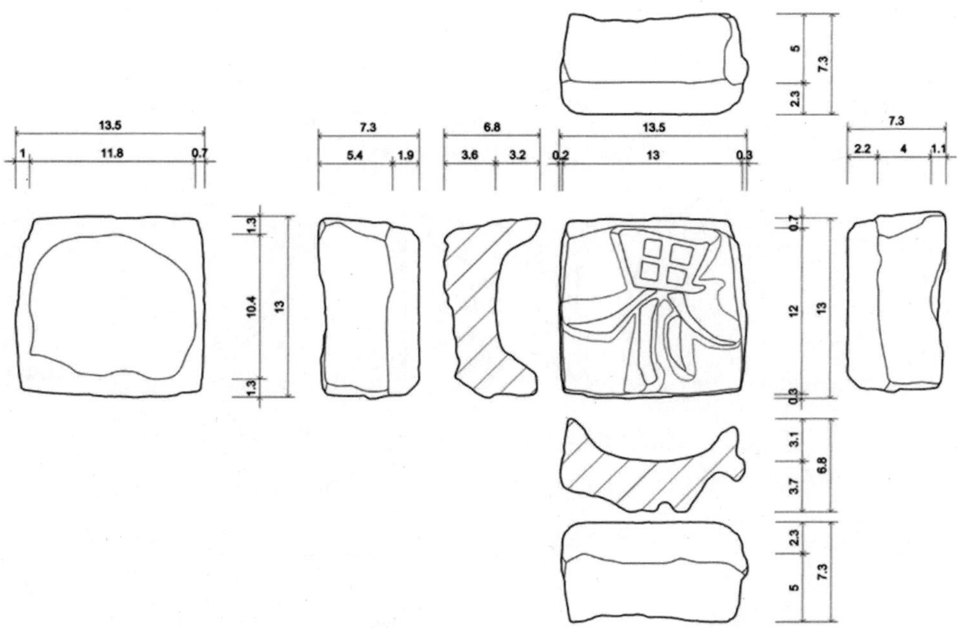

No.5

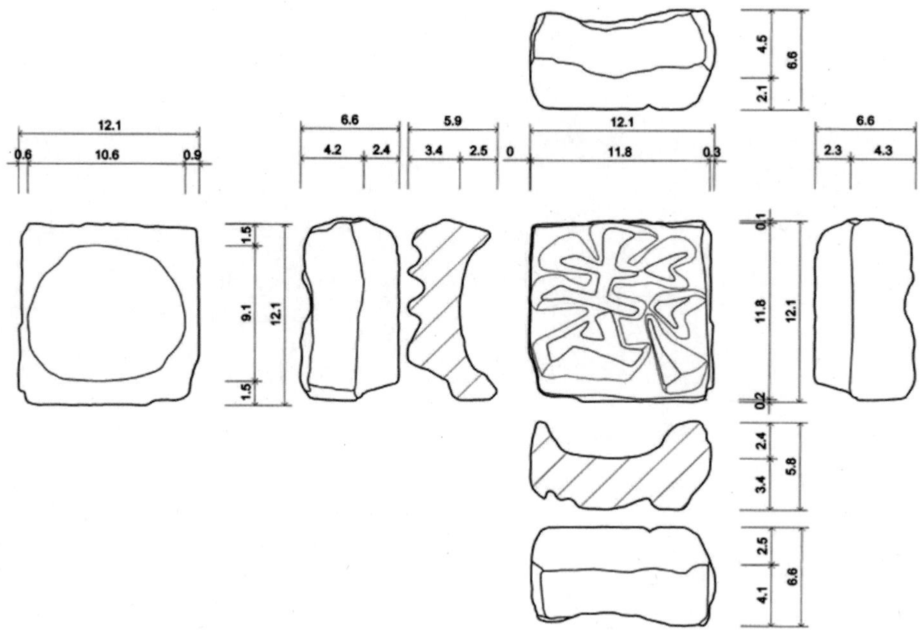
4.5
6.6
2.1
12.1
0.6
10.6
0.9
6.6
4.2
2.4
5.9
3.4
2.5
0
12.1
11.8
0.3
6.6
2.3
4.3
1.5
9.1
12.1
1.5
0.1
11.8
12.1
0.2
2.4
5.8
3.4
2.5
6.6
4.1

No.6

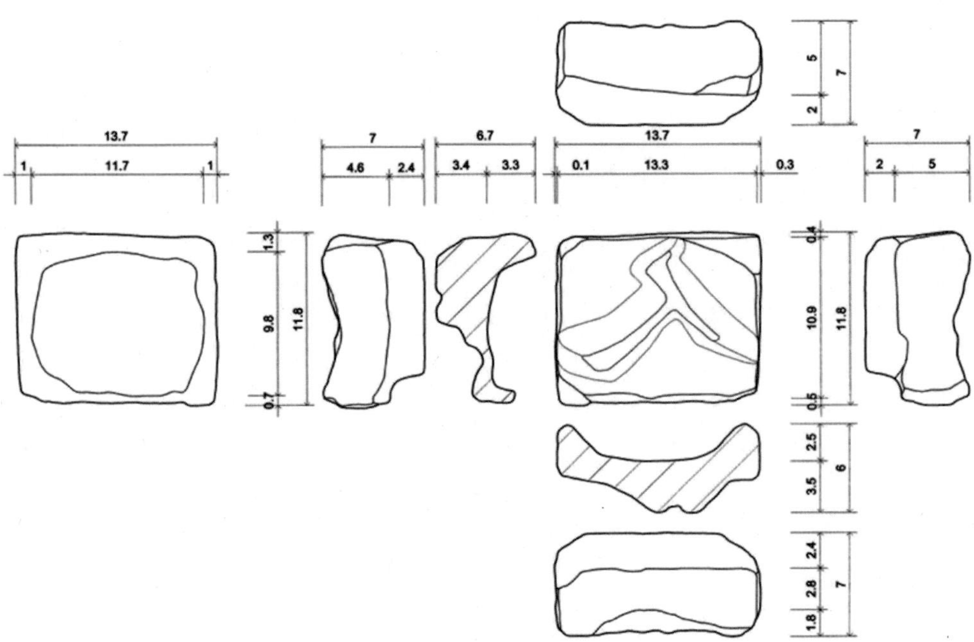
5
7
2
13.7
1
11.7
1
7
4.6
2.4
6.7
3.4
3.3
13.7
0.1
13.3
0.3
7
2
5
1.3
9.8
11.8
0.7
0.4
10.9
11.8
0.5
2.5
6
3.5
2.4
2.8
7
1.8

No.7

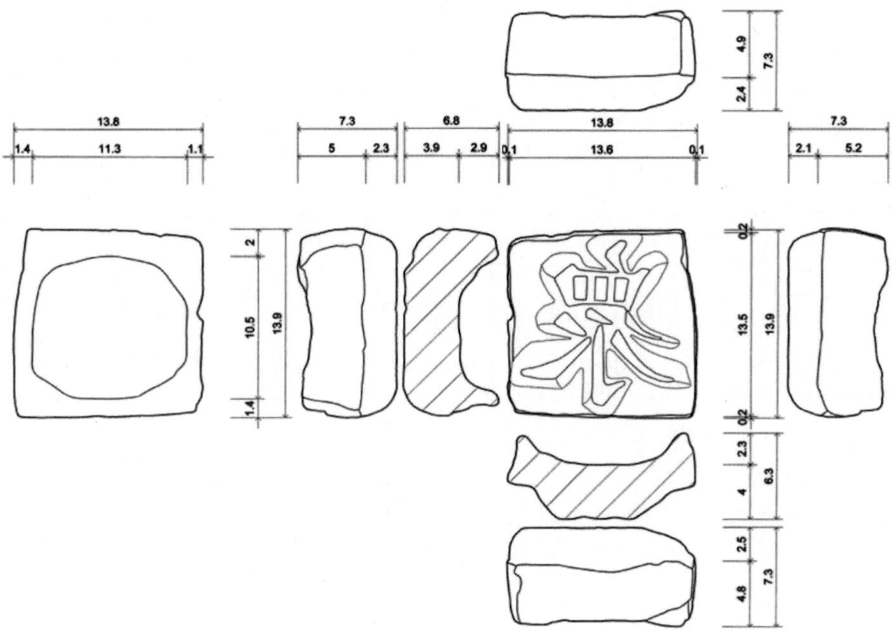

No.8

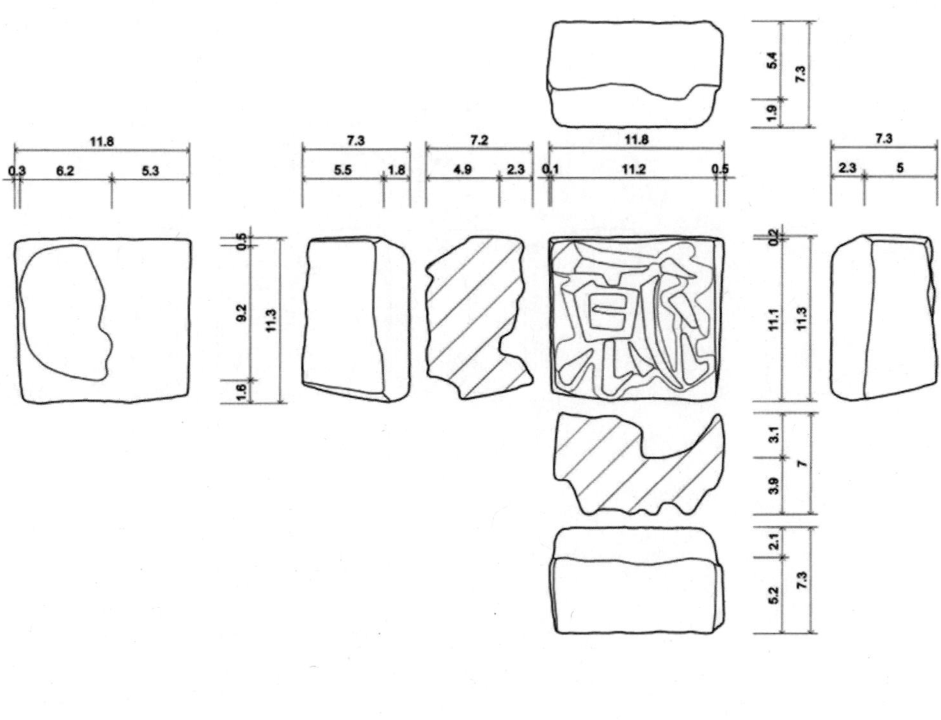

No.9

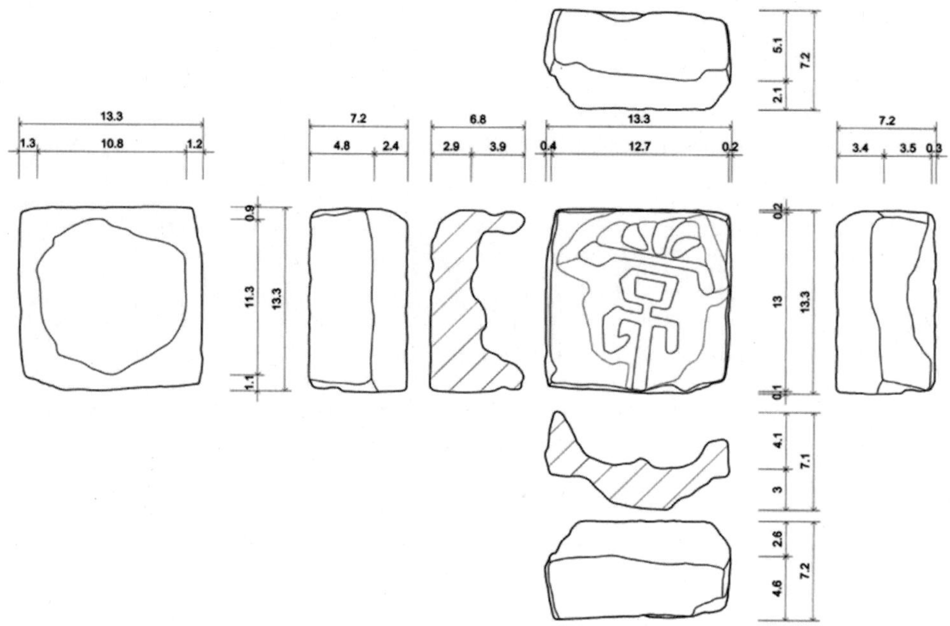
13.3
1.3
10.8
1.2
7.2
4.8
2.4
6.8
2.9
3.9
13.3
0.4
12.7
0.2
7.2
3.4
3.5
0.3
5.1
7.2
2.1
0.9
11.3
13.3
1.1
0.2
13
13.3
0.1
4.1
7.1
3
2.6
7.2
4.6

No.10

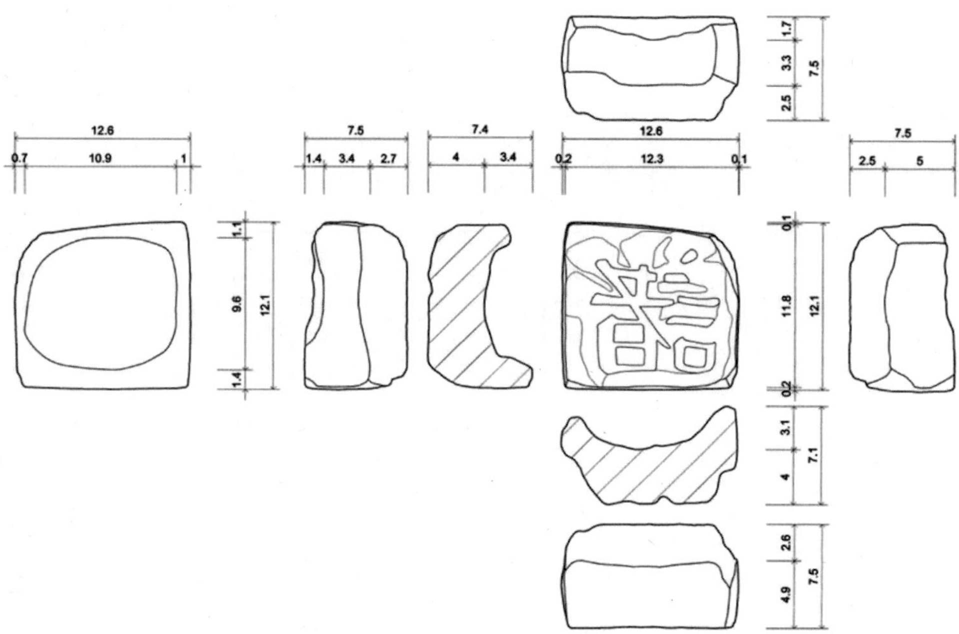
12.6
0.7
10.9
1
7.5
1.4
3.4
2.7
7.4
4
3.4
12.6
0.2
12.3
0.1
7.5
2.5
5
1.7
3.3
7.5
2.5
1.1
9.6
12.1
1.4
0.1
11.8
12.1
0.2
3.1
7.1
4
2.6
7.5
4.9

No.11

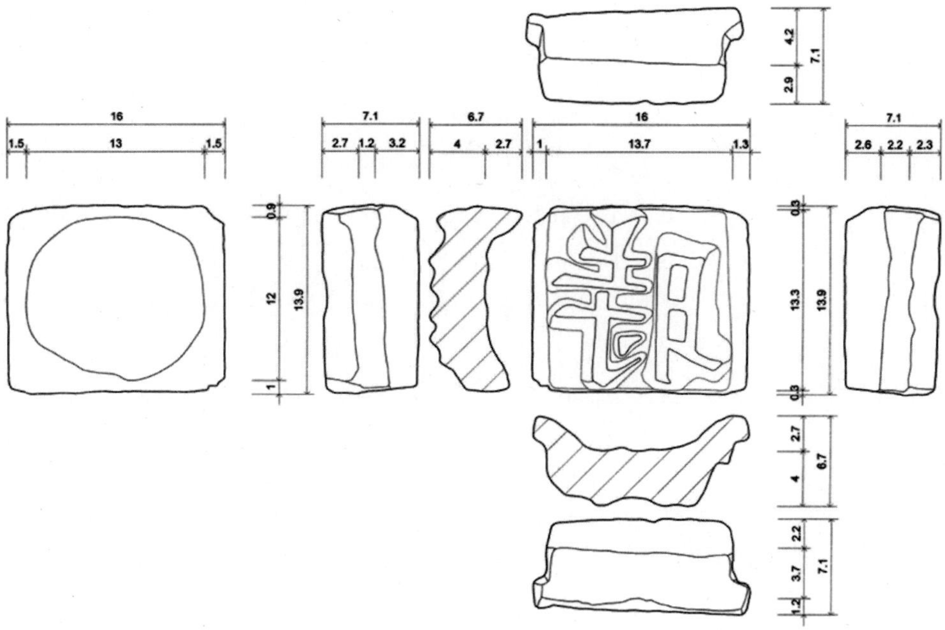

No.12

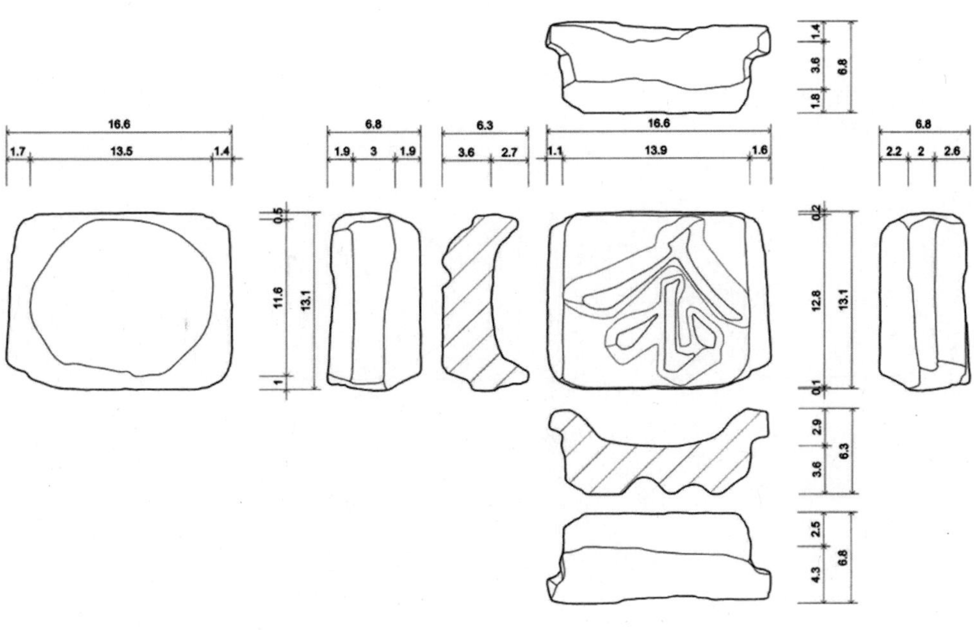

No.13

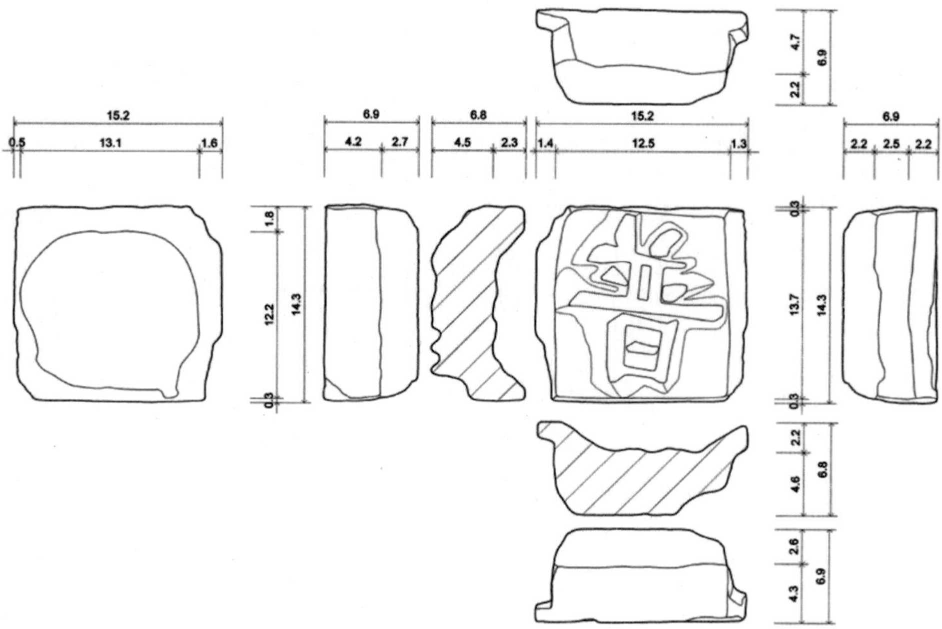

No.14

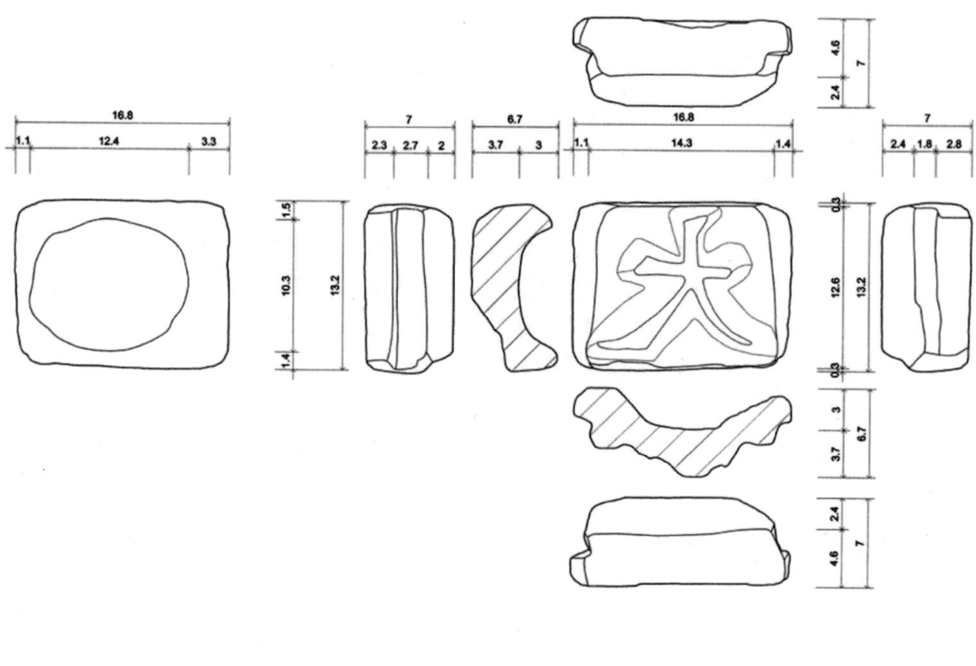

No.15

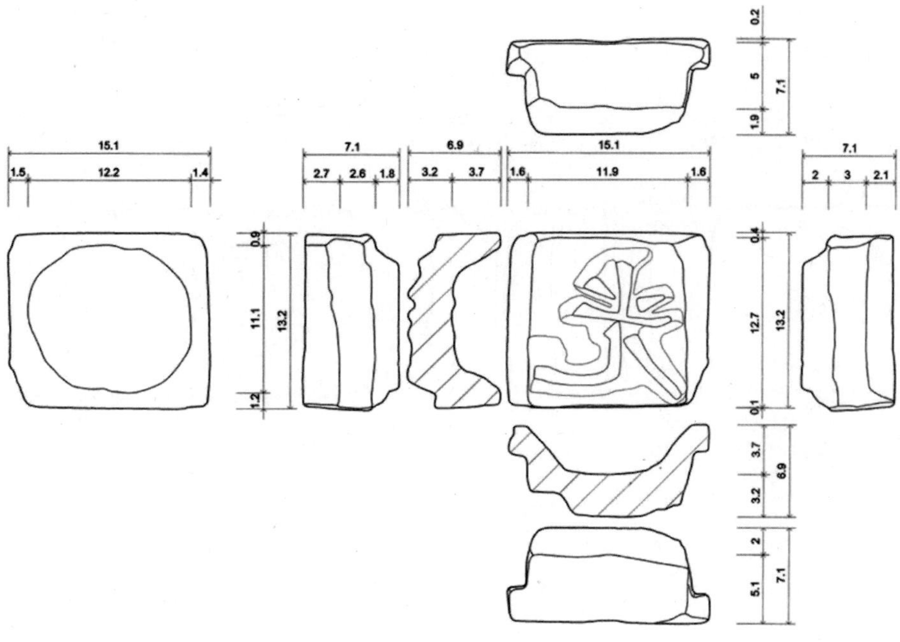
0.2
5
7.1
1.9
15.1
1.5
12.2
1.4
7.1
2.7
2.6
1.8
6.9
3.2
3.7
15.1
1.6
11.9
1.6
7.1
2
3
2.1
0.9
11.1
13.2
1.2
0.4
12.7
13.2
0.1
3.7
6.9
3.2
2
7.1
5.1

No.16

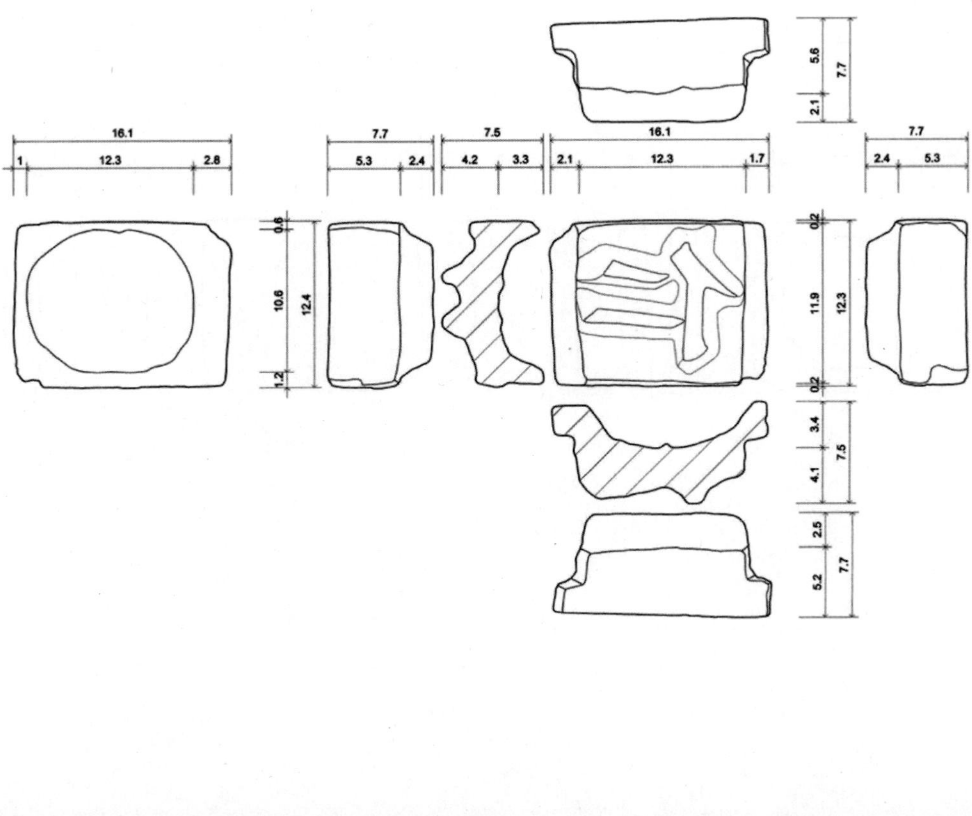
5.6
7.7
2.1
16.1
1
12.3
2.8
7.7
5.3
2.4
7.5
4.2
3.3
16.1
2.1
12.3
1.7
7.7
2.4
5.3
0.6
10.6
12.4
1.2
0.2
11.9
12.3
0.2
3.4
7.5
4.1
2.5
7.7
5.2

No.17

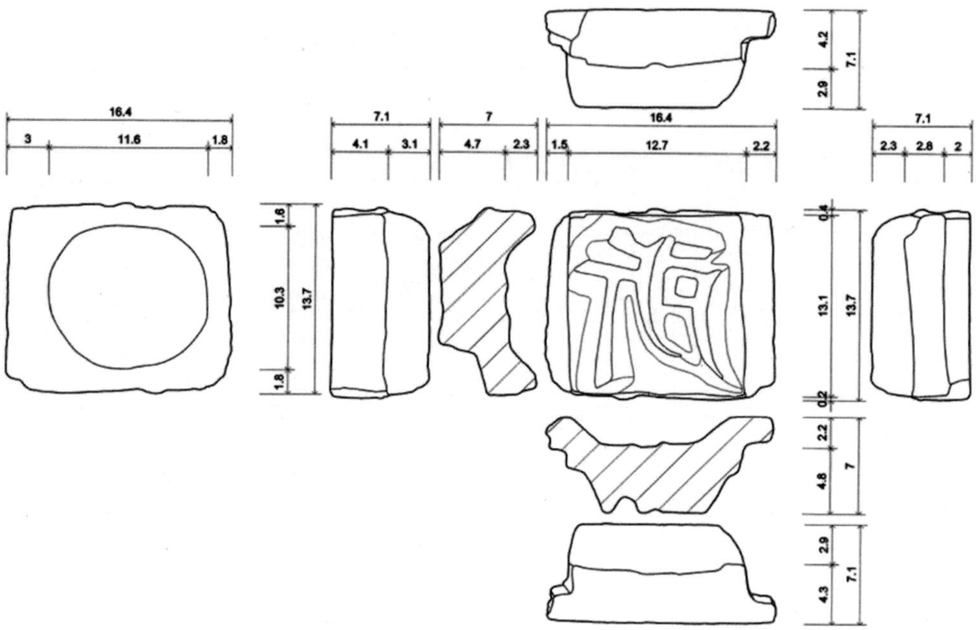

16.4
3
11.6
1.8
7.1
4.1
3.1
7
4.7
2.3
16.4
1.5
12.7
2.2
7.1
2.3
2.8
2
4.2
2.9
7.1
1.6
10.3
13.7
1.8
0.4
13.1
13.7
0.2
2.2
4.8
7
2.9
4.3
7.1

No.18

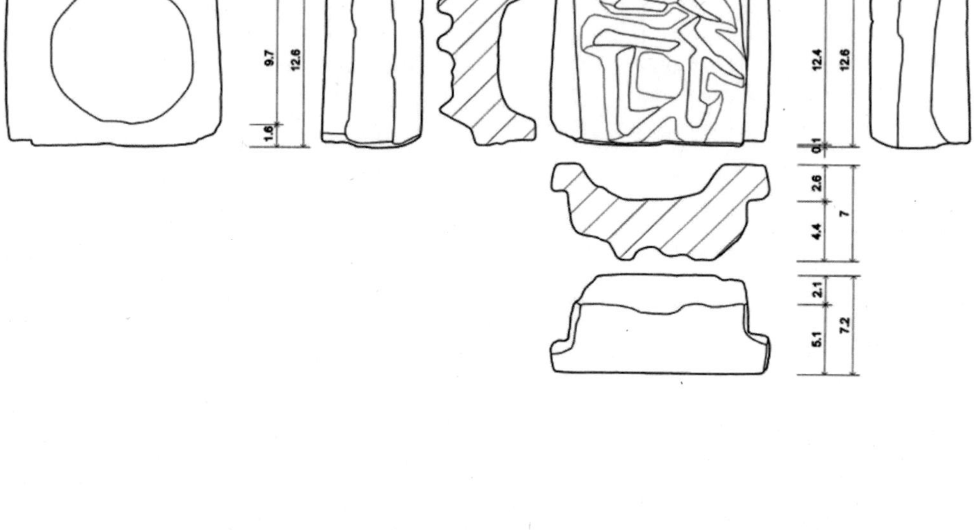

1.9
5.3
7.2
15.8
3.3
10.4
2.1
7.2
2.4
2.8
2
7.1
4.4
2.7
15.8
1.7
12.5
1.6
7.2
1.9
2.5
2.8
1.3
9.7
12.6
1.6
0.1
12.4
12.6
0.1
2.6
4.4
7
2.1
5.1
7.2

No.19

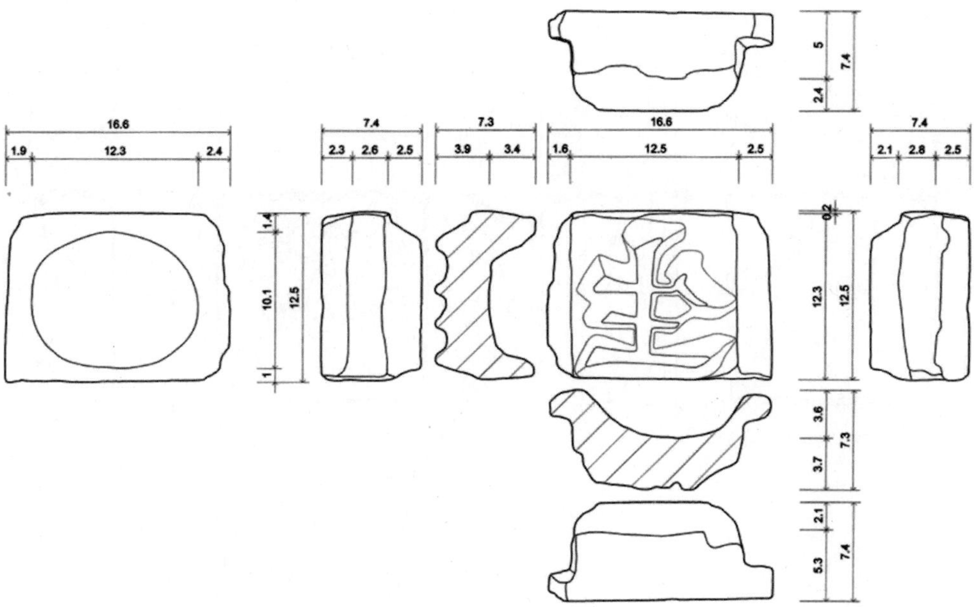
16.6
1.9
12.3
2.4
7.4
2.3
2.6
2.5
7.3
3.9
3.4
16.6
1.6
12.5
2.5
7.4
2.1
2.8
2.5
5
7.4
2.4
1.4
10.1
12.5
1
0.2
12.3
12.5
3.6
7.3
3.7
2.1
5.3
7.4

No.20

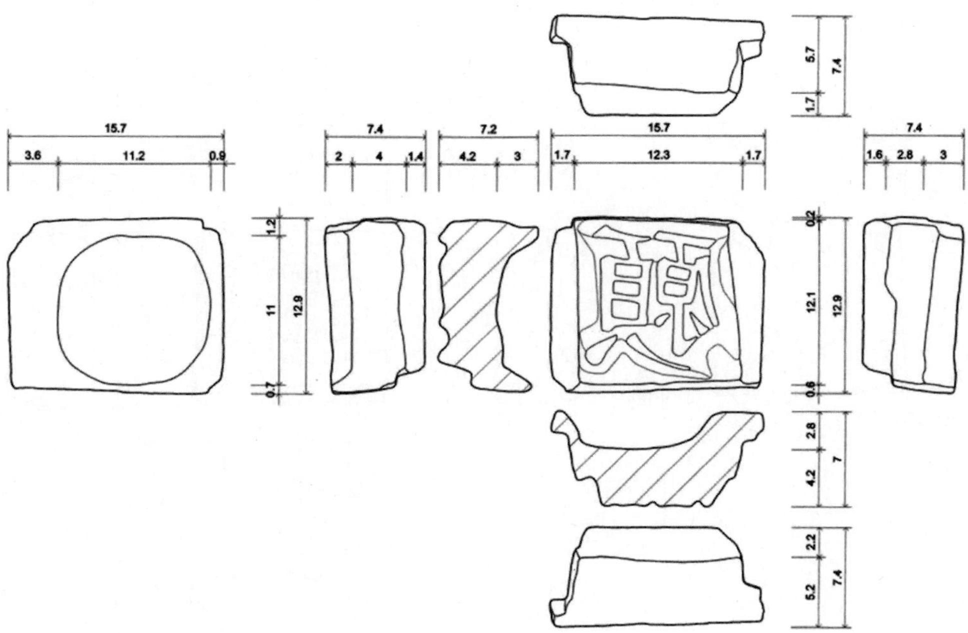
15.7
3.6
11.2
0.9
7.4
2
4
1.4
7.2
4.2
3
15.7
1.7
12.3
1.7
7.4
1.6
2.8
3
5.7
7.4
1.7
1.2
11
12.9
0.7
0.2
12.1
12.9
0.6
2.8
7
4.2
2.2
5.2
7.4

No.21

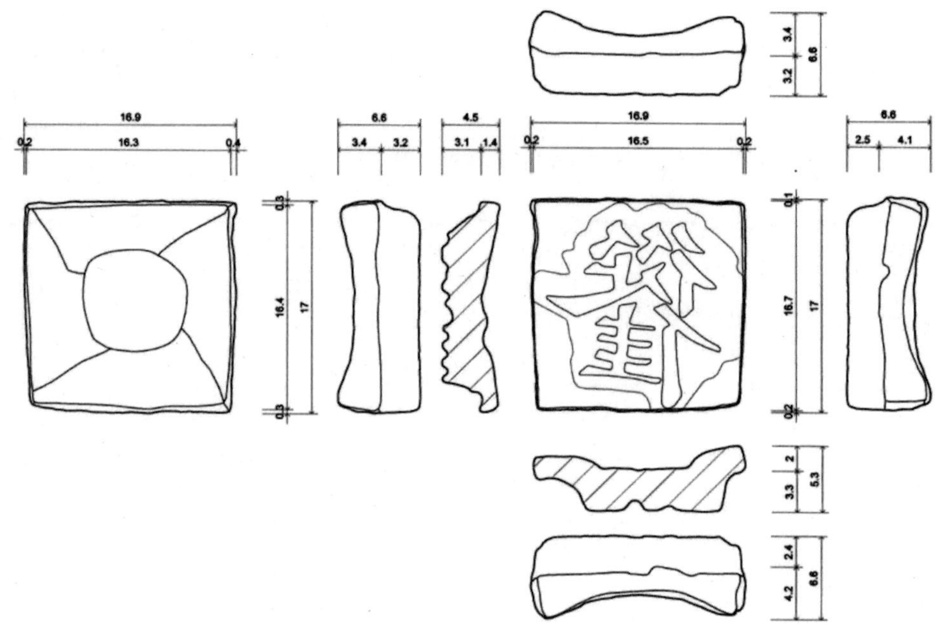

No.22

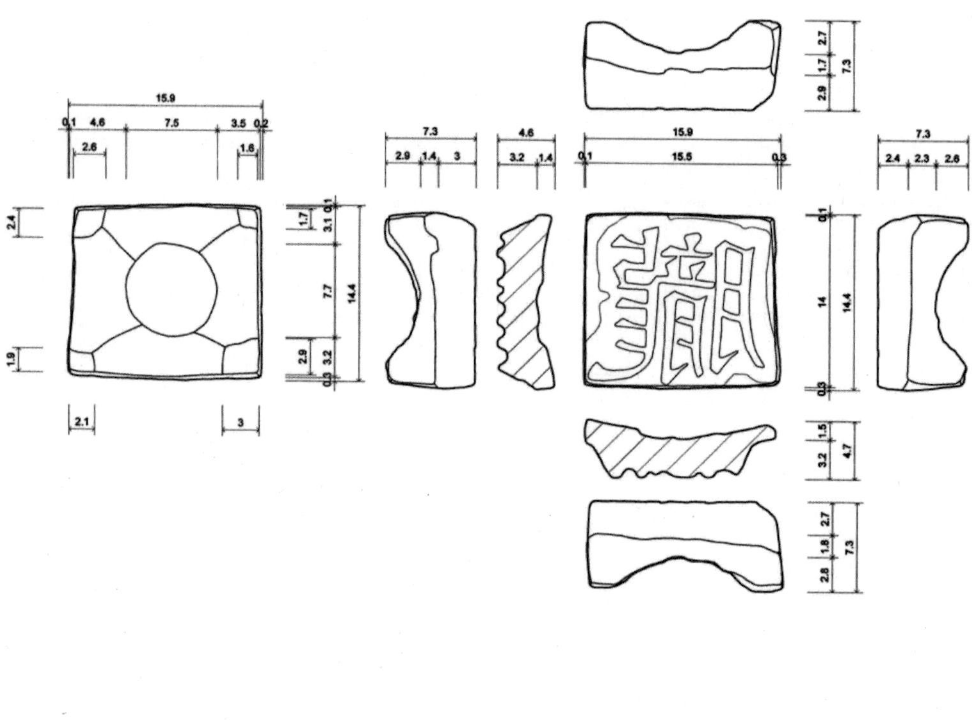

No.23

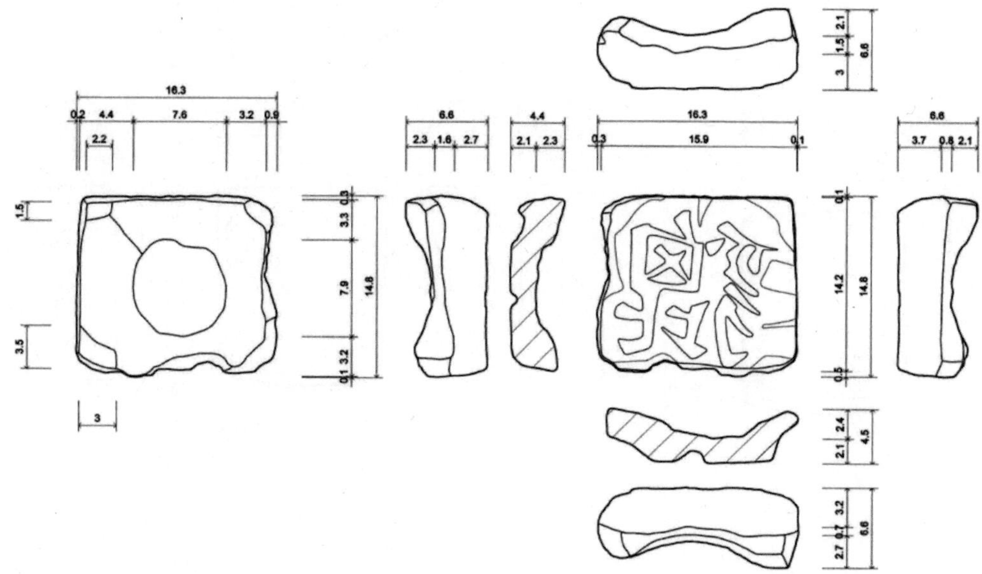

No.24

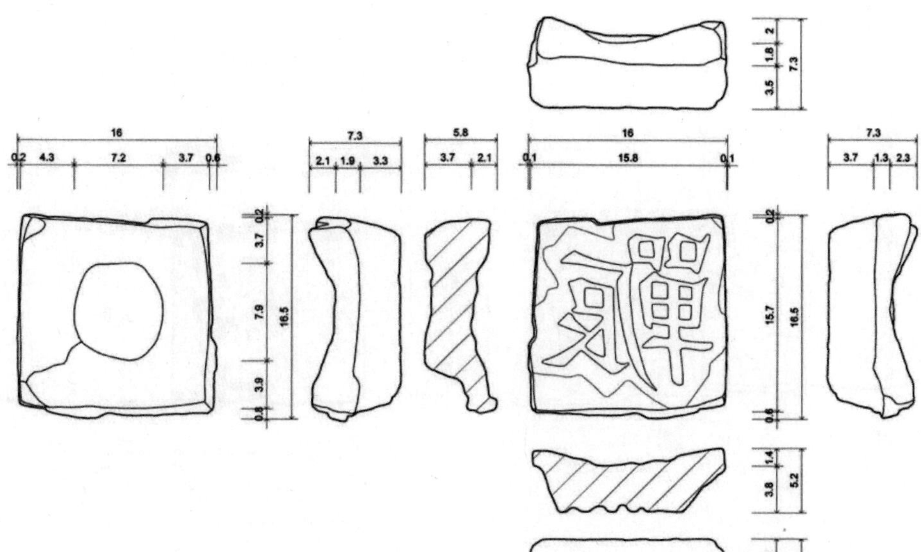

No.25

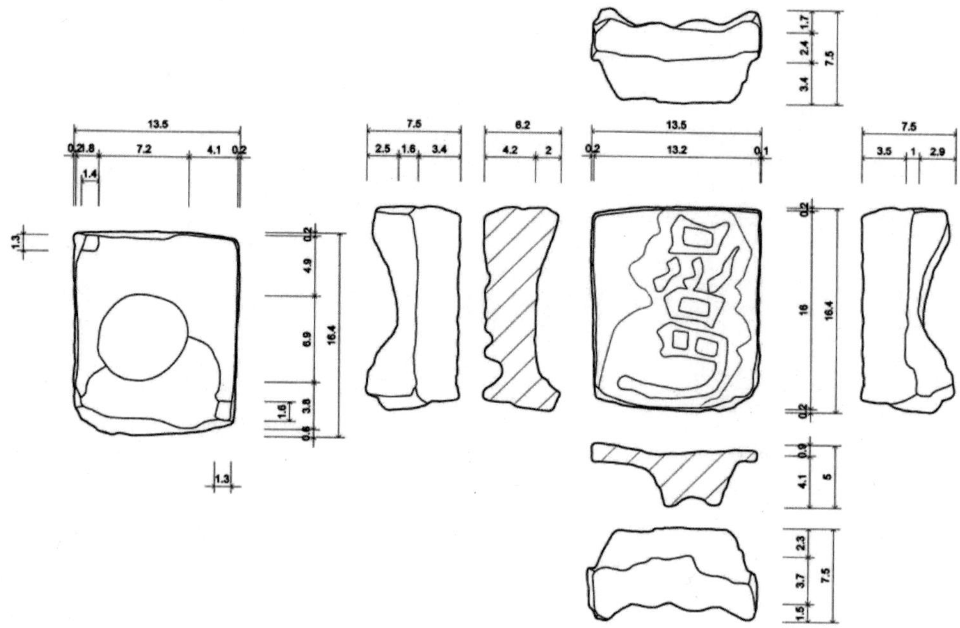

No.26

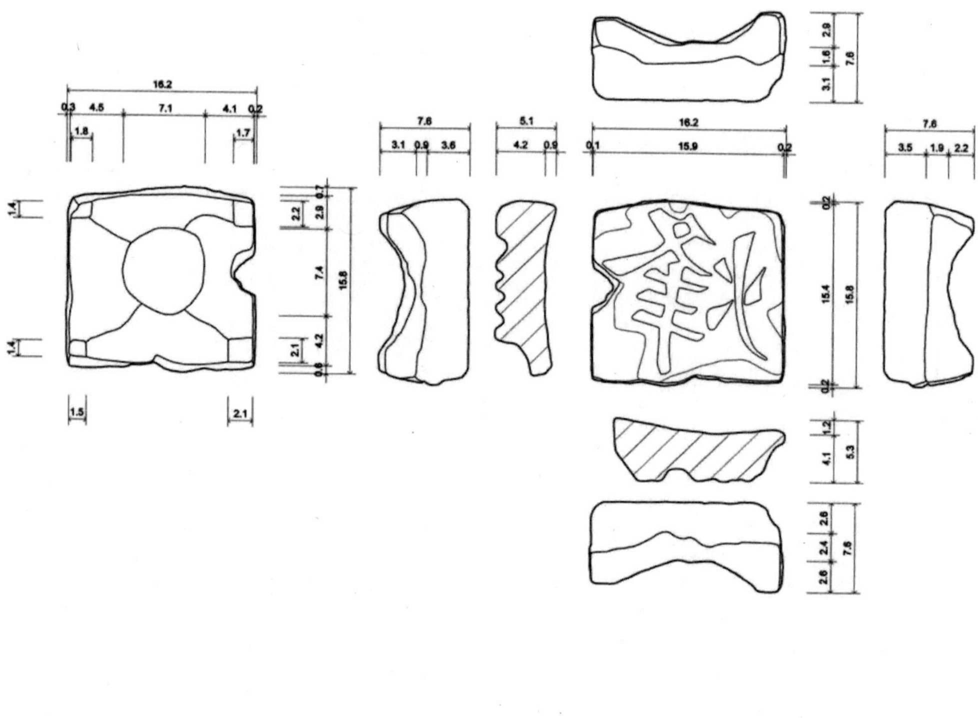

No.27

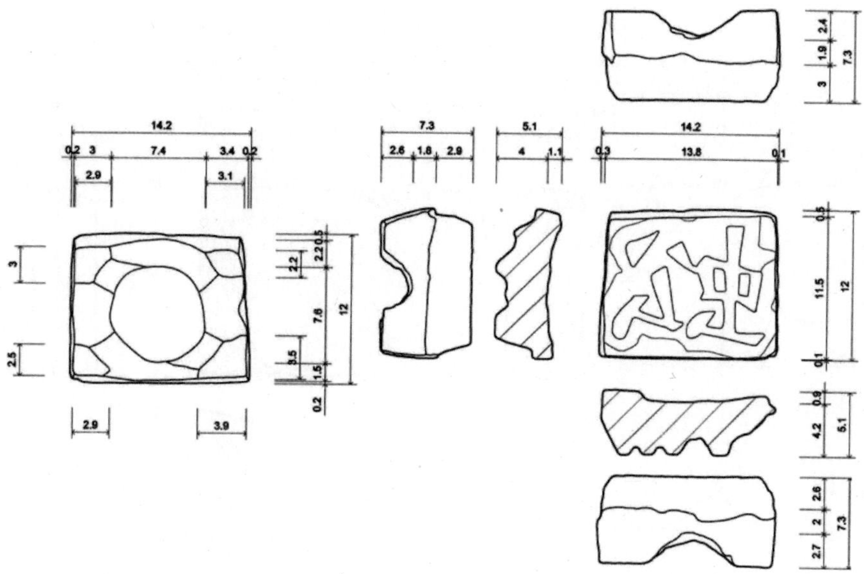

No.28

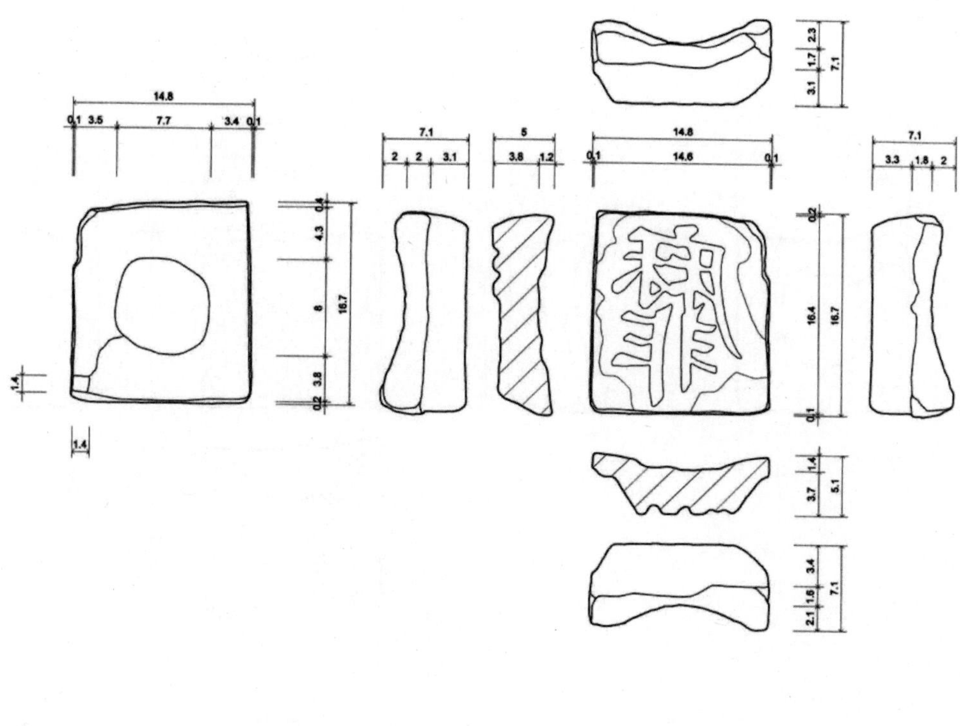

No.29

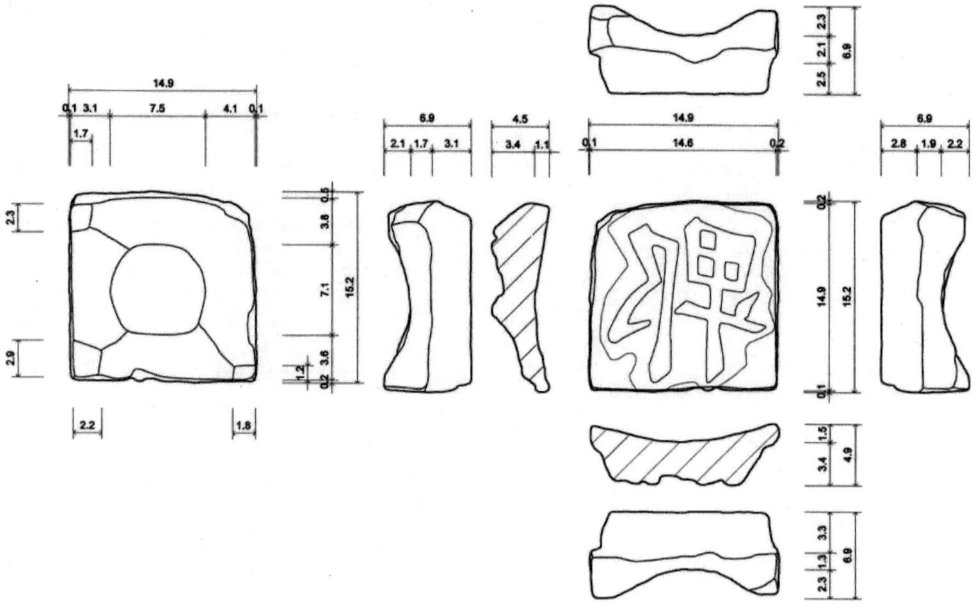

No.30

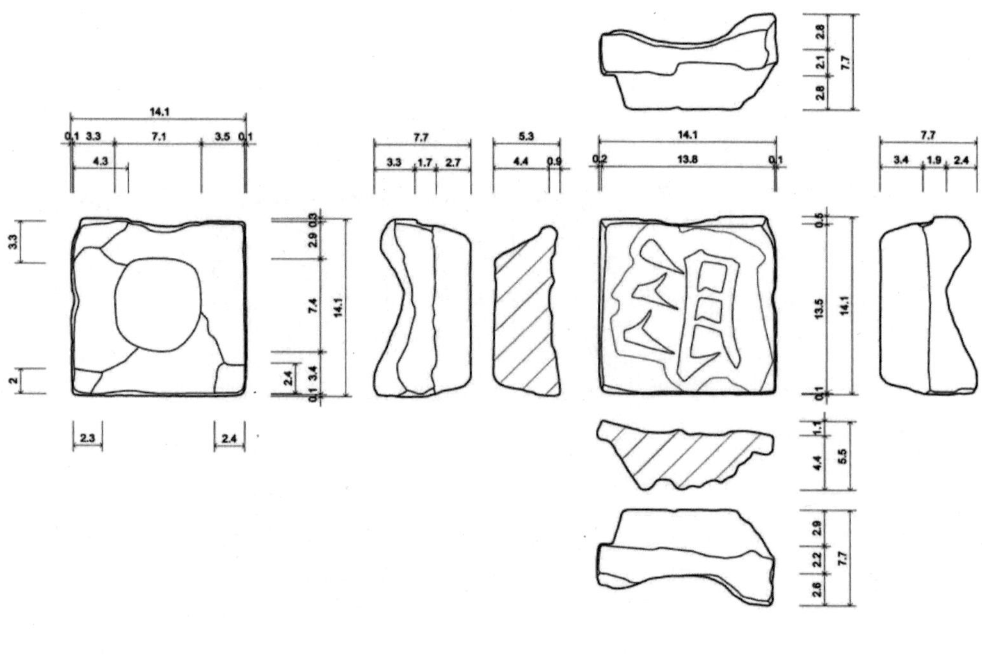

No.31

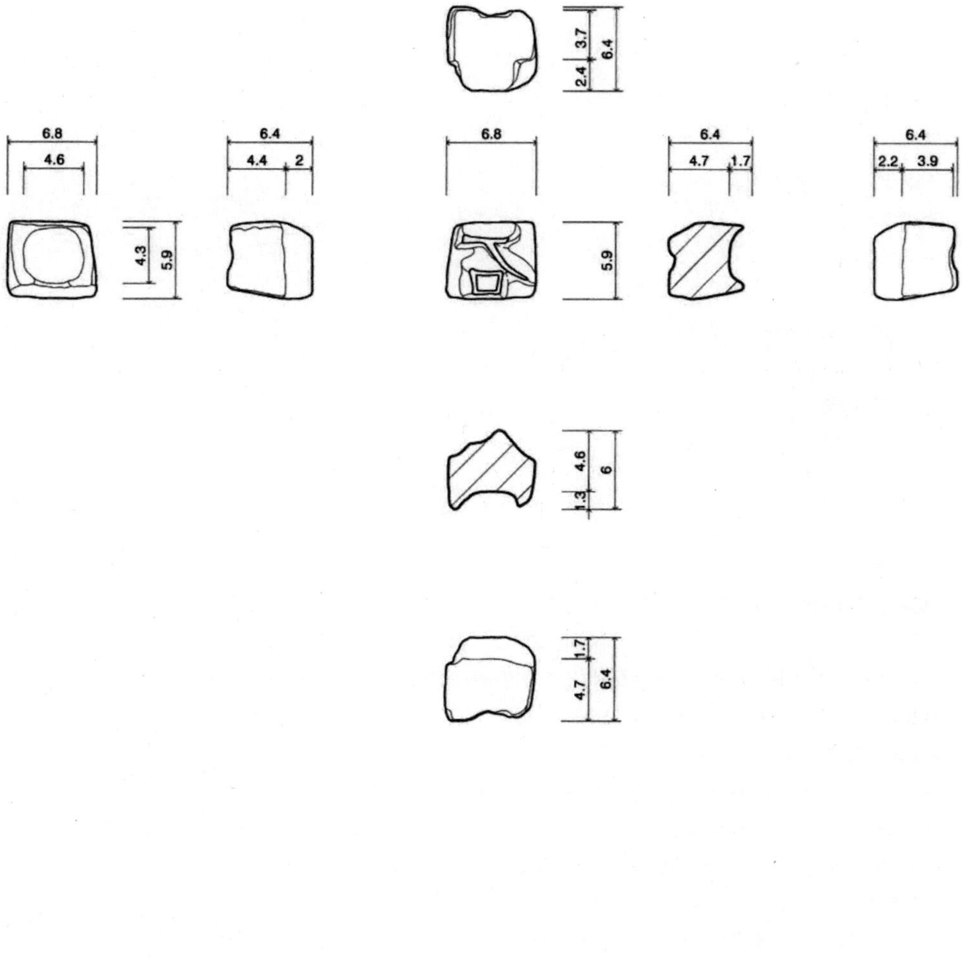

참고문헌

原典

『高麗史』
『高麗史節要』
『南明泉和尙頌證道歌』
『東國李相國集, 全集, 後集』
『白雲和尙抄錄佛祖直指心體要節』
『三峯集』
『詳說古文眞寶大全』
『朝鮮王朝實錄』

論文 및 單行本

康基柱, 『新編鑄造技術』, 서울: 북스힐, 2011.
강락원·오덕수, 『신편주조공학』, 서울: 보성각, 2007.
京都府教育委員會 編, 『圓光寺所藏 伏見版木活字關係歷史資料調査報告書』, 京都: 同委員會, 1991.
高橋亨, 『李朝佛教』, 東京: 國書刊行會, 1973.
高麗大學校 中央圖書館 編, 『貴重圖書目錄』, 서울: 同館, 1980.
國立國會圖書館圖書部 編, 『古活字版圖錄』, 東京: 汲古書院, 1990.
국립문화재연구소 문화재보존과학센터, 『금속활자 과학적 조사』, 대전: 문화재청, 2016.
국립중앙박물관 편, 『校書館印書體字: 조선의 금속활자』, 서울: 同館, 2007.
국립중앙박물관 편, 『한글 금속활자』, 서울: 同館, 2006.
국립중앙박물관 편, 『활자의 나라, 조선』, 서울: 同館, 2016.
규장각 한국학연구원 편, 『규장각과 책의 문화사』, 서울: 서울대학교 규장각한국학연구원, 2009.
金子和正 編著, 『中國活字版印刷法: 武英殿聚珍版程式』, 東京: 汲古書院, 1981.
金塘澤, 「詳定古今禮文의 편찬시기와 그 의도」, 『湖南文化硏究』 21, 1992.
金然昌, 「東國厚生錄의 鑄字製造法」, 『考古美術』 第4卷 第7號, 1963.
南權熙, 『高麗時代 記錄文化 硏究』, 淸州: 淸州古印刷博物館, 2002.
南權熙, 「興德寺字로 찍은 《慈悲道場懺法集解》의 覆刻本에 관한 考察」, 『文獻情報學報』 第4輯, 1990.
南權熙, 「興德寺字로 찍은 慈悲道場懺法集解의 撰者와 刊行에 관한 考察」, 『書誌學硏究』 第7輯, 1991.
南權熙, 「高麗本 慈悲道場懺法卷第1~5와 그 口訣 紹介」, 『書誌學報』 第11號, 1993.
南權熙, 「興德寺字로 찍은 慈悲道場懺法集解의 覆刻本에 관한 硏究」, 『古印刷文化』 第2輯, 1995.

남권희·청주고인쇄박물관, 『證道歌 研究: 2011 고려시대 금속활자 복원사업』, 清州: 清州古印刷博物館, 2011.
남권희·이승철, 『直指 研究』, 清州: 清州古印刷博物館, 2010.
대니얼 버클리 업다이크 지음, 이은주·조윤경·채유경 옮김, 『서양의 활자 1』, 서울: 국립한글박물관, 2016.
대니얼 버클리 업다이크 지음, 이은주·조윤경·채유경 옮김, 『서양의 활자 2』, 서울: 국립한글박물관, 2017.
大屋德城, 『高麗續藏經雕造攷』, 서울: 景仁文化社, 1986.
東國大學校 中央圖書館 編, 『古書目錄』, 서울: 同館, 1981.
文化公報部 文化財管理局 編, 『動産文化財指定報告書: '87指定篇』, 서울: 同局, 1987.
文化公報部 文化財管理局 編, 『動産文化財指定報告書: '86指定篇』, 서울: 同局, 1988.
潘吉星, 『中國科學技術史: 造紙與印刷卷』, 北京: 科學出版社, 1998.
佛教文化研究所 編, 『韓國天台思想研究』, 서울: 東國大學校出版部. 1983.
史金波, 『西夏佛教史略』, 銀川市: 宁夏人民出版社, 1988.
史金波·白濱·吳峰云 編著, 『西夏文物』, 北京: 文物出版社, 1988.
史金波·雅森·吾守尔 共著, 『中國活字印刷術的發明和早期傳播』, 北京: 社會科學文獻出版社, 2000.
寺刹文化研究院, 『전통사찰총서 8』, 서울: 同院, 1997.
森三樹三郎, 『梁の武帝: 佛教王朝の悲劇』, 京都: 平樂寺書店, 1985.
上海博物館青銅器研究部 編, 『錢範: 上海博物館藏錢幣』, 上海: 上海書畫出版社, 1994.
徐忆農, 『活字本』, 南京: 江蘇古籍出版社, 2002.
誠庵古書博物館 編, 『誠庵文庫典籍目錄』, 서울: 同博物館, 1975.
셰리든 보먼 지음, 이선복 옮김, 『방사성탄소연대측정법』, 서울: 사회평론아카데미, 2014.
孫寶基, 「韓國印刷技術史」, 『韓國文化史大系 Ⅲ: 科學·技術史』, 서울: 高麗大學校 民族文化研究所, 1964.
孫寶基, 「實學方法에 의한 印刷技術史研究: 高麗中期刊本 古文眞寶에 대하여」, 『第7回 實學公開講座』, 서울: 延世大學校 東方學研究所, 1973.
スタインバーグ 著, 高野彰 譯, 『西洋印刷文化史: グーテンベルクから500年』, 東京: 日本圖書館協會, 1985.
옥영정 외, 『동아시아 금속활자 인쇄문화의 창안과 과학성 1, 2』, 성남: 한국학중앙연구원출판부, 2017.
유창준, 『한국인쇄문화사』, 서울: 지학사, 2014.
尹炳泰, 「高麗金屬活字本 清凉答順宗心要法門과 中奉大夫崇福使別不化」, 『國會圖書館報』 第14卷 第10號, 1973. 6.
尹炳泰, 「御試策과 朝鮮 前記의 小型 活字 印本」, 『古印刷文化』 第4輯, 1997.
이 만, 『한국유식사상사』, 서울: 續藏閣, 2000.
李世烈 譯, 『直指 下卷』, 서울: 保景文化社, 1997.
이오희, 『문화재 보존과학』, 서울: 주류성, 2009.
印刷博物館學會企劃室 編, 『江戸時代の印刷文化: 家康は活字人間だつた』, 東京: 印刷博物館, 2000.
印刷史研究會 編, 『本と活字の歴史事典』, 東京: 伯書房, 2000.
任繼愈 編, 『中國佛教史』 第三卷, 北京: 中國社會科學出版社, 1988.
滋賀縣教育委員會 事務局文化財保護課 編, 『延曆寺木活字關係資料調査報告書』, 大津: 同委員會, 2000.
조선유적유물편찬위원회, 『북한의 문화재와 문화유적』, 서울: 서울대학교출판부, 2000.
周蕪, 『中國版畫史圖錄 上』, 上海: 上海人民美術出版社, 1988.

中根 勝,『日本印刷技術史』, 東京: 八木書店, 1999.
織田得能,『佛教大辭典』, 東京: 大藏出版株式會社, 1954.
千惠鳳,『國寶 12』, 서울: 藝耕産業社, 1985.
千惠鳳,『韓國典籍印刷史』, 서울: 汎友社, 1990.
千惠鳳,「朝鮮朝의 乙亥小字體木活字本《御試策》: 元나라 銅活字本에 대한 修正論」,『書誌學硏究』第15輯, 1998.
千惠鳳,『한국 금속활자 인쇄사』, 서울: 범우, 2012.
淸州古印刷博物館 編,『고려 금속활자 조사연구』, 淸州: 同館, 2011.
淸州古印刷博物館 編,『고려 금속활자 복원사업 결과보고서: 2011-2015』, 淸州: 同館, 2016.
淸州古印刷博物館 編,『금속활자 조사보고서: 2009 조선왕실 주조 금속활자 복원사업』, 淸州: 同館, 2009.
淸州古印刷博物館 編,『금속활자 주조 및 인쇄기술사 복원 연구 결과보고서』, 淸州: 同館, 2006.
淸州古印刷博物館 編,『直指와 金屬活字의 발자취』, 淸州: 同館, 2002.
淸州市,『白雲和尙抄錄佛祖直指心體要節 上卷 復元硏究結果報告書』, 淸州: 淸州市, 2001.
淸州古印刷博物館,『直指活字 復元 報告書: 現存 世界最古 金屬活字本』, 淸州: 同館, 1996.
淸州古印刷博物館,『한국의 옛 인쇄문화』, 淸州: 同館, 2009.
何堂坤,『中國古代金屬冶煉和加工工程技術史』, 太原: 山西教育出版社, 2009.
한국국학진흥원 국학연구실 편,『이천: 조선의 테크노크라트』, 안동: 국학진흥원, 2002.
한국국학진흥원 편,『同과 異: 동서양의 인쇄술』, 프랑수아 미테랑 예술문화 센터, 2015.
韓國佛教大辭典編纂委員會 編,『韓國佛教大辭典』, 서울: 寶蓮閣, 1982.
韓汝玢·柯俊 共編,『中國科學技術史: 礦冶卷』, 北京: 科學出版社, 2007.
許興植,『韓國金石全文: 中世下』, 서울: 亞細亞文化社, 1984.
許興植,『高麗佛教史硏究』, 서울: 一潮閣, 1986.
和田萬吉,『古活字本硏究資料』, 東京: 淸閑舍, 1944.
黑田亮,『朝鮮舊書考』, 東京: 岩波書店, 1986.